"Todas as pessoas privadas de suas liberdades deverão ser tratadas com humanidade e com respeito pela dignidade inerente à pessoa humana"

Convenção Internacional dos Direitos Civis e Políticos (art. 10.1)

Aos meus alunos, os agradecimentos pela motivação encontrada nos longos momentos de solidão e renúncia, sempre presentes nos atos de pesquisar e escrever.

NOTA

Em uma narrativa objetiva e temática, busca-se levar ao leitor, diante de um paradigma crítico, um olhar histórico, normativo, doutrinário e pretoriano sobre a intimidade da execução penal. Processo formado pelo título executório, constitui-se em conjunto de atos jurisdicionais de natureza complexa necessário à execução das penas e das medidas de segurança impostas.

Para tanto, imagina-se uma execução sustentável para o enfrentamento do modelo de gestão penitenciária e da cultura do encarceramento, criando-se dois eixos hipotéticos básicos cruzados em cujas pontas situam-se a dignidade da pessoa humana privada de liberdade, a segurança pública – dever do Estado, direito de todos os cidadãos –, a família e a religião, apoiados nos instrumentos operacionais do trabalho, da educação, do respeito aos deveres disciplinares e da garantia dos direitos dos apenados.

Neste quadro, projetam-se múltiplas variáveis interpretativas do quadro normativo posto no xadrez complexo, em que se desdobram e interagem os hipotéticos eixos de força dos vetores doutrinários, ideológicos e pretorianos, em torno do conceito dos fins da pena e dos efeitos deletérios e desumanos da prisionalização.

Reafirma-se uma posição garantista de resistência ao encarceramento máximo, por tempo máximo, objetivando reduzir os efeitos perversos da prisão, fator reprodutor da reincidência e retroalimentador secular da superlotação, ociosidade e promiscuidade carcerária.

Há pontos nevrálgicos que alimentam a superpopulação, como a política de aumento de pena, limitação da progressão de regime e livramento condicional, aliada a uma postura pretoriana de relativização do trânsito em julgado que reduz parte dos efeitos das audiências de custódia.

O processo de massificação ("enjaulamento") destrói sob qualquer ângulo crítico a tentativa idealística de reconstrução sustentável do falido modelo de gestão do sistema penitenciário. Anote-se que no ano de 2015 registrou-se uma rotatividade de mais de um milhão de pessoas entrando e saindo de nossas unidades prisionais. No atual estágio, o cumprimento de uma pena privativa de liberdade é um episódio trágico para quem suporta e um fator constante de conflito, colocando em risco a paz social.

Em uma execução ideal, divorciada de mitos, a preocupação da sociedade não se restringiria ao egresso abster-se de realizar nova violação normativa, mas sim de vê-lo tornar-se um cidadão pleno de suas responsabilidades, inserido e adaptado aos costumes regentes e à comunidade jurídica.

Registre-se, por último, a profícua contribuição doutrinária e crítica desenvolvida nas 235 reuniões do Fórum Permanente da Execução Penal da Escola da Magistratura do Estado do Rio de Janeiro, criado em 1998, quando do "1º Encontro Nacional da Execução Penal" (Brasília, 17 a 20 de agosto de 1998), com a participação de autoridades, especialistas e penalistas, discutindo propostas reformistas, em audiências públicas, redesenhando um novo modelo, em um pensante laboratório de ideias, em torno dos fins da pena e da crise da prisão, para superar a cultura midiática do encarceramento, propondo linhas para uma nova política penitenciária, democrática, realística, garantista e eficaz.

Álvaro Mayrink da Costa

OBRAS DO AUTOR

1. *Criminologia*, Rio de Janeiro, Editora Rio, vol. III, 1979.
2. *Criminologia*, Buenos Aires, Trad. de la edición brasileña por Fernando Dutour, Depalma, 1985.
3. *Exame Criminológico*, 5ª ed., Rio de Janeiro, Editora Forense, 1997.
4. *Casos em Matéria Criminal*, 4ª ed., Rio de Janeiro, Editora Forense, 1997.
5. *Casos em Jurisdição Cível*, Rio de Janeiro, Editora Forense, 1997.
6. *Jurisprudência Criminal*, 2ª ed., Rio de Janeiro, Editora Lumen Juris, 2002.
7. *Criminologia*, 4ª ed., Rio de Janeiro, Editora Forense, 2005.
8. *Crime Militar*, 2ª ed., Rio de Janeiro, Editora Lumen Juris, 2005.
9. *Direito Penal, Parte Geral, Conseqüências jurídicas do injusto*, 7ª ed., Rio de Janeiro, Editora Forense, vol. 3, 2007.
10. *Direito Penal, Parte Especial, Injustos contra a pessoa*, 6ª ed., Editora Forense, vol. 4, 2008.
11. *Direito Penal, Parte Geral, Teoria do injusto*, 8ª ed., Rio de Janeiro, Editora Forense, vol. 1, 2009.
12. *Direito Penal, Parte Geral, Teoria do injusto*, 8ª ed., Rio de Janeiro, Editora Forense, vol. 2, 2009.
13. *Direito Penal, Parte Especial*, 6ª ed., *Injustos contra o patrimônio*, Rio de Janeiro, Editora Forense, vol. 5, 2009.
14. *Direito Penal, Parte Especial*, 6ª ed., *Injustos contra a sociedade*, Rio de Janeiro, Editora Forense, vol. 6, 2010.
15. *Raízes da Sociedade Criminógena*, 2ª ed., Rio de Janeiro, Editora Lumen Juris, 2010.
16. *Direito Penal, Parte Especial*, 6ª ed., *Injustos contra o Estado*, Rio de Janeiro, Editora Forense, vol. 7, 2011.
17. *Temas de Direito Penal*, Rio de Janeiro, Lumen Juris, 2011.
18. *Código Penal Comentado*, Rio de Janeiro, GZ Editora, 2013.
19. *Curso de Direito Penal*, Parte Geral, Rio de Janeiro, GZ Editora, 2015.
20. *Execução Penal*, Rio de Janeiro, GZ Editora, 2016.

ABREVIATURAS

ADin	Ação Direta de Inconstitucionalidade
ADPF	Arguição de Descumprimento de Preceito Fundamental
Ag	Agravo
AgE	Agravo em Execução
AgR	Agravo Regimental
APn	Ação Penal
CC	Conflito de Competência
CF	Constituição Federal
CNJ	Conflito Negativo de Jurisdição
CP	Código Penal
CPP	Código de Processo Penal
ECA	Estatuto da Criança e do Adolescente
EDcl	Embargos de Declaração
EI	Embargos Infringentes
Emb.Div.	Embargos de Divergência
EP	Execução Penal
Extr	Extradição
HC	Habeas Corpus
j.	Julgado em
Inq	Inquérito
IUF	Incidente de Uniformização de Jurisprudência
LEP	Lei de Execução Penal
LRF	Lei de Responsabilidade Fiscal
MC	Medida Cautelar
Min.	Ministro
Min.*	Desembargador convocado
MS	Mandado de Segurança
PE	Pedido de Extradição

Pet	Petição
QC	Queixa Crime
QO	Questão de Ordem
Rel	Reclamação
rel.	Relator
RCrim	Recurso Criminal
RE	Recurso Extraordinário
REsp	Recurso Especial
RHC	Recurso em Habeas Corpus
RO	Recurso de Ofício
ROHC	Recurso Ordinário de Habeas Corpus
RVCrim	Revisão Criminal
RSE	Recurso em Sentença Estrangeira
STF	Supremo Tribunal Federal
STJ	Superior Tribunal de Justiça
T.	Turma
TJ	Tribunal de Justiça

ÍNDICE SISTEMÁTICO

Nota	IX
Obras do autor	XI
Abreviaturas	XIII

Capítulo 1
Teorias da pena

1. Introdução	1
2. Evolução histórica	11
3. Teorias, fins e funções da pena	20
4. A crise dialética da prisão	33
5. Sistema carcerário: estado de coisas inconstitucional e violação a direito fundamental	42
5.1. Panorama das prisões brasileiras, pelo Supremo Tribunal Federal	43
6. A proposta de reforma de 2013	45

Capítulo 2
Princípios e garantias constitucionais

1. Introdução	51
2. Limites do *ius puniendi* do Estado	54
3. Princípio da legalidade ou da reserva legal	56
4. Princípio da taxatividade	59
5. Princípio da vedação da dupla punição pelo mesmo fato	60
6. Princípio da igualdade ou isonomia	62
7. Princípio da dignidade da pessoa humana	63
8. Princípio da irretroatividade da lei mais grave	66
9. Princípio da intranscendência	67
10. Princípio da culpabilidade (*nulla poena sine culpa*)	67
11. Princípio da intervenção mínima (*nulla poena sine necessitate*)	70
12. Princípio da fragmentalidade	71
13. Princípio da lesividade ou da ofensividade (*nulla necessitate iniura*)	72
14. Princípio da exclusiva proteção de bens jurídicos	75

15. Princípio da proporcionalidade	77
16. Princípio da proibição de excesso	79

Capítulo 3
Penas e suas espécies

I - Pena privativa de liberdade:

1. Introdução	81
2. Aplicação da pena	83
2.1. Propostas para a reforma	115
2.2. Unidade e pluralidade de crimes	115
2.3. Concurso material ou real	119
2.4. Concurso formal ou ideal	122
2.5. Crime continuado	126
3. Cálculo da pena	136
3.1. Propostas para a reforma	139
4. Execução da pena	139
5. Classificação geral e suas espécies	147
6. Reclusão, detenção e prisão simples	148
7. A pena unitária	149
7.1. Propostas para a reforma	149
8. A pena de morte	149
9. Limites das penas	155
9.1. Propostas para a reforma	157

II - Penas restritivas de direitos:

1. Generalidades	157
2. Aplicação e espécies	159
2.1. Propostas para a reforma	161
3. Início da execução	162
4. Prestação pecuniária	162
4.1. Propostas para a reforma	164
5. Perda de bens e valores	164
5.1. Propostas para a reforma	165
6. Prestação de serviços à comunidade ou entidades públicas	165
6.1. Propostas para a reforma	167
7. Interdição temporária de direitos	167
7.1. Propostas para a reforma	171
8. Limitações de fim de semana	171

8.1. Propostas para a reforma	172
III - Pena de multa:	
1. Generalidades	172
2. Evolução histórico-normativa no Direito pátrio	174
3. Âmbito de aplicação. Cálculo. Detração	176
4. Natureza jurídica e requisitos da substituição	178
5. Pagamento da multa	179
6. Execução. Conversão. Revogação	181
6.1. Propostas para a reforma	182
7. Prescrição	183
IV - Sistema de acompanhamento da execução das penas e da medida de segurança.	184
V - Incidentes da execução	184
1. Conversões	184
1.1. Propostas para a reforma	186
2. Superveniência de doença mental	186
2.1. Propostas para a reforma	187
3. Excesso ou desvio	187
3.1. Propostas para a reforma	187
4. Anistia	188
5. Graça	190
6. Indulto	191
7. Modalidades	199
8. Distinções	200
VI - Penas das pessoas jurídicas	202
1. Responsabilidade penal das pessoas jurídicas	202
2. Propostas para a reforma	207
3. Atividades lesivas ao meio ambiente	207
4. Responsabilização administrativa e civil por atos contra a administração pública nacional ou estrangeira	208

Capítulo 4
Sistemas e regimes

1. Sistemas penitenciários	211
1.1. Introdução	211
1.2. Evolução histórica	213

2. Sistema pensilvânico	219
3. Sistema auburniano	221
4. Sistema progressivo inglês	223
5. Sistema progressivo irlandês	225
6. Modelo de Elmira	225
7. Regimes prisionais	227
7.1. Propostas para a reforma	230
7.2. Regime fechado	231
7.3. Regime semiaberto	234
7.4. Regime aberto	237
7.4.1. Propostas para a reforma	244
7.5. Regime especial	245
7.6. Prisão de menores	247
7.6.1. Menoridade penal	248
7.7. Prisão especial	253
8. Progressão e regressão de regimes	253
8.1. Propostas para a reforma	257
9. Autorizações de saída	258
9.1. Permissão de Saída	258
9.2. Saída Temporária	258
9.2.1. Propostas para a reforma	261
9.3. Perda e recuperação do direito de saída	261
10. Espécies de estabelecimentos penais	262
10.1. Propostas para a reforma	266
11. Presos provisórios	266
12. Privatização dos presídios	268
12.1. Propostas para a reforma	271
13. Exame criminológico	271
13.1. Propostas para a reforma	276

Capítulo 5
Deveres e direitos do condenado

1. Deveres e direitos do condenado	277
2. Suspensão e restrição de direitos	288
2.1. Propostas para a reforma	291
3. Disciplina prisional. Sanção disciplinar. Aplicação	292
3.1. Propostas para a reforma	304

4. Regime disciplinar diferenciado	304
4.1. Propostas para a reforma	308
5. Recompensas	309
6. Monitoramento eletrônico	310
7. Uso abusivo de algemas	312
8. Assistências	313
9. Remição	318
9.1. Pelo trabalho	319
9.2. Pelo estudo	321
9.3. Pela leitura	323
9.4. Revogação do período remido	324
10. Detração	327
10.1. Propostas para a reforma	329

Capítulo 6
Órgãos da execução

1. Conselho Nacional de Política Criminal e Penitenciária	331
1.1. Propostas para a reforma	332
2. Juízo da execução	332
2.1. Propostas para a reforma	337
3. Ministério Público	338
3.1. Propostas para a reforma	339
4. Conselhos Penitenciários	339
4.1. Propostas para a reforma	340
5. Departamentos Penitenciários	340
5.1. Propostas para a reforma	342
6. Patronatos	342
6.1. Propostas para a reforma	343
7. Conselhos da Comunidade	343
7.1. Propostas para a reforma	345
8. Defensoria Pública	345
8.1. Propostas para a reforma	346

Capítulo 7
Suspensão condicional da pena

1. Antecedentes históricos	347
2. Suspensão condicional do processo	348

3. Natureza jurídica 350
4. Requisitos e espécies 351
    4.1. Propostas para a reforma 354
5. Questionamentos 354
6. Condições 355
7. Revogação 356
8. Audiência admonitória e período de prova 358
9. Cumprimento e fiscalização das condições 359
    9.1. Propostas para a reforma 360

Capítulo 8
Livramento condicional

1. Antecedentes históricos 361
2. Evolução histórico-normativa do Direito pátrio 362
    2.1. Propostas para a reforma 366
3. Conceito e natureza jurídica 366
4. Requisitos 367
5. Exame criminológico 370
    5.1. Propostas para a reforma 371
6. Soma de penas, unificação e crimes continuados 371
    6.1. Propostas para a reforma 376
7. Condições 376
8. Revogação e seus efeitos 377
    8.1. Propostas para a reforma 379
9. A questão do estrangeiro 379
10. Extinção da pena 381

Capítulo 9
Efeitos da condenação e reabilitação

1. Efeitos penais 383
    1.1. Principais 383
    1.2. Secundários 384
    1.3. Genéricos e específicos 384
    1.4. Propostas para a reforma 387
2. Efeitos extrapenais 387
3. Efeitos nas leis extravagantes 391
4. Reabilitação 393

4.1. Generalidades	393
4.2. Pressupostos e requisitos	395
4.3. Sigilo	396
4.4. Efeitos	397
4.5. Competência	397

Capítulo 10
Medidas de segurança

1. Estado de direito e medidas de segurança	399
2. Doença mental	405
3. Evolução histórico-normativa do Direito pátrio	411
3.1. Propostas para a reforma	419
4. Espécies	420
5. Finalidades	421
5.1. Propostas para a reforma	422
6. Estabelecimento adequado	423
7. Medida de Segurança para Inimputável	423
8. Duração	425
8.1. Propostas para a reforma	426
9. Perícia médica	426
10. Cessação de periculosidade	427
11. Medidas de Segurança para o Semi-imputável	428
11.1. Propostas para a reforma	430
12. Desinternação hospitalar ou liberação ambulatorial	430
13. Início e extinção	431
14. Direitos do Internado	432
14.1. Propostas para a reforma	435

Capítulo 11
Extinção da punibilidade

1. Generalidades	437
2. Causas legais de extinção da punibilidade	440
2.1. Morte do agente	440
2.2. Prescrição da pretensão executória	441
2.3. *Abolitio criminis*	445
Bibliografia	447

CAPÍTULO 1
TEORIAS DA PENA

> **SUMÁRIO: 1.** Introdução. **2.** Evolução histórica. **3.** Teorias, fins e funções da pena. **4.** A crise dialética da prisão. **5.** Sistema carcerário: estado de coisas inconstitucional e violação a direito fundamental. **5.1.** Panorama das prisões brasileiras, pelo Supremo Tribunal Federal. **6.** A proposta de reforma de 2013.

1. INTRODUÇÃO

No estudo das teorias da pena, convergem vários segmentos cujas raízes são multidisciplinares, traduzindo-se em um esforço conjuntural para racionalizá-la e descrever seus contornos éticos. Trata-se de uma área cinza, controvertida e plena de tensões emocionais. Contemporaneamente, constata-se, nos estudos teóricos, doutrinários e práticos, a necessidade da construção de uma teoria na direção de um modelo garantidor.

O discurso midiático da impunidade retroalimenta um processo desidentificado com o da criminalização, catapultando a voracidade da punição a qualquer título, para acalmar o pânico coletivo, fraturando os princípios básicos de um Estado de Direito. David Garland, em A Cultura do Controle, pontua que no "[...] discurso político fortemente carregado de temas relacionados ao controle social, [...] toda decisão é tomada sob as luzes dos holofotes e a disputa política e todo erro se transforma em escândalo".

Ninguém nasce delinquente, o crime não se herda, não se imita, não se inventa, não é algo fortuito ou irracional, o crime se aprende. Sutherland, em *Criminology*, salienta que o delito tem natureza política, a aquisição pelo indivíduo de um determinado comportamento é um processo de aprendizagem social (contato com valores, atitudes, definições e pautas de condutas mínimas).

Se a conduta viola os padrões de *intolerabilidade* diante do conflito de interesses entre os indivíduos, colocando em risco a paz social, o Estado se vê legitimado a criar instrumentos rigorosos de controle, incriminando determinados tipos de comportamentos desviantes, objetivando a proteção de bens e interesses, buscando a defesa social, por meio da edição de leis, onde se ressalta a mais grave das sanções jurídico-penais, a pena e as medidas de segurança, em situações de excepcionalidade, para garantir a segurança jurídica e proporcionar a pacífica convivência social. Figueiredo Dias, no *Direito Penal. Parte Geral*, ao tratar da não *intervenção*, diz que o Estado acaba por *produzir* mais delinquência do que aquela que é capaz de evitar. A pena é uma exigência traumática, contudo ainda *imprescindível*, repetidamente um mal necessário, objetivando a punição como uma finalidade socialmente útil, em uma relação de *causa* e não de *finalidade*, cuja teoria é um mar de questionamentos irrespondíveis, que se torna uma *amarga necessidade de uma comunidade de seres imperfeitos como são os homens*.

É a principal consequência jurídica do delito, causa e fundamento justificador, constituindo-se no seu antecedente lógico e pressuposto normativo. Dentro do espectro global da discussão temática, poder-se-ia afirmar que nos tempos atuais objetiva-se aperfeiçoá-la, quando imprescindível, e substituí-la, quando oportuno e possível, por medidas alternativas à pena de prisão. Relevante o conceito de *pena necessária* (oportuna e proporcional) de Von Liszt, no *Lehrbuch des Deutschen Strafrecht*, no caminhar da *desprisionização* pela adoção dos *substitutivos penais*. O *princípio da necessidade da pena* abarca os princípios da *fragmentalidade, subsidiariedade* e *legalidade*. Constata-se, nos estudos teóricos, doutrinários e práticos sobre a necessidade da construção de uma teoria da pena na direção do *modelo garantidor*. Zaffaroni entende ser disponível uma *teoria da pena* por meio da constituição de um Direito Penal com a finalidade de reduzir a violência do exercício do poder, ou pelo ângulo de Ferrajoli, *Diritto e ragione*, que todas as *teorias da pena* são de Direito Penal *máximo*, ora chamando a máxima utilidade aos não desviantes, ora ignorando-os, mas sendo objeto de práticas correcionais ou de integração coagida. Tobias Barreto, em *Fundamentos do Direito de Punir*, afirma que "*quem procura o fundamento* jurídico da pena deve também procurar o fundamento jurídico da guerra" (conceito político). Sustenta ser um equívoco das teorias considerar a pena uma *consequência do direito*, pois foi muitas vezes aplicada e executada em nome da *religião*. Correto Roxin quando diz que "o nosso exame crítico das teorias da pena coloca em evidência um quadro pouco animador. Nenhuma delas resiste à crítica". O legislador procura com a *ameaça penal* que os destinatários diretos da norma se abstenham de atuar e, ao mesmo tempo, mostra a *todos* os membros da comunidade a necessidade do respeito aos *bens jurídicos* para tornar viável a ordem e a segurança da *convivência social*. Talcott Parsons, em "*Sociedades: perspectivas evolutivas e comparativas*", lembra que "A ordenação estrutural de dados sociais, por mais especial que seja, nunca deve estar muito desassociada da análise de processo e mudança.

Anabela Miranda Rodrigues, em "*A determinação da Medida da Pena Privativa de Liberdade*", destaca que a pena é a mais relevante das respostas jurídicas, é o instrumento do poder instituído para assegurar a *convivência pacífica dos cidadãos* em sociedade, e que coloca em jogo a sua liberdade, segurança e dignidade.

Na execução, o *fundamento da pena* tem como patamar o título executório, a decisão condenatória, com a perda ou a diminuição de bens jurídicos do condenado e, teoricamente, no seu decurso, busca a inserção futura, harmônica com os padrões sociais toleráveis. Não objetiva a dor, deixando livre o condenado para recusar a proposta estatal, hipótese em que objetiva somente *neutralizá-lo* por determinado tempo. Mir Puig, em *Introducción a las bases del derecho penal*, afirma que, no modelo do Estado Social e Democrático de Direito, deverá cumprir uma *missão política* de regulamentação ativa da vida social a fim de garantir uma *convivência satisfatória*, mediante a proteção dos bens jurídicos, proporcionando a paz na sociedade. Em "*Reflexões em Criminologia diante da Instituição Penal*", sustenta-se que no âmbito das diversas formas de controle social se situa um dos pontos nevrálgicos da normatividade jurídica em relação às transformações sociais. A ordem social demanda um adequado equilíbrio harmônico e, por sua vez, postula a conjugação da estabilidade com ritmo de mudança, todo de um modo flexível e adaptado às variações que esse ritmo pode apresentar. As decisões tomadas pelo legislador formam parte da política criminal legislativa. É nesta sede que se estabelece o nível de tolerabilidade social da possível divergência de determinadas condutas individuais em um esquema considerado socialmente adequado. É o caráter de artificialidade da criação do fenômeno que abre outro campo a possibilidades de modificação e ações alternativas do sistema. Beccaria, em *Dei delitti e delle pene*, escreveu que "A certeza da punição, ainda que moderada, terá sempre maior impacto do que o temor de outra mais terrível, associada à esperança da impunidade". Assim, se confere à pena uma *função de prevenção* dos fatos que atentem contra esses bens e *não* sobre uma hipotética necessidade ético-jurídica, respeitando-se os limites que garantam que será exercida em benefício e sob o controle de *todos* os cidadãos. As penas têm por finalidade principal a *proteção dos bens jurídicos* e, em último estágio, o *controle social*, buscando no imaginário *a futura reinserção e adaptação do condenado à sociedade*, dissociada do discurso da ideologia do tratamento, ou objetivando a alteração das suas concepções pessoais no sentido do conformismo e da acomodação. Visa, teoricamente, durante o seu cumprimento, criar *condições favoráveis* à sua inserção social em uma vida conformada aos limites normativos impostos em relação à prática de futuros delitos.

A *política penitenciária* é a arte de saber qual o tratamento adequado e em que condições deverão ser implantadas ações, a fim de atingir o máximo de eficácia na luta contra a criminalidade, buscando desestimular a reincidência. Para Figueiredo Dias, deve ser reconhecida como "*transistemática relativamente ao Direito Penal e à sua ciência*", através de processos que observem: **a)** o princípio da legalidade; **b)** o princípio da referência constitucional ("*princípio da congruência ou da analogia substancial entre a ordem axiológica constitucional e a ordem dos bens jurídicos*"); **c)** o princípio da culpa (princípio da dignidade pessoal); **d)** o princípio da sociabilidade (solidariedade); **e)** o princípio da preferência pelas reações não detentivas. Sustenta a mesma hierarquia jurídico-científica entre a problemática das consequências do delito e a doutrina do injusto, sendo que naquela se realiza a decisão político-criminal no caso concreto, advogando entre ambas uma *unidade funcional*. Maurach-Zipt, em *Derecho Penal. Parte General*, conceituam que uma sociedade que renuncia ao poder penal estaria renunciando à sua própria justiça. Quando Von Liszt escreveu que "*é a inquebrantável barreira da Política Criminal*", colocou em relevo toda uma tensão viva em nosso campo científico, ao opor-se aos métodos jurídicos no sentido estrito e à elaboração sistemática conceitual dos pressupostos do delito e dos princípios de tratamento adequados da conduta desviada que repousam em fundamentos empíricos. Fica de um lado caracterizado o Direito Penal como uma ciência social e, por outro, como uma ciência jurídica, postura que deve corresponder à função liberal do Estado de Direito, assegurando a *todos* um devido processo legal e uma ampla defesa. Em sua opinião, a ciência do Direito deve ser, e continuar seguindo, uma ciência propriamente sistemática, pois só a ordenação dos conhecimentos no sistema garante aquele domínio sobre todas as particularidades, abandonando a aplicação casuística e a arbitrariedade.

É necessário, para a compreensão do delito, reconhecer a questão social-comunitária e a pluralidade de expectativas, individuais e sociais, antagônicas. Há uma pluralidade de protagonistas diante desse conflito real, com interesses legítimos e expectativas: a *vítima* (reparação do dano); o *infrator* (ressocialização) e a *comunidade* (a paz social). Surgem modelos ou paradigmas da resposta penal do Estado: **a)** *dissuasório* (prevenir a criminalidade); **b)** *ressocializador* (reinserir e reabilitar o condenado); **c)** *integrador* (reparação do dano, conciliação e paz social). O *modelo dissuasório* apresenta sérias limitações pela incompatibilidade estrutural com os princípios informadores do ordenamento jurídico (efeito puramente intimidatório da pena), enquanto o *modelo ressocializador*, de origem humanística, destaca-se pelo seu pouco realismo, diante do quadro prisional, importando-se somente pelo impacto efetivo do castigo, absorvendo a questão social do problema penal; já o *modelo integrador*, mais completo, teoricamente alcança o objetivo-alvo do modelo estratégico das políticas públicas de segurança. Objetiva capacitar o recluso para no futuro levar uma vida com responsabilidade social sem o cometimento de novos delitos (reincidência). A *violência* não é produto exclusivo do violador da norma, é fator existencial no choque de conflitos entre a sobrevivência e o cárcere, diante da dignidade da pessoa humana e a sua exploração. O êxito da *socialização* é o que atende ao binômio melhora do indivíduo e segurança social. O que se espera do *egresso* não é apenas abster-se da realização de novos delitos, mas sim tornar-se um *cidadão pleno* de suas responsabilidades perante a comunidade.

García-Pablos de Molina, no *Tratado de Criminología*, considera que o *conceito de ressocialização* é *ambíguo* e *impreciso*, mas que a polêmica não é vazia ou meramente acadêmica. Sob tal bandeira encontram-se o *antirretribucionismo*, concepção assistencial do Direito Penal, e o *neo-retribucionismo*, versão moderna e atualizada do retribucionismo, que constitui uma faceta pior que a do século XIX, como expressão do Direito Penal liberal. O *descrédito* da pena de prisão é uma secular consequência da *crise do sistema prisional* que atinge o coletivo carcerário e a sociedade, sob o aparato de *terror repressivo*, questionando na teoria e na prática o *conceito de ressocialização*. Aduza-se que a massa carcerária nem sequer foi inserida no contexto social, vivendo marginalizada das pautas macrossociais. Bacigalupo recorda que o *conceito de ressocialização* se converte em sinônimo de *execução humanitária* do castigo. Os programas ressocializadores máximos *não* respondem à ideia de autodeterminação, mas só de imposição, com a pena assumindo objetivos autoritários e impróprios de manipulação do indivíduo com o custo de sua liberdade e de outros direitos fundamentais, constituindo-se em atividade abusiva do Estado. Assim, é imprescindível uma noção ampla e integradora de intervenção que ultrapasse o conceito de tratamento. Uma intervenção eficaz exige um sólido modelo conceitual com programas *estruturados*, *claros* e *duradouros*. A *reeducação*, conceito de valor, deve ser harmonizada com o princípio de liberdade de orientação, não podendo ser compreendido com a *instrução*, luta contra o analfabetismo, mas na inserção da consciência do apenado no quadro de determinados valores culturais.

Hassemer, em *Fundamentos del derecho penal*, defensor da *prevenção geral positiva limitadora*, destaca que sobre o *conceito de socialização* gravita a circunstância da relevante *impossibilidade* de se poderem apontar resultados mensuráveis, não se olvidando que o direito penal da resposta social tem a necessidade de buscar uma justificativa, o que aumenta a carga sobre os fins da pena imposta aos condenados para a realização dos objetivos propagados. De outro lado, a ausência de um patamar empírico dificulta a polêmica conceitual sobre o *tratamento* (consistência e possibilidades). Assim, enfatiza que "*a crítica ao Direito Penal começa precisamente com a crítica à ideia de ressocialização*".

A sociedade corresponsável e atenta aos fins da pena *não* possui legitimidade para a mera imposição do mal. Em concreto, as penas privativas de liberdade *estigmatizam* e *desassociam*, pois a educação para a liberdade *não* se realiza através do encarceramento. O sistema prisional *isola* o condenado da sociedade e o *neutraliza* social e politicamente, constituindo-se em uma instituição de controle e vigilância total. Ressalte-se a *crise do pensamento ressocializador*, resultante da contradição de que dentro da prisão tradicional se poderá levar avante um programa de tratamento objetivando a futura e harmônica inserção e adaptação social do excluído e estigmatizado por ser egresso do cárcere. Continua-se no início do século XXI a repetir uma inverdade de que ao retirar o indivíduo do convívio social se deseja *ressocializá-lo* ("domesticá-lo") no contexto deletério da microssociedade. No estudo da *teoria da pena*, convergem vários segmentos cujas raízes são multidisciplinares, em um esforço conjuntural para racionalizá-la e descrever seus contornos éticos. Trata-se de uma *área cinza*, controvertida e plena de tensões emocionais, com reflexos diretos na *gestão do sistema carcerário* e na *cultura* em relação ao binômio prisão-impunidade.

No âmbito das consequências jurídicas do delito, a problemática da determinação da pena é a que mais evoluiu no campo da especulação científica, pois as decisões operativas não ocorrem em um espaço estranho à racionalidade e independem da arte e subjetividade do julgador. Contemporaneamente, sob o controle constitucional de fundamentação, a *determinação da pena* passou a constituir estrutural aplicação do Direito, transformando-a em uma questão dogmática, quando deixa de ser um domínio cujas soluções são estanques a quaisquer valorações político-criminais. O domínio da *política criminal* não se encontra mais limitado à temática da determinação da pena, acarretando um equilíbrio entre ambos, existindo uma relação de autêntica unidade funcional. Com isso, *não* se retira, a despeito dos grandes progressos no século XX no relacionamento da Criminologia e da Política Criminal com o Direito Penal no campo da pena, que a decisão da sua *aplicação* cabe ao magistrado, mantendo critérios eminentemente jurídicos. Não se pode esquecer os princípios expressos ou defluentes da Carta Política: **a)** princípio da legalidade; **b)** princípio da taxatividade; **c)** princípio da proibição da dupla punição pelo mesmo fato; **d)** princípio da igualdade ou isonomia; **e)** princípio da dignidade da pessoa humana; **f)** princípio da irretroatividade da lei mais grave; **g)** princípio da intranscendência; **h)** princípio da culpabilidade; **i)** princípio da intervenção mínima; **j)** princípio da lesividade ou da ofensividade; **k)** princípio da exclusiva proteção dos bens jurídicos; **l)** princípio da proporcionalidade; **m)** princípio da razoabilidade ou da proibição de excesso.

Os doutrinadores ainda *não* conseguiram solver a complexa temática de aspirações modernas que gravitam sobre a *vexata quaestio* e continuam perseguindo soluções românticas ou pseudorrealistas que repousam na volta ao museu da história. Jakobs, no *Direito Penal do Inimigo*, sustenta que o Estado para lutar eficazmente contra o *inimigo* deve impor penas desproporcionadas e draconianas, penalizar condutas inócuas ou distantes de serem uma real e efetiva ameaça ou perigo ao bem jurídico, eliminando o mínimo de custas garantistas e direitos ao indivíduo no processo penal. Diante da sociedade moderna de risco a única via seria dirigir o Direito Penal para o restabelecimento através da pena da vigência da norma violada pelo infrator, revitalizando a confiança dos cidadãos na segurança normativa. O que se questiona é a *compatibilidade* com o Estado do Direito e o reconhecimento e respeito aos direitos fundamentais. Na *doutrina funcionalista*, o conceito de vigência da norma converte-se em um critério reitor de toda uma construção dogmática, cumprindo uma função estabilizadora ou integradora do sistema. A lesão a bens jurídicos *não* seria definitiva, mas compartilhada por fenômenos naturalísticos; se consumada, o Direito seria ineficaz. O delito é explicado como a quebra da norma e a pena, como reafirmação de sua vigência.

O conceito de bem jurídico configura-se através do conceito de bem pertencente à teoria geral de valores. Os valores existenciais para o indivíduo e a coletividade, dentro de um conceito amplo, incluem valores materiais e imateriais, abrangendo coisas e direitos multidisciplinares. O ponto de partida da conceituação é que o bem jurídico possui natureza social e o Direito Penal só deve intervir para prevenir danos sociais e não para salvar concepções ideológicas ou morais. Assim, o Direito Penal que se pretende ver modelado em um Estado Democrático de Direito não se restringe como garantia da legalidade ao plano formal, investe-se, como foi dito, da missão de todo o Direito: regular a convivência humana, proteger os valores elementares da vida comunitária. Configura-se também como instrumento de controle social, *ultima ratio*, isto é, como um mecanismo para se obter determinadas condutas individuais na vida da macrossociedade, não sendo imaginável um processo sem a imposição de normas de conduta, sem sanções para as hipóteses de inadimplência e sem a realização efetiva da norma e aplicação da sanção adequada.

A sanção penal é considerada a *extrema ratio* que o Estado utiliza no processo de controle social, após constatar esgotados todos os meios de um plano lógico-sistemático, objetivando através do emprego de normas não-penais, a segurança pública. Visa, pois, aumentar, reforçar ou completar a tutela prestada que se tornou ineficaz. Por tal prisma, o Direito Penal assume seu caráter de pessoal, autônomo, sancionador, imperativo, aflitivo, preventivo, mas sempre assegurando as liberdades individuais. Assegura-se, que as sanções penais se justificam quando justas, isto é, necessárias, oportunas e proporcionais para a proteção macrossocial, garantistas da real vigência dos valores e atos emanados da consciência jurídica. Ressalte-se, que o Direito Penal de um Estado social justifica-se como um sistema de proteção macrossocial, devendo a proteção do bem jurídico ser requisito indispensável de qualquer limitação de direitos constitucionais. O princípio do bem jurídico se corresponde com o princípio *nullum crimen sine iniura* ou princípio da ofensividade. Cumpre rigor na sua seleção e hierarquização.

Como instrumento de controle social, o Direito Penal se caracteriza por dois aspectos básicos, por ser um instrumento de controle social primário, e por ser um instrumento de controle social formalizado.

A concreção do conceito de bem jurídico com função limitadora do poder punitivo, não pode ser indiferente à passagem de um Estado de Direito formal, mero garantidor das liberdades, não intervencionista, para um Estado de Direito que se almeja material, democrático e social. Desta forma, a nova concepção de Estado e as novas realidades sociais exercem pressão determinante na definição dos bens jurídicos a ser objeto da tutela pelo Direito Penal. O pensamento jurídico-penal da atualidade, em sociedades democráticas, plurais e abertas, descortina o Direito Penal como instrumento de proteção dos bens fundamentais da comunidade. Há unanimidade na sustentação subsidiária de bens jurídicos essenciais à vida humana em comunidade. No dizer de Jescheck: "bens vitais imprescindíveis a convivência humana em sociedade que são, por isso, merecedores de proteção através do poder coativo do Estado representado pela pena". Como instrumento de controle social primário, caracteriza-se na busca de alcançar fins mediante a ameaça de sanções na realização de condutas ilícitas. Não é o único meio de controle social, nem o mais importante. Citam-se outros mais lógicos e eficazes temos, como exemplo, a escolarização obrigatória, a religião, o sistema de trabalho, as organizações sindicais, os partidos políticos, a educação familiar, as mensagens emitidas pelos meios de comunicação social. De outra parte, o Direito Penal como instrumento de controle social formalizado deve se identificar com a aplicação prática envolta de uma série de garantias em uma atividade regrada, portanto, segura, previsível e controlada em todas as suas etapas, perante o devido processo legal.

Como se observa, o Direito Penal (conjunto de instituições, estratégias e sanções sociais que objetiva promover e garantir a submissão do indivíduo às normas de conduta protegida penalmente diante do princípio da intolerabilidade social), com a carga de normas, regras e formalismos, oferece o marco adequado para suportar descarga da agressividade e dos sentimentos de vingança latentes em toda a macrossociedade; o controle que a comunidade exerce sobre seus partícipes deve ser realizado de forma legítima, racional e fiscalizável, observado o máximo respeito aos direitos fundamentais da pessoa humana.

Contemporaneamente, busca-se na Constituição, enquanto instrumento fundamental de uma ordem jurídica, princípios capazes de exercer essa função legitimadora-limitadora do âmbito de uma eventual criminalização, perspectiva que completa o seu sentido garantidor, fornecendo ainda a unidade de toda a ordem jurídica e a harmonia entre o universo valorativo penal e o constitucional. Direitos, liberdade e garantias têm influência quanto ao conteúdo do Direito Penal, como também, os direitos sociais, econômicos e culturais, na medida em que expressam valores fundamentais da macrossociedade, valores que o Estado se comprometeu a respeitar, a fazer respeitar, a concretizar e a desenvolver. O Direito Penal só está legitimado a intervir para proteger os valores básicos de uma comunidade, desde que inexiste outra forma mais eficaz. A Constituição é o parâmetro de legitimidade da intervenção penal, a nosso sentir, exigindo uma harmonia entre valores penais e valores constitucionais vedando condutas que não levem ou coloquem em perigo valores constitucionais.

Roxin profetiza que a marca do século XXI será o aumento de condutas criminalizadas e de suas violações; porém as penas serão menos aflitivas, as respostas serão amplamente modificadas, ao se reconhecer o *fracasso* das penas privativas de liberdade, as quais serão substituídas por um rico arsenal de consequências jurídicas, mantido o pressuposto de uma conduta punível, mas *não* podendo mais retroagir à direção tradicional. A sociedade terá que encontrar no seu processo de desenvolvimento formas estruturais e de organização que *não* mais pleiteiem a pena e as suas consequências danosas. Correto ao alertar que *não* mais se poderá reverter à roda da história, voltando a um Estado policial, totalitário, embora não se possa esperar uma minimização da criminalidade através de um controle social completo. Há necessidade de suprir, no limite do possível, as penas privativas de liberdade, limitar as condutas delitivas que traduzam *absoluta* intolerabilidade ao convívio social e aumentar o elenco de medidas estritamente ligadas ao processo de inserção e adaptação social. O *Direito Penal do futuro* conterá sanções, *não* designadas como penas, mas como similares que imponham algo ao autor, prescindindo do caráter coercitivo da pena (reparação civil voluntária e prestação de serviços à comunidade). Faz a distinção clara entre o *merecimento da pena* e a *necessidade da pena*, afirmando que nem sempre o *merecimento* leva à *necessidade*. Aduza-se que a culpabilidade *não* serve para fundamentar a pena, tão só para limitá-la. A imposição da pena, na sua visão, serve para a proteção *subsidiária* e *preventiva*, tanto geral com individual, de bens jurídicos e prestações estatais. Todavia, não se pode esquecer que a culpabilidade *não* se limita tão somente ao direito de punir estatal, mas o fundamenta e legitima. Não é ao *legitimar* a pena através da culpabilidade que a *legitima*, mas ao *fundamentar* na culpabilidade é que estaria *legitimada*.

Ferrajoli escreve que o grau de *dureza tolerável* das penas está diretamente ligado ao grau de desenvolvimento cultural de cada ordenamento, sendo possível em longo prazo imaginar-se uma drástica duração do tempo de prisão, impondo-se a sua perpetuidade. A pena de prisão impõe a *aflição física* e *psicológica* (solidão, isolamento, disciplina carcerária, perda da sociabilidade e da afetividade, enfim, da *identidade*), tais sofrimentos físicos e mentais retiram da pena de prisão os requisitos de *igualdade*, *legalidade* e *jurisdicionalidade*. Conclui que a prisão é "*uma instituição ao mesmo tempo antiliberal, desigual, atípica, extralegal e extrajudicial*" e, em parte, "*lesiva para a dignidade das pessoas, penosa e inutilmente aflitiva*". Arremata que "*o projeto de abolição da prisão não se confunde com o projeto de abolição da pena*" e que a superação da prisão só poderá ocorrer em um processo gradual ligado às bases culturais e à redução das bases sociais de violência, com a etapa da *minimização da duração da pena*.

Como disse Ihering, a *história da pena é a história da sua constante abolição*, mas, como afirma Maurach, a comunidade que renuncia à pena renuncia a si mesma. É justificada por sua *necessidade, oportunidade* e *proporcionalidade*, visto que nos tempos contemporâneos *não* seria possível a convivência na sociedade com um comportamento anômico, constituindo-se em um recurso do Estado para realizar o *equilíbrio do conflito de interesses*, observado o *princípio da tolerabilidade*, e buscar a segurança e a paz social. A *execução da pena* só é admissível se tem por *finalidade* a proteção dos bens jurídicos e o controle social, buscando a reintegração social do condenado (*prevenção geral positiva limitadora*). Gössel defende que a pena é a afirmação do Direito em via dupla, na prevenção de futuros delitos, tanto em relação ao autor quanto em relação à sociedade. Fala-se do *mito da ressocialização*, que se constituiria em *utopia* ou *eufemismo*. As expressões *reinserção social* e *reeducação do delinquente*, no campo futurológico, coincidem teoricamente com os reais anseios humanistas de uma sociedade politicamente culturalista e pragmática (função reeducadora e correcional).

Posiciona-se no sentido de que a pena tem por *finalidade* a *proteção dos bens jurídicos* e a *contenção dos conflitos normativos*. Incentivar a *socialização* do apenado é dever do Estado, visando proporcionar a futura inserção e adaptação social diante do *princípio da dignidade da pessoa humana* em um Estado de Direito. Ressalte-se que não se pode manipular a sua personalidade respeitando-se a *opção de ser diferente*, mas ofertando oportunidades para alternativas comportamentais *não* conflitivas com as normas postas.

Trata-se, antes de tudo, de evitar o *encarceramento*, substituindo-o por *penas alternativas* à pena de prisão quando houver *possibilidade* de evitar ou diminuir a contaminação deletéria do cárcere e suas consequências, desde que se mostrem úteis, eficazes e suportáveis.

A *mudança cultural* é um processo mais amplo do que a *mudança social*. Inclui qualquer alteração ou substituição no campo das ideias, crenças, técnica, linguagem e dos costumes. Já a *mudança social* se refere apenas às modificações nos processos e nas instituições sociais. Em todas as sociedades, assinala-se uma luta constante entre *forças favoráveis e contrárias à ordem vigente*. Quando as primeiras predominam, a sociedade apresenta-se eminentemente conservadora; nas segundas, as modificações surgem, variando, porém, a intensidade e a rapidez em que se processam tais mudanças. Cabe ao Estado a manutenção da *ordem social* para garantir, diante do conflito o *equilíbrio dos valores sociais* em jogo. No terceiro milênio, o *desafio* a ser percorrido será no sentido de *aumentar o espectro das penas e medidas formais alternativas* à pena de prisão, ao lado de uma *política social realista e eficiente de inclusão e adaptação social*.

2. EVOLUÇÃO HISTÓRICA

As origens são marcadas por um caráter retributivo, projetado na pena vindicativa na forma da *vindita* privada, passando por uma matriz do *divino* para chegar ao *social*. Encontra-se na Antiguidade clássica um *pensamento preventista da pena*, defendido por Platão, Sócrates e Aristóteles, tendência que tem por base os pressupostos filosóficos da doutrina estoica. Os filósofos gregos fixaram o tripé dos *fins da pena* na *correção, intimidação* e *eliminação*. Imaginava-se que a pena deveria reformar o infrator diante das causas determinantes do cometimento do delito, tendo como patamar a moralidade estoica. Contudo, a maioria dos penalistas clássicos defende o caráter *retributivo* da pena, apesar de já importante segmento doutrinal advogasse seu aspecto *preventivo*. O código napoleônico (1810) trazia uma vontade autoritária, ignorado a personalidade do delinquente e proporcionando a sanção à gravidade causada ao meio social. Assim, cumpre observar que Romagnosi, Bentham e Feuerbach, na corrente utilitarista da Escola Clássica (inspirou-se no iluminismo italiano, sendo Carrara a expressão do pensamento liberal italiano do século XIX, representa o liberalismo católico – fé no Direito e fé na liberdade humana com patamar na fé em Deus), são prevencionistas com a ideia de defesa social.

A corrente *retribucionista*, na luta contra o delito, fixa como postulados: **a)** o delito gera a desestabilidade do complexo social, e a pena surge como forma de restabelecer a ordem social interna; **b)** a pena exige um tripé, que consiste na proporcionalidade ante a gravidade do bem lesado, a ilicitude factual e a reprovabilidade do autor; **c)** a sua imposição tem como pressuposto uma responsabilidade moral do autor; **d)** é o meio efetivo e real de luta contra a criminalidade. Neste breve bosquejo histórico não se pode deixar de mencionar a participação dos expoentes da *teoria retribucionista* da pena, como Kant e Hegel, figuras principais da filosofia idealista germânica, ao lado de Carrara e, mais, recentemente, de Binding, Mezger e Welzel. Na *Metafísica dos Costumes*, Kant marca a sua postura *retributiva*, qualificando a pena como um *imperativo categórico*, sendo o fim de si mesma, e tendo como única tarefa realizar a justiça. Por ele, já se vislumbra o *princípio da proporcionalidade* como exigência absoluta. A diferença entre Kant e Hegel está na *fundamentação da pena*: o primeiro legitima a pena pela *necessidade ética*; ao passo que o segundo, na *necessidade jurídica*.

Hegel sustentava que o delito consistia na violência exercida por um ser livre contra a existência da liberdade, entendida no sentido concreto, contra o Direito. O delito é a violação do Direito. O que anularia o delito seria a força contida na realidade do Direito, sendo que *"a pena é a negação de uma negação"*. Com ele, o idealismo alemão e o pensamento contemporâneo atingem o seu vértice imamentista de um poderoso sistema dialético.

O caráter monopolista do puro retribucionismo é infrutífero frente à universal estatística de aumento das taxas de criminalidade, convencional ou não, principalmente frente aos reincidentes. Não pode escapar à acuidade do investigador histórico que, desde os fins do século XIX, há uma desconfiança em relação *à eficácia da pena*. A estatística criminal revela o insucesso ante a criminalidade reincidente, que continua crescente, apesar da gravidade das sanções e do rigor progressivo dos regimes prisionais impostos. O sistema clássico de penalidade redundou em completo fracasso. A via retribucionista única *não* responde aos anseios e necessidades da sociedade contemporânea. No paradigma das teses das escolas clássica e neoclássica, a retribuição e a prevenção geral de intimidação, como os fins justificantes da pena, dão sentido à repressão de todos os delitos e à punição de seus autores. Os reformistas buscam uma saída para o rigor das penas, demonstrando a ineficácia do excesso da crueldade como meio de *prevenção geral*, presumindo: **a)** a legalidade dos delitos e das penas frente ao arbítrio judicial; **b)** a proporcionalidade entre a punição e os delitos em oposição à crueldade desnecessária, predominando a ideia de pena com fim de *correção* e *utilidade*.

Já perante os *correcionalistas*, que surgem na Alemanha na metade do século XIX (1839), com a publicação de Röder (*Commentatio de quaestione an poena malum esse debeat*), prevalece o lado *moralista*. A *pena* é o meio racional e necessário para ajudar a vontade, injustamente determinada, de um membro do Estado a ordenar-se por si mesma, porque quando em desarmonia gera a desordem no campo social. A *pena correcionalista* seria um bem para o homem e para o Estado (correção e emenda moral). Seu papel histórico importante foi destacar o delinquente como ser humano no estudo do ilícito da ação. A ideia da *emenda* está afirmada no *Digesto*, de onde a máxima de Paulo: *poena constituitur in emendationem hominum*. Para seu seguidor, Röder, o autor do delito apresentou conduta que requer uma necessária e severa disciplina, uma pauta para que possa ser um elemento cooperante na vida societária. Assim, a pena deve ter uma *finalidade pedagógica*. Partem de uma ideia radicalmente individualizada da *ressocialização*, buscando ajudar, quando possível, o condenado para que se submeta a uma metamorfose total. Por tais razões, o delito não interessa *per se*, valorando tão só como sintoma da *periculosidade social do autor*. A corrente tem um interesse particular nas coincidências existentes entre uma *concepção de ressocialização* enriquecida por suas aspirações éticas e *retribucionistas* (a ideia retributiva comporta a ideia reeducativa). Para os correcionalistas a mera execução da pena abriria possibilidades para que o condenado elaborasse uma reflexão sobre a sua conduta delitiva.

A pena possui para o *correcionalismo*, sobre o ponto de vista *ressocializador*, dois efeitos sobre o condenado: *expiação* e *melhora*. Não se pode olvidar que o *conceito de expiação* teve originariamente um conteúdo metafísico (a pessoa que expia sobre si mesmo o delito, através do castigo, busca sua reconciliação com a divindade). Sabe-se que a *ressocialização* entendida nesta direção está alheia ao sistema penal e *não* se pode entender nem como *fundamento* ou como *fim* da pena. Aduza-se que, por meio da pena, busca-se estimular o condenado à aceitação do *código ético* dominante na sociedade. A ideia de *melhora* conduziria, segundo tal corrente, a entender a socialização como um processo subjetivo e individualizado por meio do qual os condenados corrigiriam suas *deficiências espirituais*, causas imediatas da conduta delitiva (*hospitais para enfermos de almas*). Para tal vetor, na chamada *ressocialização passiva*, os *incorrigíveis* (*unverbesserlich*) deveriam ser *inoculados* através da pena, desconsiderando as mínimas exigências de respeito à dignidade humana.

Carrara, expressão do pensamento liberal italiano do século XIX, defensor da *escola clássica*, no *Programma*, deu uma só justificação para a pena: a *tutela jurídica*. Na Alemanha, a polêmica foi sustentada por Von Liszt e Birkmeyer, enquanto o primeiro defendia que o caráter da pena deveria ser o *castigo*, a retribuição (*Vergeltungsstrafe*), para o segundo era uma ferramenta de *proteção* da sociedade (*Shutzstrade*). As escolas clássica e positiva se fincam em duas fórmulas: a *tutela jurídica* e a *defesa social*. Bentham, partindo do pressuposto de *utilidade*, defendia a tese do "*sacrifício necessário para a salvação comum*", justificava a pena pela *necessidade*, afirmando que "*a prevenção geral é o fim principal das penas e também sua razão justificativa*". Em sua *Teoria das Penas de das Recompensas*, defende que a *utilidade* da pena se traduz na *reforma* e *correção* do apenado. Já Feuerbach, no *Lehrbuch des gemeimen in Deustchland*, buscava dotar a pena de uma *coação psicológica* (*Theorie des psicologischen Zwanges*), objetivando a *prevenção geral* como meio de segurança social, ao passo que Romagnosi, em *Genesi del Diritto Penale*, concebia como um *contra impulso penal* diante do impulso do delito (*contra pinta morale e nulla piú*). Enquanto a *escola clássica* criava um aparato defensivo insuficiente (afirmava o livre-arbítrio), a *escola positiva*, de caráter unitário e cosmopolita, passou a montar sua programação sobre esse aspecto crítico. Ferri propunha abandonar o *fetichismo* para recorrer aos *substitutivos penais*, como meios preventivos que não cooperariam, mas substituiriam as penas. Ressalte-se que os positivistas advogavam uma *política de prevenção social*, menosprezavam o *papel retribucionista* e só viam a *periculosidade do delinquente*. A *escola positiva* traduz a superação do liberalismo individualista clássico em demanda com a exigência de uma eficaz defesa social, firmando o direito de punir na necessidade da conservação da paz social e na mera utilidade. É uma reação, nas ciências penais, contra o individualismo, produto da filosofia do século XVIII, e representa uma revolução científica equiparável à revolução filosófica em nome dos direitos do cidadão. A pena serve à *defesa social,* como instrumento eficaz, objetivando o bem-estar comum (adequada prevenção especial); assim, as garantias legais cedem aos arbítrios judicial e penitenciário (*princípio da individualização da pena* e da *sentença indeterminada*). Há renúncia ao princípio do *nullum crimen, nulla poena sine lege*, apregoando-se radical desjurisdicionalização da função penal (substituição dos juízes por médicos, antropólogos, sociólogos, psicólogos, assistentes sociais). O *positivismo criminológico* defende uma concepção classista e discriminatória da ordem social.

No quadro da crise, surge a *pena-fim*, postulada por Von Liszt. Para ele, ocupa lugar destacado a *teoria da pena-fim* (*Zweckstrafe*) e da *pena-defesa* (*Schuztstrafe*). Sustentava que a *missão* do Direito Penal é a defesa dos interesses requisitados de proteção por meio da pena. Desta forma, a pena só seria *justa* quando *necessária* àqueles interesses e à medida que se adaptasse à ideia de fim. A sua doutrina tem como base um *conceito utilitário da pena,* sendo notória a influência dos postulados positivistas, através do uso do método naturalista em fenômenos jurídicos. Sem dúvida que ele foi positivista até solucionar sua questão doutrinária mediante uma concepção sociológica do Direito Penal. Para o professor de Berlim, a única pena retributiva é a *pena-defesa*; a antítese entre a *quia peccatum* e a *nec peccatum* perde a sua razão de ser.

Assim, as classes de penas deveriam ser fixadas de acordo com os fins essenciais de *correção, intimidação* e *inoculação*, realizando as seguintes *funções*: **a)** *corrigir* os apenados susceptíveis de correção; **b)** *intimidar* aqueles que não necessitam de correção; e **c)** *inocular* os incorrigíveis. Anote-se, na Alemanha, a partir da década de 1970, o "movimento de retorno a Von Liszt", à volta à *prevenção especial*. As objeções ao *movimento preventivo especial*, tendo à frente o crítico Roxin, se resumem: **a)** não oferta uma delimitação do direito de punir do Estado, pois parte de que a atuação sobre o delinquente deve durar até a sua integração e acomodação a uma vida conforme a legalidade. No caso dos *perigosos*, a duração é longa, ainda que o delito seja de escassa gravidade, e, se a *ressocialização* é quase *impossível*, pregasse a sua inoculação perpétua; **b)** proporciona a *não* imposição de penas diante do *risco social*; **c)** admite medidas pré-delituais destinadas aos que poderão delinquir no futuro, o que é um absurdo. Von Liszt procurou harmonizar as novas exigências de política criminal com os critérios de Estado criado para defender direitos fundamentais.

A *Escola Positiva* procura integrar a *pena retributiva*, impotente e ineficaz, a um conceito de sanção que advogue as necessidades de *prevenção especial* (dirige-se ao delinquente em concreto, ao contrário da geral que tem como endereço a sociedade). Os positivistas aderiram a um *sistema monista*, unificando a pena e a medida de segurança, por serem duas espécies do mesmo gênero: a sanção penal. Aliás, o *sistema monista* tem como base o Projeto Ferri, de 1921, que *não* previa o binômio pena-medida de segurança, mas um único tipo de sanção, de tempo indeterminado, medido de acordo com a *periculosidade do autor* do fato punível. Os *substitutivos penais* são os meios preventivos sociais mais eficazes para atacar as causas da criminalidade convencional e não convencional. A crítica ao *monismo positivista* situa-se na renúncia às garantias políticas do cidadão, com risco à sua liberdade. As teorias monistas (culpa, prevenção geral ou especial) são falsas pela arbitrariedade de ausência de verdade, convertendo o Direito Penal em uma ferramenta de opressão. Roxin anota que a *teoria da prevenção especial*, na formulação moderna, procede da época do Iluminismo, retrocedendo ao século XIX, diante da *teoria da retribuição*, sendo que, graças a Von Liszt, no *Der Zweckgadenke im Strafrecht*, adquiriu novo impacto. Enquanto na Alemanha há um retrocesso diante do avanço da *teoria da retribuição*, na França e na Itália, principalmente, adquire grande relevância através do movimento de *defesa social*. A ideia de um *Direito Penal preventivo de segurança e correção* ganha espaço no discurso de tendência construtiva e social.

O movimento doutrinal da *Defesa Social*, que se conduz em três correntes de postulações diversas: **a)** a direção de Gênova; **b)** a direção de Paris; **c)** a direção conservadora. A direção de Gênova é representada por Grammatica, em *Principi di difesa sociale*, e coloca a defesa da sociedade para atender à prevenção das causas que originam o caráter antissocial do indivíduo. O aspecto psicossubjetivo da antissociabilidade é a base do sistema defensista. Para ele, a pena deve ser substituída por um *sistema unitário* representado por *medidas de prevenção e defesa social* que *curem* e *eduquem* o indivíduo. Consagra o princípio de *uma medida para uma pessoa* e não uma pena para cada delito. É uma postura irracional e extremista. Era partidário da eliminação do Direito Penal vigente e a sua substituição por um Direito de medidas adequado ao "*critério de periculosidade social*".

A *direção moderada ou de Paris* tem seu representante máximo em Marc Ancel, na *La défense sociale nouvelle*, e está estruturada mais pragmaticamente, procurando abolir os extremismos utópicos. Opõe-se, por seu aspecto antifilosófico e extrajurídico, ao denominado Direito Penal tradicional, à doutrina clássica do século XIX e ao tecnicismo jurídico do século XX. Procura uma ordem social que deve servir de base a uma *nova política criminal*. Para ele, a doutrina da *defesa social* repele o determinismo positivista, não acredita na *classificação dos delinquentes*, e sim na explicação da dinâmica delitiva, advoga a estrita legalidade das medidas de segurança e a sua submissão ao arbítrio judicial e tem como bandeira uma ação social que supera a investigação científica como mera técnica jurídica. Critica a concepção da *prevenção geral* e a *retributiva* por seu caráter abstrato, puramente teórico e metafísico, inclinando-se para a *prevenção especial*, sem excluir, no caso concreto, a *intimidação individual* para determinada classe de delinquentes. Reafirma que o objetivo principal é de *educar* para *socializar* e *inserir* o infrator na macrossociedade. Tal modelo tem sido o enfoque das legislações do século XX. Aliás, a *retribuição*, a *ressocialização*, a *prevenção geral e especial jamais* estiveram isentas de críticas.

Na *Defesa Social* de Marc Ancel, não há *unificação*, mas uma *integração* da pena e da medida de segurança em um *sistema unitário* de sanções que objetivam fins sociais. A *desjurisdição* é uma característica básica do sistema de defesa social. A direção de Paris origina grave confusão, colocando em risco a segurança jurídica a que tem direito seus destinatários (a sociedade e o homem). A pena é uma sanção estatal e pública, e só o Estado está legitimado para impô-la, mediante um processo público, por meio de uma decisão judicial de magistrado competente. A *função* do Direito Penal está vinculada às concepções sobre sua legitimidade, através da realização dos *ideais de justiça*. Só se justifica o Direito Penal como um *instrumento socialmente útil*, e o *valor* assinalado às suas funções é o *fundamento de sua legitimidade*.

A direção conservadora, mais próxima do Direito Penal clássico e em que se incluem Nuvolone, Guarnieri, Frey e Jescheck, o indivíduo, como sujeito ativo, tem o direito de manifestar suas exigências, reclamando sua própria ressocialização (*reinserção social*). É certo que os conceitos de *ressocialização, reeducação, reinserção social* ou como se prefere "*inserção para a adaptação social*", pois a massa carcerária, composta de negros, mulatos, pobres ou miseráveis, favelados ou moradores de rua, analfabetos e desempregados, jamais foi inserida no processo social, constituem um *câmbio de etiquetas* em um inesgotável mar de interpretações. Nuvolone, no *Il sistema del diritto Penale*, é partidário da *unificação* da pena e das medidas de segurança. Entende que é absurda a separação, uma vez que não contradiz a essência do Direito Penal, e que a sua aplicação separada é contrária à unidade fundamental da pessoa humana. Pinatel, no *Traité Élémentaire de Science Pénitentiaire*, entende que a ação *ressocializadora* consiste em resolver os problemas, crises e traumatismos que se encontram regularmente no curso dos processos de socialização dos condenados, que se efetuam, principalmente, no interior da família e independentes de todo o sistema político.

Marc Ancel também procura posições conciliatórias e reconhece que o sistema penal é também *retribuição*, mas admite um conceito de retribuição com uma natureza expiatória comportando uma ideia *reeducativa*. Entende-se que a Defesa Social é puramente ilusória, ignorando o autêntico fundamento político da pena, e pretende estabelecer um Direito Penal sem pena. O movimento da *nova defesa social* teve preocupação com a legalidade e a humanidade do sistema político-criminal. A etiqueta *nova* não logrou diferenciá-la das antigas teorias subjetivas onde se esconde o fracasso do Direito Penal do autor. A *história da pena* é a história da luta pela sua abolição por estágios reformistas, observando-se que os avanços na defesa da dignidade da pessoa humana surgem na luta contra o poder punitivo estatal. A perda de importância da pena de prisão está ligada à pauta permanente de crise do sistema punitivo. Já foram palavras de impacto, usadas pelos penitenciaristas: *recuperação, ressocialização, readaptação, emenda, reinserção, reeducação*, em um verdadeiro processo de mistificação da salvação do violador da norma. Cezar Roberto Bitencourt, em "*Teoria da Pena e uma Análise Crítica das Penas Alternativas*", sustenta "que se a pena pudesse ao menos não dessocializar, já seria um grande evento".

É importante o respeito à integridade do preso, quer moral ou física, colocada como princípio constitucional (art. 5º, XLIX, CF/88), mas tão esquecido pelos agentes da autoridade, estimulados pelo processo popularesco de *vindita da comunidade agredida* (papel negativo dos meios de comunicação de massa). Aduza-se o ato de *apresentação à imprensa* sem que exista decisão final transitada em julgado, fere-se o *princípio de inocência* e *da dignidade da pessoa privada de liberdade*. O processo de massificação ("enjaulamento") destruiu qualquer tentativa prática de implantação de um sistema científico-pedagógico, tornando falido o *mito da ressocialização*. Juarez Tavares anota que se convive com duas posturas: **a)** movimentos da *Lei* e da *Ordem* caracterizados pelo aumento da repressão, ditados pela política da "*tolerância zero*". Destaca-se que, nos anos 90, tal programa idealizado na administração do prefeito de New York Rudolph Giuliani, teve como consequência a explosão do contingente carcerário. Anote-se que, em 2015, o governo Obama inicia um processo de descarcerização em massa, após ter atingido um contingente de dois milhões e duzentas mil pessoas privadas de liberdade. Registre-se que, em uma economia liberal e capitalista, o *marketing* dos grupos de interesses privados forma a opinião pública, através dos meios de comunicação de massa ao apelo da segurança pública; **b)** programa do *abolicionismo* e do Direito Penal *mínimo*. Como decorrência do que chamam de *crise da dogmática* há inúmeras tendências, variando desde o abandono da exigência legalista dos agentes do Estado, dirigida exclusivamente à *política de resultados*, "até a intrincada compreensão dos institutos do Direito Penal sob o enfoque sistêmico, que lhe emprestam refinada fundamentação, difundida por instâncias e malhas de conhecimento nem sempre apreensíveis e claras".

No Brasil, há *depósitos de pessoas presas*, visto que o Poder Executivo se nega a investir (não libera as verbas prometidas para os estados da Federação) no sistema prisional. No atual estágio brasileiro, o cumprimento de uma pena privativa de liberdade é simplesmente um episódio trágico para quem a suporta e um fator constante de conflito, colocando em risco a paz e a segurança pública. Quando Presidente do Supremo Tribunal Federal, o Ministro Joaquim Barbosa, em inspeção pessoal no Presídio Central de Porto Alegre, declarou que: "As condições que pude presenciar aqui são as mesmas que podemos encontrar em todo o país. Este presídio segue o padrão daquilo que não deveria ocorrer. A dignidade das pessoas encarceradas foi aniquilada, colocada de lado. Submeter seres humanos à condição de vida como essas que temos aqui é prova de falta de civilidade nacional. É o padrão seguido no Brasil inteiro".

A dogmática procura colocar o *fundamento*, o *conceito* e a *finalidade* da pena através da formulação teorética, das teorias *absolutas*, *relativas*, *unitárias* ou *mistas*, sempre com patamares fincados nas ideias de *retribuição e prevenção*. O *sistema repressor estatal* é formado por um conjunto normativo que, incriminando condutas e impondo sanções aos transgressores, objetiva preservar os *valores ético-jurídicos* escolhidos pela sociedade dominante a fim de evitar a deflagração de conflitos que coloquem em risco as instituições e os bens tutelados.

Salienta-se que a função punitiva é encontrada nos mais remotos momentos da vida associativa. Determinadas a *natureza*, a *origem* e a *forma* da pena, é possível traçar um quadro do seu desenvolvimento histórico e político. A pena, historicamente, é a reação ao ilícito penal marcada pelas divergências e ausências de unidade conceitual na doutrina e na jurisprudência. Só as teorias *modernas* da pena admitem a ideia de que o Direito Penal tem que se ocupar sistematicamente não só de encontrar uma *decisão justa*, como também uma *boa solução* para seus casos. Assim, Hassemer, em *Fundamentos del Derecho Penal*, conclui que as teorias *clássicas* (absolutas) são entendidas independentemente de um *fim* real, não procuram uma resposta, apoiam-se em si mesmas, ao passo que as *modernas*, de efeito empírico da pena, buscam o êxito da ressocialização e a efetiva intimidação.

Observa-se que a partir dos fins dos anos 1970 as reformas legislativas operadas nas partes especiais dos Códigos Penais e a pletora de leis extravagantes refletem uma tendência mundial, principalmente no tema das sanções penais, a um *processo de criminalização* (*Direito Penal do inimigo*), marcado por novos tipos penais e agravamento de cominações. A legitimação do direito de punir estatal conduz à legitimação do Estado de polícia em detrimento do Estado de Direito. É o espólio do Direito Penal voltado às consequências. O que se deve firmar é a coerência com um sistema geral constituído por princípios e direitos reconhecidos pela Constituição e com patamar nas declarações universais dos direitos humanos. É uma postura esquizofrênica imaginar a possibilidade dentro do Estado Democrático de Direito da coexistência de dois modelos antagônicos de Direito Penal, um respeitoso com as garantias e direitos fundamentais e outro puramente policial, para os "inimigos", fazendo tábula rasa dos princípios e garantias do Estado de Direito. Como bem salienta Muñoz Conde, no *Direito Penal do Inimigo*, a tarefa do jurista, do político e do intelectual no Estado de Direito e na sociedade é impedir a violação dos direitos fundamentais sob o rótulo de um discurso que tenha por objeto postergar a garantia efetiva desses direitos.

Continua-se a imaginar o Direito Penal como *prima ratio* para a solução dos problemas pertinentes aos conflitos de interesses na sociedade, principalmente: ambientais, drogas, crime organizado, econômico-tributários, relativos à informática, comércio exterior, controle de armas bélicas, tráfico de pessoas e engenharia genética, diante da imperatividade de *medidas* necessárias ditadas pelos órgãos de *formação* da opinião pública. Chamam a isso de *Direito Penal eficaz* em nome da segurança pública. Há necessidade de que as consequências penais das violações aos bens jurídicos mantenham a proporcionalidade normativa e as condenações observem o devido processo legal, garantidos os direitos do condenado também na execução penal. A ineficiência secular do cumprimento da pena de prisão como instrumento inibidor da conduta desviante e meio de integração social é facilmente constatável pela *ausência* de condições mínimas ofertadas pelo modelo prisional. Continua o cárcere se constituindo em uma comunidade de pessoas *frustradas*, *dessocializadas* e *estigmatizadas* diante da difícil relação entre a sociedade, o recluso, o egresso e o ex-presidiário, por *absoluta falta de vontade política reintegradora*, o que cria óbice fundamental à inserção e adaptação social e retroalimenta a reincidência. A segurança é uma necessidade da pessoa e dos grupos humanos, sendo a proteção direito de todos, e, tanto no universo antagônico ou fora dele, procura-se conciliar o respeito pelos direitos da pessoa humana com os interesses da coletividade objetivando o *bem comum*.

A *questão carcerária* não pode ser resolvida no interior da microssociedade fechada, como instituição total, pois o problema deve ser compartilhado por *toda* a sociedade. A *finalidade integradora* está diretamente ligada à modalidade da execução do cumprimento das penas de prisão, das quais infelizmente ainda *não* se pode abdicar, devendo, em um Estado Social e Democrático de Direito, a *contenção* ser exercida em benefício e sob o controle de todos os cidadãos. Afasta-se a vertente defendida por Welzel e Jakobs no espectro de uma concepção de *prevenção geral negativa*, abarcando a ideia *retribucionista* e a *função simbólica da pena*. A teoria da *prevenção geral* utiliza o *medo* como forma de controle social, inaugurando o *estado de terror* e transformando os indivíduos em animais. A *pena retributiva* não traz qualquer utilidade, pois *não* elimina o dano já produzido sem impedir que novos sejam causados, ficando apenas no plano metafísico e não no da realidade social. Correta a redefinição do *modelo correcionalista* por meio de formas *alternativas* à pena de prisão na busca de instrumentos para a solução ainda que parcial dos conflitos e *não* por meio de ações momentâneas e fantasiosas, que só servem de biombo ao exercício do poder vertical, autoritário e corporativo.

3. TEORIAS, FINS E FUNÇÕES DA PENA

Desde os inícios teóricos, nos fins do século XVIII, uma das questões mais relevantes foi a da pena, problema ligado ao caráter público do Direito Penal. Por tal razão, se unem as teorias da pena à concepção de Estado, pois *não* tem o mesmo significado a concepção da pena sob um Estado absoluto ou diante de um Estado democrático e as diversas formas evolutivas que teve em um Estado de Direito. Roxin defende uma *teoria unitária* ou *unificadora dialética* para a superação das críticas às teorias *absolutas* ou *relativas*, fazendo distinguir cada uma das três fases essenciais (criminalização, aplicação e execução), observando que o Estado tem o dever de garantir a vida em comum de *todos* os cidadãos, destacando-se a *natureza subsidiária* do Direito Penal. É pacífico que, do ponto de vista jurídico, o Direito Penal constitui um *sistema* pelo qual se regula o delito, como *pressuposto*, e a pena, como *consequência*, sendo a questão central, que se inicia e se esgota no *fundamento* e no *fim* da pena. As denominadas *teorias da pena* são pontos de vista que buscam explicar, legitimando ou justificando, a sua existência. Foucault, em *Vigiar e Punir*, enfoca os protestos ao sistema pré-moderno rebelando-se contra os suplícios generalizados na metade do século XIII, sustentando que as penas sejam *moderadas* e *proporcionais* e que os castigos sejam abolidos, pois revoltam a humanidade. Ressalta que o castigo é sempre uma questão de poder, não só poder social, religioso ou econômico, mas também poder político. Figueiredo Dias/Costa Andrade, em *Criminologia*, ressaltam que o conceito de *dignidade penal* implica em um *princípio de imanência social* e um *princípio de consenso*. O *primeiro* significa que *não* se deve assegurar através de *sanções penais* a prossecução de finalidades socialmente transcendentes, designadamente moralistas ou ideológicas. O *segundo* postula a redução do Direito Penal, dos valores ou interesses que contam com o apoio *generalizado* da comunidade.

A pena era definida por Ulpiano como *noxal vindicta*, sem que se deva ver na palavra *vindicta* um conceito vulgar de *vingança individual*. Sua fórmula traduz em um indicador de *convivência social contra o delito*, com fato de *vim dicere noxal*, razão pela qual considera a pena como atividade jurídica da sociedade humana que se contrapõe ao fato ilícito do indivíduo. Nos tempos modernos, Hugo Grocio, em *De iure belli ac pacis* (1625), sustentava que *poena est malum passionis quod infligitur ob malum actionis*; questiona-se se o publicista holandês teria visto ou não o *caráter da pena* como *retribuição do mal pelo mal*. Ao fazer um paralelo entre Ulpiano e Grocio, observa-se que o primeiro relacionava-a com o delito sem indicar o seu conteúdo, ao passo que o segundo dá a noção de conteúdo (*malum passionis*). Não seria o *sofrimento de um mal*, senão o *mal de um sofrimento* que tem como razão de ser o fato delitivo. Grocio não menciona *o fim da pena,* a locução *malum actionis* designa a razão nos casos singulares (o delinquir representa um ato rebelde ao império do Direito), sem fixar o fim certo do *malum passionis*. É com Beccaria que se passa a investigar com amplitude o aspecto teleológico (*fim da pena*). Direciona-se, então, que deve *negar a negação* do Direito contida no delito (*quod factum est infectum fieri nequit*). Era vista como produtora de um sofrimento, devendo constituir-se em um *pati quiddam*, para que a justiça fosse satisfeita.

Há basicamente *três doutrinas* que procuram explicar a razão existencial das penas: **a)** *as teorias absolutas* (retribuição penal e jurídica); **b)** *as relativas* (prevenção geral, positiva e negativa; prevenção especial, positiva e negativa); **c)** *de união ou ecléticas* (aditiva e dialética). Tais denominadores, trazidos pela classificação de Becker, não obstante o tempo, completados por conceitos de Bentham, de *prevenção geral e especial* e com a distinção atual elaborada por modernos penalistas, de *prevenção geral negativa e prevenção geral positiva*, são grupos de teorias numerosas e convivem em certos pontos fundamentais e se separam de forma profunda em outros.

Nas *teorias absolutas*, globalizam-se as ideias *liberais*, *individualistas* e *idealistas*, impregnadas de uma forte ordem ética que chega quase ao divino. Seneca sustenta que a pena não é um meio extrínseco, alheio à sua própria noção, mas mera resposta ao delito, transpassando os limites da intimidade caracterizada: *punitur, quia precatum est* (punido porque pecou). É a retribuição do delito no sentido religioso (*expiação*) ou jurídico (*compensação*) da culpabilidade, necessária para realizar a justiça ou restabelecer o Direito. As *teorias absolutas* (retribuição, expiação ou compensação da culpa) defendem que a pena é unicamente *castigo* ao violador da norma pelo delito cometido e *não* persegue outra função (*preventiva* ou *social*) posterior. Na doutrina, é tradicional explicar as *teorias da justiça* (com a expiação moral se libera o culpável de sua culpa alcançando sua dignidade pessoal) e da *expiação* (restabelecendo a ordem e alcançando a justiça) equiparando-as às *absolutas* ou *retributivas*. Portanto, o *retributivismo* gira em torno da ideia de que o malvado seja castigado, sendo *justo*, porque o homem é responsável por seu ato e deve receber o que merece (*teorias da vingança e da expiação*). Hebert Packer, em *I limiti sanzioni penale*, sustenta que a *vingança*, como justificação da pena, está ligada ao cotidiano da vida e se concreta na lei de Talião; já como *expiação do pecado*, realiza-se pelo *sofrimento*, um dos temas do pensamento religioso. Daí, historicamente, a retribuição é plurifacetada: *divina, moral* e *jurídica*. As *teorias absolutas* ou de *retribuição* foram estudadas inicialmente pelos filósofos Kant e Hegel e, modernamente, por Binding. Kant, filósofo do iluminismo, previu as consequências da globalização, e em sua *Metaphysuk der Sitten* parte da distinção entre *pena judicial (poena forensii)* e *pena natural (poena naturalis)* e diz que se exige um digno castigo, pois *a lei penal é um imperativo categórico*, e só impondo-se em sua concreta medida a justiça poderá ser alcançada.

Entre os precursores das teses absolutistas e retribucionistas, ao lado de Kant, alinha-se Hegel com seus *Princípios da Filosofia do Direito*, sem olvidar a vetusta ética cristã. De um lado, com Kant, encontra-se que a fundamentação temática é de *ordem ética*, ao passo que com Hegel é de *ordem jurídica*: a pena é a negação do Direito, cumprindo um papel restaurador ou retributivo. Para Kant, o autor do delito deve ser punido por tê-lo praticado, não questionando a *utilidade da pena*, negando a função prescritiva. A postura de Hegel é inversa, pois para ele a pena se justifica pela necessidade do restabelecimento da vontade geral, *estratificada no ordenamento jurídico* (o delito é a negação do Direito e a pena é a negação da negação, isto é, a reafirmação do Direito). A maior contribuição dada por Kant para o estudo do problema da pena consistiu na aplicação da segunda formulação do *imperativo categórico*, do princípio da dignidade do homem com fim em si mesmo, que está ligado à questão da legitimidade do direito de punir. Aduza-se a *retribuição moral* de Kant, expressa em seus princípios metafísicos do Direito, e a postura de Hegel, em sua *Filosofia do Direito*, que a retribuição jurídica "*representa a direção dialética da retribuição*". A Alemanha seguiu Hegel com maior ou menor fidelidade. Pessina, hegeliano puro, em *Manuale del diritto penale italiano* (1895), sustentava que o delito era a negação do Direito e que o fim da pena seria anular o delito.

Contemporaneamente, é impossível a sustentação de posições puramente absolutas, que considerem a pena exclusivamente como fim em si mesma. Aliás, já se encontravam contradições no próprio Kant ao introduzir de forma sub-reptícia elementos empíricos e utilitaristas em sua teoria penal. Bockelmann, em seu *Strafrecht, Allgemeiner Teil*, aponta que os partidários das teorias absolutas ensinam que *poena absoluta es ab effectu*, ao passo que os das teorias relativas, que *poena relata est ad effectum, punitur ne peccetur*. A união entre a noção *peccatum est* com a ideia de *ne peccetur* é incontornável.

Roxin, em seu artigo "*Sentido e Limites da Pena Estatal*", ao abordar a chamada *teoria da retribuição*, diz que seu patamar é a culpabilidade do autor compensada através da imposição de um mal pessoal, buscando tão só a realização da justiça. Conclui com três argumentos contrários: **a)** *deixa* na obscuridade os pressupostos da punibilidade, porque não estão comprovados os seus fundamentos e como profissão de fé é irracional e contestável, não sendo vinculante; **b)** *fracassa* perante a tarefa de estabelecer um limite, quanto ao conteúdo, ao poder punitivo do Estado; **c)** *revela* não só uma debilidade teórica, mas também um perigo prático. Aduz que os *fins da pena* só têm relevância para a vida societária, anotando que as *teorias absolutas* pecam pela ausência de cientificidade, arrematando que deixam na obscuridade os pressupostos da punibilidade, uma vez que os seus fundamentos *não* estão comprovados. A pena punia a violação da norma como garante de segurança da liberdade da comunidade social. Aníbal Bruno, em *Direito Penal. Parte Geral*, dizia que os fins da pena é a *defesa social* (por meio da prevenção geral, atuando sobre a coletividade, ou da prevenção especial, diretamente sobre o indivíduo) pela proteção de bens jurídicos considerados à manutenção da convivência social.

Hassemer, em *Fundamentos del Derecho Penal*, observa que, nos tempos contemporâneos, *não* se pode advogar *pura teoria retributiva*, o que levaria a renunciar a uma justificação da pena do ponto de vista de seus efeitos práticos (diante do infrator e da sociedade), teorizando que a justificação pelas consequências desejadas é uma parte de nossa racionalidade. Para Silva Sánches, em *Normas y Acciones en Derecho Penal*, no caso de *retribuição*, as razões de sua superação como fundamento básico da intervenção jurídico-penal sobre pessoas e bens dos cidadãos são claramente culturais (ou ideológicas). O Estado Social e Democrático de Direito garante o bem dos cidadãos, respeitando a dignidade do condenado como pessoa humana, pois o Direito Penal *não* possui o escopo de realizar *vingança*; tutelando os bens jurídicos, objetiva-se integrar o condenado dentro de mútuas possibilidades de razoabilidade de intervenção estatal. O moderno pensamento jurídico-penal de *orientação preventista* abandonou a ideia de retribuição. As *teorias retributivas* confundem o meio com o fim, pois a retribuição não é o fim da pena.

No século XIX, a atitude de Feuerbach se constitui em uma exceção, ao defender uma *teoria pragmática de presunção geral*, identificando a concepção final de pena, segundo sua *teoria da coação psicológica*, com a denominada *"pena justa"* kantiana, aproveitando, pois, o critério de Kant porque se adequava à *pena-fim* de sua proposta. Em seu *Lehrbuch*, sustenta que "o fim da aplicação é fundamentar a eficácia da ameaça legal, na medida em que sem ela tal ameaça seria ineficaz". Para ele, o fim último da aplicação da pena é a *"mera intimidação dos cidadãos através da lei"*. Seguindo a crítica de Naucke, se o injusto é a lesão do Direito como instituição final, a reação diante do delito não deve ser a retribuição no sentido kantiano, mas uma atividade final que evite futuras lesões do Direito. A união da teoria absoluta de Kant com as teorias utilitaristas dominantes à época serviu para que o conceito de *pena-fim* se destinasse à tutela da paz entre os cidadãos.

As *teorias positivas da pena* se dividem em *absolutas* e *relativas*, sendo que estas se dividem em de *prevenção geral* e *prevenção especial*; as de *prevenção geral*, por sua vez, se subdividem em *positivas* (mantêm a fidelidade ao direito) e *negativas* (atemorizam a população vulnerável); as de *prevenção especial* também se subdividem em *positivas* (socialização) e *negativas* (inoculação, eliminação). Entre as *teorias absolutas* encontram-se: **a)** as *teorias da retribuição divina* (Stahl); **b)** as *teorias da retribuição ética* (Herbart); **c)** as *teorias da retribuição jurídica* (Kant, Hegel, Köstlin); e **d)** as *teorias da expiação* (Köhler). Já as *teorias relativas*, que consideram a pena como um meio para fins sociais (*ne peccetur*), classificam-se em *teorias de prevenção*, que se subdividem em *teorias de prevenção geral*, onde se situam: **a)** *teoria da intimidação para a execução da pena* (Filangieri); **b)** teoria da coação psíquica (Feuerbach); **c)** *teoria da advertência* (Bauer). Nas teorias de *prevenção especial*, estão: **a)** a *teoria da prevenção* (Grolmann); **b)** a *teoria de correção* (Ahrens); **c)** a *teoria da legítima defesa do Estado* (Romagnosi); **d)** as *teorias de compensação substitutiva* (Welcker); e, finalmente, **e)** as *teorias contratuais* (Rousseau e Beccaria). O "*retorno*" a Von Liszt, ressuscitando a ideia da *ressocialização* e *reeducação* do apenado, bem como a *intimidação* daqueles que não necessitam ser intimidados e a neutralização dos incorrigíveis, situa-se no tripé: **a)** *intimidação*; **b)** *correção*; **c)** *inoculação*.

Salienta-se que outras teses *retribucionistas* foram lançadas, como de Carrara, em seu *Programma*, ao assinalar que "o fim-princípio da pena é o restabelecimento da ordem externa da sociedade", enquanto Mezger, no *Strafrecht*, sustentava que a pena se constitui na "irrogação de um mal que se adapta à gravidade do fato cometido contra a ordem jurídica". Mais recentemente, têm-se as posições *retribucionistas* dos finalistas como Welzel e Maurach. Para Stahl (*teoria da retribuição divina*), o mais destacado representante das *teorias absolutas*, a justiça constitui a ideia do mundo moral e, como tal, "*é a inviolável conservação de uma ordem ética dada*"; desta forma, a sociedade disporia do poder de reparação e do castigo para anular o *rebelde* no sistema dominante ou fazê-lo sofrer e restaurar a ordem ética. Ora, a imoralidade e o pecado *não* integram o ilícito da ação censurada e a pena *não* é uma dor moral nem uma condenação eterna, mas sim a *perda da liberdade* com as suas múltiplas consequências. Como a meta *não* é a *vingança*, *não* se aplica a pena ao autor reprovável com o objetivo do sofrimento (necessidade religiosa), tão só se pune o seu atuar desvalorado. A ideia de *retribuição estética* remonta a Leibniz e veio a ser desenvolvida por Herbart e depois continuada por Geyer. A pena convertia-se em uma *necessidade estética*. Finaliza dizendo que o infrator é obrigado a suportar a pena em atenção à sociedade e quem *não* desejar aceitar a justificativa da pena, de que *todos* têm que responder por seus atos na medida de sua culpa, coassumir responsabilidades por seu destino (*princípio da igualdade*), terá que negar a existência de valores públicos e, com eles, o sentido e missão do Estado.

No que tange às *teorias relativas*, diferem das *absolutas*, em razão do objetivo-fim *preventivo*, objetivando a necessidade de compor a *tranquilidade* e o *equilíbrio* da vida social. Advogam a imposição da pena *ut ne peccatur*, imaginando que o autor do fato típico *não* volte a repeti-lo.

Com Feuerbach, tem-se a *coação psicológica*, isto é, a ameaça da pena faria com que o indivíduo ficasse *inibido* a cometer delitos. Assim, as *teorias relativas* são punitivas: *punitur ne preccetur*. Cumpre, pois, uma função de caráter punitivo e de alcance individual ou especial. Tais ideias tiveram seu período próspero no Iluminismo, na transição entre o Estado absoluto e o liberal. Caracteriza-se pelas vertentes da *intimidação* ou da *utilização do medo*. Cria-se o *temor da perda da liberdade* e de *todos os direitos relativos à cidadania*, o que é incompatível com o Estado Democrático de Direito. Porém, não se pode dizer que a pena *não* tenha seu *efeito intimidativo* para a maioria de seus destinatários (a classe social que por excepcionalidade viola a norma posta), pois o que se combate é a *generalização* de penas rigorosas para a garantia do efeito intimidatório, o que cria um contraefeito.

Zaffaroni, no *Em busca das penas perdidas: a perda da legitimidade do sistema penal*, escreve que "Se o sistema penal é um mero fato do poder, a pena não pode pretender *nenhuma razoabilidade*, ou seja, não pode ser explicada, a não ser como manifestação do poder" e, conclui que "A falta de razoabilidade da pena deriva de não ser um instrumento idôneo para a solução de conflitos". A pena, como *instrumento estatal de contenção*, estimula o atuar nos limites normativos. Todavia, o controle dos índices de conflito *não* se realiza pelo aumento do rigor das penas, mas pelo *estímulo dos valores* que devem presidir o comportamento do cidadão perante seu grupamento social.

Observa-se a busca de um modelo pedagógico-corretivo, pelas exigências ético-político-criminais, a objetivar a proteção dos bens jurídicos e a paz e tranquilidade social.

A pena deveria constituir-se em um instrumento de defesa da sociedade, sob uma visão pragmática e humanizadora. Muñoz Conde ataca a questão da *ressocialização* do infrator, priorizando o questionamento da estrutura social, pois, diante do *quadro da atualidade*, consistiria na *grande farsa* montada por nossa hipocrisia, isto é, "*reeducar*" e "*ressocializar*" (discurso oficial) o condenado para o *reingresso* (nunca foi socialmente inserido) na sociedade; com o sistema prisional da maioria de nossos países, constitui uma flagrante contradição. O criminólogo americano, Robert Martinson, em "*What Works*", critica o "tratamento ressocializador" quando resume com a frase "*Nothing works*". Na visão de Jakobs, no *Tratado de Direito Penal*, a pena garantidora das expectativas sociais teria como finalidade *o restabelecimento da ordem externa da sociedade*, objetivando a *confirmação da vigência da norma*. Baratta, na *Criminologia crítica e crítica do direito penal*, escreve que a pena persegue a confiança e a consolidação da fidelidade jurídica. Em síntese, o núcleo da polêmica, resume-se em três vetores: **a)** em uma interpretação ampla, a *ressocialização* é um processo em que se fomenta a responsabilidade social do apenado; **b)** em uma tese consequente com as ciências do comportamento, há o perigo da elitização do Direito Penal; **c)** em uma interpretação estrita, buscando a responsabilidade legal do apenado, opta-se por uma atitude pacífica para com o Direito Penal, mas inoperante, diante de uma perspectiva das ciências sociais. Contemporaneamente, uma concepção liberal do sistema penal não satisfaz as exigências de um Estado Social de Direito. Mir Puig, na *Introducción a las bases del Derecho Penal*, escreve que, com a execução da pena, cumpre-se uma "função social de criação de possibilidades de participação nos sistemas sociais, ofertando-se alternativas ao comportamento humano".

As *teorias unitárias* consistem genericamente na luta contra a criminalidade, expressadas por noções de *prevenção geral* e *especial*. A pena deve proteger a sociedade, e sua aplicação deve contribuir para evitar novas infrações realizadas por outras pessoas (*princípio da exemplaridade*). É o sentido básico da *prevenção geral*. Controle mínimo, mas autoritário. Como escreve Michel Foucault, os iluministas que descobriram as liberdades também inventaram a disciplina. Roxin salienta que o ponto débil da doutrina da *prevenção geral* é o compartilhamento com as teorias da retribuição e da correção, sem aclarar o âmbito do punível. Bustos Ramírez, em *Introducción al derecho penal*, defende que a *teoria da prevenção geral* ou cai na utilização do terror e na transformação dos indivíduos em animais, ou na suposição de uma racionalidade absoluta do homem no balanceamento entre o bem e o mal, na sua capacidade de motivação, na qual é uma ficção como é o livre-arbítrio. Já a *prevenção especial* consiste em que a pena aplicada deve evitar a comissão de novos delitos por parte do condenado. A *prevenção especial* possui como ponto referencial o fato de o autor do delito ser portador de um *desvio comportamental social,* impondo correção, que incumbe à pena diante das plúrimas características.

Registre-se que as chamadas *teorias unificadoras* acolhem o princípio da retribuição e da culpabilidade como estratégias limitadoras no sentido jurídico, buscando nos limites do delito os fins de prevenção geral e especial. As *teorias mistas* ou *ecléticas* são marcadas pelo *endereço retributivo*, sendo concomitantemente um meio de *educação* e *correção*. Compreendem ambos os critérios, defendendo que a pena deve observar o *passado* e o *futuro*, retribuindo o delito perpetrado e prevendo em seu próprio tempo a realização de outras ilicitudes. Nos segmentos modernos busca-se a *melhora do condenado*, que constitui o objetivo mais elevado de política criminal. Para os seus defensores a pena deve ter uma *função educativa*, a fim de transformar o infrator em um *novo homem*, respeitador da ordem social e da lei. Embora a harmônica reintegração social esteja escrita em vários diplomas legais, normativos e constitucionais, certa a crítica de que "é inimaginável que a prisão possa produzir cidadãos domesticados pela disciplina punitiva para conviverem nos padrões ditados pela sociedade dominante" depois de estigmatizados e desqualificados para o labor produtivo. René Dotti coloca que os fins da *reintegração social* devem ser entendidos como a "criação de possibilidades de participação nos sistemas sociais", repudiando a *ideologia do tratamento*, apanágio da execução do modelo autoritário. O discurso oficial legitimador das funções objetivas da pena *não* resiste à avaliação crítica.

As *teorias unificadoras* ou *mistas*, que se denominam de *ecléticas*, buscam a conciliação pela via unitária, isto é, o injusto é o fundamento da pena pela qual se persegue um fim que está fora de sua própria órbita. Com o fracasso das teorias *retributivas* surgem as teorias *mistas*. Seu maior mérito estava na *conciliação* das exigências retributivas e preventivas, dominantes ainda no debate atual *do início do século XXI* unindo o fundamento e o fim da pena, deixando de lado a prevenção especial com a (re)socialização. As teorias de união (*Spielraumtheorie* e *Rahmentheorie*) procuram equacionar os *princípios da culpabilidade e da prevenção*, perdendo espaço a *intimidação* e a *inoculação*, propostas por Von Liszt, dando lugar a Schmidhäuser (*teoria da diferenciação*) e a Roxin (*teoria dialética da união*). As *teorias mistas ou de união* podem ser anotadas: **a)** a *teoria neo-retributiva-preventiva*; **b)** a *teoria diferenciadora*; **c)** a *teoria dialética da união*; **d)** a *teoria modificadora da união*.

A *teoria mista retributiva-preventiva* defende que a pena busca ao mesmo tempo punir o infrator e prevenir novos delitos. As *teorias ecléticas* são o produto da longa controvérsia científica que objetiva unificar os fins na busca de uma solução pacificadora de equilíbrio. Critica-se na direção de que ao procurar agradar a todos não consegue agradar a ninguém. Notam-se as múltiplas vertentes dentro do ecletismo das teorias (teorias ecléticas próximas do retribucionismo e *teorias ecléticas* próximas a propósitos preventistas). A *teoria diferenciadora* (*Entwicklung einer differenzierenden Straftheorie*) é advogada por Schmidhäuser, que sustenta que o comportamento desviante pertence também à sociedade e, por isso, um fim só pode ser alcançado para conter a comissão de delitos dentro dos limites que permitam uma próspera convivência social.

A *teoria unificadora dialética* é desenvolvida por Roxin, sustentando que são *fins da pena*, simultaneamente, a *prevenção geral* e a *especial*, excluindo a retribuição. Para ele, a *teoria unificadora dialética* busca evitar exageros unilaterais e dirigi-la para vias construtivas, conseguindo o equilíbrio de todos os princípios, mediante restrições recíprocas. Diz que pode denominar-se *dialética* quando acentua o caráter antitético dos diversos pontos de vista reunidos em uma síntese. Uma *teoria da pena* deve ter por objetivo corresponder à realidade. Em Direito Penal só poderá fortalecer a consciência jurídica da generalidade no sentido da *prevenção geral*, se preservar a *individualidade* de quem está sujeito. A pena serve aos fins da *prevenção geral* e da *prevenção especial*, limitada na medida da culpabilidade. A *reeducação* e a *reinserção* se movem em dois planos diferentes: **a)** a primeira, aspira que o apenado *não* interrompa o processo de desenvolvimento da personalidade, garantido os direitos fundamentais explicitados na Carta Política; **b)** a segunda, atenua a nocividade da pena privativa de liberdade no âmbito da esfera das relações materiais no binômio indivíduo-sociedade. O fim da execução penal é lograr a reincorporação do apenado na comunidade jurídica. As tentativas conciliatórias em torno da *função da pena* (retributiva, preventiva, ressocializadora e reintegradora) traduzem a incoerência teórica e a realidade prática do discurso político e arbitrário.

Contemporaneamente, a doutrina se dedica a procurar encontrar *alternativas* para a *teoria dos fins da pena*. Encontram-se na *teoria da prevenção geral positiva* duas vertentes: **a)** *a prevenção geral positiva fundamentadora*; **b)** *a prevenção geral positiva limitadora*. No que tange à *teoria da prevenção geral positiva fundamentadora*, não se pode olvidar o papel de Welzel ao afirmar que o Direito Penal, marcado pela *natureza eticossocial*, cumpre neste campo papel mais relevante do que o da tutela dos bens jurídicos. Aponta, na *Teoria de la Acción Finalista*, que a mera defesa dos bens jurídicos de caráter policial e negativo é insuficiente para justificar a missão do Direito Penal. Atuaria com a função de garantir a orientação das normas jurídicas, as quais procuram estabilizar as experiências sociais; enfim, uma orientação ao atuar do cidadão no campo do que deve observar em suas interrelações sociais. Na formulação da tese da *prevenção geral positiva fundamentadora*, Jakobs utiliza a teoria do sistema social de Nicklas Luhman e do pensamento de Talcott Parson da "domesticação do cidadão". O modelo *preventivo geral* de Jakobs descarta uma prevenção a qualquer custo. Busca *conciliar* a proteção das potenciais vítimas com garantias para todos – potenciais autores –, configurando um modelo de *Direito Penal do cidadão*.

Já no que tange à *prevenção geral positiva limitadora*, seus defensores expressam-se pelo *limitar* o poder punitivo do Estado. Para tal vertente, o Direito Penal atuaria como uma *forma de controle social*, caracterizado pela sua formalização. A pena deveria manter-se nos *limites* do Direito Penal do fato e da *proporcionalidade* e tão só ser composta através de um procedimento presidido pelas garantias constitucionais. Para Roxin, na aplicação da pena está inscrita a ideia de *prevenção geral* (positiva ou negativa) e *especial*, pois *intimidará* o apenado diante da possibilidade de reincidir e manterá a sociedade mais segura durante o cumprimento da pena.

Hassemer vê que a *prevenção geral positiva* seria a reação estatal diante dos fatos puníveis, protegendo, ao mesmo tempo, a consciência social da norma. Abandona uma *prevenção geral intimidadora* (*prevenção geral negativa*) e se inclina por uma *prevenção geral ampla* (*prevenção geral positiva ou integradora*) que só venha a perseguir a estabilidade da consciência do Direito, buscando converter o Direito Penal no último dos controles sociais. Recorde-se que a *prevenção negativa* ou "medo da pena" não tem reflexos positivos sequer perante o extrato de atores do *white collor crime*. Construída por Feuerbach, defendia o aviso do legislador a coletividade da imposição da pena pela violação da norma, imaginando uma sociedade robotizada. A *prevenção geral positiva limitadora ou integradora* geraria um *efeito de pacificação*, diante da aplicação e execução da pena, tranquilizando a sociedade pela realização do direito com o término do conflito. Jakobs defende que a pena tem como única missão confirmar contrafactamente a vigência da norma violada pelo delito, fortalecendo "a fidelidade e a confiança dos cidadãos no Direito" (*prevenção geral positiva fundamentadora*), enfim, "*garantir a identidade da sociedade*". Tal vetor doutrinário advoga que a *ameaça* da aplicação da pena atua com eficácia para reforçar e consolidar o sentimento de confiança estatal. Assim, o destinatário seria a coletividade e não o infrator normativo. O critério de proporcionalidade entre o delito e a pena, embora historicamente sempre tenha sido a *justiça*, passa a aproximar a *retribuição* da *prevenção especial* e *geral*. O fim da *prevenção especial* perdeu o seu conteúdo puramente naturalístico. As propostas buscam uma estabilização social da norma e a confiança na mesma. Tal postura *não* adota propostas retribucionistas, na reafirmação das regras de convivência, sem perder sua *função limitadora ou integradora*, que se desenvolve com a prevenção especial e com a culpabilidade como limite da pena.

A *intimidação* ainda está presente dentre as estratégias universais, bem como o exercício da *exemplaridade*. Entende-se que o Direito Penal contemporâneo deverá abandonar a estratégia pura da *intimidação*, por ser injusta e inumana a medição das penas que devem sofrer uns para temor de outros. A pena deve ser sempre aplicada na *medida da culpabili*dade, evitando os exageros (proporcionalidade) e objetivando vias sociais construtivas, buscando o *equilíbrio* de todos os princípios por meio de restrições recíprocas. Repete-se na nova modelagem da *teoria da prevenção por intimidação* a velha formulação feita por Feuerbach no início do século. O Direito Penal ofereceria, então, contribuição para o aperfeiçoamento da sociedade através do *fornecimento da resposta penal* para os violadores do direito, previamente anunciada, a fim de impor o desencorajamento.

A pessoa humana é colocada em todos os momentos em situações potencialmente ambíguas, indefinidas e conflitantes em sua identidade integral, tornando-se sensíveis aos apelos positivos ou negativos. Na releitura temática, permeia o intercâmbio entre pessoas colocadas em posições estruturalmente diferentes, ou seja, *diferentes* por força de posições culturais, políticas, familiares, ou econômicas, produto de processos culturais distorcidos no intercâmbio institucional.

Hassemer, ao analisar de forma crítica, diz que a *intimidação como forma de prevenção* viola a dignidade humana, pois converte uma pessoa em *instrumento de intimidação do grupo*, cujos efeitos são duvidosos, pelas categorias imprecisas, como o inequívoco conhecimento por parte de todos das penas cominadas e das condenações e a obediência dos cidadãos vassalos à ordem e à lei em decorrência da cominação de penas. Conclui que, para a relativa eficácia da *prevenção geral,* seriam necessárias que as citadas condições estivessem presentes e interdependentes. Seria uma posição ilusória, pois a *teoria da prevenção por intimidação* não ultrapassou a etapa do chamado *direito penal das consequências*. A pena, se possuir o fim de *pre-

venção geral, será *intimidativa*, pois deve possuir eficácia de afastar *todos* da futura ação delitiva. É inadequada por sua *generalidade*, mesmo que o Estado tenha especial interesse na intervenção dos processos sociais como única maneira de remediar o conflito, pois o que se cuida é de diferenciar os processos e controlá-los em sua especificidade. O *princípio da intimidação* é humilhante para a sociedade. Em um Estado democrático, as normas *não* podem ser respeitadas pelos cidadãos pelo terror. O caráter *intimidativo* está na *certeza* da *aplicação* e *execução* da pena. Não se deseja a volta a Feuerbach, nem a postura defendida por Jescheck, como preconizado na atual Reforma de 2012, que, em *Lehrbuch des Strafrecht, Allgemeiner Teil*, defendia que "ainda quando não existe no autor nenhum risco para a segurança, o Estado deve responder à criminalidade violenta com elevadas penas de privação de liberdade para colocar em manifesto, com isso, que compreende a necessidade de justiça que possui a coletividade e que está disposto e em situação de proteger a ordem jurídica".

A *prevenção especial* assumiu particular relevo delegado pelo positivismo. Possui como alvo o violador da norma e não a massa social, com uma visão antropológica, na impossibilidade de inocular, busca corrigir, emendar ou reabilitá-lo. O *fim da pena* estaria ligado à *prevenção futura* de forma a servir de exemplo aos demais, nos limites do possível, procurando a inserção ao meio social e colocando o apenado em condições de não reincidir. Não se pode esquecer que há condenados que *não* necessitam ser *educados*, bem como há os *incorrigíveis*. Deve-se fazer a distinção entre a *prevenção geral negativa* e a *prevenção geral positiva*: a *primeira*, tradicional, que obra de forma indiscriminada sobre a sociedade como um freio inibitório à realização de delitos; e, a *segunda*, em que a pena exerce na sociedade seu poder, não inibidor de tendências e impulsos delitivos, mas sim de *reforçamento*, dando confiança e adesão social, no plano normativo, devendo os participantes conduzir-se com patamar em uma situação institucionalizada de segurança coletiva e confiança mútua. Acorda-se a consciência do indivíduo do desvalor do atuar violador da norma e se reafirma a presunção da manutenção dos bens jurídicos. Todavia, aflora a indagação de se a prisão pode *melhorar* alguém, cuja resposta é sabidamente negativa, por suas características e efeitos deletérios. O que sustenta a *prevenção especial positiva* é a legitimação de uma função positiva de melhoramento do encarcerado.

O mais significativo representante da teoria da *prevenção especial* foi Von Liszt com seu *Programa de Marburgo* (1882), sustentando que a pena deveria desempenhar três aspectos essenciais (o quarto seria a *prevenção especial*) que corresponderiam aos tipos de delinquentes a que a pena se dirige: **a)** *prevenção positiva especial*, objetivando a correição do infrator (*Besserüng der besserungsfähigen und besserungsbe düftifgen Verbrecher*); **b)** *prevenção especial negativa*, intimidação para aquele que não necessita de correição

(*Abschreckung der nicht besserungsbe düftigen Verbrecher*); **c)** *prevenção especial neutralizadora*, para inocular o delinquente (*Unschädlichmachung der nicht besserungsbefähigen Verbucher*). Nos anos 60 e 70 do século passado, a *prevenção especial* perdeu significado, como se observa na França e na denominada escola da nova defesa social, de Marc Ancel. A *ressocialização* do autor do delito foi bem recebida pelo Código Penal alemão de 1966 (*ideologia do tratamento*), que dominou a doutrina até os anos 1970, quando então foi constatado *não* ter atingido resultados esperados.

Tobias Barreto sustentava que "*o conceito de pena não é um conceito jurídico, mas um conceito político*" e, "quem procura o fundamento jurídico da pena, deve também procurar, se é que não o encontrou, o fundamento jurídico da guerra". O discurso penal, diante das *sociedades de risco*, se resume em um discurso bélico, a "guerra contra o crime", sendo tudo permitido para vencer o inimigo. A *teoria agnóstica da pena* advoga *não* possuir qualquer função ou justificação jurídica, sendo tão só um *ato político de poder*, visto que não se pode justificar o injustificável. Jakobs destaca que a pena deve ser *necessária* para a manutenção da ordem social, pois, sem tal necessidade, seria um mal inútil. Apregoa, em resumo, que é *útil* para a consecução de seus *fins sociais* se não perde a sua *funcionalidade*. Representaria a reafirmação do ordenamento jurídico e não as finalidades úteis da norma. Para tal segmento, a teoria da *prevenção geral positiva fundamentadora* não é relativa ou utilitarista, mas uma *releitura da teoria absoluta hegeliana*, punindo-se para *reafirmar* o conceito de justiça. De forma simbólica, o *fim da pena* seria o *restabelecimento da ordem social*. Para o funcionalismo a pena é um farol, aclara e atualiza a vigência efetiva dos valores violados, enfraquecidos pelo atuar desviante, desenvolvendo nos cidadãos a confiança no sistema penal.

No modelo de Roxin, há adesão à *prevenção geral positiva limitadora* e não à *prevenção geral integradora*, que é relativa, ficando a prevenção *limitada* pela ideia de *subsidiariedade*, uma função dentre as demais funções, excluída a *prevenção geral*, ao passo que Jakobs legitima o ordenamento jurídico e as expectativas sociais em uma perspectiva puramente normativa. No campo da modernidade, fala-se em um *Direito Penal funcional* para a edição de uma política criminal em contraponto com a dogmática abstrata. Contemporaneamente, nas bases mínimas, não podem deixar de constar as *garantias processuais* do Estado de Direito e um *correto processo de execução penal* desmistificando o ódio ao autor do delito, buscando a possibilidade de oportunizar futura inserção e adaptação social do egresso.

A *pena* é um *instrumento estatal de contenção*, para a proteção dos bens jurídicos, asseguradas as garantias constitucionais, sendo a *ultima ratio* do controle social. *Não* possui caráter *retributivo* ou *ressocializante*, constituindo-se em um meio de prevenção geral e especial, positiva ou negativa, objetivando a tutela dos bens jurídicos e a evitação da prática de futuros delitos, como *ultima ratio* do controle social, dando-se uma resposta à *crise da impunidade*. Não se imagine tratar de uma mera construção dialética, visando a procurar um ponto comum relativo à necessidade de assegurar a proteção da tutela jurídica relativa aos interesses fundamentais da vida em comunidade. A defesa do direito dos cidadãos livres deve ser justa, salientando-se que o sistema de aplicação de penas é *oneroso*, mas *necessário* ao Estado. O *fundamento da pena* se origina do fundamento do próprio Direito, sendo a causa final a tutela da proteção do bem jurídico, ou melhor, da ordem social juridicamente organizada, ditada pela sociedade dominante.

O *fim da pena* como ferramenta de controle social, expressada pela intervenção mínima e como eventual e hipotética possibilidade de correção do violador da norma, *não* entra em conflito com a sua natureza ética, visto que a proteção dos direitos humanos se constitui em uma das missões do Direito Penal. Nos modernos Estados democráticos se questiona quais os reais *fins da pena,* isto é, o que pode legitimar um sistema punitivo.

García-Pablos de Molina, no *Tratado de Criminologia*, salienta que o "infrator é um homem de seu tempo, um a mais, como todos os outros homens, sua dignidade de pessoa pugna por determinados clichês e estereótipos incompatíveis com os conhecimentos científicos atuais que induzem a uma política criminal injustificável e de desmedido rigor". Borja Caffarena, em *Principios Fundamentais del Sistema Penitenciário Español*, sonha com a *ressocialização penitenciária*, através da elaboração de um *status* jurídico do recluso e de um plano de execução da pena que permita que a vida na prisão se assemelhe o mais possível à vida em liberdade e com isso desapareçam as consequências daninhas da pena privativa de liberdade.

A *reintegração social* tem como vulnerabilidade a destruição do indivíduo, em razão da contaminação deletéria do cárcere, proporcionando outros valores e rupturas de obediência normativa. Diante de uma sociedade de funcionamento dinâmico, leva a novos conflitos por absoluta ausência de adaptação à nova realidade do mundo livre. Sutherland, em *Criminology*, destaca com o *princípio da associação diferencial*, que a grande parte dos infratores teve acesso a uma *subcultura delitiva*, onde adquiriram *hábitos*, *motivos* e *atitudes criminosas*. Há um processo de transmissão cultural de hábitos, opiniões, conhecimentos e valores divergentes que são próprios da vida no cárcere. O comportamento desviante é aprendido e não herdado, criado ou inventado pelo condenado. Segundo o *princípio da associação diferencial* uma pessoa se torna infratora porque recebe mais definições favoráveis à violação da norma do que as definições desfavoráveis a manter-se nos limites normativos. Ferrajoli distingue entre o *fim* (opera no plano do *dever-ser*) e a *função* da pena (atua no plano do *ser*): o primeiro responde à indagação *"de que serve a pena?"*; e, a segunda, ataca a análise empírico-social descritiva sobre os *efeitos da pena* na sociedade.

Registrava no II Encontro Nacional de Execução Penal, na conferência de abertura, "Os 15 anos da Lei de Execução Penal: Questões Críticas", que é cediço que a relação entre o Direito Penal e a Execução Penal é deveras conflitiva e cada vez mais difícil de solução, pois na prática o sistema penitenciário é *custodial* e fica distante do ideal ressocializante "proporcionar condições para a harmônica integração social do condenado ou do apenado". São colocadas diferentes perspectivas críticas, do ponto de vista historiográfico, sociológico e da teoria do direito, compatível como orientação prática garantista da justiça e dos direitos.

4. A CRISE DIALÉTICA DA PRISÃO

Ferrajoli, em *Direito e Razão*, lembra que a prisão como pena nasceu nas corporações monásticas da Alta Idade Média, recebendo depois o apoio da Igreja Católica, com os decretos de Inocêncio III e Bonifácio VIII, por força de específica adequação às funções penitenciais e correcionalistas. A desumanização do cárcere é um problema fundamental do desrespeito ao *princípio da dignidade da pessoa privada de liberdade*, devido à falência da capacidade do Estado no enfrentamento de crônicas demandas (físicas, gerenciais e disciplinares) dos estabelecimentos penais. Patamar para uma ótica democrática da execução preside o elenco dos princípios constitucionais e se encontra registrado nos principais diplomas internacionais, tais como: **a)** Declaração dos Direitos do Homem; **b)** Regras Mínimas para o Tratamento de Reclusos da Organização das Nações Unidas; **c)** Pacto Internacional sobre Direitos Civis e Políticos; **d)** Convenção Americana de Direitos Humanos.

A evolução social pressupõe *conflitos*, *violências* e *mudanças*, desempenha concomitantemente uma função geradora de *desorganização*. Merton, em *Social Theory and Social Strutures*, defende que a *conduta desviada* é produto de diferenças pautadas nas metas do êxito, mediante o uso de meios ilegítimos não sancionados. O acesso às oportunidades varia em função das mesmas variáveis que fazem as diferenças aos meios legítimos. No I Encontro Nacional de Execução Penal (Brasília, 20.8.1988), em *"Reflexões Críticas e Propostas para a Execução Penal"*, em *Temas de Direito Penal*, destacava-se os efeitos negativos da prisionalização e a desmistificação oficial sobre o cárcere, ressaltando-se os conflitos entre as políticas governamentais em curso com as ações penitenciárias de encarceramento em massa como instrumento de contenção para o controle social.

Cezar Augusto Rodrigues Costa, em *"As Três Décadas da Lei de Execução Penal"*, sintetiza que *"Os excluídos sociais se tornaram os incluídos prisionais"*, propondo repensar o retrocesso da utilização do Direito Penal em razão da política de aumento das penas privativas de liberdade e do encarceramento rigoroso, em uma sociedade em que fala em impunidade com os cárceres superlotados, olvidando-se o processo social de cidadania para a criação de oportunidades igualitárias básicas para evitação do *desvio* para a sobrevivência. Sustenta-se, em *Raízes da Sociedade Criminógena*, que a estabilidade das camadas sociais na sociedade contemporânea é profundamente afetada pela ausência de oportunidades educacionais e de trabalho abertas à juventude. As crianças de camadas econômicas mais baixas têm menos oportunidades de permanência na escola e estímulos para procurar atingir um nível mais alto de instrução e qualificação profissional e, em muitos casos, não têm ambiente familiar propício, condições sociais que motivem quanto a uma ambientação na educação e no trabalho. Ao mesmo tempo, o centro urbano, em nossa cultura, favorece o aparecimento de grandes desigualdades de fortuna e poder.

Renê Dotti, em *"O Novo Sistema de Penas"* (1985), alude que as pautas das mídias sociais alimentam o sentimento difuso de insegurança que compõe o cotidiano da vida global, traduzido por um vazio normativo de proteção aos valores fundamentais, ao indivíduo, à sociedade e ao Estado. A sociedade está em constante transformação. A *prisionalização* é o processo de assimilação que sofre o apenado dos *valores* da *subcultura carcerária*. A microssociedade apresenta um processo de aculturação, no qual vai paulatinamente se adaptando aos usos e costumes próprios para poder sobreviver. Assim, adota novos *hábitos de vida*, que incontestavelmente modelam a personalidade constituindo-se em fator adverso à sua reinserção futura, obedecidas as pautas normativas.

As *instituições totais* definidas por Goffman, em *Aslylums* (1961), são "lugares de residência e trabalho onde um grande número de indivíduos em igual situação, isolados da sociedade por um apreciável período de tempo, compartilham na sua reclusão uma rotina diária, administrada formalmente". São, além de organizações formais, sistemas sociais informais, com códigos de comportamento bem definidos, que proporcionam ambiente para a aprendizagem de novas respostas sociais. Conclui que "O futuro interno chega ao estabelecimento com uma concepção de si mesmo, que certas disposições sociais estabelecidas do seu meio habitual tornaram possível. Mal entra, há toda uma série de depressões, humilhações e profanações do seu *eu*. A mortificação do seu *eu* é sistemática, ainda que por vezes não intencional. Iniciam-se certos desvios radicais na sua carreira moral, composta pelas transformações progressivas que ocorrem nas crenças sobre si mesmo e sobre os outros significantes". O *sistema de valores* a que os encarcerados são submetidos é inevitavelmente mais criminoso do que o do mundo exterior porque *todos* os apenados são juridicamente criminosos. Não seria causa de surpresa se as atitudes favoráveis ao cometimento do delito fossem reforçadas e os talentos e habilidades relevantes para o crime se desenvolvessem após período em instituição correcional. Erickson escreve que em "tais instituições, as prisões, reúnem marginais em grupos estritamente segregados, oferecem-lhes oportunidades para ensinar uns aos outros as habilidades e as atitudes de uma carreira desviante e, com frequência, provocam-lhes para usarem essas habilidades, reforçando o seu senso de alienação do restante da sociedade". O preso é *"ressocializado para viver na prisão"*, cumprindo o regulamento prisional, mantidas a segurança e a disciplina. Paul Cornil, em *"La Reforme des Prisions"* (1974), sustentava que, a *"prisão comum"*, considerada como um meio de *"reeducação"*, só seria possível com uma estrutura seletiva de recrutados e enviada a este *"regime"*, muito diferente da prisão clássica e mais próxima da vida real. Seria uma falácia para se sustentar o *"mito da reeducação"*.

Os dois processos, a *criminalização* e a *prisionalização*, constituem na verdade aspectos correlatos dos amplos efeitos da vida carcerária. O *controle social* é fundamental para a sociedade, constituindo-se em uma ferramenta de limitação e ao mesmo tempo de opções comportamentais diante da norma penal. Para determinada vertente da doutrina o objetivo da *prevenção geral* não é a *motivação intimidatória*, mas a *confirmação* e a *garantia* das normas fundamentais que ditam as regras de convivência social, ao que Baratta adverte que os novos sistemas totais de controle social através da socialização institucional cumprem a *mesma função seletiva e marginalizadora* que eram então atribuídas ao sistema penal. Alguns apenados podem tornar-se mais obedientes às normas disciplinares, em consequência da associação obrigatória com infratores de alto grau conflitivo, que servem de estímulos discriminativos claramente definidos do comportamento a ser evitado. Zaffaroni, em *A Questão Criminal*, fala da *prisionalização reprodutora*, "pois os países ricos tendem a converter-se em instituições de *tortura branca* e nos países pobres, em campos de concentração, com mortes frequentes e erupções de mortes em massa (motins)". E, anota que a "prisionalização desnecessária fabrica delinquentes, do mesmo modo que a estigmatização de minorias em uma clara *profecia autorizada*".

Não se pode esquecer a perda da confiança da sociedade na possibilidade de *"reabilitação"* pela prisão e o aumento de tal desconfiança no caso de cumprimento da pena de prisão, na qual os efeitos negativos de contaminação retroalimentam o sistema de violência urbana. Há plena *incompatibilidade* entre a *realidade da prisão* e a função de *reintegração social* do condenado atribuída a pena de prisão. Assim, quanto maior for o *tempo* do encarceramento, maior será o desajuste aos padrões sociais e normativos. O *regime fechado*, quando aplicado, deverá ser pelo *menor* tempo possível. Enfim, no estágio atual a *reintegração social* é um *mito simbólico*.

Durante alguns anos, levei jovens recém-aprovados no concurso da magistratura, que estavam em período de aperfeiçoamento, para conhecerem a realidade carcerária das unidades prisionais de nosso estado. Lamentavelmente, como as visitas eram previamente agendadas, os diretores e agentes penitenciários preparavam o auditório, uma bela refeição matinal e uma galeria *maquiada*, o que distorcia os objetivos da realidade. Parte daqueles jovens jamais se tornariam magistrados criminais, mas certamente teriam uma *visão distorcida* do inferno da prisão. Em uma palavra: desisti.

O *movimento descarceratório* com o surgimento das medidas alternativas à pena de prisão, ainda é objeto de rejeição social e de escassa aplicação pelos magistrados ("sem confinamento, há impunidade"). Para Munõz Conde, o problema do Direito Penal se situa no conflito entre a *prevenção especial* e a *geral* (indivíduo e sociedade). De um lado, deve proteger os bens jurídicos relevantes, recorrendo à pena, e, de outro, o violador da norma tem o direito de ser tratado como pessoa, obedecido o princípio da dignidade humana, se é possível alguém ainda ter a esperança em reintegrar-se com sucesso ao grupo social. A crise dialética da pena de prisão leva à imperatividade de sistemas alternativos.

Registre-se a pressão da opinião pública através das mídias sociais, em relação a métodos que possam implicar aparente *benignidade* em relação ao condenado. Embora, até o Presidente do Supremo Tribunal Federal reconheça que a prisão no Brasil é um *inferno*, ainda há forte pressão social que defende "o encarceramento e, depois, jogar a chave fora". A Lei de Execução Penal, em seu art. 88, estabelece que o condenado seja alojado em cela individual, que conterá dormitório, aparelho sanitário e lavatório com salubridade do ambiente com a ocorrência de fatores aerosão e condicionamento térmico, adequados à existência humana e que a área necessária será de seis metros, o que jamais foi cumprido. O Pacto de São José da Costa Rica estabelece que "Toda pessoa tem direito ao respeito de sua honra e ao reconhecimento de sua dignidade".

O Direito Penal deve observar a função *preventiva geral positiva limitadora ou integradora* com base nos *princípios de exclusiva proteção dos bens jurídicos* e de *proporcionalidade*, obedecidos ao estrito *princípio da legalidade*, tanto no campo formal como no material. A *cominação da pena* é a expressão de vontade do Direito para que os cidadãos *não* realizem determinadas condutas intoleráveis, que gerem conflito de interesses básicos da sociedade organizada. Massimo Pavarini, no "O instrutivo caso italiano", salienta que "Mais penalidade como mais moralidade é o trágico equívoco de toda cruzada moral contra a criminalidade. A questão moral, então, saiu da esfera política – esta última socialmente deslegitimada como imoral – para sublinhar-se no exercício simbólico de imputar responsabilidade elevando a penalidade". A pena *não* pode sancionar com *rigor excessivo* (*princípio da proporcionalidade*) uma desobediência normativa, produto das condições precárias de resistência do autor, geradas até pela postura conflitiva da própria sociedade (*princípio da coculpabilidade*). Repetindo Foucault, *conhecendo-se todos os inconvenientes da prisão, sabe-se que é tão perigosa quanto inútil. E, entretanto, não "vemos" o que pôr em seu lugar. Ela é a* detestável solução, de que não se pode abrir mão. Lembra Heleno Fragoso, nas *Lições de Direito Penal*, que "*o mal da prisão é a própria prisão*". Sabe-se que *é deletéria: não educa, não socializa, não dá condições à reintegração social*. As *vulnerabilidades* da prisão são: a *superlotação*, a *ociosidade* e a *promiscuidade*. O cumprimento da pena é um efeito trágico para quem suporta, pois fica *exilado da vida* e é um fator constante de conflito, colocando em risco a segurança pública. A *pena justa* é a que é *necessária, oportuna* e *proporcional*.

Portanto, a pena de prisão deve ser substituída em maior escala por outras medidas menos aflitivas e mais pedagógicas, incentivando, o valor da liberdade pelo cumprimento da norma, restringindo o *inferno do cárcere* tão só em relação *aos* portadores de comportamentos desviantes de especial gravidade, *intolerados pela sociedade*, que fizeram a sua opção como forma de *controle direto da segurança* e *paz social*. Para que a crise possa ser repensada é necessário que exista uma conscientização da sociedade e uma vontade política de desconstruir o "sistema prisional", medieval, que continua há dois séculos com as mesmas vulnerabilidades básicas. Harold Garfinkel, em "*Conditions of Successful Degradation Cerimonies*", recorda as *cerimônias degradantes*, que se constituem em processos ritualizadores, em que o indivíduo condenado é despojado de sua identidade, recebendo outra degradada. De nada valem esforços isolados, momentâneos e não contínuos para sufocar rebeliões (gritos dos desesperados), sem que existam ações públicas de política penitenciária integrada, através de uma *gestão* moderna e eficaz, que privilegie o respeito ao princípio da dignidade da pessoa humana. As teorias da *subcultura* do infrator sustentam que o delito resulta da interiorização e da obediência a um código moral ou cultural que torna a delinquência imperativa, que significa a conversão de um sistema de crenças e valores em ações. O infrator imputável é uma *pessoa normal* em seu *processo de aprendizagem, socialização e motivação*, que, ao obedecer a normas subculturais, corresponde à expectativa dos outros que definem o seu meio cultural e funcionam como grupo de referência para efeitos de *status* e sucesso. A maior evolução do sistema penal contemporâneo foi a substituição da pena de prisão pelas alternativas de liberdade, objetivando vencer as vulnerabilidades do inferno do cárcere e garantir o princípio reitor da dignidade da pessoa privada de liberdade. O *princípio da necessidade da pena* abarca os *princípios da legalidade, fragmentalidade e subsidiariedade*. Visa, teoricamente, *prevenir* e *reprimir* as condutas transgressoras da norma penal, criminalizadas diante do *princípio da intolerância comportamental*, violadora dos bens jurídicos tutelados, para garantir a paz pública e a segurança social.

A pena de prisão, pelo modelo realístico carcerizatório, *não ressocializa* nem proporciona a *reintegração social* futura do condenado ao modelo sócio-normativo, opera teoricamente a tutela dos bens jurídicos, sem conseguir reduzir o conflito violento de interesses, para garantir a segurança social e a paz pública. Como é impossível aboli-la, cumpre ao Estado, como *instrumento de contenção* e *prevenção geral positiva limitadora*, reservá-la aos portadores de comportamentos transgressores de *especial* gravidade à ordem jurídico-social, intolerados pela macrossociedade, e efetivar através de intervenção garantista a reforma efetiva da *gestão penitenciária* diante da *crise da prisão*, assegurando o respeito à dignidade da pessoa privada de liberdade, garantida por um estado social e democrático de direito. Defende-se, na postura de Wolfran Höfling, em *Offene Grundrechtsinterpretation*, o dogma da *intangibilidade* da dignidade humana quando tomada como direito fundamental. Veda-se a flexibilização, pois são absolutos e não relativos. O *princípio da dignidade da pessoa humana* se constitui em um complexo de direitos e deveres fundamentais que objetivam garanti-la contra qualquer ato degradante e desumano e, promover sua participação corresponsável na vida comunitária. A Carta Política de 1988 ressalta, em seu art. 144, *caput*, primeira parte, que "A segurança pública, *dever* do Estado, *direito* e *responsabilidade* de *todos*...".

A *política penitenciária progressista* deve apartar-se dos discursos de emergência, direcionando para a construção de um programa voltado para as garantias que confirmem a axiologia constitucional da execução penal e desconstituir na gestão penitenciária, ao máximo, os efeitos negativos da prisionalização. Assim, elegem-se cinco princípios básicos do *modelo garantista da execução penal*: **a)** legalidade executiva; **b)** controle jurisdicional permanente; **c)** compensação e intervenção penitenciárias mínimas; **d)** respeito à dignidade da pessoa presa; **e)** democratização do sistema. O *princípio da execução penal mínima* tem por finalidade fortalecer maior flexibilização do regime prisional para mitigar o efeito contracultural do encarceramento. O *princípio da democratização* em uma política penitenciária progressista relativa o caráter coercitivo do vetusto "tratamento penitenciário", *incentiva* a intervenção ativa do apenado, espontânea e voluntária, abarcando distintas vias participativas, a fim de possibilitar que coopere como protagonista na conformação e objetivos da execução penal. São pautas antagônicas a vida e o aprendizado no cárcere e a realidade da vida comunitária livre. É artificial a distinção entre fins da pena e fins de execução da pena.

Fica a pergunta: Será que a sociedade está aberta ao discurso da aceitação do egresso, com o estigma do cárcere abrindo oportunidades para novas opções de vida? Continua-se fingindo e embalando mitos, através da *cultura da prisionalização e da criminalização*. Vive-se em uma sociedade em funcionamento, na qual a criminalidade é um *acontecimento normal*, sendo o delito produto desta sociedade em constante transformação. A macrossociedade estabelece um verdadeiro *controle social de sobrevivência* em que as pessoas privadas de liberdade vivem *enjauladas* ("masmorras medievais") e esquecidas, que levam susto diante das rebeliões, instrumentos negativos reinvidicatórios dos direitos humanos em um jogo paradoxológico de efeitos. A imprensa registra nos casos de maior apelo popular que "o MP recorrerá para agravar as penas" e que a "família da vítima não está aliviada com a sentença condenatória". O encarceramento em massa, a obrigatoriedade da aplicação da pena privativa de liberdade e por tempo máximo no regime mais rigoroso constitui fonte de tensão entre os segmentos da comunidade oprimida, os operadores do Direito e os formuladores de políticas públicas. De outro lado, não se pode esquecer quando a *vítima* retorna ao centro da política criminal, em que os atores e agências que operam na justiça criminal são pessoas humanas e não *robôs*, com experiências pessoais, ideológicas e interesses.

Contemporaneamente, penitenciaristas progressistas procuram construir uma saída em que o *instrumento estatal de contenção* e de *proteção dos bens jurídicos*, que pressupõe a desconstrução da pessoa privada de liberdade (solidão, isolamento, perda da sociabilidade, afetividade e identidade), seja substituído por medidas penais alternativas, na esfera de âmbito do possível, em respeito aos direitos fundamentais.

Na esteira de Ferrajoli, impõe-se a reflexão, diante da prisão, desigual, atípica, degradante e inutilmente aflitiva, a *tarefa de superação*, fruto de um processo gradual, ligado à *questão cultural* e à *redução das bases sociais da violência*, com a *progressiva minimização do tempo de duração da execução penal*, possibilitando a inserção e a adaptação social em tempo de vida ainda útil do egresso. Não será a prisão, a *escola* e a *formação profissionalizante* para o delito, que construirá uma nova geração inclusiva, principalmente de jovens negros e pardos, capitados das favelas e das periferias, crescendo em uma vida pobre e miserável, sem qualquer sentido ou longínqua expectativa. Deve-se desconstruir o *mito* do encarceramento e da *maximização do tempo* de duração da execução, como instrumento de contenção (pena) para a garantia da paz pública e da tranquilidade social.

Diante de seu efeito reprodutor, a prisão é fator específico de risco. Na resposta à impunidade, nunca se encarcerou tanto na ampliação da rede punitiva. Zaffaroni, na *A Questão Criminal*, imagina um processo de redução da prisionalização através do estabelecimento de *percentuais*, isto é, determinar a capacidade de cada estabelecimento penitenciário e limitar o número de presos a essa capacidade, submetendo o resto, na ordem de menor gravidade delitiva, de proximidade de saída, a penas não privativas de liberdade. Entenda-se o alargamento do livramento condicional com nova roupagem.

O quadro trágico do sistema prisional brasileiro afronta a Constituição, através da múltipla violação dos direitos fundamentais: **a)** dignidade da pessoa humana (art. 1º, III); **b)** integridade física e moral (art. 5º, III); **c)** proibição de sanções cruéis (art. 5º, XLVII, *e*); **d)** intimidade e honra (art. 5º, X); **e)** direitos sociais à educação, saúde, alimentação, trabalho e moradia (art. 6º CF). Ainda, a Lei de Execução Penal e os Pactos: **a)** sobre os Direitos Civis e Políticos; **b)** São José da Costa Rica; **c)** Convenção contra a Tortura e Outros Tratamentos ou Penas Cruéis Desumanas ou Degradantes. Daí, ser corretamente chamado pelo Ministro da Justiça José Eduardo Cardoso de *"masmorra medieval"*. Chega-se à metade da primeira década do século XXI e os problemas do encarceramento agravam-se, constroem-se *grandes jaulas de segurança máxima* e a criminalidade aumenta em taxas mais agressivas. E quais foram as medidas governamentais tomadas para humanizar as *"masmorras medievais"*? A realidade brasileira é de que *todos* sabem do estágio de *holocausto* de nossas prisões e de ausência de políticas e ações para desconstruir as vulnerabilidades seculares (superlotação, ociosidade e promiscuidade), pois o legislador, apoiado em um *marketing* midiático do *mito do encarceramento*, só edita leis para *restringir* direitos humanos das pessoas privadas de liberdade, sob os rótulos de combate à impunidade e resgate da segurança pública.

A pena estigmatiza, não reabilita. Reitera-se a impossibilidade de um efeito "ressocializante", diante da participação do apenado na *subcultura carcerária*, que obriga a interiorizar tais valores, antagônicos com os da macrossociedade. O apenado, ao ingressar na microssociedade, sofre os efeitos da *desculturação* e da *prisionalização*, que lhe retira a capacidade para a vida em liberdade, perdendo a autorresponsabilidade e adquirindo valores, usos e tradições da vida do cárcere.

Não se pode deixar de inserir a análise crítica de David Garland, na *A Cultura do Controle (The culture of control: crime and social order in contemporary society)*, de que o crime foi redramatizado, a *emergência do medo* tomou a pauta cultural, já no século XX ressurge sanções retributivas e o declínio do ideal da reabilitação e, na contemporaneidade, a *reinvenção da prisão*, que funciona não como instrumento de reforma ou reabilitação, mas como mecanismo de neutralização e retribuição, que satisfaz as exigências políticas de uma sociedade clamante de políticas públicas de segurança e duras punições. A prisão, decadente instituição correcional, ressurge como pilar da ordem social contemporânea.

Em *Raízes da Sociedade Criminógena*, assinalou-se que o Estado exerce um enorme poder sobre a vida dos pobres, mas não só por meio de programas sociais, mas também através do sistema prisional. A sociedade, com suas peculiaridades, caracteriza-se pela *disputa de poder*, sendo estabelecido um verdadeiro *contrato social de sobrevivência*, no qual os presos ficam *enjaulados* e *esquecidos* para a manutenção da paz social. Ela somente desperta diante das rebeliões, instrumentos negativos reivindicatórios em um jogo paradoxológico de efeitos. O apenado durante a *execução* imposta deveria adquirir uma *visão ampla* e *genérica* dos *valores éticos e sociais*, *aculturar-se*, a fim de poder ser inserido no contexto social (socialização) com baixo indicador de *risco conflitivo*.

Para transformar as instituições penais em ambientes que reforcem positivamente os comportamentos desejáveis, e não os indesejáveis, seria necessário abandonar ideias de *compensação* e *dissuasão* ou, pelo menos que, caso permaneça um elemento punitivo, o apenado disponha de *respostas alternativas socialmente aceitáveis* e *positivamente reforçadas*. A *contenção estatal forçada é justificada* por sua *necessidade, oportunidade* e *proporcionalidade*, visto que *não seria possível a convivência* relativamente pacificada na sociedade com um *comportamento anômico*, constituindo-se em um recurso do Estado para realizar o *equilíbrio do conflito de interesses*, observados sempre os *princípios da legalidade* e *da proporcionalidade*, diante da *intolerabilidade limitadora*.

Vale relembrar que a pena de prisão *não* exerce atividade educadora, pois sendo a prisão o seu próprio mal, jamais poderá educar, antes corrompe, degrada, deprime, forma mentes pervertidas, sepulta esperanças, aniquila famílias, enfim mata. Depara-se com uma velha ficção, um *desafio* para a "futura e harmônica integração social". Vive-se mero processo de *encarceramento*.

No que concerne ao *endereço descarcerizatório*, dentro do espectro da discussão temática da pena de prisão, poder-se-ia afirmar que, contemporaneamente, o principal desafio é aperfeiçoá-la, perante o *sistema de assistências*, quando imprescindível, e substituí-la, quando oportuna e possível, por medidas alternativas. A competição entre desiguais tem sempre efeitos conflitantes e desmoralizantes, continuando a população carcerária, jamais inserida socialmente, massacrada pela miséria e pela opressão. É o constante *desafio* do inferno do encarceramento.

Luís Roberto Barroso, em brilhante voto no Supremo Tribunal Federal, diz: "... É preciso *romper com a lógica do hiperencarceramento* que está por trás dos índices de crescimento exponencial da população prisional brasileira. O imaginário coletivo é permeado pela ideia de que colocar pessoas atrás das grades é a única resposta legítima para lidar com a criminalidade, independentemente do tipo e gravidade do crime praticado. Porém, como demonstram os dados, trata-se de uma política lógica falha. O encarceramento em massa não tem contribuído para os objetivos das políticas de segurança pública e da prevenção do crime – ao contrário, tem favorecido o aumento das penas possuindo, em verdade, um efeito estigmatizante e degenerativo sobre a população carcerária. Apesar disso, a política tem gerado altos custos para os cofres públicos e para a sociedade" (STF, RE 580.252/MS, Pleno, rel. Min. Teori Zavaski, voto-vista do Min. Luís Roberto Barroso, item nº 63).

No ano de 2015, a população carcerária brasileira é de 607.731 pessoas privadas de liberdade, com o *déficit* de 376.669 vagas. Para cada dez vagas existentes, existem aproximadamente dezesseis pessoas encarceradas.

O *mutirão carcerário* é um programa conduzido pelo Departamento de Monitoramento e Fiscalização do Sistema Carcerário e do Sistema de Execução de Medidas Socioeducativas, cujo objetivo é de *garantir* e *promover* os direitos fundamentais na área prisional. É realizado desde 2008, pelo Conselho Nacional de Justiça, com a *finalidade* de evitar irregularidades e garantir o cumprimento da Lei de Execução Penal. Possui dois eixos: **a)** garantia do devido processo legal com a revisão das prisões de presos definitivos e provisórios; **b)** inspeção nos estabelecimentos penais.

Os recursos repassados pelo Fundo Penitenciário Nacional aos estados da Federação são *voluntários*, firmados por convênios, daí uma execução lenta e difícil. A CPI do sistema carcerário brasileiro (2015) propõe que a transferência de parte desses recursos deixe de ser *voluntária* para ser *obrigatória*, vinculada.

Cita-se o professor José Faria Costa, ao dizer que "O penalista deve ter a humildade, racionalmente ancorada, de saber que seu papel social não é o de querer transformar o mundo, mas antes de o querer tornar humanamente viável".

5. SISTEMA CARCERÁRIO: ESTADO DE COISAS INCONSTITUCIONAL E VIOLAÇÃO A DIREITO FUNDAMENTAL

Em decisão histórica, o Supremo Tribunal Federal, com *repercussão geral*, julgou medida cautelar em arguição de descumprimento de preceito fundamental em que se discute a configuração do chamado "*estado de coisas inconstitucional*" pertinente ao *sistema penitenciário brasileiro*. Foi debatida a adoção de providências estruturais com objetivo de sanar as lesões a preceitos fundamentais sofridas pelos presos em decorrência de ações e omissões dos Poderes da União, dos Estados-Membros e do Distrito Federal. Alegava-se estar configurado o denominado, pela Corte Constitucional da Colômbia, de "estado de coisas inconstitucional": **a)** inércia ou incapacidade reiterada e persistente das autoridades públicas e modificar a conjuntura; **b)** transgressões a exigir a atuação não apenas de um órgão, mas de uma pluralidade de autoridades (ADPF 347).

O Plenário da Corte Suprema registrou que "no sistema prisional brasileiro ocorreria violação generalizada de direitos fundamentais dos presos, no que tocante à dignidade, higidez física e integridade psíquica. As penas privativas de liberdade aplicadas nos presídios converter-se-iam em penas cruéis e desumanas. Nesse contexto, diversos dispositivos constitucionais (arts. 1º, III, 5º, III, XLVII, XLVIII, XLIX, LXXIV e 6º), normas internacionais reconhecedoras dos direitos dos presos (o Pacto Internacional dos Direitos Civis e Políticos, a Convenção contra a Tortura e outros Tratamentos e Penas Cruéis, Desumanas e Degradantes e a Convenção Americana de Direitos Humanos) e normas infraconstitucionais, como a LEP e a LC 79/1994, que criava o Funpem, teriam sido transgredidas. Em relação ao Funpem, os recursos estariam sido contingenciados pela União, o que impediria a formulação de novas políticas públicas ou a melhoria das desistentes e contribuiria para o agravamento do quadro. Destacou que a forte violação dos direitos fundamentais dos presos repercutiria além das respectivas situações subjetivas e produziria mais violência contra a sociedade. Os cárceres brasileiros, além de não servirem à ressocialização dos presos, fomentariam o aumento da criminalidade, pois transformariam pequenos delinquentes em 'monstros do crime'. A prova da ineficiência do sistema como política de segurança pública estaria nas altas taxas de reincidência. E o reincidente passaria a cometer crimes ainda mais graves. Consignou que a situação seria assustadora: dentro dos presídios, violações sistemáticas de direitos humanos, fora deles, aumento da criminalidade e da insegurança social (ADPF 347)".

Destaca-se, no corpo da decisão, que "O Poder Judiciário também seria responsável, já que aproximadamente 41% dos presos estariam sob custódia provisória e pesquisas demonstrariam que, quando julgados, a maioria alcançaria a absolvição ou a condenação a penas alternativas. Ademais, a manutenção de elevado número de presos para além do tempo de pena fixado evidenciaria a inadequada assistência judiciária. A violação de direitos fundamentais alcançaria a transgressão à dignidade da pessoa humana e ao próprio mínimo existencial e justificaria a atuação mais assertiva do STF. Assim, caberia à Corte o papel de reiterar os demais poderes da inércia, catalisar os debates e as novas políticas públicas, coordenar as ações e monitorar os resultados. A intervenção judicial seria reclamada ante a incapacidade demonstrada pelas instituições legislativas e administrativas" (STF, ADPF 347MC/DF, Pleno, rel. Min. Marco Aurélio, j. 9.9.2015).

Não basta retratar o quadro da crise carcerária e alimentar a superlotação com a relativização do trânsito em julgado que possibilita o aumento de penas (antecedentes criminais) e o rigor dos regimes inviabilizando o menor tempo de duração do encarceramento pelo retardamento do livramento condicional.

5.1. Panorama das prisões brasileiras, pelo Supremo Tribunal Federal

Para um olhar realístico sobre a fotografia do sistema penitenciário brasileiro contemporâneo, destacam-se trechos de dois brilhantes votos-condutores: o primeiro, no RE 592.581/RS, da relatoria do Min. Ricardo Lewandowski; e, o segundo, na Medida Cautelar na Arguição de Descumprimento de Preceito Fundamental 347/DF, da relatoria do Min. Marco Aurélio.

Assim, no RE 592.581/RS, selecionam-se no voto, as seguintes passagens: **a)** "O senso comum não nega – ao contrário, reafirma – que o histórico das condições prisionais no Brasil é de insofismável precariedade. Nesse contexto, são recorrentes os relatos de sevícias, torturas, físicas e psíquicas, abusos sexuais, ofensas morais, execuções sumárias, revoltas, conflitos entre facções criminosas, superlotação de presídios, ausências de serviços básicos de saúde, falta de assistência social e psicológica, condições de higiene e alimentação sub-humanas nos presídios"; **b)** "Abundam relatos de detentos confinados em containeres expostos ao sol, sem instalações sanitárias; de celas previstas para um determinado número de ocupantes nas quais se instalam diversos 'andares' de redes para comportar o dobro ou o triplo da lotação prevista; de total promiscuidade entre custodiados primários e reincidentes e, ainda, entre presos provisórios e condenados definitivamente; de rebeliões em que agentes penitenciários e internos são feridos ou assassinados com inusitada crueldade, não raro mediante decaptações"; **c)** "Descida ao inferno de Dante. Esse terrível panorama vem sendo reiteradamente realçado em documentos elaborados pelo Conselho Nacional de Justiça-CNJ, por ocasião de inspeções realizadas em presídios nos distintos estados brasileiros. A partir delas, esse cenário de horror começou a ser melhor conhecido dentro e fora do Judiciário, especialmente depois da realização dos denominados 'mutirões carcerários' instituídos em 2008 pelo referido órgão" (STF, RE 592.581/RS, Pleno, rel. Min. Ricardo Lewandowski, j. 13.8.2015).

No que concerne ao voto do Min. Marco Aurélio, na MC ADPF 347/DF, destacam-se os seguintes trechos: **a)** "Os presídios e as delegacias não oferecem, além do espaço físico, condições salúbres mínimas. Segundo os relatórios do Conselho Nacional de Justiça-CNJ, os presídios não possuem instalações adequadas à existência humana. Estruturas hidráulicas, sanitárias e elétricas precárias e celas imundas, sem iluminação e ventilação representam perigo constante e risco à saúde, ante a exposição a agentes causadores de infecções diversas. As áreas de banho de sol dividem o espaço com esgotos abertos, nos quais escorrem urinas e fezes. Os presos não têm acesso à água, para banho e hidratação, ou alimentação de mínima qualidade, que, muitas vezes, chega a eles azeda ou estragada. Em alguns casos, comem com as mãos ou em sacos plásticos. Também não recebem material de higiene básica, como pasta de dentes, escova de dentes, ou, para as mulheres, absorvente íntimo"; **b)** "Além da falta de acesso a trabalho, educação ou a qualquer outra forma de ocupação do tempo, os presos convivem com as barbáries promovidas entre si. São constantes os massacres, homicídios, violências sexuais, decaptação, estripação e esquartejamento. Sofrem com a tortuta policial, espancamento, estrangulamento, choques elétricos, tiros com balas de borracha"; **c)** "O quadro não é exclusivo desse ou daquele presídio. A situação mostra-se similar em todas as unidades da federação, devendo ser reconhecida a inequívoca falência do sistema prisional brasileiro" (STF, ADPF 347/DF, Pleno, rel. Min. Marco Aurélio, j. 9.9.2015).

No RE 591.054/SC, o Min. Luís Roberto Barroso, em seu voto, ressaltou: "O grande problema, que vejo hoje no Brasil, é que o sistema punitivo entre nós econtra-se extremamente desarrumado. Acho que ele está desarrumado do ponto de vista filosófico e acho que ele está desarrumado do ponto de vista normativo. O sistema punitivo é o sistema que envolve a

Polícia, o Ministério Público, o Judiciário e o Sistema Penitenciário. E, sob a Constituição de 1988, nós conseguimos grandes avanços institucionais para o Ministério Público, conseguimos grandes avanços institucionais para o Poder Judiciário, mas a porta de entrada do sistema, que é a Polícia, e a porta de saída do sistema, que é o Sistema Penitenciário, ainda vivem momentos de grande dificuldade. E, portanto, é preciso investir energia e recurso na qualificação, na valorização da Polícia e é preciso investir recursos no Sistema Penitenciário. Portanto, há o reconhecimento deste estado de desarrumação do Direito Penal brasileiro, do Direito Processual Penal brasileiro, acho que faz parte do nosso papel reflexivo com o órgão de cúpula do Poder Judiciário e acho que nós temos deveres de contribuir para esta reflexão e para este aprimoramento" (STF, RE 591.054/SC, Pleno, rel. Min. Marco Aurélio, j. 17.12.2014).

Nada a aduzir, diante da fotografia do quadro *medieval* de nosso sistema prisional. Destacam-se, neste *quadro dantesco*, como causas primárias das vulnerabilidades do sistema penitenciário brasileiro: **a)** ausência de políticas públicas; **b)** falta de gestão; **c)** escassez de recursos em razão do contingenciamento e da má utilização de verbas (Fundo Penitenciário Nacional com um fundo de transferência vinculada); **d)** falta de manutenção e construção de estabelecimentos penais com arquitetura que permita espaços para oficinas, escolas, bibliotecas, salas de leitura e espaços de lazer; **e)** escassez de servidores qualificados e motivados; **f)** implantação de escolas penitenciárias para a sua capacitação; **g)** falta de assistência *material* às pessoas privadas de liberdade, com destaque à saúde, à educação, social e jurídica e, ao egresso, o que viola frontalmente a dignidade da pessoa privada de liberdade.

Teori Zavascki, no 18º Congresso Internacional de Direito Constitucional (IDP), realizado em 10 de novembro de 2015, expressou que "nosso sistema caminha a passos largos para o *common law*", modelo adotado a partir de decisões judiciais e da formação de precedentes, no qual o Judiciário também cria direito, pois as sentenças devem se basear em decisões anteriores mas também se aplicam a casos futuros. Relembre-se que a *Common law* corresponde a um sistema de princípios e de costumes desde tempos imemoráveis. Os julgados eram registrados nos arquivos das Cortes inglesas e publicados nas coletâneas (*reports*) adquirindo força obrigatória de regras precedentes (*rule of the precedents*), que passaram a reger os *cases* futuros, de onde os juízes ou tribunais extraíam *princípios* e *regras* para a sua evolução. Embora, subsidiariamente, a jurisprudência não deixa de *participar* no fenômeno da *produção* dos atos normativos.

6. A PROPOSTA DE REFORMA DE 2013

Inicialmente, no que tange ao anteprojeto do Código Penal (2012), redigido em 6 (seis) meses, não se pode deixar de mencionar a crítica de

Renê Dotti, em *"Impressões sobre a Reforma do Código Penal"*, ao observar que "não se concebe que no Parlamento Nacional, intensa e extensamente, comprometido com a prática do discurso político do crime e sensibilizado com a *voz das ruas* em período eleitoral, houvesse tempo de reflexão suficiente para a concepção e a gestação de um modelo de Código Penal". Concorda-se que a *"arca de Noé"* está construída com a *desproporcionalidade* das penas e se caracteriza pela *"ideologia do encarceramento"*.

A Comissão de juristas presidida pelo Ministro Sidnei Agostinho Beneti, do Superior Tribunal de Justiça, registra na Exposição de Motivos datada de 29 de novembro de 2013, pontos relevantes na Proposta de Alteração da Lei de Execução Penal, a saber: **a)** visando a instituição de um *sistema de execução penal ideal*, mas não perdendo de vista o *realismo necessário à consecução de resultados concretos*, estabelece os seguintes *princípios básicos*: ***a.*** *humanização* da sanção penal e garantia dos direitos fundamentais da pessoa privada de liberdade, em qualquer modalidade de pena e regime prisional, do destinatário de medida de segurança e do preso provisório, evitando-se, ao máximo, restrições derivadas de más condições de execução penal; ***b.*** *efetividade* do cumprimento da sanção penal aplicada pela sentença, de modo a afastar-se, o máximo possível, a sensação de impunidade, de que resulta incentivo ao cometimento do delito; ***c.*** *busca de ressocialização* do sentenciado, pelo *trabalho* e o *estudo*, preparando-se para o retorno à convivência social; ***d.*** *desburocratização* da tramitação de procedimentos judiciais e administrativos relativos à execução; ***e.*** *informatização* para a segurança e a agilização das tramitações necessárias; ***f.*** *previsibilidade objetiva* dos passos da execução da pena, de forma a poderem o sentenciado e o sistema administrativo judiciário antever até mesmo as datas dos passos efetivos do desenvolvimento da execução, inclusive as datas de transferência em regimes prisionais e da soltura automática, sem necessidade de requerimento e processamento de álvara de soltura ante imediata colocação em liberdade na data do cumprimento da pena constante de sistema informatizado capilarizado aos estabelecimentos penais (nº 3); **b)** a premissa fundamental para as modificações propostas foi tomada em razão da realidade alarmante que circunda a questão penitenciária no Brasil, contexto que envolve, de um lado a legítima preocupação com o crescimento da violência e da criminalidade, e de outro, pelo crescimento da população carcerária nas últimas duas décadas, devendo a execução penal constituir-se em parte integrante e essencial da Política de Segurança Pública, dever e responsabilidade de todos (nº 10); **c)** anota que os grandes desafios tramitam em torno da conjugação das expectativas da sociedade quanto à *certeza* e à *efetividade* do sistema penal com a necessidade de responsabilidades republicanas quanto à *humanização da execução penal*, com a garantia de direitos e a minimização dos dados produzidos pela experiência de privação de liberdade (nº 3); **d)** o *objeto* e a *aplicação* da Lei de Execução inviabilizam a possibilidade de se pretender regulamentar a introjeção de valores ou de um determinado *perfil* no sujeito preso, devendo a meta "integração social" ser alcançada precipuamente sobre um escopo de *redução de danos*, através de mecanismos de *escolarização* e *inserção* no mercado de trabalho (nº 14); **e)** ponto relevante observa-se com a *exclusão* da referência às medidas de segurança e pelas mesmas razões de extinção dos hospitais de custódia de tratamento psiquiátrico, simplificando-se o procedimento com o trânsito em julgado da sentença será expedida a guia de execução endereçada à *autoridade de saúde* competente com a devida inserção dos dados do Cadastro Nacional de Saúde, aplicando-se, a partir deste ponto a Lei nº 10.216, de 6 de abril de 2001 (nºs. 16 e 93); **f)** destaca-se, em relação aos *incidentes de execução*, a questão pertinente à conversão da pena privativa de liberdade em medida de segurança, conforme laudo médico oficial pelo período correspondente ao restante da pena aplicada. Igualmente, a pena privativa de liberdade pode ser restabelecida se cessado o estado da patologia mental que justificara a conversão (nº 96); **g)** no que pertine ao *excesso ou desvio* de execução, cria-se a possibilidade da elaboração de *lista de presos* mais próximos à obtenção de benefício para que se possa operacionalizar a antecipação da progressão de regime, diante da *superlotação carcerária* (nº 97); **h)** a Comissão procura modernizar e inovar diante do binômio que preside a execução penal: garantia dos direitos fundamentais dos sentenciados e dos direitos fundamentais da sociedade diante do fenômeno da criminalidade (nº 113).

Qualquer modelo de intervenção penitenciária enfrentará problemas estruturais, funcionais, relacionais e estritamente técnicos. Em curto prazo, são exigíveis retoques nas pautas normativas, porém, sendo o cárcere um complexo mosaico de diferentes problemas, na *busca de um sistema de execução ideal*, não podem ser esquecidas as raízes do conflito social, que não se controla pela *criminalização* e desproporcional rigor de *apenação* e *prisionalização*, olvidada a avaliação dos valores eticossociais contemporâneos.

As "*Régles Pénitentiaires Européennes pour le Traitement du Détenu*" (aprovadas em 11 de janeiro de 2006) prescrevem que a sua aplicação "deve ser com imparcialidade, sem nenhuma discriminação fundada em sexo, raça, cor, língua, religião, opinião política, ou qualquer outra situação referente à fortuna, nascimento, origem ou minoria nacional ou social". Para o referido diploma constituem *princípios fundamentais*: **a)** as pessoas privadas de liberdade devem ser tratadas com o devido respeito aos direitos humanos; **b)** as pessoas privadas de liberdade conservam todos os direitos que não lhes foram retirados pela decisão judicial de detenção provisória ou de condenação criminal; **c)** as restrições impostas às pessoas privadas de liberdade devem ser reduzidas ao estritamente necessário e devem ser proporcionais aos objetivos legítimos pelos quais foram impostos; **d)** a falta de recursos não poderá ser justificada para a submissão a um aprisionamento que viole os direitos humanos; **e)** o cotidiano da vida na prisão deve basear-se, o mais estreitamente possível, nos aspectos positivos da vida no exterior da prisão; **f)** cada prisão deve ser gerenciada de modo que facilite a futura reintegração das pessoas na sociedade livre; **g)** a cooperação com serviços sociais externos deve ser incentivada, assim como a participação da sociedade civil na vida penitenciária; **h)** o pessoal da administração penitenciária executa uma importante missão do serviço público, por isso seu recrutamento, sua formação e suas condições de trabalho devem permitir uma produção de serviço de alto nível e grande responsabilidade em relação aos presos; **i)** todas as prisões devem ser objeto de inspeção e controle governamental regular, bem como devem ser submetidas à fiscalização de uma autoridade independente.

A *questão penitenciária* não poderá ignorar as projeções dos efeitos das *instituições totais*, quando tais efeitos são condicionantes às opções de *política penitenciária*, que podem ser adotadas em relação aos temas centrais no momento de ser estruturado o sistema normativo. O quadro do Brasil, de 1991 a 2010, demonstrava crescimento de três indicadores de *longevidade*, *educação* e *renda*. O IH cresceu no período de 47,51%. As taxas de mortalidade diminuíram para 14,4% e a esperança de vida aumentou para 75 anos de idade. A população em *extrema pobreza* é de 6,6 milhões de pessoas, mesmo com políticas públicas implementadas, que ajudam a diminuir a pobreza. As taxas de *abandono escolar* continuam altas de 8,3% no ensino médio, 3,1% nos cursos finais e 1,2% nos iniciais. A população em *aglomerados* é de 11,4 milhões (2010), sendo que a população de *favelados* aumentou de 3,1 (1991) para 6% (2010), num total de 6.329 favelas no país. Nesta rápida fotografia fornecida pelo IBGE, na busca de um conceito de democracia, pode-se ter uma visão para futuras propostas de ações de políticas penitenciárias.

Muñoz Conde escreve na "*La relación entre sistema del Derecho Penal y Política Criminal: Historia de una relación atormentada*" (2007), que a "hipervaloración de la atividad dogmática como única misión del penalista, deve ser revista, no tanto para ignorar o minimizar su importancia y la necessidad de su existencia en el aseguramento de valores fundamentales del Estado de Derecho, como son la seguridade y la certeza jurídicas, sino para convertirla también en un instrumento útil y, por tanto, politicocriminalmente valioso, en la protección de los nuevos valores y biens jurídicos fundamentales para a superveniencia de las modernas sociedades". O Direito Penal *não* pode ser um instrumento desconectado da realidade de seu tempo.

Registre-se o simbolismo das implosões a dinamite dos complexos penitenciários da Colônia Federal Cândido Mendes, na Vila do Abraão, da Colônia Agrícola do Distrito Federal, na Vila de Dois Irmãos, do Conjunto Penal da Frei Caneca, no Rio de Janeiro e do Carandiru, em São Paulo.

Myrian Sepúlveda dos Santos, no seu artigo "*Arbítrio e Violência nas Prisões da Ilha Grande*" (2007), resume com propriedade: "No Brasil, a violência nos sistema carcerário é inegavelmente maior do que a registrada nos países industrialmente mais desenvolvidos. Aqui, o distanciamento entre a lei e a sua boa execução, sempre ressaltado por estudiosos, pode ser explicado por diversos fatores, entre eles a má distribuição de renda e enorme desigualdade no acesso da população aos direitos civis, políticos e sociais".

O tratamento desumano e degradante, o desrespeito à integridade física e moral, a violação dos direitos dos apenados, é uma constante nos estabelecimentos penais brasileiros, registrando-se, historicamente, o grande motim da Ilha Anchieta, no litoral do estado de São Paulo, em 20 de julho de 1952, com a chacina de mais de cem apenados. Edmundo de Oliveira, ao tratar do "*consensualismo penitenciário*", ressalta que o processo de *prisionalização* traz ao apenado a insegurança, o embrutecimento, a solidão, a ociosidade, a promiscuidade, o abandono da família e de seu meio social, o desgaste sexual e a incerteza do futuro no meio livre. A *cultura da marginalização* e o descumprimento dos direitos do apenado geram motins, fugas e a reincidência.

A Lei nº 12.106, de 2 de dezembro de 2009 cria, no âmbito do Conselho Nacional de Justiça, o Departamento de Monitoramento e Fiscalização do Sistema Carcerário e do Sistema de Execução de Medidas Socioeducativas, traçando oito *objetivos* de sustentação: **a)** *monitorar* e *fiscalizar* o cumprimento das recomendações e resoluções do Conselho Nacional de Justiça em relação à prisão provisória e definitiva, medida de segurança e de internação de adolescentes; **b)** *planejar, organizar* e *coordenar*, no âmbito de cada tribunal, mutirões para reavaliação da prisão provisória e definitiva, da medida de segurança e da internação de adolescentes e para o aperfeiçoamento de rotinas cartorárias; *c) acompanhar* e *propor* soluções em face de irregularidades verificadas no sistema carcerário e no sistema de execução de medidas socioeducativas; **d)** *fomentar* a implementação de medidas protetivas e de projetos de capacitação profissional e reinserção social do interno e do egresso do sistema carcerário; **e)** *propor* ao Conselho Nacional de Justiça, em relação ao sistema carcerário e ao sistema de execução de medidas socioeducativas, a uniformização de procedimentos, bem como de estudos para aperfeiçoamento da legislação sobre a matéria; **f)** *acompanhar* e *monitorar* projetos relativos à abertura de novas vagas e ao cumprimento da legislação pertinente em relação ao sistema carcerário e ao sistema de execução de medidas socioeducativas; **g)** *acompanhar* a implantação e o funcionamento de sistema de gestão eletrônica da execução penal e de mecanismo de acompanhamento eletrônico das prisões provisórias; **h)** *coordenar* a instalação de unidades de assistência jurídica voluntária no âmbito do sistema carcerário e do sistema de execução de medidas socioeducativas.

O Fórum Permanente da Execução Penal sob o tema "*A Corte Suprema e o Inferno do Cárcere: Choque de Conflitos na Busca da Cidadania*" (2016) destacou o relevante papel do Conselho Nacional de Justiça com a edição do Projeto "*Cidadania nos Presídios*", que é muito mais que uma proposta de atualização de processos. É uma iniciativa do Conselho Nacional de Justiça (CNJ) pelo reconhecimento e pela valorização de direitos, em sentido amplo. Discutir-se nova dinâmica e metodologia para o sistema de execução e fiscalização das penas, revendo o funcionamento das varas de execução penal e a *superlotação carcerária*, com o reforço da *interlocução* e *interação* de todos aqueles que intervêm no processo e nas rotinas da execução penal, para tornar o sistema de justiça "mais humano, aproximando o juiz e a sociedade do jurisdicionado". O Departamento de Monitoramento e Fiscalização do Sistema Carcerário e do Sistema de Execução de Medidas Socioeducativas (DMF), do Conselho Nacional de Justiça, fez um levantamento inédito (2014) ao *incluir* nesta estatística as pessoas em *prisão domiciliar*. Os dados apresentados revelaram que a população carcerária brasileira, à época, era de 711.463 presos, o que colocava o Brasil na terceira posição mundial de maior população de presos. Havia um déficit de 354 mil vagas no sistema carcerário. Se fossem considerados os mandados de prisão em aberto (373.991) – a população carcerária saltaria para mais 1 milhão de pessoas. Dados de 2014 do Ministério da Justiça mostram que o número de pessoas presas no Brasil aumentou mais de 400% em 20 anos. De acordo com o Centro Internacional de Estudos Penitenciários, ligado à Universidade de Essex, no Reino Unido, a média mundial de encarceramento era de 144 presos para cada 100 mil habitantes e, no Brasil, o número de presos chegava a mais de 300, na citada proporção (2014). Infelizmente, o Brasil é um dos países mais violentos do mundo em que, segundo o relatório da Anistia Internacional (2015), sete em cada dez pessoas privadas de liberdade reincidem.

CAPÍTULO 2
PRINCÍPIOS E GARANTIAS CONSTITUCIONAIS

> **SUMÁRIO: 1.** Introdução. **2.** Limites do ius puniendi do Estado. **3.** Princípio da legalidade ou da reserva legal. **4.** Princípio da taxatividade. **5.** Princípio da vedação da dupla punição pelo mesmo fato. **6.** Princípio da igualdade ou isonomia. **7.** Princípio da dignidade da pessoa humana. **8.** Princípio da irretroatividade da lei mais grave. **9.** Princípio da intranscendência. **10.** Princípio da culpabilidade (nulla poena sine culpa). **11.** Princípio da intervenção mínima (nulla poena sine necessitate). **12.** Princípio da fragmentalidade. **13.** Princípio da lesividade ou da ofensividade (nulla necessitate iniura). **14.** Princípio da exclusiva proteção de bens jurídicos. **15.** Princípio da proporcionalidade. **16.** Princípio da proibição de excesso.

1. INTRODUÇÃO

A constituição, como norma fundamental de cada comunidade e impondo, assim, os seus *princípios*, a todo o ordenamento jurídico, é a fotografia das concepções dominantes na sociedade em determinado tempo, espelhando o que a demais dominante e consensual. A Carta Política de 1988 ressalta a relação entre o Estado de Direito, princípios penais constitucionais e a restrição da área penal ao *mínimo* indispensável, deixando clara a ilegitimidade da tutela penal de valores *sem* relevância penal que limitam o poder criminalizador.

A *universalidade* e a *indisponibilidade* constituem características definidoras dos *direitos fundamentais*. A definição entre *direitos* e *garantias* é de suma importância nos planos teóricos e metateóricos, neste em um papel descritivo, crítico e normativo da ciência jurídica em relação ao seu objeto. Assinale-se a necessidade de distinguir entre possibilidades de *realização técnica* e *política*. Ferrajoli, em *Los Fundamentos de los Derechos Fundamentales*, destaca que o *garantismo* é um conjunto de técnicas idôneas para assegurar o grau máximo de efetividade dos direitos constitucionalmente reconhecidos. Os valores constitucionais deverão ser o quadro máximo de uma legítima intervenção penal, em conjugação com o respeito ao *princípio da proporcionalidade*.

A Constituição do Império (1824) consagrou o princípio da legalidade (*"ninguém será sentenciado, senão por autoridade competente, por virtude de lei anterior, e na forma por ela escrita"*). O Código Penal de 1830 enfatizava: "*Não haverá crime, ou delito, sem uma lei anterior que o qualifique*" e "*nenhum crime será punido com penas que não estejam estabelecidas para punir o crime no grau máximo, médio ou mínimo, salvo o caso em que aos juízes se permitir arbítrio*". Registre-se que todas as Cartas Políticas seguiram o modelo de 1824. Na evolução do próprio constitucionalismo, observa-se que a *universalidade* do princípio está estampada na Declaração de Direitos da Virgínia (1786), na Constituição norteamericana (1787), na Declaração Universal dos Direitos do Homem e do cidadão (1789), na Carta das Nações Unidas (1945), na Declaração Americana dos Direitos e Deveres do Homem (1948), na Convenção Europeia para a Proteção dos Direitos Humanos e das Liberdades Individuais (1950), na Convenção Americana dos Direitos do Homem (1959) e no Pacto de São José da Costa Rica (1978). Positivando o ideal iluminista, consagrava a Declaração Universal dos Direitos do Homem e do Cidadão (1789): "*La loi n'a le droit de défendre que les actions nuisibles à la Société(...) ne doit établir que des peines stritement e évidemment nécessaires(...)*".

A jurisprudência do Supremo Tribunal Federal é pacífica ao reconhecer o caráter *supralegal* dos tratados internacionais sobre os *direitos humanos*, ocupando posição intermediária, *não* sendo equiparados às leis ordinárias, sujeitas ao princípio da "*lei posterior revoga a lei anterior*", como também *não* teriam caráter *supranacional*, ficando *entre* a norma constitucional e as leis ordinárias e complementares. Destaca-se a decisão da Corte Suprema, quando salienta que "O Poder Judiciário, nesse processo hermenêutico que prestigia o critério da norma mais favorável (que tanto pode ser aquela prevista no tratado internacional como a que se acha positivada no próprio direito interno do Estado), deverá extrair a máxima eficácia das declarações internacionais e das proclamações constitucionais de direitos, como forma de viabilizar o acesso dos indivíduos e dos grupos sociais, notadamente os mais vulneráveis, a sistemas institucionalizados de proteção aos direitos fundamentais da pessoa humana, sob pena de a liberdade, a tolerância e o respeito à alteridade humana tornarem-se palavras vãs" (STF, HC 96.772/SP, 2ª T., rel. Min. Celso de Mello, j. 9.6.2009). Na mesma direção, o Superior Tribunal de Justiça aderiu à tese da *supralegalidade* dos tratados internacionais de direitos humanos, equivalentes à emendas constitucionais. Luiz Fux, em seu voto, salienta: "Os magistrados e Tribunais, no exercício de sua atividade interpretativa, especialmente no âmbito dos tratados internacionais de direitos humanos, devem observar um princípio hermenêutico básico (tal como aquele proclamado no Artigo 29 da Convenção Americana de Direitos Humanos), consistente em atribuir primazia à norma que se revele mais favorável à pessoa humana, em ordem a dispensar-lhe a mais ampla proteção jurídica" (STJ, REsp 914.253/SP, CE, rel. Min. Luiz Fux, j. 2.12.2009). O art. 5º, LXXVIII, § 3º, reza que "Os tratados e convenções internacionais sobre direitos humanos que forem aprovados em cada casa do Congresso Nacional em dois turnos, por 3/5 (três quintos) dos votos dos respectivos membros, serão equivalentes às emendas constitucionais (acrescentado pela emenda constitucional nº 45/2004).

Grandinetti Castanho de Carvalho, em *Processo Penal e a Constituição*, sintetiza que "Princípios são ideias fundamentais que constituem o arcabouço do ordenamento jurídico; são valores básicos da sociedade que podem, ou não, se constituir em normas jurídicas". Assim, podem estar inscritos ou não no corpo normativo. O *princípio da reserva penal e da estrita legalidade* está definido na legislação pátria, segundo o qual "*não há crime sem lei anterior que o defina, nem pena sem prévia cominação legal*", exarado do princípio constitucional previsto no inciso XXXIX do art. 5º da Constituição Federativa de 1988. Atinge também as contravenções ("*aplicam-se às contravenções as regras gerais do Código Penal, sempre que a presente lei não disponha de modo contrário*"). O Código Penal de 1940 assegura o princípio da legalidade das medidas de segurança, regendo-se pela lei vigente ao tempo da sentença ou pela que se suceder durante a execução. A legislação penal reconhece a tutela do *princípio da reserva legal* sem qualquer restrição. O Código Penal contém os dois princípios: **a)** "Não há crime sem lei anterior que o defina" (*princípio da reserva legal*); **b)** "Não há pena sem prévia cominação legal" (*princípio da legalidade estrita*). Aduza-se que, com a edição da Emenda Constitucional nº 32/2001, há expressa vedação constitucional em relação às *medidas provisórias* relativas à matéria de Direito Penal (art. 62, § 1º, I, *b*, CF/88).

Cláudio Souza Neto/ Daniel Sarmento, em *Direito Constitucional*, assinalam que os limites materiais ao poder de reforma, que a doutrina brasileira denomina de *cláusulas pétreas*, retiram o alcance do poder constituinte reformador de determinadas decisões. O vetor doutrinário majoritário defende que *todos* os direitos materialmente fundamentais são cláusulas pétreas.

Ferrajoli, em *Direito e Razão*, com propriedade, advoga que "os direitos fundamentais correspondem a valores e carências vitais da pessoa historicamente e culturalmente determinados e é da sua qualidade, quantidade e grau de garantia que pode ser definida a qualidade de uma democracia e pode ser mesurado o seu progresso".

Karel Vasak, em *The International Dimensions of Human Rights*, trata da realidade jurídica dos direitos do homem, indicando três condições necessárias: **a)** que exista uma sociedade organizada, sob a forma de um Estado de Direito; **b)** que, no interior do Estado, os direitos do homem sejam exercitados em um quadro jurídico pré-estabelecido, variável em função da natureza desses direitos por seus titulares; **c)** que sejam acompanhados de garantias jurídicas precisas e previstos recursos que permitam obter os seus respeitos.

No Seminário Internacional de Direito Penal e Processo Penal (1998), sob o tema "*O Direito Penal na Constituição*", em *Temas de Direito Penal*, defendeu-se que o desafio das democracias ocidentais situa-se, nos limites de nossa ótica, na busca primária e contínua de conciliar o exercício da liberdade imprescindível à dignidade da pessoa humana, com os reais reclamos, cada vez mais presentes, da coexistência de políticas e linhas de ação de segurança pública no contexto das macrossociedades.

A Constituição, ao consagrar o princípio democrático, não se decidiu por uma teoria em abstrato, buscou uma teoria normativa para o país e para uma realidade histórica. Como princípio normativo em suas várias facetas, política, econômica, social e cultural, tornar-se-ia impulso dirigente de uma sociedade. Registra Canotilho que "o regresso a uma teorização defensivo-liberal do Estado de Direito sugere o abandono do conjunto de direitos econômicos, sociais e culturais, conquistados ao cabo de complexas lutas sociais e políticas".

É evidente que o Direito penal de um Estado totalitário jamais poderá almejar se igualar a de um Estado democrático; enquanto naquele se tenderão a impor padrões de conduta mesmo a nível ideológico e moral, neste, haverá como diretriz o máximo de pluralismo e tolerância compatíveis com a preservação das condições de convivência macrossocial e de desenvolvimento digno da pessoa humana. Em um Estado de Direito formal, o Direito penal deverá proteger penalmente uma liberdade e uma igualdade meramente formais. Enquanto nos Estados de direito material há a preocupação em dar conteúdo material a estes valores (trabalho, saúde pública, economia, educação e cultura). Repetindo Roxin, em um Estado moderno é sua função assegurar, se necessário, através da tutela penal, prestações públicas, no domínio da assistência social. Cita-se Vives Antón: "O Direito, num Estado de direito democrático, é visto como uma ordem de coexistência de liberdades".

2. LIMITES DO *IUS PUNIENDI* DO ESTADO

A Constituição é um ponto de referência das pretensões garantistas, reforça a eficácia limitadora do conceito de bem jurídico e os princípios político-criminais que inspiram o real exercício do *ius puniendi*. O Direito é uma ferramenta de alimentação para uma sociedade pacificada com redução de conflitos. O discurso populista da segurança e do terror social não pode sacrificar as garantias constitucionais através da violação dos direitos fundamentais ou do simulacro de uma legislação de emergência.

A atividade legislativa do Estado na esfera penal não pode ser *ilimitada* ou *direcional*, pois diante de um Estado social e democrático de Direito é inadmissível uma atuação *ilimitada* do Estado. Recorda-se Figueiredo Dias, em *"O Movimento de Discriminalização e o Ilícito de Mera Ordenação Social"*, exigindo que a intervenção penal tenha sempre por fundamento a tutela de um bem jurídico, o qual, para merecer esta designação, terá que se encontrar nessa relação de "analogia substancial" com a ordenação axiológica constitucional, enquanto que a tutela concedida pelo direito de *mera ordenação social*, não requer tal relação. Figueiredo Dias/Costa Andrade, em *Criminologia*, ressaltam que, para a compreensão do discurso político--criminal da *descriminalização*, sem aprofundar nos modelos, as doutrinas constitucional e penal contemporâneas questionavam a função do Direito, indagando a legitimação da criminalização, diante do confronto entre a postura do Estado e a esfera de liberdade dos cidadãos, cuja resposta em uma sociedade aberta e democrática, será inversa a de uma dominada por construções ideológicas ou moralistas de aspirações exclusivistas. No âmbito jurídico-penal do Estado, determinados *princípios* e *critérios* normativos *limitam* o poder punitivo: **a)** os princípios consagrados na Carta Política; **b)** os princípios jurídicos de correlação entre o Direito Penal e o ordenamento jurídico conjunto; **c)** os princípios singulares estruturais de fundamentação e legitimação do Direito Penal apresentam como característica natural ser um ordenamento legal, juridicamente limitado, sujeito a *garantias normativas*, e tem como escopo *garantir* direitos e liberdades. Ferrajoli, em *Direito e Razão*, sustenta que o *modelo garantista clássico* tem como fundamentos a legalidade estrita, a materialidade, a lesividade dos delitos, a responsabilidade penal, o contraditório entre as partes e a presunção de inocência, produto da tradição jurídica do iluminismo e do liberalismo.

Sem os *limites jurídicos*, estaria-se diante de um Direito Penal autoritário, antidemocrático, não pluralista e inconstitucional, defende que "*as regras do jogo fundamental*" do Direito Penal se convertem em princípios jurídicos do contemporâneo Estado de Direito. Na realidade são limitações ao *ius puniendi* estatal. Repudia-se a postura de um modelo de aspiração autoritária, que é perseguida pelo Direito Penal *máximo*. Baratta, em *Criminologia crítica e crítica do Direito Penal*, registra o programa desigual e seletivo do Direito Penal.

Os *limites normativos* do Direito Penal subjetivo, de conformidade com os *princípios constitucionais* que fundamentam o direito de punir estatal, apresentam multifacetadas índoles: **a)** *limites jurídicos constitucionais em sentido estrito*, que provêm de valores superiores do ordenamento positivo, de valores que transcendem ao âmbito do Direito Penal; **b)** *limites objetivos funcionais*, que derivam da própria natureza da coisa e da própria finalidade do Direito Penal, pois em tal esfera se desenvolve toda a virtualidade; **c)** *limites estruturais*, que se deduzem de singulares *princípios gerais informadores* do ordenamento jurídico-penal. Não se pode olvidar a primazia normativa da lei constitucional nas hipóteses de conflitos normativos que exijam um tratamento *técnico*, *jurídico*, *conceitual* e *sistemático*, tendo como patamar os princípios fundamentais. A doutrina registra a inexistência formal entre as normas constitucionais, o que *não* veda o reconhecimento de uma hierarquia material e, para tanto, a Corte Suprema legitima a utilização da interpretação restritiva das exceções (direito à vida e o direito de propriedade).

Os *conflitos* podem ser *permanentes* entre a norma penal e a fundamental, entre a proibição abstrata e a garantia fundamental, tanto no âmbito do tipo quanto em relação às suas consequências O *conflito excepcional* entre a norma e a Constituição conduz à análise de todas as circunstâncias concorrentes para se determinar no caso concreto a prioridade material da norma constitucional na proporção de sua incompatibilidade com a disposição penal.

Na questão pertinente aos *direitos sociais, garantias* e *eficácia*, Ferrajoli escreve que a *garantia dos direitos*, é algo muito diferente da sua *existência*. Assim, um direito *existe* se as normas que o contemplam tenham sido produzidas pelo legislador seguindo as regras processuais e as de competência, caso contrário haveria uma *lacuna* ou incumprimento normativo. Crê poder confrontar os argumentos iusrealistas que, outorgando a *primazia à eficácia* das normas sobre a sua *existência* ou *validade*, se inclinam a declarar a inexistência de um direito fundamental, se resulta ineficaz.

Linares Quintana, em *Reglas para la interpretación constitucional*, escreve que "As palavras empregadas pela Constituição devem ser estendidas em sentido geral e comum, a menos que resulte claramente de seu texto que o constituinte diz referir-se ao seu sentido técnico-jurídico". A bipolarização entre a *dignidade penal* e a *carência de tutela*, pressupondo a primeira um juízo prevalentemente valorativo e, a segunda, pragmática.

3. PRINCÍPIO DA LEGALIDADE OU DA RESERVA LEGAL

Robert Alexy, na *Teoria dos Direitos Fundamentais*, diz que os *princípios* são "normas que ordenam que algo seja realizado na maior medida possível dentro das possibilidades jurídicas e fáticas existentes, [...], *mandamentos de otimização*, que são caracterizados por poderem ser satisfeitos em graus variados e pelo fato de que a medida devida de sua satisfação não depende das possibilidades fáticas, mas também das possibilidades jurídicas". Na esteira de J. J. Canotilho, em *Direito constitucional e teoria da Constituição*, os *princípios* não proíbem, permitem ou exigem, ao passo que as *regras* são normas que verificados pressupostos, exigem, proíbem ou permitem algo, em termos definitivos, sem qualquer exceção.

Entre os *princípios constitucionais expressos*, o *princípio de legalidade* dos delitos e das penas constitui uma *garantia essencial do cidadão* em virtude do poder punitivo do Estado; determina precisamente a esfera da ilicitude penal e assegura a irretroatividade da lei penal que prejudica os direitos do cidadão, evitando a criação de normas penais em linguagem *vaga* e *indeterminada*. Sublinha-se que diante de um Estado Democrático de Direito o magistrado tem diante de si um cidadão que está amparado pela *presunção de inocência* e que é o destinatário da *proteção do princípio de legalidade*; por consequência, qualquer restrição violará os direitos fundamentais como pessoa humana. Ferrajoli, em *Derechos y Garantías*, assinala, como *elementos desestabilizantes* tradutores de um risco à democracia, a inflação legislativa provocada pela pressão dos interesses setoriais e corporativos, a perda da generalidade, a abstração das leis, o processo de descodificação e o crescimento de uma legislação fragmentária com caráter de emergência e exceção, que alguns simplistas creditam à elevada complexidade das sociedades contemporâneas.

No que tange aos *princípios expressos* em nossa Carta Política, destacam-se: **a)** a punição às discriminações atentatórias dos direitos e das liberdades individuais (art. 5º, XLI); **b)** a incriminação à prática do racismo (art. 5º, XLII); **c)** a inafiançabilidade e vedação de graça ou anistia nos crimes de tortura (art. 5º, XLIII); **d)** a intranscendência da pena (art. 5º, XLV); **e)** a individualização da pena (art. 5º, XLVI); **f)** a proibição das penas desumanas, cruéis e infamantes (art. 5º XLVIII e L); **g)** a dignidade do arguido (art. 5º, XL e X). O *princípio de inocência*, com base de um direito fundamental da pessoa humana, tem patamar na prova dos fatos durante o processo penal.

A lei penal tem uma *função* decisiva na *garantia da liberdade* que é expressa na máxima "*nullum crimen, nulla poena sine lege*". Beccaria havia fundamentado o direito de punir no contrato social, e o *princípio da legalidade* adquire caráter fundamental como princípio constitucional e estritamente penal, independente da teoria da pena, tornando-se exigência fundamental do Direito Penal contemporâneo. Traduz a função de *garantia individual* que possui a lei penal e se apresenta como separação do princípio *quid placuit vigorem*, que encontra seus alicerces na soberania popular e na *separação*, *correlação* e *harmonia* dos Poderes. O *princípio da legalidade* dos delitos e das penas é norma jurídica inscrita em grande parte das legislações modernas, princípio sistemático na elaboração dogmática e postulado que cumpre importante *função política e social*.

As raízes estão na Carta Magna, de 1215; na Grande Carta de Henrique III, de 1225; na *Petition of Rights*, de 1628; no *People Agreement*, de 1647; no Instrumento de Governo, de 1652; no *Habeas Corpus Act*, de 1679; no *Bill of Rights*, de 1689; no Ato de Estabelecimento, de 1771; e na Declaração de Direitos do Homem e do Cidadão, de 1779. O *princípio da anterioridade* não estava relacionado no rol dos direitos assegurados pela Magna Carta, bem como no texto da Declaração de Direitos do Bom Povo de Virgínia, de 1776, que implantou as garantias do *due process of law*. A Declaração dos Direitos do Homem e do Cidadão fez constar o princípio expresso da legalidade ("*Ninguém pode ser punido se não por força de uma lei estabelecida e promulgada antes do delito e legalmente aplicada*"). A partir da Revolução Francesa e com o advento do modelo napoleônico, é reconhecido no *princípio da legalidade* a problemática de uma justiça *formalmente* sujeita às *regras previamente legisladas*.

O princípio *nullum crimen, nulla poena sine lege* não tem origem romana; aparece como universalidade resultante do liberalismo do século

XVIII, com suas primeiras manifestações na Idade Média, visto que o homem sempre aspirou à segurança. O *princípio da legalidade* representa, sem dúvida, a segurança da liberdade do cidadão contra a onipotência e a arbitrariedade do Estado e do magistrado, presente nas fases ditatoriais. Sublinha-se que, diante de um Estado Democrático de Direito, o magistrado tem diante de si um cidadão que está amparado pela *presunção de inocência* e que é o *destinatário* da proteção do *princípio de legalidade*; por consequência, qualquer restrição violará os direitos fundamentais como pessoa humana. A *tarefa básica* consiste em levar ao conhecimento do cidadão os limites do espaço de seu atuar sem penalidade, objetivando que possa se orientar em sua conduta. O *princípio* transcende os limites de uma *garantia política* modulada no decorrer da história e o eleva à condição de *princípio científico* imprescindível à racionalização de toda a atividade punitiva regida pelo Direito. Feuerbach, elaborador da primeira obra sistemática e moderna de Direito Penal, assinalou pela primeira vez a *fórmula de garantia* com sua *teoria da coação psicológica* proporcionando seu fundamento jurídico subjetivo, segundo o qual, para que a pena cumpra sua *função de coagir psicologicamente* seus destinatários, é necessário que o delito e a pena sejam definidos em lei escrita. O *fundamento científico* formulado estabelece três princípios: **a)** *nulla poena sine lege*; **b)** *nulla poena sine crimine*; **c)** *nullum crimen sine poena legali*. Tais princípios estão intimamente ligados à teoria da *coação psíquica* defendida pelo insigne penalista. As máximas seriam: **a)** *a existência de uma pena supõe uma lei anterior*; **b)** *a existência de uma pena está condicionada pela existência de uma ação punível*; **c)** *o ato legalmente ameaçado está condicionado por uma pena legal*. A *garantia formal de legalidade per se* é insuficiente no Direito Penal democrático. Os princípios do Direito Penal material devem ser entendidos como garantias de vinculação do magistrado à lei e ao Direito. A norma penal é aquela que disciplina um acontecimento jurídico em todos os movimentos da vida: nascimento, modificações, existência e extinção. Tradicionalmente, desempenha uma transcendente *função político-jurídica*, a função de regular a vida social da sociedade, o que pressupõe a observância de valoração dos acontecimentos sociais. Diante da realidade social, procura-se organizar a vida social tornando os conflitos naturais e toleráveis. Do ponto de vista técnico-dogmático, a lei penal é a norma objetiva de determinação que, para adquirir validez, necessita cumprir requisitos de ordem formal-material.

Como reitor do Estado de Direito, possui quatro *funções básicas*: **a)** *proibir a retroatividade da lei penal*; **b)** *proibir a criação de delitos e penas pelo costume*; **c)** *proibir a analogia para criar delitos, fundamentar ou agravar penas*; **d)** *proibir incriminações vagas e indeterminadas*. O *princípio* cumpre *duas funções* reciprocamente condicionadas: **a)** *função limitadora* das fontes formais do Direito Penal, visto que se proclama que a *lei* é a única fonte formal; **b)** *função de garantia*. Por sua vez, esta se dividiria em: ***a)*** função de garantia *jurídica* (certeza); *b)* função de garantia *política* (segurança). A *função* do *princípio da legalidade* é *de garante*, em razão da limitação do poder de punir e para a tutela dos direitos fundamentais da pessoa humana. A *tipicidade* é a categoria jurídico-penal racionalizadora do *princípio da legalidade*; o *nullum crimen, nulla poena sine lege* corresponderia à fórmula "*não há delito sem tipicidade*". O tipo é o conjunto dos elementos (o núcleo objetivo-real) que formam um modelo abstrato que descreve objetivamente uma conduta proibida por uma lei penal. É a descrição da conduta defesa ao indivíduo diante da cominação reservada à atividade legislativa, enquanto a *tipicidade*, vinculada ao *princípio da legalidade*, traduz-se na qualidade de um comportamento adequado à norma penal.

A Lei de Execução Penal ressalta que o *princípio da legalidade* domina o corpo e o espírito da lei, de forma a impedir o *excesso* ou o *desvio* de execução comprometam a dignidade e a humanidade do Direito Penal. Mir Puig escreve que um Estado democrático deve evitar que se converta em um fim de si mesmo ou ao serviço de interesses convenientes à maioria dos cidadãos, ou que desconheça que deve respeitar a toda minoria e a todo indivíduo. O exercício do direito de punir gira em torno do *princípio da legalidade*. São características de um procedimento penal, conforme o Estado de Direito: **a)** mandato de celeridade; **b)** defesa profissional; **c)** presunção de inocência; **d)** procedimento acusatório; **e)** publicidade; **f)** direito de recorrer.

Exige-se que o Direito Penal seja *preciso* e *concreto*, única fórmula de garantir os direitos fundamentais e a segurança jurídica, diante das cíclicas mutações sociais, econômicas e políticas. A *tipicidade* e a *taxatividade* cumprem razão de ser do *princípio da legalidade*.

4. PRINCÍPIO DA TAXATIVIDADE

Repete-se que a norma penal, a despeito de seu caráter generalizador, deve descrever de maneira *precisa*, *clara* e *exaustiva*, de uma forma *certa*, tanto a *conduta* que reprova quanto a *pena* que comina por sua realização. Diante de um Estado Democrático de Direito não é admissível o caráter *vago*, *incerto*, *poroso*, da descrição, impedindo a certeza do alcance da proibição. A exigência da *lex certa* é corolário do *princípio da legalidade*. Nilo Batista, em *Introdução Crítica ao Direito Penal Brasileiro*, ressalta que "*o princípio da máxima taxatividade se manifesta por meio de uma proibição absoluta da analogia* in malam partem". O Direito Penal *não* pode ser alargado por via doutrinária ou pretoriana, porém a *analogia in bonam partem não* é excluída diante do *critério da equidade*. Efetivamente, as leis penais devem ser *precisas* e jamais fomentar dúvidas quanto à sua proibição. O modelo da Constituição da República Federal da Alemanha, que proíbe ao legislador o estabelecimento de "*leis penais imprecisas, cuja descrição típica seja de tal forma indeterminada que possa dar lugar a dúvidas intoleráveis sobre o que seja ou não permitido".*

O Supremo Tribunal Federal rejeita a tese das normas constitucionais inconstitucionais, "não se admite controle concentrado ou difuso da constitucionalidade de normas produzidas pelo poder constituinte originário" (STF, ADI-AgR 4097/DF, Pleno, rel. Min. Cezar Peluso, j. 8.10.2008).

Mezger, no *Strafrecht*, através da interpretação teleológica, admitiu a analogia como fonte de criação do Direito Penal, *"conforme o são sentimento do povo alemão"*. O direito de punir do Estado responde ao desvalor de um resultado e de uma conduta que afeta o bem jurídico, cuja seleção é ditada pelo *princípio da fragmentação*, característica do *princípio da intervenção mínima*.

5. PRINCÍPIO DA VEDAÇÃO DA DUPLA PUNIÇÃO PELO MESMO FATO

O princípio do *ne bis in idem*, proclama a exigência normativa de que um mesmo fato *não* possa ser sancionado mais de uma vez no ordenamento jurídico, em atenção à concorrência dos mesmos elementos (sujeitos, fato e fundamento). O *princípio* apresenta plúrimas vertentes, no plano processual (impede que o sujeito seja, por duas vezes, processado e julgado pela mesma conduta) e no plano material ou substantivo (seja condenado duas vezes pelo mesmo injusto). O *princípio* está inserto no *princípio da legalidade* diante da *lex praevia* e de uma *lex certa*, abarcado também pelos princípios da *personalidade, razoabilidade* e *exigência de fundamentação do processo com todas as garantias*, em um direito com patamar básico no *princípio da inocência*.

A *analogia* consiste em aplicar a um caso concreto *não* regulado pela lei, mas aparentemente semelhante, uma norma oriunda da própria lei (*analogia legis*) ou do ordenamento jurídico em seu conjunto (*analogia iuris*).

A *analogia* é um procedimento para suprir as lacunas da lei. A *forma de preenchimento da lacuna por autointegração tem* função integrativa das normas jurídicas e *não* simplesmente interpretativa. A analogia (*nullum crimen, nulla poena sine lege scrita*) em matéria substantiva penal está *vedada* em consequência do *princípio da reserva* da lei penal. Aduza-se que o *fundamento político de proteção* do indivíduo como dever do Estado flui do Direito nazista quando adotava a analogia por meio de uma lei de 28 de julho de 1935 que alterou o §2º do Código Penal alemão (1871), fazendo depender a configuração típica do *"são sentimento do povo"* (critério absolutamente vago). A aplicação analógica supõe uma atividade criadora do Direito, a fim de regular os casos *não* previstos pela norma.

A diferença entre a *interpretação extensiva* e a *analogia* é que na *interpretação* há busca e determinação do significado da norma abstrata e geral, ao passo que a *analogia* ainda supõe a interpretação, referindo-se propriamente à aplicação de normas em caso concreto e particular. O verdadeiro perigo que coloca em ameaça o *nulla crimen nulla poena sine lege* não provém da analogia, mas das *leis penais indeterminadas* ("*aquele que atenta contra a ordem pública* [...]"). É imperativo elaborar a distinção entre a *analogia* e a *interpretação extensiva*: **a)** a *interpretação extensiva* se aplica a uma lei diante de um fato que não está claramente compreendido em seu teor literal, mas sim em seu espírito ou vontade; **b)** na *analogia*, a lei se aplica aos fatos que não estão compreendidos no seu texto nem na sua vontade, mas são semelhantes aos compreendidos na mesma norma. A distinção entre a *analogia* e a *interpretação analógica* é que naquela há *inadmissibilidade* no Direito Penal quando leva a resultados *desfavoráveis* ao réu, ao passo que nesta é *lícito* em todos os casos, tanto quando *favorece* como quando *prejudica*. A *analogia* viola o *princípio da legalidade* por chegar a um resultado que *excede* os limites legais. Em matéria de *analogia* é necessário distinguir entre a analogia favorável (*in bonam partem*) e a prejudicial para o acusado (*in malam partem*). Note-se que só esta é contrária ao princípio da legalidade e vulnera as garantias penais. Os fundamentos da proibição da analogia *in malam partem* situam-se não só na violação do princípio do Estado de Direito, como também nas exigências de *prevenção geral positiva limitadora* e nos *princípios de intervenção mínima* e de caráter fragmentário do Direito Penal. Vige o princípio geral da proibição penal da analogia *criadora, ampliadora* ou *agravadora*, pois só é possível a analogia *interpretativa* da lei penal *in bonam partem*.

O *costume* é a norma criada e imposta pelo uso social. É formado pela constante e uniforme *repetição* de certo modo de atuar diante de determinadas situações (elemento objetivo). A repetição gera a *permissividade social* e a *consciência social da obrigatoriedade jurídica* (*opinio iuris vel necessitatis*). O *costume* pode ser *fonte*: **a)** *criadora*; **b)** *derrogatória*; **c)** *integradora*. O *princípio da legalidade* não pode ser em matéria penal fonte criadora de responsabilidade criminal. *Não* pode, sob qualquer hipótese, *revogar* uma lei penal, é uma *função subsidiária*, pois uma norma penal *não* pode resultar do costume, diante do *princípio da legalidade*, bem como *não* possui força derrogatória ou ab-rogatória. Há expressões contidas nos tipos penais em que o *costume* é preponderante como instrumento de interpretação (honra, decoro, reputação, ato obsceno). Pode desempenhar uma *função integradora* da norma penal, reenviando, explícita ou tacitamente, a setores em que opera como fonte. Tem apenas *valor subsidiário*, podendo servir para a exclusão da antijuridicidade do fato ou da reprovabilidade.

O *desuso* não é forma renovadora e a doutrina atribui no *jus non scriptum* a maior importância na interpretação da lei, sobretudo na valoração dos fatos nos diversos ambientes sociais. Há possibilidade do *erro de proibição* quando da *notoriedade* da não repressão por parte do Estado e da sociedade. Nos períodos da transição discute-se a matéria do *desuso* ou dos *costumes discriminantes*. A grande questão pode ser resumida na seguinte indagação: na ausência de *ab-rogação* expressa, a norma que deixa de ser aplicada por certo tempo estaria sob o crivo de um *desuso* em virtude do costume *ab-rogante*? A questão é posta quando a *não* aplicação da norma é acionada pela *opinio iuris*, isto é, a convicção da juridicidade da desaplicação. Dentro da *função de certeza do direito*, os costumes *contra legem* não recaem sobre a estrutura do injusto.

6. PRINCÍPIO DA IGUALDADE OU ISONOMIA

Conexo ao *princípio da legalidade* não se exaure na aplicação igual da lei penal para *todos* os destinatários, exigindo-se a *igualdade* não só perante a lei, mas também por meio da lei, pois o princípio não impõe a vedação de distinções para que não se dê um tratamento discricionário. O *caput* do art. 5º da Carta Política determina que "*todos são iguais perante a lei*" e "*ninguém será obrigado a fazer ou deixar de fazer alguma coisa senão em virtude de lei*" são os alicerces do Estado de Direito. O pensamento de igualdade ou de isonomia com o patamar na concepção constitucional de justiça serve de fundamento aos *princípios da legalidade penal*, *processual* e de *execução penal*. O Direito Penal é um *dever-ser* para *todos*, que a *todos* trata por *igual* e *sem privilégios*.

A Carta Política de 1988, em seu preâmbulo, estatui que, para instituir um Estado Democrático, deve ser destinado a segurar a *igualdade* de todos os cidadãos. Firma-se, principalmente, a abolição dos privilégios e das prerrogativas para promover a garantia da estabilidade social. As dimensões do *princípio da igualdade*, na aplicação do Direito constitucionalmente garantido, assumem maior esfera de relevância no âmbito da aplicação da lei e do direito pelos órgãos da administração e pelos tribunais. O *princípio* não significa somente aplicação igualitária da lei, pois ela própria deve tratar por igual a *todos* os cidadãos. O fundamento político-jurídico está na *garantia dos direitos individuais e das liberdades públicas*, asseguradas na ação de um Judiciário liberto de limitações para a *plenitude da imparcialidade dos julgamentos*. Não há liberdade sem direito, senão os homens seriam obrigados a obedecer a normas e leis totalmente divorciadas de suas próprias necessidades. Habermas, em *Direito e democracia entre facticidade e validade*, ao identificar direitos fundamentais elenca inicialmente em seu catálogo "Direitos fundamentais que resultam da configuração politicamente autônoma do direito a maior medida possível de iguais liberdades subjetivas da ação". O *princípio da igualdade* é violado quando a desigualdade de tratamento surge como arbitrária.

Exemplo da quebra do *princípio da isonomia* na execução penal foi a reforma isolada de uma das alas do Presídio da Papuda, no Distrito Federal, onde as antigas celas com camas de cimento foram demolidas e deram lugar a espaços amplos com camas de aço e colchões novos, paredes com textura branca, tomadas elétricas, iluminação fluorescente. Os banheiros receberam portas de madeira e as torneiras de ducha fria deram lugar a chuveiros de água quente, tendo inclusive a "boca do boi" substituída por vaso sanitário de porcelana, para receber os condenados na ação penal 470 e mostrar à justiça italiana que as prisões no Brasil *não* são desumanas (caso Pizzolatti). Nada contra a humanização e o cumprimento da norma, porém os demais presos continuam tomando banho gelado de caneca, dormindo no chão de cimento úmido, ladeado por esgoto.

José Afonso da Silva, no *Curso de Direito Constitucional*, ressalta que o preceito constitucional *não* se constitui em uma simples regra de *isonomia formal*, deixando de levar em conta as *distinções* dos grupos. É imperativo de justiça e para a garantia da segurança pública e da paz social a *flexibilização* do princípio de individualização na aplicação e na execução da pena, conhecendo o seu destinatário, seja respeitada as suas diferenças (posição de igualar pessoas desiguais).

7. PRINCÍPIO DA DIGNIDADE DA PESSOA HUMANA

O primeiro eixo de sustentabilidade da execução penal é o *princípio da dignidade da pessoa humana*. A desumanização do cárcere é problema fundamental do desrespeito ao *princípio da dignidade da pessoa humana*, devido à falência da capacidade do Estado do enfrentamento de crônicas demandas (físicas, gerenciais e disciplinares) dos estabelecimentos penais. Há dois séculos mantém-se a tríplice vulnerabilidade: *superlotação*, *ociosidade* e *promiscuidade*.

Quando se fala na dignidade da pessoa humana, é da *pessoa concreta*, na vida real e cotidiana, como diz Jorge Miranda, em "*A dignidade da pessoa humana e a unidade valorativa do sistema de direitos fundamentais*", e não um ser *ideal* ou *abstrato*, que a ordem jurídica considera irredutível e irreparável e cujos direitos fundamentais a Constituição enuncia e protege. Desta forma, permanece, independentemente, dos seus comportamentos, ainda quando violadores da ordem jurídica. Repita-se que as pessoas privadas da liberdade, apenados, custodiados e submetidos a medidas de segurança *conservam* a titularidade dos direitos fundamentais, salvo as limitações inerentes ao sentido da condenação e às exigências próprias da respectiva execução.

O *princípio da humanidade*, patamar para uma ótica democrática da execução, preside o elenco dos princípios constitucionais e se encontra registrado nos principais diplomas internacionais, tais como: **a)** na Declaração dos Direitos do Homem; **b)** nas Regras Mínimas para o Tratamento de Reclusos da Organização das Nações Unidas; **c)** no Pacto Internacional sobre Direitos Civis e Políticos; **d)** na Convenção Americana de Direitos Humanos.

A *dignidade da pessoa humana* é o mais relevante diante dos direitos humanos, produto de lenta e longa maturação para a sua conquista. Constitui-se em um complexo de direitos e deveres fundamentais que objetivam garanti-la contra qualquer ato degradante e desumano, e promover sua participação corresponsável na vida comunitária. O Pacto de São José da Costa Rica registra que "*toda pessoa humana tem direito ao respeito de sua honra e ao reconhecimento de sua dignidade*". O respeito à *dignidade humana* e ao *livre desenvolvimento da personalidade* é uma exigência *imprescindível* nos estados democráticos, razão pela qual se encontra acolhida nos textos fundamentais. A *dignidade da pessoa humana* se constitui em um *metaprincípio de justificação* dos direitos humanos, que, por intermédio de Kant, a racionalidade é posta como fim de si mesma. É inalienável e irrenunciável. Luiz Edson Fachin, na "Tutela Efetiva dos Direitos Humanos Fundamentais e a Reforma do Judiciário", destaca que "A busca pela proteção efetiva da pessoa humana torna necessária à derrubada dos pressupostos formais frente a *praxis* libertadora" e aponta "como pedra angular de todo o sistema".

Nossa Constituição o expressa nos princípios fundamentais (art. 1º, III), bem como em relação à humanidade das penas como a proibição da *pena de morte*, salvo em caso de guerra declarada, de *caráter perpétuo*, de *trabalhos forçados*, de *banimento* e *cruéis* (art. 5º, XLVII, CF/88). Deve ser assegurado ao preso o *respeito à integridade física ou moral*, o cumprimento da pena em estabelecimentos de acordo com a *natureza do delito*, a *idade*, o *sexo* e assegurado à *mulher presa* permanecer com seus filhos durante a amamentação. A Lei nº 13.167, de 6 de outubro de 2015, estabelece *critérios para a separação de presos* em estabelecimentos penais, modificando o art. 84 da Lei de Execução Penal, para determinar que os *presos provisórios* ou *definitivos* ficarão *separados*, quando acusados ou condenados pela prática de: **a)** crimes hediondos ou equiparados; **b)** crimes cometidos com violência ou grave ameaça à pessoa; **c)** outros crimes ou contravenções diversas.

As *denúncias genéricas*, que não descrevem os fatos na sua devida conformação, *não* se coadunam com os postulados básicos do Estado de Direito, a duração prolongada, abusiva e irrazoável da prisão cautelar do réu, sem julgamento da causa, ofende o postulado da pessoa humana. Grandinetti Castanho de Carvalho, em *Processo Penal e Constituição*, resume que "está assegurado constitucionalmente, pelo princípio da dignidade, um direito processual que confira ao acusado o direito de ser julgado de forma legal e justa, um direito a provar, a contrapor, alegar e defender-se de forma ampla, em processo público, com igualdade de tratamento em relação à outra parte da relação processual, bem como que a gestão da prova não seja deferida ao julgamento, sob pena de retorno ao sistema inquisitivo". Ferrajoli, em *Direito e Razão*, observa que são direitos fundamentais *todos* os direitos subjetivos que correspondem universalmente a *todos* os seres humanos enquanto dotados do *status* de cidadãos ou pessoas com capacidade de obrar. Há evidente desordem dos modelos e paradigmas, consequência de uma crise da política criminal.

O *princípio da humanidade*, defluente da *dignidade da pessoa humana*, emergente do *princípio da secularização*, é o fundamento do Estado Democrático de Direito, deduzido pelo conjunto de normas contido em nossa Carta Política. Marc Ancel dizia que a verdadeira justiça penal é humanista. Lamentavelmente, nesta década do século XXI, sob as rubricas da *sociedade de riscos* e da *impunidade*, pelo estímulo midiático, tudo se permite em nome da "*segurança pública*" e da política oportunística, vulnerando a *sustentabilidade da execução penal*, como: **a)** volta das prisões ilegais ("*para averiguações*"); **b)** violação da intimidade e a ilimitada quebra do sigilo de correspondência; **c)** exposição à notoriedade pelos meios de comunicação de massa; **d)** manutenção, ainda com a existência de vagas, em unidade distante do acesso à família; **e)** ainda perda dos dias remidos pelo trabalho, pelo estudo e pela leitura, como pena cumprida; **f)** revistas humilhantes e degradantes dos parentes e visitantes nas unidades prisionais, ainda não substituídas por *scanners* corporais pela recusa dos governadores em arcar com o gasto de sua implantação; **g)** a seleção de presos em estabelecimentos penais por participação em organização criminosa dominante; **h)** manutenção, *sem fato novo*, em regime prisional diferenciado; **i)** medidas de segurança e a internação em hospital-presídio, diante de regime de encarceramento do doente mental; **j)** maus tratos; **k)** superpopulação carcerária e ausência de atribuição de trabalho e ensino reforçando a ociosidade e a contracultura; **l)** cumprimento de pena acima do tempo da condenação imposta, consagração do *desvio da execução*, em nome do combate vingativo ao inimigo.

Registre-se o teor do voto do ministro Teori Zawascki, da Suprema Corte, diante da *superlotação carcerária* e *maus tratos* em que o poder público deve arcar com o *ressarcimento em espécie por danos morais*, se não, veja-se: "O recorrente cumpre pena privativa de liberdade em condições não só juridicamente ilegítimas, porque não atendem as mínimas condições de exigências impostas pelo sistema normativo, mas também humanamente ultrajantes, porque desrespeitosas a um padrão mínimo de dignidade" (STF, RE 580.252/MS, rel. Min. Teori Zavascki, j. 3.12.2014).

Daí, a imperatividade da permanente realização de *Mutirões Carcerários*, objetivando diminuir o flagrante desvio da execução. Repete-se o princípio de que "Nenhuma circunstância, seja ela qual for, poderá ser invocada para justificar a tortura ou outras penas ou tratamentos cruéis, desumanos ou degradantes".

Ao lançar um olhar realístico para uma execução sustentável, defende-se que em primeiro lugar estará uma *visão global humanística* sobre os institutos e aplicação das normas de execução às pessoas privadas de liberdade; ao contrário da postura dominante de *vendita*, apoiada no *marketing* midiático, do encarceramento pelo encarceramento, e a coisificação da pessoa presa, olvidando que o apenado é *sujeito* e não *objeto* de direitos.

8. PRINCÍPIO DA IRRETROATIVIDADE DA LEI MAIS GRAVE

A Carta de 1988 prescreve no art. 5º, XL, que *"a lei penal não retroagirá, salvo para beneficiar o réu"*. O *princípio da legalidade* possui seu corolário da irretroatividade *in malam partem* integrado nas garantias jurídico-individuais. No campo do Direito Penal tal princípio foi enriquecido pela perspectiva político-criminal, salientando-se que, na afirmação da *ratio* político-criminal da irretroatividade da norma criminalizadora ou agravadora da pena, estão os contributos da teoria do fim preventivo-geral e o princípio clássico da culpa. O fundamento político-jurídico da proibição da *retroatividade desfavorável*, em determinada conjuntura histórica, mostrar-se-ia conatural à pessoa humana e ao Estado de Direito, sendo uma exigência ética política e ética penal.

Firma-se o *princípio da não retroatividade das leis*, isto é, todo ato há que se medir com a lei que impera a seu tempo: *tempus regit actum*. Na hipótese da *lei posterior*, que *não* cria novas incriminações ou faz *abolir* outros procedentes, *agrava* a situação do sujeito, *não* retroage, aplicando-se em relação a esta o *princípio da irretroatividade da lei mais grave e, em relação àquela, o da ultratividade da mais benéfica*. No Direito Penal, vale este *princípio* pela própria índole restritiva da liberdade das leis penais, impondo-se uma exceção: *retroatividade da lei mais favorável*. O *princípio de extratividade* (*não* retroatividade e *não* ultratividade) das leis tem distinto aspecto em matéria civil e em matéria penal. Se o *princípio de legalidade* se formula íntegro, parece evidente que a *não retroatividade* das leis penais é parte integrante: *nulla poena sine praevia lege* quer dizer que está inscrita no dito apotegma a máxima *ex post factum*. O princípio basilar é o de *irretroatividade da lei penal incriminadora* (*nullum crimen, nulla poena sine praevia lege poenali*), com patamar na liberdade individual, explicitada pela primeira vez na Declaração dos Direitos do Homem e do Cidadão de 1789 (*"Nul ne peut être qu'en vertu d'une loi étabile et promulguée anteriorement au délit et légalement appliqué"*).

O sistema da *common law* vincula o juiz às decisões precedentes com efeito prático da vedação à retroatividade da lei. A *irretroatividade* é um corolário de princípios superiores (*favor libertatis*), que em homenagem à liberdade do cidadão assegura o tratamento penal mais benéfico entre a lei ao tempo do cometimento da comissão do delito e os tratamentos das leis sucessivas. Examina-se a variação das regras extrapenais inseridas na norma penal por meio de técnica dos elementos normativos. Ninguém pode ser punido por fato que a *lei posterior* deixa de considerar crime, cessando em virtude dela a execução e os efeitos da sentença condenatória. A *lei pos-*

terior, que de qualquer modo favorecer o agente, aplicar-se-á aos atos anteriores, ainda que decididos por sentença condenatória transitada em julgado.

9. PRINCÍPIO DA INTRANSCENDÊNCIA

A Carta Política prescreve que *"nenhuma pena passará da pessoa do condenado"* (art. 5º, XLV, CF/88), traduzindo que a pena é individual e *não* poderá ultrapassar a pessoa do condenado atingindo a terceiros. A pena é *pessoal, individualizada, intransferível, adstrita à pessoa do apenado*. Na época do Brasil colônia, a pena transmitia-se aos parentes do réu. A Constituição do império de 1824 firmou a regra da intransmissibilidade da pena, só a morte rompe todos os seus vínculos. No cotidiano da vida, transcende aos familiares do apenado pela etiquetação ou preconceito, submissão à *revista vexatória* nas visitas nas unidades penitenciárias (desnudar-se e ter seus órgãos genitais inspecionados por agentes penitenciários, o que viola os princípios da dignidade da pessoa humana, privacidade e pessoalidade), nas condições econômico-financeiras, destruindo a família. Enrico Carrano, em *"A Execução das Penas e seus Incidentes"*, na 189ª Reunião do Fórum Permanente da Execução Penal (2010), salienta a *despersonalização do egresso*, seus efeitos deletérios, permeando pela prisão do genitor e a fratura dos laços sociais e afetivos de sua família. Grifa-se o *direito do egresso* à sua *reconstrução biográfica*, depois de ter sido despojado de sua identidade, recebendo outra degradada, que se *perpetua* pelo processo da *estigmatização da prisão, como fator reprodutor da reincidência*. Há paliativos em nossa legislação, como o auxílio-reclusão (art. 80 da Lei nº 8.213, de 24 de julho de 1991), a *visita íntima*, a *visita periódica ao lar* com pernoite e as *saídas temporárias*. A pena aplicada é pontual, individualizada, limitando-se o seu cumprimento ao condenado.

10. PRINCÍPIO DA CULPABILIDADE (*NULLA POENA SINE CULPA*)

Não figura entre os princípios constitucionais expressos, mas é *defluente* da Carta Política jungido ao *princípio da dignidade da pessoa humana* (art. 1º, III, CF/88), abarcando os *princípios da prevalência dos direitos humanos* (art. 4º, II, CF/88) e *da inviolabilidade do direito à liberdade* (art. 5º, *caput*, CF/88). O *princípio da culpabilidade* significa que *não* há pena sem culpabilidade e que a pena *não* pode ultrapassar a medida da culpabilidade do autor. É princípio relevante diante dos que defluem do Estado de Direito e a questão central da culpabilidade situa-se em seu fundamento ontológico, iluminado pelo desenho como reprovação, isto é, a capacidade de o autor decidir livremente. O *conceito de culpabilidade* permanece como uma pintura inacabada, iniciada no séc. XIX como *conceito psicológico*, evoluindo para o *psicológico-normativo* do séc. XX. Aperfeiçoa-se com o *normativo puro*, com o *finalismo* e, em crise, emerge com Roxin o de *responsabilidade normativa*, integrado o seu conceito à capacidade de culpabilidade e do reconhecimento real ou possível do delito, como *conceito de prevenção*, categoria proposta para solucionar situações exculpantes. Maurach, no *Tratado de Derecho Penal*, substitui a noção de *reprovabilidade pessoal* pela *atribuidade*, juízo de que o autor, ao realizar o injusto, *não* se conduziu conforme as exigências do Direito.

Permanece a questão das *exigências éticas*, de *segurança pública* e dos *princípios derivados da norma constitucional* (cidadania e dignidade da pessoa humana), agregando-se à culpabilidade os *fins* da pena e não seus *limites*, em razão da *prevenção geral e especial*, como um de seus fundamentos. A *medida da culpabilidade* é, em síntese, o *grau de possibilidade exigível de abster-se de cometer um injusto penal*. Vale salientar, que o *princípio da culpabilidade* é a apreciação do *nulum crimen sine culpa*, que se traduz por *inexistir* pena *sem* reprovabilidade. Isto significa que inexiste delito sem que o autor tenha a *possibilidade exigível* de atuar conforme a norma. Diante do *princípio de culpabilidade* não pode ser apenado aquele cuja conduta não é razoável, razão pela qual se afirma que a culpabilidade é a *reprovabilidade do atuar*, compreendendo o conjunto de pressupostos que deve apresentar uma conduta para que seja juridicamente reprovável o seu autor. Em razão de uma satisfação ao reclamo da comunidade diante da violência urbana, o Direito Penal contemporâneo é o direito de ato (*Tatstrafrecht*) e não *do autor* (*Täterstrafrecht*), nem de vontade (*willensstrafrecht*), pune a pessoa quando realiza uma conduta delitiva e não meros pensamentos ou qualidades pessoais (*nullum crimine sine actione*), recaindo o juízo de culpabilidade sobre o ato do autor. Defeso ao julgador, ao formular o *juízo de culpabilidade*, orientar-se *segundo suas regras morais e éticas*, devendo medi-la segundo os padrões jurídicos, onde está embutida a censura social.

A *culpabilidade* continua desempenhando um triplo papel: *fundamento, fim* e *limite* do direito do Estado de impor penas. São seus *elementos*: **a)** *imputabilidade*; **b)** *possibilidade de consciência do injusto*; **c)** *exigibilidade de conduta conforme o Direito*. Contemporaneamente, a doutrina substitui a culpabilidade como *fundamento da pena*, deixando o juízo de culpabilidade de ser um *juízo ontológico, descritivo* da qualidade do autor, para se tornar um *juízo normativo* que lhe *atribui* uma qualidade, passando a ser uma *limitação do poder de punir*, como função política de garantia individual. A noção de culpabilidade é *normativa*, tendo como exigência resultante o *nullum crime sine culpa*. A culpabilidade surge como *critério regulador da pena* e como *juízo referido à conduta*. Como *pressupostos*, encontram-se: **a)** exigência do dolo e da culpa, repelindo-se qualquer forma de responsabilidade objetiva; **b)** gravidade da pena imposta *não* pode ultrapassar o desvalor da conduta; **c)** ação culpável o único pressuposto para a criação ou agravamento da responsabilidade penal *não* está na culpabilidade (estrito senso), mas no *desvalor* constituído pela conduta submetida ao juízo penal. Assim, o *juízo de culpabilidade* veio a tornar-se *um juízo de autorresponsabilidade ou responsabilidade individual do fato cometido*. A doutrina dominante sustenta a *prevenção geral positiva ou integradora* como *função* ou *fim* da pena e consequência da culpabilidade. O *fundamento da determinação da pena* está na significação do injusto. A doutrina alude à *codelinquência* referindo-se aos sujeitos com a autodeterminação reduzida por razões sociais. As novas correntes tendem a converter a *responsabilidade pessoal* em *responsabilidade social*, porque a pessoa humana deve responder segundo o *critério social de responsabilidade*.

Está estereotipado no lema *"não há pena sem culpabilidade"*, significando que para alguém ser punido com uma pena é necessária a realização de um ato típico punível que seja pessoalmente reprovável. Pode-se enunciar o princípio como *não há pena sem reprovabilidade*, isto é, *não* pode haver pena sem que seja *exigível* ao autor outra conduta conforme o direito. Aquele que atua contrariamente ao Direito, porque *não* teve a possibilidade *exigível* de obrar conforme a norma violada, ou porque não lhe assistiu a possibilidade exigível de uma atuação adequada ao direito, não pode ser apenado, por não ser reprovável a sua conduta. Cita-se, no cotidiano do coletivo carcerário, a prática da punição de *todos* os reclusos em um mesmo alojamento ou galeria, quando não identificado o seu autor ou autores de ilícito disciplinar ou penal. Sobre o tema, o Superior Tribunal de Justiça firmou que "é ilegal a aplicação de sanção de caráter coletivo, no ambiente da execução penal, diante de depredação de bem público quando, havendo vários detentos num ambiente, não for possível precisar de quem seria a responsabilidade pelo ilícito. O *princípio da culpabilidade* irradia-se pela execução penal, quando do reconhecimento da prática de falta grave, que, à evidência, culmina por impactar o *status libertatis* do condenado" (STJ, HC 177.293/SP, 6ª T., relª. Minª. Maria Thereza de Assis Moura, j. 24.4.2012).

Roxin desenvolveu a concepção de culpabilidade com fundamento na *teoria dos fins da pena. A culpabilidade seria o merecimento de pena.* O *juízo de culpabilidade não* é mais um juízo de responsabilidade pessoal pelo ato cometido. O Estado pode punir porque a pessoa humana escolhe livremente suas condutas e assim é responsável por seus atos. A culpabilidade como categoria dogmática integra o conceito de delito, *afastando-se* a posição que defende configurar o *pressuposto da pena*. De outro, a culpabilidade é compreendida como *elemento de medida da pena*, observados os *princípios de oportunidade, necessidade e proporcionalidade* na resposta ao grau de danosidade ao bem jurídico. Em sentido amplo seria, pois, um conceito de política criminal diante das limitações do direito de punir do Estado, constituindo o *princípio de culpabilidade* um dos marcos garantistas. É um dos pilares do Estado social e democrático de Direito, sem perder seu conteúdo dogmático, preservando as garantias sem olvidar a necessidade da *prevenção geral positiva limitadora* como *caráter reitor da política criminal*.

11. PRINCÍPIO DA INTERVENÇÃO MÍNIMA (*NULLA POENA SINE NECESSITATE*)

Traduz o caráter no último recurso na ação de política criminal para a proteção dos bens jurídicos. A *ultima ratio* significa a intervenção punitiva como última etapa no processo estatal do controle social. A política penal por meio da pena é o último estágio da política criminal de preservação geral do Estado na segurança macrossocial. A Declaração dos Direitos do Homem e do Cidadão (1789) estatui que a lei somente deva prever penas estritamente necessárias. O Direito Penal deve ser *legítimo*, isto é, vedada a *inutilidade* ou *desnecessidade* diante de seus destinatários. Não se pode olvidar no modelo de *Direito Penal mínimo*, perante o racionalismo jurídico garantista, os limites ou as proibições intervencionistas do Estado, na busca de um ideal de *racionalidade* e *certeza*, pois o Direito Penal é racional na proporção da previsibilidade das intervenções estatais. Repudia-se a postura de um *modelo de aspiração autoritária*, que é perseguida pelo *Direito Penal máximo*. O *princípio de intervenção mínima*, tão exposto no varejo das *medidas penais oportunistas* no contexto do denominado *Direito Penal do inimigo* e, em razão da sua *função simbólica*, deve atuar para reprimir as graves distorções, pois o Direito Penal é a última etapa do *controle do conflito social*.

O *Direito Penal máximo* proporciona a ampliação da esfera de âmbito da punibilidade, abarcando a criminalização de meros atos preparatórios de atuar futuro, a desproporcionalidade das penas, a restrição das garantias e dos direitos processuais dos imputados, e na execução, a redução dos direitos subjetivos e dos benefícios dos apenados. Os defensores do denominado *Direito Penal eficaz* pregam *ser suficientemente flexível e onicompreensivo para responder adequadamente às perturbações contínuas e mutantes*. O *princípio da taxatividade* é um obstáculo para a flexibilização dos problemas que venham a surgir no futuro (admissão da introdução de conceitos indeterminados que possam ser aplicados de modo mais flexível e amplo). As experiências pontuais demonstram o *déficit de funcionamento* do denominado *Direito Penal simbólico*, sem idoneidade na solução dos problemas. O *princípio* tem como patamar a ideia de inviolabilidade do direito à liberdade (art. 5º da CF/88), ancorada pelo *princípio da proteção subsidiária e fragmentária*. A *abusiva* e *desnecessária* intervenção punitiva estatal configura violação real e efetiva do *princípio da dignidade da pessoa humana* (art. 1º, III, CF/88). Diante do *princípio do pluralismo político* emerge o *princípio de tolerância*, determinando que os indivíduos suportem as diferenças não lesivas, pautadas no *princípio de intolerabilidade*, no cotidiano da vida social, e que serve de suporte para os *princípios de ofensividade* e de *lesividade*. Kaufmann lembra que o *Direito Penal tolerante cria espaços livres de Direito*, abrigando condutas toleradas. Ferrajoli, ao referir-se a maiores e menores vínculos garantistas estruturais quanto à *quantidade* e à *qualidade* das proibições e das penas estabelecidas, há dois extremos: *o Direito Penal mínimo e o Direito Penal máximo*.

Ao vislumbrar o Direito Penal do século XXI tem-se que a partir da conferência de Jakobs, realizada em Berlim, em outubro de 1999, com o título *"Os caminhos da ciência do Direito Penal no futuro"*, quando em tom provocativo, chama a atenção para a necessidade de reconhecer e admitir que nas atuais sociedades, exige-se um Direito Penal dirigido com uma única tarefa de restabelecer, por meio da sanção punitiva, a vigência da norma violada pelo delinquente e a confiança dos cidadãos no Direito (*segurança normativa*). Inspirada em conceitos mais ou menos flexíveis ou funcionais, mas respeitosos com as garantias e limites do poder punitivo no Estado de Direito, defende a existência de outro Direito Penal: "*Direito Penal do inimigo*". Neste, o Estado, diante de determinados sujeitos que violam, de forma grave e reiterada, normas básicas, constituindo-se em uma imediata e constante ameaça, há que reagir de forma mais contundente para restabelecer, *não* a segurança e a confiança normativa, mas *sim "a segurança cognitiva"*. O que se questiona não é a *existência* do "*Direito Penal do inimigo*", mas a *compatibilidade* do sistema do Estado de Direito e o reconhecimento e o *respeito* aos direitos fundamentais. Não cabe dúvida de que, igual ao modelo de "*tolerância zero*", existe nesta primeira década, uma tendência de utilizar o Direito Penal de modo mais *enérgico* e *contundente* com a manifestação da *carcerização* e, se necessário, violando os limites que se impõem a um Estado de Direito e as garantias fundamentais do cidadão.

12. PRINCÍPIO DA FRAGMENTALIDADE

Deve ocupar-se só dos *ataques intoleráveis* aos bens jurídicos para garantir a indispensável paz social, constituindo-se no último *instrumento de controle social formalizado*. Hassemer salienta que a formalização evita uma atuação de surpresa, possibilita saber as consequências de sua intervenção e *seleciona, limita* e *estrutura* as possibilidades de comportamento do sujeito do delito. O Direito Penal é *fragmentário*, já apontava Binding, no *Grundriss des deutschen Strafrechts*, pois *não* intervém de modo indistinto, tão só em casos excepcionais. Os limites da intervenção estatal em relação à sua fragmentação se fincam no consenso social da não impunibilidade diante da *intolerabilidade* do conflito. Muñoz Conde aponta que o *caráter fragmentário* do Direito Penal aparece: **a)** *na defesa do bem jurídico contra os ataques de especial gravidade;* **b)** *tipificando uma parte da antijuridicidade;* **c)** *deixando de punir comportamentos puramente éticos ou morais*. O direito de punir do Estado responde ao desvalor de um *resultado* e de uma *ação* que afeta um bem jurídico, e o *princípio de intervenção mínima* configura um dos marcos limitativos do controle social.

A *seleção* dos bens jurídicos é ditada pelo *princípio da fragmentariedade*, característica do *princípio de intervenção mínima*. Regis Prado, no *Bem Jurídico-Penal e a Constituição*, observa que a lei penal *não* atua como limite da liberdade pessoal, mas como seu *garante*. Nesta direção, Luís Flávio Gomes, no *Princípio da Ofensividade no Direito Penal*, diz que é traduzido no sentido de que não há delito sem lesão ou perigo concreto de lesão ao bem jurídico, constituindo-se como limite do direito de punir. O *princípio da fragmentariedade* aplica-se no *plano abstrato*, objetivando a criação dos tipos penais, constituindo-se em uma postura estatal de *ultima ratio* no processo do controle social. Diverge do *princípio da subsidiariedade* aplicado no *plano concreto* que também posiciona o Direito Penal com a mesma finalidade. Mir Puig enfatiza que o *princípio da subsidiariedade* se traduz no último recurso a ser utilizado na ausência de outros meios menos lesivos. O caráter fragmentário se circunscreve aos fundamentos determinantes da necessidade de tutela penal aparecendo configurado o sentido do *princípio de proteção*. O caráter subsidiário requer a comprovação de uma especial observância ou unidade da garantia punitiva, inspirando-se na significação do *princípio de oportunidade*, que determina a realidade política do processo penal.

13. PRINCÍPIO DA LESIVIDADE OU DA OFENSIVIDADE (*NULLA NECESSITATE INIURA*)

Tem como patamar existencial a vulneração de um bem jurídico. A ofensividade (*ofensività*) remonta ao princípio do *nulum crimen sine iniura*, que contemporaneamente compreende tanto a lesão quanto o perigo ao bem jurídico. Polaino Navarrete escreve que o Direito Penal limita-se a sancionar determinadas condutas que vulnerem uma concreta norma penal e atentem contra um bem jurídico protegido, *ratio* da íntima conexão entre o *princípio do fato* e o *princípio da lesividade* como fundamento da imposição de uma sanção penal. Toda a ação delitiva deverá vulnerar uma norma produzindo uma incidência típica de lesão ou de perigo, afetando o bem jurídico. A existência de um *conflito jurídico* é informador da *valoração da relevância* pertinente à afetação aos bens jurídicos. Veda-se a criminalização para proteção de menores valores éticos ou morais e de condutas socialmente inócuas. Ferrajoli escreve que o princípio possui um valor de critério polivalente de *minimização* das proibições legais, reduzindo a uma intervenção estatal ao mínimo necessário. Palazzo, em *Meriti e limiti dell'offensibilità como principio di ricodeficazioni* (1966), vê o imbricamento da legislação penal com os princípios de política criminal contemporânea com a orientação ditada pela norma constitucional, salientando o controle democrático para legitimação da norma incriminadora e a valoração da conduta diante do *princípio da ofensividade*.

Saliente-se a cautela que deve ter o legislador no *processo de cominação*, pois a criminalização de certos comportamentos desviantes dos padrões eticossociais pode gerar a realização de novas atividades delitivas e sua repressão arbitrária pode conduzir à organização de uma criminalidade específica. Em tais casos, não há função contramotivadora, mas alimentadora e organizadora dos atores envolvidos. Daí, ao minimizar a violência, deve-se ter presentes o *princípio de proibições mínimas necessárias*.

Schünemann, em "*Considerações sobre a imputação objetiva*", concebe o *princípio da proteção dos bens jurídicos* como ponto de fuga dos limites constitucionais e da interpretação dos tipos de injustos penais. A concepção do bem jurídico transforma-se em uma *concepção de danosidade social*, marcando as mais importantes orientações de política criminal. Anota-se que o *perigo* deve exigir *relevante* possibilidade de efetivação do dano. Para que não se alargue excessivamente o âmbito do perigo, faz-se necessário que se rejeite a mera possibilidade de efetivação do dano, isto é, que tenha ocorrido um *perigo real* para o objeto protegido pelo tipo penal. O perigo a um bem jurídico se expressa pelo *princípio da ofensividade*, isto é, toda a ação delitiva deverá vulnerar uma norma produzindo uma incidência típica de lesão ou perigo sobre um bem jurídico (há vertente doutrinária que questiona a constitucionalidade dos denominados crimes de perigo abstrato).

O *princípio da ofensividade* possui *duplo* momento de incidência quando: **a)** o legislador criminaliza a conduta intolerável como *limite* do poder punitivo; **b)** o magistrado aplica a resposta penal diante do desvalor da conduta no caso concreto. De harmonia não se pode olvidar o *princípio da exclusiva proteção dos bens jurídicos*, que se situa no estudo das funções do Direito Penal no Estado social e democrático de Direito. Veda-se a tentação legislativa de subjetivação do Direito Penal, restringindo-se a punibilidade dos fatos relevantes ofensivos de bens jurídicos, isto é, à uma pauta mínima de lesividade.

Considera que a adequação típica somente seja possível em caso de lesão com um *mínimo de gravidade* ao bem jurídico, afastando por atipicidade comportamental as situações concretas de pequeníssima relevância material (objeto material da ação). Aos pretores não cabia a análise de processos que envolvessem danos mínimos, irrelevantes, na esfera de âmbito da respectiva tutela (*minima non curat praetor*). O Direito Penal só se direciona para o que é estritamente relevante. A avaliação da insignificância é direcionada à ideia de afetação concreta ao bem jurídico, isto é, o obrar deve causar desvalor do resultado insignificante, que configura injusto penalmente irrelevante. O *princípio da insignificância* é um reforçador, no caráter subsidiário, do Direito Penal. Em uma sociedade em funcionamento, defende-se a ampliação do *conceito de insignificância*, diante dos parâmetros de contemporaneidade da tolerância social. O Supremo Tribunal Federal ressalta que "O princípio da insignificância e da intervenção mínima do Estado em matéria penal tem o sentido de excluir ou de afastar a própria tipicidade penal examinada na perspectiva de seu caráter material" (STF, HC 101.074/SP, 2ª T., rel. Min. Celso de Mello, j. 6.4.2010). Sustenta-se que, no *princípio bagatelar*, há *atipicidade* comportamental, *mesmo* em caso de autor reincidente. O *princípio,* como uma ferramenta de interpretação restritiva dos tipos, revela a natureza subsidiária e fragmentária do Direito Penal. Para a aplicação do *princípio*, deve-se ter como *indicador de relevância* o *risco juridicamente protegido*. A orientação pretoriana é na direção de que o *princípio* deverá ser aplicado em razão de lesão irrelevante ao bem jurídico (desvalor do resultado) e que as circunstâncias do ato e o perfil do autor sejam valoráveis (desvalor da ação) diante da *tolerabilidade social* do obrar típico.

Welzel introduziu no Direito Penal o *princípio da adequação social* (*Sozialadaquanz*), que se traduz em que as condutas socialmente aceitas e adequadas *não* podem ser consideradas típicas, o que Roxin, na *Política criminal e sistema jurídico penal*, traduz como "um auxílio de interpretação para restringir formulações literárias que também abranjam comportamentos socialmente suportáveis". O *princípio da adequação social* distingue-se do *princípio bagatelar*, pois naquele supõe-se a *aprovação* social e, neste, há relativa *tolerância* diante da *insignificante* gravidade ao bem jurídico. Nas sociedades em transformação, ao curso do tempo, o que hoje é punível, amanhã poderá ser socialmente aceitável, em razão das mudanças nas atitudes sociopolíticas.

O Supremo Tribunal Federal firmou que o postulado da insignificância – que se qualifica como expressivo instrumento de política criminal – subordina-se, quanto à sua incidência, à presença, a ser constatada em cada situação ocorrente, de determinados vetores, que assim podem ser identificados: **a)** a mínima ofensividade da conduta do agente; **b)** a ausência de periculosidade social da ação; **c)** o reduzidíssimo grau de reprovabilidade do comportamento; **d)** a inexpressividade da lesão jurídica provocada. A Corte Suprema firmou que, a ausência de critérios claros quanto ao *princípio da insignificância*, geraria o risco de casuísmos, além de prejudicar a uniformização da jurisprudência e agravar a precária situação do sistema carcerário. Aduziu que toda a teoria do *princípio da insignificância* deveria ser reconduzida aos *princípios da razoabilidade* ou da *proporcionalidade*. Concluiu que, a caracterização da *reincidência múltipla* para fins de rejeição do *princípio da insignificância*, exigiria a ocorrência do trânsito em julgado em decisões condenatórias anteriores que deveriam ser referentes a crimes da mesma espécie (STF, HC 123.108 MC/MG, decisão monocrática, rel. Min. Roberto Barroso, j. 28.8.2014).

Para o Superior Tribunal de Justiça, o reconhecimento do princípio *não* se limita à expressão monetária do objeto material da ação, mas, principalmente, à desvaloração do resultado. Não se admite nos crimes em que há o emprego de violência ou grave ameaça. Para esta Corte, *não* são vetores de *afastamento* do *princípio bagatelar*, a expressão econômica da lesão ao bem jurídico, mas também as peculiaridades do caso concreto, como o grau de reprovabilidade do atuar, o valor do objeto e o tempo pertinente à restituição, a repercussão para a vítima, a ausência de violência ou grave ameaça. A *habitualidade* e a *reincidência* são suficientes isoladamente para afastar o princípio da insignificância (STJ, HC 299.185-SP, 6ª T., rel. Min. Sebastião Reis Junior, j. 9.9.2014). Esta Corte já firmou ao decidir que "não é empecilho à aplicação da insignificância a existência de condições pessoais desfavoráveis, tais como antecedentes, reincidência ou ações penais em curso, a teor de pronunciamentos das duas Turmas integrantes da 3ª Seção" (STJ, HC 165.336/RS, 6ª T., relª. Minª. Maria Thereza de Assis Moura, j. 4.10.2011). O Supremo Tribunal Federal, em repercussão geral, firmou que "Ante o princípio constitucional da não culpabilidade, inquéritos e processos criminais em curso, são neutros na definição de antecedentes criminais" (STF, RE 591.054/SC, Pleno, rel. Min. Marco Aurélio, j. 17.12.2014).

A questão é controvertida em relação à Justiça Militar na esfera de âmbito da Corte Suprema, que entende: **a)** não é aplicável no âmbito da Justiça Militar, sob pena de afronta à autoridade, hierarquia e disciplina, bens jurídicos cuja preservação é importante para regular o funcionamento das instituições militares (STF, HC 108.512/BA, 1ª T., rel. Min. Luiz Fux, j. 4.10.2011); **b)** admite-se a aplicação desde que reunidos os pressupostos comuns a todos os delitos, não sejam comprometidas a hierarquia e a disciplina exigidas dos integrantes das forças públicas e haja uma solução administrativo-disciplinar adequada para o ilícito (STF, HC 107.638/PE, 1ª T., relª. Minª. Carmen Lúcia, j. 13.9.2001).

A questão objetivamente é pontuada na existência ou não de *lesão penalmente relevante* ao bem jurídico, pois o Direito Penal é uma ferramenta de garantias do cidadão. Repete-se Luís Greco, em *Um Panorama da Teoria da Imputação Objetiva*, na direção de que "Somente ações intoleravelmente perigosas são desvaloradas pelo Direito". Assim, *não* se vê razão para vincular na lista de restrições pretorianas ao reconhecimento do *princípio da bagatela* a questão da *reincidência*, pois ponto fulcral é a relevância ou não da lesão concreta ao bem tutelado e *não* o perfil do autor do ato, que diz respeito à última etapa da aplicação da pena. A multiplicidade de condicionantes para considerar a conduta atípica desfoca o tema da irrelevância objetiva da lesão ao bem jurídico para atender reclamos sociais genéricos de "estímulos à impunidade".

14. PRINCÍPIO DA EXCLUSIVA PROTEÇÃO DE BENS JURÍDICOS

A publicação do artigo de Birnbaum, "Über das Esfordernis Einer Rechtsverletzung zum Begriffdes-verprechens" (1834), marca o início da história doutrinal e político-criminal do *conceito de bem jurídico*, dando oportunidade para o novo paradigma geral de compreensão do delito, fazendo também emergir *novos* referentes ontológicos da antijuridicidade penal e imprimindo um novo sentido à ideia de *danosidade social*. Ressalte-se que até aquele momento eram os direitos que estavam no centro da discussão suscitada pelo delito, com destaque os homens e suas relações, estas reconhecidas pelo Direito, e que, como direitos, pertenciam à esfera do espírito. A partir de então são *bens* que passam a construir o essencial. Na concepção de Von Liszt é central à equiparação do *conceito de bem jurídico* ao interesse do homem ou da coletividade, constituindo-se em vitais interesses nas relações de vida, interesses juridicamente protegidos. Sublinha-se que o *bem jurídico* é sempre *bem jurídico da totalidade*, por mais individual que possa ser. As definições propostas por ele denunciam outro percurso metodológico e político-criminal ao concluir que os *bens jurídicos* são interesses com densidade e função com que a vida faz emergir na medida da proporção que lhes é juridicamente assegurado.

Em virtude da influência neokantiana dos valores, a teoria metodológica postula a conexão entre o fim da norma e o próprio objeto da tutela, traduzindo o fim perseguido pelo legislador na construção de cada tipo penal. O bem jurídico se origina da vontade legislativa, que *não* pode ser confundido com o fim da norma. Na busca da resposta de seu estabelecimento, destaca-se o trabalho de Rudolphi, em *Systematischer Kommentar Zum Strafrechtbuch*, dando ênfase ao aspecto crítico do *objeto da tutela penal* nos planos político-criminal e legislativo-dogmático, salienta que a única tarefa legítima do Estado seria a proteção de seus direitos e dos direitos dos cidadãos para a realização dos fins definidos no contrato social. O legislador possui ampla margem para a escolha dos fins da atividade perseguida limitada pelo ordenamento constitucional.

Wessels, em *Direito Penal. Parte Geral*, sintetiza que bens jurídicos são bens vitais, valores sociais, e interesses juridicamente reconhecidos do indivíduo ou da coletividade, que diante do seu especial significado para a sociedade requerem proteção jurídica. A posição doutrinária majoritária na dogmática penal contemporânea é de que o Direito Penal cumpre uma *função de tutela* ou *proteção dos bens e valores fundamentais indisponíveis* e *ultima ratio* do controle social. Tais *bens* ou *valores* do indivíduo ou da comunidade são centrais na sociedade pluralista e liberal e recebem a denominação de bens jurídicos (*Rechtsgute*). Assim, o *conceito de bem jurídico* se converte em *conceito central do Direito Penal*, sendo objeto típico de proteção das normas penais. Portanto, na qualidade de valor inserido na esfera da finalidade da ordem jurídica, exerce uma *função protetora do indivíduo*. Roxin escreve que o *conceito de bem jurídico* tem que ser plasmado na Constituição, pois "os bens jurídicos são circunstâncias dadas ou finalidades úteis para o indivíduo e seu livre desenvolvimento no marco de um sistema social global estruturado sobre a base dessa concepção dos fins ou para o funcionamento do próprio sistema".

Amelung dá ênfase à tese da ruptura do pensamento iluminista de um Direito Penal limitado às condições básicas da convivência humana e a doutrina do bem jurídico. Apela para a teoria sociológica como fundamento das condições de convivência humana (*bedingungen menchlichen Zusammenlebens*), inaugurando uma nova doutrina e da antijuridicidade material, construída à margem do conceito de bem jurídico, privilegiando a teoria do sistema social dos problemas da sua sobrevivência de manutenção. O *sistema social* seria o "lugar de determinação dos efeitos socialmente danosos do crime". Na sua construção, o Direito Penal tem que *assegurar as condições de convivência humana*, o que *não* significa que a pessoa tenha que ser protegida por ela própria, mas por causa da sociedade. Defende a obediência absoluta ao *princípio da danosidade social* e, com atenção a modelo iluminista, propõe um Direito Penal *liberto* das amarras das valorações do legislador e diretamente ancorado em uma representação sociológica das condições de vida da sociedade.

A inovadora metodologia de Hassemer busca conceituar os bens jurídicos não como produto de processos naturais, mas como um acordo baseado na experiência, limitando o *ius puniendi* e estabelecendo critérios de racionalidade seletiva e legitimadora dos bens jurídicos a serem eleitos. Toda norma tem um objeto e todo objeto possui um interesse. O *princípio da exclusiva proteção de bens jurídicos* estratifica a função fundamental do Direito Penal. No Estado Democrático de Direito, as questões relativas à ordem religiosa ou ideológica, devem prescindir de regulamentações jurídico-penais. Tal tarefa implica introduzir o pensamento teleológico na construção dogmática.

No século XXI, está presente a questão do Direito Penal do *perigo*, do *risco* ou da *emergência*, e, daí, a meditação sobre o futuro da proteção aos bens jurídicos. A vinculação com a proteção dos bens jurídicos exige resposta penal aos casos de lesão ou dano e aos perigos concretos e abstratos. O Supremo Tribunal Federal, sobre esta temática, decidiu: "o legislador penal não toma como pressuposto da criminalização a lesão ou o perigo de lesão concreta a determinado bem jurídico. Baseado em dados empíricos, o legislador seleciona grupos ou classes de ações que geralmente levam consigo o indesejado perigo ao bem jurídico. A criação de crimes de perigo abstrato não representa, por si só, comportamento inconstitucional por parte do legislador penal. A tipificação de condutas que geram perigo em abstrato, muitas vezes, acaba sendo a melhor alternativa ou a medida mais eficaz para a proteção de bens jurídico-penais supraindividuais ou de caráter coletivo, como, por exemplo, o meio ambiente, a saúde etc." (STF, HC 104.410/RS, 2ª T., rel. Min. Gilmar Mendes, j. 6.3.2012).

15. PRINCÍPIO DA PROPORCIONALIDADE

A aplicação do *princípio da proporcionalidade* conduz ao exame sobre a legitimidade da restrição imposta, implicando em uma ferramenta de proteção ao direito atingido. Escreve-se, em *Raízes da Sociedade Criminógena*, que Montesquieu fornece grande contribuição ao Direito Penal, em *De L'esprit des Lois*, quando aborda a necessária *relação de proporcionalidade* entre delitos e penas, embora tendo como patamar a *retribuição* e também justificado no *critério de utilidade*. Para ele, "Todo castigo cuja *necessidade* não é *absoluta* deve ser considerado *tirânico*" e, conclui que a "liberdade é um dierito de fazer tudo que a lei permita". A doutrina aponta como raízes remotas da exigência de uma proporcionalidade entre delitos e penas, a máxima *poena debet commensurari delicto* e o conteúdo da Lei de Talião.

A esfera de âmbito da *medida da pena* é sensível à tensão entre a necessidade de defesa social, de um lado, e os direitos fundamentais do cidadão, de outro, em recíproca funcionalidade, presidida pelo *princípio da proporcionalidade*, como reflexo de uma construção de um modelo penal democrático.

Surgido no século XVIII, como corolário dos *princípios da legalidade e retributividade*, exige uma ponderação na cominação e na resposta penal perante o lesionado ou colocado em perigo, incluindo-se o regime prisional, diante de um *controle de razoabilidade* da sanção e liberdade restringida. Só a pena proporcional à gravidade do fato é respeitosa com a dignidade da pessoa humana. Diante do *princípio da homogeneidade*, que é corolário do *princípio da proporcionalidade*, a prisão cautelar não deve ser decretada, quando for mais gravosa que a sanção aplicada na hipótese de condenação (STJ, HC 203.905/DF, 5ª T., relª. Minª. Laurita Vaz, j. 11.12.2012).

Finca-se que o núcleo essencial dos direitos fundamentais deve sempre ser resguardado de arbitrariedades, ou de excessos cometidos. Nesta direção, tem o *princípio da proporcionalidade* relevante papel para a racionalidade do Estado de Direito, visto que em nosso sistema está obrigado pela dignidade constitucional, convertendo-se em *princípio da reserva legal proporcional*. Com a edição da Constituição de 1988 e a redemocratização do país, embora sem previsão expressa, desenvolve-se o *princípio da proporcionalidade* diante de forte influência da teoria constitucional germânica (*princípio do estado de direito*). Gilmar Mendes, nas "Limitações dos Direitos Fundamentais", no *Curso de Direito Constitucional*, leciona que "A utilização do princípio da proporcionalidade ou da proibição de excesso no Direito Constitucional envolve, como observado, a apreciação da necessidade (*Erforderlichkeit*) e adequação (*Geegnetheit*) dá providência legislativa". Grandinetti Castanho de Carvalho, em *Processo Penal e Constituição*, escreve que a jurisprudência alemã orientou-se na direção de conceber o *princípio da proporcionalidade* compreendido tanto no *princípio constitucional da dignidade da pessoa humana*, como no estado de direito, como reflexo direto da Declaração Universal dos Direitos do Homem e do Cidadão (1789), ao passo que os diplomas processuais penais da Itália e Portugal fizeram expressamente nas locuções *proporcionalidade* e *adequada*.

Não há que se falar no *princípio da proibição da proteção deficiente*, sob o manto da segurança pública, buscando suprir lacuna legislativa, através da analogia *in malam partem* ou da retroatividade *in pejus*. É importante notar que a *proporcionalidade* não é sinônima de *razoabilidade*, pois a *proporcionalidade* possui uma estrutura racionalmente definida (adequação, necessidade e proporcionalidade, em sentido estrito) e a *razoabilidade*, um dos *topoi* empregados pelo Supremo Tribunal Federal, simples análise de compatibilidade de meios e fins. A *adequação* é necessidade entre os motivos, meios e os fins constatáveis na razoabilidade, ao passo que a congruência entre meios utilizados é objetivo perseguido pertinente à proporcionalidade, cujo juízo pressupõe a existência de alguma graduação entre bens, deve sempre ser aferido em concreto e não de acordo com a hierarquia abstrata de valores elaborada.

Em relação à concexão do *princípio da proporcionalidade* e a *individualização da pena* com reflexos no *regime prisional*, cita-se a posição do Supremo Tribunal Federal no sentido de que "Se é certo, de um lado, que nenhum condenado em direito público subjetivo à estipulação da pena-base em seu mínimo legal, não é menos exato de outro que não se mostra lícito, ao magistrado sentenciante, proceder a uma especial exacerbação da pena-base, exceto se o fizer em ato decisório adequadamente motivado, de modo pleno, a exigência de fundamentação substancial enunciadora da necessária relação de proporcionalidade e de equilíbrio entre a pretensão estatal de máxima punição e o interesse individual de mínima expiação, tudo em ordem a inibir soluções arbitrárias ditadas pela só e exclusiva vontade do juiz" (STJ, HC 105.677/PE, 2ª T., rel. Min. Celso de Mello, j. 24.5.2011).

Por fim, na esfera de âmbito processual, não se pode perder de vista na execução penal a vulnerabilidade sistêmica pertinente à *celeridade* ou razoável duração do processo de execução penal. A Carta Política de 1988 prescreve que "a todos, no âmbito judicial e administrativo, são assegurados a razoável duração do processo e os meios de celeridade de sua tramitação" (art. 5º, LXXVIII). Para vencer a demora na apreciação dos pedidos de benefícios, o Conselho Nacional de Justiça adotou os denominados "mutirões carcerários".

Aulis Aarnio, em "*Le rationnel comme raisonnable: la justificacion en droit*", associa *razoabilidade* à *aceitabilidade*, desde que racionalmente aceito pelos membros da comunidade. O *princípio da razoabilidade*, como significado de equidade, evita que uma norma geral e abstrata sobre um caso concreto resulte efeitos inadequados e injustos.

16. PRINCÍPIO DA PROIBIÇÃO DE EXCESSO

O princípio é concebido como uma ferramenta para o controle do excesso no exercício do poder estatal. Aduza-se sua mesma direção à mera identificação entre o *princípio da proporcionalidade* como *princípio da proibição de excesso*, da vedação de arbítrio. Humberto Ávila, na *Teoria dos Princípios*, separa e distingue os dois princípios, pois o postulado da proibição de excesso (*übermassverbot*) veda a restrição da eficácia mínima de princípios, mesmo na hipótese da ausência de um fim externo a ser atingido, ao passo que a *proporcionalidade* requer uma relação proporcional de um meio relativamente a um fim. O *princípio da proporcionalidade não* é sinônimo de *princípio da vedação de excesso (übermasserbot)* ou do *princípio de vedação de deficiência (untumassverbot)*. A doutrina questionava até onde vai a liberdade do legislador para a *não* criminalização de condutas que violem bens jurídicos relevantes, diante de uma visão constitucionalista.

O Supremo Tribunal Federal rejeitou a *aplicação analógica* do dispositivo penal à época que previa a extinção da punibilidade nos crimes sexuais pelo casamento do criminoso com a vítima, em caso de estupro praticado contra menor (criança com nove anos de idade), que posteriormente passara a conviver com o autor do injusto penal. Gilmar Mendes, em seu voto, fala sobre o *"garantismo positivo"*, que obrigaria o Estado a *não* se abster de punir condutas altamente reprováveis - proibição de proteção deficiente (STF, RE 418.376/MS, Pleno, rel. p/ acórdão Min. Joaquim Barbosa, j. 9.2.2006). No âmbito do Direito Penal sustenta-se o imperativo da exigência da pena proporcional ao desvalor da ação ou do resultado, tanto no plano da *cominação* quanto na *aplicação* da pena ao caso concreto, diante da dignidade da pessoa humana.

O *princípio da proporcionalidade* (equilíbrio), surgido no século XVIII, exige uma ponderação na cominação e na resposta penal perante o lesionado ou colocado em perigo, incluindo-se o regime prisional, diante de um *controle de razoabilidade* da sanção e a liberdade restringida. O *princípio* constitui-se em uma exigência fundamental da *ponderação da pena*, salientando-se como aspectos principais: **a)** uma *proporcionalidade abstrata*, em razão da qual não pode existir cominações desproporcionais em abstrato no corpo legislado; **b)** uma *proporcionalidade concreta*, que proíbe a imposição real e efetiva de pena desproporcionada. O *princípio* requer uma harmônica articulação global ao sistema de penas e medidas de segurança em relação aos bens jurídicos. A *pena justa* é aquela que é *necessária, oportuna* e *proporcional*. A jurisprudência da Corte Suprema é na direção de que as expressões *"princípio da proporcionalidade"* e *"princípio da razoabilidade/proporcionalidade"* equiparam-se à luz do *princípio da proporcionalidade* ou *da razoabilidade*, se impõe evitar a afronta à dignidade pessoal (STF, HC 76.060/SC, 1ª T., rel. Min. Sepúlveda Pertence, j. 31.3.98).

A *razoabilidade* é expressa, como leciona Bartolomé Fiorini, no *Manual de Derecho Administrativo*, com a justificação, adequação, proporcionalidade e restrição das normas que se sancionem. Os mandatos constitucionais de criminalização impõem ao legislador a observância do *princípio da proporcionalidade*, como proibição de excesso e como proibição de proteção insuficiente. A ausência de relevância penal da conduta, a desaprovação da pena em ponderação do dano ou perigo de dano ao bem jurídico levam à falta de razoabilidade (STJ, AI no HC 239.363/PR, CE, rel. Min. Sebastião Reis Júnior, j. 26.2.2015). O Supremo Tribunal Federal tem enfatizado que o fundamento do princípio situa-se na esfera de âmbito dos direitos fundamentais.

CAPÍTULO 3

PENAS E SUAS ESPÉCIES

SUMÁRIO: I. Pena privativa de liberdade: **1.** Introdução. **2.** Aplicação da pena. **2.1.** Propostas para a reforma. **2.2.** Unidade e pluralidade de crimes. **2.3.** Concurso material ou real. **2.4.** Concurso formal ou ideal. **2.5.** Crime continuado. **3.** Cálculo da pena. **3.1.** Propostas para a reforma. **4.** Execução da pena. **5.** Classificação geral e suas espécies. **6.** Reclusão, detenção e prisão simples. **7.** A pena unitária. **7.1.** Propostas para a reforma. **8.** A pena de morte. **9.** Limites das penas. **9.1.** Propostas para a reforma. **II.** Penas restritivas de direitos: **1.** Generalidades. **2.** Aplicação e espécies. **2.1.** Propostas para a reforma. **3.** Início da execução. **4.** Prestação pecuniária. **4.1.** Propostas para a reforma. **5.** Perda de bens e valores. **5.1.** Propostas para a reforma. **6.** Prestação de serviços à comunidade ou entidades públicas. **6.1.** Propostas para a reforma. **7.** Interdição temporária de direitos. **7.1.** Propostas para a reforma. **8.** Limitações de fim de semana. **8.1.** Propostas para a reforma. **III.** Pena de multa: **1.** Generalidades. **2.** Evolução histórico-normativa no Direito pátrio. **3.** Âmbito de aplicação. Cálculo. Detração. **4.** Natureza jurídica e requisitos da substituição. **5.** Pagamento da multa. **6.** Execução. Conversão. Revogação. **6.1.** Propostas para a reforma. **7.** Prescrição. **IV.** Sistema de acompanhamento da execução das penas e da medida de segurança. **V.** Incidentes da execução: **1.** Conversões. **1.1.** Propostas para a reforma. **2.** Superveniência de doença mental. **2.1.** Propostas para a reforma. **3.** Excesso ou desvio. **3.1.** Propostas para a reforma. **4.** Anistia. **5.** Graça. **6.** Indulto. **7.** Modalidades. **8.** Distinções. **VI.** Penas das pessoas jurídicas: **1.** Responsabilidade penal das pessoas jurídicas. **2.** Propostas para a reforma. **3.** Atividades lesivas ao meio ambiente. **4.** Responsabilização administrativa e civil por atos contra a administração pública nacional ou estrangeira.

I. PENA PRIVATIVA DE LIBERDADE

1. INTRODUÇÃO

A *aplicação de penas* tem por escopo a proteção dos bens jurídicos e a inserção e adaptação social do condenado. A pena concreta jamais poderá ultrapassar o limite da culpa. Ela se materializa com o início da execução e, no campo do real, é efetivo instrumento de desconstrução da pessoa humana condenada. O Código Penal francês de 1789 impediu que o magistrado usasse a expressão "*pour les cas resultant de procés*", obrigando-o a fundamentar a sentença e o de 1810 conferindo-lhe maior elasticidade para realizar efetivamente o seu poder discricionário na *individualização da pena* no caso concreto. Gilmar Mendes, em *Curso de Direito Constitucional*, reporta-se à decisão da Corte Suprema no HC 82.959/SP, Pleno, rel. Min. Marco Aurélio, j. 23.2.2006 ("Nova inteligência do princípio da individualização da pena, em evolução jurisprudencial,..."), que ampliou a esfera de âmbito de proteção do direito à *individualização da pena*, comentando que "... esse conceito não mais está restrito apenas ao processo de fixação *in abstracto* por parte do legislador e *in concreto* por parte do juiz, quando da aplicação da sanção penal, mas abrange também a própria execução da pena" (STF, RE-QO 534.327/RS, 1ª T., rel. Min. Sepúlveda Pertence, j. 25.6.2007).

Pode ser arbitrada segundo três *sistemas* principais: **a)** *absoluta determinação*: a operação é realizada em um único momento, o da *cominação*, ficando o magistrado totalmente limitado ao dispositivo legal, o qual comina antecipadamente tanto a *espécie* quanto a *medida* a ser aplicada; **b)** *absoluta indeterminação*: ao contrário do sistema de legalismo extremo, confere-lhe um *total* e *ilimitado* arbítrio, criando circunstâncias de agravamento ou atenuação diante do caso concreto; **c)** *relativa determinação*: quando a individualização legislativa realizada na cominação da pena ao tipo de injusto é objeto da individualização feita com sua margem de *discricionariedade limitada* aos percentuais mínimo e máximo estatuídos na norma. Deverá escolher a *espécie* de pena que há de aplicar dentro desses limites, admitindo-se o cúmulo de espécies diferentes (reclusão e multa) ou alternatividade (reclusão ou multa), podendo ainda fazer a *substituição* da pena privativa de liberdade por restritiva de direitos, multa ou pela medida penal do *sursis*.

O Direito Penal vigente possui princípios legais que se referem à aplicação da pena, dentro dos limites fixados por lei, indicando os motivos que justificam o emprego do poder discricional. Deve-se distinguir o momento da *cominação*, da *aplicação* e da *execução* (legislativo-judicial e judicial-administrativo). A Reforma de 1984 conferiu maior amplitude aos *poderes discricionários* do magistrado, para poder melhor habilitá-lo a proceder a uma *individualização* mais justa. Cabe distinguir entre *poder arbitrário* e *poder discricionário*, pois exerce apenas um *poder discricionário vinculado* no ato de julgar, ficando adstrita à sistemática legal na fixação da *dosimetria da pena*, tendo a obrigação de dizer, apontando os elementos contidos no conjunto probatório, as razões que conduzem a dar procedência ou improcedência à proposta deduzida no pedido exordial, observada a devida correlação. O condenado tem o *direito* de exigir do Estado o conhecimento das razões de sua condenação e como chegou o magistrado à *natureza* e *quantum de pena* e regime inicial prisional, bem como porque *não* procedeu à substituição, suspensão ou a detração no cálculo da pena, pois não se trata de uma *faculdade*, mas de um *dever estatal* (art. 93, IX, CF/88), ainda que fixadas no mínimo legal.

2. APLICAÇÃO DA PENA

As *circunstâncias judiciais* são *critérios discricionários* de fixação da *pena-base*, constituem a *primeira fase do processo trifásico* do cálculo da pena, cujos *indicadores* são: **a)** *culpabilidade:* situa-se em seu fundamento ontológico, iluminado pelo novo desenho como *reprovação*, funcionando como instrumento de limitação do poder arbitrário do Estado. *Não* é fundamento da pena; *nem*, seu *pressuposto*. A teoria do poder agir de maneira diferente é dominante, o autor é reprovado (juízo de valor) porque, pessoalmente, decidiu pelo injusto, quando tinha a opção de fazê-lo conforme o Direito. A graduação da reprovabilidade do ato é aferida diante da imputabilidade, do potencial conhecimento da antijuridicidade e da exigibilidade de conduta diversa. *Não* tem formas ou classes, mas graus (dolo ou culpa), segundo o autor tenha podido conhecer a antijuridicidade ou não do ato. Welzel coloca que a pena se justifica como retribuição adequada à medida da culpabilidade. A culpa é o fundamento e limite da pena nas fases da cominação, aplicação e execução. É vetusta a relação entre ela e a medida da pena, pois sua fundamentação tinha como pressuposto subjetivo a pena e estabelecia relação não com esta, mas com a prevenção. A sanção penal é uma *consequência jurídica* do delito, cujos requisitos são a conduta típica e antijurídica (injusto), realizada pelo autor culpável. O que importa é o ato e não o autor do ato. A pena *não* pode superar a medida da culpabilidade (*princípio da razoabilidade*) e o fundamento da individualização é a culpabilidade do autor (*juízo de censura*). Diante do quadro da responsabilidade penal, vige o princípio geral de que não há delito nem pena sem culpabilidade. Roxin lembra que na culpabilidade, para a *fundamentação* da pena, indaga-se sobre a imputabilidade e a possibilidade de conhecimento da proibição, ao passo que a *medida da pena* corresponde ao "*conjunto dos momentos*" que possuem relevâncias para a magnitude da pena no caso concreto. Jescheck, no *Tratado de Derecho Penal. Parte General*, admite a possibilidade de uma agravação da pena adequada à culpabilidade por motivos de prevenção geral e especial, desde que permaneça, no seu âmbito interno, jungida à culpabilidade, que surge como critério regulador da pena e como juízo referido à conduta. A substituição do requisito da *culpabilidade* pelo da *necessidade* incorre em vários equívocos: **a.** incapacidade conceitual para a determinação da inimputabilidade e para o uso de proibição; **b.** risco fundamental para os direitos e garantias básicas, tendo como escopo a evitação de fortalecimento do autoritarismo do *ius puniendi*. A *missão* do Direito Penal *não* pode consistir na *pura retribuição da culpabilidade*, mas na *tutela dos bens jurídicos* garantidores da paz pública e da segurança social, *ultima ratio* do controle social. Igualmente, não pode perder a relação com o autor do injusto diante da futura inserção para a adaptação social por força das exigências de *prevenção geral positiva limitadora*. O fundamento da determinação da pena está no significado do injusto em relação ao ordenamento jurídico violado (*conteúdo do injusto*) e a gravidade de reprovação do autor pelo desvalor do ato cometido (*conteúdo da culpabilidade*). O Código Penal de 1940 adotou o critério da *discricionariedade vinculada* substituindo o de *penas fixas*, passando a pena a ser graduada diante da culpabilidade do autor observadas as consequências e circunstâncias do delito.

A Reforma penal de 1984 realizou a substituição da locução *intensidade do dolo e grau de culpa* pelo vocábulo *culpabilidade* ao incluí-lo no *rol de indicadores* para a determinação da pena-base. O vocábulo *culpabilidade* abarca globalisticamente a *reprovabilidade* da conduta. Na *primeira* fase do *cálculo de pena*, por meio dos *indicadores de identificação* (circunstâncias judiciais), o magistrado procede à avaliação do caso concreto estabelecendo diante dos marcos legais o parâmetro básico de censura ao autor pelo ato reprovável. A individualização da resposta penal é importante tarefa do magistrado, adstrito ao *princípio da legalidade* para aplicar uma *pena justa* (oportuna, necessária e proporcional). A faixa de discricionariedade restringe-se no caso concreto ao desvalor do *ato* (ação ou omissão), diante do *grau de intolerabilidade na massa social* e do *perfil do autor* do injusto, que graduam a maior ou menor censura do atuar. No que diz respeito à *natureza* do bem jurídico, cujo desvalor já foi traduzido pelos marcos legais cominados, *inexiste* relação para um *plus* de maior desvalor na resposta penal diante da realização típica. A exacerbação da pena, afastando-se do *mínimo legal*, só é idônea ao traduzir a maior censura diante do *conjunto de elementos* que fundamentam a *intolerabilidade* da conduta. A Lei nº 11.343, de 23 de agosto de 2006, que instituiu o Sistema Nacional de Políticas Públicas sobre Drogas, prevê no art. 42 que "O juiz, na fixação das penas, considerará, com preponderância sobre o previsto no art. 59 do Código Penal, a natureza e a quantidade da substância ou do produto, a personalidade e a conduta social do agente"; **b)** *antecedentes:* são *criminais* e devem ser interpretados *restritivamente*, diante do *princípio constitucional da presunção de inocência*. Consideram-se *maus antecedentes* tão só as *condenações transitadas em julgado*, que *não* configurem reincidência, diante do princípio *ne bis in idem* (vedação de dupla valoração na eleição do marco penal). Não são reconhecidos como antecedentes negativos os *atos pretéritos* que tenham sido objeto de inquérito policial arquivado ou processos judiciais com decisão de extinção de punibilidade pelo reconhecimento da prescrição da pretensão punitiva ou executória, das condenações pendentes de recurso, pois se exige o *trânsito em julgado*. O Supremo Tribunal Federal, revisitando o tema, firmou, por maioria, tendo como voto-condutor do Min. Marco Aurélio, que "Ante o princípio constitucional da não culpabilidade, inquéritos e processos criminais em curso são neutros, na definição dos antecedentes criminais". Em seu voto, destaca que "...uma vez admitido pelo sistema penal brasileiro o conhecimento do conteúdo da folha penal como fator a ter em conta, na fixação da pena, deve a presunção militar em favor do acusado, partindo sempre do princípio do terceiro excluído: uma coisa é, ou não é". Gilmar Mendes, em seu voto, destacou que "E aí temos todas essas incongruências do sistema: pessoas que ficam presas e depois não se confirma, são absolvidas; pessoas que nunca foram presas, e quando vem uma sentença já houve prescrição. Em suma, todas essas assimetrias que têm a ver, realmente, com a desfuncionalidade desse sistema criminal" (STF, RE 591.054/SC, Pleno, rel. Min. Marco Aurélio, j. 17.12.2014). Embora dada *repercussão geral*, o Supremo Tribunal Federal, na discussão de dois *habeas corpus a posteriori* julgados, por maioria, mantendo a tese, deixou ressalvada a possibilidade de mudança em posterior julgamento (não exigibilidade do trânsito em julgado para os antecedentes criminais). Os atos posteriores ao injusto que *não* guardem conexão, a transação, a aceitação da proposta, o processo suspenso, os acordos civis extintivos da punibilidade, *não* configuram *maus antecedentes*; **c)** *conduta social:* desvincula-se dos antecedentes criminais, ao receber especial destaque como *circunstância judicial*, dando ao aplicador da resposta penal maior discricionariedade para avaliar o *perfil social do condenado*, diante do delito cometido. Desta forma, para melhor poder individualizar a pena frente aos valores da comunidade, deve--se avaliar o papel do ser humano diante do seu grupo e da macrossociedade, sendo relevantes indicadores no contexto: a *família*, o *trabalho*, a *escola* e o *contexto cultural*, principalmente, diante do injusto específico. A partir da Reforma da Parte Geral (1984), não mais se confundem antecedentes sociais e antecedentes criminais. Não se pode tratar *per se* o *antecedente criminal* como conduta social desviante por força vedativa do princípio *ne bis in idem*. O indivíduo portador de plúrimos registros de transgressões penais apresenta um perfil *socialmente inadequado* à exigibilidade do comportar-se conforme o direito; **d)** *personalidade:* é *circunstância judicial* de difícil avaliação, para não se cair no subjetivismo autoritário do clichê *portador de "personalidade destorcida"* ou *"personalidade desajustada"*, utilizado para "fundamentar" sentenças condenatórias, característica do perfil psicológico do autor típico traduzido como ferramenta eficaz do poder punitivo. Ferri sustentava que o protagonista da justiça penal prática é o objeto da avaliação jurídica dos *motivos determinantes* que se desenvolvem, completam e caracterizam a *"personalidade do delinquente"*. Os operadores do Direito em geral *não* possuem uma formação interdisciplinar para a avaliação dos *transtornos da personalidade*, razão pela qual se limitam à verificação da *atitude concreta do autor do ato* medindo o grau de censura social e moral da conduta diante do histórico processual (STJ, REsp 995.306/RS, 5ª T., rel.ª Min.ª Laurita Vaz, j. 26.2.2008). Na prática, há que se observar, no conjunto, a *conduta social*, os *motivos* e as *circunstâncias* da prática do delito, traduzem a *atitude concreta do autor* reprovável, formando os traços indicativos de seu *perfil diante do delito cometido* (grau de reprovabilidade).

A doutrina ainda questiona a legitimidade punitiva estatal autoritária para o fim de modificar o *perfil do autor*, anulando o direito de *todos* à diferença; **e)** *motivos:* constituem-se no *móbil do ato* que é o fator desencadeante do processo executório. É o elemento relevante dos *indicadores judiciais* para maior ou menor censura de obrar. A atitude interna que se reflete no ato e na medida do dever violado é uma circunstância que aparece na formação da vontade do autor, *majorando* ou *agravando*, *minorando* ou *atenuando* o grau de reprovabilidade do delito. As metas ilícitas perseguidas pelo autor são relevantes. Os *motivos* podem ser morais ou imorais, sociais ou antissociais em relação aos parâmetros ético-jurídicos da coletividade. Maggiore, no *Principi di Diritto Penale. Parte Generale*, aponta no conjunto de elementos psíquicos diversos, os *sentimentos*, *emoções*, *paixões* e *instintos*, ressaltando a relação entre o *direito* e a ética. Jescheck dá o exemplo do médico que aplica uma dupla dose de morfina em um paciente moribundo para aplacar as dores de sua morte, o que *não* é o mesmo em relação ao caçador de heranças para impedir que se altere testamento antes de sua morte. O que levou o indivíduo à realização típica pode configurar circunstância judicial, qualificadora, majorante, minorante, agravante ou atenuante, devendo o aplicador na individualização da pena ter o cuidado de registrá-la, diferenciá-la e fundamentá-la para *não* violar o *princípio do ne bis in idem*. Observa-se em nossa legislação a possibilidade diante do caso concreto de surgirem *qualificadoras* e *circunstâncias legais agravantes* idênticas (no homicídio: motivo fútil, torpe, traição, emboscada, mediante dissimulação ou recurso que dificultou ou tornou impossível a defesa do ofendido, emprego de veneno, fogo, explosivo, tortura ou outro meio insidioso ou cruel, ou que possa resultar perigo comum), que só podem ser avaliadas diante do caso concreto, em razão dos estímulos positivos, nobres (relevante valor moral ou social) ou repugnantes, distinguindo-se o *motivo* da *finalidade* do autor. São fundamentais na *cominação* da pena a relevância do *bem jurídico* e o *controle social*, e, na individualização da pena (conceito de injusto), a gravidade da reprovação do ato realizado pelo autor em relação ao injusto cometido (conteúdo de culpabilidade); **f)** *circunstâncias*: em sentido generalíssimo, é toda acidentalidade ou particularidade que aduz à conduta ou nela a ação se desenvolve. As circunstâncias *inominadas* ficam ao critério discricionário do individualizador da pena diante do *lugar*, *tempo de duração* e *relacionamento* dos atores envolvidos na cena delitiva, *antes*, *durante* e *depois* da realização típica. As denominadas circunstâncias *inominadas* são aquelas que *não* estão pormenorizadamente descritas na norma penal, indicadoras de circunstância judicial, relevantes na fixação da *primeira fase* de cálculo de pena. Há legislações que rotulam de *casos especialmente graves* e *casos especialmente menos graves*, constituindo-se em mera cláusula de valor, em que o magistrado observará para o seu preenchimento os elementos fáticos do processo, que, a seu juízo, julgar relevante. A questão fica aberta diante do princípio do Estado de Direito e do *nulla poena sine lege*, sem olvidar a proibição do *ne bis in idem* (já tipificadas como qualificadoras ou circunstâncias genéricas obrigatórias de aumento ou diminuição de pena). Na Súmula nº 241, do Superior Tribunal de Justiça, observa-se que "A reincidência penal não pode ser considerada circunstância agravante e, simultaneamente, como circunstância judicial"; **g)** *consequências:* não se confundem com os efeitos naturais e objetivos do dano causado pelo injusto. Colocam-se além da conduta *per se*, como efeitos traumáticos que, em razão do delito, ocasionaram aumento com sua repercussão do maior desvalor do ato (STJ, HC 107.795/RS, 6ª T., rel. Min. Og Fernandes, j. 16.12.2008). As consequências do delito são relevantes para a maior ou menor responsabilidade da conduta na medida da pena. Assim, desde a execução sumária de uma líder religiosa que apoiava uma população rural pobre e carente de mercenários a soldo de fazendeiros, até os crimes de colarinho branco contra a Administração Pública, realizados por particulares e agentes do Poder Público, os quais desviam recursos destinados aos *direitos sociais*, garantidos pela Carta Republicana. Não se pode confundir *resultado* com *consequência* do crime, com o objetivo de exasperar a pena; **h)** *comportamento da vítima:* **é** uma inovação da Reforma de 1984 para responder aos corretos anseios dos estudos da Vitimologia. A *vítima*, protagonista da execução penal, poderá conferir maior ou menor reprovabilidade ao ato do autor. Seu comportamento é relevante *antes*, *durante* e *após* a realização do delito. O atuar da vítima, provocando a reação do autor, a desproporção física, o passado criminógeno *são* indicadores paralelos que devem ser observados no maior ou menor grau de censurabilidade na medida da pena (o comportamento da vítima é tido como circunstância genérica de atenuação quando da *injusta provocação da vítima*, ex vi dos arts. 65, III, alínea *c*, e minorante *ex vi* do art. 121, 1ª e 2ª partes, e art. 129, § 4º, última parte, CP). A história do crime está repleta de exemplos sobre a *injusta provocação da vítima*: a vítima que *instiga*, *provoca*, *desafia* ou *facilita* o atuar do autor. Não se pode esquecer a vítima como *servidor público* em razão do exercício de suas funções na segurança pública (Lei nº 13.142, de 6 de julho de 2015: "...VII – contra autoridade ou agente descrito nos arts. 142 e 144 da Constituição Federal, integrantes do sistema prisional e da Força Nacional de Segurança Pública, no exercício da função ou em decorrência dela, ou contra seu cônjuge, companheiro ou parente consanguíneo até terceiro grau, em razão dessa condição"). Na análise das *consequências do delito*, quando previsíveis, deverão ser considerados os danos suportados pela vítima e seus familiares. O mal infligido à vítima é compensado pela imposição estatal ao autor.

A *reprovação* e a *prevenção* foram acrescidas pelo legislador da Reforma de 1984. O magistrado deverá adequar o *quantum* da pena ao tempo *necessário e suficiente para a justa reprovação do ato praticado*. O aumento do *poder discricionário* é uma exigência do direito contemporâneo, dando ao julgador maior elastério para adequar as duas realidades: a social e a do autor do ato reprovável. A culpa atua como ferramenta de mediação da proibição do excesso e *não* como fundamento da pena. Nos contemporâneos Estados democráticos, se questiona quais os reais *fins da pena*, o que pode *legitimar* um sistema punitivo. A pena imposta *não* pode ultrapassar os limites do *justo*. A *prevenção* constitui-se em uma das *finalidades* do Direito Penal, principalmente no combate ao grande fator de descrédito do sistema, que é a *impunidade*. A *fixação da pena* tem também o caráter de *prevenção geral positiva limitadora* sem a visão distorcida de uma ideologia autoritária do "tratamento" penitenciário. Há muito, busca-se legitimar o poder punitivo estatal por meio de uma *função de melhoria* sobre o condenado. Todavia, resulta comprovado que a *criminalização secundária* deteriora o criminalizado, diante do efeito deteriorante das *instituições totais*, que desconstroem a pessoa humana. Contemporaneamente, dois objetivos justificam *ainda* a presença da pena, diante das exigências da *prevenção geral positiva limitadora* ou de integração: **a.** tutela necessária dos bens jurídicos no caso concreto; **b.** estabelecimento da paz social e jurídica da comunidade abalada pelo delito. Figueiredo Dias vê a conjunção entre a prevenção de integração e o conteúdo do princípio da necessidade da pena. A grande massa carcerária é carente de *sociabilização* e a tentativa de conciliação para a questão dos fins da pena só encontra respaldo por ter natureza preventiva.

Ainda nesta fase, deverá o magistrado observar: **a)** as *penas aplicáveis dentre as cominadas*: ao aplicar a pena atendendo à *qualidade*, à *quantidade ou* adotando medidas alternativas, vai ao encontro do binômio humanismo e retribuição. O Código indica espécies e regras de cálculo de penas na *Parte Geral*, que constituem o sistema penal; e, na *Parte Especial*, relativamente a cada figura penal, comina os marcos mínimo e máximo da pena aplicável para ser individualizada diante do caso concreto. As relações entre a *espécie* e a *pena aplicável* são diversas, ocorrendo de um lado a delimitação em sua espécie e, de outro, a delimitação da quantidade aplicável. O julgador deverá aplicar as penas componentes, observados os critérios de correlação na medida da proporcionalidade do cálculo do desvalor da conduta do autor do ato. A maior ou menor gravidade é refletida no *quantum* da pena imposta, na proporção do maior ou menor desvalor do ato cometido. Anote-se que a *prevenção geral positiva limitadora* busca produzir efeito positivo sobre os *não* criminalizados, *não* no sentido de dissuadi-los pela *intimidação*, mas como *valor simbólico* reforçador de sua confiança no sistema social em geral e no sistema penal em particular; ao passo que a *prevenção geral negativa* sustenta que a pena se dirige aos *não* infratores para que *não* venham a cometer novos delitos no futuro. Na prática a ilusão da *prevenção geral negativa* conduz a elevar os mínimos e os máximos das penas cominadas aos tipos penais; **b)** *quantidade de pena aplicável dentre os limites previstos:* o magistrado deverá levar em conta as circunstâncias judiciais para a fixação da pena base. Na *primeira fase*, *não* poderá fixar a pena abaixo do mínimo legal, ainda que todas as circunstâncias sejam favoráveis ao agente, nem acima do máximo (Súmula nº 231 do STJ). A Lei *não* prevê o indicador de aumento ou de diminuição em cada circunstância, ficando ao seu arbítrio tal valoração. Adota-se uma postura consentânea com um estado democrático de direito, temperando a taxatividade de uma pena fixa com o arbítrio judicial absoluto, através do *critério de discricionariedade vinculada*; **c)** *regime inicial de cumprimento de pena:* após o exaurimento do *processo trifásico* para o *cálculo da pena privativa de liberdade*, incumbe ao magistrado a fixação do regime inicial de cumprimento de pena (fechado, semiaberto ou aberto), observando a possibilidade da aplicação da medida penal da *suspensão condicional da pena*, ou com *prevalência* da possibilidade da *substituição* da pena privativa de liberdade por restritiva de direitos, para a evitação da contaminação carcerária. Na sentença condenatória deve obrigatoriamente constar o *regime inicial* do cumprimento da pena privativa de liberdade, sob pena de nulidade. A Súmula nº 440 do Superior Tribunal de Justiça fixa os limites do magistrado: "Fixada a pena-base no mínimo legal, é vedado o estabelecimento de regra prisional mais gravosa do que o cabível em razão da sentença imposta, com base apenas na gravidade abstrata do delito"; **d)** *substituição da pena privativa de liberdade aplicada por outra espécie de pena, se cabível:* a pena privativa de liberdade poderá ser substituída pela pena de multa (art. 60, § 2º, do CP) ou restritiva de direitos (arts. 43 e 44 do CP). Somente será cabível a aplicação do *sursis*, se não for indicada ou cabível a substituição por penas restritivas de direitos.

As *circunstâncias agravantes* são as que, quando não constituem, qualificam ou agravam a pena. A *teoria das circunstâncias* recebeu historicamente uma grande influência da moral católica, que julgava o pecado à luz da consciência. Deve-se à teologia moral uma das primeiras tentativas na elaboração conceitual e classificação das *circunstâncias*, segundo o clássico esquema: *quis, quid, quibus auxiliis, cur, quomodo, quando* (quem, que, com que meios, por que, como, quando). Os antigos práticos utilizavam a expressão *accidentalia delicti* em contraposição aos *essentialia delicti*. A moral católica, com a sutileza de suas indagações, evitava os modelos típicos e considerava caso a caso concreto, mais ou menos *pecaminoso*, fazendo a distinção entre circunstâncias *aggravantes vel minuentes peccatum* (agravam ou diminuem o pecado). São elementos *acidentais*, *acessórios*, e *não constitutivos* ou *elementares* do tipo; sem desnaturalizar a essência influencia na maior ou menor gravidade do delito. Não são circunstâncias os elementos que possuem valor essencial na economia do injusto, como as causas que excluem a antijuricidade ou a imputabilidade do autor, bem como os elementos que, ao aderirem ao modelo legal típico, o modificam (qualidade de *funcionário público*). O tipo de injusto pode se apresentar em sua moldura legal simples, como também cercado de uma constelação de *elementos essenciais* ou não que, sem desfigurar seu perfil qualitativo, possuem o efeito de diminuir ou intensificar sua quantidade; na linguagem carrariana, são *condições* que aumentam ou diminuem a quantidade *política do delito* ("*qualidade, quantidade e grau*"). Para os doutrinadores italianos, o tipo de delito *sem circunstâncias* denomina-se *simples*; já acompanhado de circunstâncias, denomina-se *circunstanciado*. Manzini, no *Trattato di diritto penale italiano*, escreve que as *circunstâncias* são elementos do fato (*pessoais, materiais* e *psíquicos*), estranhos aos seus elementos constitutivos em sua noção básica, sendo que algumas *circunstâncias* agravam ou diminuem a pena imposta. As *circunstâncias* são elementos que influem *não* na *existência* do fato típico, mas em sua *gravidade*, com as *consequências* materializadas na medida da culpabilidade do autor.

As *circunstâncias constitutivas* ou *elementos do tipo* compõem o tipo de injusto, sendo que há aquelas que só se referem a uma *condição ou qualidade do autor* (a *mãe* no infanticídio; o *cônjuge*, o *pai* ou a *mãe* em relação ao abandono material; o *médico*, na hipótese de omissão de socorro e de omissão de notificação de doença; o *funcionário público*, em relação ao peculato; o *advogado*, no patrocínio infiel) e outras aos aspectos internos do tipo de injusto. Há certos fatos que *não* constituem *circunstâncias* (crime continuado, concurso de pessoas e tentativa). Manzini salienta que a *habitualidade* e a *periculosidade* constituem *circunstâncias* ligadas à *pessoa do autor* e não ao *delito*. Inexiste, entre circunstâncias *judiciais* e *legais*, qualquer diferença ontológica, afastando a *reincidência* dos *maus antecedentes*, pois enquanto circunstância judicial tem a mesma função, determinada pela mesma causa, possuindo apenas força e grau de intensidade diferente. Nos tempos contemporâneos, as legislações incluem no catálogo das circunstâncias agravantes o preconceito de raça, cor, etnia, orientação sexual e identidade de gênero, deficiência, condições de vulnerabilidade social, religião e procedência regional ou estadual.

Quanto à *natureza jurídica*, são *accidentalia delicti*, que, *não* desnaturando a sua essência, determinam a maior ou menor reprovabilidade. Como possuem *caráter acessório* e *extraordinário* em relação ao tipo, entendido como unidade dos elementos constitutivos, jamais pode suprir a falta de um elemento essencial. Constituem-se em um *acontecimento* que gira em torno do tipo, ou funcionando como elemento complementar do tipo penal, ou operando na reprovabilidade do obrar por via instrumental da medida da pena. Não se devem confundir as *circunstâncias legais*, que *são acontecimentos acessórios* (*accidentalia delicti*), que *não* são constitutivas ou elementares do tipo (*essentialia delicti*), com os *elementos normativos do tipo*. As *circunstâncias legais não são constitutivas ou elementares*, não qualificam o crime (acidentes que classificam o tipo derivado estabelecendo novos marcos legais mais gravosos em relação ao tipo-base), e *não são causas especiais* de aumento ou diminuição (*majorantes* e *minorantes*).

Classificam-se as *circunstâncias* em: **a)** genéricas, expressas ou taxativas; **b)** comuns e específicas; **c)** objetivas e subjetivas. Ainda podem ser: **a)** processuais; **b)** autônomas; **c)** indistintas; **d)** plurais ou múltiplas; **e)** coexistentes e complexas. Ainda se classificam em: **a)** judiciais e legais; **b)** genéricas e específicas. As *circunstâncias legais,* agravantes ou atenuantes, são *elementos acidentais* que se constituem em uma ponte entre o crime e a pena, que a fazem *obrigatoriamente* aumentar ou diminuir, e devem ser computadas *após* a fixação da pena-base, possibilitando uma correta individualização pelo magistrado. São os *elementos não constitutivos do tipo de injusto*, mas seus *acessórios* que influenciam na sua *gravidade*, ficando intacta a sua *essência*. Os Códigos Penais do século XIX, considerando que os *elementos essenciais* podem ser *objetivos* e *subjetivos*, classificavam as *circunstâncias* subdividindo em: **a)** *qualitativas*, em relação à natureza e à espécie de injusto; **b)** *instrumentais*, concernentes aos meios; **c)** *materiais,* em função do objeto; **d)** *temporais*, referentes ao tempo; **e)** *consequenciais*, pertinentes ao dano ou ao perigo ao bem jurídico; **f)** *pessoais,* em relação às condições ou qualidade do sujeito passivo. Por fim: **a)** quanto aos *efeitos*: *atenuantes* ou *agravantes*; **b)** quanto aos *dados cronológicos*: antecedentes, concomitantes ou consequentes; **c)** quanto à *extensão*: gerais ou especiais. As *circunstâncias constitutivas* são de duas espécies: **a)** *objetivas:* se referem à *condição* ou à *qualidade* externa do autor; **b)** *subjetivas*: se referem *ao elemento subjetivo pertinente ao tipo* (dolo e culpa), que se distinguem em relação às modalidades do tipo objetivo.

Algumas circunstâncias elencadas em dispositivo específico da *Parte Geral* podem constar na *Parte Especial* como causa absolutória (parentesco e matrimônio, nos crimes patrimoniais). Também se classificam em *objetivas* e *subjetivas*: **a)** as primeiras relacionam-se com os meios e modos de execução, tempo, lugar, ocasião, qualidade do sujeito passivo e o objeto material do injusto; **b)** as segundas dizem respeito ao móbil do crime, às condições pessoais do sujeito ativo e passivo em seu relacionamento. As *circunstâncias de caráter pessoal*, salvo quando elementares ao tipo, são incomunicáveis. As circunstâncias *genéricas, agravantes* e *atenuantes*, expressadas casuisticamente de caráter obrigatório, se classificam: **a)** *condições objetivas* se subdividem: **a.** *quantitativas* (concernentes à natureza e espécie do tipo de injusto); **b.** *instrumentais* (relativas ao meio); **c.** *materiais* (ao objeto); **d.** *temporais* (ao tempo); **e.** *espaciais* (ao lugar); **f.** *consequenciais* (relativas ao dano ou ao perigo); **g.** *pessoais* (relativas às condições ou qualidades pessoais do agravado); **b)** *condições subjetivas* estão locadas no juízo de reprovação e se referem ao autor sem qualquer relação direta com a materialidade do fato punível e são *subdivididas* em: **a.** *intencionais* (maior ou menor desvalor da conduta); **b.** *pessoais* (concernentes às relações entre o autor e o ato: imputabilidade, reincidência, condições ou qualidades pessoais); **c.** *interpessoais* (relações entre o autor e a vítima: parentesco, relações domésticas e coabitação; **c)** quanto ao *efeito*, as circunstâncias podem ser agravantes ou atenuantes; e, quanto à extensão, ainda, podem ser comuns ou especiais; **d)** no que concerne ao *número*, ainda podem ser: **a.** *simples* e *singulares* (uma única circunstância agravante); **b.** *concorrentes* (várias circunstâncias agravantes ou atenuantes, ou agravantes e atenuantes); **c.** e *complexas ou compostas* (quando uma circunstância, genérica em relação à outra, abarca no todo ou em parte os elementos da última); **e)** pode-se ainda classificar as circunstâncias como: **a.** circunstâncias *antecedentes* (embriaguez preordenada); **b.** circunstâncias *concomitantes* (emprego de veneno, fogo, explosivo, tortura ou outro meio insidioso ou cruel, ou de que podia resultar perigo comum); **c.** circunstâncias *supervenientes* (evitar ou minorar as consequências ou reparado o dano).

No que tange ao *conhecimento* das circunstâncias agravantes, podem ser classificadas em: **a)** *conhecidas*; **b)** *desconhecidas*; **c)** *putativas*. Tem como base uma *escala de valores* em relação à significação típica, por exemplo: **a.** quando o infrator viola dois valores juridicamente relevantes contidos na norma incriminada; **b.** quando descrita na circunstância agravante. As circunstâncias não têm aplicação objetiva, *devendo obrigatoriamente estar cobertas pelo dolo*. O erro em relação às *circunstâncias agravantes* é *relevante*, o que exclui a sua aplicação, ao passo que, em relação às *circunstâncias atenuantes*, é *irrelevante*.

Alguns Códigos do século XIX *não* discriminavam as circunstâncias, limitando-se a estabelecer uma regra geral. Como o legislador *não* especificava e *não* enumerava, deixava um amplo poder ao magistrado para o seu reconhecimento ou não. Uma circunstância agravante comum pode formar um elemento constitutivo do tipo e neste caso perde seu caráter de agravante ("*são circunstâncias que sempre atenuam a pena*") ou atenuante ("*São circunstâncias que sempre agravam a pena, quando não constituem ou qualificarem o crime*"). Uma circunstância determinada é considerada por lei como elemento constitutivo de tipo de injusto, logo *não* poderá ser ao mesmo tempo ser *causa* para o agravamento ou para a diminuição de pena (*ne bis in idem*). O Código adotou o sistema de *circunstâncias legais* (taxativas), pois, diante do princípio do *nullum crimen sine lege*, a determinação das circunstâncias tornou-se imperativa para deter o arbítrio. O legislador quando usa a expressão "*ou outro recurso que dificultou ou tornou impossível a defesa do ofendido*", e ainda quando utiliza "*ou outro meio insidioso ou cruel, ou de que podia resultar perigo comum*", adota sistema das agravantes *genéricas* ou *indiscriminadas*. O Código seguiu o *sistema das circunstâncias comuns* ("*são circunstâncias que sempre agravam a pena*"). As *agravantes* aplicam-se obrigatoriamente quando *não* interferem na configuração do tipo ou qualificam o injusto.

Assim, no que concerne à *classificação*, as *circunstâncias agravantes genéricas* são de *caráter pessoal ou subjetivas*, quanto: **a)** *ao móbil do injus-*

to ou à finalidade de agir (motivo fútil ou torpe para facilitar ou assegurar a execução, ocultação ou impunidade ou vantagem de outro injusto, ou por motivo de lucro); **b)** *a qualidade ou condição pessoal do agente* (embriaguez preordenada, com abuso de poder ou abuso de autoridade); **c)** quanto *às relações do autor com o sujeito passivo ou com os outros partícipes* (parentesco, relações domésticas, de coabitação ou hospitalidade; promovendo, organizando, cooperando, dirigindo a atividade criminosa; instigando, coagindo a execução delitiva). As *circunstâncias agravantes genéricas* são de *caráter objetivo,* quanto: **a)** *aos meios e modos de execução* (traição, emboscada, dissimulação, emprego de veneno, fogo, explosivo, tortura); **b)** *ao tempo e lugar* (por ocasião de incêndio, naufrágio, calamidade pública); **c)** *à pessoa ou à condição da vítima* (criança, idoso, enfermo, pessoa sob estado de desgraça particular, ou pessoa sob imediata proteção da autoridade). Não escapou à acuidade do legislador expressamente assinalar que as circunstâncias "*sempre agravam a pena, quando não constituem ou qualificam o crime*", evitando um *bis in idem*, isto é, aumentar a pena duas vezes pelo mesmo motivo. Há inúmeras, sendo a mais *objetiva* a que vê os *motivos* em: **a.** bons e maus; **b.** sociais e antissociais; **c.** jurídicos e antijurídicos. Como os motivos se situam na avaliação direta do caso, o legislador os deixou ao prudente arbítrio do magistrado. A regra inscrita no Código Penal não fixa o *quantum* pertinente às circunstâncias obrigatórias de aumento da pena deixando à pura discricionariedade judicial. Para evitar uma *justiça lotérica é recomendado*, em relação à escala de aumentos, optar pelo agravamento ou diminuição igual ou inferior de 1/6 (um sexto) sobre a pena-base fixada diante das circunstâncias judiciais.

    No rol taxativo das circunstâncias agravantes, a primeira é a *reincidência*, que merece maior destaque diante da postura do legislador. A Reforma de 1984, repetindo procurar *não estigmatizar* o condenado, tratou a *reincidência* como *circunstância genérica obrigatória* de aumento da pena e estabeleceu efeitos extremamente graves em relação ao regime prisional e benefícios. A moderna doutrina penal possui outra visão traduzida na frase de Munõz Conde de que o reincidente "*nem sempre é o mais perverso, nem o mais culpável, nem o mais perigoso em confronto com o primário*". Não se pode olvidar a *coculpabilidade da sociedade* na reincidência diante do processo deletério e dissocializador, desestruturando a pessoa encarcerada e impossibilitando a sua inserção social. Há uma corrente que entende ser de constitucionalidade duvidosa a agravação da pena *obrigatória* pela reincidência, diante do *ne bis in idem*, com patamar no *princípio da legalidade*, pois *não* poderia uma pessoa ser punida por mais de uma vez pelo mesmo injusto. Zugaldía Espinar, no *Fundamentos de Derecho Penal, Parte General*, sustenta que o fato que originou a primeira condenação *não* pode *obrigatoriamente* servir de fundamento ao agravamento pela realização de outro injusto penal, cuja pena foi ou está sendo cumprida, a não ser que se admita o *Direito Penal do autor*, contradição lógica com o Estado democrático de Direito. A forma de tratamento tradicional *perpetuando* os residuais no cárcere pela pesada carga punitiva redundou em total fracasso pelo retorno à vida marginal e criminosa (*inoculização*).

Ocorre a *reincidência, conceito jurídico*, quando o agente comete *novo crime, depois* de *transitar em julgado a sentença* que, no país ou no *estrangeiro*, o tenha condenado por *crime anterior* (*não contravenção*). O réu pode manter a *primariedade* tendo sido condenado definitivamente pela prática de inúmeros crimes, desde que nenhum deles tenha sido praticado *antes* da primeira condenação transitada em julgado, *observada a hipótese de prescrição*. A noção de reincidência é *legal*, constituindo-se em uma *circunstância agravante objetiva incomunicável*. A questão pertinente à reincidência e ao afastamento do princípio da insignificância *não* está pacificada entre as Turmas da Corte Suprema. A 1ª Turma inadmite a aplicação do *princípio da insignificância* aos reincidentes, sob o fundamento de que "1. A tipicidade penal não pode ser percebida como o trivial exercício de adequação do fato concreto à norma abstrata. Além da correspondência formal, para a configuração da tipicidade, é necessária uma análise materialmente valorativa das circunstâncias do caso concreto, no sentido de se verificar a ocorrência de alguma lesão grave, contundente e penalmente relevante do bem jurídico tutelado. 2. O princípio da insignificância reduz o âmbito de proibição aparente da tipicidade legal e, por consequência, torna atípico o fato na seara penal, apesar de haver lesão a bem juridicamente tutelado pela norma penal. 3. Para a incidência do princípio da insignificância, devem ser relevados o valor do objeto do crime e os aspectos objetivos do fato - tais como a mínima ofensividade da conduta do agente, a ausência de periculosidade social da ação, o reduzido grau de reprovabilidade do comportamento e a inexpressividade da lesão jurídica causada" (STF, HC 97.772/RS, 1ª T., rel.ª Min.ª Cármen Lúcia, j. 3.11.2009). Para a 2ª Turma "O princípio da insignificância qualifica-se como fator de descaracterização material da tipicidade penal. - O princípio da insignificância – que deve ser analisado em conexão com os postulados da fragmentariedade e da intervenção mínima do Estado em matéria penal - tem o sentido de excluir ou de afastar a própria tipicidade penal" (STF, HC 106.510/MG, 2ª T., rel. p/ acórdão Min. Celso de Mello, j. 22.3.2011).

Para efeitos judiciais, *não* inclui as meras anotações de inquéritos policiais registrados e as sentenças condenatórias apeladas *sem* trânsito em julgado. O Supremo Tribunal Federal, dando repercussão geral, por maioria decidiu que "Ante o princípio constitucional da não culpabilidade, inquéritos e processos criminais em curso são neutros na definição dos antecedentes criminais" (STF, RE 591.054 RG/SC, Pleno, rel. Min. Marco Aurélio, j. 17.12.2014). O *conceito de primariedade* e *bons antecedentes não* se confundem. Ser *primário* é *não* ter cometido no prazo superior a 5 (cinco) anos novo crime após o trânsito em julgado de crime anteriormente praticado, e ter *bons antecedentes criminais* é *não* ser réu ou condenado em ação penal que lhe foi proposta. Nada impede que havendo mais de uma condenação transitada em julgado, uma seja considerada para agravar a pena, como *reincidência*, e a outra, valorada como *mau antecedente*. Não há violação do *princípio do ne bis in idem*, uma vez que fatos utilizados para a exacerbação de pena-base não sejam os mesmos caracterizadores da reincidência (STJ, HC 91.841/MG, 5ª T., rel. Min. Napoleão Nunes Maia Filho, j. 3.2.2009). O Superior Tribunal de Justiça reitera que existindo registros criminais já considerados na *primeira* e na *segunda* fase da fixação da pena (maus antecedentes e reincidência) essas mesmas condenações *não* podem ser valoradas para concluir que o agente possui *personalidade voltada à criminalidade*. A adoção de entendimento contrário caracteriza a violação do princípio *ne bis in idem* (STJ, HC 165.089/DF, 5ª T., rel.ª Min.ª Laurita Vaz, j. 16.10.2012). A *reincidência não* pode ser considerada como circunstância agravante e, *simultaneamente*, como circunstância judicial.

No que tange à *reincidência específica ou genérica, não* mais existe e com tratamentos normativos diferentes. Assim, ou é *primário* ou é *reincidente*. Não há que se falar em *tecnicamente primário*. A doutrina clássica dividia a reincidência em *verdadeira, ficta, própria* ou *imprópria*, sendo que a *própria* ou *específica* ocorrerá quando o *novo* crime for da *mesma* natureza do precedente, ao passo que será *imprópria* ou *genérica* quando for de natureza *diversa*. Será *temporária* ou a *tempo determinado* quando estabelecido um período de tempo a partir do qual *não* mais se constitui elemento de reincidência (prescrição da reincidência); ao contrário, será *permanente* ou a *tempo determinado*; quando não é estabelecido pelo legislador *tempo determinado*, o estado de reincidente é *temporário* e *não* perpétuo. Com a edição da Lei nº 8.072, de 25 de julho de 1990, que trata dos *crimes hediondos ou equiparados*, o legislador, pela pressa da edição para atender aos reclames dos signatários da lei e da ordem, cometeu impropriedade ao falar em *reincidente específico* em relação ao catálogo de tipos de injusto nela elencados. Seguindo a orientação traçada pela Lei dos Crimes Hediondos, há ressurgimento da figura do *reincidente específico*, como no Código de Trânsito Brasileiro (Lei nº 9.503/97), na Lei nº 9.714, de 25 de novembro de 1998, que introduziu o art. 44, § 3º, no Código Penal ("[...] *a reincidência não se tenha operado em virtude da prática do mesmo crime*"), e na Lei nº 11.343, de 23 de agosto de 2006, Lei de Drogas, no parágrafo único do art. 44 ("*Nos crimes previstos no* caput *deste artigo, dar-se-á o livramento condicional após o cumprimento de dois terços da pena, vedada sua concessão ao reincidente específico*"). A denominação *reincidência específica* só é cabível nos diplomas legais especiais que a ela se refere.

A *reincidência* é tratada pelo legislador com o máximo rigorismo, senão, vejam-se, seus *efeitos*: **a)** agrava a pena privativa de liberdade; **b)** é circunstância preponderante no concurso de agravantes; **c)** veda a substituição da pena privativa de liberdade por restritiva de direitos no crime doloso; **d)** veda a substituição da pena privativa de liberdade pela multa; **e)** veda a aplicação da medida penal do *sursis* no crime doloso; **f)** aumenta o prazo de cumprimento de pena para a obtenção da medida do livramento condicional; **g)** veda a aplicação do livramento condicional nos crimes previstos na Lei dos Crimes Hediondos, na hipótese de *reincidente específico*; **h)** interrompe a prescrição da pretensão executória; **i)** aumenta o prazo da prescrição da pretensão executória. Na *prescrição*, não se faz a distinção entre a *reincidência real* e a *ficta*, contudo poderá ocorrer a *prescrição da reincidência* se, entre a data do cumprimento ou extinção da pena e o crime posterior, se tiver decorrido período de tempo superior a 5 (cinco) anos, computado o da prova da suspensão ou do livramento condicional, se não ocorrer revogação (STJ, HC 26.400/MG, 5ª T., rel. Min. Felix Fischer, j. 9.9.2003). O limite temporal de 5 (cinco) anos aplica-se, por analogia, à transação penal e a suspensão condicional do processo (STF, HC 86.646/SP, 1ª T., rel. Min. Cezar Peluso, j. 11.4.2006). Deixa de existir o caráter de *perpetuidade da reincidência*, contando-se da data da extinção da punibilidade da pena imposta pela condenação anterior à data do cometimento do novo crime; Reitera-se a posição no sentido de que não podem ser considerados *maus antecedentes* condenações anteriores, cujas penas foram extintas há mais de cinco anos, pois não são consideradas para efeitos de reincidência. A questão está ancorada no princípio da proporcionalidade da pena e seus efeitos de caráter perpétuo (STF, HC 126.315/SP, rel. Min. Gilmar Mendes, j. 15.9.2015; **j)** revoga o *sursis*, *obrigatoriamente*, na condenação por crime doloso; *facultativamente*, no crime culposo e na condenação contravencional, a pena privativa de liberdade ou restritiva de direitos; **k)** revoga o *livramento condicional*, *obrigatoriamente*, em caso de condenação por crime ou contravenção, seja ou não a pena privativa de liberdade; **l)** revoga a *reabilitação* quando houver condenação à pena que não seja de multa; **m)** veda a incidência de aplicação de causa minorante da pena privativa de liberdade; **n)** impõe, como regime inicial para cumprimento de pena de reclusão, fechado; **o)** impõe, como regime inicial para cumprimento da pena de detenção, semiaberto; **p)** veda a liberdade provisória para apelar; **q)** veda a prestação de fiança no caso de condenação por crime doloso; **r)** autoriza a decretação da prisão preventiva na hipótese do trânsito em julgado da sentença concenatória por outro crime doloso; **s)** veda os benefícios da Lei nº 9.099, de 26 de setembro de 1995; **t)** no indulto coletivo, estabelece que o cumprimento de 1/3 (um terço) da pena cumprida nas hipóteses específicas.

Destaca-se que inocorrendo revogação do *sursis* ou do *livramento condicional*, vencido o prazo de 5 (cinco) anos, a condenação anterior não será considerada para efeitos da reincidência, configurando-se maus antecedentes (STJ, HC 108.564/SP, 5ª T., rel. Min. Felix Fischer, j. 3.2.2009). O Superior Tribunal de Justiça admite o reconhecimento do princípio da insignificância ao reincidente ou portador de maus antecedentes (STJ, HC 250.122/MS, 6ª T., rel. Min. Og Fernandes, j. 2.4.2013). Constata-se que nossa legislação trata com *extremo rigor a reincidência*; daí que se procura atenuar o rigorismo legislativo limitando no percentual de 1/6 (um sexto) da pena-base, para evitar julgado que chegue ao aumento até de 1/3 (um terço), o que é totalmente desproporcional. A tendência normativa contemporânea é na direção de dar poderes ao magistrado para *desconsiderar a reincidência* quando o apenado já tiver cumprido a pena pelo crime anterior sendo favoráveis, diante do perfil, as condições de inserção e adaptação social. Na hipótese de concorrerem circunstâncias agravantes e atenuantes, a *reincidência* é *preponderante* ao lado da personalidade do agente. No que tange à *compensação* ou *preponderância* entre o agravamento pela reincidência e a atenuante da confissão espontânea, o Superior Tribunal de Justiça, firmou que deve ser reconhecida a *compensação* entre as referidas circunstâncias genéricas de diminuição e aumento, por serem igualmente preponderantes (STJ, EREsp 1.154.752/RS, 3ª S., rel. Min. Sebastião Reis Junior, j. 23.5.2012). O Código *não* se referiu à *habitualidade* como agravante. Impede a *substituição* da pena privativa de liberdade por restritiva de direitos. A Lei nº 9.714, de 25 de novembro de 1998, admitiu a *substituição* da pena privativa de liberdade pela restritiva de direitos em favor do *reincidente* desde que, diante da condenação anterior, a reincidência *não* se tenha operado em razão da prática *do mesmo crime*, como também a aplicação de causas especiais de diminuição de pena. Ainda é mister lembrar que a prática de infração contravencional *depois* de um crime *não* configura reincidência; contudo, se o agente comete um crime e *depois* uma contravenção, ocorrerá reincidência em relação à contravenção. O Superior Tribunal de Justiça entende que a condenação anterior à pena de multa *não* afasta a reincidência (STJ, HC 95.389/SP, 5ª T., rel. Min. Napoleão Maia Nunes Filho, j. 20.10.2009).

As condenações transitadas em julgado a mais de cinco anos *não* caracterizam *maus antecedentes* para efeito de fixação de pena, diante do óbice de *perpetuidade*, violativo do princípio constitucional da ressocialização da pena (STF, HC 126.315/SP, 1ª T., rel. Min. Gilmar Mendes, j. 15.9.2015).

Para o reconhecimento da reincidência é indispensável que na folha de antecedentes penais conste certificada a *data* do trânsito em julgado. Reitera-se que a certidão judicial de esclarecimento da folha de antecedentes criminais é o meio probatório que retira qualquer incerteza, ao passo que a mera anotação administrativa, sem fé pública, lançada colateralmente, deixa margem de risco. É a posição pacífica do Superior Tribunal de Justiça (STJ, HC 100.848/MS, 6ª T., rel.ª Min.ª Jane Silva, j. 22.4.2008).

O legislador elenca ainda entre as *circunstâncias agravantes* quando *não* constituem ou qualificam o crime as concernentes aos *motivos de atu-*

ar: *motivo fútil ou torpe*. Na sistemática das *circunstâncias legais*, o *motivo* possui um duplo valor, considerado como circunstância agravante ou atenuante (cometido o injusto por relevante valor social ou moral). Inexistem motivos eximentes nas causas de justificação. Maggiore, no *Derecho penal, Parte General*, dizia que o *motivo* é o antecedente psíquico da ação, a força que coloca em movimento o querer e o transforma em ato. Visto como representação que impulsiona a ação, o *motivo* está acompanhado de uma constelação de diversos elementos psíquicos (*sentimentos, emoções, paixões, instintos*). O processo de motivação é dos mais complexos pontos entre o Direito e a ética. Não se pode confundir *motivo* com o *dolo*, pois o primeiro precede o segundo. O crime causado por *motivos imorais* é mais grave do que o realizado por *motivos éticos*. Assim: **a)** *motivo fútil:* é aquele desproporcionado com o delito, desvalora a conduta e traduz a insensibilidade do autor, que se torna mais reprovável. Pode-se afirmar que o motivo fútil é a ausência de *motivo significante* para a prática do delito. É considerado motivo *desproporcionado* com o injusto realizado, *exíguo* e *mesquinho*, que *não* explica o ato praticado pelo autor, denotando *insensibilidade moral*. Sendo uma *circunstância subjetiva*, deve ser avaliado com cuidado, caso contrário todos os homicídios seriam caracterizados pela futilidade do motivo. O motivo é *fútil* quando notadamente *desproporcional* ou *inadequado*, do ponto de vista do *homem prudente* e em relação de quem se trata, *não* se confundindo com o *motivo injusto* ou com o aparentemente *frívolo* ou *irrelevante* (desentendimento por questão familiar). Há que existir um *vazio de motivação*. Possui como *característica extrínseca* a desproporção entre o motivo e o atuar delitivo, denotando, como *intrínseca*, a frieza de ânimo e a capacidade para delinquir. Os indivíduos provenientes de baixos estratos sociais são mais vulneráveis ao *não* controle dos freios inibitórios, encontrando-se um quadro de *impulsivos*, em cujo atuar há uma enorme desproporção entre um motivo quase inexistente e a brutalidade do processo executório do crime. No que tange à *emoção violenta* e ao *motivo fútil*, este só poderá *desaparecer* diante de uma *injusta* provocação da vítima, pois assim o motivo deixará de ser fútil. Configura o *motivo fútil* a *ausência de motivo* para a ação delitiva. Nas hipóteses de litígio insignificante costuma-se dizer que o autor obrou *sem motivo*, o que na verdade se traduz pelo *motivo inadequado* para o resultado típico. Não se configura a motivação fútil o ciúme, a paixão, a tentativa de reatamento da vida pretérita comum, a busca do reatamento das relações sexuais, a inimizade anterior, as ofensas verbais e a exposição pública ao ridículo. Quando o *ciúme* foi a causa determinante da conduta, *não* se pode afirmar que o motivo é irrelevante, insignificante ou fútil. O *motivo fútil* não é o *motivo injusto*. Se há animosidade anterior, fica excluída tal causa especial de aumento de pena. A jurisprudência tem afastado o motivo fútil quando há prova de que o delito vem precedido de animosidade e atritos entre as partes que se constituem em antecedente psicológico não desproporcionado. O fato de estar *embriagado* não afasta *per se* a futilidade da sua motivação, porém, se provada a perturbação da mente do autor, mesmo sendo *incompleta*, *não* haverá possibilidade de avaliar a proporção entre o motivo e a ação, razão pela qual ocorrerá *incompatibilidade* entre a causa especial de aumento e o estado de embriaguez; **b)** *motivo torpe:* conduz a um maior desvalor e consequente reprovabilidade da conduta delitiva. É o motivo *abjeto, vil, indigno*, que revolta a comunidade onde foi praticado. Há duas correntes doutrinárias divergentes no que tange ao *ciúme* ser considerado ou não motivo torpe. O *ciúme não* configura *motivo torpe*, pois o amor não é sentimento abjeto ou vil, muito menos indigno entre duas pessoas. O motivo *abjeto* ou *repugnante* é o que se considera digno do maior desprezo; o *fim de lucro* pode ou não ser considerado abjeto. Nos crimes patrimoniais coincide com o dolo, ao passo que nos crimes contra a pessoa demonstram mais *perversidade* quando realizados por meio de executor assalariado. Nem todo *ato de vingança* pode ser considerado como torpe, que muitas vezes na verdade são motivos de relevante valor moral e não abjeto. *Torpe* é o motivo que vivamente ofende os *valores morais* do grupamento social. É o particularmente desprezível produto de uma personalidade amoral, sintoma de baixeza, vilania e depravação. Surge do sentimento de despeito, inferioridade ou fracasso, que gera a inveja, ou advém do ódio que conduz à vingança. É certo que a *vingança per se* não torna pelo móbil o delito torpe. No *motivo fútil* há frontal incompatibilidade com a violenta emoção e o estado de embriaguez, ao passo que o *motivo torpe* não agrava o elenco dos tipos de injusto contra os costumes. É de lembrar-se que inexistem condutas *imotivadas*. A *perversidade* constitui motivo torpe; **c)** *facilitar ou assegurar a execução, a ocultação, a impunidade ou a vantagem de outro crime*: a justificativa da agravante está na maior reprovabilidade do obrar do autor, que se coloca entre dois injustos penais, um dos quais (*crime-fim*) projeta sua sombra sobre o outro (*crime-meio*), imprimindo o mesmo sentido moral. O *crime-fim* é uma realidade, ao passo que também, no dizer de Maggiore, pode ser um simples fantasma que só existe na mente do agente. Não há necessidade de que o *crime-fim* venha a ser cometido; é suficiente que o *crime-meio* tenha ocorrido com aquela finalidade. Se ambos os injustos penais são cometidos (*meio* e *fim*), há *concurso de tipos penais*, incidindo a agravante apenas em relação ao *crime-meio*, quer tentado ou consumado. É fundamental o nexo existencial de dois injustos ligados por um nexo de *meio* e *fim*. A *ocultação* significa encobrir, esconder o ato; já à *impunidade* objetiva escapar o sujeito ativo da reprovabilidade jurídico-penal do ato cometido. A *vantagem* tanto pode ser patrimonial ou de outra natureza. O *pressuposto* é a realização de outro injusto penal, sendo que apenas se aplica ao *crime-meio*, ainda que o *crime-fim* venha a se realizar ou que a finalidade não tenha sido atingida; **d)** *traição*: constitui-se em ato de *perfídia*, *deslealdade*, *aleivosia*. Nossos comentadores aduzem a *quebra da fidelidade*. O sujeito passivo é colhido de surpresa, de inopino, impossibilitando o exercício da defesa. Seu conteúdo é de base moral. Pode a *traição* ser: **a.** material ou objetiva; **b.** moral ou subjetiva. Desde o Código Imperial, a *traição* se caracteriza pela surpresa, pela subitaneidade da ação acometida, sendo a perfídia deslealdade do agente para com a vítima. A *traição* é uma conduta programada em que o autor prepara previamente a ação delitiva, e exige o descuido da vítima ou a sua fidúcia no sujeito ativo do injusto penal. Na linguagem carrariana realiza-se por meio do *engodo*, da *fraude*, da *insídia*, com a *ocultação moral*, exigindo-se o *fator tempo*, o que conduz ao *dolo de premeditação*. Quando a vítima é atingida *pelas* costas, em ataque súbito, *não* lhe permitindo perceber a conduta criminosa, fazendo evitar a defesa, a perfídia configura o reconhecimento desta circunstância de aumento de pena; **e)** *dissimulação*: caracteriza *per se* a *traição*, pois é a ocultação da intenção para apanhar a vítima de surpresa. A *dissimulação* é uma *modalidade da traição*, que envolve um procedimento subjetivo do autor do fato por meio de atos fraudulentos de captação de confiança da vítima, sendo o *disfarce* a sua forma mais estereotipada, sendo inquestionável o *dolo premeditado*. A *dissimulação* é o encobrimento dos próprios desígnios, o *disfarce* para surpreender a vítima. É o *engodo* para colher o sujeito passivo desprevenido. O agente atua inicialmente escondendo seus verdadeiros propósitos; **f)** *emboscada*: abrange a surpresa, sendo também uma forma de perfídia e de perversidade. É o ato de esperar oculto o sujeito passivo para atacá-lo. É a clássica *tocaia* do nosso sertão, que significa *estar de espreita*. A vítima deve ser surpreendida de forma a *não* poder opor resistência ao ataque do agressor. A *premeditação* e a *surpresa* são seus componentes a que os práticos denominavam *ex insidius*; **g)** *emprego de recurso que dificulta ou impede a defesa da vítima*: o legislador ampliou o poder discricionário do magistrado ao elencar "[...] *ou outro recurso que dificultou ou tornou impossível a defesa*". É imperativo que em todos os casos estudados exista idoneidade e tenha o sujeito ativo atuado de forma insidiosa ou ardilosa para surpreender a vítima. Nosso legislador usou a expressão *outros recursos* que *não* são a traição, a emboscada, a dissimulação, mas sim o *lugar ermo*, o *abuso de confiança*, a *invasão da casa da vítima*, e até, como cita Pedro Vergara, em *Das Circunstâncias Agravantes*, a *superioridade de forças e armas*. A circunstância de majoração pertinente à quebra de *confiança* ou da *coabitação* com a vítima *não* representa *bis in idem*, pois tais circunstâncias *não* estabelecem, necessariamente, relação de vinculação ou independência (STF, HC 98.446/MS, 2ª T., rel. Min. Joaquim Barbosa, j. 29.3.2011). A *surpresa* está presente na *emboscada*, na *traição* e na *dissimulação* da conduta do autor do ato reprovado, sendo o mais positivo indicador da *aleivosia*. Se houve algum fator na hipótese de *coação*, há incompatibilidade plena com o reconhecimento da *aleivosia*, da *insídia* ou da *surpresa*, desaparecendo as *qualificadoras* da *emboscada*, *dissimulação* ou *traição*. Podem conviver com o motivo de relevante valor moral e social; **h)** *emprego de meios insidiosos, cruéis ou perigosos*: o meio insidioso é uma condição objetivo-subjetiva para causar o resultado típico com perfídia, de improviso ou de surpresa, diante de uma vítima desprevenida, que fica em situação real e objetiva de absoluta impossibilidade de defesa.

Quanto aos *meios*, é agravado o crime quando os *meios empregados* pelo sujeito ativo são: **a.** *veneno*; **b.** *fogo*; **c.** *explosivo*; **d.** *asfixia*; **e.** *tortura*; **f.** *qualquer outro meio insidioso ou cruel ou de que possa resultar perigo comum*. Define-se como: **a.** *meio insidioso*, aquele que possibilita iludir a defesa da vítima (veneno); **b.** *meio cruel* é o que pela brutalidade e selvageria aumenta o sofrimento do sujeito passivo, horripilando todos; **c.** finalmente, *meio de que poderia resultar perigo comum* é o que provoca a probabilidade de lesão *erga omnes*. Aduza-se que são *meios cruéis*: a *asfixia*, a *tortura* e o *perigo comum*, *fogo* e *explosivo*. A agravante do *perigo comum* não se aplica aos injustos que o têm como elemento da conduta típica. A Reforma Penal de 1984 alterou o rol das circunstâncias agravantes prescritas pelo Código Penal, cancelando a redundante referência à *asfixia*, de caráter meramente exemplificativo, já que é tida por *insidiosa* ou *cruel* espécie de meio, na execução do crime.

Quando o legislador usa a expressão "*meios*", trata-se dos *instrumenta sceleris* (arma, explosivo, fogo, inundação, gases tóxicos, transmissão de vírus, veneno), sendo que o próprio homem poderá transformar-se em instrumento quando for usado coativamente, isto é, sem *vontade* dirigida ao fim reprovado. Tais *meios* também podem ser: **a.** *físicos*; **b.** *morais*; **c.** *mistos*. Logo: **a.** no ato de estrangular com suas mãos a vítima ou matá-la a golpes e pontapés, os meios são físicos; **b.** na injúria verbal a um cardíaco, objetivando vê-lo morrer, os meios são psíquicos; **c.** na hipótese dos *meios mistos*, cita-se o indivíduo que inflige males físicos a uma criança doente a fim de fazê-la sucumbir aos poucos. Tais meios, que podem ser *diretos* ou *indiretos*, devem ser *idôneos*, considerados em concreto. Um *meio inidôneo* pode adquirir potencial no concurso com outra causa, tornando-se idôneo para o fim desejado pelo autor. Antolisei, no *Manuale di diritto penale, Parte Generale*, leciona que os meios fazem parte da ação e nela se integram agregados no seu elemento causal é irrefutável.

Quanto à sua *natureza*, o *meio* deve ser *insidioso*, *cruel* ou *capaz de produzir perigo comum*. Pedro Vergara, em *Dos Motivos Determinantes no Direito Penal*, salienta que o uso do *veneno* só agravará a pena se for aplicado com insídia ou de modo cruel; o *explosivo* quando utilizado com insídia, crueldade ou perigo comum, pois raramente o meio insidioso é só insidioso, ou o meio cruel é só cruel. Deverá haver a voluntariedade, não bastando *per se* o meio querido, na velha lição de Carrara ("*A voluntariedade dos meios não é bastante para determinar o título do homicídio, quando nele não se pensava"*), que afirmava ser indispensável a vontade encaminhada, diretamente, ao fim almejado. O *emprego de arma branca* contra pessoa indefesa e a reiteração desnecessária de golpes, infligindo-lhe propositadamente sofrimento atroz, configura o *meio cruel*. A mera *reiteração de golpes per se não* o configura, apenas terá reflexo em relação ao dolo do tipo para efeito do cálculo da pena-base (circunstância judicial). Para a configuração do *meio cruel* é necessário que o injusto seja praticado com requintes de sofrimento infligidos à vítima e desnecessários à consumação. Por mais *violento* que seja o atuar reprovável do autor do fato punível *não* há que se falar em meio cruel, caracterizado pelo emprego: **a)** *veneno:* indubitável o maior desvalor do atuar quando o meio empregado é *veneno* (gases tóxicos, ácidos, álcalis cáusticos, vidro moído), que colhe a vítima de *surpresa*. Torna-se importante a questão da determinação do que é *veneno* (*"tudo é veneno, nada é veneno"*), visto que certas substâncias são comumente consideradas como *veneno* (estricnina), mas fazem parte de inúmeros medicamentos. A *noção jurídica de veneno* é a de substância (mineral, vegetal ou animal), que atua quimicamente no organismo, por meio de qualquer via, capaz de produzir a morte. O que caracteriza o *veneno* é a *forma insidiosa* como é ministrado, não só pela forma enganosa, mas também fraudulenta do seu emprego, surpreendendo a vítima, tornando impossível ou difícil a sua defesa. Não é considerado *veneno*, o vidro moído, os alfinetes adicionados à comida, constituindo-se em *meios insidiosos*, podendo configurar meio cruel. Se o *veneno* é administrado com o *consentimento da vítima*, há *auxílio ao suicídio*, e, se foi ministrado à força, inexiste o reconhecimento do tipo circunstanciado. Há que se estabelecer, pelo emprego e o especial fim de agir, a diferença entre o *medicamento* e o *veneno;* **b)** *fogo e explosivo:* são *meios cruéis* que impõem maior censurabilidade do atuar, podendo também gerar *perigo comum;* **c)** *tortura:* se configura no emprego de suplícios que obrigam a vítima a padecimentos desnecessários. Geralmente, visa à confissão ou é aplicada pelo *sadismo* de agentes de segurança do Estado. A *tortura* pode ser *física* ou *moral*, pela infligção de sofrimento desnecessário e fora dos padrões de humanidade. A *tortura* se configura no conjunto de ações praticadas por um ou vários indivíduos que objetivam, pelo aniquilamento físico e moral, obrigar a vítima a admitir por confissão, informação ou declarações a verdade da imputação feita ou a delação de fatos ou pessoas por ela sabidos ou conhecidos. Até o século XVIII, havia sistemas oficiais de tortura como meios legais e válidos de obtenção de provas contra o imputado. Com Beccaria, encontra-se o vigor do combate dos iluministas contra a *tortura* ao dizer que ela se constitui no *"meio seguro de absolver os robustos celerados e de condenar os frágeis inocentes"*. A Constituição Federativa de 1988 condena tal prática no inciso III do art. 5º (*"Ninguém será submetido à tortura ou a tratamento desumano ou degradante"*) e no inciso XLIII do art. 5º (*"a prática da tortura crime inafiançável e insusceptível* *de graça ou anistia, o tráfico ilícito de entorpecentes e drogas afins, o terrorismo e os definidos como crimes hediondos, por ele respondendo os mandantes, os executores e os que, podendo evitá-los, se omitirem"*). O *tipo penal de tortura* está definido na Lei nº 9.455/97. A *tortura* é uma força extremada de violência, observada a sua ambiguidade, pois tanto sustenta a ordem social como pode destruí-la; **d)** *meio de que podia resultar perigo comum:* além de o autor do fato reprovável buscar atingir a vítima, pode colocar *indeterminadas pessoas* em situação real de perigo. Ocorre nos tipos de *perigo comum* (incêndio, explosão, uso de gás tóxico ou asfixiante, inundação, desabamento ou desmoronamento, subtração, ocultação ou inutilização de material de salvamento e difusão de doença ou praga). *Perigo* é a concreta probabilidade da ocorrência do resultado temido; **e)** *parentesco:* outra circunstância reveladora de maior desvalor do ato, demonstradora da quebra dos laços de afetividade (nexo de dependência ou submissão), ocorre quando o sujeito passivo é ascendente, descendente, irmão ou cônjuge (agravantes relativas ao vínculo pessoal entre o autor e a vítima). A agravante tem cabal justificativa, como no caso do *parricídio*, forma de hediondez moral. Para o reconhecimento do crime circunstanciado é imperativa a prova documental, na forma da lei civil, quer para o parentesco, quer para o casamento. O *parentesco* pode se constituir em elemento constitutivo do tipo, como nos casos dos injustos contra a assistência familiar, ou causas especiais de aumento de pena, como nos tipos de abandono de incapaz, sequestro e cárcere privado, nos injustos sexuais. Fora das hipóteses referidas, é circunstância genérica de aumento de pena. A Constituição Federativa de 1988, em seu art. 227, § 6º, contém norma relativa ao direito de filiação, reconhecendo igualdade de direitos e qualificações aos filhos, havidos ou não da relação do casamento ou por adoção, ficando proibidas quaisquer designações discriminatórias (filhos legítimos naturais, adulterinos e incestuosos). Quando o Código usa a expressão *ascendente* refere-se às *relações de parentesco*, o que faz excluir as *relações de afinidade*. A agravante resulta do maior desvalor do atuar diante da *relação de afeto* que deriva do parentesco. Não incide no quadro normativo atual a figura do *companheiro* na união estável, ou pessoa com quem conviva ou tenha convivido, pois vedada a analogia *in pejus*. A Carta de 1988, em seu art. 226, § 3º, reza que: *"Para efeito da proteção do Estado, é reconhecida a união estável entre o homem e a mulher como entidade familiar, devendo a lei facilitar sua conversão em casamento."* Não se reconhece a agravante no caso de concubinos e na hipótese de casamento religioso sem efeitos civis, bem como nos denominados *pais de criação* e nos decorrentes do parentesco por afinidade (sogra, genro e cunhados), aplicando-se a agravante prevista na alínea *f* (*"prevalecendo-se de relações domésticas"*). Outro fundamento da agravante é a maior facilidade da realização típica, embora em alguns tipos penais ocorram as denominadas *imunidades penais*. Seguindo a lição de Basileu Garcia, em *Instituições de Direito Penal*, não há que se discutir se o parentesco é material, resultante da consanguinidade, ou proveniente de adoção. São equiparados para os fins de agravantes da pena; **f)** *abuso de autoridade:* no que concerne às relações privadas que estabelecem uma *subordinação* ou *dependência* da vítima ao sujeito ativo do injusto. Configuram a maior responsabilidade da conduta e por consequência a aplicação da circunstância agravante. No campo privado, o abuso de autoridade compreende as relações de hierarquia eclesiástica, de tutela, de curatela, de família. Os excessos cometidos por quem exerce o poder originário do cargo educativo (diretor de colégio, professor, inspetor de alunos), do emprego particular (patrão, diretor, chefe do departamento) configuram a agravante. É o *excesso* no direito legítimo de mandar que constitui violência ou constrangimento à liberdade de seu subordinado. O Estatuto da Criança e do Adolescente estabelece em seu art. 232: *"Submeter criança ou adolescente sob sua autoridade, guarda ou vigilância a vexame ou constrangimento (pena privativa de liberdade de seis meses a dois anos de detenção)."* Assim, em tal hipótese *exclui-se* a agravante referida, pois as condições ou qualidades da vítima passaram a ser elementos típicos. É importante *não* confundir com a causa especial de aumento de pena relativa o abuso de confiança em relação aos tipos patrimoniais derivados. Na hipótese do manobreiro, em caso de crime culposo no estacionamento ou na garagem, é inaplicável a circunstância agravante prevista no art. 61, II, alínea *g*, do Código Penal. É o *excesso* ou *extravio do poder*, inerente ao exercício do cargo, que faz com que as relações entre os sujeitos sejam diretas. Não se pode confundir aquele que abusa de sua autoridade em suas relações privadas com o sujeito passivo (empregador, tutor, curador) com a elementar do crime de abuso de autoridade, que se caracteriza pela violação dos deveres da função pública; **g)** *relações domésticas:* são as em que participam as pessoas da *mesma família*, incluídos os familiares, os empregados e os amigos que a frequentam; **h)** *coabitação:* compreende as pessoas que vivem na mesma casa. A coabitação pode ser por curtíssimo espaço de tempo em um quarto de hotel. Pode ser onerosa ou gratuita, voluntária ou fortuita e até imoral ou antijurídica. O *lugar* da coabitação é indiferente, quer seja sob o teto de uma casa ou de um veículo ou barco, escola, hospital, prostíbulo ou cárcere; **i)** *hospitalidade:* é *passageira* e *momentânea*, abrangendo as pessoas que *não* coabitam na casa, que são visitas. Inexiste necessidade da permanência demorada no local ou criação da intimidade, mas tão só se exige a *cortesia social* do sujeito passivo para o reconhecimento da agravante; **j)** *violência contra a mulher:* é a normatizada pelo art. 5º da Lei nº 11.340, de 7 de agosto de 2006 (*"configura violência doméstica e familiar contra a mulher, qualquer ação ou omissão baseada no gênero que lhe cause morte, lesão, sofrimento físico, sexual ou psicológico e dano moral ou patrimonial"*. A Lei nº 13.104, de 9 de março de 2015, criou a qualificadora com o *nomen* *iuris feminicídio*, cometimento de crime de homicídio contra a mulher por razões de sexo feminino); **k)** *abuso de poder:* ocorre quando a autoridade, embora competente para a prática do ato, *ultrapassa* seus limites de atribuição ou se *desvia* das finalidades administrativas. Cuida-se de exercício abusivo da autoridade pública, configurado no uso do poder fora dos limites legais e violação do *dever funcional* (ofício, ministério da profissão). Há que se distinguir: **a.** o *abuso de poder*; **b.** o *abuso de função*; **c.** o *abuso de autoridade*. No que concerne à hipótese relativa ao *abuso de função*, o sujeito ativo próprio é o funcionário público, como ocorre no art. 151, § 3º, do Código Penal ("*Se o agente comete o crime, com abuso de função em serviço postal, telegráfico, radioelétrico ou telefônico*"). O *abuso de autoridade* é um gênero do qual o *abuso de poder* é uma espécie, pois quem abusa do seu poder abusa de sua autoridade, inexistindo autoridade sem poder. O *abuso do poder* decorre do exercício efetivo do cargo ou do ofício em que o sujeito ativo está investido; ao passo que, no *abuso de autoridade*, há a violação da norma em sentido geral que encerra o complexo de direitos e deveres que são a sua fonte imediata. No Estado de Direito, a Administração Pública deve estrita obediência à lei, e o poder administrativo concedido à autoridade pública é limitado. O uso do poder é prerrogativa da *autoridade*; deve-se usá-lo segundo as normas legais, a moral da instituição, a finalidade do ato e as exigências do interesse público. O abuso de autoridade, na expressão de Manzini, no *Trattato di diritto penale italiano*, pressupõe que "*entre o sujeito ativo e o sujeito passivo existe um vínculo de dependência*", caracterizando-se pelo uso ilegítimo que o autor faz do seu poder contra um subordinado ou dependente. Tanto no *abuso de poder* como no *abuso de autoridade* há um mau uso, excesso ou violência da *autoridade* na qual o indivíduo está naquele momento investido. O crime de *abuso de autoridade* está disciplinado por lei especial: a Lei nº 4.898/65. Trata-se na hipótese de cargo ou *função pública, ministério religioso* ou *profissão de natureza intelectual*. A violação dos deveres inerentes à função ou cargo público traduz-se em qualquer transgressão voluntária das obrigações relativas. Quanto ao ministério, admite-se qualquer culto. O abuso supõe o uso *ilegítimo* ou *excessivo* e geralmente a conduta contrária aos *deveres legais* ou *contratuais* do autor. As relações devem ser diretas entre os sujeitos. Nem sempre é possível fazer-se a distinção entre *profissão, ofício, função* ou *ministério* devido à sua vizinhança. O que é relevante dizer é que para o reconhecimento da agravante torna-se indispensável que o autor típico se valha de sua *posição de autoridade* para a prática do injusto. A relação deve subsistir no momento do injusto penal. A agravante de violação de dever inerente ao *cargo* é inaplicável quando elementar ao tipo (peculato). No mesmo sentido, se pela própria natureza do ilícito a profissão do sujeito ativo deve ser levada em conta, descabe o tipo circunstanciado (o médico ou o advogado e o injusto de violação de segredo profissional previsto no art. 154 do Código

Penal). A distinção entre as agravantes de *abuso de autoridade* e de *abuso de poder* está em que a primeira se refere às relações que pressupõem um poder de *vigilância, assistência, instrução* ou *custódia*, de *caráter privado*, ao passo que a segunda se refere sempre a funções ou serviços de *caráter público* (STF, HC 84.187/RJ, 1ª T., rel. Min. Sepúlveda Pertence, j. 24.8.2004); l) *criança, maior de 60 (sessenta) anos de idade, enfermo ou mulher grávida:* a agravante é considerada em razão da ausência de defesa do sujeito passivo, demonstrando o agente, maior perversidade e covardia no seu atuar: **a.** *criança:* pessoa até 12 (doze) anos incompletos, e *adolescente*, maior 12 (doze) e menor 18 (dezoito) anos de idade. Há três vertentes quanto à faixa etária da *criança*: *a)* até os 7 (sete) anos de idade, considerada como a primeira infância; *b)* até os 12 (doze) anos de idade, diante do Estatuto da Criança e do Adolescente; *c)* até os 14 (quatorze) anos de idade perante o regramento de nosso Código Penal em determinados delitos. Correta a posição do Estatuto da Criança e do Adolescente, entendendo que para fins de agravamento será a idade até 12 (doze) anos incompletos. Não cumpre discutir os limites da faixa etária diante da Lei nº 8.069, de 13 de julho de 1990 (*Estatuto da Criança e do Adolescente*). A agravante tem uma dupla *ratio*: a frieza moral e a superioridade de forças, na relação entre um *adulto* e uma *criança*; **b.** *idoso:* com a edição do Estatuto do Idoso (Lei nº 10.741, de 1º de outubro de 2003), foi mudada a redação do dispositivo legal, tendo sido substituída a expressão "*velho*" pela mais correta: *maior de 60 (sessenta) anos*. Sendo o critério cronológico, descabe a antiga interpretação extensiva de *pessoa precocemente envelhecida* (STJ, HC 83.977/SP, 5ª T., rel. Min. Napoleão Nunes Maia Filho, j. 25.9.2008). Tal circunstância agravante *não* se aplica aos crimes culposos. A Lei nº 13.228, de 28 de dezembro de 2015, faz inserir o § 4º no art. 171 do Código Penal para estabelecer causa de aumento de pena na hipótese de estelionato contra idoso ("aplica-se a pena em dobro"); **c.** *enfermo:* é a pessoa que, em razão de alguma doença, permanente ou transitória, *não* possui capacidade efetiva para se defender, razão pela qual tem interpretação extensiva englobando os *deficientes*; **d.** *mulher grávida:* com o advento da Lei nº 9.318, de 5 de dezembro de 1996, foi alterada a alínea *h* do inciso II do art. 61 do Código Penal, incluindo-se quando praticado contra *mulher grávida*. O pressuposto é a existência da *gravidez*, sendo que para a incidência da agravante é necessário que o autor tenha a *consciência* de que a vítima está grávida. A maior reprovabilidade do atuar está na dupla potencialidade do desvalor da ação, dando-se maior proteção ao nascituro. Se a conduta objetiva a *interrupção* da gravidez, o injusto será de aborto simples ou qualificado se, em razão dos meios empregados para realizá-lo, a gestante sofrer lesão corporal grave ou morte. Não se aplica a agravante genérica no caso de lesão corporal que acarrete *aceleração* do parto ou aborto, se unida de circunstância elementar nos crimes mais graves. Na hipótese de homicídio em que figure como sujeito passivo *mulher grávida*, a agravante genérica é aplicável; **m)** *proteção imediata da autoridade:* configura-se agravante quando a vítima é atacada sob imediata proteção da autoridade, quer sob a guarda ou custódia do agente da autoridade. Violando as garantias legais a que têm direito as pessoas sob tutela da autoridade pública. Aduz-se o desrespeito à autoridade pública, que atua em nome do Estado. Não haverá agravamento no caso de *arrebatamento de preso*, e sim concurso de tipos penais. A ofensa é dupla, pois atinge o bem jurídico, como também o desrespeito e audácia do autor pelo *ato de enfrentamento* da autoridade pública, o que gera maior censura do atuar. Nos dias atuais, não é incomum o *arrebatamento* de presos em hospitais e delegacias policiais por comparsas e desafetos; **n)** *calamidade pública ou desgraça particular:* dá-se o agravamento da pena quando o agente aproveita-se de ocasião que *não* provocou, mas que gera facilidades, como *incêndio, naufrágio, inundação* ou outra *calamidade pública similar*, uma vez que a vigilância se torna precária. São circunstâncias em que se exige a *solidariedade coletiva* e se deve desvalorar mais a perfídia do atuar do autor (são comuns os saques às casas e aos estabelecimentos). A *desgraça particular* do ofendido diz respeito ao aproveitamento da situação factual em que se encontra (enfermidade, acidente econômico, perda de ente querido, acidente de trânsito). São circunstâncias relativas à ocasião ou ao aproveitamento de determinadas facilidades; **o)** *embriaguez preordenada:* ocorre quando o autor ingere bebida alcoólica objetivando a "coragem" para a prática de uma ação delitiva; portanto, aqueles que se embriagam *propositadamente* para o cometimento de um injusto penal. Para a incidência da circunstância agravante é imperativa a *prova* (coleta de sangue, exame clínico feito por médico, testemunho, observada a fala, o equilíbrio e os reflexos) de que o autor embriagou-se com esse fim determinado. Registre-se que ninguém é obrigado a produzir prova contra si mesmo (*nemo tenetur se detegere*). Se a embriaguez é *completa*, há um quadro de *actio libera in causa*. As *actiores liberae in causa* são condutas que *per se* não são conscientes e voluntárias, mas que o são em sua causa ou antecedentes (ações livres de causas). Há imputabilidade para o momento anterior. O autor previu que, ao realizar determinada conduta, poderia colocar-se na situação factual ocorrida, podendo realizar algum obrar delitivo. Apesar disto, realiza a conduta, quer por se tornar indiferente (culpa), quer porque deseja precisamente o resultado reprovável (dolo). Todas as circunstâncias taxativamente enumeradas no art. 61 do Código Penal são em sua quase totalidade só aplicáveis a crimes *dolosos*.

    A Proposta de Reforma Penal (2012) adiciona ao rol quando *praticado contra servidor público* em razão da sua função ou por preconceito de raça, cor, etnia, orientação sexual e identidade de gênero, deficiência, condição de vulnerabilidade social, religião, procedência regional ou nacional. A Lei nº 13.142/2015 cria uma nova qualificadora quando o homicídio é praticado *"contra autoridade ou agente descrito nos arts. 142 e 144 da Constituição Federal, integrantes do sistema prisional e da Força Nacional de Segurança Pública, no exercício da função ou em decorrência dela, ou contra seu cônjuge, companheiro ou parente consanguíneo até terceiro grau, em razão dessa condição".*

Encontra-se no elenco de leis especiais hipóteses de agravação ou majoração de pena diante da natureza do bem jurídico tutelado, das peculiaridades do injusto, das circunstâncias do resultado e meios e modos de execução.

As *circunstâncias atenuantes*, de caráter objetivo ou subjetivo, traduzem a culpabilidade, sem qualquer relação coma tipicidade, *não* podendo o magistrado fixá-las abaixo do mínimo legal posto pela norma. Assim, a pena *não* pode ser aplicada abaixo do mínimo legal diante do *princípio da legalidade*.

São *circunstâncias legais*, que devem incidir sobre a *pena-base* já fixada pelo magistrado na *segunda fase do cálculo de pena* do *processo trifásico*, que são: **a)** *ser o agente menor de 21 anos, na data do fato, ou maior de 70 anos, na data de sentença:* a maioridade penal é adquirida aos 18 (dezoito) anos (questão em debate no Congresso Nacional). Antes dessa idade, os infratores são inimputáveis e submetidos pelo cometimento de *atos infracionais* à jurisdição do *juiz da infância e da juventude*. Assim, os maiores de 18 (dezoito) e menores de 21 (vinte e um) anos são beneficiados pela atenuante prevista neste dispositivo penal. A *menoridade relativa* deve ser reconhecida mesmo em caso de *emancipação*, pois a questão *não* se situa na capacidade civil, mas no embasamento biológico. Cogita-se de circunstância atenuante legal obrigatória. Se o réu é *emancipado* ou *casado*, o que importa é a sua *idade*; sendo *menor imputável* tem o *direito* à redução da pena-base imposta. A *menoridade relativa* como atenuante obrigatória prevalece sobre quaisquer circunstâncias agravantes, mas *não* influi no cálculo da pena-base. Não se justifica a sua exclusão normativa, pois o menor deve ter tratamento diferenciado em razão da sua *imaturidade*, como também pela *desnecessidade* de tratamento mais rigoroso, em unidades prisionais comuns que só retroalimentam a degradação e a violência, quando se busca evitar a ativação de processos de dessocialização, fatalmente conexas, a internação em instituições totais. A *prova da menoridade relativa* deverá ser feita por *certidão de nascimento*, devendo o magistrado acautelar-se sobre a data do registro. Rejeita-se a mera alegação na qualificação, quer quando ouvido no inquérito, ou interrogado na fase judicial. Se inexistir prova documental, deve ser procedida a perícia de idade. A Lei nº 10.741, de 1º de outubro de 2003 institui o *Estatuto do Idoso* destinado a regular os direitos assegurados às pessoas com idade igual ou superior a 60 (sessenta) anos. O Código Penal fala em maior de 70 (setenta) anos e *não* em *idoso*, embora o Estatuto seja lei especial posterior, a posição do Supremo Tribunal Federal restringe ao fazer prevalecer o marco de 70 (setenta) anos de idade *na data da sentença* e *não* do acórdão (STF, HC 89.969/RJ, 1ª T., rel. Min.

Marco Aurélio, j. 26.6.2007). Se, somente completou 70 (setenta) anos de idade *após a condenação penal*, embora *antes* do respectivo trânsito em julgado, é *inaplicável* a causa de redução de pena pela metade, *ex vi* do art. 115 do Código Penal (STF, HC 87.573/RJ, 1ª T., rel. Min. Celso de Mello, j. 17.4.2012). Os maiores de 70 (setenta) anos, completados na data da prolação da *sentença*, e *não* do acórdão, são merecedores da atenuação de pena por política legislativa. O cometimento de atos censuráveis após os 70 (setenta) anos de idade é uma exceção. Os idosos passam por mudanças de sua personalidade, com alterações biológicas; **b)** *desconhecimento da lei* (*ignorantia legis allegari non potest*). *Erro de vigência:* matéria estudada, quando se tratava do *erro de proibição*. Constitui circunstância atenuante genérica, seguindo a vetusta orientação de que a ignorância ou a errada compreensão da lei *não* excluem o juízo de reprovação da ação. Não *isenta*, mas *atenua*, sendo que o erro sobre a antijuridicidade exclui a culpabilidade. A questão se situa no campo do *erro de proibição* que *não* escusa, mas reduz a pena a ser imposta. Admite-se o erro que incide sobre a norma penal, bem como sobre a norma extrapenal (norma penal em branco). O desconhecimento da lei é inescusável, cujos efeitos são *erga omnes.* A Reforma de 1984 traçou com nitidez os campos diferenciados entre o *erro de vigência* e o *erro sobre a ilicitude*. O *erro de vigência* é o princípio já estatuído no então art. 16 do Código Penal de 1940 de que "*a ignorância ou errada compreensão da lei não eximem de pena*". A atenuante deve ser reconhecida na hipótese especial de *bens jurídicos particularizados* que o cidadão comum pode desconhecer e que *não* exclui a reprovabilidade. No caso de contravenção, a ignorância ou a errada compreensão da lei, quando escusáveis, *autorizam* o *perdão judicial*; **c)** *motivo de relevante valor moral ou social:* cumpre ressaltar a importância do *móbil* do injusto em relação à medida do desvalor da ação. O *relevante* valor moral ou social obrigatoriamente constitui *causa especial de minoração* (homicídio minorado); ou quando *não* constituir *causa especial* (tipo derivado) será então uma atenuante genérica (tipo circunstanciado). O *valor moral* da *natureza subjetiva* deve ser avaliado diante dos postulados éticos do grupamento social ao seu tempo, ao passo que o *valor social* é traduzido pelo interesse *coletivo*. Estão presentes os indicadores da *emoção* e da *paixão*. Não são motivos relevantes a *vingança* e o *ódio*. Trata-se de uma circunstância de caráter *subjetivo*, razão pela qual é *incomunicável*. Há possibilidade da *convivência* de ambos os motivos. Em algumas situações factuais pode-se vislumbrar a *causa extralegal de justificação relativa a não exigibilidade de conduta diversa*. Trata-se de *valor ético relevante*, ressaltando que *não* se podem reconhecer simultaneamente a *causa* e a *circunstância* de atenuação diante do *princípio do ne bis in idem*. Manzini, no *Trattato di diritto penale italiano*, leciona que pode haver motivo nobre nos estados passionais e emotivos, bem como justa razão em caso de ardente paixão ou por motivos de honra (STJ, AgRg no Ag

1.060.113/RO, 6ª T., rel. Min. Og Fernandes, j. 16.9.2010). Os *motivos políticos* são susceptíveis de expressar o valor social, como no caso de amor à pátria ou à nacionalidade; contudo, não há cobertura para a mera *paixão política partidária*; **d)** *evitação ou minoração das consequências:* o arrependimento deve ser analisado sob dois ângulos: **a.** *antes* da consumação do injusto; **b.** *após* o momento de sua consumação. Se ocorrer *antes* da consumação, dispõe o art. 15 do Código Penal: "*O agente que, voluntariamente, desiste de prosseguir na execução ou impede que o resultado se produza só responde pelos atos já praticados.*" Assim, inexiste *tentativa* em razão do *arrependimento* ou da *desistência*, e a distinção entre as figuras do *arrependimento* e da *desistência* depende do momento da interceptação da ação delitiva. No arrependimento *posterior*, nos crimes cometidos sem violência ou grave ameaça à pessoa e reparado o dano ou restituída a coisa, até o despacho de recebimento da denúncia ou queixa, por *ato voluntário* do autor, fica o magistrado *obrigado* a reduzir a pena de 1 (um) a 2/3 (dois terços), avaliando na escala móvel a maior ou menor reprovabilidade do atuar. Em virtude da expressão empregada pelo legislador: *logo após o crime*, o injusto deverá ser pelo menos tentado. A ação deve ser *espontânea, imediata* e *eficiente*, objetivando *evitar* e *reduzir* os efeitos do crime realizado. No *arrependimento eficaz*, há necessidade de que ocorra efetivamente, ao passo que na atenuante do art. 65, III, alínea *b*, do Código Penal, basta ter procurado *minorar* as *consequências* e não o *resultado*; **e)** *reparação de dano:* deverá ser *completa* e não *parcial*, e o autor *não* poderá ser coagido por uma ação cível contra ele proposta (caráter de espontaneidade do ressarcimento). Se o sujeito passivo se recusa a receber, *não* desautoriza o reconhecimento da atenuante genérica. Não se deve chegar a determinados exageros no reconhecimento da atenuante. A questão do *dano civil e do dano penal* é colocada na lição de Carnelutti, em *Lesioni di Diritto Penale*, na existência básica de uma diferença quantitativa e não ontológica. O *dano penal* atinge a vítima de forma imediata, mas também a sociedade de maneira mediata, daí a exigibilidade dos mecanismos legais do *duplo ressarcimento* do dano. De outra parte, não se pode obliterar que a imposição da pena tem como objeto-fim a restauração da ordem jurídica violada, buscando a reparação do dano causado. É curial a dificuldade do ressarcimento do dano penal na esfera patrimonial das vítimas do delito, principalmente pelo estado de miserabilidade de seus autores. A doutrina tem admitido que o ressarcimento seja feito até *antes* do *decisum* monocrático e não rigidamente *logo após o crime*, desde que *espontâneo* e *eficaz*. Convém lembrar que o ressarcimento do dano *não* desfigura a tipicidade, constitui-se apenas em mera circunstância genérica de atenuação de pena. Pode a reparação de dano ser causa extintiva de punibilidade. Na hipótese de peculato culposo, constitui causa de extinção da punibilidade se antecede a sentença irrecorrível; se posterior ao trânsito em julgado, é mero redutor de penas.

Comunica-se aos partícipes. O ressarcimento tanto é aplicável aos crimes dolosos como culposos. Também apresenta repercussões em relação à *suspensão condicional da pena* e, nos crimes de *pequeno potencial ofensivo*, apresenta mais eficácia, diante da composição civil dos danos e da conciliação que extingue a punibilidade. Na *transação*, o cumprimento gera o mesmo efeito. É pressuposto objetivo para o deferimento do *livramento condicional* a reparação do dano causado pelo injusto penal cometido, salvo na impossibilidade de fazê-lo *ex vi* do art. 83, IV, do Código Penal. Ao não adotar a reparação do dano como terceira via através de soluções de política criminal, viola o *princípio da subsidiariedade* e reforça as respostas clássicas combalidas; **f)** *coação resistível:* a coação é o emprego da violência física (*vis absoluta*) ou moral (*vis compulsiva*), com o objetivo de constranger alguém a fazer ou não fazer algo. No conceito de *coação física*, deve ser incluída a exercida por substâncias narcóticas ou por sugestão hipnótica ou similar. Se a coação é *irresistível* só é punido o autor da coação; contudo, quando é *resistível*, ocorre a reprovabilidade do coato com a atenuante prevista no art. 65, III, alínea *c*, primeira figura, do Código Penal. A coação pode ser exercida mediante ameaça ou violência, segundo a *vis compulsiva* ou a *vis absoluta*. Não se deve confundir a *coação* com a *mera ameaça* ou *temor reverencial* nas relações domésticas ou de parentesco. A coação *irresistível* é causa de exclusão de antijuridicidade, ao passo que a *resistível* configura o tipo circunstanciado. Há também atenuação da pena quando o autor do ato comete o crime pela influência de violenta emoção, provocada por ato injusto da vítima; **g)** *influência de emoção violenta por ato injusto da vítima:* a emotividade é uma condição psicológica nos padrões da normatividade. Se a coação podia ser vencida, cabe, diante da avaliação do caso concreto, a aplicação da atenuante prevista. A coação a que o agente *podia* resistir *não* exclui a culpabilidade, mas é possível para o reconhecimento de circunstância genérica de diminuição de pena. No caso da excludente é inquestionável o concurso de três pessoas físicas (o *coator*, o *coagido* e a *vítima*). Roberto Lyra, *Compêndio de Direito Penal*, dividia as emoções em *retardadas*, suscitadas por um trabalho mental posterior ou *renovadas*, por uma excitação exterior. Daí diferenciar *emoção-estado* e *emoção-choque*. Não se exige a exata contemporaneidade nem a proporcionalidade entre a conduta e a reação. Porém, quem originariamente motivou a provocação *não* merece a atenuação da pena. São inconciliáveis o *motivo torpe* e o *recurso de impedir ou dificultar a defesa da vítima* com a circunstância genérica da *influência de violenta emoção*. Não se deve confundir a *causa* (domínio) e a *circunstância* (influência) de violenta emoção. A orientação pretoriana é no sentido de que descabe o seu reconhecimento diante da provocação partida de uma *criança* (12 anos). Ofender a honra da genitora constitui-se em provocação injusta, ao passo que o *não* pagamento de dívida não é motivo para o seu reconhecimento. O marido que, após ser esbofeteado por sua mulher na presença de terceiro, passa a agredi-la em reação de *curto-circuito* pode ter a seu favor no caso concreto o reconhecimento da circunstância genérica de diminuição de pena. No domínio da violenta emoção há a *emoção--choque*, ao passo que na influência da violenta emoção há a *emoção-estado*, resumindo a lição de Roberto Lyra mencionada; **h)** *confissão espontânea:* se o agente houver confessado *espontaneamente*, perante a autoridade, a autoria do injusto, merecerá a atenuação da pena. Na legislação de 1940, havia ao final a cláusula *ignorada ou imputada a outrem*. Buscou o legislador "*um estímulo* à verdade processual, a se consagrar independentemente da autoria ser ignorada ou imputada a outrem". O legislador *não* condicionou para o reconhecimento do tipo circunstanciado que o agente tenha *demonstrado arrependimento*. Exigiu-se que a confissão fosse *apenas espontânea*, isto é, não induzida. É nesta direção o posicionamento do Superior Tribunal de Justiça: "*É no motivo, e não na voluntariedade, que se afere a espontaneidade que faz da confissão circunstância atenuante da pena.*" Para configurar a referida atenuante "não é exigível que a autoria do crime seja desconhecida, nem tampouco que o réu demonstre arrependimento pelo ato praticado". Para configurar a presente circunstância legal atenuante, há duas condições; **a.** que seja espontânea, independentemente da natureza da motivação; **b.** perante a autoridade, em sentido amplo. Discorda-se da interpretação de que a *confissão* terá que ser feita somente perante a *autoridade judicial*. A *confissão* tanto pode ser *extrajudicial*, perante a *autoridade policial* ou órgão do Ministério Público, no curso do inquérito policial, como perante a *autoridade judiciária* no interrogatório no curso da ação penal. O que é importante é a *unidade* da confissão. Quando realizada em juízo, desde que de forma espontânea, é suficiente para a incidência da atenuante, para fins de aplicação da pena na segunda fase do sistema trifásico (STJ, REsp 1.183.157/SP, 6ª T., rel. Min. Sebastião Reis Jr, j. 16.10.2012). A confissão *não* pode ser forçada ou induzida e a *retratação* de confissão anterior exclui a *atenuante-prêmio*. Não há que se requerer o *motivo* da confissão. Convém destacar que a confissão, *forçada* ou *induzida*, não tem efeito para o reconhecimento da circunstância genérica de atenuação de pena. No mesmo sentido, a *retratação* de confissão espontânea anterior. O Supremo Tribunal Federal sintetiza que a confissão espontânea se constitui em uma sanção do tipo premial e que se assume como postura de lealdade (STF, HC 101.909/MG, 2ª T., rel. Min. Ayres Britto, j. 28.2.2012). O Superior Tribunal de Justiça firmou que a *atenuante da confissão espontânea*, mesmo que parcial, pode ser reconhecida, quando reconhecido o fato principal (STJ, HC 301.063/RJ, 5ª T., rel. Min. Gurgel de Faria, j. 3.9.2015). O Superior Tribunal de Justiça decidiu que se compensa a atenuante da confissão espontânea e a agravante da violência contra a mulher (STJ, AgRg no AREsp 689.064/RJ, 6ª T., relª. Minª. Maria Thereza de Assis Moura, j. 6.8.2015).

Não basta a confissão da prática do delito para ser concedida a *delação premiada* ao condenado. É necessário o fornecimento de informações eficazes, capazes de contribuir para a resolução do crime (STF, HC 174.286/DF, 6ª T., rel. Min. Sebastião Reis Junior, j. 10.4.2012). A teor da Lei nº 12.850, de 2 de agosto de 2013, o magistrado poderá, conceder o *perdão judicial*, a requerimento das partes, reduzir de 2/3 (dois terços) a pena privativa de liberdade ou *substituí-la* por restritiva de direitos daquele que tenha *colaborado* efetiva e voluntariamente com o processo criminal, desde que dessa colaboração advenha uma ou mais dois seguintes resultados: **a.** identificação dos demais coautores e partícipes da organização criminosa e das infrações por ele praticadas; **b.** revelação da estrutura hierárquica e da divisão de tarefas da organização; **c.** prevenção das infrações decorrentes das atividades da organização criminosa; **d.** recuperação total ou parcial do produto ou proveito das infrações penais praticadas pela organização; **e.** localização de eventual vítima com sua integridade física preservada. Se a colaboração for *posterior* à sentença a pena poderá ser *reduzida até a metade*, ainda que ausentes requisitos objetivos. O colaborador cumprirá pena em estabelecimento penal diverso dos demais corréus condenados. O magistrado fará a *homologação*, verificada a regularidade, legalidade e voluntariedade. A Lei nº 11.343, de 23 de agosto de 2006, que instituiu o Sistema Nacional de Políticas Públicas sobre Drogas, prevê que o *colaborador voluntário* com a investigação ou o processo criminal, na hipótese de condenação terá a pena reduzida de um a dois terços; **i)** *multidão em tumulto:* atenua-se a pena se o crime é cometido sob a influência de multidão em tumulto, caso o agente não o tenha provocado. A Lei nº 7.209, de 11 de julho de 1984, retirou do texto original do Código de 1940 a condição de *não* ser reincidente e que se trata de *reunião lícita* (excluídos os atos de vandalismo). Sabe-se que um número elevado e indeterminado de partícipes é que configura a *multidão*, que pode se reunir em determinado lugar e para certo fim, ou de forma acidental, *não* mais se questionando a antijuridicidade da reunião (passeata, *meeting*, festa popular, espetáculo público). A tendência normativa contemporânea é na direção da inclusão no catálogo de atenuantes ter o agente sofrido violação dos direitos do nome e imagem nos meios de comunicação social. O *tumulto* significa a confusão, o comportamento desordenado das pessoas presentes, podendo ser dirigido ou produto de exaltação coletiva, tornando difícil identificar os provocadores. É importante que o agente tenha cometido a ação delitiva *influenciado* pela multidão tumultuária. Deve-se lembrar de que *não* pode ser beneficiário da atenuação *quem provocou o tumulto.*

A pena poderá ser ainda atenuada em razão de *circunstância relevante*, anterior ou posterior ao crime, embora *não* prevista expressamente em lei (atenuante inominada). A Reforma de 1984 cria a circunstância atenuante *facultativa* genérica, ampliando o poder discricionário do magistrado. Pode ser em relação a qualquer ato *anterior* ou *posterior* ao cometimento do crime, desde que seja *relevante* (ato voluntário de solidariedade humana). Tal atenuante visa a atender fins de política criminal, possibilitando ainda a recepção do *princípio da coculpabilidade* ao abarcar *aspectos supralegais* na aplicação da pena. Há circunstâncias específicas no caso concreto que *não* estão abrangidas pelo art. 65 do Código Penal. Quantas vezes o conselho de jurados afirma a existência de atenuantes sem poder identificá-las no catálogo legal, mas foi sensível à moldura de vida do autor típico. Na prática da feitura dos quesitos dos julgamentos pelo júri popular, muitas vezes os jurados não conseguiam identificar plenamente a atenuante, mas, respondendo afirmativamente ao quesito, indicavam que desejavam atenuar a pena do réu. Só há uma *condição* para o juiz aplicá-la à sua relevância. Se o magistrado entender, ao fundamentar, que *não* é *relevante*, deverá desconsiderá-la (facultabilidade). A Lei nº 11.343, de 23 de agosto de 2006, que instituiu o Sistema Nacional de Políticas Públicas sobre Drogas, em seu art. 33, § 4º, estatui que as penas poderão ser *reduzidas* de um sexto a dois terços, desde que o agente seja *primário, de bons antecedentes* (há o questionamento do trânsito em julgado), não se dedique às *atividades criminosas*, nem integre *organização criminosa* (discute-se se configura ou não crime hediondo).

As *causas* de *aumento* ou *diminuição* constituem a *terceira fase* do cálculo da pena, de natureza obrigatória, impõem ao magistrado aumentar ou diminuir em *quantum* fixo ou variável determinado pelo legislador (1/3 [um terço] ou de 1/3 [um terço] a 1/2 [um meio]). Como *causa* de diminuição cita-se a *tentativa*, que apresenta *quantum* variável, de 1/3 (um terço) a 2/3 (dois terços) da pena aplicada. As *causas* de diminuição podem reduzir a sanção para abaixo do mínimo legal, porém as majorantes *não* podem ultrapassá-la, pois integram a estrutura típica do delito.

Não há que se confundirem as *causas majorantes* e *minorantes* com as *qualificadoras* (tipos derivados). As *qualificadoras* externam motivos, interesses, meios e modos de execução, retiram a defesa da vítima em razão da idade, estado de saúde, parentesco ou fidúcia, causando maior danosidade ao bem jurídico tutelado, devendo, pois, haver maior reprovabilidade diante do grau de desvalor da conduta. Apresenta um preceito secundário autônomo, *não* se cuidando de uma mera majoração sobre o *quantum* fixado no tipo fundamental. Podem as *minorantes* se situarem na *Parte Geral* ou na *Parte Especial* do Código Penal. As *específicas* são as *qualificadoras* ou as *causas* de aumento ou diminuição e as *circunstâncias* de aumento e diminuição da pena constantes da *Parte Especial*. A posição do Supremo Tribunal Federal, com repercussão geral, é de que as *atenuantes genéricas não* podem conduzir a *pena abaixo do mínimo legal*, ao passo que as *minorantes especiais*, que atuam na terceira fase do cálculo de pena, e as circunstâncias concretas de cada caso, que não se confundem com as atenuantes genéricas, podem conduzir a pena para abaixo do mínimo legal (STF, RE 597.270/RS, Pleno, rel. Min. Cezar Peluso, j. 26.3.2009).

2.1. Propostas para a reforma

A Proposta da Reforma Penal (2012) é um retrocesso legislativo sugerir: "A pena não poderá ser atenuada quando não prevista em lei, mesmo quando se tratar de circunstância relevante, anterior ou posterior ao crime". A denominada *circunstância inominada* fica excluída diante do reconhecimento de alguma circunstância atenuante normativamente nominada.

2.2. Unidade e pluralidade de crimes

O concurso material ou real e o formal ou ideal de crimes dependem da unidade e pluralidade de condutas. As várias possibilidades de valoração, as formas perfeitas e imperfeitas do delito e a superposição ou vinculação das descrições típicas impõem a observância de dois *princípios fundamentais*: **a)** para cada delito deverá corresponder uma pena (*tot crimina, tot poenae*); **b)** ninguém será punido mais de uma vez pelo mesmo delito (*ne bis in idem*).

A *unidade* do delito é dada pela valoração de ato típico realizado (conduta), sendo que a unidade de lesão *jurídica* pode corresponder a duas situações diferentes: **a)** unidade natural de ação; **b)** unidade jurídica de ações naturalmente diversas. A *unidade natural da ação* pode ser física, psíquica, objetiva ou subjetiva. O autor atua com a *finalidade* de realizar uma única vez o tipo de injusto correspondente, exteriorizando seu propósito em um único contexto. A unidade *não* desaparece pelo fato de a conduta atacar *diversos* objetos materiais se apenas há a lesão de um único bem jurídico de conteúdo indeterminado. O critério é considerado de pouca precisão e inadequado aos objetivos que deve atingir. Para determinada vertente doutrinária, o conceito de *"unidade natural de ação"*, ocorrerá uma única ação, quando o *fato* se apresenta objetivamente como *plural*, mas do ponto de vista valorativo resulta ser uma única ação "*aos olhos do autor*". É a *unidade típica de ação*, que ocorre quando há uma pluralidade de movimentos, que são unificados como objetivo único de *valoração jurídica* por tipo penal. Há unidade diante da ocorrência de movimentos voluntários, que configuram uma conduta, correspondentes a um *plano comum* e que se adaptam a um tipo penal que admite uma eventual pluralidade de movimentos. Há unidade do delito quando existe *unidade jurídica de ação* no caso em que o ato típico é composto de *vários* movimentos voluntários, isto é, várias ações, omissões, ou ações e omissões, que se completam no todo. Há uma *unidade do delito* com uma *multiplicidade de condutas*.

Nos crimes *complexos* a realização típica requer a execução de duas ou mais ações diversas (no roubo, a ameaça e a subtração). Igualmente, nos crimes *permanentes*, isto é, naqueles em que se crê uma situação fática tal que cada instante de duração é computado a título de consumação (sequestro). O *fato típico* inclui a *conduta* e, nos *crimes instantâneos de efeitos permanentes*, a ação única cria um estado jurídico novo e passa a subsistir um efeito independente da vontade do autor, que carece de detectá-la *per se* (bigamia). Pode-se ainda aduzir os crimes *habituais*, nos quais a tipicidade da ação pressupõe a execução anterior com base objetiva para a indicação da habitualidade. No *delito único com pluralidade de ações*, há casos em que, em razão da estrutura típica, é indiferente que se tenha executado uma ou várias vezes (moeda falsa). Welzel, ao tratar da essência e movimentos constitutivos da unidade da ação, sustenta que há dois fatores fundamentais à unidade da ação: **a)** o *fator final*; **b)** o *fator normativo*. A unidade da ação típica é ditada por dois fatores: pela proposição de um fim voluntário e pelo enjuizamento normativo sociojurídico na razão dos tipos. Dessa forma, a unidade da ação é *independente* do número de resultados, pois o objeto do desvalor penal é a *ação* (*A* faz explodir uma bomba-relógio matando em um hotel cinquenta pessoas. Há uma *única ação*, pois as diversas realizações típicas situam-se em concurso formal ou ideal).

Quando alguém, mediante unidade ou pluralidade de condutas, pratica dois ou mais crimes, há um *concurso de crimes*, que pode ocorrer entre crimes de qualquer espécie, comissivos ou omissivos, dolosos ou culposos, consumados, tentados, qualificados, majorados ou entre delitos e contravenções. O *número de resultados* nada tem a ver com o *número de condutas*, visto que uma *única conduta* poderá apresentar uma *pluralidade de resultados*. A lei unifica algumas condutas delitivas que possuam ou não substrato unitário, sendo mera vontade política do legislador, que entende por meio da norma afirmar ou negar essa unidade. A conduta é sempre uma atividade final ou voluntária do autor, suscetível do desvalor penal em um plano ôntico e jurídico-penal. Há que existir uma *unidade de resolução*, embora *não* seja suficiente, pois podem solver-se *simultaneamente* diferentes ações. A pluralidade de movimentos deve responder a um *plano comum* para haver unidade de conduta. A *unidade de plano* e a *unidade de resolução* são requisitos para que exista a *unidade de conduta*.

Quando *várias* normas penais são violadas questiona-se: **a)** se as suas consequências jurídicas devem ser apreciadas *separadamente* e, por via consequencial, somam-se as penas atribuídas (*princípio de acumulação*); **b)** ou se, ao contrário, deve-se aplicar tão somente *a pena* mais grave (*princípio da exasperação*); **c)** ou, ainda, buscar *combinar* as sanções correspondentes às normas violadas de forma distinta dando lugar a uma *pena comum* a todas (*princípio da combinação*); **d)** ou mesmo simplesmente aplicar a pena *relativa* ao delito mais grave (*princípio da absorção*); **e)** e, finalmente, optar pela aplicação de uma *pena unitária* independentemente do número de violações de normas penais que formam o conjunto concorrente (*princípio da pena unitária*).

As origens e os critérios de distinção dos conceitos de unidade e pluralidade de ações emanam das vetustas distinções de *concursus simultaneus* (unidade de ação), *concursus subccessivus* (pluralidade de ações) e *concursus continuatus* (ação continuada), que *não* difere do *concursus delictorum* para os tempos contemporâneos com alterações substanciais. O problema do *concurso de crimes* é também um problema de *concurso de penas*. Defende-se que o *número de resultados* nada tem a ver com o *número de condutas*, visto que uma *única conduta* poderá apresentar uma *pluralidade de resultados*. As relações entre a ação una ou múltipla e a violação una ou múltipla geram quatro hipóteses; **a)** *uma ação ocasiona apenas uma lesão jurídica*; **b)** *uma ação ocasiona várias lesões jurídicas*; **c)** *várias ações ocasionam uma só lesão jurídica*; e **d)** *várias ações ocasionam várias lesões jurídicas*. Pode-se resumir: **a)** na pluralidade de ações e unidade de crimes, encontram-se: concurso formal ou ideal, crime progressivo, complexo, coletivo ou continuado; **b)** na pluralidade de ações e pluralidade de crimes, têm-se: concurso material ou real, crimes independentes ou conexos.

Também há *unidade de condutas* em relação às *tipicidades omissivas*. O agente omite a interposição de *vários* resultados contra o *dever de garante* (**a.** *A* se omite a pagar alimentos a *B*, *C* e *D*, em uma pluralidade de condutas omissivas; **b.** só haverá uma única omissão quando o sinaleiro *A* omite a colocação do sinal luminoso para alertar a existência de trabalhadores no canteiro de obras da estrada; **c.** na hipótese de *omissões próprias*, se *A* omite várias condutas que podia cumprir de forma sucessiva, haverá uma pluralidade de condutas omissivas).

Aduza-se que a unidade de ação poderia também ocorrer na *tipicidade culposa*, ainda que ocorra uma pluralidade de resultados que emanam de uma *múltipla* violação de deveres de cuidado, desde que os resultados provenham *simultaneamente* (*A*, na direção de um ônibus, ao efetuar uma manobra com desatenção, pois conversava com *B*, projeta o coletivo no rio, vindo a morrer trinta passageiros). Se os resultados ocorrem *sucessivamente*, ocorrerá também uma *unidade de conduta*, se, entre eles, o autor *não* pode cumprir com seu dever de cuidado (*A*, agente penitenciário, deixa sua metralhadora no chão do carro-transporte de presos e por negligência não tranca a porta do veículo que conduz os presos *B*, *C* e *D*. Se *B* percebe e abre a porta e golpeia *A*, apoderando-se da metralhadora, e possibilita a fuga dos outros detentos, haverá uma única conduta, visto que, entre os dois resultados, inexistiu um momento para cumprir o dever de cuidado).

De intuitiva razão que o ponto fulcral da teoria do concurso de crimes situa-se na distinção entre a *unidade da ação* e a *pluralidade das ações* (*Unterscheidung von Handlungseinheit*), em razão de suas *várias* consequências jurídicas. Para um critério inicial norteador deve-se recordar que a ação se constitui na atividade final de natureza humana, dirigida a um determinado resultado que se esgota na conduta dirigida a uma meta-fim, sabendo-se que o resultado *não* pertence ao conceito próprio de ação.

A doutrina distingue os seguintes *sistemas*, no concurso de crimes, para resolver a questão da aplicação da pena: **a)** *cúmulo material* – consiste na soma aritmética das penas correspondentes a cada delito, a fim de que sejam aplicadas cumulativamente (*tot poena quot delicta*). A acumulação matemática é psicologicamente injusta, pois a quantidade de pena na maior parte das vezes torna impossível pragmaticamente a *reinserção* do apenado ainda com tempo de vida útil; **b)** *absorção* – consiste em aplicar *unicamente* a pena *maior*, que absorve as demais, podendo estas serem tomadas para agravamento, mas dentro da escala penal relativa a uma única figura penal (*poena major absorbet minorem*). Tal método é objeto de críticas por entender ser insuficiente para a repressão penal, deixando-se à impunidade uma série de delitos. Aduza-se que tal sistema viola o princípio *nullum delictum sine poena* e serve de incentivo à prática de crimes de menor gravidade; **c)** *cúmulo jurídico* - consiste em somar penas, mas fixando um *limite máximo prudencial*, de que *não* pode exceder o aplicador. O *cúmulo jurídico* foi acolhido pelo Código italiano de 1889. O princípio *nullum delictum sine poena* não é ferido, visto que a redução de penas é compensada pelo acréscimo de sua duração. Na verdade, *não* existe cúmulo, mas *pena única progressiva*, com base em que os crimes não se acumulam, nem são absorvidos, mas causam um *dano social progressivo*; **d)** *cúmulo material temperado* - toma-se como base o cúmulo material aplicando-se oportunos temperamentos. O legislador italiano (1930) parte do princípio de que, dada a pluralidade de resultados, há sempre uma pluralidade de atos. O principal argumento contra o *cúmulo material* é o disfarce das *penas perpétuas* que o legislador brasileiro busca coibir pelo art. 75 do Código Penal. O Código Penal de 1940 adota os sistemas de *cúmulo material* (concurso material e concurso formal impróprio) e de *exasperação* (concurso formal próprio e crime continuado).

As *formas* de concurso são: **a)** *material* ou *real*; **b)** *formal* ou *ideal*. No concurso *material* ou *real*, há concurso de *várias* ações puníveis, o autor comete *várias* violações de um ou mais tipos penais, mediante distintas ações ou omissões. Aldo Moro, em *Unità e Pluralità di Reati* (1959), escreve que há três situações a serem consideradas: **a)** pluralidade de normas e unidade de crimes (concurso aparente de tipos, crimes complexo, permanente, progressivo, progressão criminosa e crime habitual); **b)** pluralidade de normas e pluralidade de crimes (concurso formal e material); **c)** pluralidade de normas e unidade legal de infrações (crime continuado). Maggiore descreve que, no concurso *formal* ou *ideal*, o crime progressivo, o crime complexo, o crime habitual ou crime continuado apresentam uma "*pluralità di azioni e unità di reato*", ao passo que no concurso material ou real há "*pluralità di azioni e pluralità di reati*". O nosso Código acolheu o princípio *tot crimina, tot poenae*. Foi rechaçado o sistema da absorção e da acumulação jurídica para ser consagrado o sistema da *acumulação material*. Tais crimes podem estar ligados por um *vínculo* que a doutrina costuma distinguir:

a) *ideológico*, quando um crime é cometido com o fim de executar outro; **b)** *consequencial*, quando um crime é cometido para realizar os efeitos de outro delito; **c)** *ocasional*, na comissão de um crime há oportunidade para o cometimento de outro. No concurso material ou real há imperiosidade de o autor cometer duas ou mais condutas, podendo ser: *homogêneo* ou *heterogêneo*. Diz-se: **a)** *homogêneo* quando os delitos são idênticos; **b)** e *heterogêneo* quando são diferentes.

2.3. Concurso material ou real

Há concurso material ou real quando o autor comete vários atos puníveis independentes que estão ajuizados no mesmo processo penal. O *pressuposto* necessário é a existência de uma *pluralidade de condutas*, a concorrência de vários delitos e um único processo que se diferencia do *concurso formal ou ideal*, onde existe uma concorrência de tipicidades em uma conduta única. Quando entre vários crimes *inexiste* qualquer vinculação, afora terem sido praticados pelo mesmo sujeito ativo em um mesmo processo, haverá *concurso material*. Advirta-se, porém, que o *concurso material* não representa nem um conceito puramente jurídico-material nem tampouco um conceito jurídico-formal, pois, pela reunião de ambos os pressupostos, caberá ao magistrado observar a sua essência. Nem toda a pluralidade de ações conduz à aplicação de regras de determinação da pena inerente ao *concurso*, pois poderá ocorrer que: **a)** a pluralidade de ações deva ser considerada como uma hipótese de unidade de leis; ou, **b)** a ausência de possibilidade do ajuizamento simultâneo no mesmo processo penal. O que caracteriza o pressuposto jurídico-material no *concurso* é a possibilidade efetiva da simples acumulação de delitos (várias unidades de ações) na pessoa do mesmo autor, e concomitantemente a possibilidade jurídica da resolução conjunta destes atos em uma única sentença penal (pressuposto jurídico-processual). Tanto no *concurso formal* como no *material* poderá verificar-se o *concurso homogêneo* ou *concurso heterogêneo*, em razão dos distintos tipos penais. Os preceitos do *concurso material* pertencem ao direito material e formal, podendo em qualquer hipótese ocorrer, *a posteriori*, a formação de uma *pena global* na execução penal. Para a sua apreciação *não* é bastante a comissão de várias ações independentes do autor, mas que também tais ações representem vários fatos puníveis e suscetíveis de ser objeto de valoração independente, pois o *concurso material* é um concurso técnico, tendo como consequência objetiva e prática a aplicação de penas *conjuntas e acumuladas*, conjuntas por acumulação e agravadas por exasperação.

Maurach dá destaque aos denominados *atos prévios*, relativos ao principal, as ações preparatórias e a tentativa frente ao tipo consumado. Citam-se três hipóteses de casos de atos prévios: **a)** quando o sucesso criminal se apresenta como *ação unitária*, dirigida por uma inalterável vontade do autor, *sucessivamente* realizada: *A* dispara sua pistola sobre *B*, que cai morto (inexiste qualquer nexo de continuidade e, muito menos, de pluralidade de ações); **b)** quando, em situação oposta, o sucesso criminal mantém apenas a sua *unidade pelo resultado unitário*, enquanto a vontade de ação e ação variam *per se*: *A* deseja matar *B* e o projétil de sua arma não o atinge, desistindo naquele momento de seu propósito. Porém, no dia seguinte, ao encontrar *B*, saca da mesma arma, atirando, e aí o atingindo letalmente (existe uma pluralidade de atos, excluída a unidade de ação, pois no caso ficou configurado o concurso material entre um homicídio tentado e um consumado); **c)** quando, entre tais extremos, transcorrem os próprios casos de pluralidade de atos sem *simultâneo concurso*: *A* dispara sua arma para matar *B*, porém o mecanismo falha e nada acontece. Em dias seguintes, *A* com nova arma encontra *B*, atira e mata o desafeto. Maurach sustenta que nesta hipótese *não* há concurso material, não obstante a orientação final das ações à meta individualizada, como a progressão tendente ao resultado. Já os atos típicos *posteriores*, possuem na prática maior relevância que os *prévios*. Há um *ato posterior* quando o autor do precedente ato principal realiza por meio de uma *nova* e *sucessiva* ação típica, autonomamente impunível, um renovado ataque ao bem jurídico, já lesionado pelo principal (*A* subtrai o carro de *B* e no dia seguinte, ao passar com sua namorada, perde a direção e colide com o poste, danificando-o). A maior parte da doutrina entende que o ato principal e o posterior constituem uma *complexa unidade de ação com o efeito absorvente*; ao passo que a vertente divergente vê um *concurso de normas* com a consequência do deslocamento do tipo do *ato posterior* para o do *ato prévio*. Conclui que os atos *posteriores* impunes representam a pluralidade de atos, mas *sem* os efeitos do *concurso material*, *não* cabendo se falar em um deslocamento de seus tipos sem que se outorgue ao autor uma *causa especial de exclusão de pena* por considerá-lo *ato posterior*. O *ato típico posterior* só pode ser objeto de apreciação quando o autor realiza *ao mesmo tempo* o ato principal ou dele participa.

Há formas de *concurso impróprio* em relação à pluralidade de ações quando o preenchimento de um tipo penal inclua o conteúdo de injusto e de culpabilidade de uma ação antecedente autônoma ou de uma ação consequente valorada. A *subsidiariedade* se traduz em uma disposição penal só ser aplicável secundariamente. O Direito brasileiro adota os sistemas de cúmulo material (*concurso material* e *concurso formal impróprio*) e de exasperação (*concurso formal próprio* e *crime continuado*). Em consequência, para o cumprimento, as penas são somadas em *cúmulo material*, e na execução ficam *unificadas* em 30 (trinta) anos. Se as penas são *idênticas*, não há maior indagação, porém, se uma é de reclusão e outra é de *detenção*, aplicadas de *forma cumulativa*, executa-se primeiro a mais grave (*reclusão*).

Antes de somar as penas impostas em razão do cúmulo material, o magistrado tem o dever de individualizá-las, motivando, isoladamente, cada fase do processo trifásico e o regime inicial de cumprimento de pena impostos, a fim de que o apenado tenha ciência de cada sanção aplicada a cada ilícito penal por ele cometido. Se assim não proceder, a sentença deverá ser anulada para que outra seja prolatada, pois é vedada ao magistrado a aplicação direta de uma *pena global*.

O Projeto de Reforma de 2000 possibilitava que quando ao autor tivesse sido aplicada pena de prisão igual ou superior a 4 (quatro) anos, por um dos crimes, para os demais seria incabível a substituição por pena restritiva de direitos. Já o da Reforma Penal de 2012 sugere que quando ao agente tiver sido aplicada pena de prisão por um dos crimes, para os demais será incabível a substituição e, quando forem aplicadas penas restritivas de direitos, o condenado cumprirá simultaneamente as que forem compatíveis entre si e, sucessivamente, as demais. Acompanha-se a mesma posição de Juarez Tavares no sentido de que o cúmulo de penas está decadente diante do *princípio da proporcionalidade*.

A *extinção da punibilidade* incidirá sobre a pena de cada crime, *isoladamente*, em qualquer das espécies de concurso, isto é, *não* se leva em conta para efeitos da prescrição o acréscimo decorrente do concurso formal ou do crime continuado. Existindo *conexão* entre os crimes e a unidade processual, a competência para a aplicação do *concurso material* é do *juiz da sentença*. Caso contrário, inexistindo conexão entre os diversos crimes, a regra é aplicada pelo *juiz da execução*, somando ou unificando com observação do limite de 30 (trinta) anos. Diante do princípio humanitário de proporcionar a reinserção do condenado ainda em tempo de *vida útil*, e no curso da execução estimular a luta pela liberdade acendendo uma luz no final do túnel, o Presidente da República, nos decretos, proporciona aos condenados a pena privativa de liberdade, até 25 de dezembro, que tenham cumprido integralmente, 15 (quinze) anos de pena, se não reincidentes, ou 20 (vinte) anos, se reincidente, o indulto natalino.

A suspensão condicional do processo é admissível quando a soma das penas impostas preenche os requisitos do art. 89 da Lei nº 9.099, de 26 de setembro de 1995, devendo o total das penas mínimas ser igual ou inferior a 1 (um) ano (STF, HC 89.708/BA, 1ª T., rel. Min. Ricardo Lewandovski, j. 24.4.2007). Diz a Súmula nº 243 do Superior Tribunal de Justiça: "O benefício da suspensão condicional do processo não é aplicável em relação às infrações penais cometidas em concurso material, concurso formal ou continuidade delitiva, quando a pena mínima cominada, seja pelo somatório, seja pela incidência da majorante, ultrapassar o limite de 1 (um) ano".

2.4. Concurso formal ou ideal

Existe quando o autor com uma só conduta viola várias vezes a norma penal. O que distingue o concurso *formal ou ideal* do concurso *material ou real* é que a multiplicidade de crimes é realizada por *uma* só ação e não por *várias* ações ou omissões, ou seja, por um conjunto de atos que forma um todo, dirigido a um único fim e realizado de forma contextualmente continuada. Duas ou mais disposições legais formam uma mesma parte do ato típico e uma parte distinta de cada uma delas, concorrendo várias normas incriminadoras que só em conjunto esgotam *toda* a direção do conteúdo antijurídico. A característica básica do *concurso formal* situa-se em que o ato concreto apresenta uma complexidade de elementos porque uma parte corresponde contemporaneamente a duas figuras de crime, enquanto o resto de suas partes integrantes corresponde separadamente a uma figura integrada por outros elementos de outra. Para o legislador pátrio o *concurso formal* requer *duas condições básicas*: **a)** unidade de conduta; **b)** unidade de desígnio (que exclui o dolo eventual). Os tipos penais podem coincidir na descrição típica da ação, mas requererem resultados distintos. Para a sua existência basta a *identidade parcial das ações executivas*, não se requerendo a plena coincidência das ações próprias nos tipos concorrentes. O Supremo Tribunal Federal é firme no sentido de configurar-se concurso formal a ação única que tenha como resultado a lesão ao patrimônio de vítimas diversas, e *não* crime único (STF, HC 91.615/RS, 1ª T., rel. Min. Carmen Lúcia, j. 11.9.2007). É preciso o legislador brasileiro ao conceituar o concurso, premiando o autor com uma resposta penal *menos* rigorosa, quando com uma única conduta causa dois ou mais resultados, isto é, dois ou mais crimes.

O *concurso* está caracterizado pela circunstância de concorrer *simultaneamente* diversos tipos na valoração de um ato (conduta), que em seu conjunto esgota o conteúdo do delito. Há *concurso homogêneo*, quando uma ação tem vários resultados iguais (uma bomba colocada em uma casa de espetáculos mata inúmeras pessoas). Welzel ainda admite o *concurso* quando o *delito instantâneo* era o meio para a manutenção do *delito permanente* (*A* penetra na residência de *B* para estuprá-la). Quanto às *formas* do *concurso* a doutrina costuma alinhar: **a)** concurso *homogêneo*: resultados idênticos; **b)** concurso *heterogêneo*: resultados diversos. Escreve Leone que, quando é cometida uma só conduta com várias violações legais (homogêneas), não há *concurso formal*, mas *crime continuado*, visto que a entidade maior deve ser compreendida na menor. Antolisei critica tal postura dizendo ser absolutamente injustificada. Assim, aquele que mediante um único disparo mata duas pessoas é punido de forma mais grave do que o outro que em época distinta mata duas pessoas com diversas ações, ainda que com o *mesmo* desígnio criminoso (*dolo total*).

A expressão *desígnios autônomos* traduz-se pela *unidade de ação* e *multiplicidade de determinação de vontade*, com várias determinações. Há *vários resultados* perante a vontade e o desígnio final do autor, abarcados em um *único comportamento* (A estupra B objetivando não só a sua satisfação lasciva, bem como vingar-se de seu desafeto C, amante de B, buscando transmitir-lhe aids, de que sabe estar contaminado). No concurso formal *próprio*, a exasperação ocorre pela unidade de desígnios; já no *impróprio*, pelo cúmulo material, como se ocorresse um concurso material, em razão da diversidade de intuitos do autor.

O pressuposto é a *unidade de conduta*, mas a concorrência formal ou ideal não é determinada em razão da simultaneidade de ilicitudes típicas (A aproveita-se da inexperiência de B e aplica-lhe o *conto do bilhete*, porém, em um momento de descuido do mesmo, subtrai-lhe o relógio do bolso da calça). Vale insistir que existe concurso quando uma mesma conduta é abrangida por tipos distintos (*concurso formal heterogêneo*).

Há admissibilidade do *concurso* entre delitos dolosos e culposos, como é factível nos omissivos (A, guarda penitenciário, deixa a porta da cela de B aberta para proporcionar-lhe a fuga e matar C, testemunha de seu processo). Convém notar que a concorrência formal ou ideal poderá existir entre um delito comissivo e um omissivo (A ao encontrar o atropelado B, em vez de socorrê-lo, subtrai-lhe o relógio).

Percebe-se, sem dificuldade, que há imputabilidade de uma ação única em que convergem tipos penais. Há uma identidade de ação objetiva, que pode ser *total* ou *parcial*. Quando A atira uma granada contra uma viatura policial, mata os agentes da autoridade, destrói bem público e ocasiona lesão corporal em transeuntes, há uma identidade objetiva de ação *total*. Ao passo que, se na conduta do autor, que compreende até a consumação típica, há cobertura com outro tipo em qualquer momento, o *iter*, ocorrerá a identidade objetiva da ação *parcial*.

Por conseguinte, existe a possibilidade de haver na pluralidade formal de tipos *idênticos* o *concurso homogêneo*, e, na hipótese de pluralidade formal de tipos *distintos*, o denominado *concurso heterogêneo*. Ainda, será *perfeito* se resultar de um único desígnio (A dirige o veículo descuidadamente e sobe na calçada matando vários pedestres), ou *imperfeito*, quando resulta de desígnios autônomos (B explode uma bomba dentro da boate para matar todos que lá se encontram).

Quanto às *espécies*, o *concurso* poderá ser *perfeito* ou *imperfeito*. Será *perfeito* quando o autor realiza o atuar típico produzindo dois ou mais resultados, *sem* pluralidade de desígnios. No concurso *imperfeito*, a conduta única dolosa é consequência de *desígnios autônomos* (o autor de ato típico opera objetivando dois resultados diferentes). Abarca tanto o dolo direto, quanto o dolo eventual (poderá ocorrer um concurso formal imperfeito entre um homicídio com dolo direto de primeiro grau e outro praticado com dolo eventual). Na hipótese de *concurso imperfeito* aplica-se a regra do *concurso material ou real* (cúmulo material). No *concurso próprio* há *unidade* de *comportamentos* e *desígnios*, ao passo que no *concurso impróprio* o autor atua buscando a realização de mais de um crime, tendo a *consciência* e a *vontade* dirigidas a cada um especificamente.

A segunda parte do art. 70 do Código Penal consagra o *concurso formal imperfeito*. A conduta única dolosa é consequência de *desígnios autônomos* (o autor de ato típico opera objetivando dois resultados diferentes). Na hipótese de *concurso imperfeito* aplica-se a regra do *concurso material*. Em síntese: no *concurso formal perfeito*, o agente pratica duas ou mais ilicitudes penais através de uma única conduta; ao passo que, no *concurso formal imperfeito*, as penas devem ser aplicadas *cumulativamente*, se a conduta única é dolosa e os delitos concorrentes resultam de desígnios autônomos (dolo direto em relação aos delitos praticados com uma única ação). Quando o agente atua com dolo em relação aos delitos concomitantes, responde por concurso formal imperfeito.

As exasperações determinadas pelo reconhecimento do *concurso formal* e do *crime continuado* configuram exceções, de caráter benéfico, razão pela qual é defeso a sua acumulação (se *A* e *B*, armados, ingressam em um coletivo e subtraem pertences de passageiros e, após, saltarem e ficarem aguardando outro coletivo para praticar a mesma ação delitiva, vindo, logo após, a serem presos em flagrante na posse das *res furtivae* ter-se-iam, em cada roubo de passageiros em coletivos diversos, um *concurso formal ou ideal* (uma ação e uma pluralidade de resultados) e *um crime continuado* de um coletivo para o outro.

O Supremo Tribunal Federal decidiu que *"mesmo havendo, entre dois dos crimes integrantes do nexo causal, continuidade delitiva, concurso formal, apenas um aumento de pena – o do crime continuado – deve prevalecer"* (STF, Rec.Crim. 101.925/SP, 2ª T., rel. Min. Francisco Rezek, j. 7.2.1986). As exasperações determinadas pelo reconhecimento do concurso formal ou ideal e do *crime continuado* configuram exceções, de caráter benéfico, razão pela qual é defeso a sua acumulação.

Não se pode olvidar que os tipos penais podem coincidir na descrição típica da ação, mas requererem resultados distintos (*A* dispara contra *B*, matando-o, bem como quebra um valioso vaso da Companhia das Índias exposto no antiquário). Também poderá ocorrer um *concurso heterogêneo* em dois delitos da mesma conduta (*A*, ao prestar depoimento sob compromisso legal, faz declaração falsa e injuria *B*).

Há duas formas de *concurso formal*, *próprio* ou *impróprio*, este equiparado em seus efeitos ao concurso material ou real. Nos crimes culposos, *não* se admite o *concurso formal impróprio*, quando além do dolo há presença de várias finalidades dirigidas a vários resultados. A *teoria subjetiva* requer a *unidade de desígnios* para o reconhecimento do con-

curso formal, ao passo que a objetiva admite a *pluralidade de desígnios*. O Código Penal brasileiro adotou a *teoria objetiva*, visto que admite o *concurso formal imperfeito, em que há pluralidade de desígnios*. A expressão *desígnios autônomos* traduz-se pela *unidade de ação* e *multiplicidade de determinação de vontade*, com várias determinações. Há *vários resultados* perante a vontade e o *desígnio final do autor*, abarcados em um *único comportamento*. No *concurso formal próprio*, a exasperação ocorre pela *unidade de desígnios*; no *concurso formal impróprio*, pelo *cúmulo material*, como se ocorresse um *concurso material*, em razão da *diversidade* de intuitos do autor. Pode ocorrer concurso de crimes, entre um *consumado* e um *tentado* ou entre *crime* e *contravenção*, executando-se primeiramente a pena mais grave. É evidente a admissibilidade do *concurso formal* entre tipos dolosos e culposos, em relação aos tipos omissivos. Ainda, será *perfeito* se resultar de um único desígnio, ou *imperfeito*, quando resulta de desígnios autônomos. A pluralidade formal de tipos conduz a consequências jurídicas disciplinadas pelo *princípio da absorção* ("*aplica-se-lhe a mais grave das penas cabíveis ou, se iguais, somente uma delas, mas aumentada, em qualquer caso, de um sexto até metade*"). Porém, se dois ou mais tipos penais são produtos de duas ou mais condutas camufladas em uma só ação ou omissão, ocorre um *falso concurso formal* que se resolve corretamente pelo *concurso material*, se as finalidades são distintas e os tipos dolosos ("*As penas aplicam-se, entretanto, cumulativamente, se a ação ou omissão é dolosa e os crimes concorrentes resultam de desígnios autônomos [...]*"). O legislador às vezes usa a fórmula "*quando o fato não tenha sido previsto como delito por alguma disposição especial*, ou equivalente", gerando a distinção entre *concurso formal* e *concurso de leis*. Neste, o crime permanece único, inobstante a pluralidade de normas jurídicas, situando-se a questão na eleição da norma aplicável ao caso concreto. Já no *concurso formal*, há pluralidade dos bens jurídicos ofendidos correspondendo a uma pluralidade de resultados, não obstante a unidade de ação.

O magistrado, para efetuar o acréscimo em relação à regra do *concurso formal*, deverá levar em conta o *número de vítimas* em razão da maior ou menor reprovabilidade do atuar. Como causa de aumento de pena incide na *terceira fase* do cálculo de pena, e *não* sobre a pena-base, mas sobre a acrescida pelas qualificadoras ou causas especiais de aumento (STF, RHC 86.080/MG, 1ª T., rel. Min. Cezar Peluso, j. 6.6.2006). O aumento deverá ser procedido proporcionalmente ao número de crimes integrantes, em uma escala de 1/6 (um sexto) a 1/2 (um meio), este a partir de mais de 6 (seis) crimes integrantes (STJ, HC 85.513/DF, 5ª T., rel.ª Min.ª* Jane Silva, j. 13.9.2006). Não poderá a pena exceder a que seria cabível pela regra do *concurso material*.

2.5. Crime continuado

Não foi sem razão que Geyer dizia que a noção de crime continuado "*é uma cruz que os criminalistas querem carregar às costas*", sendo ainda nos tempos atuais objeto de acirradas discussões sobre o seu reconhecimento. Carrara sustentava que *não* sendo uma pura criação romana encontrava na lei romana seu fundamento, pois fora obra dos práticos. No *Digesto* não há qualquer indicação de que o crime continuado fosse tratado pelo Direito romano. A base do instituto da continuação é operada com os práticos, recordando-se que Leone sustentava que a *origem* estava situada nos glosadores e pós-glosadores. A questão é polêmica; afirma-se que o crime continuado surgiu por obra dos práticos italianos da idade medieval, que formataram o instituto para mitigar a severidade do tratamento estabelecido pelos direitos municipais para os delitos de um mesmo tipo, repetidos várias vezes. Há prestigiosa corrente doutrinária que fazendo nova leitura sustenta que o germe tem suas *raízes* especificamente no século XIV, atribuindo a Jacobo de Belvisio, discípulo de Bartolo de Sassoferrato e Baldo de Ubaldes, tratando-se do caso de *tertio furto*, restringindo à hipótese de *plura furta facta eodem loco et tempore*, formado de três elementos: **a)** pluralidade de ações ou omissões; **b)** várias violações da mesma disposição legal, ainda que de diversa gravidade; **c)** idêntico desígnio delitivo. O pensamento dos pós-glosadores desenvolve outro conceito (*eodem tempore*) que mais se refere ao crime *complexo* do que ao crime *continuado*. Entre os trabalhos dos pós-glosadores, cita-se Claro: "*Furtum decitur unum etiam si plura comissa fuerint una die, vel nocte in una domo, velem in pluribus.*" Historicamente, no texto de Bartolo, a construção unitária objetivava atender o rigor excessivo da pena *ad euden finen*. A figura aparece na glosa, sem que os pós-glosadores Jacobo de Belvisio e Baldo de Ubaldes deram claridade à noção. O conceito de Farinaccio sobre continuação não era muito diferente do formulado por Claro, inexistindo a *continuatio temporis*. Farinaccio fez surgir a *sistematização da figura do crime continuado*, quando buscava atenuar o rigor da punição imposta ao autor do terceiro furto ("*Furta tria suficiunt ad condmmandum juren in poenam mortis, sine de primus furtis, quis fuerit condemmatus, sive non*") . A elaboração legislativa vem com Feuerbach, pois o Código da Baviera (1813) faz referência expressa ao *crime continuado*. A polêmica existente entre Feuerbach e Mittermayer era em relação ao *quantum* da pena (cúmulo ou absorção). A legislação italiana faz consagrar a figura do *crime continuado* com o disposto no art. 80 do diploma toscano, que é incorporado ao Código Zanardelli (1889). Rocco não o havia incluído no anteprojeto, mas diante das críticas fê-lo contemplar no art. 81 do atual Código Penal italiano. Há várias legislações que *não* fazem prever normativamente a figura do *crime continuado*, deixando-a a cargo da doutrina e jurisprudência (alemã, argentina, espanhola, francesa). Nas legislações em que carece de reconhecimento expresso em lei, deixando o reconhecimento ao direito pretoriano, poder-se-ia pensar que, mediante a aplicação de tal figura, infringir-se-ia o *princípio da legalidade*. O melhor caminho é o seguido por nossa legislação, não deixando o intérprete às vacilações da doutrina e da jurisprudência.

A grande parte das dificuldades relativas à conceituação da continuação delitiva é produto do artificialismo de sua arquitetura jurídica. A postura tradicional possui como patamar a ideia de que a pluralidade de injustos penais integrativos são partes de um *crime único*, quer seja pela unidade *ficta*, *real* ou *jurídica*. A justificação da *não* aplicação do concurso real de tipos penais ao *crime continuado* seria em razão de considerá-lo *crime único*, objetivando mitigar o rigor do *cúmulo material* de penas. Contemporaneamente, os penalistas dividem-se em três correntes: **a)** teoria da unidade real; **b)** teoria da ficção; **c)** teoria da unidade jurídica. Para os adeptos da *teoria da unidade real*, o *crime continuado* é uma constelação de tipos penais unidos pela identidade de resolução ou desígnio delitivo. Já para os defensores da *teoria da ficção jurídica* a unidade do *crime continuado* resulta de um compromisso entre a coerência lógica e a equidade, sendo uma exceção jurídica ao *concurso material* de tipos penais. A concepção do *crime continuado* como uma *ficção jurídica* parte da base de que se trata de vários atos típicos que por determinadas razões, variáveis em cada ordenamento, são tratados como se constituíssem um só delito. Não existiria uma realidade que pudesse ser qualificada de crime continuado, mas uma *realidade delitiva plural*, perante a qual o direito atua como se existisse um *crime único*. Se, ao contrário, qualifica-se de *realidade natural* e se acode ao elemento subjetivo como meio unificador, as diversas ações aparecem como um todo unitário. Adotando-se uma postura intermediária, mais perto dos *ficcionistas*, o crime continuado seria uma *realidade jurídica* criada pelo legislador. A consideração de que o crime continuado constitui uma *ficção* se confirma pela frequência que se utiliza para solver questões processuais e pelo fato de que em muitas vezes o elemento subjetivo (unidade de dolo) se presume. Os seguidores da *teoria da unidade jurídica* admitem ser o *crime continuado* uma realidade criada pelo Direito, porém *não* coincidente com a realidade natural. Não é uma unidade real nem uma ficção jurídica, mas uma figura que possui existência própria e tem como escopo fins determinados, admitindo seus seguidores um terceiro crime. Ney Fayet Junior vê o crime continuado como figura própria (*sui generis*) para o atendimento de determinadas finalidades, sendo a ficção jurídica a posição mais razoável. Foi consagrada a *teoria objetiva*, afirmando expressamente a Exposição de Motivos: "*A teoria objetiva, entretanto, dispensa a unidade de ideação (que, como observa Mezger, não passa de uma ficção) e deduz o conceito de ação continuada dos elementos constitutivos exteriores da homogeneidade. É a teoria que hoje prevalece e foi adotada pelo projeto.*" Ficava afastada a *unidade de desígnio* (STF, HC 77.786/

RJ, 2ª T. rel. Min. Marco Aurélio, j. 27.10.1998; STJ, HC 120.042/DF, 6ª T., rel.ª Min.ª* Jane Silva, j. 18.12.2008). No Brasil, *não* é pacífica a doutrina quanto à *natureza jurídica do crime continuado*.

Para que constitua uma *ficção jurídica*, devem-se procurar as *raízes* em virtude das quais uma pluralidade de infrações é tratada como unidade pelo Direito. O *fundamento* encontra-se nas razões de *benignidade*, para evitar a imposição da pena de morte ao terceiro furto e mais tarde mitigar as consequências das regras de cúmulo de penas previstas para o concurso. Contemporaneamente, a finalidade de mitigar a pena, o benefício do acusado, *não* fica alheia à figura do crime continuado. A instituição do crime continuado há de ser baseada em *razões de utilidade* substituindo questões também de ordem processual. Deve ser também concebido como um meio de adequar a pena à gravidade do crime cometido, sendo a realização da justiça material. Não existiria uma realidade que pudesse ser qualificada de crime continuado, mas uma realidade delitiva plural, perante a qual o direito atua como se existisse um crime único. A *ratio* construtiva do crime continuado tem como raízes: **a)** a teoria da benignidade; **b)** a teoria da utilidade processual; **c)** a teoria da mitigação da culpabilidade. Ao final, é um *artifício jurídico* que se constitui em uma ferramenta de política criminal construtiva na direção de amenizar os efeitos deletérios de longo encarceramento, possibilitando criar a esperança de reinserção social em tempo útil de vida do condenado.

Os *elementos* podem ser classificados diante de diversos pontos de vista: **a)** *objetivos e subjetivos*. A melhor doutrina estima em vários elementos de caráter objetivo e um subjetivo, o qual é negado pela *teoria objetiva pura*. O vetor doutrinário e pretoriano germânico, como salienta Mezger, defensor da teoria objetiva, já exigia, de modo enfático, um "dolo de conjunto" ou que o "dolo" abarque o resultado do conjunto para caracterização do crime continuado. Para a delimitação do crime continuado, é fundamental a unidade do dolo (*Einheitlichkeit des Vorsatzes*) que Jescheck chama de "unidade do injusto pessoal da ação" (*Einheit des personalen Handlungsunrechts*). Sabe-se que os alemães requerem um próprio dolo global (*Gesamtvorsatz*), que engloba o resultado total do fato, considerados o lugar, o tempo, a pessoa da vítima, a forma de comissão, de maneira que os atos parciais não representem mais do que uma realização sucessiva da totalidade querida unitariamente pelo autor em seu último ato parcial; **b)** *fundamentais e secundários*. Os secundários *não* são propriamente elementos do crime continuado, surgindo entrelaçados a algum dos principais e atuam como elemento probatório ou indício de sua ocorrência. A doutrina costuma alinhar: **a)** *elementos objetivos:* a pluralidade de ações, a unidade da norma violada e a unidade de sujeito passivo; **b)** *elementos subjetivos*: a unidade de desígnio, propósito, intenção ou *dolo*; **c)** *elementos secundários:* a unidade ou identidade de ocasião, ou a conexão especial e temporal ou o emprego de meios semelhantes.

São *requisitos* doutrinários do crime continuado: **a)** pluralidade de condutas; **b)** nexo de causalidade objetiva; **c)** condições de tempo; **d)** condições de lugar; **e)** maneira de execução; **f)** outras condições semelhantes. Assim: **a.** *pluralidade de condutas*: constitui o primeiro elemento do crime continuado. As ações, cuja pluralidade é exigível, *não* são ações físicas ou em sentido natural, mas condutas humanas no universo do Direito Penal, *ações típicas*. Ações praticadas em momentos diversos podem *não* ser simultâneas, mas contemporâneas (A, delegado de polícia, que recebe vários mandados de prisão, e se abstém de executá-los, atua com um único desígnio delitivo). A pluralidade de condutas ou atos típicos (ações ou omissões) deveria traduzir-se em uma pluralidade de delitos para servir de base ao *crime continuado*. Destarte, *não* poderá estimar-se nas hipóteses de *omissão* única nem nos tipos que pressuponham ou admitam várias omissões. O Supremo Tribunal Federal, na ação penal nº 470, assentou que "*por meio do instituto da continuidade delitiva, o legislador autorizaria a considerar os crimes subsequentes como continuação dos anteriores, apenas quando verificada a identidade entre eles, mesmo lugar de execução e mesmo momento da prática delituosa*"; **b.** *pluralidade de crimes da mesma espécie*: onde há duas posturas doutrinais: ***a)*** os que se assemelham pelos mesmos elementos objetivos e subjetivos, embora descritos em diverso tipo legal; ***b)*** teria que se encontrar no mesmo tipo penal. A posição do Superior Tribunal de Justiça é na direção de que os crimes do mesmo gênero são os tipificados no mesmo tipo legal consumados, tentados, simples ou qualificados (STJ, HC 86.860/CE, 5ª T., rel.ª Min.ª Laurita Vaz, j. 20.11.2007). O Superior Tribunal de Justiça firmou posição de que inexiste continuidade delitiva entre roubo e furto porquanto ainda que possam ser considerados delitos do mesmo gênero não são da mesma espécie (STJ, HC 16.692/RS, 5ª T., rel. Min. Laurita Vaz, j. 17.10.2013). Na mesma direção, o Supremo Tribunal Federal (STF, HC 96.984/RS, 2ª T., rel. Min. Ayres de Britto, j. 5.10.2010). Em síntese, a posição pretoriana dominante é a de que o crime continuado é uma *ficção jurídica*, que objetiva beneficiar o autor típico, diante de uma pluralidade de crimes cometidos como desdobramento do primeiro, conforme o preenchimento de requisitos objetivos e subjetivo (STJ, HC 162.862/RS, 5ª T., rel. Min. Laurita Vaz, j. 8.5.2012). Efetivamente, a postura **a** é a que melhor satisfaz, visto que no art. 71 do Código Penal o legislador se refere a "*crimes da mesma espécie*", prevendo a possibilidade de serem as penas idênticas ou mais gravosas. Conclui-se, pois, que independem ser do mesmo tipo penal. Entende-se que "*crimes da mesma espécie*" são os delitos nos tipos básicos por meio de seus elementos *objetivos* e *subjetivos*, identificados pela violação do mesmo bem jurídico, seguindo a lição welzeliana de que "*a mesma infração jurídica pode derivar da lesão de vários tipos aparentados entre si, que ficam compreendidos no conceito comum superior de delito*". Forte vertente doutrinária e pretoriana sustenta que crimes da *mesma espécie* são aqueles que, embora tipificados em dispositivos legais diferentes, *ofendem o mesmo bem jurídico* e *não* apenas violam objetivamente o *mesmo preceito legal*, previstos no mesmo tipo legal, possuindo os mesmos elementos descritivos. Podem ser do mesmo *gênero* e *não* serem da mesma *espécie*, como no caso do roubo e do latrocínio (STJ, REsp 751.002/RS, 6ª T., rel.ª Min.ª Maria Theresa de Assis Moura, j. 27.10.2009). No exemplo do roubo e do latrocínio inexiste continuidade delitiva porque possuem elementos objetivos e subjetivos distintos, *não* havendo homogeneidade de execução (STJ, HC 68.137/RJ, 5ª T., rel. Min. Gilson Dipp, j. 6.2.2007). A melhor orientação é que *tenham elementos fundamentais semelhantes*. A direção atual de nossa jurisprudência não é tão radical no sentido de que sejam da *mesma espécie* ou se assemelhem pelos elementos objetivos e subjetivos (STJ, HC 9.460/SP, 5ª T., rel. Min. José Arnaldo da Fonseca, j. 26.10.1999); **c.** *condição de lugar*: a questão espacial também constitui polêmica entre nossos tribunais. Começando por considerar ou não relevante a *homogeneidade* das circunstâncias de lugar. A continuação só deve ser admitida entre crimes cometidos em cidades bem próximas (mesma região metropolitana, bairros e localidades limítrofes ou próximas, interligados à comarca). Nesta direção: STF, HC 206.227/RS, 5ª T., rel. Min. Gilson Dipp, j. 6.10.2011. Inadmite-se entre comarcas de Estados diversos, excetuando-se em caso de fronteira. Há possibilidade do reconhecimento de crimes internacionais continuados previstos no art. 7º, I, *d*, e II, *a*, do CP, praticados fora das fronteiras; **d.** *condição temporal:* constitui em *requisito* de grande relevância para o reconhecimento do crime continuado. *Os prazos muito dilatados normalmente* induzem ao afastamento do nexo de causalidade. No processo de *unificação de penas* a questão pode ser resolvida parcialmente pela vertente de *unificação em séries mais próximas*. O Supremo Tribunal Federal consolidou que o prazo superior a 30 (trinta) dias não pode ser admitido para a continuação delitiva (STF, HC 107.636/RS, 1ª T., rel. Min. Luiz Fux, j. 6.3.2012). O Superior Tribunal de Justiça posiciona-se na direção de que o parâmetro reiteradamente utilizado exige, para admissão do crime continuado, intervalo temporal inferior a 30 (trinta) dias entre os delitos (STJ, RHC 24.125/SC, 5ª T., rel. Min. Marco Aurélio Bellizze, 1.12.2011); **e.** *condição modal:* impõe-se a semelhança entre a execução dos crimes cometidos, devendo o autor praticá-los diante de um modelo analógico. Não há continuidade delitiva entre furtos praticados por meio de escalada e rompimento de obstáculo, são da *mesma espécie*, mas de *modus operandi* diverso. O crime praticado pelo autor isoladamente e outro em concurso exclui o reconhecimento; **f.** *condição semelhante:* os subsequentes devem ser havidos como continuação do primeiro (STF, HC 68.869/SP, 2ª T., rel. Min. Carlos Velloso, j. 3.12.1991). As ações podem ser *simultâneas* ou *subsequentes*, pois a norma requer que sejam havidos como continuação do primeiro crime, que configuraria um único crime com concurso material de crimes. Há vertente que inadmite o reconhecimento da continuidade delitiva quando falta *similitude* no *modus operandi* (STJ, HC 8.850/SP, 5ª T., rel. Min. José Arnaldo da Fonseca, j. 5.10.1999). Cogita-se de circunstâncias objetiva e subjetivamente observadas pelo conjunto, postadas na esfera de âmbito normativo, permitida a interpretação analógica. O Projeto de Reforma de 2000 estabelecia que para se aferir a continuidade delitiva bastaria um dos elementos objetivos, ao substituir a conjunção aditiva "e" pela alternativa "ou", o que foi desprezado pelo Projeto (2012), que manteve a postura do Código Penal de 1940, repetida pela Reforma de 1984.

No que tange à *unidade de resolução*, formaram-se três correntes: **a)** *objetiva*; **b)** *subjetiva*; **c)** *objetivo-subjetiva*. A primeira, que nasceu com Feuerbach, despreza a *unidade de desígnio* como elemento integrante da continuação, sustentando a inexistência de nexo psicológico ligando as várias ações, bastando a presença dos elementos objetivos (crimes da mesma espécie, realizados em condições semelhantes de tempo, lugar e maneira de execução). A teoria objetiva não nos seduz, visto que uma das características do crime continuado é que as distintas ações integrantes são executadas em tempos diversos. A segunda prevaleceu na doutrina italiana. Advoga que as várias e distintas ações se encontram conectadas por um dolo comum. Aliás, foi Mittermayer quem iniciou a corrente subjetiva germânica, que não resiste a um exame mais aprofundado. O dolo é vontade que se realiza em um ato; sua persistência temporal em um período em que nada está sendo executado é simplesmente insustentável. Finalmente, a terceira, a *teoria objetiva-subjetiva* requer uma programação inicial ou a realização de condutas sucessivas, configurativas da unidade de resolução e homogeneidade do atuar delitivo. Também foi enunciada por Mittermayer, retomada posteriormente por Von Weber, Welzel, Sauer, Schönke e Maurach. É a corrente preponderante na atualidade no campo do Direito comparado e em Tribunais Superiores. É imperativo que as diversas ações tenham origem em um mesmo propósito (dolo); sendo ao mesmo tempo *execução de um plano* ou *projeto único* e estejam finalisticamente dirigidas a uma só meta posterior. Nossa lei penal adotou a *teoria objetiva pura*, mas a questão é polêmica na doutrina e na jurisprudência. Alcides da Fonseca Neto sintetiza a vertente que rejeita o *dolo total*, sustentando *ab initio* a sua inconstitucionalidade, sob a alegação de violar o princípio da legalidade, à medida que sua descrição normativa em nossa legislação somente contempla requisitos de índole objetiva para concluir que a teoria puramente objetiva é a única adequada ao perfeito reconhecimento da continuidade delitiva. O Supremo Tribunal Federal, mais recentemente, se direciona para a *teoria objetivo--subjetiva* (STF, RHC 93.144/SP, 1ª T., rel. Min. Menezes Direito, j. 18.3.2008; HC 101.049/RS, 2ª T., rel.ª Min.ª Ellen Gracie, j. 4.5.2010; HC 105.743/RS, 2ª T., rel. Min. Gilmar Mendes, j. 29.3.2011; HC 114.725/SP, 2ª T., rel. Min. Ricardo Lewandowiski, j. 4.6.2013). Há decisão que afasta a necessidade do reconhecimento da unidade de desígnios (STF, HC 98.681/SP, 2ª T., rel. Min. Joaquim Barbosa, j. 18.4.2011). A posição anterior era no sentido da *teoria objetiva pura* (STF, HC 77.786/RS, 2ª T., rel. Min. Marco Aurélio, j. 27.10.1998). O Superior Tribunal de Justiça adota a teoria objetivo-subjetiva diante da insuficiência da teoria objetiva pura (STJ, HC 93.440/SP, 5ª T., rel. Min. Felix Fischer, j. 21.2.2008; AgRg no HC 214.158/RS, 5ª T., rel. Min. Jorge Mussi, j. 15.12.2011; HC 228.197/RS, 2ª T., relª. Minª. Alderita de Oliveira, j. 4.9.2012; HC 203.695/SP, 6ª T., rel. Min. Sebastião Reis Junior, j. 28.8.2012). Aliás, o Superior Tribunal de Justiça já de muito exigia a *unidade de desígnios* ou *dolo total* fazendo parte do mesmo projeto delitivo. Ney Fayet Junior, no *Crime Continuado* (2015), diante do Código Penal de 1940 (teoria objetiva pura) defende que "a exigência dessa carga subjetiva (não contida expressamente na lei) é, sob todos os títulos, inaceitável, por afronta direta ao princípio da reserva legal, pois colocaria o dado subjetivo, não previsto em lei, repita-se, como *conditio sine qua non* para o apenado receber o benefício legal de um tratamento menos rigoroso".

A indagação do *momento consumativo* é uma elegante questão do crime continuado. A doutrina responde que deve considerar-se cometido quando da **última** das ações que o integram. Por sua natureza estrutural *não* é possível falar-se de um momento consumativo, visto que se decompõe uma pluralidade de ações, cada uma das quais *per se* possui um momento determinado e próprio. Colocar-se no instante em que se realiza a última ação típica é o meio para abrandar as dificuldades de ordem adjetiva. A regra processual é de que *"a competência será, de regra, determinada pelo lugar em que se consumar a infração, ou, no caso de tentativa, pelo lugar em que for praticado o último ato de execução"*. Não se deve esquecer que as unidades típicas de ação quando da obtenção do resultado pressupõem atos típicos parciais no contexto da conduta gerados pelo mesmo impulso delitivo. Tais aglutinações típicas de ações típicas e puníveis isoladamente findam a *cadeia típica* com o **último** ato realizado. Embora cada ato típico punível encerre seu círculo típico, o processo gradual continuativo fictamente se encerra com seu último componente da série típica. A Súmula 497 do Supremo Tribunal Federal (*"Quando se tratar de crime continuado, a prescrição regula-se pela pena imposta na sentença, não se computando o acréscimo decorrente da continuidade"*) traduz tão só a exigência da verificação isolada da prescrição para cada delito no concurso de delitos. Para os crimes complexos e *progressivos* é pacífica a admissão da continuação. Admite-se a continuação seguida da tentativa, de tentativas seguidas de crime consumado, ou de continuação entre tentativas.

Cabe ainda observar: **a)** *semelhança de execução de atos prévios:* no que se refere à *semelhança de execução dos atos prévios*, embora o critério não possa ser extremamente rigoroso, a forma de execução delitiva é importante para o reconhecimento ou não do *nexo de continuidade*.

Discute-se a necessidade de identidade dos partícipes nos atos prévios da unidade de ação, entendendo que *não* há necessidade imperativa de serem os mesmos em todos os atos prévios da cadeia, pouco importando a sua posição de alternância como autor, coautor, cúmplice, instigador, auxiliador no processo delitivo. Assim, rejeita-se *o nexo de causalidade* quando os delitos praticados em *lugares diferentes* tiverem *parceiros diversos*. Caso foi dito, no posicionamento contrário, rejeita-se o reconhecimento da continuação nas situações referidas, porque *seriam crimes da mesma natureza*, mas não *da mesma espécie*; **b)** *continuidade e habitualidade delitiva:* não se deve confundir *continuidade* e *habitualidade delitiva*. No *crime habitual* existe uma única ação típica reprovável composta de uma pluralidade de movimentos penalmente irrelevantes, que reunidos configuram um injusto penal. No *crime permanente* ocorre uma violação com resultado que se prolonga no tempo. A doutrina fixa quatro posições: **a.** não deve ser reconhecido quando o autor do ato típico for delinquente habitual ou profissional; **b.** os autores de crimes hediondos; **c.** a habitualidade delitiva *não* afasta o reconhecimento da redução de pena pela continuidade delitiva; **d.** o reconhecimento do crime continuado *não* está condicionado ao tipo criminológico de autor. Esta é a postura dogmática correta. Não se pode admitir qualquer beneplácito para o infrator que demonstra total insensibilidade diante dos valores éticos e jurídicos (STF, RHC 93.144/SP, 1ª T., rel. Min. Menezes Direito, j. 18.3.2008; STJ, HC 94.901/SP, 5ª T., rel.ª Min.ª Laurita Vaz, j. 8.4.2008); **c)** *crime continuado específico:* há duas espécies: crimes continuados simples e crimes continuados específicos. Nos crimes dolosos, praticados contra *vítimas diferentes* e bens personalíssimos, pode-se reconhecer o crime continuado especial, se praticadas as ações com violência ou grave ameaça à pessoa, considerando a culpabilidade, os antecedentes, a conduta social, a personalidade do agente, bem como motivos e circunstâncias, ainda que seja personalíssimo (STJ, HC 44.761/RJ, 5ª T., rel. Min. Arnaldo Esteves de Lima, j. 9.8.2007), fará aumentar a pena de um só dos crimes, se idêntica, ou a mais grave, se diversas, *até o triplo*, não podendo exceder a que seria cabível na hipótese do concurso penal de tipos penais, bem como o tempo de cumprimento das penas privativas de liberdade não pode ser superior a trinta anos. As dúvidas pretorianas desaparecem com o parágrafo único do art. 71 do Código Penal. Na hipótese da prática de três homicídios dolosos, que atingem bens personalíssimos, praticados contra vítimas diferentes, remete-se ao citado dispositivo legal (STJ, HC 92.068/SP, 6ª T., rel.ª Min.ª Maria Thereza de Assis Moura, j. 27.4.2010). No que tange ao crime continuado específico, caracterizada pelo emprego da violência ou da grave ameaça à pessoa, *ratio*, da maior reprovabilidade do atuar, a exasperação será calculada de 1/6 (um sexto), limite mínimo, até o triplo, limite máximo, sobre a pena cominada à punição mais grave (STF, HC 70.593/SP, 1ª T., rel. Min. Celso de Mello, j. 5.10.1993). A referência ao art. 75 do

Código Penal para uma vertente, diz respeito *não* ao limite da fixação da pena, mas tão só do aumento da pena, ao passo que a outra advoga que a aplicação impede que o acréscimo seja superior ao maior previsto para o concurso material e o limite da pena será de 30 (trinta) anos de reclusão (STF HC 88.253/RJ, 2ª T., rel. Min. Eros Grau, j. 2.5.2006; STJ, HC 69.779/SP, 5ª T., rel. Min. Gilson Dipp, j. 10.5.2007). A Proposta de Reforma Penal (2012) sugere: **a.** nos crimes dolosos contra vítimas diferentes, cometidos com violência ou grave ameaça à pessoa, poderá o juiz, considerando a culpabilidade do agente, bem como os motivos e circunstâncias do fato, aumentar a pena de um só dos crimes, se idênticas, ou a mais grave, se diversas, até o triplo, observadas as regras do concurso formal de crimes; **b.** aplicarem-se cumulativamente as penas dos crimes dolosos que afetem a vida, bem como as de estupro; **d)** *culposo:* é objeto de dissensões no campo doutrinal. Assim, os que incluem o elemento subjetivo único no conceito repudiam o crime continuado, ao passo que a corrente que dispensa a *unidade de desígnio* pode reconhecê-lo. Se for exigido para a ação continuada o *dolo global*, inexiste relação de continuidade nos crimes culposos. Os partidários do *subjetivismo puro* manifestam-se pelo reconhecimento, porém com maior dificuldade, diante da fórmula *mesmo desígnio*, uma vez que há referência à intenção, isto é, o conceito de dois ou mais atos tendentes *ad Iundem finem*, pois quando o autor *não* quer o resultado há uma resolução relativa à sua conduta. Pillitu menciona um clássico exemplo de *crime culposo continuado* (vários resultados de dano ou de perigo concreto, produzidos por diversas ações sucessivas em que qualquer delas dependa de uma única inobservância de norma de conduta: A, por ausência do dever de cuidado, dá ao paciente B, várias vezes, um remédio errado, causando-lhe várias lesões). Juarez Tavares advoga que o crime continuado pode ser reconhecido nos crimes culposos, independentemente da teoria objetiva ou subjetiva adotada, em virtude de suas estruturas construtivas como unidade jurídica de ação (A, cirurgião plástico, realiza vários procedimentos em um mesmo dia ou em dias seguidos, desatendendo às condições de higiene produzindo a morte em alguns pacientes, por infecção hospitalar). Conclui, no caso, que há crime continuado, porque diante do contexto, cada ato típico posterior deve ser considerado continuação do anterior. Aliás, na postura welzeliana, no que tange ao elemento decisivo do injusto nos tipos culposos, não é o ato de vontade que ocasiona o resultado (*erfolgsverursachende Willkürakt*), mas a concreta execução da direção da ação, que há de comparar-se com uma conduta social modelo, orientada à evitação de resultados intoleráveis.

Aduzam-se relevantes questões temáticas, a saber: **a)** *aplicação simultânea do concurso formal homogêneo e do crime continuado:* não se aplicam simultaneamente os acréscimos pelo crime continuado e pelo concurso formal, sob pena de vedar-se a finalidade dos referidos institutos (mitigação da pena). O *concurso aparente de injustos penais* resolve-se pelo *princípio da consunção*, incidindo o acréscimo mais abrangente; verifica-se que no grau maior, no crime continuado, o maior acréscimo na pena unificada será de 2/3 (dois terços), ao passo que no *concurso formal* será da metade, isto é, o relativo ao *crime continuado*. Repudia-se a *aplicação cumulativa*, a fim de evitar a superposição de unificações. A lição de Aldo Moro é correta ao afirmar que a síntese operada com o crime continuado o transforma em certo sentido em concurso formal, sendo a série de condutas transformadas em uma única ação. Ao lado das duas classes de concurso próprio (material e formal) surgem outras configurações concretas que só aparentemente concorrem várias normas penais, pois na realidade uma exclui a outra (concurso impróprio); **b)** *critério de fixação de pena:* em relação às consequências jurídico-penais (sistema de exasperação), a agravação de 1/6 (um sexto) a 2/3 (dois terços), o melhor critério deve ter como paradigma o maior ou menor número de atos típicos prévios. A escala aplicada pelo Supremo Tribunal Federal na ação penal nº 470 é a seguinte: **a.** até 2 (dois) crimes o acréscimo deverá ser de 1/6 (um sexto); **b.** até 3 (três) crimes deverá ser de 1/5 (um quinto); **c.** até 4 (quatro) crimes deverá ser de 1/4 (um quarto); **d.** até 5 (cinco) crimes será de 1/3 (um terço); **e.** até 6 (seis) crimes será da metade; **f.** até 7 (sete) ou mais delitos será de 2/3 (dois terços). Aplica-se a pena de um só dos crimes, se idênticas, ou a mais grave, se diversas, aumentada em qualquer caso de 1/6 (um sexto) a 2/3 (dois terços). O cálculo percentual do aumento deve observar o número de crimes que compõem a série dos crimes praticados (STJ, REsp 1.101.831/RJ, 5ª T., rel.ª Min.ª Laurita Vaz, j. 16.4.2009); **c)** *conflito de leis no tempo:* poderá ocorrer que parte da série de crimes continuados seja praticada sob a égide da vigência de uma nova lei que dá tratamento mais rigoroso ao reconhecimento do crime continuado. A Súmula 711 do Supremo Tribunal Federal é expressa: *"A lei penal mais grave aplica-se ao crime continuado ou ao crime permanente, se a sua vigência é anterior à cessação da continuidade ou da permanência"*; **d)** *crime continuado e coisa julgada:* o tratamento da questão pertinente ao crime continuado e à coisa julgada na jurisprudência brasileira resume-se em: **a.** em sede revisional é possível examinar-se sob o fundamento de elidir erros ou injustiças; **b.** é incabível inserir-se sentença absolutória entre séries delitivas unificadas; **c.** diante da superveniência de condenações por crimes intercorrentes, há possibilidade diante do caso concreto (ausência de nexo temporal) do seu reconhecimento; **d.** não é defeso o reconhecimento da continuidade o fato da prática de crime de espécie diversa, cuja pena foi cumprida, para efeito de unificação; **e.** pode ser requerido o abatimento do período excluído em razão da unificação das outras que restam cumprir, diante da detração; **f.** o efeito preclusivo da *res judicata* nos casos de apartados processos é limitado nos crimes que forem julgados, *não* abrangendo outros ulteriormente realizados, embora ligados aos primeiros por continuação; **g.** o *critério temporal* deve ser observado com realismo para evitar que se constitua em prêmio aos infratores profissionais. A questão da *unificação de penas* faz levar a discussão à extensão do benefício ao correu. A matéria impõe exame profundo de suas condições pessoais para que o Tribunal possa verificar se estão presentes os pressupostos da identidade de situações. A aplicação do art. 580 do Código de Processo Penal (princípio isonômico) exige a presença da mesma base fática, ressaltado que não cabe tratamento desigual quando a posição dos corréus é idêntica. É legítima a pretensão de *unificação de penas* a serem cumpridas, pois pode ocorrer a possibilidade ainda da *detração*, em razão de outra pena que ainda tenha o condenado que cumprir; **e)** *unificação de penas e superveniência de condenação:* o Superior Tribunal de Justiça firmou que sobrevindo nova condenação no curso da execução, por fato anterior ou posterior ao cumprimento da pena, a contagem do prazo para a concessão de novo benefício é *interrompida*, devendo o novo cálculo ter como base o *somatório* das penas restantes a serem cumpridas (STJ, HC 210.637/MA, 6ª T., rel.ª Min.ª Maria Thereza de Assis Moura, j. 6.3.2012); **f)** *prescrição:* adotada a teoria da ficção jurídica, dita o art. 119 do Código Penal que: "*No caso de concurso de crimes, a continuação da punibilidade incidirá sobre a pena de cada um, isoladamente*" (STJ, AgRg nos EDcl no ARE no RE nos EDcl no AgRg no Ag 1.090.906/DF, CE, rel. Min. Felix Fischer, j. 24.11.2011). A Súmula nº 497 do Supremo Tribunal Federal diz que: "*Quando se tratar de crime continuado, a prescrição regula-se pela pena imposta na sentença, não se computando o acréscimo decorrente da condenação*"; **g)** *suspensão condicional do processo:* o crime continuado, diante da teoria da fixação jurídica, é um *crime único* para os fins da aplicação da lei penal, sobre o qual deve incidir a exasperação da causa obrigatória de aumento de pena. A Súmula 723 do Supremo Tribunal Federal dita que: "*Não se pode admitir a suspensão condicional do processo por um crime continuado, se a soma da pena mínima da infração mais grave com o aumento mínimo de 1/6 (um sexto) for superior a 1 (um) ano*".

3. CÁLCULO DA PENA

O *cálculo da pena* é uma das questões mais tormentosas para a prestação jurisdicional e a causa do grande número de recursos aos tribunais objetivando a modificação das sentenças. A Reforma de 1984 disciplinou a questão adotando o *sistema trifásico* para o cálculo da pena. Até então a questão ficava ao sabor da doutrina. Duas correntes se antepunham sustentadas por Nelson Hungria e Roberto Lyra. Para Hungria, o magistrado deve estabelecer a pena em três fases (*processo trifásico*) distintas: **a)** na primeira com patamar nas *circunstâncias judiciais* fixando a pena-base; **b)** na segunda, avaliando a existência ou não de *circunstâncias legais* de aumento ou diminuição da pena; **c)** na terceira, aduzindo as *causas especiais* previstas nas partes geral e especial de aumento ou diminuição. Lyra advogava o *processo bifásico*, isto é, apreciava, na primeira fase, as *circunstâncias judiciais* e *legais* de aumento e diminuição em uma *única operação* e, após, na segunda fase, as *causas* de aumento e diminuição.

A Reforma Penal de 1984 optou pelo critério das *três fases* (processo trifásico), já predominante na jurisprudência do Supremo Tribunal Federal e do Superior Tribunal de Justiça (STJ, HC 145.873/SP, 5ª T., rel. Min. Felix Fischer, j. 15.6.2010). A operação da dosimetria da pena deve ser *fundamentada* a *cada circunstância* analisada de modo *concreto* e *não vago*, jungida a circunstância ao elemento probatório, observados os limites legais (STJ, HC 141.526/MS, 5ª T., rel. Min. Felix Fischer, j. 3.12.2009). O cálculo da pena deve cumprir *três etapas* ou *fases*: **a)** na *primeira fase*, observando os indicadores das *circunstâncias judiciais* contidas no art. 59 do Código Penal, conjunta ou isoladamente, o magistrado indicará os favoráveis ou desfavoráveis ao autor do injusto para partir da *pena mínima* fazendo o acréscimo, observado o *princípio da proporcionalidade*. A Corte Suprema firmou que é razoável a fundamentação que justifica a exasperação da pena base, tendo em vista a constatação de circunstâncias judiciais desfavoráveis ao condenado e que extrapolem os elementos típicos inerentes à figura penal cominada. Assim, inexiste excesso no *quantum* da exasperação quando, presentes diversos vetores negativos e a pena é fixada abaixo do termo médio (STF, RHC 117.806/PE, 1ª T., rel. p/acórdão Min. Edson Facchin, j. 8.9.2015). O Superior Tribunal de Justiça reiterou que *não* é possível a utilização de argumentos genéricos ou circunstâncias elementares do próprio tipo penal para o aumento da pena base com fundamento nas consequências do delito (STJ, HC 165.089/DF, 5ª T., rel.ª Min.ª Laurita Vaz, j. 16.10.2012). Também firmou que os elementos inerentes ao próprio tipo penal *não* podem ser considerados para a exasperação da pena-base, diante do princípio da motivação das decisões judiciais; **b)** na *segunda* (*fase intermediária*), já tendo o *quantum* concreto das *circunstâncias judiciais* traduzidas na *pena-base*, o magistrado verificará se existem ou não *circunstâncias legais* obrigatórias de aumento ou diminuição de pena, procedendo, então, aos respectivos *aumentos* e *diminuições*, *sempre* motivando o *quantum* de seus percentuais, que ficam ao seu prudente arbítrio guiados pelo *princípio da proporcionalidade*. O Superior Tribunal de Justiça, na Súmula nº 231, estatui que "*a incidência de circunstância atenuante não pode conduzir a redução da pena abaixo do mínimo legal*"; **c)** por último, chega-se à *terceira fase*, diante das *causas de majoração ou minoração* de pena, existentes na *Parte Geral* ou *Especial*, que incidem sobre o *quantum* já fixado na fase anterior (*intermediária*), tornando, assim, *definitiva* a resposta penal *necessária* e *suficiente* para a *reprovação* e *prevenção* do crime.

O Superior Tribunal de Justiça firmou que é *defesa* a dupla consideração pela mesma circunstância, o que *não* ocorre quando um antecedente, que deveria ser considerado na *segunda fase* do cálculo da pena, é realizado na *primeira*, porque inexiste diferença ontológica entre circunstâncias judiciais e legais. Na hipótese de reconhecimento de mais de uma qualificadora, a remanescente poderia atuar como circunstância legal ou judicial. Há duas vertentes pretorianas: **a)** a *segunda qualificadora* funcionaria como *circunstância legal agravante*, incidindo na *segunda fase* do cálculo da pena (STF, HC 85.414/MG, 2ª T., rel.ª Min.ª Ellen Gracie, j. 14.6.2005); **b)** a *segunda qualificadora* funcionaria como *circunstância judicial*, compondo a pena-base, inexistindo violação do *princípio ne bis in idem*, na primeira fase do cálculo (STJ, HC 37.107/SP, 6ª T., rel. Min. Hamilton Carvalhido, j. 1.4.2008).

No *concurso de causas* de aumento ou diminuição pertinentes à Parte Especial, o magistrado poderá limitar-se a um só aumento ou uma só diminuição, prevalecendo a que mais aumenta ou diminua. A *compensação* entre circunstâncias judiciais e legais só poderá ocorrer na mesma fase. As causas de aumento e diminuição são aplicadas umas sobre as outras. No *concurso de tipos penais*, no *crime continuado*, as *majorações* incidem sobre a *pena definitiva* apurada na última etapa ou fase. A aplicação da pena é uma operação de técnica jurídica, *não se estabelecendo rígidos critérios matemáticos ou regras absolutamente objetivas* (STF, HC 105.837/RS, 1ª T., rel. Min. Rosa Weber, j. 8.5.2012). Repita-se: a pena *justa* é *oportuna, necessária* e *proporcional*. Para realizar o processo de *individualização da pena*, o magistrado, após a conclusão do *cálculo trifásico da pena*, estabelece o regime de cumprimento e, se cabível, a *conversão* por pena alternativa, multa substitutiva ou a suspensão condicional da pena. Com a edição da Lei nº 12.736/2012, a *detração* deverá ser considerada pelo magistrado ao prolatar a sentença. Assim, ao proferir o *cálculo final* da resposta penal já deverá ter feito o desconto do tempo de prisão provisória, administrativa ou internação cautelar (detração), para então *fixar* o regime inicial de cumprimento de pena.

O *regime inicial* de cumprimento de pena será determinado após o término de sua dosimetria (a pena de *reclusão* deverá ser cumprida em regime *fechado, semiaberto* ou *aberto* e a *detenção*, em regime *semiaberto* ou *aberto*, salvo necessidade de transferência a regime fechado), observado o *princípio da proporcionalidade*. Anote-se, em tempo, que a Súmula nº 718 do Supremo Tribunal Federal reza: "A opinião do julgador sobre a gravidade em abstrato do crime não constitui motivação idônea para a imposição de regime mais severo do que o permitido segundo a pena aplicada".

No que tange à exigibilidade da *fundamentação de cada fase* diante do devido processo legal, repita-se o posicionamento do Supremo Tribunal Federal: "A condenação penal há de refletir a absoluta coerência lógico-jurídica que deve existir entre a motivação e a parte dispositiva da decisão, eis que a análise desses elementos – que necessariamente compõem a estrutura formal da sentença – permitirá concluir, em cada caso ocorrente, se a sua fundamentação ajusta-se, ou não, de maneira harmoniosa, à base empírica que lhe deu suporte" (STF, HC 101.118/MS, 2ª T., rel. p/ acórdão Min. Celso de Mello, j. 8.6.2010). Aduza-se a Súmula nº 719 ("A imposição de regime de cumprimento mais severo do que a pena aplicada permitir exige motivação idônea").

Há possibilidade, no concurso real ou material, da aplicação de uma pena restritiva de liberdade ou prisão domiciliar com o cumprimento de uma restritiva de direitos. O cumprimento *simultâneo* só é possível desde que compatível, caso contrário, será *sucessivo*.

3.1. Propostas para a reforma

A Proposta da Reforma Penal (2012) sugere que, quando a pena base for fixada no mínimo cominado e sofrer acréscimo em consequência de exclusiva causa de aumento, o magistrado poderá reconhecer atenuante até então desprezada, limitada a redução ao mínimo legalmente cominado. Cria a rubrica com "*causas de diminuição*": **a)** embora aplicada no mínimo, o magistrado poderá, excepcionalmente, diminuir a pena de 1/12 (um doze avos) até 1/6 (um sexto), em virtude das circunstâncias do fato e consequências para o réu; **b)** nos crimes cometidos sem violência ou grave ameaça à pessoa, reparado o dano ou restituída a coisa, até o recebimento da denúncia, ou da queixa, por ato voluntário do agente, a pena será reduzida de 1/3 (um terço) até a metade; **c)** ocorrida a confissão voluntária convergente com a prova produzida na instrução criminal, a pena poderá ser reduzida de 1/12 (um doze avos) até 1/6 (um sexto), que não se aplica no caso de delação premiada. Recorde-se que, no Projeto de 2000, facultava-se ao magistrado, fundamentadamente, reduzir a pena de 1/6 (um sexto) até a metade, nos crimes cometidos sem violência ou grave ameaça à pessoa, observadas as circunstâncias judiciais e a desproporcionalidade entre a pena mínima cominada e o fato concreto.

4. EXECUÇÃO DA PENA

No velho sistema, estavam presentes, como formas de execução da pena, a *decapitação*, a *crucificação* e o *afogamento*, diante do grau de maior reprovabilidade do delito cometido. A mecânica da *decapitação* termina com a evolução histórica da guilhotina, a qual é reinventada pela Revolução Francesa, e foi conhecida durante a Baixa Idade Média no continente europeu com o nome de *Halifox Gibbet*, na Inglaterra. A Revolução Francesa retornou à guilhotina para nivelar a diferença classista das penas e para efetuar sem esforço execuções em massa.

Usaram a pena de *crucificação* os assírios, egípcios, persas, gregos, cartagineses e romanos. Em Roma era a pena dos escravos e rebeldes. Os macedônios sujeitavam os infratores à cruz com a cabeça para baixo. Como na forma medieval, para romanos e judeus, a cruz mais alta era para os mais infamantes criminosos, circunstâncias apenas conhecidas dos pintores medievais. Os romanos não retiravam o cadáver, deixando-o desfazer-se, em pedaços, ao tempo. Chamavam o suporte de madeira, ao qual era atado o criminoso, e não ao que era cravado, de *infelix arbor, infelix lignum, infames stirpes* ou *partibulum*. Ao que hoje se chama *cruz*, os romanos denominavam pura e simplesmente *palo, stauros*. O condenado à *crucificação* era primeiro açoitado com varas e, na época romana, imobilizava-se sua cabeça e atavam-se as mãos a uma forquilha, sendo levado debaixo de golpes por toda a cidade. Durante o desfile, o verdugo empurrava o infrator com uma agulhada. A forquilha penal servia depois de estaca ou de cruz. No lugar da execução sujeitava-o à crucificação. A *crucificação* constituía para os juristas justinianos *summum suplicium*. Constantemente se acentua a terrível impressão causada quando Galba mandou açoitar na cruz um tutor que havia envenenado um pupilo e que o imperador Domiciano vacilava ante a pena que o Senado impunha, *segundo o costume dos mais velhos, aos réus de injúrias à majestade*. As dores que causava despertavam certamente a compaixão. Não concediam nenhuma importância ao crucificar os escravos. Vacilaram, todavia, por largo tempo, ante o sujeitar o cidadão romano a esse procedimento, inquietante e solene, em que o culpado era conduzido por toda a cidade como *bode expiatório*, desnudo, sendo continuamente açoitado. O relato bíblico indica que a *maior duração dos sofrimentos* permitiria combinações agravatórias da pena. Os judeus não esperavam, em absoluto, uma rápida aparição da morte, de onde se suplica a Pilatos que lhes permitisse quebrar as pernas dos crucificados. Pois um justiçado era *maldito de Deus* e contaminava o país. Segundo os preceitos judaicos, o moribundo era, ao chegar à noite, coberto de pedra ou enterrado em uma cova.

A *asfixia por imersão* era uma pena aplicada às mulheres, tendo a razão originária que todos os povos primitivos consideravam que o sangue de uma mulher fazia desgraça. Mommsen, no *Römisches Strafrecht*, registra que a pena era aplicada aos parricidas confessos, caiu em desuso e foi ressuscitada durante o império romano. Primitivamente, eram asfixiados por imersão nos rios e depois em tonéis, nas cidades alemãs medievais. O corpo do suicida era conduzido por um carro dentro de um tonel, acompanhado pelo verdugo e lançado pela desembocadura do Roth, no Danúbio. Descreve um dos procedimentos de afogamento: o parricida era açoitado com varas vermelhas, como na *crucificação*. Vedavam-lhe os olhos de uma maneira particular. Colocava-se uma pele de lobo pela cabeça, o que possivelmente podia interpretar-se como pôr-lhe a matriz de uma loba. Calçavam-lhe sandálias de madeira aos pés. Um carro puxado por bezerros negros o levava até a margem da água. Ali, era cosido dentro de um saco de couro de vaca e lançado ao mar ou ao rio. A pena se impunha somente aos parricidas confessos.

Nilo Batista ao estudar o *Direito Penal germânico antigo* salienta a *execução coletiva da pena de morte* praticada no Direito primitivo germânico, presente a execução privada por delegação da assembléia ou do juiz, sendo que o *enforcamento* era para os escravos, ladrões, traidores e trânsfugas; já o *afogamento* se destinava às mulheres e aos homossexuais, ao passo que a *decapitação* era reservada aos guerreiros e nobres, sendo ainda encontrado como forma de execução da pena de morte o *esquartejamento* (uso da roda, de cavalos ou ferradura). Neste tempo não havia emprego do veneno e com o cristianismo fica proscrita a *crucificação*.

Contemporaneamente, a execução da pena privativa de liberdade deve ter por objetivo *efetivar* as disposições da sentença ou da decisão criminal de tribunal colegiado de segunda instância e *estimular* e *capacitar* (ensino e trabalho) o apenado a se *adequar* ao sistema normativo vigente, a fim de *oportunizar* a sua *integração* e *adaptação* social, observada a dignidade da pessoa humana sob o escopo da *redução de danos*, preservada a *paz* e a *segurança* da sociedade.

O *processo de execução*, que se inicia com a existência do título executório, regido pela Lei de Execução Penal, constitui-se em uma atividade complexa, que compete ao juiz indicado pela Lei Orgânica Judiciária local e, na sua ausência, pelo magistrado prolator da sentença, que se desenvolve imbricando os planos jurisdicional e administrativo. A Súmula nº 611 do Supremo Tribunal Federal estabelece que "Transitada em julgado a sentença condenatória, compete ao juízo das execuções a aplicação da lei mais benigna". Roberto Lyra, no *Nôvo Direito Penal*, defendia o *princípio da legalidade executiva* ao afastar o discricionarismo da direção carcerária para abrir o caminho para o *modelo da jurisdicionalidade da execução penal*, consagrado em 1984, destacando Salo de Carvalho, em *Penas e Garantias*, os pontos cardeais nos arts. 1º (conteúdo jurídico da execução), 2º (jurisdição e processo), 66 (competência do juiz da exeução como órgão da execução) e 194 (procedimento judicial). A Exposição de Motivos (12) menciona que a execução das penas e das medidas de segurança sai do Código de Processo Penal para ingressar nos costumes jurídicos do país com *autonomia* de um novo ramo jurídico ("*direito penal executivo*"). Sustenta-se a *complexidade* multidisciplinar diante do quadro normativo inserido no Direito Penal, Processual Penal e na Lei de Execução Penal, com os reflexos, já mencionados nos planos jurisdicional e administrativo. A Constituição Federal de 1988 (art. 24, I) estabelece que compete à União, aos Estados e ao Distrito Federal legislar *concorrentemente* sobre o "direito penitenciário". Cada Estado tem um modelo penitenciário próprio, observadas as normas especificadas pela legislação federal.

O *processo de execução*, formado pelo título executório, é um *conjunto de atos jurisdicionais* necessários à execução das penas e das medidas de segurança impostas, como *última etapa* do processo penal. Mirabete, na *Execução Penal*, salienta que existe uma cadeia de atos jurisdicionais através dos quais, sem o concurso do condenado, se *limita* a liberdade ou *restringe-se* direitos para ser realizado o concretizado na sentença condenatória. Não há que se falar em *ação executória penal*. Inicia-se, pois, com a existência do título executório, devendo compor-se de *guia de recolhimento* para o cumprimento da pena privativa de liberdade ou da *guia de internação* para o cumprimento da medida de segurança, constituindo-se em *complexa atividade jurisdicional e administrativa*, que compete ao magistrado indicado pela Lei de Organização Judiciária local e, na sua ausência, pelo próprio prolator da sentença. No *processo de execução*, estão presentes as *garantias* do devido processo legal: **a)** contraditório e da ampla defesa; **b)** juiz natural; **c)** juiz imparcial; **d)** igualdade de partes; **e)** defesa técnica; **f)** direito à prova; **g)** decisões motivadas; **h)** duplo grau de jurisdição; **i)** duração razoável do processo. Não basta criar princípios garantidores dos direitos fundamentais sem que sejam construídos e efetivados meios, materiais e espirituais, para desfrutá-los.

O *princípio da jurisdicionalidade* constitui-se em um instrumento de acesso à justiça penal, garantidor do cidadão à persecução penal. Ferrajoli, em *Direito e razão*, vislumbra dois vetores: **a)** *o juízo é uma exigência do conjunto de garantias penais ou substanciais;* **b)** *o juízo requer e garante o conjunto das garantias processuais e instrumentais.* Cassara/Melchior, na *Teoria do Processo Penal Brasileiro*, arrematam que "A jurisdicionalidade enuncia que uma pena só pode ser aplicada através do processo penal, mais precisamente, a pena só pode ser legitimamente imposta após o devido processo legal, que funciona como filtro contra a opressão, o arbítrio e a vedação aos direitos fundamentais". Os princípios especificantes penais são: **a)** da legalidade; **b)** da intervenção mínima; **c)** da dignidade da pessoa humana; **d)** da intranscendência; **e)** da individualização da pena, que emanam do conceito de Estado democrático de Direito, que se apoiam em valores como a liberdade, justiça, igualdade e pluralismo.

Celso de Mello lembra que a Corte Suprema tem destacado, de modo similar, em seu magistério jurisprudencial, "a necessidade de preservar-se a prática da liberdade de informação, resguardando-se, inclusive, o exercício do direito de crítica que dela emana, por tratar-se de prerrogativa essencial que se qualifica como um dos suportes axiológicos que conferem legitimação material à própria concepção do regime democrático" (STF, Rcl 15.243 MC-AGR/RJ, 2ª T., voto do Min. Celso de Mello, j. 18.11.2014).

Elencam-se os seguintes *princípios da execução penal*: **a)** legalidade executiva; **b)** isonomia; **c)** jurisdicionalidade; **d)** duplo grau de jurisdição; **e)** individualização da pena e do regime prisional (o art. 5º, XLVI, da CF/88 determina que a lei regulará a individualização da pena que possui três momentos: **a.** cominação; **b.** aplicação; **c.** execução.

Não há qualquer desrespeito ao *princípio da isonomia*, quando durante a execução busca-se adequar o *perfil do apenado* ao *perfil da unidade penitenciária*, onde cumpre a pena imposta e, pelo tempo de cumprimento e o mérito, possa ser progredido de regime e deferidos direitos subjetivos conquistados. Cada pessoa é uma pessoa. Não se está defendendo qualquer posição retrógrada positivista, nem revitalizando vetustas classificações lombrosianas. Diante dos preconceitos e da superlotação carcerária, a grande dificuldade de tornar real e efetiva a realização da individualização da pena e do regime); **f)** transparência de atos judiciais e administrativos. O diretor de estabelecimento penal não poderá dar entrada a qualquer pessoa privada de liberdade sem a *guia de recolhimento*. É vedada a *transferência* de uma unidade para outra sem o devido registro para o conhecimento do juiz da execução; **g)** participação comunitária; **h)** vedação discriminatória; **i)** vedação das penas de tortura, cruéis e desumanas; **j)** cidadania; **k)** proporcionalidade; **l)** assistência. Ressalte-se que, dentre as garantias constitucionais mínimas executivas, situa-se a questão da determinação precisa da *falta disciplinar*, observados os princípios: **a)** da lesividade; **b)** da proporcionalidade; **c)** da culpabilidade; **d)** do contraditório e da ampla defesa; **e)** do controle jurisdicional; **f)** da vedação do *bis in idem*.

Corroborando tudo que já foi dito, cita-se a preciosa síntese de Cassara/Melchior, na *Teoria do Processo Penal Brasileiro*, em relação ao *discurso do medo*: "Em detrimento de uma cultura de respeito aos direitos fundamentais, surge uma política criminal centrada na manipulação social do desejo de segurança, através do *aumento das penas*, da *redução das garantias processuais*, da *máxima eficiência punitiva*, enfim, da *exclusão do inimigo*". O juiz da execução não pode se transformar em um meio *justiceiro* da sociedade. Repita-se Marc Ancel, na *La défense sociale nouvelle*, o juiz penal é um verdadeiro juiz humanista. Repudia-se o *ativismo judicial* no processo penal, que debilita as regras das garantias constitucionais no jogo democrático.

Questão polêmica diz respeito à possibilidade de *execução provisória* da pena, diante da garantia constitucional da presunção de não culpabilidade. O Supremo Tribunal Federal já ao abrigo da Carta Constitucional de 1988, majoritariamente, entendia que o princípio da não culpabilidade não impediria a expedição e efetivação da prisão do condenado, quando o recurso interposto não possuísse *efeito devolutivo*, como nas hipóteses do extraordinário e do especial (STF, HC 68.726/DF, Pleno, rel. Min. Néri da Silveira, j. 28.6.1991). Assim, a posição majoritária era no sentido de que tal presunção *não* inibiria a execução provisória da decisão condenatória sujeita a recursos despiciendos de efeito suspensivo. Na posição divergente, o Ministro Marco Aurélio sustentava que "é contraditório exigir-se daquele que deseja recorrer e, portanto, mostrar-se inconformado com o provimento condenatório que se apresente no estabelecimento penal para verdadeiro início do cumprimento da pena" (STF, HC 69.263/SP, 2ª T., rel. p/ acórdão

Min. Carlos Velloso, j. 7.4.1992). Na mesma direção, o voto do Ministro Sepúlveda Pertence ao ressaltar "[...] a privação da liberdade será de fato antecipação do exercício da execução da pena. E a antecipação da execução da pena, de um lado, como regra constitucional de que ninguém será considerado culpado antes que transite em julgado a condenação, são coisas, *data venia*, que *hurlent de se trouver ensamble*" (STF, HC 69.964/RJ, Pleno, rel. Min. Ilmar Galvão, j. 18.12.1992). Nesta linha, veio o Supremo Tribunal Federal a *reverter* tal posicionamento, acolhendo a tese de que, diante do princípio constitucional da privação de não culpabilidade, o cumprimento da pena não poderá ocorrer sem que esteja fundado em sentença penal condenatória *transitada em julgado* (esgotamento recursal). Recorde-se a posição do Ministro Eros Grau, no sentido de que "a execução da sentença antes de transitada em julgado é incompatível com o texto do art. 5º, da Constituição do Brasil". E, com impressionável lucidez, já vislumbrava: "A comodidade, a melhor operacionalidade de fundamento dos tribunais não pode ser lograda a esse preço" (STF, HC 84.078/MG, Pleno, rel. Min. Eros Grau, j. 5.2.2009). O Supremo Tribunal Federal, por decisão majoritária, *reverteu* seu posicionamento adotado a partir de 2009, para possibilitar o *recolhimento à prisão*, iniciando-se o cumprimento da pena privativa de liberdade *após* decisão condenatória por tribunal de segunda instância, sob o fundamento de que seria a sede onde se finda a *análise dos fatos e das provas* que assenta a *culpa* do condenado. Os eventuais recursos, extraordinário e especial (efeito devolutivo), restringem-se à análise da *questão de direito*, permitindo o *início da execução da sentença condenatória* (STF, HC 126.292/SP, Pleno, rel. Min. Teori Zavascki, j. 17.2.2016). Destacam-se do voto do ministro Teori Zavascki, publicado no Informativo nº 814 do Supremo Tribunal Federal, os seguintes pontos: a) "A execução provisória de acórdão penal condenatório proferido em julgamento de apelação, ainda que sujeito a recurso especial ou extraordinário, não compromete o princípio constitucional da presunção de inocência"; b) "Essa orientação seria ilustrada, ainda, pelos Enunciados 716 e 717 da Súmula do STF ("Admite-se a progressão de regime de cumprimento da pena ou a aplicação imediata de regime menos severo nela determinada, antes do trânsito em julgado da sentença condenatória", e "Não impede a progressão de regime de execução da pena, fixada em sentença não transitada em julgado, o fato de o réu se encontrar em prisão especial", respectivamente)"; c) "Portanto, os recursos de natureza extraordinária não configurariam desdobramentos do duplo grau de jurisdição, porquanto não seriam recursos de ampla devolutividade, já que não se prestariam ao debate da matéria fática e probatória"; d) "A presunção de inocência não impediria que, mesmo antes do trânsito em julgado, o acórdão condenatório produzisse efeitos contra o acusado"; e) "A retomada da tradicional jurisprudência, de atribuir efeito apenas devolutivo aos recursos especial e extraordinário — como previsto em textos normati-

vos — seria, sob esse aspecto, mecanismo legítimo de harmonizar o princípio da presunção de inocência com o da efetividade da função jurisdicional";
f) "O Plenário asseverou que seria possível tanto a ocorrência de equívocos nos juízos condenatórios proferidos pelas instâncias ordinárias quanto em relação às instâncias extraordinárias. Todavia, para essas eventualidades, sempre haveria outros mecanismos aptos a inibir consequências danosas para o condenado, suspendendo, se necessário, a execução provisória da pena. Assim sendo, medidas cautelares de outorga de efeito suspensivo ao recurso extraordinário ou especial seriam instrumentos inteiramente adequados e eficazes para controlar situações de injustiça ou excessos em juízos condenatórios recorridos. Por outro lado, a ação constitucional do "habeas corpus" igualmente comporia o conjunto de vias processuais com inegável aptidão para controlar eventuais atentados aos direitos fundamentais decorrentes da condenação do acusado"; g) "Vencidos os Ministros Marco Aurélio, Rosa Weber, Celso de Mello e Ricardo Lewandowski (Presidente), que, ao concederem a ordem, mantinham a jurisprudência firmada a partir do julgamento do HC 84.078/MG (DJe de 26.2.2010), no sentido de que a prisão antes do trânsito em julgado da condenação somente poderia ser decretada a título cautelar, e de que a ampla defesa não poderia ser visualizada de modo restrito, porquanto englobaria todas as fases processuais, inclusive as recursais de natureza extraordinária". A Corte Suprema, ao *retroceder* da posição *revertida* (2009), pelo *imediato* recolhimento à prisão, não guardando o trânsito em julgado (esgotamento do extraordinário e do especial para o condenado que estivesse em liberdade), veio atender a *cultura do encarceramento*, ao apelo midiático do combate à "impunidade", tendo como pano de fundo a evitação da possibilidade do manuseio de recursos protelatórios, o que estimula a sobrecarga dos tribunais superiores e, com a consequente demora nos julgamentos, a possibilidade da extinção da pena pela prescrição da pretensão executória.

Diante da Resolução nº 113, de 20 de abril de 2010, do Conselho Nacional de Justiça, a *execução da sentença penal condenatória* será executada nos termos da Lei de Execução Penal, da Lei de Organização Judiciária local e da citada Resolução, devendo compor o processo de execução, além da *guia de recolhimento*, peças e informações referidas no art. 1º da mencionada Resolução. Registre-se: **a)** para cada réu condenado, formar-se-á um processo de execução individual e indivisível, reunindo todas as condenações que lhe foram impostas, inclusive aquelas que vierem ocorrer no curso da condenação; **b)** caso sobrevenha condenação *após* o cumprimento da pena e extinção do processo anterior, será formado *novo* processo de execução penal; **c)** sobrevindo *nova* condenação no curso da execução, *após* o registro da respectiva *guia de recolhimento*, o juiz determinará a *soma* ou *unificação das penas* ao restante da que está sendo cumprida e fixará um *novo* regime de cumprimento, observada, quando for o caso, a *de-*

tração ou a *remição* (art. 3º, §§ 1º, 2º e 3º). Autuada a *guia de recolhimento* no juízo da execução, imediatamente deverá ser providenciado o *cálculo de liquidação da pena* com as informações quanto ao término e provável data do benefício, tais como *progressão de regime* e *livramento condicional* (atestado de pena a cumprir). O juízo que vier a executar *nova* condenação contra o apenado, uma vez reconhecida a *reincidência* do réu, deverá comunicar esse fato ao juízo da condenação e da execução para os fins dos arts. 97 e 117, VI, do Código Penal. Finalmente, modificada a competência do juízo da execução, os atos serão remetidos ao juízo competente, excetuada a hipótese de agravo interposto e em processamento, no caso em que a remessa dar-se-á após eventual juízo de retratação.

Registre-se que a questão da inconstitucionalidade da Resolução nº 133 do Conselho Nacional de Justiça, de 20 de abril de 2010, diante do que dispõe o art. 22, I, da Carta Política ("Compete privativamente à União legislar sobre: direito [...] penal, processual [...]"), ainda está pendente de decisão na Corte Suprema. No que concerne à *progressão de regime*, *sem* a exigibilidade do trânsito em julgado, há duas súmulas do Supremo Tribunal Federal: **a)** 716 ("Admite-se a progressão de regime da pena ou a aplicação imediata antes do trânsito em julgado da sentença condenatória"); **b)** 717 ("Não impede a progressão de regime da execução da pena, fixada na sentença, não transitada em julgado, a fato do réu se encontrar em prisão especial").

Haverá *excesso* ou *desvio* da execução sempre que algum ato for praticado além dos limites fixados na sentença, em normas legais ou regulamentares. No *excesso*, há marcante prejuízo à pessoa do condenado na execução da pena imposta, ao passo que, no *desvio*, o prejuízo é da legalidade executória, pois o condenado está se beneficiando, de alguma forma, contrariando a sentença, lei ou regulamento. Não se pode deixar de consignar o *princípio da celeridade*, o direito à duração razoável do processo *ex vi* do art. 5º, XXXV, da CF/88. Aqui, especificamente, refere-se à execução penal diante da inatividade do órgão jurisdicional (progressão de regime, remição de pena, livramento condicional, extinção da punibilidade, expedição de alvará de soltura pelo cumprimento da pena). Descabe no processo penal o relativismo civilista das garantias processuais. Anote-se que a Defensoria Pública do Estado do Rio de Janeiro se viu constrangida ajuizar uma ação civil pública para compelir o Estado a implantar o *banho de sol por duas horas diárias* para os detentos em unidades prisionais. Aliás, direito garantido pelas Regras Mínimas para Tratamento de Reclusos da ONU (Genebra, 1955) adotadas na Resolução nº 14/1994, do Conselho Nacional de Política Criminal e Penitenciária. O *banho de sol* e a prática da atividade física estão abarcados pelo *princípio constitucional da dignidade da pessoa humana* (art. 5º, III, XLIV, da CF/88 e arts. 10, 11, II, e 41, VII, da LEP).

5. CLASSIFICAÇÃO GERAL E SUAS ESPÉCIES

A Carta Política de 1988 estatui que a lei regule a *individualização da pena* e adote, entre outras, as seguintes: **a)** privação ou restrição da liberdade; **b)** perda de bens; **c)** multa; **d)** prestação social alternativa; **e)** suspensão ou interdição de direitos. O diploma constitucional diz que *não* haverá: **a)** pena de morte, salvo no caso de guerra declarada, nos termos do art. 84, XIX, da Carta; **b)** de caráter perpétuo; **c)** de trabalhos forçados; **d)** de banimento; **e)** cruéis. Ressalte-se ainda que é assegurado aos presos o respeito à integridade física e mental, ninguém será privado da liberdade ou de seus bens sem o devido processo legal. A pena será cumprida em estabelecimentos distintos de acordo com a natureza do delito, da idade e o sexo do apenado.

A Lei nº 13.167, de 6 de outubro de 2015, fixa critérios *puramente objetivos* para a *separação de presos* nos estabelecimentos penais pelo cometimento de: **a)** crimes hediondos ou equiparados; **b)** crimes praticados com violência ou grave ameaça à pessoa; **c)** demais delitos e contravenções. O preso definitivo ou provisório que tiver a sua integridade física, moral ou psicológica ameaçada pela convivência com os demais internos, ficará segregado em local próprio (leia-se: "no seguro do seguro"). A progressão de regime de pena privativa de liberdade tem seu início com a denominada *"classificação penitenciária"*, diante do teor do art. 34 do Código Penal ("O condenado será submetido no início do cumprimento de pena, a exame criminológico de classificação para a individualização da execução"). A nova legislação estabelece a imediata entrada nos estabelecimentos penais pela seleção por natureza do delito praticado, o que *não* obsta que, dentro dos grupos referidos (**a**, **b** e **c**), se proceda ao *exame criminológico de ingresso*, para se obter o conhecimento do perfil de cada apenado, a fim de que seja cumprida a exigência constitucional da individualização e do regime da pena, em uma execução sustentável.

Às presidiárias serão asseguradas condições para que possam permanecer com os seus filhos durante o período de amamentação. A Carta, ao inserir as penas *restritivas*, deu condições para a criação de alternativas às penas privativas de liberdade: **a)** prestação pecuniária; **b)** perda de bens ou valores; **c)** prestação de serviços à comunidade ou entidades públicas; **d)** limitação de fim de semana.

A Reforma Penal de 1984 abandonou a distinção feita no Código Penal de 1940 entre penas *principais* (reclusão, detenção e multa) e *acessórias* (perda de função pública, interdições de direitos e a publicação da sentença). Nosso Código elenca como *espécies* de pena: **a)** privativas de liberdade (reclusão e detenção); **b)** restritivas de direitos (prestação de serviços à comunidade, interdição temporária de direitos, limitação de fim de semana, prestação pecuniária e perda de bens de valores); **c)** de multa. Diga-se que algumas *penas acessórias* foram transformadas em *penas alternativas* (interdições temporárias, proibições de exercício de cargo, função ou atividade pública ou mandato eletivo).

A legislação especial prevê ainda: **a)** a *pena de prisão simples* (LCP); **b)** a *pena de morte* (crimes militares em tempo de guerra); **c)** *a prisão, a suspensão de exercício de posto e a reforma* (CPM); **d)** a Lei nº 8.078, de 11 de setembro de 1990 (Código do Consumidor), entre as penas privativas de liberdade e multa, inclui: **a.** a pena de interdição temporária de direitos; **b.** *"publicação em órgãos de comunicação de massa de grande circulação ou audiência, a expensas do condenado, de notícia sobre os fatos e a condenação"*; **c.** prestação de serviços à comunidade ou entidades públicas; **e)** a Lei nº 9.605, de 12 de fevereiro de 1998 (Crimes Ambientais), estabelece a prestação de serviços à comunidade, a interdição temporária de direitos, a suspensão parcial ou total de atividades, a prestação pecuniária e o *recolhimento domiciliar*, baseado na autodisciplina e senso de responsabilidade, que deverá, sem vigilância, trabalhar, frequentar curso ou exercer atividade autorizada, permanecendo recolhido nos dias e horário de folga em residência ou destinado a sua moradia habitual; **f)** a Lei nº 9.714, de 25 de novembro de 1998, introduziu a *"pena de perda de valores"* com suporte no art. 5º, XLVI, *b*, da Carta de 1988; **g)** a Lei nº 11.340, de 7 de agosto de 2006, que trata da *violência doméstica e familiar contra a mulher*, especifica que o magistrado poderá determinar o *comparecimento obrigatório* do agressor a programas de recuperação e reeducação, bem como estabelece uma gama de medidas protetivas de urgência; **h)** a Lei nº 11.343, de 23 de agosto de 2006, que trata da *prevenção e repressão ao uso indevido e tráfico de drogas ilícitas*, traz as seguintes penas: **a.** *advertência sobre os efeitos das drogas*; **b.** prestação de serviços à comunidade; **c.** medida educativa de comparecimento à programa ou curso educativo.

6. RECLUSÃO, DETENÇÃO E PRISÃO SIMPLES

Em nossa codificação, há duas espécies de penas privativas da liberdade: a *reclusão* e a *detenção*. A Reforma Penal de 1984 trouxe poucas diferenças. A Lei de Contravenções Penais dá à pena privativa de liberdade o *nomem iuris* de *prisão simples*. A denominada *prisão simples* é uma das modalidades da pena privativa de liberdade exclusivamente cominada para as contravenções penais, que é cumprida sem rigor prisional, em estabelecimento especial ou seção especial de prisão comum, em regime semiaberto ou aberto. Deve ser cumprida separadamente dos condenados às penas de detenção ou reclusão. Com o advento das Leis nºs 9.099, de 26 de setembro de 1995 e 10.259, de 12 de julho de 2001, perdeu praticamente a sua aplicação.

Em relação às diferenças básicas entre a *reclusão* e a *detenção*, pode-se alinhar: **a)** no que tange ao regime de cumprimento de pena, a *reclusão* é cumprida *inicialmente* nos regimes fechado, semiaberto e aberto e a *detenção* somente poderá ter início nos regimes semiaberto e aberto, salvo necessidade de transferência para o regime fechado; **b)** na execução, na hipótese de *cúmulo real*, a reclusão é cumprida em primeiro lugar; **c)** a incapacidade para o exercício do pátrio poder, tutela ou curatela, nos delitos dolosos, sujeitos à pena de reclusão, cometidos contra filho, tutelado ou curatelado; **d)** no fato previsto como delito punido com pena de reclusão, com a aplicação do *internamento* para tratamento psiquiátrico, na medida de segurança (entende-se que a *internação* ou *regime ambulatorial* deva ser prescrito como recomendação no laudo pericial de sanidade mental).

7. A PENA UNITÁRIA

Percebe-se sem dificuldade que as modernas legislações caminham para a *pena unitária de prisão*, abolindo o catálogo de adjetivações fundado na diversidade relativa à natureza e à gravidade do delito, substituindo-o por uma pena única que se faz diferenciar na execução pelos instrumentos relativos à individualização. Várias tentativas foram realizadas desde a elaboração do Código Penal de 1890, como reflexo às recomendações dos congressos internacionais (Estocolmo, Paris e Praga), até a revisão do texto do Código Penal de 1969, que só adotava a pena de prisão. A Reforma Penal de 1984 baseou-se na *execução diferenciada*.

7.1. Propostas para a reforma

O Projeto do Senado (2012) adota a *pena de prisão e a medida de segurança*, mantida pela comissão temporária de Estudo da Reforma do Código Penal. A Proposta de Alteração da Lei de Execução Penal (2013) é na direção da *extinção* dos hospitais de custódia e tratamento psiquiátrico, diante da Lei nº 10.216, de 6 de abril de 2001, transitada em julgado a sentença que aplica a medida de segurança será determinada a expedição de guia de execução à *autoridade de saúde*, prevendo-se a inserção de dados no Cadastro Nacional de Saúde.

8. A PENA DE MORTE

A história da pena de morte é difícil de ser escrita, diante das questões sociais, morais, filosóficas e religiosas que envolvem sua discussão. Mittermaier, em sua obra *Die Todesstraffe*, defende a abolição da pena de morte, citando três princípios basilares na antiguidade: **a)** princípio de talião; **b)** necessidade de intimidação para prevenir delitos; **c)** necessidade de acalmar a cólera divina com a punição. A palavra *supplicium* era utilizada para designar a execução da pena de morte. A morte do culpado devia apaziguar o deus (Numen), protetor do ofendido. Ao nascer umbilicalmente ligada ao mesmo, podem-se destacar os grandes períodos de sua evolução: até os fins do século XVIII e daí até os nossos dias. A execução é marcada na Idade Média e no Renascentismo por determinados atos públicos que respondem ao pensamento do homem medieval, de que o mal haveria de sair à luz e, em consequência, a justiça seria cruelmente ostentosa. O verdugo, desde a Idade Média, aparece na execução da pena de morte como executor da justiça, sendo um personagem temido, odiado, depreciado e ao mesmo tempo respeitado. Faz recordar o Fausto de Goethe: *"Wer hat dir, Henker, diese Macht über mich gegeben?"* (Quem te deu, verdugo, este poder sobre mim?). Tem-se a presença de um Direito Penal cruel, vingativo e intimidante.

Historicamente, cinco razões são alinhadas em *favor* da pena de morte: **a)** a rapidez da decisão final diante dos longos anos de espera do trânsito em julgado pertinente aos processos comuns; **b)** a irrevogabilidade da decisão; **c)** a eficácia para a prevenção de atos que abalam a opinião pública e criticam a serenidade da justiça; **d)** o real efeito intimidativo; **e)** o barateamento do custo da execução do processo penal. O repúdio à *crueldade ostentosa* surge de forma organizada no século XVIII, no campo das ideias, com o Iluminismo, e, no dos fatos, com a Revolução Francesa de 1789. Montesquieu, Rosseau e Voltaire, preconizavam a propositura de uma abolição parcial, objetivando o combate à tortura. Pode-se dizer que a guilhotina constitui um avanço em determinado momento evolutivo da execução da sanção penal, quando se configura a pena de morte como *"uma simples privação da vida"*, fazendo o Código Penal francês de 1791 suprimir os martírios, sofrimentos e as torturas prévias infligidas ao condenado, e, desde o fim do século XVI, observa-se o nascimento da pena privativa de liberdade.

A corrente humanitária nos finais do século XVIII, por meio dos reformadores, como Beccaria (1764) e Howard (1777), é responsável pelo duro golpe contra a pena de morte e a situação material das prisões européias. O arco da pena de morte, que já se encontrava tenso, veio romper-se após 18 séculos, mas a curva da criminalidade jamais diminuiu, o que demonstrou a sua *inutilidade* e *ausência* de força intimidante e, daí, a sua *desnecessidade*. Para os países que ainda a adotam como método executivo, encontram as seguintes formas de execução: **a)** fuzilamento; **b)** forca; **c)** gás mortífero; **d)** eletrocutação; **e)** injeção letal.

No Brasil, em breve bosquejo constitucional, as *Ordenações Filipinas* estabeleciam em grande abundância *penas corporais* (não se deve confundir com as penas privativas de liberdade). O Código Criminal de 1830 previa a pena de morte, galés, banimento, degredo, desterro e açoites para os escravos, quando a Constituição do Império de 25 de março de 1824 já a havia expressamente abolido (*"desde já ficam abolidos os açoi-*

tes, a tortura, a marca de ferro quente, e todas as mais penas cruéis"). Anote-se que, a Constituição republicana de 24 de fevereiro de 1891, em seu art. 72, § 20, declarava que: *"Fica abolida a pena de galés e a de banimento judicial"*; e no § 21: *"Fica igualmente abolida a pena de morte, reservadas as disposições da legislação militar em tempo de guerra."* A Carta outorgada de 10 de novembro de 1937 prescrevia a possibilidade da pena de morte, quando: **a)** tentar submeter o território da nação ou parte dele à soberania estrangeira; **b)** tentar com auxílio ou subsídio de Estado estrangeiro ou organização de caráter internacional, contra a unidade da nação, procurando desmembrar o território sujeito à sua soberania; **c)** tentar por meio armado o desmembramento do território nacional, desde que para reprimi-lo se torne necessário proceder a operação de guerra; **d)** tentar com auxílio ou subsídio de Estado estrangeiro ou organização internacional, a mudança da ordem política e social estabelecida pela Constituição; **e)** tentar subverter por meio violento a ordem política e social, com o fim de apoderar-se do Estado para o estabelecimento da ditadura de uma classe social; **f)** homicídio cometido por motivo fútil e com extrema perversidade. A Constituição de 1946 novamente declarava, em seu § 31, que: *"Não haverá pena de morte, de banimento, de confisco, nem de caráter perpétuo. São ressalvadas, quanto à pena de morte, as disposições da legislação militar em tempo de guerra com país estrangeiro."* O texto é repetido na Constituição de 24 de janeiro de 1967 e na Emenda nº 1 de 17 de outubro de 1969. Registre-se que, pelo Ato Institucional nº 5, em 1968, a pena de morte foi *introduzida* para os *delitos políticos* em razão da alteração do art. 150, § 1º, da Carta Federativa de 1967, pelo Ato Institucional nº 14, de 5 de setembro de 1969, e através do Decreto-Lei nº 898, de 21 de setembro do mesmo ano.

A *revogação da pena de morte* ocorreu na Emenda nº 11, de 18 de outubro de 1978, no âmbito dos *delitos políticos*, mantendo a tradição pátria, para a sua aplicação pela legislação militar, em caso de guerra externa. A Carta Republicana de 1988, ao tratar dos Direitos e Deveres Individuais e Coletivos, explicitou que não haverá pena de morte, salvo em caso de *guerra declarada*.

Os partidários e adversários da *pena de morte* se encontram entre os corifeus de todas as correntes filosóficas, políticas e científicas, de sorte que é lícito inferir estar a solução do problema sob a influência do sentimento individual. Manzini, defensor de sua aplicação, sustenta que *"Decidir se tal pena é, ou não, necessária, no Estado e em determinado momento, é questão exclusivamente política, não jurídica e muito menos filosófica."* No apogeu da escola técnico-jurídica (1935), escrevia: *"A questão da pena de morte, apesar de ter dado lugar a intermináveis e tediosíssimas diatribes por parte de filósofos e pseudojuristas, não é uma questão filosófica, nem jurídica."* A questão é *meramente política*, porque somente pode ser decidida segundo critérios políticos. E, conclui: "[...] trata-se somente de decidir se a dita pena, dada a sua extrema gravidade, deve ser considerada necessária, e até que ponto, em um Estado e em determinado momento histórico". Os sequazes da pena capital repetem, diante de novas roupagens, o pensamento de S. Tomás de Aquino, na Súmula Teológica, que sustenta a sua necessidade: *Occidere malefactorem licitum est in quantum ordinatur ad saluten totius communitatis.*

A melhor síntese dos *argumentos em prol* da pena de morte está na *Relazione sul Codice Penale* (Código Rocco). Alega-se que: **a)** pena alguma tem a eficácia da pena de morte, nenhuma intimida mais, seja no momento da ameaça, seja no da execução; nenhuma aplaca melhor o sentimento ofendido dos parentes e amigos da vítima e satisfaz mais completamente a opinião pública indignada; **b)** dizer que a pena de morte torna impossível a emenda do réu parte do falso pressuposto de que a função de reeducação e de emenda seja essencial à pena; **c)** a irreparabilidade não é argumento decisivo contra a pena de morte; o erro é inseparável da natureza humana e, se o temor de incidir em erro devesse obstar a ação, toda a vida individual e social ficaria paralisada; assim, a irreparabilidade da pena só pode conduzir a uma consequência: subordinar a execução a cautelas especiais; **d)** quanto à pretensa crueldade da pena de morte, há que considerar que, quando a defesa do Estado o exige, não existe meio ou providência que se possa relegar porque pareça cruel do ponto de vista individual.

Para tais argumentos, *responde-se*: **a)** a decantada *intimidação* da *pena de morte* não está aprovada desde a moderna doutrina. Maggiore, no *Derecho penal, Parte General*, sustenta que a pena máxima aterroriza as pessoas honestas, mas deixa impassíveis os infratores empedernidos; e acrescenta que estatística alguma demonstrou, de maneira segura, que a prática e o uso intensivo da pena capital tenham feito diminuir a criminalidade. Sem dúvida, como doutrina Mezger, no *Strafrecht*, a pena deve ter sobre a coletividade um efeito pedagógico-social (prevenção geral), a par da *prevenção especial* (proteger a sociedade do condenado e corrigi-lo). Mas só a pena *justa* (*necessária, oportuna* e *proporcional*) pode realizar, com eficácia, a função preventiva que lhe cabe. À luz desses princípios, *a pena de morte é excessiva, inadequada* e *infamante.* Há casos em que o *desejo do criminoso* é o de ser executado. São inúmeros os exemplos dados pela crônica policial e judiciária mundial de indivíduos que, depois do cometimento de um homicídio com requintes de perversidade, se apresentam como se tivessem sido seu verdadeiro autor. O melhor exemplo é o do caso Peter Kürten, o vampiro de Düsseldorf: à época mais de duzentas pessoas se apresentaram à polícia declarando-se autores dos homicídios sádicos por ele praticados. Inaceitável a alegação de que a pena capital é a que melhor aplaca o sentimento ofendido dos parentes e amigos da vítima. Faz lembrar o *talião*, como se a Justiça fosse *longa manus* da *vendetta*.

Intolerável também a afirmação de que é a pena que mais completamente satisfaz a opinião pública indignada. A pena, por sua natureza e quantidade, *não* deve visar a atender ao *estado emocional da coletividade*, decorrente de pressões, influências e fatores de toda a ordem. Inexiste qualquer argumento plausível a favor da adoção da *pena de morte*. A *razão histórica* não pode pretender impor-se nos tempos contemporâneos com caráter de argumento decisivo. Aduza-se que *não* mais é admissível uma postura como a dos seguidores de Carpzovio, um dos mais ilustres criminalistas germânicos de seu tempo, que se vangloriava de ter ditado como magistrado, entre os anos de 1620 e 1666, aproximadamente 20 mil condenações à morte. Como diz Del Vechio, a história das penas é, em muitas de suas páginas, desonrosa para a humanidade. Destarte, ao refutar o argumento histórico, afirmavam que a pena de morte se traduzia em místicas reminicências de sacrifícios sangrentos a airadas divindades, manifestações efetivas de aprazimento de desejos sádicos de instintos violentos ancestrais. Exemplo candente nos séculos XV e XVI eram as decisões judiciais no sentido de que se ativassem as dores pela morte, por exposição em roda, a fim de que pudessem os condenados executados ao cair da roda terem uma *morte doce*; **b)** a função de *reeducar o criminoso* e de conseguir a sua *emenda* não é essencial à pena. Mas é uma das funções simbólicas da pena. No entanto, *le pene devono tendere alla reducazione dei condannati,* qual está determinado na Constituição da Itália, e a nossa Lei de Execução Penal estabelece como objeto de aplicação da execução proporcionar condições para a harmônica integração social do condenado ou do apenado. A pena de morte, eliminando a possibilidade da tentativa de emenda do condenado (*nemo desperandus est*), é *incompleta*.

Cumpre não esquecer que na *formação do povo brasileiro*, de início, registram-se *criminosos* e *degredados*, o que também ocorreu nos Estados Unidos e, especialmente, na Austrália; **c)** a *irreparabilidade* continua sendo o argumento decisivo contra a pena de morte. Em primeiro lugar, o homem mais perverso e abjeto pode ressuscitar da morte moral, redimindo-se pela conversão e pelo arrependimento. Já dizia São Paulo: *no homem velho existe sempre, potencialmente, um homem novo*. A morte suprime a possibilidade de uma regeneração. *Como conciliar a irreparabilidade da morte com a possibilidade real e efetiva de erro judiciário?* Dizer que a possibilidade de erro tem o mesmo valor na *pena de morte* e nas demais penas é puro sofisma. A *pena de morte* e as demais são ontologicamente diferentes. As outras penas *não* eliminam a possibilidade de uma reparação, embora parcial ou incompleta. Em março de 2014, o juiz do Tribunal Distrital de Shizuoka suspendeu a sentença de morte do cidadão japonês Iwao Hakamada, de 78 anos, após *48 anos preso*, sendo os dois últimos no "corredor da morte" para que solto aguarde a realização de novo julgamento, diante de novas provas de DNA colhidas em seu recurso. A decisão foi resultado de um recurso interposto em 2008. Subordinar a execução a cautelas especiais de modo algum afasta a possibilidade do *erro irreparável* (cita-se o exemplo histórico do caso Mota Coqueiro). Carlos Maximiliano relata que Dom Pedro II, no começo de seu reinado, deixava executar os grandes criminosos; depois, só não salvava da morte o escravo que tivesse assassinado o senhor; mas, de 1856 a 1889, ninguém mais foi enforcado; **d)** Não há como negar a *crueldade da pena de morte*. Com ela, o Estado produz o crime e desce ao nível do criminoso. Em suma, *discriminatória* e *irreparável*, não é *justa* no sentido humano, não é *necessária*, não é *adequada*, não é sequer *conveniente*.

Frisa-se que esse castigo sanguinário, *vestígio da justiça penal primitiva*, *não* poderia ter guarida em um sistema de política criminal humanista, pois: **a)** *é incompatível, evidentemente, com um sistema de tentativa de reinserção social;* **b)** *encoraja o instinto de vingança como forma de expiação e alimenta um clima de violência e de ódio em si mesmo criminógeno;* **c)** *é irreparável e contrário à noção de justiça humana relativa;* **d)** *constitui uma violência inútil, tendo em vista que sua pretensa necessidade só se baseia em postulados não comprovados;* **e)** *é não somente a expressão de uma justiça que se pretende absoluta, mas de uma organização político-social* que reconhece ao Estado, mais ou menos divinizado, um direito de vida e morte sobre seus súditos, não obstante o que se possa alegar. A *pena de morte* é, portanto, *incompatível* com uma *doutrina penal humanista*. A Anistia Internacional aponta que a pena de morte "é utilizada de maneira desproporcional contra pessoas pobres e os grupos minoritários, e como ferramenta de repressão política". Os autos de resistência lavrados dão uma fotografia do triste quadro contemporâneo brasileiro.

A grande maioria dos países apoiou resolução da Assembleia Geral da ONU para restabelecer uma moratória das execuções, apontando para a abolição total da pena de morte. Em 18/12/2014, em um total de 117 dos 193 Estados membros votaram a favor da resolução, três a mais do que havia obtido em novembro, na Terceira Comissão da entidade, a de Direitos Humanos. Os países contrários à medida somaram 38, além de 34 abstenções. A Anistia Internacional se opõe à pena de morte em todos os casos, sem exceção, independentemente do caráter ou circunstâncias do delito e do método utilizado pelo Estado para realizar a execução.

Contemporaneamente, ainda há uma longa estrada a ser percorrida para a conscientização dos povos civilizados, no sentido da desnecessidade da aplicação da pena de morte, diante do arco de soluções alternativas, para alcançar-se a sua total abolição. Norberto Bobbio, em *L'età dei diritto*, diz que o debate sobre a pena de morte é destinado a continuar.

O Papa Francisco, na Praça de São Pedro, pediu aos católicos a proibição mundial da pena de morte e a imediata suspensão de sua execução durante o Jubileu da Misericórdia que finda no mês de novembro de 2016.

9. LIMITES DAS PENAS

Os limites máximo e mínimo assinalados na cominação configuram tão somente os limites gerais e normais. Em situações especiais, justificadas pelo maior desvalor do delito e pelas consequentes *exigências de reprovabilidade* que dele resultam, como também, pela particular necessidade de se criar uma área de atuação aos mecanismos de determinação da pena, tais limites podem ser superados e fixados limites excepcionais, observado sempre o *princípio da proporcionalidade*, com a hierarquia dos bens jurídicos e a relevância da lesão ou da exposição a perigo. No que tange as denominadas "penas curtas privativas de liberdade", é consenso doutrinário, que pela contaminação no universo carcerário perverso, retroalimentando a reincidência pela destruição de valores socionormativo. Nosso legislador, na direção de Von Liszt, permite a substituição das penas *inferiores* a seis meses de prisão pela pena de multa, a substituição da pena privativa de liberdade por restritiva de direitos e a suspensão condicional da pena. O limite *máximo* constitucional brasileiro de cumprimento ininterrupto da pena, imposto pelo art. 5º, XLVII, b, da CF/1988 c/c art. 75 do Código Penal, é de 30 anos de reclusão e, quanto ao mínimo, o marco será observado no caso concreto das diversas normas aplicáveis. O Código Penal *não* veda que as penas privativas de liberdade ultrapassem o *quantum* de 30 anos de reclusão, e sim que o seu *cumprimento* contínuo *não* exceda esse limite. Para o cálculo dos benefícios, deverá incidir o *máximo* da pena a ser cumprida, que terá como base o *total* das penas aplicadas *antes* da *unificação*.

A Constituição de 1988 veda a *perpetuidade das penas*, quando o agente for condenado a penas privativas de liberdade, cuja soma seja *superior* a 30 anos, estas devem ser *unificadas* para atingir o limite referido. O apenado desta forma *não* perde a *esperança à liberdade*. Questão controvertida diz respeito a que pena se deverá levar em consideração para o cálculo dos prazos necessários à concessão dos benefícios. Em outras palavras, o magistrado deve levar em conta as penas *unificadas* em 30 anos ou a *soma das penas concretamente impostas*, sustenta-se que a base deveria ser a *pena unificada* e não a *pena aplicada*. Como é fácil constatar pela simples comparação, ao estabelecer o limite de 30 anos de reclusão como máximo de cumprimento, vê-se que o texto tão só trocou palavras, como *duração* pela locução *tempo de cumprimento*.

Sustenta-se que, após uma reclusão rigorosa e contínua superior a vinte anos, nas condições de nosso sistema carcerário, o "sobrevivente", converte-se em uma pessoa impossibilitada de inserção e adaptação social, diante da fratura dos *vínculos familiares*, da distorção dos valores eticossociais, com uma única opção de vida, que é o atuar desviante, pela "socialização" carcerária.

Não foi criada nova causa de extinção de punibilidade da preclusão executória no que tange ao exame temporal, mas a efetiva *renúncia* do Estado ao direito de executar o restante da pena imposta pela decisão condenatória. É oportuno dizer que a corrente doutrinal majoritária advoga que o dispositivo leva à conclusão de que a *unificação* tem por escopo apenas o atendimento do *limite temporal efetivo do cômputo da pena fixado*, a partir do qual seriam pleiteados os benefícios.

Irrespondível a indagação de Silva Franco: "Qual o reforço à esperança de liberdade pode significar para um condenado a 200 ou mais anos de privação de liberdade o instituto da remição, se o abatimento de pena, pelo trabalho, na proporção de três dias de trabalho por um de pena, deve ser feito a partir da soma total das penas impostas e não do limite máximo de 30 anos fixado no art. 75 do Código Penal?" A posição do Supremo Tribunal Federal e do Superior Tribunal de Justiça é no sentido do *não* alcance para outros benefícios. Os comentadores, que imaginam um *bill* de impunidade, recebem a resposta no § 2º do art. 75 – "sobrevindo condenação por fato posterior ao início do cumprimento da pena far-se-á nova unificação, desprezando-se, para esse fim, o período de pena já cumprido" –, o que desestimula a prática de novos crimes durante a execução.

O limite de 30 anos passa a ser contado a partir da *nova unificação* decorrente da condenação por fato posterior ao início do cumprimento.

Quanto ao *momento da declaração da unificação*, também o direito pretoriano diverge: **a)** desde o início do cumprimento da pena; **b)** só após o cumprimento dos 30 anos. Deve-se sublinhar, em síntese: **a.** as condenções *anteriores* ao início da execução, considera-se que o condenado tinha direito à unificação das penas *antes* do início do cumprimento; **b.** se a condenação é *posterior*, mas relativa a *fato anterior*, também se deve considerar que a pena está *abrigada* pela unificação feita; **c.** se é *posterior* ao início do cumprimento, proceder-se-á *nova* unificação, levando-se em conta *fato posterior* praticado, respeitando-se o *limite de 30 anos*, desprezado o período de pena já cumprido (soma-se o *resto* das penas que tinha *a cumprir* à *nova pena imposta* procedendo-se à *nova unificação*). No caso de *fuga*, não se *cancela o tempo anterior de prisão à evasão* (tempo de pena cumprida), prosseguindo-se na contagem, *só não computado o tempo da evasão*.

As condenações provenientes de vários estados da Federação serão objeto do juízo da execução onde se encontrar o executado e, para onde deverão ser enviadas as guias de recolhimento.

No que o Decreto 8.380, de 24 de dezembro de 2015, que concede o *indulto natalino* e a *comutação de pena*, as penas privativas de liberdade que, até 25 de dezembro de 2014, as pessoas condenadas, nacionais ou estrangeiras, que tenham cumprido, ininterruptamente, 15 (quinze) anos de pena, se não reincidentes, ou 20 (vinte) anos, se reincidentes, são *indultadas*, se as pessoas não forem condenadas por crimes hediondos ou equiparados, salvo as hipóteses de indulto humanitário e de medidas de segurança.

9.1. Propostas para a reforma

O Projeto de 2000 realça que as penas devem ser limitadas para alimentar no condenado a esperança da liberdade e a aceitação da disciplina, estabelecido o mecanismo desestimulador do crime ("*Sobrevindo condenação por fato posterior no início do cumprimento da pena, far-se-á nova unificação, computando-se, para esse fim, o tempo restante da pena anteriormente estabelecida*"). Todavia, o Projeto cria a regra de que "independentemente da quantidade de pena e do regime em que se encontre o sentenciado, cumpridos 20 anos de prisão sem que tenha praticado novo delito no curso da execução da pena, poderá obter livramento condicional". Assim, o sentenciado não perde a *esperança na liberdade, "única razão que pode motivá-lo ao adequado comportamento no curso da execução da pena de prisão*". Na Proposta de Alteração da Lei de Execução Penal (2013) a unificação das penas por condenação superveniente corrige um ponto relevante pertinente à situação na qual a nova condenação diz respeito ao delito anterior. Assim, em disciplina análoga àquela do livramento condicional, o lapso temporal para obtenção dos benefícios *não* pode ser interrompido, devendo ser levado em conta o período de prova já cumprido para este cálculo.

No projeto da Reforma Penal (2012), a comissão temporária propôs ao limite de 30 anos de pena, diante do entendimento da Súmula nº 715 do Supremo Tribunal Federal, que tem a seguinte redação: "*A pena unificada não será considerada para a concessão de outros benefícios, como autorizações de saída ou regime mais favorável de execução.*" Tal postura corta os avanços do PL 236/2012, que diz: "Quando o agente for condenado à pena cuja soma seja superior a 30 anos devem ser unificadas para atender ao limite máximo. Sofrendo condenação por fato pertinente ao início do cumprimento da pena, far-se-á nova unificação, com o limite máximo de 40 anos desprezando-se para esse fim, o período já cumprido".

II. PENAS RESTRITIVAS DE DIREITOS

1. GENERALIDADES

As penas *restritivas de direitos* se caracterizam por serem *autônomas*, *substitutivas* e *reversíveis* das penas privativas de liberdade; observados pressupostos objetivos e subjetivos, presentes as condições de admissibilidade, torna-se *obrigatória* a substituição com uma efetiva debilitação dos direitos políticos, civis, sociais e profissionais.

Há uma contradição entre o processo de encarceramento e a finalidade de *recuperação* do apenado. A microssociedade deforma a personalidade do condenado, alimenta a sua revolta, corrompe e avilta, pois a prisão possui um tripé de vulnerabilidade sistêmica: *superlotação, promiscuidade* e *ociosidade*. É indubitável que quanto mais *tempo* o apenado permanecer na microssociedade, mais inadaptado estará para se *integrar* à sociedade. A adoção das penas substitutas das penas privativas de liberdade busca evitar a *contaminação carcerária* com os *presos residuais* e torna o sistema de justiça criminal menos repressivo, pois o *mal da prisão é a própria prisão*. A prisão *não* reeduca, *não* ressocializa e *não* instrumentaliza para a liberdade; ao contrário, *desajusta, degrada, revolta* e *inviabiliza* a *inserção* e *adaptação* social, obrigatórias pelo término de seu cumprimento.

Na *classificação* didática, têm-se penas: **a)** *privativas de liberdade* (reclusão, detenção e prisão simples); **b)** *restritivas de liberdade* (prisão albergue domiciliar, limitação de fim de semana e prestação de serviço à comunidade); **c)** *restritivas de direitos* (interdições ou proibições); **d)** *pecuniárias* (multas, prestações pecuniárias, perda de bens e valores). Com a edição da Lei nº 11.343, de 23 de agosto de 2006, acrescenta-se ao catálogo de penas no direito brasileiro a *pena de advertência* sobre os efeitos das drogas e da *admoestação verbal.*

O sucesso da aplicação das penas restritivas de direitos está diretamente ligado ao *processo cultural* diante das reações conservadoras e retrogradas às medidas alternativas ao encarceramento. Ter-se-á, pois, a prisão como *ultima ratio* do controle social e, por consequência, será prioritário que se procure manter o infrator não residual na macrossociedade, dentro do possível, participando na comunidade, prestando sua atividade laborativa e junto da família e companheiros, deixando de ingressar no sistema deletério, evitando a *síndrome da prisionalização*. Há o questionamento da *utilidade* ou não da imposição aos condenados *ausentes* de *potencial risco à segurança e à paz social* de pena privativa de liberdade *não* superior a 4 (quatro) anos de duração e o delito não tenha sido cometido com violência ou grave ameaça à pessoa ou qualquer que seja a pena se o delito for culposo, por sua absoluta inutilidade de ordem prática pela natureza deletéria da prisão. A aplicação de uma pena privativa de liberdade de *curta duração* conduz a um sofrimento inútil e desnecessário.

O Código Penal italiano de 1889 já previa trabalhos comunitários, em casos de insolvência diante de multas e na criminalidade bagatelar. A introdução da limitação do fim de semana consolida-se na Inglaterra com o *Criminal Justice Act* de 1948. As primeiras penas restritivas sistêmicas são encontradas no Código Penal soviético, isto é, *a prestação de serviços à comunidade*, vindo em 1960 a *implantação dos trabalhos* correcionais sem privação da liberdade e *cumpridos no distrito da culpa.*

O *sistema inglês* é considerado o exemplo na aplicação das penas restritivas de liberdade, principalmente, pelo *Criminal Justice Act* de 1972, quando foi introduzido o *Community Service Order*, pena que poderia ser aplicada com a concordância do condenado. Paralelamente, deve ser elaborado um relatório acerca da personalidade do réu e dados familiares. Ao lado do serviço comunitário o sistema inglês adota o *binding over*, compromisso pessoal da apresentação imediata quando convocado a ter uma boa conduta social.

Sublinhe-se a relevância da Moção de Goiânia de 1973, reafirmada pela de 1981, que recomendava "a introdução de medidas humanísticas conducentes à reintegração social do condenado como: ampliação do perdão judicial, do *sursis* e do livramento condicional, além de outras medidas substitutivas da pena de prisão".

A estratégia adotada pela Reforma Penal de 1984, e em especial pela Lei nº 9.099, de 26 de setembro de 1995, está corretamente imaginada e proposta, desde que a execução se realize mediante um programa bem dimensionado e possível de ser executado na prática, com uma fiscalização efetiva por parte da execução penal para honrar os objetivos sonhados e perseguidos.

A propósito, as *penas restritivas de direitos* devem ter um tratamento cuidadoso por parte de nossos magistrados sem também esquecer a necessidade de aliviar inclusive o *custo* financeiro carcerário e a *superlotação* das unidades prisionais, recolhendo apenas aqueles que não possam conviver com a liberdade tornando intolerável o convívio social.

São sanções modernas e traduzem os anseios de Von Liszt na luta contra as penas privativas de liberdade de curta duração buscando uma primeira fase do processo de substituição da pena de prisão para vencer o óbice da superlotação carcerária.

2. APLICAÇÃO E ESPÉCIES

Vale esclarecer que as *penas restritivas de direitos* não são previstas na *Parte Especial*, ou melhor, não estão expressas como sanções aos tipos de delitos elencados. Vê-se, assim, que as penas restritivas de direitos são *autônomas*. O objetivo lógico consiste em evitar o encarceramento desnecessário do cidadão que preenche os requisitos objetivos e subjetivos para a *substituição* das penas privativas de liberdade pelas restritivas de direitos, sendo, pois, *medida despenalizadora*. É ilusão imaginar que retroalimentam a impunidade pela precariedade do sistema de fiscalização, presente sempre a crítica, produto da *cultura do encarceramento*. Visa-se a impedir o ingresso na microssociedade de autores de delitos de pequeno potencial ofensivo, evitando a contaminação deletéria das instituições totais. Na questão pertinente, nas crises emergenciais, à ampliação do poder político do Estado, deve o legislador evitar a *banalização* do *ius puniendi*, com o real aumento da massa de condenados pela criminalização de condutas toleráveis no conflito de crescente violência no cotidiano da vida na macrossociedade.

Na Reforma Penal de 1984, estavam elencadas como penas restritivas de direitos, a prestação de serviços à comunidade, limitação de fim de semana e interdição temporária de direitos, porém a Lei nº 9.714, de 25 de novembro de 1998, fez acrescentar as penas de prestação pecuniária e perda de bens e valores. São *penas autônomas*, *não* integram o sistema progressivo de penas, razão pela qual não são formas de cumprimento de pena privativa de liberdade. Com a edição deste diploma, em parte, não foi feliz o legislador ao reforçar o papel simbólico da reprovação penal, o qual, mantendo penas restritivas inócuas (*limitação de fim de semana, interdição temporária de direitos e aplicação de penas de multa de difícil reparação*), aumentou o elenco normativo (*prestação pecuniária e perda de bens de valores*) e aditou uma nova modalidade de interdição de direitos (proibição de frequentar determinados lugares), questionável diante do art. 5º, XXXIX, da Carta Republicana.

As penas restritivas de direitos *não* podem ser *suspensas*, visto que são *medidas alternativas* à pena privativa de liberdade e, sua aplicação, em *substituição* a esta, está condicionada a *pressupostos* objetivos e subjetivos, quanto à quantidade de pena aplicada ou à natureza do crime cometido: **a)** ser a pena privativa de liberdade imposta *não* superior a quatro anos, ser o delito *doloso*, cometido *sem* violência ou grave ameaça à pessoa ou, qualquer que seja a pena aplicada, se o delito for culposo; **b)** não ser réu reincidente, em delito *doloso* ou, se for, desde que não *específico*, a *substituição* se mostre *recomendável socialmente*; **c)** ser *suficiente a substituição*, diante da culpabilidade, antecedentes, conduta social e personalidade do condenado, observados os motivos e as circunstâncias do delito. Em breve visão do contexto, observa-se que há duas ordens de incidência em relação à *substituição*: **a)** se a condenação for *igual*, *inferior* ou *superior* a *um ano*, a pena privativa de liberdade será substituída por *uma* pena restritiva de direitos ou multa ou por *duas* restritivas de direito (*cumulativo*); **b)** se for *igual* ou *inferior* a um ano de prisão pode ser *substituída* por *multa* ou por *uma restritiva de direitos* (*alternativo*). No que tange a *multa substitutiva*, isoladamente, como regra geral, destina-se às condenações *não* superiores a um ano, o que *não* impede a possibilidade de a substituição efetuar-se por pena restritiva de direitos. A *multa substitutiva*, na hipótese, será sempre cumulada com a pena restritiva de direitos.

Há obrigatoriedade de fundamentação da opção no quadro alternativo, diante da pena de nulidade. Admite-se o concurso material observado o limite temporal. Prevalece a possibilidade da aplicação das restritivas de direitos sobre a medida penal do *sursis*. Na hipótese de concurso formal ou de crime continuado, deve-se verificar o *tempo de pena* aplicada e não o *plus* decorrente do reconhecimento. A pena aplicada até 4 (quatro) anos pode ser substituída antes do início da execução, desde que satisfeitos os requisitos do art. 44 do Código Penal. A reincidência dita *específica* reconhecida na sentença *não* obstaculiza a *substituição*, diante do *novo* perfil do condenado perante a execução. O art. 44, § 3º, do Código Penal, dispõe que o magistrado poderá aplicar a *substituição*, no caso de condenado *reincidente*, desde que: **a)** a *substituição* seja *socialmente recomendável*, diante da condenação anterior; **b)** a condenação *não* seja pelo mesmo delito. No *cálculo da pena* privativa de liberdade a ser executada, deverá ser deduzido o *tempo cumprido* da pena restritiva de direitos, respeitado o saldo mínimo de 30 (trinta) dias de detenção ou reclusão. A *condenação superveniente* a pena privativa de liberdade pela prática de outro delito *não* impõe a *reconversão* da pena restritiva de direitos.

Outra questão polêmica diz respeito ao emprego de *violência ou grave ameaça*. Contudo, há delitos que, pelo *quantum* da pena em abstrato cominada, podem ser abarcados pela *solução consensual*, até diante do desvalor da ação preponderante sobre o desvalor do resultado. A interpretação *não* deveria ser rígida, observada a relevância do bem jurídico tutelado. A doutrina advoga uma interpretação *contextualizada* do ordenamento jurídico, isto é, os delitos praticados com violência ou grave ameaça à pessoa *não* admitiriam a *substituição*, *salvo* quando já admitem a aplicação de outras medidas alternativas.

O magistrado deve verificar se a *substituição é suficiente* para a *reprovação* e *punição especial* do delito. Na questão pertinente ao concurso real e a cumulação de penas privativas de liberdade e restritivas de direitos, o disposto no art. 69, §§ 1º e 2º, do Código Penal, estabelece: **a)** se ao autor tiver sido aplicada *pena privativa de liberdade*, não suspensa, por um dos injustos, para os demais será incabível a substituição; **b)** no caso de serem aplicadas *penas restritivas de direitos*, o condenado cumprirá *simultaneamente* as que forem *compatíveis* entre si e *sucessivamente* às demais.

O *descumprimento* da pena restritiva de direitos imposta por *transação penal não* importa em *conversão* à pena privativa de liberdade, desconstituindo-se o acordo com a remessa dos autos ao Ministério Público para a oferta da denúncia, seguindo o processo o rito de estilo. Trata-se de sentença homologatória que não tem eficácia de coisa julgada material ou formal.

2.1. Propostas para a reforma

No parecer Vital do Rêgo (2014), aplicar-se-ia a esfera de alcance para proteger a suspensão de *todas* as penas restritivas de direito e do prazo prescricional se sobrevier ao condenado doença mental, tornando-se impossível cumpri-la.

3. INÍCIO DA EXECUÇÃO

O juiz da execução, depois de transitada em julgado a sentença que aplicou pena restritiva de direitos, de ofício ou a requerimento do Ministério Público, deverá *promover a execução*, podendo requisitar quando necessário, a colaboração de entidades públicas ou de particulares. O Projeto de Alteração da Lei de Execução Penal (2013) estabelece que o magistrado determine o início da execução através da "Central Municipal de Alternativas Penais" e Patronato, com a colaboração de instituições de ensino, entidades públicas ou particulares.

Em qualquer fase da execução, o magistrado, novamente, poderá alterar a *forma de cumprimento* de prestação de serviços à comunidade e de limitação de fim de semana, ajustando às condições pessoais do condenado e às características do estabelecimento ou entidade ao programa comunitário ou estatal. A *conversão* das penas restritivas de direitos em privativa de liberdade deve ser precedida de audiência de justificativa com a presença do defensor (STJ, RHC 29.198/SP, 5ª T., rel. Min. Marco Aurélio Bellizze, j. 2.4.2013). É inadequada a pena restritiva de direitos nas condições para o cumprimento do regime aberto.

4. PRESTAÇÃO PECUNIÁRIA

Consiste no pagamento em dinheiro, à vítima, a seus dependentes ou entidade pública ou privada com destinação social de importância fixada pelo magistrado, não inferior a 1 (um) salário mínimo nem superior a 360 (trezentos e sessenta) salários mínimos. É modalidade de nítido caráter pecuniário, mera reparação civil do dano material ou moral destinada à vítima ou dependentes e *não* sucessores, conquista das reivindicações da vitimologia, como instrumento eficaz de política criminal.

A partir da Reforma de 1984, há importantes medidas de política criminal objetivando a *reparação do dano*, como causa de diminuição da pena no art. 16 do Código Penal, a possibilidade de extinção da punibilidade em delitos contra a ordem tributária *ex vi* do art. 34 da Lei nº 9.249, de 26 de dezembro de 1995 e a composição dos danos civis nos delitos de menor potencial ofensivo de ação penal de iniciativa pública condicionada ou de ação de iniciativa privada exclusiva da vítima, *ex vi* do art. 74, parágrafo único, da Lei nº 9.099, de 26 de setembro de 1995. Guilherme de Souza Nucci, no *Código Penal Comentado*, defende que se cogita de autêntica *despenalização*, antecipando uma indenização civil. A pena de *prestação pecuniária* não pode ser confundida com a *multa reparatória* prevista no art. 297 do Código de Trânsito Brasileiro (Lei nº 9.503, de 23 de setembro de 1997), cabível quando houver *prejuízo* de dano material pelo crime, enquanto na *prestação reparatória* objetiva compensar o *prejuízo* que pode ser de ordem material ou moral. Não se confunda a *pena de multa* com a *pena restritiva de direitos de prestação pecuniária*, que pode ser *convertida* em prisão, *ex vi* do art. 44, § 4°, do Código Penal. A fixação do *quantum debeatur* deve observar o *princípio da proporcionalidade* e admite-se o *parcelamento*, extinguindo-se com o pagamento integral do valor fixado. Haverá *compensação* em relação ao valor pago a quem for buscar reparação no juízo cível do total desejado. O legislador busca a imediata prestação jurisdicional, atento ao movimento universal de acesso à justiça. Prescreve o final do dispositivo legal que "*o valor pago será deduzido do montante de eventual condenação em ação de reparação civil, se coincidentes os beneficiários*".

A *multa reparatória* é de natureza *indenizatória*, razão pela qual a eventual indenização civil do dano, imposta judicial ou extrajudicialmente, deverá ser *descontada* do valor antecipado. São *beneficiários*, preferencialmente: **a)** dependentes da vítima; **b)** entidade pública com destinação social; **c)** entidade privada com destinação social. Fica suprimida a relação sucessória, salvo se sucessor-dependente. Cogita-se de medida penal de caráter sancionatório, razão pela qual é unilateral e cogente, *não* ficando ao arbítrio da vítima aceitar ou não a prestação pecuniária. No caso de inexistir *vítima certa*, caberá ao magistrado escolher as entidades públicas ou privadas que serão beneficiárias.

A *prestação de outra natureza* é também denominada *prestação alternativa inominada*, prevista no § 2º, "*se houver aceitação do beneficiário, a prestação pecuniária pode constituir em prestação de outra natureza*". Dá-se a alternativa de, ao invés da imposição do *pagamento em dinheiro*, possa o apenado ser obrigado a entregar *prestação de caráter econômico* que não seja pecuniário.

Parte da doutrina questiona a constitucionalidade, diante do *princípio da legalidade* e de seu corolário, o *princípio da taxatividade* (conteúdo vago, incerto e impreciso), e outra sustenta a sua constitucionalidade, desde que observado o *princípio da proporcionalidade*, pois a Carta diz que "*a lei regulará a individualização das penas* [...]" (art. 5º, XLVI). Diante da natureza consensual, o legislador brasileiro delegou a aceitação do beneficiário (vítima e seus dependentes). A *reparação do dano*, material ou moral à *vítima* ou seus *dependentes*, caracteriza a *natureza indenizatória* da prestação pecuniária. A *ordem de preferência* para a determinação do beneficiário da prestação pecuniária será a *vítima*, se ausente, seus *dependentes*, e, finalmente, inexistindo, a *entidade pública* ou *particular* de fins sociais. É admissível e restou pacificada pelos tribunais superiores a pena de prestação de outra natureza consistente na entrega de *cestas básicas* ou no *fornecimento de mão de obra*. É da competência do juiz da sentença a *imposição* da pena restritiva de direitos de prestação pecuniária, e ao juiz da execução, a *conversão* em prestação de outra natureza.

A posição do Superior Tribunal de Justiça é no sentido de que, diante da natureza jurídica diversa da pena de multa, se a prestação pecuniária *não* for atendida, dará lugar à execução da originária pena privativa de liberdade, conforme previsão do art. 44, § 4º, do Código Penal. A *prestação pecuniária* (paga em dinheiro à vítima, a seus dependentes ou entidade pública ou privada com destinação social) pode ser *convertida* em pena privativa de liberdade. O período de *descumprimento injustificado* da pena restritiva de direitos será *convertido* em pena privativa de liberdade, feita a *detração* do tempo efetivamente cumprido, respeitado o saldo de 30 (trinta) dias de detenção ou de reclusão.

4.1. Propostas para a reforma

O Projeto de Reforma (2012), sob a rubrica *"conversão"*, estabelece que a pena restritiva de direitos *converte-se* em prisão no regime fechado ou semiaberto, quando houver descumprimento *injustificado* da restrição imposta, sobrevier *condenação definitiva* por crime cometido *durante* o período da restrição ou ocorrer por outro crime e a soma das penas seja *superior* a 4 (quatro) anos, observada a detração.

5. PERDA DE BENS E VALORES

A perda de bens e valores pertencentes aos condenados dar-se-á, ressalvada a legislação especial, em favor do Fundo Penitenciário Nacional e seu valor terá como teto – o que for maior – o montante do prejuízo causado ou do provento obtido pelo agente ou por terceiro em consequência da prática do crime, na dicção do § 3º do art. 45 do Código Penal. A pena restritiva apresenta dois *limites*: **a)** do *quantum* a perder; **b)** limitação em razão da quantidade da pena aplicada. O legislador estabeleceu que o teto fosse o maior valor entre o montante do prejuízo causado ou do proveito obtido com a realização do crime e que a condenação *não* excedesse o limite de 4 (quatro) anos de pena privativa de liberdade. O montante dos valores dos bens móveis ou imóveis deve corresponder ao prejuízo causado pelo proveito obtido na prática do delito.

Consideram-se *valores* as coisas que têm interesse econômico. Não se confundem *perda de bens e valores* com o *confisco* dos instrumentos do delito, como *efeito da condenação*, diante da *constitucionalidade* da decretação de perdimento de bens do condenado, como *efeito compensatório*, nos delitos que produziram real e efetivo prejuízo econômico ou o autor dele tenha auferido lucro. Em síntese, o *confisco*, efeito automático da condenação, gera a perda dos instrumentos, produtos e proveitos auferidos direta ou indiretamente com a prática do delito, em favor da União, ressalvado o direito do lesado ou terceiros de boa-fé; já, a *pena de perda de bens e valores*, incide sobre o patrimônio do condenado de *origem lícita* e destina-se ao Fundo Penitenciário Nacional.

A Carta Republicana estatui que "nenhuma pena passará da pessoa do condenado, podendo a obrigação de reparar o dano e a decretação do perdimento de bem ser, nos termos da lei, entendido aos sucessores e contra eles executadas, até o limite do valor do patrimônio transferido" (art. 5º, XLV, CF/88). Não se confunde com o *efeito da condenação*, ressalvado o direito de terceiro de boa-fé. Não há violação do *princípio da intranscendência*, se o apenado vier a falecer *antes* do início ou do término da execução, podendo incidir sobre os *sucessores*, aos quais os bens ou valores perdidos por *decisão definitiva* tiverem sido transferidos. Decretado o *perdimento dos bens ou valores* por *decisão definitiva*, não mais pertencem ao patrimônio do apenado, transferindo-se, ao final, para o Fundo Penitenciário Nacional. Se, ainda, não tiver havido o trânsito em julgado, com a morte do condenado, aplica-se a regra da extinção da punibilidade, *ex vi* do art. 107, I, do Código Penal. Com o trânsito em julgado da sentença ou acórdão que aplicou a pena restritiva de direitos será expedida a *guia de recolhimento*, que será remetida ao juízo da execução para promover a execução do título judicial. Sublinhe-se que a pena de perda de bens e valores *só* poderá incidir sobre bens do patrimônio do condenado, que não sejam objetos do confisco, efeito da condenação. Entende-se que a pena de perda de bens e valores pode ser considerada como uma forma de confisco.

5.1. Propostas para a reforma

O projeto de Reforma (2012) faz acrescentar ao final do *caput* "[...] não sendo prejudicado pelo confisco de bens e valores hauridos do crime". Portanto, podendo ser aplicado o confisco e a pena de perda de bens e valores. O parágrafo único estatui que "a perda de bens e valores é também aplicável na conversão da pena de multa não paga pelo condenado solvente". Não se pode esquecer sempre o princípio da proporcionalidade.

6. PRESTAÇÃO DE SERVIÇOS À COMUNIDADE OU ENTIDADES PÚBLICAS

A prestação de serviços à comunidade possui uma longa trajetória histórica pelo Direito comparado, devendo-se salientar que tal benefício foi inicialmente implantado na Inglaterra pela *Community Service Order*, que originou o famoso relatório Wooton (1970), pertinente as *non-custodial and semi-custodial penalties*. A pena de prestação de serviços à comunidade ou a entidades públicas é uma verdadeira *pena restritiva de direitos*, pois limita a liberdade individual do condenado durante o tempo que está obrigado a recolher-se a entidade pública ou particular para prestar a tarifa-hora que lhe foi imposta. Consiste em atribuir *tarefas gratuitas* junto a entidades assistenciais, hospitais, escolas, orfanatos e outros estabelecimentos congêneres, em programas comunitários ou estatais. Designada pelo juiz da execução a *entidade* ou *programa* comunitário ou estatal, será determinada a intimação do condenado à prestação de serviços, cientificando-o da entidade, dia e horário em que deverá cumprir a pena.

A prestação de serviços à comunidade ou a prestação pecuniária, firmou o Supremo Tribunal Federal, são válidas como *condições* da *suspensão condicional do processo*, desde que adequados ao fato e a situação pessoal do condenado e fixados em patamares distantes das penas decorrentes de eventual condenação.

O § 2º do art. 44 do Código Penal estatui que na condenação *igual ou inferior* a 1 (um) ano, a *substituição* poderá ser realizada pela multa ou por uma pena restritiva de direitos. Se a condenação for *superior* a 1 (um) ano, a pena privativa de liberdade deverá ser substituída por uma restritiva de direitos e multa *ou* por duas restritivas de direitos. A pena restritiva de direitos tem a mesma *duração* da pena privativa de liberdade, razão pela qual qualquer das penas restritivas de direitos *não* poderá ter duração diversa da pena substituída. Não se veda o *cumprimento simultâneo*, desde que exista *compatibilidade* em sua execução, caso contrário uma pena será executada antes da outra, ainda que ocorra aumento do tempo de duração. Caberá ao juiz da execução: **a)** *designar* a entidade ou programa comunitário ou estatal, devidamente credenciado ou convencionado, junto ao qual o condenado deverá trabalhar gratuitamente, de acordo com suas aptidões; **b)** *determinar* a intimação do condenado, cientificando-o da entidade, dias e horário em que deverá cumprir a pena; **c)** *alterar* a forma de execução, a fim de ajustá-la às modificações ocorridas na jornada de trabalho. Aduza-se que o condenado poderá demonstrar o seu desacordo com a *tarefa* prescrita, ou negar-se, simplesmente, a qualquer cumprimento, optando pela *conversão* da pena privativa de liberdade a ser cumprida em regime aberto. Aduza-se que o magistrado deverá orientar-se diante dos *princípios da necessidade e suficiência*, bem como da *reprovação* e *prevenção*, não podendo olvidar a *correlação* entre a natureza do delito e o programa de prestação de serviços para o atendimento dos fins específicos da substituição.

Para o *cálculo de duração* da pena de prestação de serviços à comunidade, deve ser utilizado o calendário comum (art. 10 do CP). A pena pode ser cumprida em *menos* tempo pelo condenado, ao qual é facultado realizar mais de uma hora de tarefa por dia. Tal redução *não* poderá ser inferior à metade da sanção imposta na sentença (art. 46, § 4º, do CP). Em qualquer fase, o magistrado poderá *alterar a forma de execução*, ajustando-a às condições do local onde se desenvolve suas atividades (art. 148 da LEP).

6.1. Propostas para a reforma

O Projeto de Reforma (2012) propõe que a prestação de serviços à comunidade seja cumprida com carga de, no mínimo, 7 (sete) e, no máximo, 14 (catorze) horas semanais. A *duração semanal* poderá ser distribuída livremente, possibilitando o cumprimento em tempo menor. Se a pena for *superior* a 1 (um) ano e *não* exceder a 4 (quatro) anos, poderá ser cumprida em *tempo menor* àquele correspondente à pena substituída, salvo a quem de sua metade. Entre 6 (seis) meses e 1 (um) ano, também se poderá *antecipar* o cumprimento da pena, desde que não dure menos de 6 (seis) meses. A lei objetivou estabelecer um prazo mínimo de duração de prestação de serviços à comunidade, até 6 (seis) meses. A *tarefa* deverá guardar *compatibilidade* com o perfil e as aptidões pessoais do condenado e ser cumprida à razão de 1 (uma) hora por dia de condenação e terá duração de 8 (oito) horas semanais, fixadas de modo a não prejudicar a jornada normal de trabalho. A *fiscalização* será efetuada pela entidade beneficiada com a prestação de serviços, que deverá encaminhar, mensalmente, ao juiz da execução *relatório* circunstanciado das atividades do prestante, comunicando a ausência ou falta disciplinar, para os fins do art. 181, § 1º, alíneas *a*, *b*, *c*, *d*, *e*, da Lei de Execução Penal (conversão da pena restritiva de direitos em privativa de liberdade).

A Proposta de Alteração da Lei de Execução Penal (2013) substitui o "cometimento de falta grave" por "houver descumprimento, injustificado, da restrição imposta". Não se deve confundir a prestação de *trabalho comunitário* com a vetusta *pena de trabalhos forçados*. A *prestação de trabalho* a favor da comunidade está prevista como forma de substituição das penas detentivas de curta e média duração, na legislação penal dos países *pós-socialistas*. Trata-se de real estratégia de política criminal que opera no campo da modernidade, fazendo com que o condenado se conscientize da reprovabilidade do ato típico e da necessidade de sua punição, transformando-se o *encarceramento* em *trabalho efetivo* para a comunidade atingida.

7. INTERDIÇÃO TEMPORÁRIA DE DIREITOS

As interdições *permanentes* ou *temporárias* surgiram *ab initio* como *penas acessórias*. Note-se que as *penas restritivas de direitos* estabelecem a incapacidade ou a privação de direitos, função ou profissão. No Código Penal de 1830 os condenados às penas de galés, prisão com trabalho, prisão simples, degredo ou desterro ficavam também privados dos direitos políticos, e no elenco alinhavam-se também as penas de suspensão e perda de emprego. O Código de 1890 *não* previa a categoria das penas acessórias, misturando-as com o elenco de penas principais, ao passo que o Código de 1940 estabelecia o elenco das penas acessórias obrigatórias e facultativas.

A Reforma Penal da Parte Geral de 1984, seguindo a tendência legislativa contemporânea, coloca certas interdições de direitos no pacote das *penas restritivas de direitos*, e outras como *efeitos da condenação*, declaradas na sentença. Advirta-se sobre as *penas humilhantes* que atentam contra a honra do condenado, que objetivam destruir a sua reputação e consideração social. A *pena de infâmia*, consequente às graves condenações, bem assim as penas de *pelourinho, baraço* e *pregão*, é exemplo de *pena infamante*, no passado, e, no presente, o *uso abusivo das algemas*. Não se devem confundir as penas de *repreensão* e *censura*, previstas em algumas legislações, com as penas infamantes, visto que têm por escopo a reprovação do obrar do réu, sem o menosprezo social, alimentando a compreensão da reprovabilidade do ato e o arrependimento. No Direito medieval encontra-se a *morte civil*, com a perda de todos os direitos civis.

A *interdição temporária de direitos*, como *penas restritivas de direitos*, estabelecem a incapacidade ou a privação de *direitos, função* ou *profissão*. A *pena de interdição de direitos* veio a adquirir nova roupagem e, principalmente, a independência conceitual, equiparando-se às *privativas de liberdade e às pecuniárias*, deixando de ser complementares ou acessórias, passando a ser delimitadas no tempo, não se confundindo com os *efeitos da sentença condenatória ex vi* do art. 92 do Código Penal. A *interdição de direitos*, como *pena restritiva de direitos*, fica sujeita aos pressupostos legais, *não* podendo retroagir, e com a obrigatoriedade de o juiz da sentença promover a individualização, adequando às condições pessoais do condenado. É uma pena restritiva aplicável, independentemente da sanção ética ou administrativa, *não* inibe os Conselhos Regionais de classes e a administração pública de aplicarem, na esfera de âmbito de suas competências, as sanções disciplinares correspondentes. Como são de *natureza temporária*, os direitos interditados *não* são suprimidos, pois só o *exercício integral* destes direitos é vedado pelo tempo imposto na sentença condenatória, diante da vedação constitucional à perpetuidade das penas.

As penas de interdição temporária de direitos são: **a)** *proibição de exercício de cargo público, função ou atividade, bem como mandato eletivo*: cuida-se de modalidade de sanção restritiva que abarca toda e qualquer atividade exercida por quem usufrua a condição de *funcionário público*, não sendo necessário o cometimento de crime contra a Administração Pública, bastando a violação dos deveres inerentes à qualidade de funcionário público. Hely Lopes Meireles, no *Direito Administrativo Brasileiro*, conceitua: **a.** o *cargo público* é o lugar instituído na organização do funcionalismo público que possui denominação própria, atribuições específicas e estipêndio correspondente, para ser provido e exercido por um titular, na forma da lei; **b.** ao passo que a *função pública* é a atribuição ou conjunto de atribuições que a administração confere a cada categoria profissional, ou comete individualmente a determinados servidores para a execução de serviços eventuais; **c.** *atividade pública* é toda aquela, remunerada ou não, desenvolvida em favor do Estado e sujeita à nomeação, escolha ou designação pelo Poder Público (emprego público); **d.** *mandato legislativo* é o que é instituído, em processo eletivo e com duração certa, para representação do povo ou dos Estados-membros, nos órgãos do Poder Legislativo. A interdição abarca tão só os ocupantes de tais *funções, cargos, atividades* ou *mandatos* que estejam em relação direta com os deveres defluentes. Ponto relevante é não confundir a *interdição temporária* para o exercício do cargo, função ou atividade pública, ou mandato eletivo, com a sua *perda*, efeito da condenação. A *proibição temporária* não se confunde com a *perda* (art. 92, I, Código Penal) para os crimes funcionais, quando a pena aplicada for igual ou superior a 1 (um) ano. Pontua-se que a natureza da primeira é de *pena*, ao passo que da segunda, é de *efeito* extrapenal da condenação, sendo definitiva, não viola o princípio da não perpetuidade; **b)** *proibição do exercício de atividade ou ofício que dependam de habilitação especial de licença ou autorização do Poder Público:* deve-se observar que são *ocupações* que exigem uma *qualificação específica* e, geralmente, são exercidos no interesse da coletividade, razão da intervenção estatal para a sua regulamentação. Não se cogita de atividade de *natureza pública*, mas de *natureza particular*, que, diante da relevância do interesse público, dependem de *autorização* ou *licença* do Poder Público para ser exercidas. Nada veda a aplicação de pena disciplinar pelo órgão corporativo. A norma aplica-se não só àqueles que violam deveres próprios da *profissão, atividade* ou *ofício* sujeito à *habilitação, licença* ou *autorização*, mas também os autores de crimes próprios (maus-tratos, violação de segredo profissional, omissão de notificação de doença, falsidade de atestado médico, patrocínio infiel). Os crimes praticados pelos administradores de instituições financeiras admitem a aplicação desse tipo de pena restritiva, pois a atividade requer autorização do Poder Público; **c)** *suspensão de autorização ou de habilitação para dirigir veículo:* está *derrogada*, diante da edição do Código de Trânsito Brasileiro, que veio a regular a pena limitando aos crimes de trânsito *ex vi* do art. 57 do Código Penal, mantendo-se unicamente a possibilidade da *suspensão da permissão* para dirigir veículo, não prevista na Lei de Trânsito. A *autorização* é exigida para a condução de ciclomotores (art. 141 do CTB), ao passo que a *permissão* é destinada aos candidatos aprovados nos exames de habilitação com validade de 1 (um) ano (art. 148, § 2º, CTB). A *habilitação* é pertinente aos aprovados para dirigir veículos automotores, portadores da carteira nacional de habilitação (art. 148, § 3º, CTB). A *autorização* e a *habilitação* dizem respeito à norma inscrita no art. 47, III, do Código Penal, já a *permissão* é pertinente ao Código de Trânsito Brasileiro. Não se pode confundir a *pena de suspensão* da autorização ou habilitação para dirigir veículos, aplicável nos crimes culposos de trânsito, com o *efeito* da condenação de inabilitação para dirigir veículo, quando o veículo é instrumento da realização do crime doloso. Diante do *princípio da reserva legal*, *não* se pode aplicar a pena de *suspensão* ou de *proibição* de dirigir veículos, pois o dispositivo estudado limita-se à *autorização* ou *habilitação* para dirigir veículo; **d)** *proibição de frequentar determinados lugares: pena de caráter genérico* (*determinados lugares*). A doutrina defende que se trata de *pena de isolamento social*, constituindo-se em obrigatória limitação da liberdade ambulatorial, admitida, excepcionalmente, no caso de proteção da vítima. Encontra-se a medida de proibição de frequentar determinados lugares como uma condição do *sursis* na hipótese de reparação do dano ou impossibilidade de fazê-lo e, como medida cautelatória aflitiva de "*proibição de acesso ou frequência a determinados lugares*" (art. 319, II, do CPP) com fulcro no resguardo da ordem pública. Deve ter sempre relação com o crime praticado. A doutrina está dividida em relação à validade efetiva de sua aplicação e o seu potencial preventivo geral; **e)** *proibição de inscrever-se em concurso, avaliação ou exames públicos:* a Lei nº 12.550, de 15 de dezembro de 2011, também fez acrescentar o Capítulo V, pertinente às *fraudes em certames de interesse público*. No art. 311-A do Código Penal ("Utilizar ou divulgar, indevidamente, com o fim de beneficiar a si ou a outrem, ou de comprometer a credibilidade do certame, conteúdo sigiloso" de: **a.** concurso público; **b.** avaliação ou exames públicos; **c.** processo seletivo para o ingresso no ensino superior; **d.** exame ou processo seletivo previsto em lei) criminaliza-se também quem permite ou facilita, por qualquer meio, o acesso de pessoas não autorizadas as informações. Esta nova espécie de interdição temporária de direitos possui a natureza jurídica de pena restritiva de direitos. Trata-se de clara violação aos princípios da *isonomia*, *lealdade* e *moralidade*, no campo da fé pública, por meio de fraudes em certames de interesse público em que correm em risco a qualificação e a ética do processo seletivo no serviço público. Cogita-se no atuar de quem utiliza ou divulga, de forma indevida, conteúdo sigiloso de concurso público, avaliação ou exames públicos, processo seletivo para ingresso no ensino superior ou exame ou processo seletivo previsto em lei, com a finalidade de beneficiar a si ou outrem, ou de comprometer a credibilidade do certame.

As penas de interdição temporária de direitos terão a mesma duração das penas privativas de liberdade, *substituídas*, ressalvado o disposto no § 4º do art. 46 do Código Penal, se a pena substituída for superior a 1 (um) ano, é facultado ao condenado cumprir a pena substituída em menor tempo, porém nunca inferior à metade da pena privativa de liberdade imposta.

Ao juiz da execução cabe a *fiscalização* e *cobrança*. Na hipótese de descumprimento da interdição, *poderá* ocorrer a *conversão* da pena restritiva de direitos em privativa de liberdade, se o inadimplemento *não* for justificado. São *causas gerais* que conduzem à *conversão obrigatória*: **a)** se o apenado exerce, injustificadamente, o direito interditado; **b)** não ser localizado por encontrar-se em lugar incerto e não sabido, ou desatender à intimação por edital; **c)** praticar falta grave ou vier a sofrer condenação por crime à pena privativa de liberdade que não seja suspensa ou substituída.

7.1. Propostas para a reforma

O Projeto de Reforma (2012) *acrescenta* no rol das interdições temporárias de direitos: **a)** proibição do exercício do poder familiar, tutela, curatela ou guarda; **b)** proibição de exercício de atividade em corpo de direção, gerência ou de conselho de administração de instituições financeiras ou de concessionárias ou permissionárias de serviços públicos.

8. LIMITAÇÕES DE FIM DE SEMANA

Cogita-se de restrição de liberdade que tem por finalidade evitar o encarceramento com uma *preocupação educativa* (criar no apenado uma consciência e valoração da liberdade, diante do comportamento conforme o Direito), subordinando as seguintes regras: **a)** limitação de fim de semana, de 2 (dois) dias por semana, aos sábados e domingos; **b)** permanência obrigatória em *casa de albergado* (ausência de obstáculos físicos contra a fuga) ou estabelecimento adequado, por 5 (cinco) horas diárias; **c)** participação em cursos, palestras ou atividades educativas, cuja realização é facultativa ("*poderão*"), quando deveria ser de escopo fundamental. Tal modalidade de *prisão descontínua* está subordinada aos princípios da individualização e da personalidade, ressaltando-se que não se constitui em *prisão de fim de semana*, pois *não* há a perda integral da liberdade. A *casa de albergado*, que perdeu sua efetividade pela má gestão do sistema, tem dupla finalidade: **a)** cumprimento de pena privativa de liberdade em regime aberto; **b)** cumprimento da pena de limitação de fim de semana. Deverá situar-se em *centro urbano*, pois os encargos de deslocamento para a unidade deverão ser suportados pelo condenado. Na hipótese de *inexistência* de casa de albergado, deverá a pena ser cumprida em *prisão domiciliar*. O juiz da execução, a quem incumbe estabelecer forma de cumprimento, deverá determinar a intimação do condenado, cientificá-lo do local de seu cumprimento, informar-lhe os horários em que deverá cumprir a pena imposta. A execução terá *início* a partir da data do primeiro comparecimento. Para tal *controle* e *fiscalização*, o estabelecimento penal designado fará encaminhar, mensalmente, ao juiz da execução, um relatório das atividades, e comunicará, imediatamente, a ausência injustificada ou a falta disciplinar.

Cezar Roberto Bitencourt, em *Juizados Especiais e Alternativas à Pena de Prisão*, reflete a realidade da gestão do sistema penal brasileiro, ao afirmar que a pena de limitação de fim de semana não passa de uma "*carta de intenções*" do nosso legislador.

8.1. Propostas para a reforma

O projeto de Reforma (2012) substitui a expressão vaga "*em casa de albergado ou outro estabelecimento adequado*" por "*em instituições públicas ou privadas com finalidades educativas, culturais, artísticas ou de natureza semelhante, credenciadas pelo juiz da execução*". Acresce que, durante a permanência na instituição, os condenados *participarão* (obrigatoriedade) de cursos, palestras e seminários, bem como de outras atividades de formação/complementação educacional, cultural, artística ou semelhante, assegurada a liberdade de consciência e crença do condenado.

A Proposta de Alteração da Lei de Execução (2013) modifica o tempo para 4 (quatro) horas diárias (sábado, domingo e feriado) em instituições públicas ou privadas que se situem próximo à residência do condenado, diante do custo do transporte. As palestras, cursos e seminários devem ter a finalidade educativa, artística ou de natureza semelhante, credenciadas pelo juiz da execução. Deve ficar assegurada ao condenado a liberdade de consciência e crença religiosa.

III . PENA DE MULTA

1. GENERALIDADES

Carrara, no *Programma*, definia a multa como "qualquer diminuição de nossas riquezas, sancionada pela lei como castigo de um delito". A pena de multa (*Geldstrafe*) cada vez mais passou a ter um *efeito intimidante executório*, principalmente, em relação ao *white collor crimes*, em que os apenados possuem respeitável patrimônio. Concorda-se que não possui *efeitos estigmatizantes*, pois pode ser aplicada como pena unitária, alternativa ou cumulativa, com a pena privativa de liberdade. A questão da pena pecuniária apresenta incontestável atualidade devido ao seu restabelecimento nos códigos contemporâneos, após transitório desprestígio, como um dos meios de solucionar o problema das *penas privativas de* liberdade de pequeno potencial ofensivo e do custeio administrativo do sistema prisional. Desde o projeto idealizado por Von Liszt, proposto no Congresso da União Internacional de Direito Penal, realizado em 1890, segundo o qual a lei deveria regular a multa em uns tantos por cento sobre a renda correspondente ao autor, fixando-se a percentagem de acordo com o montante da sua renda e valendo-se para tal das contribuições diretas pagas pelo processado.

Porém, foi o nosso Código Criminal do Império (1830) que no seu art. 55 criou o dia-multa ("A pena de multa obrigará os réos ao pagamento de uma quantia pecuniária, que será sempre regulada pelo que os condemnados puder haver em cada um dia pelos seus bens, empregos ou indústria, quando a lei especificadamente a não designar de outro modo"). Carl Stooss propôs um sistema semelhante, fixando diversas categorias de renda com os seus limites máximos e mínimos para cada uma das quais se fixaria uma renda cotidiana, baseado na qual o magistrado deveria determinar o montante da pena pecuniária. Entretanto, o sistema que tem tido maior acolhimento em algumas legislações modernas é o chamado *sistema de dias-multa*, proposto pelo Prof. Thyren, que foi esboçado em 1910, e depois concretizado em textos de 1916, tendo a Finlândia se aproveitado do trabalho e o adotado em seu Código em 1921.

Entende-se ser o mais completo de todos e consiste na fixação da pena pecuniária sob um duplo critério. Supõem-se, por uma parte, a determinação abstrata de um número de unidades expressadas em dias de multa, unidades que dependem estritamente do preceito secundário do tipo penal fixado entre um máximo e um mínimo e que deve ser aplicado pelo magistrado, de acordo com os critérios comuns da pena; por outro lado, a valorização em concreto de cada unidade depende exclusivamente da situação econômica do condenado.

A reformulação da pena pecuniária está ligada aos anseios de *preferência* à pena privativa de liberdade nos delitos de *pequeno potencial ofensivo*, constituindo-se em efetivo instrumento de política criminal. A modelagem do tipo de pena, conhecida desde o Código Criminal de 1830, mergulha sua raiz histórica no instante em que, ultrapassado o período da *faída* e do *talião*, o Estado começou a regulamentar a *compositio*, usada na alta Idade Média e, particularmente, no Código Visigótico e em múltiplos forais (*calumnia, como coima, como achada*), além das Ordenações. A pena de multa só atingia as *penas de curta duração* no século XIX, por influência de Boneville de Marsangy e Von Liszt, surgindo os sistemas da *soma*, da *soma complexiva*, ou da *multa global*.

A multa a partir das novas legislações do final do século XX passou a deixar de ter um papel marginal e subsidiário em relação à *pequena criminalidade*. A caracterização dogmática e político-criminal da pena de multa, tomada como instrumento de política criminal, não olvidou o seu efeito de *natureza personalíssima*, pois *não responde por ela a herança do condenado inadimplente, nem poderá ser paga por terceiro*, ter lugar para pagamento, doação ou negócio afim, nem tampouco existe no direito pátrio contrato de seguro para o seu pagamento sob pena de configuração do delito de favorecimento. A pena pecuniária é uma censura penal ao ato reprovável e uma garantia de validade e vigência à norma violada e não um arremedo de impunidade.

O sistema dos DM (dias-multa), tanto na individualização do número de dias, quanto ao quantitativo diário, atende à multiplicidade de situações complexas, assegurando ao condenado o nível existencial mínimo às condições socioeconômicas. Possui um valor secundário na avaliação do desvalor da conduta, não podendo ser esquecido na aplicação da resposta penal, no balanceamento dos limites de sua importância. De há muito se questionam as *vantagens* e *desvantagens* da pena pecuniária, defende-se uma execução mais longa por meio de pagamento a prazo ou a prestações. As vantagens da pena pecuniária em matéria de política criminal são indiscutíveis, visto, principalmente, *não* quebrar a ligação do condenado com o seu *habitat* familiar e profissional, evitadas as pressões contraculturais e os efeitos criminógenos da pena privativa de liberdade (*dissocialização* e *estigmatização*).

Há também a possibilidade de aliviar custas administrativas e financeiras do sistema formal do controle, ao fazer gerar receitas e possibilitar a reparação do dano causado à vítima do delito. Com o modelo do DM deixa-se de questionar os inconvenientes do peso desigual para ricos e pobres. O chamado efeito secundário perverso, isto é, o cometimento de *novos* delitos que compensem a perda pecuniária sofrida com a multa, o magistrado poderá observar na individualização da pena pelo *novo* delito realizado. Nos países de moeda forte, a pena de multa *não* perde a sua eficácia pela desvalorização, respeitado o *princípio da legalidade*. Não há mais espaço para o questionamento de inconstitucionalidade, para fins criminais, da vinculação ao salário mínimo, a ser fixado pelo magistrado. Igualmente, *não* viola o *princípio da legalidade* a atualização monetária do valor da multa que não caracteriza pena indeterminada. O Superior Tribunal de Justiça já firmou que a *correção* deverá incidir desde a data do cometimento do delito, sendo uma ferramenta de enfrentamento a desvalorização da moeda. Como *dívida de valor*, reafirma-se de atualização deve realizar-se a partir da data da conduta reprovável. Diante de ser uma especificidade de pena, embora transitada em julgado, seja "dívida de valor", quando aplicada *cumulativamente* com a pena privativa de liberdade, o seu *pagamento* constitui requisito objetivo para a progressão de regime prisional.

2. EVOLUÇÃO HISTÓRICO-NORMATIVA NO DIREITO PÁTRIO

A multa já figurava como *pena principal* e *acessória* nas Ordenações do Livro V, e foi revigorada pela lei de 20 de outubro de 1823, vigente até o advento do Código do Império de 1830. O Projeto de José Clemente Pereira, de 16 de maio de 1827, estabelecia que a multa fosse, no grau mínimo, da décima parte do rendimento líquido anual do condenado; no médio, da sexta, e no mínimo, da terça, ressalvada a fixação excepcional em quantia certa. Porém, o Código Criminal do Império, de 16 de dezembro de 1830, estatuía que a pena de multa obrigasse aos réus o pagamento de uma quantia pecuniária que seria sempre regulada pelo que pudesse haver em cada dia pelos seus bens, emprego ou indústria. Os condenados que, podendo, *não* efetivassem o pagamento dentro de oito dias seriam recolhidos à prisão. E, caso não tivessem recursos para o pagamento, seriam condenados a tanto tempo de prisão com trabalho quanto fosse necessário para obterem o montante fixado.

Já o Código Penal de 1890 tratou da multa nos mesmos moldes do Código de 1830, dispondo que a pena de multa consiste no pagamento ao Tesouro Público Federal ou dos Estados, segundo a competência respectiva, de uma soma pecuniária, que será regulada pelo que o condenado puder ganhar em cada dia, por seus bens, emprego, indústria ou trabalho. Estabelecia a *conversão da multa em prisão celular*, que ficaria sem efeito caso o condenado, ou alguém por ele, pagasse ou prestasse fiança idônea. Dessa forma, equiparava a situação do condenado solvável, ou que pode pagar e não o faz propositadamente, e a do condenado insolvável que por falta de recursos não paga a multa.

O Projeto Galdino Siqueira eliminava a multa do elenco das penas sob o fundamento de que estava *eivada do vício da desigualdade, constituindo uma impunidade para o rico e uma irrisão para o pobre*. No Projeto Sá Pereira, que adotava uma unidade (dia-multa), determinava-se que, em sua fixação, o magistrado deveria considerar a renda mensal ou anual do condenado, deduzindo dela o necessário à própria manutenção e da sua família. A multa poderia ser paga mediante prestação de trabalho livre, decidindo o magistrado de maneira que o salário ganho fosse aplicado, simultaneamente, ao pagamento da multa e à subsistência do condenado e de sua família. Tinha facultado parcelar a quantia a ser paga, bem como retificar a sentença para diminuir ou prorrogar o prazo de pagamento. Se insatisfeita, *não* se transformava em pena de prisão. Todavia, aquele que, por ociosidade, não a pagava cometia contravenção penal, com internamento em uma casa de trabalho por três meses.

O Projeto Alcântara Machado fixava como regra a quantia mínima e máxima de multa. Seria aplicada cumulativamente com outra pena quando a cobiça tivesse sido o motivo determinante do delito. Autorizava o pagamento em parcelas e mediante prestação de serviços em obras ou em estabelecimentos públicos, reservado o necessário à manutenção do condenado e de sua família.

O nosso Código Penal de 1940 elegia a multa como a última das penas principais, consistindo no pagamento em dinheiro da quantia fixada na sentença penal. Não optou por um regime que a relacionasse diretamente com a renda do condenado, o *dia-multa*. Previa em cada caso o mínimo e o máximo da multa, determinando ao juiz que, na fixação de sua quantia, atendesse principalmente à situação econômica do réu. Adotava como tática: *o pagamento parcelado* e *a dilatação do prazo*.

Com a Reforma de 1977, o art. 38 do Código Penal ficou derrogado, e desta forma *deixava* de ser *obrigatória* a *conversão* da multa em detenção ou prisão simples, quando o *reincidente* deixasse de pagá-la. No caso de ser possível a execução é que operava a *conversão*, que não tinha caráter definitivo, podendo ser revogada no momento em que o condenado efetuasse o pagamento ou oferecesse garantia real ou fidejussória. A *conversão* tinha como pressuposto a solvência do sentenciado e a frustração do pagamento. A Reforma Penal de 1977 preferiu manter a sistemática do Código Penal de 1940, *não* acolhendo o *dia-multa*. O Código previa a *conversão* da multa em detenção quando o condenado solvente frustrasse o seu pagamento.

O Código Penal de 1969, que foi instituído pelo Decreto-lei nº 1.004, de 21 de outubro de 1969, alterado pela Lei nº 6.016, de 31 de dezembro de 1973, cuja vigência foi sucessivamente postergada até sua definitiva revogação, deu guarida ao *regime de dia-multa*, com base no salário mínimo, à semelhança do Anteprojeto Hungria. A Lei nº 6.025, de 29 de abril de 1975, proibiu a utilização do salário mínimo como fator de correção monetária, substituindo-o por *valor--referência* fixado anualmente pelo Poder Executivo. O Decreto-Lei nº 83.398, de 2 de maio de 1979, fixava o coeficiente de atualização monetária.

O Anteprojeto da Reforma de 1981 em seu art. 49 havia previsto a *multa penitenciária*, que consistiria no *pagamento* ao Fundo Penitenciário da quantia fixada na sentença e calculada em *dias-multa*. O mínimo seria de dez e o máximo de trezentos *dias-multa*. Já a *multa reparatória* consistiria no pagamento, mediante *depósito judicial* em favor da vítima ou de seus sucessores, de quantia calculada também em *dias-multa*, sempre que houvesse prejuízo material em razão do delito. O instituto da *indenização civil* no sistema penal é assaz questionável. Na revisão, a *multa reparatória* foi retirada. Na doutrina alguns vaticinaram a privatização do Direito Penal, onde a *reparação* toma o lugar da pena privativa de liberdade, retornando a *composição* privativa do conflito em troca do procedimento penal.

3. ÂMBITO DE APLICAÇÃO. CÁLCULO. DETRAÇÃO

O âmbito de aplicação da pena pecuniária é amplo, devendo-se distinguir as diversas *formas* em nosso ordenamento jurídico-penal vigente, a saber: **a)** *multa autônoma* ou *isolada* – em certos tipos de injustos penais surge como a única espécie de resposta penal. É mais frequente nas contravenções e na legislação especial, admitindo-se em hipóteses de baixa criminalidade ou pequeno potencial ofensivo; **b)** *multa alternativa* – é a forma por excelência da *pena pecuniária*, sendo alternativa à pena privativa de liberdade. O fato de o legislador haver mencionado em primeiro lugar a pena privativa de liberdade *ou* a multa não prejudica o reconhecimento da segunda, aliás, devendo ser a preterida por medida de política criminal; **c)** *multa complementar* – a maior gama dos injustos penais é punida com a pena de multa adicionada à pena privativa de liberdade; **d)** *multa substitutiva* – é cabível como forma *alternativa* quando a lei *não* prevê pena privativa de liberdade superior a 6 (seis) meses, observados os requisitos legais para a substituição.

O *cálculo* da pena de multa consiste no pagamento ao Fundo Penitenciário Nacional da quantia fixada na sentença e calculada em *dias-multa*, no mínimo, de 10 (dez), e, no máximo, de 360 (trezentos e sessenta) *dias-multa*. No que tange ao *valor* do dia-multa será fixado pelo juiz, *não* podendo ser inferior a 1/30 (um trigésimo) do maior salário mínimo mensal vigente ao tempo do fato, nem superior a 5 (cinco) vezes esse salário, devendo ser atualizado, quando da execução, pelos índices de correção monetária.

A multa é aplicada como pena *substitutiva*, *cumulativa* ou *alternativa* à pena privativa de liberdade.

A pena de multa *substitutiva* é a mesma pena de multa descrita no art. 49 do Código Penal, consiste no pagamento ao Fundo Penitenciário da quantia fixada na sentença e calculada em dias-multa. Pode ser aplicada em *substituição* à pena privativa de liberdade de curta duração, inicialmente, imposta. A peculiaridade é que seu valor *não* é apurado através do *processo trifásico*, mas por correlação com a pena privativa de liberdade substituída. Há estrita *correlação* com a pena privativa de liberdade aplicada, seguindo os aumentos e diminuições.

Tratando-se de *dívida de valor*, cabe após o trânsito em julgado a incidência de correção monetária (Súmula nº 43 do STJ). A pena pecuniária, além de poder ser *parcelada* mensalmente, *não* poderá atingir os recursos indispensáveis ao sustento do condenado e de sua família. O *cálculo da pena* é realizado em dois momentos (*processo bifásico*): **a)** na *primeira fase*, o magistrado estabelece o número de dias-multa, que varia entre o mínimo de 10 (dez) e o máximo de 360 (trezentos e sessenta). Utiliza as circunstâncias judiciais e as eventuais agravantes e atenuantes, bem como as causas de aumento e diminuição na mesma escala proporcional do cálculo da pena-base privativa de liberdade; **b)** na *segunda fase*, com o total de dias-multa apurado, fixa o valor de cada dia-multa, que *não* poderá ser inferior a 1/30 (um trinta avos) do maior salário mínimo mensal, ao tempo de fato, *nem* superior a 5 (cinco) vezes a esse salário, tudo tendo como parâmetro a *situação econômica* do réu. É permitido que o magistrado *triplique* esse total para garantir a suficiente censura penal, diante da situação financeira do réu. Anote-se que, diante da Lei nº 9.605, de 12 de fevereiro de 1998 (meio ambiente), o aumento poderá ser triplicado em vista do valor da *vantagem econômica* auferida. Por força do art. 33 da Lei nº 7.492, de 16 de junho de 1986 (sistema financeiro), e dos arts. 33 a 39 e 43, parágrafo único, da Lei nº 11.343, de 23 de agosto de 2006, pode ser aumentada até o *décuplo*. A pena pecuniária deve ser aplicada, observado o *princípio da proporcionalidade*. Na *primeira fase*, se fixada a pena privativa de liberdade no mínimo legal, deve a pena de multa sê-la no mínimo legal. A determinação dos dias-multa (de 10 a 360 dias) deverá seguir o mesmo critério pertinente ao cálculo da pena privativa de liberdade. Na *segunda fase*, a determinação do quantitativo diário no *sistema dos dias-multa* visa a fixar dentro do limite da capacidade econômico-financeira e de encargos pessoais do condenado (*princípio de ônus e sacrifícios*). A diminuição poderá ocorrer quando for a única prevista. Na *transação penal*, no Juizado Especial Criminal, poderá ser *reduzida da metade*, *ex vi* do § 1º do art. 76 da Lei nº 9.099, de 26 de setembro de 1995. O parágrafo único do art. 197 da Lei nº 9.279, de 14 de maio de 1996 (propriedade industrial), a multa poderá ser aumentada ou reduzida, diante dos marcos fixado pelo Código Penal, em 10 (dez) vezes, em face das condições pessoais do agente e da magnitude da vantagem auferida.

A *detração* ocorre na hipótese do descumprimento parcial ou integral, o condenado terá a *conversão* da parcela *não* cumprida em privação de liberdade, respeitado o critério de proporcionalidade.

4. NATUREZA JURÍDICA E REQUISITOS DA SUBSTITUIÇÃO

A pena de multa, como sanção penal, possui *caráter personalíssimo* e a impossibilidade de ser convertida em pena privativa de liberdade, consistindo no pagamento ao fundo penitenciário da quantia fixada na sentença e calculada em dias-multa.

Com a edição da Lei nº 9.268, de 1º de abril de 1996, que deu nova redação ao art. 51 do Código Penal e revogou seus parágrafos, ficou vedada a *conversão da multa* em pena privativa de liberdade, no caso de o condenado solvente deixar de pagá-la ou frustrar a sua execução, como, também, operando-se a revogação do art. 182 da Lei de Execução Penal. A pena privativa de liberdade ou de prisão simples desde que não seja *superior* a 6 (seis) meses pode (direito público do condenado) ser *substituída* pela pena de multa, observadas as condições prescritas no art. 44 do Código Penal. No que concerne aos requisitos legais, o limite *até* 6 (seis) meses diz respeito à *pena aplicada*, pois pode ter sido reduzida pelo reconhecimento de circunstância atenuante ou causa de diminuição pelo *arrependimento posterior* ou a *detração*. O acusado *não* pode ser *reincidente*, salvo se em face da condenação anterior, a medida for *socialmente recomendável* e a reincidência *não* se tenha operado pela prática de *novo delito*, por último o *requisito subjetivo*, a *substituição* por multa deve ser *suficientemente adequada* à punição pela realização do delito. A sistemática da codificação determina a *substituição* da pena privativa de liberdade e *não* da eventual multa ou por duas restritivas de direitos, como também a substituição da pena privativa de liberdade *não superior* a 1 (um) ano por uma restritiva de direitos ou multa, inexistindo qualquer óbice em relação à substituição da pena privativa de liberdade, a ser substituída, se tiver sido cumulada com pena de multa.

A *substituição* da pena privativa de liberdade por multa é um direito subjetivo do réu. A questão *não* é pacífica, diante do confronto entre o art. 44, § 2º, e o art. 60, § 2º, do Código Penal. Confrontando-se, observa-se que são conflitantes, e que as normas insculpidas no § 2º do art. 44, na dicção da Lei nº 9.714, de 25 de novembro de 1998, é *posterior* a do § 2º, do art. 60, editada diante da Lei nº 7.209, de 11 de julho de 1984, motivo pelo qual esta está *tacitamente* derrogada. Assim, é possível substituir a pena privativa de liberdade igual ou inferior a 1 (um) ano por uma única pena de multa. Igualmente, aplicada até 4 (quatro) anos, também pode ser substituída pela de multa, desde que imposta cumulativamente uma pena restritiva de direitos. Se a pena privativa de liberdade for *superior* a 1 (um) ano e *não* exceder a 4 (quatro), a substituição poderá ser por uma pena de multa e uma restritiva de direitos, impostas cumulativamente. Aduza-se que a possibilidade de substituição está condicionada ao requisito subjetivo de *suficiência*, *reprovação* e *prevenção* do delito. Preenchidos os requisitos legais, o magistrado *deve* proceder a substituição diante da concordância do réu (direito subjetivo). Quando a multa é *cumulada* com a pena privativa de liberdade, se houver possibilidade de substituir a privativa de liberdade por multa, fica *vedada* a substituição, porque *não* se podem aplicar, ao mesmo tempo, duas penas de multa. Por último, há a hipótese de concessão normativa alternativa de aplicação da pena privativa de liberdade *ou* multa.

A Súmula nº 171 do Superior Tribunal de Justiça dispõe que "Cominadas cumulativamente, a lei especial, pena privativa de liberdade e pecuniária, é defeso a substituição da pena de prisão por multa".

5. PAGAMENTO DA MULTA

O pagamento da multa, norma penal em branco, consiste no pagamento ao Fundo Penitenciário Nacional da quantia fixada na sentença e calculada em *dias-multa* (DM). O *valor unitário* do DM será fixado na sentença, não podendo ser inferior a um trigésimo do maior salário mínimo mensal vigente ao *tempo do ato*, nem superior a 5 (cinco) vezes esse salário. Constituem-se em número de unidades artificiais denominadas *dias-multa* (DM), diante da gravidade do injusto penal, em que cada *dia-multa* será equivalente a determinado valor pecuniário, variavelmente em relação à situação econômica do condenado. No que tange aos *critérios especiais* da pena de multa, o magistrado deverá atender, principalmente, a *situação econômica do réu*. A multa pode ser aumentada até o *triplo* ou o *décuplo*, se considerada ineficaz, embora aplicada no máximo, diante da situação econômica do réu.

Na Lei do Sistema Financeiro Nacional, o limite previsto no § 1º do art. 49, poderá ser estendido até o *décuplo*.

A posição do Superior Tribunal de Justiça é no sentido de que o cálculo da *correção monetária* da pena de multa imposta por decisão penal condenatória deve ser feito tomando-se como termo inicial a data do fato delitivo. Quando ocorrer concurso de injustos penais aplica-se distinta e integralmente, o que significa, na prática, a soma das penas impostas. A multa deverá ser paga dentro de 10 (dez) dias depois de *transitada em julgado* a sentença e conforme as condições econômicas do condenado. O magistrado poderá permitir que o pagamento seja realizado em parcelas mensais. A requerimento do condenado, o juiz da execução poderá determinar o *parcelamento*, que será obrigatoriamente revogado quando houver atraso *injustificado* em sua efetivação ou se comprovada melhoras na situação econômica do condenado que não mais o justifiquem. O *desconto não* poderá incidir sobre recursos *indispensáveis* ao sustento do condenado e de sua família. A *cobrança* pode ser efetuada mediante *desconto* no vencimento ou nos salários do condenado em três hipóteses: **a)** aplicada isoladamente; **b)** aplicada cumulativamente com pena restritiva de direitos; **c)** concedida a suspensão condicional da pena. Após o cumprimento da pena privativa de liberdade, ainda que pendente o pagamento da pena de multa, o juiz da execução deverá extinguir o processo. Na hipótese do não pagamento da multa, a cobrança só poderá ocorrer após o trânsito em julgado da decisão que determinar a substituição. Não efetuado o pagamento da pena de multa no prazo do art. 50 do Código Penal, o Juízo da Execução Penal deve comunicar o fato à Fazenda Pública, que *procederá* à execução nos termos da Lei nº 6.830/80.

A *pena de multa* e a *prestação pecuniária* são institutos que possuem naturezas jurídicas distintas. A *prestação pecuniária* consiste no pagamento em dinheiro à vítima, a seus dependentes ou a entidade pública ou privada com destinação social, de importância fixada pelo magistrado. A *pena de multa*, de acordo com o art. 49, *caput*, do Código Penal, consiste no pagamento ao Fundo Penitenciário Nacional da quantia fixada na sentença e deve ser calculada pelo sistema de dias-multa.

No concurso de injustos penais, a aplicação da pena de multa será realizada pelo conjunto dos ilícitos integrantes, em uma única pena de multa, desde que *suficiente* para *reprovação* e *prevenção* dos delitos. Registre-se a inexistência de previsão legal para a *conversão* da pena de multa em privativa de liberdade, como também em restritiva de direitos.

O Código Penal estabelece que o condenado deva tomar a *iniciativa* para pagá-la diante da força coercitiva da sentença condenatória, ao passo que na Lei de Execução Penal a iniciativa é do órgão do Ministério Público na execução. Pouco importa, na prática, que o condenado efetue o pagamento dentro de 10 (dez) dias ou depois, voluntariamente, deixando a desabrigo a efetividade do art. 50 do Código Penal. Se ocorrer a cobrança da pena de multa *cumulativamente* com a pena privativa de liberdade, aquela será executada durante a execução desta por meio de desconto na remuneração do condenado. Se cumprida a pena privativa de liberdade ou deferido o livramento condicional ou do *sursis* e ainda *não* tiver sido feito o pagamento, o Estado procederá à cobrança executiva ou procederá ao seguimento já iniciado.

6. EXECUÇÃO. CONVERSÃO. REVOGAÇÃO

Com a edição da Lei nº 9.268, de 1º de abril de 1996, a redação do art. 51 do Código Penal passou a ser: "Transitada em julgado a sentença condenatória a multa será considerada dívida de valor, aplicando-se-lhe as normas da legislação relativa à dívida ativa da Fazenda Pública, inclusive no que concerne às causas interruptivas e suspensivas da prescrição". Assim, revogado tacitamente o art. 164 da Lei de Execução Penal, se a pena cominada na sentença for de multa, é defesa a conversão em privativa de liberdade.

Surgiram, à época, duas vertentes: **a)** que entende *revogado* implicitamente o art. 164 da Lei de Execução Penal, afastando-se a possibilidade de *conversão* da pena pecuniária em prisão, transferida sua execução para o Juízo de Execução Fiscal. O legislador ao dar nova redação ao art. 51 do Código Penal acrescentou mais uma qualificação à multa (*pena pecuniária*) penal, tratando-a como *dívida de valor*, aplicando os procedimentos pertinentes à dívida ativa da Fazenda Pública. A *titularidade* para promover a execução da pena de multa passaria a ser da *Fazenda Nacional*, sendo *parte ilegítima o Ministério Público*; **b)** em direção contrária, os partidários da *natureza penal*, admitindo a expressão *dívida de valor*, o que significa dizer que a multa teria o mesmo tratamento do *crédito fiscal*, inalterado o art. 164 da Lei de Execução Penal, que *confere legitimidade ao Ministério Público perante o Juízo das Execuções Penais para a cobrança da multa*. Vetor doutrinário questionava o tema de que a execução da pena de multa deveria ser realizada perante uma vara da Justiça Federal, pois o Fundo Penitenciário Nacional é administrado pela União. Igualmente, a Lei de Execução Penal em seu art. 165 determina que havendo penhora de bens os autos devam ser remetidos ao Juízo Cível e a própria LEP estabelece a legitimidade ativa do Ministério Público, o que não é por ele admitido, mas sim incumbência da Procuradoria da Fazenda Pública. O Superior Tribunal de Justiça pacificou a questão na síntese do voto da Ministra Laurita Vaz: "Diante dessa nova redação do Código Penal, forte corrente doutrinária passou a defender a legitimidade ativa da Fazenda Pública para a execução da pena de multa, razão pela qual deveria a matéria ser incluída na competência do Juízo Cível, ou do Juízo privativo da Fazenda Pública, onde houver. Seguindo este entendimento, a orientação da Terceira Seção desta Egrégia Corte firmou-se no sentido de que compete ao Juízo da Execução Penal determinar a intimação do condenado para realizar o pagamento da pena de multa, a teor do que dispõe o art. 50 do Código Penal; e, acaso ocorra o inadimplemento da referida obrigação, o fato deve ser comunicado à Fazenda Pública a fim de que ajuíze a execução fiscal no foro competente, de acordo com as normas da Lei nº 6.830/80, porquanto, a Lei nº 9.268, de 1º de abril de 1996, ao alterar a redação do art. 51 do Código Penal, afastou a titularidade do Ministério Público" (STJ, HC 147.469/SP, 5ª T., rel.ª Min.ª Laurita Vaz, j. 15.2.2011). Após *inscrição na dívida ativa*, a multa é executada na forma do procedimento ditado pela Lei de Execução Fiscal. Continua a ter sua *natureza penal*, porém a execução se procede no foro da Fazenda Pública.

Na *transação penal*, o órgão do Ministério Público deverá optar na proposta entre a pena restritiva de direitos e a multa, diante do caso concreto, especificando a quantidade de dias-multa em razão da reprovação penal e o valor unitário, diante da capacidade econômica do réu. Registre-se que na transação quem *aplica* a pena é o magistrado, que avalia a proposta do órgão do Ministério Público, diante dos *princípios da legalidade* e *da proporcionalidade*. A redução da pena é causa de diminuição ao arbítrio judicial, na hipótese de condenação. Na hipótese de transação penal e multa, o descumprimento desta impõe a conjugação do art. 85 da Lei nº 9.099, de 26 de setembro de 1995 com o art. 51 do Código Penal, com a inscrição da pena *não* paga na dívida ativa da União (STJ, HC 176.181/MG, 5ª T., rel. Min. Gilson Dipp, j. 4.8.2011).

6.1. Propostas para a reforma

O Projeto de Reforma (2012) propõe que, transitada em julgado a sentença condenatória, a execução da multa passaria a ser promovida pelo *Ministério Público* e possibilita a *conversão* da pena de multa em perda de bens e valores e em prestação de serviços à comunidade. Permite que a multa possa ser paga em até 36 parcelas mensais, vedado o desconto no salário do condenado se incidir sobre recursos indispensáveis ao sustento dele e de sua família. Estabelece que a execução será promovida pelo Ministério Público e que poderá ser convertida em perda de bens e valores, prestação de serviços à comunidade e em pena de prisão, correspondente ao mínimo de dias descontados os dias de prestação dos serviços cumpridos.

A Proposta de Alteração da Lei de Execução (2013) altera o art. 164 da LEP, para que "Transitada em julgado a condenação de pena de multa, principal, cumulativa ou substitutiva, o condenado será intimado pessoalmente pelo juiz da condenação ao pagamento mediante prestação social alternativa, a entidade cujos dados identificados, inclusive endereço, horário de funcionamento e número de conta bancária, destinada a recolhimento de multas, constarão da intimação. Decorrido prazo sem o pagamento da multa, o Juízo poderá determinar o desconto em folha de pagamento e o depósito em entidade comunitária, ou conversão da pena de multa em prestação comunitária, pela forma que entender apropriada ao condenado. Haverá extinção da punibilidade quando, independentemente do pagamento da multa, o condenado cumprir a pena privativa de liberdade aplicada cumulativamente ou comprovar sua impossibilidade de pagamento".

7. PRESCRIÇÃO

Na dicção do art. 114 do Código Penal, a *prescrição* da pena de multa ocorrerá: **a)** em 2 (dois) anos, quando a multa for a única cominada ou aplicada; **b)** no mesmo prazo estabelecido para prescrição da pena privativa de liberdade, quando a multa for alternativa ou cumulativamente cominada ou cumulativamente aplicada. Já o prazo será variável conforme o prazo da prescrição da pena privativa de liberdade, quando a multa for alternativa ou cumulativamente cominada ou aplicada. Há divergência doutrinária em relação à *prescrição da pretensão executória*: **a)** diante do art. 51 do Código Penal, a multa deve ser considerada *dívida de valor* após o trânsito em julgado, aplicando-se as normas pertinentes à dívida ativa da Fazenda Pública, *inclusive* no que tange às causas suspensivas e interruptivas da prescrição. Daí o prazo prescricional da pretensão executória seria de 5 (cinco) anos; **b)** é o mesmo prazo da pena privativa de liberdade, aplicada com esta, em razão do art. 118 do Código Penal, pelo qual as penas mais leves prescrevem com as mais graves. A posição majoritária é no sentido de que o prazo prescricional é de 2 (dois) anos, tanto em relação à pretensão punitiva, quanto em relação à pretensão executória. A *reincidência não* aumenta de 1/3 (um terço) o prazo de prescrição da pretensão executória da pena de multa (Súmula nº 604 do STF).

O Supremo Tribunal Federal firmou que "*a pena de multa pode ser alcançada pela prescrição da pretensão punitiva, nos termos do art. 114, I e II, do Código Penal, tanto a pena cominada in abstracto quanto a concretamente fixada na sentença ainda não transitada em julgado, ao passo que a prescrição da pretensão executória da pena de multa, vale dizer, da pena resultante de sentença transitada em julgado, há de ser questionada junto à autoridade fiscal à luz do Código Tributário Nacional, por expressa disposição do art. 51 do Código Penal*" (STF, Ag.Reg. no HC 115.405/SP, 1ª T., rel. Min. Luiz Fux, j. 13.11.2012).

A suspensão da prescrição da multa, segundo a dicção do art. 40 da Lei de Execução Fiscal e do Código Tributário Nacional, *não* ocorrerá enquanto não for localizado o devedor ou encontrado seus bens sobre os quais incida a penhora, e, nesta hipótese, ocorrerá o prazo prescricional.

Nos casos em que haja condenação à pena privativa de liberdade e multa, cumprida a primeira, ou a restritiva de direitos que porventura tenha substituído, o inadimplemento da multa *não* obsta o reconhecimento da extinção da punibilidade (STJ, REsp, 1.519.777/SP, terceira Seção, rel. Min. Rogério Schietti Cruz, j. 26.8.2015).

IV. SISTEMA DE ACOMPANHAMENTO DA EXECUÇÃO DAS PENAS E DA MEDIDA DE SEGURANÇA

A Lei nº 12.714, de 14 de setembro de 2012, dispõe sobre o sistema de acompanhamento da execução das penas, da prisão cautelar e da medida de segurança. O diploma estabelece que os dados e as informações da execução deverão ser mantidos e atualizados em sistema informatizado de acompanhamento da execução da pena, preferencialmente, de tipo aberto. O sistema deverá conter os seguintes dados e informações: **a)** nome, filiação, data de nascimento e sexo; **b)** data da prisão ou da internação; **c)** comunicação da prisão à família e ao defensor; **d)** tipo penal e pena aplicável; **e)** tempo de condenação ou da medida aplicada; **f)** dias de trabalho ou de estudos; **g)** dias remidos; **h)** atestado de comportamento carcerário expedido pelo diretor do estabelecimento prisional; **i)** faltas graves; **j)** exame de cessação de periculosidade, no caso de medida de segurança; **k)** utilização de equipamento de monitoração eletrônica pelo condenado. O sistema deverá ser programado para informar ao magistrado, ao Ministério Público e ao Defensor, tempestivamente e automaticamente, por aviso eletrônico, as datas estipuladas para: **a)** obtenção da progressão de regime; **b)** concessão do livramento condicional; **c)** realização do exame de cessação de periculosidade; **d)** enquadramento nas hipóteses de indulto ou de comutação de penas, bem como calculem: **a.** a remissão de pena; **b.** identifiquem a existência de processos em que tenha sido determinada a prisão do réu ou acusado.

V. INCIDENTES DA EXECUÇÃO

1. CONVERSÕES

A *conversão* é a possibilidade de o juiz da execução, no curso da execução da pena, diante de determinados requisitos específicos, a título de incidente, aplicar penas restritivas de direitos, medidas de segurança, coibir excessos ou desvios, bem como aplicar a lei da anistia ou o decreto de indulto, adequando-os ao caso concreto.

A *conversão* não se confunde com a *substituição* da pena privativa de liberdade pela restritiva de direitos. Questão debatida na doutrina pertine a derrogação ou não do disposto no art. 181 da Lei de Execução Penal ("*A pena privativa de liberdade, não superior a dois anos, poderá ser convertida em restritiva de direitos...*"), diante do que veio a dispor o art. 44, I, do Código Penal, com a redação dada pela Lei nº 9.714, de 25 de novembro de 1998 ("*Aplicada a pena privativa de liberdade não superior a quatro anos e o crime não for cometido com violência ou grave ameaça à pessoa, ou qualquer que seja a pena aplicada, se o crime for culposo*"). Entende-se que não mais se questiona que para a conversão o requisito temporal passa a ser de dois para quatro anos, mantendo-se os demais requisitos (***a.*** condenado esteja cumprindo em regime aberto; ***b.*** tenha cumprido pelo menos um quarto da pena; ***c.*** os antecedentes e a personalidade do condenado indiquem ser a conversão recomendável).

A *pena restritiva de direitos* será convertida em privativa de liberdade nas hipóteses e na forma do art. 45 do CP, bem como os arts. 46, 47 e 48 do mesmo diploma.

A *conversão das restritivas de direitos* em privativas de liberdade ocorre quando do descumprimento injustificado da restrição imposta. A teor do art. 44, § 4º, do CP, no cálculo da pena privativa de liberdade a executar será deduzido o tempo cumprido da pena restritiva de direitos, respeitado o saldo mínimo de trinta dias de detenção ou reclusão (prestação de serviços à comunidade ou entidades públicas, limitação de fim de semana e interdição temporária de direitos). Cesar Roberto Bitencourt, no *Tratado de Direito Penal*, lembra que o "saldo mínimo de trinta dias de reclusão ou detenção" refere-se ao "período mínimo de pena restante para cumprir e não ao período de tempo já cumprido", concluindo que "a finalidade objetiva desestimular o descumprimento injustificado, nos últimos dias, da substituição". Juarez Cirino dos Santos, em *Direito Penal. Parte Geral*, advoga que, em se tratando do descumprimento injustificado de penas restritivas de direitos, definidas por *valores* (prestação pecuniária e perda de bens e valores) fora excluída a conversão, aplicado o mesmo critério de inadimplemência da pena de multa por analogia *in bonam partem*. Antes de proceder a conversão, o juiz da execução, em respeito aos *princípios do contraditório e da ampla defesa*, deverá realizar a oitiva do apenado e do Ministério Público. Com a adoção do *princípio da detração penal*, na conversão para a pena privativa de liberdade, há dedução do *tempo cumprido* da pena restritiva de direitos.

A *pena de prestação de serviço à comunidade* será *convertida*, nas hipóteses normatizadas em que o condenado: **a)** não for encontrado por estar em lugar incerto e não sabido, ou desatender à intimação por edital; **b)** não comparecer, *injustificadamente*, à entidade ou programa que deve prestar serviço; **c)** recusar-se, *injustificadamente*, de executar serviço que lhe fora imposto. Em quaisquer hipóteses, não se pode impor ao apenado trabalho humilhante ou insalubre (*princípio da dignidade da pessoa humana*); **d)** praticar falta grave; **e)** sofrer condenação por outro crime à pena privativa de liberdade, cuja execução não tenha sido suspensa.

O legislador possibilita ao magistrado a *faculdade da conversão* das restritivas de direitos na hipótese de ocorrência de *superveniente condenação* à pena privativa de liberdade. Desta forma, não impossibilita o cumprimento de pena substituída a cumprir ou que esteja em pleno cumprimento, desde que exista *compatibilidade*. É uma medida de política penitenciária, que evita a contaminação e a superpopulação carcerária, diante do *princípio da dignidade da pessoa privada de liberdade*.

A *pena de limitação de final de semana* será convertida, nas hipóteses normatizadas em que o condenado: **a)** *não* comparecer ao estabelecimento disciplinar para o cumprimento da pena; **b)** *recusar-se* a exercer atividade determinada pelo juiz; **c)** *praticar* falta grave; **d)** *sofrer* condenação por outro crime à pena privativa de liberdade, cuja execução não tenha sido suspensa.

A *pena de interdição temporária de direitos* será convertida, nas hipóteses normatizadas em que o condenado: **a)** *exercer*, injustificadamente, o direito interditado; **b)** *sofrer* condenação a outra pena privativa de liberdade cuja execução não tenha sido suspensa.

1.1. Propostas para a reforma

Aliás, a Proposta de Alteração da Lei de Execução Penal (2013) busca ampliar as hipóteses de conversão da pena privativa de liberdade em restritivas de direitos inserindo na matriz dinamicidade e flexibilidade e, para tanto, propõe na hipótese "não superior a quatro anos", poderá ser convertida em restritiva de direitos, desde que: **a)** o condenado esteja cumprindo em regime "semiaberto"; **b)** tenha sido cumprido pelo menos um quarto da pena; **c)** os antecedentes e a personalidade do condenado indiquem ser a conversão recomendável; **d)** "excepcionalmente, quando o mínimo de presos ultrapassar a capacidade de vagas do estabelecimento penal em regime *semiaberto* ou se tratar de pessoa com deficiência".

Igualmente, a pena restritiva de direitos será convertida em pena privativa de liberdade, quando "houver descumprimento injustificado da restrição imposta". A conversão será precedida de intimação do condenado para apresentação de justificativa quanto ao descumprimento da restritiva. Na hipótese de não ser organizado, deverá ser realizada a intimação editalícia com o prazo de 5 (cinco) dias. Resultando negativas, então será expedido mandado de prisão, e quando efetivamente preso, deverá ser ouvido *pessoalmente* em juízo para a justificação do descumprimento.

2. Superveniência de doença mental

Se, no curso da execução da pena privativa de liberdade, sobrevier *doença mental* ou *perturbação da saúde mental*, ocasionará a *conversão* da pena por medida de segurança. A teor do art. 41 do Código Penal, o condenado a quem sobrevem doença mental, deve ser recolhido ao hospital de custódia e tratamento psiquiátrico ou, à falta, a outro estabelecimento adequado. O *tratamento ambulatorial* poderá ser convertido em *internação* (regressão) se o paciente revelar *incompatibilidade* com a medida de tratamento ambulatorial, bem como *mutatis mutandis*, poderá ser convertida a internação em regime ambulatorial (progressão da medida de segurança).

A *superveniência de doença mental* ao condenado, apesar de poder levar a *conversão* da pena em medida de segurança (art. 41 do CP e art. 183 da LEP), *não pode ser por tempo indeterminado, respeita-se o prazo final da pena*. No caso de *transtorno mental transitório*, deverá ser o condenado transferido para hospital ou casa de saúde especializada. A *conversão* da pena pela medida de segurança só deverá ocorrer após, por *laudo de sanidade mental*, ficar constatada a irreversibilidade do surto (art. 183 da LEP). O tempo de cumprimento das medidas de segurança *convertidas* não pode ultrapassar ao *tempo total de cumprimento de pena imposto*, diante do *princípio da coisa julgada*.

2.1. Propostas para a reforma

Cessado o estado de patologia mental que justificou a conversão em medidas de segurança, o juiz da execução *restabelecerá* a pena privativa de liberdade, observada a detração, ficando revogado o art. 183 da Lei de Execução Penal.

3. EXCESSO OU DESVIO

O art. 185 da Lei de Execução Penal trata do *desvio* ou *excesso* ("haverá excesso ou desvio de execução sempre que algum ato for praticado além dos limites fixados na sentença, em normas legais ou regulamentares"). No *excesso*, há *prejuízo* marcante à *pessoa* do condenado (regime prisional inadequado, superlotação carcerária, manter em cadeia pública ou estabelecimento penal inadequado doente mental submetido à medida de segurança, submissão à sanção disciplinar por tempo maior que o previsto), ao passo que no *desvio* o *prejuízo* é da *execução*, pois o condenado está sendo beneficiado, de alguma forma, contrariando a sentença ou a lei (custodiado em regime mais brando, saídas temporárias, recebimento de visitas). Podem suscitar o incidente de execução de desvio ou excesso: **a)** o Ministério Público; **b)** o Conselho Penitenciário; **c)** o sentenciado; **d)** qualquer dos demais órgãos de execução penal.

3.1. Propostas para a reforma

A Proposta de Alteração da Lei de Execução (2013) faz incluir a figura do *desvio coletivo*, quando o número de presos exceder a capacidade de vagas do estabelecimento penal ou as condições de salubridade e higiene estiverem aquém dos parâmetros mínimos, propondo que se o descumprimento da pena se der em *regime diverso* daquele fixado na sentença, o condenado terá direito a uma *detração compensatória*, pelo desvio da execução sofrido.

O sentenciado e qualquer órgão da execução podem suscitar o incidente. Nos casos em que o cumprimento da pena se der em regime diverso daquele fixado na sentença, o condenado terá direito a uma *detração compensatória* pelo desvio da execução sofrido na proporção de dois dias de efetivo cumprimento de pena a cada dia em que permanecer em regime diverso do semiaberto, e três dias de efetivo cumprimento de pena a cada dia que permanecer em regime diverso do aberto.

4. ANISTIA

É uma das mais vetustas formas de extinção da pretensão punitiva é a *indulgentia principis*, que é expressa em três instituições: *anistia, graça* e *indulto*. Assim, é uma medida equitativa que busca atenuar os rigores da decisão judicial (*supplementum iustitiae*), por força das circunstâncias *econômicas, sociais* ou *políticas*. Como meio de *pacificação social* depois dos períodos de turbulência ou após grandes conquistas para a nação ou seu chefe, indultavam-se os autores de delitos *não* graves.

Registre-se que, com a Constituição de 1988, *não* mais se cita, corretamente, *a graça*, mencionando-se apenas a *anistia* e o *indulto*, tendo a Lei da Execução Penal passado a se referir a ela como *indulto individual*, embora mantida pela Reforma de 1984 (art. 107, II, 2ª figura, CP). É uma forma de prerrogativa soberana do *ius gratiandi* reconhecida ao Poder Legislativo (art. 48, VIII, CF/88), que, uma vez concedida, *não* pode *a posteriori* ser revogada. A *anistia* apresenta a mais *ampla* faixa de efeitos, fazendo desaparecer o ilícito penal, outorgando a condição de *primário* e usando *todos* os efeitos penais, *salvo* a *reparação do dano*. É historicamente conhecida como "*a lei do esquecimento*", consistindo em *ato de clemência*, atendendo a razões de *necessidade* e *conveniência* políticas.

A anistia pode ser: **a)** *própria*, quando concedida *antes* da condenação, durante o processamento da ação penal, ou, antes, de sua instauração; **b)** *imprópria*, concedida *após* o trânsito em julgado ou em grau recursal; **c)** *plena*, quando beneficia *todos* os envolvidos no crime sem distinção de qualidade ou condição pessoal; **d)** *restrita*, ou *parcial*, em relação a determinado autor típico ou a determinado crime com exclusão de outros (concurso de crimes); **e)** *condicional*, quando *não* abrange *todos* os efeitos, exigindo-se *bilateralidade*, devendo o beneficiário pronunciar-se sobre a *aceitação*. É medida de *interesse coletivo*, motivada, em geral, por considerações de *ordem política*, inspiradas na necessidade de paz social, podendo ser concedida *antes* ou *depois* da condenação. Alcança o crime em *qualquer* momento procedimental, ou mesmo *antes* que se inicie a sua investigação. Destina-se, com seus *amplos efeitos*, aos *crimes políticos*, objetivando a *paz* *social*, e tem o condão do *esquecimento* do ilícito penal com a *abstração* completa de seu autor, em outras palavras, dirige-se ao fato e não às pessoas, diante de seu caráter objetivo. Dentro do princípio *favorabilia sunt amplienda* é estendida aos *crimes conexos*. Se *não* forem especificados os efeitos civis *expressamente*, permanece a obrigação de indenizar pelo *dano material e moral*. A posição do Supremo Tribunal Federal em relação aos crimes cometidos por militares e ativistas que foram anistiados diante do julgamento da ADPF 153, em que foi afirmada a *constitucionalidade* da Lei nº 6.683, de 28 de agosto de 1979, e definido na esfera de âmbito de sua incidência – *crimes políticos e conexos* no período de 2.9.1961 a 15.8.1979. Do importante julgamento da Suprema Corte, extraem-se, na ementa, as seguintes passagens: **a)** "O argumento descolado da dignidade da pessoa humana para afirmar a invalidade da conexão criminal que aproveitaria aos agentes políticos que praticaram crimes comuns contra opositores políticos, presos ou não, durante o regime militar, não prospera"; **b)** "Conceito e definição de '*crime político*' pela Lei n. 6.683, de 28 de agosto de 1979. São *crimes conexos* aos crimes políticos 'os crimes de qualquer natureza relacionados com os crimes políticos ou praticados por motivação política'; podem ser de 'qualquer natureza', mas hão de terem estado relacionados com os crimes políticos ou [ii] hão de terem sido praticados por motivação política; são crimes outros que não políticos; são crimes comuns, porém [i] relacionados com os crimes políticos ou [ii] praticados por motivação política. A expressão *crimes conexos a crimes políticos* conota sentido a ser sindicado no momento histórico da sanção da lei. A chamada *Lei de anistia* diz com uma conexão *sui generis*, própria ao momento histórico da transição para a democracia. Ignora, no contexto da Lei n. 6.683, de 28 de agosto de 1979, o sentido ou os sentidos correntes, na doutrina, da chamada *conexão criminal*; refere o que 'se procurou', segundo a inicial, vale dizer, estender a anistia criminal de natureza política aos agentes do Estado encarregados da repressão"; **c)** "É da anistia de então que estamos a cogitar, não da anistia tal e qual uns e outros hoje a concebem, senão qual foi na época conquistada. Exatamente aquela na qual, como afirma inicial, 'se procurou' [sic] estender a anistia criminal de natureza política aos agentes do Estado encarregados da repressão. A chamada *Lei da anistia* veicula uma *decisão política* assumida naquele momento o momento da transição conciliada de 1979"; **d)** "No Estado democrático de direito o Poder Judiciário *não* está autorizado a alterar, a dar outra redação, diversa da nele contemplada, a texto normativo. Pode, a partir dele, produzir distintas normas. Mas nem mesmo o Supremo Tribunal Federal está autorizado a rescrever leis de anistia"; **e)** "Revisão de *lei de anistia*, se mudanças do tempo e da sociedade a impuserem, haverá ou não de ser feita pelo Poder Legislativo, não pelo Poder Judiciário"; **f)** "Impõe-se o desembaraço dos mecanismos que ainda dificultam o conhecimento do quanto ocorreu no Brasil durante as décadas sombrias da ditadura" (STF, ADPF 153/DF, Pleno, rel. Min. Eros Grau, j. 29.4.2010).

Apesar da decisão do Supremo Tribunal Federal ter assegurado que *todos* os crimes cometidos na ditadura estão anistiados, determinada vertente doutrinária entende ser possível investigar práticas de sequestro, ocultação de cadáver, execução sumária e tortura. Diante do trabalho da Comissão Nacional da Verdade, investigações e ações penais foram ajuizadas, e estão trancadas, em geral, diante do entendimento da Corte Suprema, em favor da Lei da Anistia. Há embargos declaratórios da OAB à decisão do STF, que ainda não foram julgados.

Há dois aspectos indissociáveis: **a)** o *constitucional*, que engloba a *soberania* e a manifestação do *ius iminens* do Estado, obedecendo a interesses sociais; **b)** o *penal*, diretamente ligado ao *ius puniendi* e repercutindo sobre os crimes e as penas, como matéria de *política criminal*. É concedida por lei do Congresso Nacional, *ex vi* do art. 48, VIII, da CF/88, *não* é mais exigível a iniciativa do Presidente da República, pois fica ao Judiciário o direito de examinar o alcance legal e aplicar à hipótese concreta. É *irrenunciável*, salvo quando *condicionada*. Ao Judiciário cabe verificar o alcance de sua aplicação. Diz o art. 187 da Lei de Execução Penal que "concedida a anistia, o juiz de ofício, a requerimento do interessado ou do Ministério Público, por proposta da autoridade administrativa ou do Conselho Penitenciário, *declarará extinta a punibilidade*". Opera efeitos *ex tunc*, exceto os efeitos civis. Pela Constituição Federativa de 1988 (art. 5º, XLIII, CF/88) são *insuscetíveis* do direito de graça a prática da *tortura*, o *tráfico ilícito de entorpecentes* e drogas afins, o *terrorismo* (PL 2016/2015: "O terrorismo consiste na prática por um ou mais indivíduos dos atos previstos nesta lei, por razões de xenofobia, discriminação ou preconceito de raça, cor, etnia e religião, quando cometidos com a finalidade de provocar terror social ou generalizado, expondo a perigo pessoa, patrimônio, a paz pública ou a incolumidade pública") e os crimes definidos como hediondos. Com a edição da Lei nº 8.072, de 25 de julho de 1990, extrapolando os limites concedidos pela Carta Política, fez incluir no rol o *indulto*.

5. GRAÇA

Embora a Carta Política se refira apenas ao *indulto* e à *comutação* (art. 84, XII, CF/88), o benefício da *graça* está implícito (art. 5º, XLIII, CF/88), *não* tem o poder de extinguir o crime nem a condenação imposta, apenas impede a *execução da pena* não anulando seus efeitos. O direito de *graça* era tão só um *ato de clemência* do Poder Público em favor do réu, *definitivamente* condenado, para conceder-lhe a *extinção*, *diminuição* ou *comutação* da pena que lhe fora imposta, confundindo-se com o *indulto individual*. Sua origem emana da Idade Média, das denominadas *chartes du pardon*, constituindo-se em verdadeiro *bill of indemnity*, ou melhor, autorização para cometer crime. Foi confundida com o *indulto* e utilizada nos países que adotaram a *pena de morte*, a fim de comutá-la para *prisão perpétua*. A *graça* abrange somente a *pena* e sua *execução* e não o crime, *mantendo todos os seus efeitos*. Note-se que, o Presidente da República, *individualmente*, poderá conceder a graça (*indulto individual*) a *determinado* condenado, *salvo* por crime hediondo ou a ele equiparado e o apenado não registre o cometimento de falta grave nos últimos 12 (doze) meses, contados da publicação do decreto (orientação dos últimos decretos natalinos). A concessão pode ser *delegada* ao Ministro da Justiça, ao Procurador-Geral da República e ao Procurador-Geral da União. Hoje, o direito de graça *abrange* o *indulto individual*, como *pressuposto negativo da punição*.

A Lei de Execução Penal regula o *indulto individual*. O *pedido de graça* poderá ser *provocado* através de petição do condenado, do Ministério Público, do Conselho Penitenciário ou da autoridade administrativa, acompanhada de documentos instrutórios, a ser dirigida ao Presidente da República. Deve ser entregue ao Conselho Penitenciário, para elaboração de parecer, podendo ser realizadas diligências que se fizerem necessárias, sendo, depois, os autos encaminhados ao Ministério da Justiça, para a manifestação final, subindo para a decisão presidencial. Fica reservada ao Presidente da República a *faculdade* de concedê-la de forma espontânea. Concedida a *graça* e junta aos autos cópia do decreto, o magistrado *declarará* extinta a pena ou penas, ou *ajustará* a execução nos termos do decreto, no caso de redução ou comutação de penas.

Ressalte-se que o Decreto nº 6.061, de 15 de março de 2007, estabelece dentre as atribuições dadas ao Departamento Penitenciário Nacional encontra-se "processar, estudar e encaminhar, na forma prevista em lei, os pedidos de indultos individuais". Dentre as atribuições do Conselho Penitenciário encontra-se "emitir parecer sobre indulto e comutação de pena, excetuada a hipótese de pedido de indulto com base no estado de saúde do preso". A Lei nº 10.792/2003 retirou a competência do Conselho Penitenciário para emitir parecer sobre casos de *indulto humanitário*, por entender que deva ser por médico.

6. INDULTO

A *indulgentia principis* recebeu acerbadas críticas de Beccaria, Filangieri Feuerbach e Florian, como causa de inúmeros abusos na Idade Média e até em tempos mais recentes. Se a *graça*, no dizer de Von Liszt, no *Tratado de Direito Penal Alemão*, atende às exigências de equidade, é emenda da própria justiça. Seu uso imoderado leva ao descrédito do Judiciário, desprestigia as decisões dos tribunais e gera a impressão de impunidade na opinião pública. O valor se encontra no *apaziguamento dos ódios e ressentimentos*, desarmando os *ânimos* e criando um clima de harmonia após os *movimentos políticos*, objetivando o bem comum. Assim, com a maior discrição e parcimônia, devem ser tratados a *anistia* e o *indulto*.

Enquanto a *anistia* extingue o *próprio crime*, fazendo-o desaparecer, a *graça* e o *indulto* só extinguem a *pena*, corrigindo injustiças ou o excessivo rigor da resposta penal. Desta forma, *subsistem* os efeitos penais da condenação *não* abarcados pela extinção da punibilidade. São da competência do Presidente da República (art. 84, XII, CF/88) e têm por destinatário os condenados por crimes comuns. A *graça* e o *indulto* só podem ser concedidos *depois* da condenação, *extinguindo* ou *comutando* a pena imposta passada em julgado. Questão polêmica é da *natureza jurídica* do *indulto*, divergindo a doutrina se o *perdão presidencial* se constitui em *causa extintiva da pena* ou da *punibilidade*. O Decreto nº 4.495, de 4 de dezembro de 2002, considera o indulto *modalidade de extinção da punibilidade*.

O *indulto individual* (graça) favorece a *pessoa determinada*, ao passo que a *anistia* é medida de *caráter coletivo*. Enquanto a *graça*, em regra, deve ser *requerida*, o *indulto* é *espontâneo*. A *anistia* e o *indulto* também extinguem as medidas de segurança (caráter unitário da punição), e o art. 96 do Código Penal é taxativo ao dizer: "*Extinta a punibilidade, não se impõe medida de segurança, nem subsiste a que tenha sido imposta*". Quando se trata do *indulto*, é facultado ao Presidente da República ("*se necessário*") condicionar o benefício à *cessação de periculosidade* do apenado. O Decreto nº 8.380, de 24 de dezembro de 2014, repetido no Decreto nº 8.615, de 23 de dezembro de 2015, estabelece que o indulto será concedido "*independentemente de cessação de periculosidade*".

O Presidente da República pode delegar a atribuição a ministro de Estado ou a outra autoridade (art. 84, XII, e parágrafo único da CF/88). O art. 192 da LEP prevê que "concedido o indulto e anexada aos autos cópia do decreto, o juiz declarará extinta a pena ou ajustará a execução aos termos do decreto, no caso de comutação". Na hipótese de referência a decreto anterior de *indulto coletivo*, o juiz da execução deverá avaliar as *condições de aplicação* no caso concreto. É o mais utilizado, principalmente nas ocasiões das *festas natalinas*, concedido a um *grupo de pessoas* e não a uma única, sendo *coletivo*. Apresenta como *ratio* da concessão a aplicação de uma *política humanitária*, por *interesse político, econômico e social*, teoricamente, podendo corrigir qualquer *erro judiciário* e, nos tempos atuais, para *esvaziar parte das prisões superlotadas*, considerando-se que os beneficiários já teriam cumprido grande parte da resposta penal que lhes foi imposta.

Registre-se que os benefícios do *indulto natalino* e da *comutação de penas* se aplicam aos condenados que cumprem pena em *regime aberto domiciliar*. Igualmente, tais benefícios são *cabíveis*, ainda que: **a)** a sentença tenha transitado em julgado para a acusação, sem prejuízo de recurso da defesa em instância superior; **b)** haja recurso da acusação que vise majorar a quantidade da pena ou as condições exigidas para a declaração do indulto ou da comutação; **c)** o condenado esteja em livramento condicional; **d)** responda a outro processo criminal, mesmo que tenha por objeto crime hediondo ou equiparado (condições especiais); **e)** não tenha sido expedida a *guia de recolhimento*; **f)** as penas de multa cumulada com a privativa de liberdade ou restritivas de direitos *não* impede a declaração do indulto ou da comutação.

Com a edição do Decreto nº 7.873, de 26 de dezembro de 2012, houve a dissipação de várias dúvidas em relação ao *indulto condicional*, fixando-se a pena privativa de liberdade *até* 8 (oito) anos, e que *não* tivesse sido substituída por restritiva de direitos ou multa e não aplicada a medida penal do *sursis*, desde que à época, no dia do Natal, tivesse cumprido 1/3 (um terço) da pena, se não reincidente, ou a metade, se reincidente. O *indulto* ficaria subordinado à constatação da inexistência de *falta grave* nos últimos 12 (doze) meses de cumprimento de pena, bem como *não* alcançaria os crimes de tortura, terrorismo ou tráfico ilícito de entorpecentes ou drogas afins, os condenados por *crimes hediondos*, após a edição da Lei nº 8.072, de 25 de julho de 1990.

A posição do Supremo Tribunal Federal é no sentido de que a *graça individual* e o *indulto coletivo*, totais ou parciais, nessa última hipótese, a *comutação de penas*, constituem *modalidades do poder de graça* (art. 5º, XLIII, CF/88), vedado concessão diante do crime hediondo (STF, HC 81.565/SC, 1ª T., rel. Min. Sepúlveda Pertence, j. 19.2.2002). A Corte ressaltou que "O art. 5º, XLIII, da Constituição, que proíbe a graça, gênero do qual o indulto é espécie, nos crimes hediondos definidos em lei, não conflita com o art. 84, XII, da Lei Maior" (STF, HC 90.364/MG, Pleno, rel. Min. Ricardo Lewandowski, j. 31.10.2007). Na hipótese do crime hediondo ou equiparado praticado *antes* do advento da Lei nº 8.072, de 25 de julho de 1990, há possibilidade da concessão do indulto diante do princípio da irretroatividade da lei penal mais gravosa (STF, HC 104.817/RJ, 2ª T., rel. Min. Gilmar Mendes, j. 23.11.2010).

Os decretos de indulto (2007/2015) o *excluem* às pessoas condenadas: **a)** por crime de tortura ou terrorismo; **b)** por crime de tráfico ilícito de drogas nos termos do *caput* e § 1º do art. 33 e dos arts. 34 a 37 da Lei nº 11.343, de 23 de agosto de 2006; **c)** por crime hediondo, praticado *após* a publicação das Leis nºs. 8.072, de 25 de julho de 1990, 8.930, de 6 de setembro de 1994, 11.464, de 28 de março de 2007, e 12.015, de 7 de agosto de 2009, observadas ainda as modificações posteriores; **d)** por crimes definidos no Código Penal Militar que correspondam aos delitos previstos nos incisos I e II, *exceto* quando configurada situação de uso de drogas disposto no art. 290 do CPM, *salvo* quando: **a.** *indulto comum*: "condenadas a pena privativa de liberdade não superior a oito anos, não substituída por restritivas de direitos ou multa, e não beneficiadas com a suspensão condicional da pena que, até 25 de dezembro de 2015, tenham cumprido um terço da pena, se não reincidentes, ou metade, se reincidentes" (I); e "condenadas a pena privativa de liberdade superior a oito anos e não superior a doze anos, por crime praticado sem grave ameaça ou violência a pessoa, que, até 25 de dezembro de 2015, tenham cumprido um terço da pena, se não reincidentes, ou metade, se reincidentes" (II); **b.** *etário*: "condenadas a pena privativa de liberdade superior a oito anos que, até 25 de dezembro de 2015, tenham completado 60 anos de idade e cumprido 1/3 da pena, se não reincidentes, ou metade, se reincidentes" (III); e "condenadas a pena privativa de liberdade que, até 25 de dezembro de 2015, tenham completado 70 anos de idade e cumprido 1/4 da pena, se não reincidentes, ou 1/3, se reincidentes" (IV); **c.** *indulto pelo cumprimento ininterrupto da pena privativa de liberdade*: "condenadas a pena privativa de liberdade que, até 25 de dezembro de 2015, tenham cumprido *ininterruptamente* 15 anos da pena, se não reincidentes, ou 20 anos, se reincidentes" (V); **d.** *indulto assistencial*: "condenadas a pena privativa de liberdade superior a oito anos que tenham filho ou filha menor de 18 anos ou com deficiência que necessite de seus cuidados e que, até 25 de dezembro de 2015, tenham cumprido: *a)* se homem: 1/3 da pena, se não reincidentes, ou metade, se reincidentes; ou, *b)* se mulher: 1/4 da pena, se não reincidentes, ou 1/3, se reincidentes " (VI). Não alcança as pessoas condenadas por crime praticado com violência ou grave ameaça contra filho ou filha (VII); **e.** *por saídas temporárias ou trabalho externo*: "condenadas a pena privativa de liberdade não superior a doze anos, desde que já tenham cumprido 1/3 da pena, se não reincidentes, ou metade, se reincidentes, estejam cumprindo pena no regime semiaberto ou aberto e já tenham usufruído até 25 de dezembro de 2015, no mínimo, *cinco saídas temporárias*, ou tenham exercido *trabalho externo*, no mínimo, por doze meses nos três anos contados retroativamente a 25 de dezembro de 2015" (VIII); **f.** *indulto pelo estudo*: "condenadas a pena privativa de liberdade não superior a doze anos, desde que já tenham cumprido 1/3 da pena, se não reincidentes, ou metade, se reincidentes, estejam cumprindo pena no regime semiaberto ou aberto ou estejam em livramento condicional, e tenha frequentado, ou estejam frequentando curso de ensino fundamental, médio, superior, profissionalizante ou ainda de requalificação profissional, no mínimo por doze meses nos três anos contados retroativamente a 25 de dezembro de 2015" (IX); **g.** *indulto pela conclusão de curso*: "condenadas a pena privativa de liberdade superior a doze anos, desde que já tenham cumprido 2/5 da pena, se não reincidentes, ou 3/5, se reincidentes, estejam cumprindo pena no regime semiaberto ou aberto, e tenham concluído durante a execução da pena o curso de ensino fundamental e o de ensino médio, ou o ensino profissionalizante ou superior, devidamente certificado por autoridade educacional local, nos três anos contados retroativamente a 25 de dezembro de 2015" (X); **h.** *da pena de multa*: "condenadas a pena de multa, ainda que não quitada, independentemente da fase executória ou juízo em que se encontre, aplicada cumulativamente com pena privativa de liberdade cumprida até 25 de dezembro de 2015, desde que não supere o valor mínimo para inscrição de débitos na Dívida Ativa da União, estabelecido em ato do Ministro de Estado da Fazenda, e que não tenha capacidade econômica de quitá-la". O indulto ou a comutação da pena privativa de liberdade ou restritiva de direitos *alcança* a pena de multa aplicada cumulativamente. A inadimplência da pena de multa cumulada com a pena privativa de liberdade ou restritiva de direitos *não* impede a declaração do indulto ou da comutação de pena (XI); **i.** *indulto humanitário*: "condenadas: *a)* com paraplegia, tetraplegia ou cegueira, desde que tais condições não sejam anteriores à prática do delito e se comprovem por laudo médico oficial ou, na falta deste, por médico designado pelo juízo da execução; *b)* com paraplegia, tetraplegia ou cegueira, ainda que tais condições sejam anteriores à prática do delito e se comprovem por laudo médico oficial ou, na falta deste, por médico designado pelo juízo da execução, caso resultem em grave limitação de atividade e restrição de participação prevista na alínea "c"; ou *c)* acometidas por doença grave e permanente que apresentem grave limitação de atividade e restrição de participação ou exijam cuidados contínuos que não possam ser prestados no estabelecimento penal, desde que comprovada a hipótese por laudo médico oficial ou, na falta deste, por médico designado pelo juízo da execução, constando o histórico da doença, caso não haja oposição da pessoa condenada". Registre-se que, *excepcionalmente*, nestas hipóteses, *não* ficam sujeitos às restrições dos crimes hediondos ou equiparados (XII); **j.** *indulto de medida de segurança*: "submetidas a medida de segurança, que, até 25 de dezembro de 2015, independentemente da cessação de periculosidade, tenham suportado privação da liberdade, internação ou tratamento ambulatorial por período igual ou superior ao máximo da pena cominada à infração penal correspondente à conduta praticada ou, nos casos de substituição prevista no art. 183 da Lei de Execução Penal, por período igual ao remanescente da condenação cominada" (XIII). No Informativo nº 806 do Supremo Tribunal Federal, lê-se: "Reveste-se de legitimidade jurídica a concessão, pelo presidente da República, do benefício constitucional do indulto (CF, art. 84, XII), que traduz expressão do poder de graça do Estado, mesmo se se tratar de indulgência destinada a favorecer pessoa que, em razão de sua inimputabilidade ou semi-imputabilidade, sofre medida de segurança, ainda que de caráter pessoal e detentivo. Essa a conclusão do Plenário, que negou provimento a recurso extraordinário em que discutida a possibilidade de extensão de indulto a internados em cumprimento de medida de segurança. O Colegiado assinalou que a competência privativa do presidente da República prevista no art. 84, XII, da CF abrange a medida de segurança, espécie de sanção penal, inexistindo restrição à concessão de indulto. Embora não seja pena em sentido estrito, é medida de natureza penal e ajusta-se ao preceito, cuja interpretação deveria ser ontológica. Lembrou o HC 84.219/SP (DJU de 23.9.2005), em que o período máximo da medida de segurança fora limitado a 30 anos, mediante interpretação sistemática e teleológica dos artigos 75 e 97 do CP e 183 da LEP. Fora reconhecida, na ocasião, a feição penal da medida de segurança, a implicar restrição coercitiva da liberdade. Em reforço a esse entendimento, sublinhou o art. 171 da LEP, a condicionar a execução da sentença ao trânsito em julgado; bem assim o art. 397, II, do CPP, a proibir a absolvição sumária imprópria, em observância ao princípio da não culpabilidade (CF, art. 5º, LVII). No caso, o Presidente da República, ao implementar indulto no tocante a internados em cumprimento de medida de segurança, nos moldes do art. 1º, VIII, do Decreto natalino 6.706/1998, não extrapolara o permissivo constitucional. Precedentes citados: RE 612.862 AgR/RS (DJe de 18.2.2011) e HC 97.621/RS (DJe de 26.6.2009)" (RE 628658/RS, Pleno, rel. Min. Marco Aurélio, 4 e 5.11.2015); **k.** *indulto por tempo de prisão, na hipótese de substituição por pena restritiva de direitos ou substituição condicional da pena*: "condenadas a pena privativa de liberdade, desde que substituída por restritiva de direitos, na forma do art. 44 do Decreto-Lei nº 2.848, de 7 de dezembro de 1940 - Código Penal, ou ainda beneficiadas com a suspensão condicional da pena, que, de qualquer forma, tenham cumprido, até 25 de dezembro de 2015, um quarto da pena, se não reincidentes, ou um terço, se reincidentes" (XIV). Não é possível o cômputo do período de prova cumprido em suspensão condicional da pena para o preenchimento temporal objetivo do indulto natalino. A Corte Suprema, por maioria, entendeu que não se poderia confundir o tempo alusivo ao período de prova para a suspensão condicional da pena que fora imposta com o requisito temporal pertinente ao cumprimento parcial da pena (STF, HC 123.698/PE, 2ª T., relª. Minª. Carmen Lucia, j. 17.11.2015); **l.** *indulto por tempo de prisão provisória*: "condenadas a pena privativa de liberdade, sob regime aberto ou substituída por pena restritiva de direitos, ou ainda beneficiadas com a suspensão condicional da pena, que tenham cumprido em prisão provisória, até 25 de dezembro de 2015, um sexto da pena, se não reincidentes, ou um quinto, se reincidentes" (XV); **m.** *indulto por tempo remanescente da pena*: "condenadas a pena privativa de liberdade, que estejam em livramento condicional ou cumprindo pena em regime aberto, cujas penas remanescentes, em 25 de dezembro de 2015, não sejam superiores a oito anos, se não reincidentes, e a seis anos, se reincidentes, desde que tenham cumprido um quarto da pena, se não reincidentes, ou um terço, se reincidentes" (XVI); **n.** *indulto por crime contra o patrimônio cometido sem grave ameaça ou violência à pessoa*: "condenadas por crime contra o patrimônio, cometido *sem* grave ameaça ou violência à pessoa, desde que tenham cumprido um sexto da pena, se não reincidentes, ou um quarto, se reincidentes, e *reparado o dano* até 25 de dezembro de 2015, salvo inocorrência de dano ou incapacidade econômica de repará-lo" (XVII); e "condenadas a pena privativa de liberdade superior a dezoito meses e *não* inferior a quatro anos, por crime contra o patrimônio, cometido *sem* grave ameaça ou violência à pessoa, com prejuízo ao ofendido em valor estimado *não* superior a um salário-mínimo, desde que tenha, até 25 de dezembro de 2015 cumprido três meses de pena privativa de liberdade e comprovem depósito em juízo do valor correspondente ao prejuízo causado à vítima, salvo comprovada incapacidade econômica para fazê-lo" (XVIII); **o.** *indulto por ter sido vítima de tortura praticada por agente público no curso da execução da pena*: "condenadas a pena privativa de liberdade que, até 25 de dezembro de 2015, tenham sido vítimas de tortura, nos termos da Lei nº 9.455, de 7 de abril de 1997, com decisão transitada em julgado, praticada por agente público ou investido em função pública, no curso do cumprimento da sua privação de liberdade" (XIX); **p.** *pelo cabimento do indulto*: o indulto e a comutação de penas são cabíveis ainda que: *a)* a sentença tenha *transitado em julgado para a acusação*, sem prejuízo do julgamento de recurso da defesa na instância superior; *b)* haja recurso da acusação que *não* vise a majorar a quantidade da pena ou as condições exigidas para *declaração do indulto* ou da *comutação de penas*; *c)* a pessoa condenada esteja em livramento condicional; *d)* ou responda a outro *processo criminal*, *mesmo* que tenha por *objeto* o crime de tortura, terrorismo, tráfico ilícito de drogas ou equiparado a hediondo, após a publicação das Leis nºs. 8.072, de 25 de julho de 1990, 8.930, de 6 de setembro de 1994, 9.695, de 20 de agosto de 1998, 11.464, de 28 de março de 2007, e 12.015, de 7 de agosto de 2009; *e)* por crimes definidos no Código Penal Militar, que correspondam aos crimes de tortura, terrorismo ou tráfico ilícito de drogas, exceto quando configurada a situação do uso de drogas disposto no art. 290 do Código Penal Militar; *f)* não tenha sido expedida a guia de recolhimento; **q.** *o incabimento do indulto*: *a)* por pessoas *condenadas* por crime de tortura ou terrorismo; *b)* por crime de tráfico ilícito de drogas, nos termos do *caput* e § 1º, do art. 33, e dos art.s 34 a 37, da Lei nº 11.343, de 23 de agosto de 2006; *c)* por crime hediondo praticado após a publicação das Leis nºs. 8.072, de 25 de julho de 1990, 8.930, de 6 de setembro de 1994, 9.695, de 20 de agosto de 1998, 11.464, de 28 de março de 2007, e 12.015, de 7 de agosto de 2009; *d)* por crimes definidos no Código Penal Militar, que correspondam aos crimes de tortura, terrorismo ou tráfico ilícito de drogas, exceto quando configurada a situação do uso de drogas disposto no art. 290 do Código Penal Militar; *e)* o indulto não se estende às penas acessórias, previstas no Decreto-Lei nº 1.001, de 21 de outubro de 1969, e aos efeitos da condenação (§ 1º); *f)* o indulto previsto nos incisos VI e VII do *caput* não alcança as pessoas condenadas por crime praticado com violência ou grave ameaça contra o filho e a filha (§ 2º); *g)* as hipóteses contempladas pelo indulto (Decreto nº 8.615, de 23 de dezembro de 2015) não dispensam os órgãos de execução penal do encaminhamento da pessoa beneficiada aos órgãos integrados do Sistema Único de Assistência Social (SUAS), a fim de assegurar a orientação de apoio e atendimento integral ao egresso e aos seus familiares (§ 3º); **r.** *indulto e comutação de penas correspondente a infrações diversas*: as penas correspondentes às infrações diversas devem somar-se, para efeito da declaração do indulto e da comutação de pena, até o dia 25 de dezembro de 2015. Na hipótese de haver concurso com o crime hediondo, *não* será declarado o indulto ou a comutação da pena correspondente ao *crime não impeditivo*, enquanto a pessoa condenada não cumprir dois terços da pena, correspondente ao *crime impeditivo* dos benefícios; **s.** aplicam-se os benefícios contidos neste Decreto de indulto natalino relativo ao regime aberto às pessoas que cumpram pena em *regime aberto domiciliar*.

Finalmente, a declaração de indulto ou de comutação das penas terá *preferência* sobre a decisão de qualquer outro *incidente* no curso da execução penal, poderão ser organizados *mutirões* pelos Tribunais de Justiça, em cada estado da federação, devendo o juízo competente, ouvidas as partes, proferir decisão no prazo sucessivo de cinco dias. É facultada ao *juiz do processo de conhecimento*, na hipótese de pessoas condenadas primárias, desde que haja o trânsito em julgado da sentença condenatória para o Ministério Público, a declaração de indulto contemplado no Decreto. Vê-se que se trata de efetivo instrumento de *política penitenciária*, diante da *crise da prisão*, sob um olhar humanístico minorar os três seculares óbices da sustentabilidade da execução penal: superlotação carcerária, ociosidade e promiscuidade.

O Presidente da República, na esfera de sua competência privativa, *ex vi* do art. 84, XII, da CF/88 só ficará limitado à vedação prevista no inciso XLIII do art. 5º, *salvo* na hipótese de *indulto coletivo*. Recorde-se que a Carta considera crimes inafiançáveis e insuscetíveis de *graça* ou *anistia*, a prática de tortura, o tráfico ilícito de entorpecentes e drogas afins, o terrorismo e os crimes equiparados a hediondos. Salienta-se que a Carta não vedou o *indulto coletivo*, tão só a *graça*, que é o *indulto individual*.

O Decreto nº 8.380, de 24 de dezembro de 2014, repetido no Decreto nº 8.615, de 23 de dezembro de 2015, condiciona a inexistência de aplicação de sanção, realizada por juízo competente, em audiência de justificação, garantido o direito aos princípios do contraditório e da ampla defesa, por falta disciplinar de natureza grave cometida nos 12 (doze) meses de cumprimento da pena, contados retroativamente à data da publicação do decreto. A inovação inserida neste diploma *exclui* a oitiva do parecer do Conselho Penitenciário, determinando a remessa imediata ao Ministério Público e à defesa, contemplando o *princípio da celeridade processual executória* para a efetividade do indulto e da comutação de pena, pois o magistrado *não* está adstrito ao parecer, diante do *princípio da persuasão racional*. A notícia da prática de falta grave, ocorrida após a publicação do decreto (23.12.2015), *não* suspende e nem interrompe a obtenção do indulto ou da comutação de penas (art. 5º, § 1º).

O *indulto* pode ser classificado em: **a)** *total* – remissão total da pena; **b)** *parcial* – remissão de parte da pena, onde o apenado já cumpriu satisfatoriamente certa quantidade a critério do Presidente da República (orientação ditada pelo Ministério da Justiça). O *indulto coletivo* objetiva nos *crimes comuns* beneficiar uma *coletividade* de condenados. No caso de *indulto individual*, poderá ser provocado pelo próprio condenado, por iniciativa do Ministério Público, do Conselho Penitenciário ou da autoridade administrativa (arts. 187 a 193 da LEP). Na hipótese de *indulto parcial* ou *restrito*, a doutrina majoritária entende tratar-se de *comutação de pena*. Pode ser concedido mais de uma vez ao mesmo condenado e *não* cabe nos casos de sentença condenatória recorrível na hipótese de inexistir especificação própria. A *anistia* concedida por lei ordinária *não* gera reincidência, ao contrário da graça e do indulto coletivo. O art. 1º, VIII, do Decreto nº 6.706, de 22 de dezembro de 1998, tem *repercussão geral* sobre a legitimidade do indulto aos internados em cumprimento de medidas de segurança.

A *comutação da pena* remanescente aferida em 25 de dezembro de 2015, será concedida, de 1/4 (um quarto), se não reincidentes, e de 1/5 (um quinto), se reincidentes, às pessoas condenadas à pena privativa de liberdade, *não* beneficiadas com a *suspensão condicional da pena*, que até a referida data, tenham cumprido 1/4 (um quarto) da pena, se não reincidentes, ou 1/3 (um terço), se reincidentes, e *não* preencham os requisitos deste decreto para receber o indulto. O *cálculo* será feito sobre o período da pena já cumprida até 25 de dezembro de 2015, se o período da pena já cumprido, descontadas as comutações anteriores, for superior às remanescentes. A pessoa que anteriormente comutada a pena terá *nova* comutação calculada sobre o remanescente da pena ou sobre o período da pena já cumprido, *sem* necessidade de *novo* requisito temporal e sem prejuízo da remição. A comutação será de 2/3 (dois terços), se não reincidente, quando se tratar de *condenada mulher*, por crime cometido sem violência ou grave ameaça e tenha filho menor de 18 (dezoito) anos ou com doença crônica grave ou deficiência que necessite de seus cuidados, até a data de 25 de dezembro de 2015. Por último, concede-se a comutação às pessoas condenadas à pena privativa de liberdade que *não* tenham, até 25 de dezembro de 2015, obtido comutações por meio de Decreto anteriores, independentemente do período anterior (arts. 2º ao 7º).

7. MODALIDADES

Em síntese, são modalidades do indulto: **a)** *indulto comum*; **b)** *etário*; **c)** *indulto pelo cumprimento ininterrupto da pena privativa de liberdade*; **d)** *indulto assistencial*; **e)** *por saídas temporárias ou trabalho externo*; **f)** indulto pelo estudo; **g)** *indulto pela conclusão de curso;* **h)** *da pena de multa;* **i)** *indulto humanitário;* **j)** *indulto de medida de segurança;* **k)** *indulto por tempo de prisão, na hipótese de substituição por pena restritiva de direitos ou substituição condicional da pena;* **l)** *indulto por tempo de prisão provisória;* **m)** *indulto por tempo remanescente da pena;* **n)** *indulto por crime contra o patrimônio cometido sem grave ameaça ou violência à pessoa;* **o)** *indulto por ter sido vítima de tortura praticada por agente público no curso da execução da pena.*

8. DISTINÇÕES

Enquanto a *anistia* é ato do Estado (lei federal) na renúncia ao direito de punir, o *indulto* é ato de Presidente da República (decreto), pelo qual beneficia determinada pessoa ou diversas pessoas. A *anistia*, cujo Poder competente é o Legislativo, é *irrenunciável*, abarcando os *crimes políticos*, admitida *antes* ou *depois* do trânsito em julgado, *retroativa*, atinge efeitos penais principais e acessórios. Já o *indulto*, da competência do Executivo, *provocado* ou *espontâneo*, retroativo, somente atinge os efeitos penais *principais* da condenação, nos *crimes comuns*, sendo, pois, *condicional*. Em alguns casos, o *exercício do direito de graça* assume o *caráter geral*, abrangendo determinadas categorias de atos ou de agentes; ao passo que, em outros, apenas faz *extinguir, diminuir, alterar* ou *suspender* a pena aplicada e transitada em julgado contra um condenado *individualmente* determinado. No primeiro caso, tem-se a *anistia* e, no segundo, o conceito de *indulto*. Portanto, aquela tem *caráter geral*, já este, *individual*. Também neste sentido, na *anistia* extingue-se o procedimento e, no caso de ter ocorrido a condenação, *cessa* a execução da pena e seus efeitos. Já no *indulto*, *extingue-se* a pena, no todo ou em parte, ou pode-se substituí-la por outra prevista em lei.

Há *incompatibilidade* do *indulto* com o cometimento de *falta grave* diante do sistema do merecimento jungido ao cumprimento da pena. A avaliação do *requisito subjetivo* para a concessão do indulto ocorre no momento da *publicação do decreto* e não quando da *decisão* do magistrado (a publicação do decreto *após* o cometimento da falta grave, *não* suspende nem impede o indulto ou a comutação de pena). De resto, podendo ser *total* ou *parcial*, deverá se referir também de forma expressa à *pena de multa*, pois no silêncio a ela *não* se estende. Atinge o apenado que está cumprindo o *sursis*, bem como pode somar as penas para atingir o limite previsto no direito de indulto. As sanções *não* previstas no decreto conservam seus efeitos penais e civis. O *decreto do indulto* é um *ato abstrato* que regula situação em tese em que apenas são destinatários aqueles que se encontram nos limites de sua regulação. Pode ser objeto de controle de constitucionalidade.

A concessão do benefício do indulto *individual ou coletivo* é uma faculdade do Presidente da República *ex vi* do art. 84, XII, da Carta Política, *não* requerendo o balisamento dos princípios da isonomia e proporcionalidade (STF, HC 96.475/PR, 2ª T., rel. Min. Eros Grau, j. 14.4.2009), sendo *possível* a *exigência de condições* para aperfeiçoá-lo em conformidade com a Constituição (STF, AI 701.673 AgR/MG, 1ª T., rel. Min. Ricardo Lewandowski, j. 5.5.2009). Denegado o pedido e transitada em julgado a decisão, poderá o interessado renová-lo com a adição de novas provas. Cabe agravo em execução da decisão sobre a aplicação do decreto de indulto. Não mais se questiona a *necessidade do trânsito em julgado* da sentença condenatória para a concessão do indulto, nem para a progressão do regime ou do livramento condicional (STF, HC 87.801/SP, 1ª T., rel. Min. Sepúlveda Pertence, j. 2.5.2006). Repita-se: o indulto *não* pode em regra ser *recusado*, excetuando-se quando *condicional* ou mera *comutação de pena*.

Aduza-se a possibilidade de sua *retratabilidade*. Se *extinguir* ou *reduzir* a pena aplicada, *não* pode ser recusada, *salvo* quando ocorrer *substituição de pena*. A *indulgentia principis* pode abranger condenação transitada em julgado em ação penal pública de iniciativa privada. Como o *sursis* é uma medida de execução penal, o condenado poderá ser beneficiário do indulto, *salvo* cláusula expressa em contrário no Decreto presidencial. O indulto extingue *somente* a pena; se o beneficiário cometer *novo* crime, será considerado *reincidente*, pois o benefício *não* lhe outorga a condição de primário. Nada impede que seja deferido quando o condenado *cumpre* o livramento condicional (período de prova), pois são institutos *diversos* e *compatíveis*. O condenado poderá pleitear os dois benefícios, ao mesmo tempo, em pedido cumulativo.

Na questão da *exigibilidade* ou não da *reparação do dano*, deve ser observado que o indulto constitui *faculdade* atribuída ao Presidente da República (art. 84, XII, CF/88). A sua imposição como *condição* estimula a composição dos danos causados pela realização do ilícito penal. A indisponibilidade dos bens ou o seu sequestro *não* tornam o condenado insolvente para eximi-lo da satisfação do dano. Há que se observar, ainda, que a *ausência* da reparação do dano diante da absoluta impossibilidade financeira do condenado *não* tem o condão de impedir a concessão do benefício presidencial.

No indulto há *perdão da pena*, ao passo que na *comutação* há tão só a *dispensa do cumprimento de parte da pena*. Só naquele, *ex vi* do art. 107, II, do Código Penal, é *causa de extinção da punibilidade*. A *comutação de pena* ("indulto parcial") constitui-se em uma estratégia de *política penitenciária* para alimentar a *esperança na liberdade* e, com isso, levantar a autoestima dos condenados a longas penas privativas de liberdade, evitando a estipular o conflito carcerário *ausência de uma luz no final do túnel*.

A doutrina dominante entende a *comutação de pena* como *perdão judicial* da pena imposta, cuidando-se de *indulto*, pois o apenado é beneficiado com a redução da pena cumprida. A única limitação que tem o Presidente da República ao editar o decreto (natalino) é a *vedação* aos que foram condenados, por crime hediondo ou a ele equiparado. Ressalte-se que, com a redação de pena pela comutação, ocorrem todos os efeitos legais para os novos cálculos em relação à incidência de futuros benefícios.

A posição do Supremo Tribunal Federal é no sentido de que a *comutação da pena* nada mais é do que uma *espécie de indulto parcial* em que apenas se reduz a pena, daí a vedação nos crimes hediondos (STF, HC 103.618/RS, 1ª T., rel. Min. Dias Toffoli, j. 24.8.2010). O Superior Tribunal de Justiça consolidou a posição no sentido de que a comutação de penas trata-se de *indulto parcial*, cabendo ao Presidente da República definir a extensão do benefício (STJ, HC 91.198/SP, 5ª T., rel. Min. Arnaldo Esteves Lima, j. 26.2.2008). Assim, o *procedimento* para comutação de pena será o mesmo pertinente ao indulto – após a manifestação do Ministério Público e do condenado, o magistrado ajustará os termos do decreto a execução da pena. O Superior Tribunal de Justiça admite a comutação pela via mandamental do *habeas corpus*, "pois a análise acerca do preenchimento dos requisitos necessários à obtenção do benefício não pressupõe, em princípio, a análise do conjunto fático-probatório, sendo suficiente condicionar a questão de direito" (STJ, HC 177.595/SP, 5ª T., rel. Min. Gilson Dipp, j. 19.10.2010).

VI. PENAS DAS PESSOAS JURÍDICAS

1. RESPONSABILIDADE PENAL DAS PESSOAS JURÍDICAS

Se é verdade que o Direito foi criado em favor e em razão do homem – *hominum causa omne jus constitutum sit* –, não é menos certo que, ao lado da pessoa física, existem outros seres de direito, que, semelhantemente ao homem, desenvolvem nas relações jurídicas atividades de naturezas diversas, concordantes com os objetivos peculiares do grupo coletivo, de que são manifestação imediata, e outra coisa não representam senão a satisfação de interesse, sempre que estes ultrapassem a limitada esfera da vontade e da atividade individual. Os *objetivos sociais*, na verdade, que transcendem as forças do homem e a limitada duração da sua vida, impõe a existência de entidades que se constituem pela agregação de vontades particulares, congregadas no intuito de alcançar finalidades que os indivíduos têm em mira, mas só podem ser atingidas ao impulso do esforço comum. Constatando a presença de tais entes sociais, o Direito ratifica a sua existência, e reconhece a *legitimidade* das suas funções específicas, abrindo-lhes, no campo das normas objetivas, um lugar ao lado daquele que reserva ao homem e aos seus atos, na sua condição de pessoa de direito, por excelência.

Discute-se a possibilidade, em certos casos, ou em relação a determinadas infrações, de as *pessoas jurídicas* poderem ser consideradas *sujeitos ativos* e lhes atribuir *responsabilidade penal*, aplicando somente *penas pecuniárias* ou *restritivas de direitos*.

Sabe-se que o Direito Penal, ao exigir a *culpabilidade do autor* para responsabilizá-lo pelo ato ético-jurídico reprovável, *não* pode alcançar as pessoas jurídicas, incapazes de *culpabilidade* no sentido individualista, pessoal, que assume na estrutura do delito. Há autores que *admitem* a responsabilidade das pessoas jurídicas por considerar politicamente conveniente. Von Liszt afirmava que, se as pessoas jurídicas podem ser sujeitos passivos dos injustos, também podem ser sujeitos ativos. A questão é objeto de vetusto processo histórico: **a)** a primeira postura estava caracterizada pelo reconhecimento da capacidade penal das pessoas sociais (Direito germânico e o velho Direito francês); **b)** a segunda posição de exclusão da responsabilidade coletiva é mantida no Direito romano. Ulpiano afirmava que a acusação nunca é contra a própria Cidade; **c)** a terceira postura, denominada *retificação* ou *positivo-negativo* é representada pelo Direito canônico, em duas etapas: **a)** a negativa iniciada por Sinibaldo Fieschi (séc. XIII); **b)** a que prevalece a doutrina de Bartolo no sentido da responsabilidade penal dos entes corporativos. Na época revolucionária, há exclusão absoluta da responsabilidade coletiva. Sustentavam a *posição negativa* Savigny, Laurent e Feuerbach, defendendo, em resumo: **a)** somente a pessoa individual tem consciência e vontade que constituem a base em que se funda a *tese da imputabilidade penal* (Pessina); **b)** a responsabilidade penal das pessoas morais ataca o *princípio jurídico da personalidade das penas*, visto que, ao apenar uma pessoa coletiva, não só são apenados os que intervêm no ato, senão, também, os que *não* tiveram participação (Von Hippel); **c)** as pessoas jurídicas estão constituídas para um *fim* determinado, *não* sendo susceptíveis de *pena*, visto que o *fim* penal poderia ser a execução de um crime (Feuerbach). A *tese positiva* da responsabilidade penal tem apoio histórico nos glosadores (Bartolo) e na doutrina positiva através dos partidários das chamadas teorias da *vontade* (Zitelmann), teoria *orgânica* (Gierk), do *interesse* (Michaud), da *realidade jurídica* (Hauter).

O tema da responsabilidade penal das pessoas jurídicas é objeto de vivo questionamento doutrinário e pretoriano. A *tese clássica*, desenvolvida por autores defensores do Direito Penal liberal, sustenta a impossibilidade da responsabilidade penal das pessoas jurídicas (*societas delinquense non potest*) em razão do princípio penal da identidade do infrator ou do condenado (*princípio da identidade da pena*). O Direito Penal considera o homem natural um ser livre e inteligente e a pessoa jurídica é um ser abstrato, falecendo tais qualidades. Ao lado da obrigação que produz o delito, nasce a *obrigatio ex re ex eo quod aliquem pervenit*, que se aplica às pessoas jurídicas e aos inimputáveis. Soler, no *Derecho Penal Argentino*, e Asúa, no

Tratado de Derecho Penal, defendem que para a individualidade humana é necessário que exista sujeito de um delito e as *universitas* jamais poderão ser consideradas como seres puníveis penalmente perante a lei. A doutrina de Savigny tem como patamar o conceito de que as pessoas morais só possuem uma *capacidade fictícia* que não excede do direito da instituição, *não* possuindo *capacidade de culpabilidade*. Repita-se: a pessoa jurídica representa a vontade de seus associados inexistindo a *potencialidade volitiva*. Seus atos voluntários são resultado das vontades individuais. Paralelamente, o Direito reclama que as pessoas jurídicas atuem em conformidade com a lei, caso contrário *não* poderiam funcionar. Aí, respondem as pessoas ideais com seu patrimônio diante de um *dever de garantia* social. Em oposição à *tese ficcionista* de Savigny de que as pessoas jurídicas têm existência fictícia, como entes abstratos, incapazes, pois, de delinquir, a *tese realística* de Gierk advoga que as pessoas jurídicas são entes reais vivos, autônomos e ativos, dotados de vontade própria, tendo capacidade para praticar ilícitos penais.

As pessoas jurídicas não possuem capacidade de conduta, visto que o crime se elabora sobre a conduta humana individual e a capacidade de pena, diante do *princípio da personalidade da pena*.

A *vontade humana* é um fenômeno psíquico inconcebível na pessoa jurídica. Jamais a deliberação de um colegiado equivale à deliberação individual. Para que se pudesse afirmar a capacidade penal das pessoas jurídicas, seria imperioso partir da identificação dos conceitos penais e civis, o que é *inadmissível*, sendo certa a orientação de Jescheck de que as sanções aplicadas à pessoa jurídica são *Ordnungsstrate gegen Verbände* (penas administrativas contra as sociedades), podendo o juiz penal aplicá-las ao mesmo tempo e na mesma sentença.

A capacidade penal das pessoas jurídicas foi defendida pela corrente de "*defesa social*". A maioria dos autores *recusa* a capacidade por *ausência de conduta*, outros por falta de *capacidade de culpabilidade* (Heinitz).

A pessoa jurídica não pode ser sujeito ativo. A matéria constituiu um dos pontos mais debatidos na doutrina após o II Congresso Internacional de Direito Penal, realizado em Bucareste (1929). Na França, a jurisprudência chegou a considerar como estelionato as atividades das sociedades que, sendo reais em sua origem, contraíram obrigações que previamente sabiam não poder solvê-las. O anteprojeto do Código Penal francês (1983) ratifica o princípio de responsabilidade penal *não* individual em relação às pessoas jurídicas.

Aduza-se que, doutrinariamente, duas vertentes se posicionam: **a)** a *teoria da ficção* (as pessoas jurídicas são entidades fictícias ou imagináveis, constituindo-se em criações do direito); **b)** a *teoria da realidade* (as pessoas jurídicas possuem poder de deliberação e vontade, sendo entes reais). A Constituição Federativa de 1988, em seu art. 173, § 5º, reza: "A lei, sem prejuízo da responsabilidade individual dos dirigentes da pessoa jurídica, estabelecerá a responsabilidade desta, sujeitando-a as punições compatíveis com sua natureza, nos atos praticados contra a ordem econômica e financeira e contra a economia popular".

Adotou-se a responsabilidade penal dos entes jurídicos limitada? O tema é polêmico e veio a ter nova roupagem após a edição do novo Código Penal francês (1994), com o anteprojeto suíço, as propostas da lei belga, filandesa e canadense, além da recomendação do Conselho da Europa (1988). O legislador peninsular em seu diploma maior escreve que a responsabilidade criminal é de *natureza pessoal*. Nas *corporation's probation* na legislação dos EUA há imposição de condições prescritas na lei penal. Em regra, as legislações admitem a responsabilidade civil, as medidas de segurança, as sanções administrativas, medidas mistas de caráter penal, administrativo e civil. Tem-se buscado a justificação da responsabilidade penal dos entes morais considerando a responsabilidade infracional como de *natureza subsidiária civil*. Considera-se de real importância clarificar que a responsabilidade infracional das pessoas jurídicas é de evidente natureza penal, embora dissimulada sob outra roupagem jurídica. Parte-se equivocadamente no *approach* dogmático de que a sustentação da responsabilidade infracional dos órgãos ou diretores por condutas típicas das pessoas jurídicas ou de seus dependentes é *solidária* ou *subsidiária* da responsabilidade, no que pertence à empresa. Acredita-se que se deva partir da hipótese contrária, que a responsabilidade infracional das pessoas jurídicas só possa ser compreendida por pessoas físicas, únicas com capacidade e possibilidade psíquica de compreensão da reprovabilidade do obrar típico, pois a admitir o contrário se deixaria a função preventiva sancionária e a ameaça se constituiria em efeito coativo. As pessoas jurídicas podem sofrer *sanções pecuniárias* e até a sua dissolução, que incide sobre *todos* os associados, que poderiam até terem se oposto nas assembleias e votado em outras pessoas físicas para dirigir a sociedade.

Qual a finalidade da imposição de sanções penais às pessoas jurídicas? Há penalistas que, ao sustentarem a tese da responsabilidade penal, dizem que inexistiria quebra do princípio *actus non facit rerum nisi sit mens rea*. O art. 225, § 3º, da Carta Republicana, destaca "as condutas e atividades lesivas ao meio ambiente sujeitarão os infratores, pessoas físicas e jurídicas, a sanções penais e administrativas, independentemente da obrigação de reparar o dano". Vê-se a possibilidade de a pessoa coletiva poder ser *objeto de sanções penais* (*perda de bens, multa, prestação de serviços comunitários, suspensão ou interdição de direitos*). Com a edição da Lei nº 12.846, de 1º de agosto de 2013, a responsabilização da pessoa jurídica *não* exclui a responsabilidade individual de seus dirigentes ou administradores ou de qualquer pessoa natural, autora, coautora ou partícipe de ato ilícito. Foram especificadas as sanções às pessoas jurídicas infratoras: **a)** perdimento dos bens, direitos ou valores que representem vantagem ou proveito, direta ou indiretamente, obtido da infração, ressalvado o direito do lesado ou de terceiro de boa-fé; **b)** suspensão ou interdição de suas atividades; **c)** dissolução compulsória; **d)** proibição de receber incentivos subsídios, subvenções, doações ou empréstimos de órgãos ou entidades públicas ou controladas pelo poder público, pelo prazo mínimo de 1 (um) e máximo de 5 (cinco) anos. A dissolução compulsória da pessoa jurídica será determinada quando comprovar: **a)** ter sido a personalidade jurídica utilizada de forma habitual para facilitar ou promover a prática de atos ilícitos; **b)** ter sido constituída para ocultar ou dissimular interesses ilícitos ou a identidade dos terceiros beneficiários dos atos praticados. As sanções poderão ser aplicadas de forma isolada ou cumulativa. O princípio da personalidade da pena (*intranscendência*) insculpido no art. 5º, inciso XLV, da Constituição Federativa de 1988, reza que "*nenhuma pena passará da pessoa do condenado*", devendo ser imposta tão só aos *autores materiais do delito* e não sobre a massa corporativa, sendo a responsabilidade *pessoal* e *subjetiva*.

Onde está a disposição interna e a escolha por outra conduta? Há *falta de capacidade de culpabilidade* para admitir a responsabilidade penal dos entes coletivos. A *culpabilidade* sob o *ângulo normativo* é a reprovabilidade do delito praticado por um autor, que só se torna possível quando é revelador de ter operado com uma disposição interna contrária à norma violada, disposição que é o *fundamento da culpabilidade*. A possibilidade de obrar de outra maneira entende-se como uma possibilidade exigível e jamais uma mera possibilidade física de fazê-lo. A culpabilidade normativa, como reprovação jurídica, é formulada pelo autor do delito, sendo um *juízo pessoal*, no sentido de individualização. Há que notar as diferenças semânticas das palavras *condutas* e *atividades*. Os defensores da *criminalização* sustentam que as *penas criminais* sempre atingem a terceiros, confundindo a vedação da aplicação ou execução da pena a terceiros (*princípio da personalidade da pena*) com os efeitos socioeconômicos sobre a família e dependentes do encarcerado, na pena privativa de liberdade. O *conceito de delito* (tipo injusto e de culpabilidade) é *restrito à pessoa física*, que tem *capacidade de representação e vontade*, bem como o *conceito de pena* (presunção geral e especial, positiva e negativa).

Não se questiona a necessidade político-criminal de alavancar um *sistema de responsabilidades* que abarque os ilícitos praticados na esfera de âmbito de empresas favorecidas pelas próprias estruturas empresariais, principalmente, na anulação de concorrência para a realização de atividades estatais. A questão fulcral é saber-se a natureza da sanção aplicável (penal-administrativa). O consenso doutrinário prevalente é na direção de que as pessoas jurídicas *per se* não possuem capacidade de ação, não têm culpabilidade e capacidade de pena. Na construção do sistema, deve haver uma *dupla responsabilidade penal* com suas características e efeitos pertinentes, isto é, conteúdos e consequências adaptadas às pessoas jurídicas e seus dirigentes, observadas as suas especificidades.

2. PROPOSTAS PARA A REFORMA

No relatório ao PLS nº 236, de 2012, diante do texto do Substitutivo aprovado pela comissão especial, destaca-se o parecer da relatoria do Senador Vital do Rêgo (2014), apontando-se a questão normatizada pertinente às penas das pessoas jurídicas.

O parecer Vital do Rêgo (2014) propõe que "a responsabilidade penal será exclusiva da pessoa física, se o administrador ou gestor por sua conta, extrapolar os poderes que lhe forem confiados pela pessoa jurídica". Assim, "estrita à pessoa jurídica, posteriormente ao fato criminoso, com a finalidade de evitar ou mitigar os efeitos da aplicação da lei penal, o juiz poderá determinar que as penas sejam aplicadas à pessoa jurídica que a suceder".

A proposta para o novo Código Penal é no sentido de que as penas aplicadas às pessoas jurídicas, isolada, cumulativa ou alternativamente, são: **a)** multa; **b)** restrição de direitos; **c)** prestação de serviços à comunidade; **d)** perda de bens e valores; **e)** publicidade do fato em órgãos de comunicação de grande circulação ou audiência. Para fins de *transação*, *suspensão condicional do processo* e *cálculo de prescrição*, adotar-se-á como referencial as penas de prisão previstas para as pessoas físicas.

A proposta destaca que as *penas restritivas de direitos* aplicáveis à pessoa jurídica seriam: **a)** suspensão parcial ou total de atividades; **b)** interdição temporária de estabelecimento, obra ou atividade; **c)** proibição de contratar com instituições financeiras oficiais e participar de licitação ou celebrar qualquer outro contrato com a Administração Pública, direta ou indireta, nas esferas Federal, Estadual, Municipal e do Distrito Federal; **d)** proibição de obter subsídios, empréstimos subvenções ou doações do Poder Público, bem como o cancelamento, no todo ou em parte, dos já concedidos; **e)** proibição a que seja concedido parcelamento de tributos, pelo prazo de 1 (um) a 5 (cinco) anos.

A *prestação de serviços à comunidade* da pessoa jurídica consistirá em: **a)** custeio de programas sociais, de defesa dos direitos humanos e projetos ambientais; **b)** execução de obras de recuperação de áreas degradadas, ou o custeio relativo à sua execução; **c)** manutenção de espaços públicos; **d)** contribuições a entidades ambientais ou culturais públicas, bem como a relacionadas à defesa da ordem socioeconômica.

3. ATIVIDADES LESIVAS AO MEIO AMBIENTE

A Lei nº 9.605, de 12 de fevereiro de 1998 dispõe sobre sanções penais e administrativas derivadas de condutas e atividades lesivas ao meio ambiente, prescrevendo como *sanções penais* aplicáveis às pessoas jurídicas: **a)** multa; **b)** prestação de serviços à comunidade. As *penas restritivas de direitos* são: **a)** suspensão parcial ou total de atividades; **b)** interdição temporária de estabelecimento, obra ou atividade; **c)** proibição de contratar com o Poder Público, bem como obter subsídios, subvenções ou doações. A *prestação de serviços à comunidade* consistirá: **a)** custeio de programas de projetos ambientais; **b)** execução de obras de recuperação de áreas degradadas; **c)** manutenção de espaços públicos; **d)** contribuições a entidades ambientais ou culturais públicas. A pessoa jurídica poderá ter a sua *liquidação forçada*, se o patrimônio for considerado instrumento de crime e como tal perdido em favor do Fundo Penitenciário Nacional.

O Supremo Tribunal Federal firmou a desnecessidade da *dupla imputação*, por maioria, nos crimes ambientais (STJ, RE 548.181/PR, 1ª T., relª. Minª. Rosa Weber, j. 6.8.2013).

4. RESPONSABILIZAÇÃO ADMINISTRATIVA E CIVIL POR ATOS CONTRA A ADMINISTRAÇÃO PÚBLICA NACIONAL OU ESTRANGEIRA

A Lei nº 12.846, de 1º de agosto de 2013 dispõe sobre a responsabilização *administrativa* e *civil* das pessoas jurídicas pela prática de atos contra a Administração Pública nacional ou estrangeira, o que *não* exclui a *responsabilidade individual* de seus dirigentes ou administradores ou de qualquer pessoa natural, autora, coautora ou partícipe de *ato ilícito*.

As *sanções* às pessoas jurídicas são: **a)** perdimento dos bens, direitos ou valores, que representem vantagem ou proveito direto ou indiretamente obtido pela infração, ressalvado o direito do lesado ou de terceiro de boa-fé; **b)** suspensão ou interdição parcial de suas atividades; **c)** dissolução compulsória da pessoa jurídica; **d)** proibição de receber incentivos, subsídios, subvenções, doações ou empréstimos, de órgãos ou entidades públicas, e de instituições financeiras públicas controladas pelo Poder Público, pelo prazo mínimo de 1 (um) e máximo de 5 (cinco) anos. A sanção de *dissolução compulsória*, diante de sua extrema gravidade, só poderá ser aplicada, quando: **a)** tiver sido utilizada de forma habitual para facilitar ou promover a prática de atos ilícitos; **b)** tiver sido constituída para ocultar ou dissimular interesses ilícitos ou a identidade dos beneficiários dos atos praticados.

A Lei nº 12.846, de 1º de agosto de 2013, prevê *acordo de leniência* com as pessoas jurídicas que *colaborem* com as *investigações* e o *processo administrativo*, desde que resulte: **a)** identificação dos demais envolvidos na infração; **b)** obtenção de informações e documentos que comprovem o ilícito diante da apuração. O *acordo de leniência isenta* a pessoa jurídica das *sanções administrativas* e reduzirá até 2/3 (dois terços) o *valor da multa aplicada*, não ficando eximida a obrigação de reparar *integralmente* o dano causado.

Zaffaroni, na *A Questão Criminal*, repudia o modelo de constranger o preso a negociar com a autoridade policial ou o Ministério Público uma pena como forma de condenação atenuada. É a *plea barganing* ou negociação denominada de *julgamento abreviado*. Não se pode deixar de registrar a decisão do Supremo Tribunal Federal estabelecendo os requisitos para o reconhecimento da colaboração premiada. A partir da década de 90, observa-se a clara tendência da manipulação do Direito Penal assentada na desformalização como consequência da funcionalização comprometedora dos princípios do estado democrático de direito, através da máxima intervenção com base promocional e simbólica.

O Supremo Tribunal Federal, em breve síntese, considerou que a colaboração premiada seria um meio de obtenção de provas, destinado a aquisição de elementos dotados de capacidade probatória. Assinalou que a colaboração premiada seria um *negócio jurídico processual*, o qual, judicialmente homologado, conferiria ao colaborador entre outros o direito de: **a)** usufruir das medidas de proteção previstas na legislação específica; **b)** ter nome, qualificação, imagem e demais informações pessoais preservados. Não haveria óbice a que o colaborador estivesse custodiado, desde que presente a voluntariedade da colaboração. Questiona-se se o tempo e condições de segregação provisória psicologicamente fraturariam a *voluntariedade* da "colaboração". De outro lado, não há possibilidade de homologação de colaboração que viole os direitos fundamentais (impossibilidade de recorrer). Homologar o acordo não implicaria dizer que o juiz admitira como verídicas ou idôneas as informações eventualmente já prestadas pelo colaborador e tendentes à identificação de coautores ou partícipes da organização criminosa e das infrações por ela praticadas ou à revelação da estrutura hierárquica e da divisão de tarefas da organização criminosa. A aplicação da sanção premial, prevista no acordo, dependeria do efetivo cumprimento, pelo colaborador, das obrigações por ele assumidas, com a produção de um ou mais dos resultados legais (Lei nº 12.850, de 2 de agosto de 2013, art. 4º, I a IV). Caso contrário, o acordo estaria inadimplido, e não seria aplicada a *sanção premial* respectiva (STF, HC 127.483/PR, Pleno, rel. Min. Dias Toffoli, j. 26 e 27.8.2015).

A Lei nº 12.846, de 1º de agosto de 2013, regulamentada pelo Decreto nº 8.420, de 18 de março de 2015, estabeleceu a *responsabilidade objetiva das pessoas jurídicas pela prática de atos contra a administração pública*, tendo o referido Decreto permitido a redução da multa imputada à pessoa jurídica pela responsabilidade na prática de crimes de corrupção. Aduza-se que os programas de *compliance*, originados nos Estados Unidos, na virada do século XX, com o surgimento das agências reguladoras, são também regulados, por normas administrativas, como a Portaria CGU nº 909, de 7 de abril de 2015, que dispõe sobre a avaliação de programas de integridade de pessoas jurídicas. Os programas, para fins da aplicação do disposto no inciso V do art. 18 e no inciso IV do art. 37 do Decreto nº 8.420, de 18 de março de 2015, serão avaliados nos termos desta Portaria. O programa de integridade meramente formal e que se mostre absolutamente *ineficaz* para mitigar o *risco de ocorrência* de atos lesivos da Lei nº 12.846, de 2013, *não* será considerado para fins de aplicação do percentual de redução.

A pena privativa de liberdade deve ser reservada à estrita necessidade, pois uma intervenção de natureza penal é sempre traumática e gera efeitos de elevado custo social e econômico. A colaboração premiada permite a *fratura* dos eixos tradicionais do Direito Penal, com a ruptura do formal na aplicação do *quantum* da pena privativa de liberdade e no regime de seu cumprimento, questionando-se o princípio da isonomia na execução penal. Os fenômenos jurídicos cobrem o conjunto de vastas relações sociais que inevitavelmente despertam no indivíduo reações emotivas e atitudes ideológicas de todos os matizes.

CAPÍTULO 4
SISTEMAS E REGIMES

SUMÁRIO: **1.** Sistemas penitenciários. **1.1.** Introdução. **1.2.** Evolução histórica. **2.** Sistema pensilvânico. **3.** Sistema auburniano. **4.** Sistema progressivo inglês. **5.** Sistema progressivo irlandês. **6.** Modelo de Elmira. **7.** Regimes prisionais. **7.1.** Propostas para a reforma. **7.2.** Regime fechado. **7.3.** Regime semiaberto. **7.4.** Regime aberto. **7.4.1.** Propostas para a reforma. **7.5.** Regime especial. **7.6.** Prisão de menores. **7.6.1.** Menoridade penal. **7.7.** Prisão especial. **8.** Progressão e regressão de regimes. **8.1.** Propostas para a reforma. **9.** Autorizações de saída. **9.1.** Permissão de Saída. **9.2.** Saída Temporária. **9.2.1.** Propostas para a reforma. **9.3.** Perda e recuperação do direito de saída. **10.** Espécies de estabelecimentos penais. **10.1.** Propostas para a reforma. **11.** Presos provisórios. **12.** Privatização dos presídios. **12.1.** Propostas para a reforma. **13.** Exame criminológico. **13.1.** Propostas para a reforma.

1. SISTEMAS PENITENCIÁRIOS

1.1. Introdução

Hector Beeche, em "*Sistemática de la Ciência Penitenciária*", sintetiza que a *ciência penitenciária* é a disciplina que estabelece os princípios orientadores das normas jurídicas relativas à execução penal e que devem fortalecer e regular as *ações de política criminal* para otimizar condições para a inserção e adaptação do apenado. Carrasquillas, em *Derecho Penal fundamental*, afirma que a *política criminal* realiza o estudo crítico e prospectivo das normas penais e das vias institucionais para a sua aplicação, promovendo as reformas legislativas adequadas às novas conjunturas sociais. É necessária a delimitação conceitual entre as expressões *sistema*, *regime* e *assistência*, usados indistintamente, objetivando a unificação da linguagem e das construções teóricas no Direito Penal executivo. A expressão *penologia*, introduzida por Francis Lieber (1838), englobaria a ciência penitenciária (*Strafvollzugskunde*), traduzida pelo conjunto de conhecimentos normativos pertinentes à pena de prisão e às medidas de segurança. O *sistema*, repetindo García Basalo, em "*En torno al concepto de régimen penitenciário*", "*é a organização criada pelo Estado para a execução das sanções penais (penas e medida de segurança) que importem em privação ou restrição da liberdade individual como condição sine qua non* para a sua efetividade".

Haveria uma relação de gênero (*sistema*) à espécie (*regime*), destacando-se a existência de um conjunto de condições e influências, geradas por fatores dirigidos para uma *harmônica finalidade*. O conjunto de *assistências* no cumprimento da pena privativa de liberdade é um *processo de diálogo* entre os condenados e a sociedade, observado o *princípio da dignidade da pessoa humana*. Na prática, cada estabelecimento penal possui características peculiares impostas por condições diversas, endógenas e exógenas, dando novas matizes, positivas ou negativas, ao próprio *regime* penitenciário, a partir de um *sistema* total. Cuello Calón, em *La moderna penología*, dá sentido específico, entendendo que a expressão "*sistema*" conduz às diretrizes fundamentais da execução da pena privativa de liberdade (sistema progressivo), enquanto que "*regime*" reserva-se aos regulamentos carcerários, constituindo-se no conjunto de normas que regulam a vida dos apenados no estabelecimento penal.

O postulado fundamental dos partidários da *intimidação* diz que a ameaça de uma efetiva punição é um meio relativamente eficaz para *inibir* possíveis infratores ou para *evitar* que os que já cometeram um delito voltem a fazê-lo. A pena de prisão é uma absoluta contradição com o espírito e os princípios de liberdade e igualdade. Não se pode dizer que, no século XXI, a pena de prisão poderá *desaparecer* como ocorreu com a pena de tortura e, em parte, com a pena de morte, devendo a sociedade ao curso ainda deste século encontrar *substitutivos penais*, mais pedagógicos e menos aflitivos.

Ao revisitar Sutherland, em *Criminology*, na formulação da *teoria da associação diferencial*, destacam-se dois grupos principais: **a)** diferenças individuais; **b)** processos culturais. As primeiras são herdadas ou adquiridas; já as segundas, dão relevo a pequenos grupos como a *família*, a *vizinhança* e as *instituições gerais*, identificados os sistemas econômicos e políticos, ou aos processos culturais gerais, como a *associação diferencial*, *conflitos culturais* e a *desorganização social*. Todos esses processos devem ser considerados em torno de um comportamento delitivo. Por tais razões, acrescenta-se a atuação no *comportamento sistemático criminoso* sob a rubrica de *carreiras criminais* ou de organizações criminosas. O criminólogo americano conclui que a *associação diferencial* é o processo causado específico no desenvolvimento do *comportamento criminoso sistemático*. A *probabilidade* de uma pessoa participar deste tipo de atuar determina-se pela frequência e consistência de seus padrões de comportamento delitivo. A prisão é uma ferramenta de disseminação da "cultura" delitiva.

A cultura dominante é de que o infrator deve ser motivado a comportar-se conforme a lei, reduzindo total ou parcialmente por meio do encarceramento as possibilidades do cometimento de novo delito. Existem duas realidades, que indicam a ambiguidade, o caráter contraditório, dialético, da intimidação. A primeira tese parece irrefutável, já que o fracasso da *intimi-*

dação pode ser interpretado como indicação da necessidade de penas mais severas para os que necessitam expurgar a impunidade, para desestimular a reincidência, para inocuar os irrecuperáveis. A segunda também dirá, com razão, que os problemas sociais *não* podem ser solucionados unicamente com a lei penal (*ultima ratio*). Se bem seja certo que a pessoa tende em geral a evitar as consequências desagradáveis de sua conduta e que, por conseguinte, a *ameaça da pena* para determinado grupo social exerceria *efeito intimidante*, também é certo que todas as proibições de caráter penal são *relativamente* eficazes. Em que pese esse caráter ambíguo da *intimidação*, os legisladores, os magistrados e a massa social, estimulada pela mídia, continuam *pensando* que a *melhor* maneira de lutar contra o delito consiste em *aumentar o tempo de duração e o rigor de execução das penas*.

Acredita-se que, se a pena tem tido efeitos dissuasivos em uma ou em várias circunstâncias, *não* pode ou deve tê-lo em *todos* os casos. Recorre-se igualmente à *intimidação* quando outros meios de luta contra o delito fracassam (a polícia, os organismos de prevenção, os meios de comunicação, a justiça e a colaboração dos cidadãos). A noção de *intimidação* não é um conceito unitário. Existem diversas *formas de intimidação*: **a)** *geral* e *individual*; **b)** *direta* e *indireta*; **c)** *total* ou *parcial*. A *ameaça da pena* pode ser também, graças à *função educativa* do Direito Penal, criadora de hábitos de comportar-se conforme a lei. Veja-se, contemporaneamente, quase um retorno a Jeremy Bentham, na *Théorie des peines et des récompenses*, defensor da necessidade e da utilidade da pena, a fim de operar, mediante terror, o seu fim à guisa de motivação psicológica.

A pena continua cumprindo, apesar de tudo, *relativamente* o seu fim: *fortalecer a tutela dos bens jurídicos*, como instrumento de contenção objetivando *restaurar a tranquilidade pública*, e contribui, por diferentes vias, para a consolidação dos *valores* dos *não* infratores. Se não existisse a punição, ocorreria um desmoronamento emocional da *consciência coletiva* e da *solidariedade social* que dela depende.

Posiciona-se no sentido de que a pena tem por *finalidade* a *proteção dos bens jurídicos* e a *contenção dos conflitos normativos*. Incentivar a *socialização* do apenado é dever do Estado e da sociedade, visando proporcionar a futura inserção para a adaptação social diante do *princípio da dignidade da pessoa humana* em um Estado de Direito. Ressalte-se que não se pode manipular a sua personalidade respeitando-se a opção de ser diferente, mas ofertando oportunidades para alternativas comportamentais não conflitivas com as normas postas.

1.2. Evolução histórica

A prisão como verdadeira pena era quase desconhecida para deter os processados durante a instrução criminal. Tulio Hostilio, terceiro rei dos romanos (670 a 620 a.C.), fundou o primeiro cárcere de Roma, ampliado depois por Anco Marcio, denominando-se *Latomia*, o segundo foi a *Claudina*, construído por Apio Claudio, e o terceiro, *Marmertina*. Escrevia Ulpiano que a prisão era destinada a *guardar* os homens e não para *puni-los* (*Carcer enim ad continendos hominem non ad puniendos haberi desit*.). A Constituição imperial de Constantino, ditada em consequência do Edito de Milão, assinala pontos de uma reforma carcerária: **a)** abolição da crucificação; **b)** separação dos sexos nas prisões, se ocupadas ao mesmo tempo; **c)** proibição de rigor inútil no cárcere; **d)** existência de um pátio com sol para lazer e saúde dos presos. Recorde-se que a fonte principal do Direito Penal romano, o *Libri Poenitentialis*, onde se registraram *pecados* e *penitências*, com grande influência sobre o direito comum, segundo Domenico Schiappoli, em *Manuale de diritto ecclesiastico*, que se exerce em duas direções: **a)** a *pena* ou *penitência* tende a reconciliar o pecador com a divindade; **b)** despertar o arrependimento no ânimo culpável, consistindo em uma expiação e castigo. Mas não se pode olvidar que foi também utilizada como *meio coercitivo imposto por causa da desobediência* e existiu como forma de *punição por dívidas*. Uma *ordenance de Henrique II* também chama as prisões de lugar destinado à detenção preventiva dos infratores. Na Babilônia, os cárceres eram chamados de *lagos dos leões* e consistiam em cisternas profundas, onde eram atirados os detidos.

No século XII, com a tomada a cargo da justiça pela Coroa, na Inglaterra, tornou-se importante *fonte de receita*, o pagamento de uma *compensação* pelo infrator à vítima e, depois, a *Crown*. A prisão converte-se em um poderoso instrumento para obrigar o criminoso a efetuar o *pagamento da multa*, a fim de evitar a prisão provisória até a sua execução.

Na metade do século XVI, iniciou-se um movimento para o desenvolvimento das penas privativas de liberdade, ocasião em que foram construídas prisões organizadas para a *correção dos apenados*. Há uma discussão sobre as *raízes das modernas penas privativas de liberdade*: alguns autores defendem os estatutos medievais das cidades italianas, outros indicam a Antiguidade e a Idade Média. As primeiras *casas de correção* datam do século XVI. Surgiram em uma época em que havia mão-de-obra barata, ao mesmo tempo em que se vivia um período de prosperidade e desenvolvimento econômico. Ocorre a mutação do *cárcere-custódia* para a *custódia- -pena*, motivada por uma visão construtiva de política criminal.

Nesta época, um ex-palácio de Bridwell foi escolhido como prisão para mendigos e prostitutas que eram chicoteados. A primeira prisão criada no planeta foi no centro de Londres, em 1552, como uma "*Vagabond House*", origem das *Houses of Corrections*, obrigatórias em todos os condados em 1609, sendo que adegas, portarias e torres foram utilizadas como "*detention houses*", em condições sub-humanas. Inexistia qualquer espécie de classificação ou seleção de presos, primários ou reincidentes, jovens ou idosos, homens ou mulheres e doentes mentais, pois ficavam todos juntos nas *Houses of Corrections*. Os encarcerados eram obrigados ao trabalho. Caracterizava-se pelo binômio *trabalho-disciplina*, com o escopo de que os presos pagassem a sua própria custódia. Em 1596, foi criada a célebre casa de correção *Rasphuys*, onde o *trabalho* era duro e monótono, e a disciplina, mantida com severos e variados castigos. Na segunda metade do século XVI, iniciou-se a construção de *estabelecimentos penais correcionais*, que albergavam mendigos, vadias e prostitutas. Trata-se do *Rasphuys* (1595), para homens, e do *Spínrbyes* (1597), para mulheres. O trabalho era contínuo com a inflição de duros castigos corporais.

Lionel Fox, em *The English Prison and Borstal System*, escreve que as prisões inglesas eram antros de libertinagem, devassidão e corrupção. Harry E. Barnes, em *Society Transition*, sustenta que, com o advento do século XVII, as colônias na América precisavam de trabalho e da *política de transporte de criminosos*, o que veio a ser autorizado em 1597 até 1618. Eventualmente, contratos para o transporte eram realizados por pessoas físicas, e permitiam *vender* os condenados em período de servidão (de 3 a 14 anos). A partir do ano de 1600, foi criada uma seção para menores "incorrigíveis", levados por seus próprios pais. A instrução e a assistência religiosa eram seus eixos de sustentabilidade. O exemplo foi imitado na Alemanha. Na Itália, diante da *influência religiosa*, foram criados estabelecimentos destinados a jovens infratores e desocupados (Filippo Franci funda em 1667, em Florença, o Hospício de São Felipe Néri, no qual os infratores ficavam em regime celular e, para que os reclusos não se conhecessem, tinham a obrigação de ficarem encapuzados). Não se pode olvidar que a *Constituto Criminalis Carolina*, de Carlos V, cuja vigência se inicia em 1532, diante do texto citado em Ulpiano, assinalava que o fim era a *custódia* dos infratores, e não o *castigo* dos presos. Tais instituições visavam à *emenda* do condenado por via do trabalho, punição corporal e assistência religiosa (influências luteranas e calvinistas).

No século XVIII, a idéia reformadora toma maior vulto: fundada em Roma, por Clemente XI, em 1703, a Prisão de São Miguel, um estabelecimento para *presos infratores menores de 21 anos* e *anciãos inválidos*. O regime era o mesmo aplicado no Hospício de São Felipe Néri: *silêncio, trabalho* e *educação religiosa*. O Papa mandou escrever a frase *parum est coercere improbos poena, nisi probos efficias disciplina*, para demonstrar o seu caráter educativo. A instituição era destinada unicamente a pessoas do sexo masculino. O modelo tinha como patamar a *educação* e a *emenda*, com trabalho comum diurno diante de absoluta incomunicabilidade e isolamento celular. Mabillón, monge beneditino no século XVIII escreve em suas *Reflexiones sobre los cárceres*, clamando pela implantação de *princípios penitenciários*. Na linha da justiça secular, presidiam, por comum, a severidade e o rigor, o espírito de compaixão e misericórdia, o que leva à criação de confrarias destinadas a procurar auxiliar material, moral e espiritualmente os presos, distribuindo alimentos e roupas ou colocando em liberdade os inocentes. Clemente XII, em 1735, criou um estabelecimento análogo para jovens mulheres. Na Itália, surgem institutos semelhantes em Veneza, Milão e Turim destinados aos infratores adultos. No século XVIII, inicia-se o movimento para modificar as condições e regimes das prisões, buscando-se a *emenda* dos condenados por meio do trabalho e da eficiência religiosa. Não se pode esquecer o que disse um magistrado inglês neste mesmo século a um acusado: "*Não o condeno à morte porque o senhor roubou um carneiro, mas para que outros não roubem mais carneiros.*" Na denominada *fase dos experimentos*, na linguagem de Von Hentig, em seu *Die Strafe*, na Holanda, os distúrbios religiosos, as guerras, a devastação do país, a extensão dos núcleos urbanos e a crise das formas feudais de vida e a economia agrícola provocaram o crescimento descontrolado das taxas de criminalidade nos fins do século XVII e início do século XVIII. O quadro era traduzido pela perda da segurança e o mundo espiritual abarcado por incrédulos, hereges, rebeldes e multidões de desocupados e mendigos. As cidades eram saqueadas e incendiadas. Havia a necessidade de uma reação. Em 1596, em Amsterdã, erigiu-se o primeiro estabelecimento correcional, seguido de outras unidades, como de Berna (1609), Lübeck (1613) e Hamburgo (1622). A terapia de trabalho era acompanhada pelas chibatas. Inicialmente havia a fabricação de tijolos, depois o trabalho em duras madeiras tropicais sob o monopólio estatal, em equipes que deviam entregar a cada dois dias a quantidade especificada, sob pena de castigos corporais ou privação de alimentos. A custódia se dava por mandado judicial ou por simples petição da família. Jean-Jacques Philippe, em 1775, construiu um estabelecimento penitenciário no qual foi introduzido o "tratamento" mais avançado de sua época. Em primeiro lugar: iniciou-se a *classificação dos detidos* (os infratores eram separados dos desocupados). Os *detidos trabalhavam em grupo e após o trabalho eram recolhidos a celas separadas*. Pela primeira vez foi o *sistema celular* aplicado a jovens infratores em Gloucester (1603), posteriormente, levado para a prisão de *Grand*, na qual foi *pioneira a assistência médica* aos detidos. Inicia-se também nessa prisão a *nova* arquitetura penitenciária, tendo sido construída de acordo com um *plano pentagonal* com a repartição de celas e um coração central destinado à vigilância.

Na Inglaterra, Newgate abrigava em suas diversas fases presos provisórios e definitivos, salientando-se a separação entre *devedores*, mas não entre homens e mulheres. Havia também doentes mentais. As mulheres se prostituíam, como diz Von Hentig, "*na ala burocrática do estabelecimento*". Só os presos *célebres* e *grandes infratores* recebiam visitas. Anota que a nova prisão de Newgate (1776) era *superlotada*. Em carta, escreve Stephen Jansem (1769) que a prisão "*was an abominable sink of beastliness and corruption*". Os reformadores ingleses John Howard, Jeremy Bentham e Samuel Romilly influenciaram mais outros países do que a sua pátria. Observa-se que a custódia transitória e forçada pela necessidade, em *navios*, surge como prisão por ser mais barata e cômoda (em 1814 havia 3.552 apenados em penitenciárias flutuantes). No ano de 1841 havia mais de 11 navios-prisões. O comerciante escocês Dundan Campbell dá o exemplo da *primeira privatização das prisões*, pois comprara por preço irrisório navios e transportava presos de Maryland e Virgínia, em travessias que duravam dois meses. Em média, ele transportava 435 apenados por ano. Os gastos de manutenção advinham da mortalidade. O modelo de *Eastern Penitenciary*, o sistema celular, fecha os fluxos do mundo exterior, buscando um novo homem, purificado através da reflexão, dos bens, desejos e do silêncio (isolamento total), saindo das celas para breve tomada de ar livre. O *sistema de isolamento celular rigoroso* parecia a descoberta da solução para a *questão penitenciária*, com o binômio trabalho educativo e correcional.

O despertar sobre as *condições da prisão* dá-se com a publicação do livro de John Howard, *The State of Prision*, que veio a acordar a opinião pública inglesa sobre a violação absoluta da dignidade da pessoa privada de liberdade, diante da *não* separação de presos de sexos diferentes, gravidade do delito, idade, primários e reincidentes e doentes mentais, nas *Houses of Corrections*. Postulava pelo trabalho e pelo ensino de artes e ofícios na prisão. Nascido em Hackey, em 1726, foi nomeado *sheriff*, para o Condado de Bedford. Foi o fundador da corrente conhecida por *reforma carcerária*, que tinha como tripé: o *isolamento*, o *trabalho* e a *instrução*. A sua marca resume-se na frase: "*Make men diligent and you will make them.*" Calvinista, adota a religião com o propósito de instruir e moralizar. Por sua influência surgem pela primeira vez as denominadas *penitenciary houses* na Inglaterrra e nos Estados Unidos. Em Belford, conheceu o estado das prisões inglesas, onde havia promiscuidade completa e somente em poucas existia separação de sexos. Os doentes mentais conviviam com os demais detidos. Dedicando sua vida à nobre tarefa de melhorar as prisões, visitou a Holanda, Bélgica, França, Alemanha, Rússia, Itália, Portugal e Espanha. Empreendera, em 1775, uma viagem à Europa para estudar o estado das prisões e o meio de melhorá-las, proclamando as bases de uma reforma: higiene, disciplina, educação moral e religiosa, obrigação de trabalhar e sistema celular, logo seguido por Bentham e Mirabeau. Suas observações foram anotadas em seu célebre livro *The State of Prisons in England and Wales* (1776), traduzido para o francês com o título *Howard, États des Prisons et des Hôpitaux* (1778). Propunha o *isolamento dos presos* durante a noite, *cada um poderia dormir isolado do outro*, porque o *silêncio favorecia a reflexão e o arrependimento*, mas não era partidário do *isolamento absoluto*. Difundiu a *religião* como mecanismo de *reforma moral*. Com ele, nasce o chamado *penitenciarismo*, que *humaniza as prisões* e coloca como fim da pena privativa da liberdade a *reforma* e a *melhora* dos detidos.

A obra *The State of Prisions in England and Wales*, de Howard (1777), contemporâneo de Beccaria, e que faleceu na Criméia em 1790, devido a uma febre contraída nas prisões, tem um sentido político-jurídico, ao passo que a obra de Beccaria (1776), *Dei delitti e delle pene*, na análise aguda de Calamandrei, não é um método de trabalho de um investigador erudito, mas de um ímpeto repentino de revolta contra as crueldades e as condutas degradantes violadoras da dignidade da pessoa humana, apresentando aspectos *filantrópicos e humanitários*. Sir William Blackstone, célebre comentador da legislação criminal inglesa, em *Commentaries on the Laws of England* (1765-69), e William Eden, político e penalista, apresentaram um projeto de lei (1778) para a criação do sistema penitenciário com base no *isolamento celular noturno* e *atividades coletivas diurnas*. Aprovado em 1779, jamais foi posto em prática. Bentham foi contratado para a construção de um grande estabelecimento penitenciário, chamado *Panopticon*, que jamais chegou a ser edificado, mas cujas idéias arquitetônicas influenciaram posteriores construções, foi o primeiro teórico da execução das penas.

Nos séculos XVII e XVIII, recorrem às práticas de repressão medieval. As atrocidades foram consequência das necessidades de organização institucional ou da imposição de hegemonias religiosas. A *tortura* faz parte do processo penal para o esclarecimento da verdade, pouco importa que o condenado resista ou venha a falecer (*quaestio est veritatis per tormentum*).

Registre-se o papel desempenhado por Juan Vilain XIV, a último quarto do século XVII, destacando-se como penólogo, fundador do estabelecimento penal de Gantes (Bélgica), em 1772, partidário da disciplina, criou inovações na gestão correcional, sendo chamado de "pai da ciência penitenciária". Embora rudimentadamente, deu partida à classificação de reclusos separando mulheres e homens, surge o regime de individualização penitenciária com base na quantidade da pena. O trabalho passa a ser realizado durante o dia e à noite o isolamento celular. Mostra-se contrário ao confinamento e aos castigos corporais e se opõe à prisão perpétua. Implanta celas individuais, assistência médica, trabalho produtivo, disciplina voluntária sem crueldade.

A Revolução Francesa de 1789 destruiu o *Ancien Régime* e todo o *ancien régime penal*, cujo símbolo foi a queda da Bastilha. O Código Penal de 6 de outubro de 1791 *substituiu* as *penas corporais* por *penas privativas de liberdade*. É nesse momento que começa o regime penitenciário na França (*maison de force, maison de correction* e *maison d'arrêt*). Charles Lucas, em *Du systéme penal en general et de la peine de mort en particulier*, contribuiu para a reforma do sistema penitenciário e o *abrandamento das penas*. Mirabeau fazia parte do *Comité des Lettres de Cachet*, designado pela Constituinte a 24 de novembro de 1789, para a qual preparou um relatório, no início de 1790, em que propunha a substituição de todas as casas de detenção por "novos estabelecimentos" com "a vantagem dupla de uma casa de caridade e de uma instituição penal dirigida inteiramente ao objetivo primordial do castigo, que todas as leis negligenciaram, ou seja, a reforma do infrator". Desejava que existisse um estabelecimento dessa natureza em cada província e que as mulheres fossem mantidas em seção separada dos homens. Esboçou uma divisão em três classes ascendentes que prefiguram assim o *regime progressivo*. O seu projeto, baseado no *princípio da legalidade* estrita do delito e da pena, repousa sobre uma *classifcação de delinquentes*, na busca de *ressocialização*.

Deve-se assinalar a relevante contribuição de Beccaria, Howard, Marat e Bentham diante da urgência de reconstruir o mundo, clamando por uma pena mais justa e um tratamento mais humano na execução, diante das desigualdades e crueldades vigentes.

A atividade dos *quakers*, dirigida por *William Penn*, inaugura o sistema penitenciário americano. Jeremias Bentham, criador do utilitarismo e precursor dos regimes penitenciários modernos, publica em 1802 seu tratado, associando a concepção penitenciária à concepção arquitetônica, salientando duas condições gerais para as prisões, *estrutura* e *regime*, tendo idealizado o panóptico. A história da grande Lei, que, em 1682, foi submetida à Assembléia Colonial da Pensylvania, por Willian Penn, estabeleceu que a maioria dos delitos deveria ser punida com *trabalho forçado*. Na Filadélfia surge The Philadelphia Society for Relieving Distraessed Prisoners e mais tarde The Philadelphia Society for Aleviating the Miseres of Public Prisons (1787).

As novas prisões construídas na Pensilvânia passaram a ter o nome de *penitenciárias*, inaugurando o *sistema penitenciário*. Há quatro *sistemas* (regimes) principais: **a)** *pensilvânico;* **b)** *auburniano;* **c)** *progressivo inglês;* **d)** *progressivo irlandês.*

2. SISTEMA PENSILVÂNICO

O *princípio ecclesia abborret a sanguine* introduziu a pena de reclusão nos procedimetnos eclesiásticos, bem como a crença da virtude moralizadora na busca do *arrependimento* e da *emenda*, através de sua expiação, na cela monástica. A ideia emigrou dos monastérios para as corporações laicas, seguindo sua aplicação em 1596, em Amsterdã, com a construção dos primeiros estabelecimentos penais celulares.

Deve-se registrar que o *sistema pensilvânico* foi estabelecido pelos Quakers, durante a última década do século XVIII, alojando, *inicialmente*, os criminosos reincidentes e autores de delitos graves, em *regime de confinamento solitário*, e os demais em grandes quartos, com oito a dez condenados, estes com trabalho na carpintaria e salários pagos. Todavia, logo depois, entendeu-se que o *solitary confinement* era um instrumento de política criminal eficaz para a *"regeneração"*, pois dava oportunidade "à reflexão e ao arrependimento", bem como à *"evitação da contaminação"* com outros encarcerados. Os apenados tinham que purificar-se através da reflexão, dos bons desejos e do silêncio, passando a ser mantidos em *absoluto* isolamento e o trabalho uma raríssima exceção.

O *sistema pensilvânico* é também denominado *regime da Filadélfia*. A base seria o *isolamento celular* e a sua separação, evitando a promiscuidade e fazendo com que os indivíduos meditassem sobre seus delitos com o objetivo da melhora (expiação da culpa e emenda do condenado). As características relevantes do regime celular pensilvânico eram o isolamento contínuo e absoluto, a inexistência de trabalho e o silêncio total e até a submissão a regime dietético para *"suavizar sua alma e conduzir ao arrependimento"*. O *solidary system* se desenvolve com a construção em 1826 da Western State Penitenciary. Já a Eastern Penitenciary foi construída em 1829, pelo arquiteto Edward Haviland e possuía 11 galerias com 760 celas. O caráter ético-religioso do regime buscava a reconciliação dos condenados com Deus. Ferri chamou de *"aberração do século XX"*, criticando o regime celular diante da *psicose carcerária*, produto da clausura contínua, a solidão que, em vez da reflexão, minava as energias físicas e psíquicas dos apenados.

A penitenciária de Quest (Western State Penitenciary), criada em 1828, em Alleghany, a oeste de Filadélfia, na Pensilvânia, com a capacidade para 1500 presos, era um estabelecimento de *regime celular*, ficando os detidos fechados em suas celas, separados completamente do mundo exterior e entre eles próprios. Depois de alguns anos, os detidos foram autorizados a trabalhar em suas celas. O verdadeiro *regime pensilvânico* foi criado na penitenciária de East (Eastern Penitenciary), em 1829, e a construção foi inspirada no *Panopticon* de Bentham, sendo adotada por todos os estabelecimentos de *isolamento contínuo*. A *influência da solidão* era nefasta ao estado psíquico dos detidos, provocando inúmeros casos de loucura. Na América, esse regime foi abolido definitivamente em 1913, mas seus vestígios ainda são encontrados em vários países. Portanto, a base do sistema pensilvânico era o isolamento na cela com trabalho no seu interior, e as únicas pessoas que podiam visitar os detidos eram o diretor, os guardas, o capelão e os membros da *Philadelphia Society for assisting distressed prisioners* para ajuda aos presos (nosso Conselho da Comunidade). Anote-se que o caráter ético-religioso do regime pensilvânico era a busca da reconciliação dos apenados com Deus e consigo mesmo. O contato era com o capelão e as várias associações de ajuda e senso espiritual. A *única leitura permitida era a Bíblia*. As celas individuais tinham por objetivo o estímulo à *meditação* e à *penitência* para proporcionar a "regeneração moral" do apenado. Os presos não podiam *receber ou escrever cartas e só o trabalho rompia a monotonia do sistema*. Donald Taft, em sua *Criminology*, noticia que até 1845 inexistiam *classroom instruction* nas prisões americanas, caracterizando-se uma atmosfera intolerável de monotonia e solitário confinamento. Tal sistema se constitui em instrumento para aniquilar a *dignidade humana*, tornando-se um exercício permanente da *tortura*.

Von Liszt recorda que os resultados deste sistema perpetrado do espírito *quaker* registram os pontos desfavoráveis.

Barnes, em *Society in Transition*, sintetiza o sistema alburniano: **a)** economia de construção; **b)** redução de despesas através do isolamento completo; **c)** A prevenção dos efeitos nocivos do isolamento completo; **d)** a prevenção da contaminação moral através da regra do silêncio.

3. SISTEMA AUBURNIANO

Objetivando superar os defeitos de *regime celular*, em 1756, uma comissão originária de New York foi à Pensilvânia avaliar o *sistema celular*, daí ocorrendo modificações relevantes em relação às penas impostas aos condenados, substituindo-se a *pena de morte* e a imposição de penas com castigos corporais pela *pena privativa de liberdade*, sendo inaugurada a prisão de Newgate, em 1797, de pequena capacidade.

Em 1816-1819, foi construído um estabelecimento em Auburne, no Estado de New York, dando o nome origem a um sistema novo. A partir de 1823, o sistema auburniano começa a operar com o abandono do *solitary system*. Depois da Lei de 1821, os detidos de Auburne foram divididos em três classes: **a)** infratores mais velhos e mais perigosos, que deveriam ficar em isolamento celular completo; **b)** detidos que deveriam ficar fechados em suas celas três dias por semana; **c)** os que deveriam ficar em suas celas um só dia por semana. Nos demais dias, salvo a primeira classe, *deveriam trabalhar em silêncio*, sem direito de falar entre si, nem mesmo com seus guardas (razão pela qual tal sistema também é chamado de "*sistema do silêncio*"). A prisão de Auburne foi obra dos próprios apenados, contando inicialmente 28 celas, com capacidade para receber dois reclusos, depois ampliado para 80, visto que o diretor William Brittanin resolveu pela separação absoluta. Com a inauguração da Penitenciária de Sing-Sing, no estado de Nova York, surge um segundo sistema celular que consistia em limitar o isolamento celular contínuo tão somente para o período noturno, mantendo-se o trabalho comum durante o dia com a observância rígida da regra do silêncio. É o sistema que se denominou *auburniano*, nome do local onde se situava.

Segundo Howard, no prazo de um ano, cinco apenados morreram e vários se tornaram doentes mentais. A *loucura* e a *tuberculose* caracterizavam os antagonismos imediatos do sistema. Os apenados eram aviltados em sua dignidade como pessoa humana, tinham suas cabeças raspadas e uniformes numerados, submetidos a castigos corporais. Tocqueville, enviado do governo francês para estudar os sistemas americanos, recebeu, como resposta de Elam Lyds, que seria impossível dirigir um estabelecimento penal com grande população carcerária sem o emprego do chicote. Enquanto tal sistema era o preferido nos EUA, o *pensilvânico* era mais adotado na Europa.

Em resumo, o sistema auburniano consistia no trabalho diurno em comum, mas em silêncio, e isolamento celular durante a noite. A queda do sistema celular dá-se em 1840, quando é construída a penitenciária de Petonville, perto de Londres, que aberta em 1848, modificou o *solitayu-system* americano, segundo Von Liszt, convertendo-se no atenuado sistema inglês. Derivado do modelo pensilvânico, a *prisão celular* é na Inglaterra uma *fase* do sistema progressivo.

Analistas do sistema salientam que o *trabalho prisional* bem organizado traz um grande benefício ao custo do sistema carcerário. Afirmam que a *crise do sistema pensilvânico* não ocorreu só por motivos puramente humanitários, mas sim pela transformação do mercado de trabalho, que impôs a reintrodução do trabalho com objetivos produtivos e lucrativos nas prisões da época. O suprimento do *silent system* deveu-se a *causas econômicas* com a oferta de mão-de-obra produtiva. Aliás, o patamar de tal sistema é o trabalho. Barnes, em *New Horizons in Criminology*, observa que o sistema auburniano embora não descuidasse da emenda pela imposição da *disciplina do silêncio*, tinha grande preocupação em tornar a prisão geradora de recursos para sua automanutenção. Os europeus tardaram a adotar a *penitenciária*, porque mergulhados em uma dimensão ideológica e moralista sobre os sistemas penitenciários, enquanto os Estados Unidos optou pelo *auburniano*, diante da necessidade de convencer a sociedade sob o prisma econômico da conversão das *prisões em fábricas*, em razão da escassez da mão-de-obra.

Outro aspecto negativo do *sistema auburniano* era a *rigorosa disciplina*, que, por influência dos militares, impunha uma *seriedade e impessoalidade nas relações entre apenados e guardas* com a aplicação de castigos cruéis e bárbaros. Von Hentig observa que os métodos disciplinares eram draconianos, que a *chibatada* era admitida como pena eficaz e mais humana e de disciplina para as prisões. Na prisão de San Quentin, na Califórnia, e Cannon City, no Colorado, onde se desenvolveu o *sistema*, a disciplina era considerada com um valor e não como instrumento de controle dos condenados para o convívio carcerário.

Não há diferenças profundas entre os dois sistemas, os quais objetivavam que os reclusos não se comunicassem, separando-os em celas individuais durante a noite. Ressalte-se como diferença básica que o *regime celular* impunha a separação dos reclusos durante todo o dia, ao passo que *no auburniano* durante algumas horas do dia podiam os encarcerados se dedicar ao trabalho produtivo.

Não se olvide que o *sistema auburniano* permitiu que os presos pudessem se associar durante o dia e também em conexão com o trabalho duro, buscar a otimização produtiva. Mantido em separado no período noturno, as visitas só eram admitidas em casos excepcionais. A disciplina era rigorosa e os presos *não* podiam se comunicar e usavam *máscaras* para que uns não reconhecessem os outros.

Rush/Kirchheine, em *Punishment and Social Struture*, "apontavam a transição para a sociedade industrial moderna, que exige liberdade de trabalho como condição necessária para o emprego produtivo da força de trabalho, reduzido ao mínimo o papel econômico do trabalho dos condenados", sofrendo a ideologia punitiva transformações ao longo do capitalismo, assinalando Rosa del Olmo, na *A América Latina e sua Criminologia*, que "até chegar, depois da revolução industrial, há o domínio da pena de prisão – *a pena burguesa por excelência* expressão da ideologia punitiva liberal". Consigna que "os baixos salários pagos aos apenados e o adestramento de novos trabalhadores não qualificados foram fatores importantes, mas a finalidade principal da pena privativa de liberdade desde o seu início foi o ensinamento da disciplina do trabalho e, especificadamente, a disciplina da fábrica".

Vê-se que o sistema celular tinha como patamar a motivação de ordem mística ou religiosa, enquanto o auburniano era inspirado na motivação econômica. Embora se afirme que ambos os sistemas adotavam como objetivo-alvo a *ressocialização*, diante dos fatos históricos, pode-se afirmar que visavam tão só à *retribuição da pena*. O *sistema auburniano*, que foi adotado no EUA, *pilar do sistema progressivo*, copiado por alguns países, tinha como patamar o isolamento noturno, o trabalho comum e a sujeição à regra do *silêncio absoluto*. A palavra era *silêncio*, com os apenados com as cabeças raspadas e uniformes numerados só ouvindo o ruído das máquinas nas oficinas de trabalho ou a voz do guarda para a censura disciplinar. Também era usado o chicote, que tinha seu aspecto simbólico.

As críticas ao sistema celular como uma das "aberrações do século XIX" se resumiam nos seguintes pontos: **a)** ação nefasta do isolamento absoluto contra a saúde física e mental; **b)** falta de exercícios físicos o que dispunha a graves enfermidades; **c)** óbice à adaptação do condenado e impedimento do processo de socialização; **d)** é um sistema mais oneroso.

Em síntese, o sistema penitenciário americano pode ser dividido historicamente em quatro períodos: **a)** de 1830-1870, sistema pensilvânico e auburniano; **b)** de 1870-1900, sistema de reformatório; **c)** de 1900-1935, prisão industrial; **d)** de 1935-2016, individualização (programas de reabilitação).

4. SISTEMA PROGRESSIVO INGLÊS

Registre-se que foi na *England's National Penitenciary*, em Millbank, em 1816, que se estabeleceu a reforma do *sistema de confinamento*, que tinha como patamar a preocupação da mudança da *"mind of the prisoner"*, com a introdução da *instrução religiosa* e do *trabalho produtivo*. Na prisão de Pentonville, que começou a funcionar em 1842, os presos se exercitavam caminhando acorrentados uns aos outros no pátio do estabelecimento penal, com máscaras nos rostos, em total silêncio, sob as vistas atentas dos guardas.

Von Liszt registra que com a abolição gradual de *deportações* da Inglaterra para a Austrália (1853 a 1857) e a sua substituição pela *penal servitude* proporcionaram que a Inglaterra torna-se definitivo o *sistema progressivo* na execução de longas penas privativas de liberdade. Em breve resumo, na primeira fase, a prisão celular era rigorosa e durava 9 (nove) meses; na segunda, trabalho em comum em 4 (quatro) classes progressivas (sistema de marcas); e, na terceira fase, a liberdade condicional com a possibilidade de revogação.

As prisões inglesas observavam: **a)** a classificação dos condenados em *classes* diante da natureza e gravidade do delito cometido (*in Jails* ou *in Houses of Corretions*); **b)** o silêncio associado ("*Silent associated*"); **c)** o sistema de separação dos condenados (introduzido em 1842, na *Pentoville Prision*); **d)** sistema misto (*Millbank Prision*); **e)** o *Market System* (implantado por Maconochie). O sistema penal disciplinar foi originariamente defendido por Blackstone e Howard. O terceiro sistema é o progressivo inglês ou *mark system*, em que ocorrem distintas etapas até a completa reintegração do indivíduo à sociedade. A individualização e a *progressão* são pilares do direito de execução penal, coadjuvados pelos *princípios da proporcionalidade* e *da legalidade*, marcos do Direito Penal da pós-modernidade. Porém, tudo fica condicionado ao binômio *conduta-trabalho*.

Havia na Europa o *transporte de presos* pelos *enfers flottants*, sendo que a *deportação* era feita em condições desumanas e alguns apenados morriam no curso da viagem. Em 1846, na ilha *Norfolk*, situada ao longo da Austrália, foi criado um novo sistema, destinada à detenção de deportados forçados da Grã-Bretanha. Um velho capitão da Marinha britânica, Maconochie, foi nomeado diretor da prisão, introduzindo o novo sistema que substituía a severidade pela benignidade e os castigos, por prêmios.

Este sistema estabelece uma forma de *indeterminação de pena*. Existem três períodos: **a)** *período de prova* (isolamento celular diurno e noturno) e trabalho obrigatório duro e escassa alimentação ("*first class hard labour*"), com regra de silêncio; **b)** trabalho em comum durante o dia e isolamento noturno; **c)** liberdade condicional. Durante o segundo período, o apenado era submetido a trabalho obrigatório nos *public work-houses*, sob o regime de trabalho comum diurno e isolamento noturno, iniciando-se o *emprego de vales* ("*ticket of leave*"). Quando o apenado conseguisse o número exigido passava para a *classe* superior e, quando atingisse a primeira (na verdade, a última) e houvesse permanecido um mínimo de tempo predeterminado, poderia obter o *ticket of leave* – a liberdade condicional. Não se deve esquecer que na primeira destas *fases* havia uma solidão e isolamento completos (regime pensilvânico); na segunda, o trabalho era em silêncio durante a jornada e o isolamento noturno (regime auburniano), sendo que *esta* fase era dividida em quatro *classes*; de uma para outra melhoravam as condições de vida. Para a realização desta etapa, foram construídos estabelecimentos penais de grande porte como os de Portland (1847) e de Dartmoor (1850).

O *sistema progressivo* é o adotado pelo Brasil e por quase todos os países do mundo (Itália, Holanda, Suíça, Portugal, Finlândia, Dinamarca, Espanha e Argentina). Gabriel Tarde e Adolf Prins demonstravam simpatia por esse sistema, visto que apresenta inúmeras vantagens: **a)** elimina os graves inconvenientes do isolamento celular *completo*; **b)** não admite a demandada regra de silêncio do sistema auburniano; **c)** estabelece uma organização por *fases e classes* a serem vencidas pelo apenado e nesta proporcionalidade perde o rigor e *reintegra* paulatinamente o apenado à liberdade e à vida social.

5. SISTEMA PROGRESSIVO IRLANDÊS

O regime progressivo foi introduzido nas prisões da Irlanda por Walter Crofton, antigo oficial de Marinha, em 1854. O sistema não visava somente à melhora das condições de vida dos detidos, mas também ao seu reingresso progressivo na sociedade. O sistema irlandês diferia do progressivo inglês em dois pontos: **a)** o sistema inglês continha *três* fases de execução da pena, enquanto no irlandês havia *quatro*. Existia um *período intermediário* entre a prisão em comum em lugar fechado e o livramento condicional. Havia nesta fase o *trabalho externo*, que preparava o detido para a futura vida livre; **b)** no sistema progressivo irlandês, a fase baseada no sistema auburniano não era em si tão rigorosa como no inglês. Os detidos *não* eram obrigados a guardar *silêncio* durante o trabalho.

Ressalte-se, diante da *forma progressiva da execução da pena*, cada classe implicava na concessão e restrição especial da remuneração e quantidade de trabalho, regime alimentício, número de visitas, condições de alojamento, quantidade de cartas a escrever. A novidade do regime está no *terceiro período*, que é cumprido em *prisões sem muros* e possui o caráter de asilo de beneficência e não de custódia. O apenado abandona o uniforme, não recebe punições corporais, pode escolher a natureza do trabalho em razão de sua vocação ou aptidão, dispondo de parte do pecúlio. Pierre Cannat, em "*La reforme penitenciére*", escreve que o bom comportamento carcerário durante este período de *self control*, tinha outro valor, "*le controle sur soi même*".

6. MODELO DE ELMIRA

Em 1876, no Estado de New York, foi aberto o estabelecimento de Elmira, previsto por uma lei de 1869. Era uma casa de correção com assento sobre a educação dos apenados. A prisão de Elmira é considerada o primeiro *reformatório*. O apenado entrava no estabelecimento *não* para cumprir a sua pena, mas para *melhorar*. Assim, com a implantação do sistema de Elmira, a *reação curativa* contra a criminalidade se incorpora mais claramente na política penitenciária. Na história das prisões americanas, não se pode deixar de anotar o uso da *recreação*, onde no *Elmira Reformatory* (1896), é introduzida a organização dos esportes (*baseball* ou *football*), desenvolvendo-se relações de sociabilidade e companheirismo, pelos esportes coletivos, entre pessoas privadas de liberdade. Como diz Donald R. Taft, em *Criminology*, ao tratar da *History of Prisions*: "*Both 'good' and 'bad' man need to play*".

É em Elmira que se aplica pela primeira vez o *sistema de penas indeterminadas*, que é a característica dos reformatórios americanos, *inaugurando-se as medidas de segurança* para imputáveis. Cria-se o *binário contínuo* (cumprimento da pena e, depois, da medida de segurança). O apenado era colocado em liberdade quando encontrava um emprego satisfatório a juízo do diretor da instituição. As principais características do sistema eram: **a)** a limitação da idade dos apenados (16 a 30 anos); **b)** serem primários e a condenação ser *relativamente* indeterminada; **c)** a *utilização de vales* semelhantes ao sistema de Maconochie, do livramento condicional, e a sua concessão no caso de boa conduta.

É interessante lembrar que o condenado ao *ingressar* no estabelecimento penal tinha uma entrevista com o diretor a fim de informar as causas de sua condenação, o ambiente social de onde provinham, seus hábitos, inclinações e objetivos futuros. Era feita uma *ficha-relatório* com a cópia da sentença e uma conclusão sobre o *perfil do condenado*, como também o exame clínico e psíquico para que se pudesse realizar a sua *classificação*. Encontram-se, aqui, as raízes do *exame criminológico do ingresso*.

Brockway, que dirigiu Elmira por vinte e quatro anos, na busca da reforma e correção de jovens delinquentes, defendia a tese da *pena indeterminada*, pois o indivíduo ao ingressar no estabelecimento penal, *não* se pode prever o *tempo* necessário para a sua futura inserção e adaptação social, diante da pluralidade de fatores ponderáveis (remições, progressões de regime, livramento condicional, comutação de penas, prática de novos delitos no cumprimento da pena). Jiménez de Asúa, em *La sentencia indeterminada*, destacou o lado positivo da condenação indeterminada.

A primeira experiência temporária nos Estados Unidos de reformatório para mulheres foi em Greenfield, Massachusetts, em 1870 e, permanente, em 1873, em Indiana, abrigando prostitutas e furtadoras. Após 1910, a prisão de Elmira entra em decadência. O fracasso ocorreu devido à sua estrutura, pois essa instituição foi construída como uma penitenciária de máxima segurança para evitar fugas, com características das prisões comuns, destinadas a condenados jovens.

7. REGIMES PRISIONAIS

A pena de prisão está presente em todos os sistemas penais, embora se deseje encontrar o caminho para ações de política criminal que permitam caminhar para acelerar a sua gradativa abolição. Diante dos conhecidos e inquestionáveis fatores deletérios do encarceramento, discute-se a *limitação* da pena de prisão, restringindo-a tão só quando de reconhecida necessidade para garantir a paz e a segurança do cidadão na sociedade. O grande desafio da prisão deve ser a *evitação da desassocialização do recluso*. Anabela Miranda Rodrigues, em seu "*Novo Olhar sobre a Questão Penitenciária*", aponta a *socialização* como finalidade da execução da pena privativa de liberdade.

A preocupação com uma legislação específica pertinente à execução penal data de 1937 com o projeto do Código Penitenciário elaborado por Cândido Mendes, Lemos de Brito e Heitor Carrilho. Em 1951, o deputado Carvalho Neto produziu o Projeto 636-A, relativo a normas gerais do regime penitenciário, que não foi convertido em lei. Oscar Stevenson, em 1957, envia Anteprojeto de Código Penitenciário dividido em duas partes (geral e especial) com 314 artigos. Roberto Lyra, que presidia a Comissão, fora substituído por Aníbal Bruno. Em 1963, Lyra elaborou o projeto das Execuções Penais, o qual retirou diante do quadro político reinante à época. Em 29 de outubro de 1970, J. C. Moreira Alves encaminhou ao Ministro Alfredo Buzaid o texto do Anteprojeto do Código de Execuções Penais, elaborado por Benjamin Moraes Filho, revisto pela Comissão integrada por José Frederico Marques, José Salgado Martins e José Carlos Moreira Alves. Em 1977, surge a Lei nº 6.416, de 24 de maio, que modifica disposições dos Códigos Penal e de Processo Penal especificamente no que pertine ao regime prisional. A execução das penas e das medidas de segurança deixa de ser um Livro do Código de Processo Penal para ingressar na cena jurídica com autonomia em respeito à dignidade de um novo ramo jurídico: o *Direito de Execução Penal*. Tem-se a edição da Lei nº 7.210, de 11 de julho de 1984, a Lei de Execução Penal (LEP). Na Exposição de Motivos (nº 12), lê-se: "O Projeto reconhece o caráter material de muitas de suas normas. Não sendo, porém, regulamento penitenciário ou estatuto do presidiário, avoca todo o complexo de princípios e regras que delimitam e jurisdicionalizam a execução das medidas de reação criminal. A execução das penas e das medidas de segurança deixa de ser um Livro do Código de Processo para ingressar nos costumes jurídicos do país com a autonomia inerente à dignidade de um novo ramo jurídico: o *Direito de Execução Penal*". Em 29 de novembro de 2013, a Comissão de Juristas designada pelo Senado apresenta a Proposta de Alteração da Lei de Execução, considerada uma das mais adiantadas de seu tempo, cuja única vulnerabilidade é ainda não ter sido aplicada em todo o território nacional.

No Brasil, o *regime penitenciário*, que originariamente era tratado pelo Direito Processual no capítulo relativo à execução, em razão da Reforma de 1984, deixou de ser estranho ao Direito Penal material, visto que traça suas diretrizes genéricas e estruturais. Os regimes condicionam o cumprimento da pena de prisão diante do *perfil do condenado* avaliado no juízo da sentença em razão da reprovabilidade da conduta típica, a uma maior ou menor parcela de rigor no cumprimento da pena de prisão imposta.

O Código Penal de 1940 adotou o *regime progressivo*, prevendo um período inicial de isolamento absoluto (*"período de silêncio"*) por prazo não superior a três meses da pena de reclusão, seguido de trabalho comum durante o dia e recolhimento noturno, possibilitando a transferência para a colônia penal ou estabelecimento similar e, na última etapa, o livramento condicional. Com a edição da Lei nº 6.416, de 24 de maio de 1977, o *isolamento inicial* torna-se *facultativo*, introduzindo-se os *três regimes* (fechado, semiaberto e aberto), dando-se a oportunidade de *ingresso direto* em qualquer deles diante da *quantidade* de pena aplicada e da *periculosidade* do condenado. A Lei nº 7.209, de 11 de julho 1984 (Lei de Execução Penal), mantendo a *forma progressiva* e os três regimes, determinou que as penas fossem executadas segundo o *tempo de pena cumprida* e o *mérito* que comanda todo o processo de execução, podendo ser iniciado o cumprimento em qualquer regime.

A *classificação dos condenados* constitui elemento fundamental para o início da execução como desdobramento do *princípio da individualização da pena*. A Lei de Execução Penal criou a Comissão Técnica de Classificação para elaborar o programa de individualização e acompanhar a execução das penas privativas de liberdade e restritivas de direitos, cabendo-lhe propor progressões e regressões de regimes, bem como os incidentes de execução e as conversões, a serem decididos pelo magistrado competente.

A Lei nº 7.210/1984 tornou *obrigatório* o *exame criminológico* para os condenados em regime fechado. Já o 1º Congresso das Nações Unidas, realizado em Genebra (1955), estabelecia Regras Mínimas para o tratamento de reclusos, registrando (69) que "tão logo o sentenciado a uma pena ou medida certa de duração ingresse em um estabelecimento, organizar-se-á, após o estudo de sua personalidade, o programa de seu tratamento individual, tendo em conta os dados obtidos sobre suas necessidades pessoais, sua capacidade e inclinações". E, ainda, ressalta (8) que "Os reclusos pertencentes as categorias diversas deverão ser alojados em diferentes estabelecimentos e em diferentes seções, dentro dos estabelecimentos, de acordo com o sexo, a idade, os antecedentes, os motivos da prisão e o tratamento correspondente a ser aplicado [...] os jovens deverão ser separados dos adultos".

Com a edição da Lei nº 10.792, de 1º de dezembro de 2003, dá-se nova e imperfeita redação ao art. 112 da Lei de Execução Penal ("a pena privativa de liberdade será executada de forma progressiva com a transferência para o regime menos rigoroso, a ser determinado pelo juiz, quando o preso tiver cumprido ao menos 1/6 [um sexto] da pena no regime anterior e ostentar *bom comportamento carcerário, comprovado* pelo diretor do estabelecimento, respeitadas as normas que vedam a progressão"). Aduza-se que para efeito de progressão de regime no cumprimento de pena em *crime hediondo* ou *equiparado*, sem prejuízo de avaliar os requisitos objetivos e subjetivos, o Supremo Tribunal Federal editou a Súmula Vinculante nº 26, que *faculta* ao juiz da execução, de modo fundamentado, a determinação da realização do *exame criminológico*. Para o Superior Tribunal de Justiça, diante da Súmula nº 439, admite-se, pelas *peculiaridades do caso concreto*, em decisão motivada. O Projeto de Reforma (2012) e o parecer da Comissão Temporária de Estudo da Reforma do Código Penal (2013) mantêm que o condenado *será submetido* no início do cumprimento da pena de prisão em regime fechado, ao *exame criminológico de classificação* (ingresso) para a individualização da execução. A Comissão Técnica de Classificação (CTC) tem plenos poderes para exercer com amplitude o *exploration* para conhecer o apenado. É um trabalho sério que não pode ser transformado em uma *mera papeleta informativa* para o cumprimento do dispositivo legal. Como se vê, busca-se elaborar um *programa individualizado da pena adequada ao perfil do condenado*.

As penas privativas de liberdade deverão ser executadas em *forma progressiva*, segundo o *tempo de pena cumprido* e o *mérito* do condenado, observando-se: **a)** a pena *superior* a 8 (oito) anos deverá começar a ser cumprida pelo *regime fechado*; **b)** o condenado *não* reincidente, cuja pena seja *superior* a 4 (quatro) anos e *não* exceda a 8 (oito), poderá, desde o início, cumpri-la em *regime semiaberto*; **c)** o condenado *não* reincidente, cuja pena seja *igual* ou *inferior* a 4 (quatro) anos, poderá, desde o início, cumpri-la em *regime aberto*. A determinação do regime *inicial* de cumprimento de pena far-se-á em observância a critérios estatuídos para as *causas judiciais* de aplicação de tempo da pena (*princípio da proporcionalidade*). A escolha do *regime inicial* não pode ficar atrelada, de modo absoluto, ao *quantum* da pena privativa de liberdade aplicada.

A Lei nº 10.792, de 1º de dezembro de 2003, deu nova redação ao art. 6º da Lei de Execução Penal (*a classificação será feita por Comissão Técnica de Classificação que elaborará o programa individualizador da pena privativa de liberdade adequada ao condenado ou ao preso provisório*). Questiona-se que perdeu a atribuição de elaborar o *programa individualizador* dos condenados às penas restritivas de direitos ou conversões. Tal *programa individualizador* deve ser realizado no *início* da execução, o que se choca com o caso do *preso provisório* sob regime de prisão cautelar e ao abrigo do princípio de inocência até o trânsito em julgado da sentença condenatória.

As penas privativas de liberdade são executadas em *forma progressiva*, segundo o *tempo de pena cumprida* e o *mérito do condenado*, com a *transferência* para regime menos rigoroso, a ser determinado pelo juiz da execução, quando tiver cumprido ao menos 1/6 (um sexto) da pena no regime fechado (critério objetivo) e o seu mérito indicar a progressão (critério subjetivo), salvo nos crimes hediondos.

Conforme foi descrito na análise dos sistemas clássicos, observa-se em nossa legislação que o *sistema progressivo* passa por importantes transformações desde a vigência do Código de 1940, com o advento da Lei nº 6.416, de 24 de maio de 1977, e a Reforma que abriga a *forma progressiva* da execução. Surge a nova era no penitenciarismo pátrio em que a pena privativa de liberdade passa pelo balizamento científico, superando a tempestuosa querela da *discussão da periculosidade*, pois *não* são dependentes de *tratamento curativo*. A *forma progressiva* da execução (regime fechado, semiaberto e aberto) possibilita, de acordo com a quantidade da pena (*critério objetivo*) e a condição pessoal do apenado (*critério subjetivo*), pleitear o *livramento condicional*, medida penal de natureza complexa de política descarcerizatória, e daí ao resultado final, que é a *inserção social* definitiva com a extinção da pena. O Supremo Tribunal Federal decidiu que a Constituição contemplaria as restrições impostas aos incursos em dispositivos da Lei nº 8.072, de 25 de julho de 1990, e dentre elas *não* se encontraria a *obrigatoriedade* de imposição de regime extremo para o *início* do cumprimento da pena (STF, HC 11.840/ES, 1ª T., rel. Min. Dias Toffoli, j. 27.6.2012).

O Supremo Tribunal Federal, com repercussão geral, possibilita a autorização do cumprimento de pena em regime carcerário menos gravoso, diante da impossibilidade de o Estado fornecer vagas para o cumprimento no regime estabelecido na condenação (STF, RE 641.320 RG/RS, Pleno, rel. Min. Gilmar Mendes, j. 16.6.2011).

7.1. Propostas para a reforma

O Projeto de Reforma Penal (2012) traz algumas modificações em relação aos critérios objetivos norteadores do regime *inicial* de cumprimento de pena: **a)** o condenado a pena *igual* ou *superior* a 8 (oito), deverá iniciar o cumprimento em *regime fechado*; **b)** se o condenado *não* reincidente em *crime doloso*, cuja pena seja *superior* a 4 (quatro) e *inferior* a 8 (oito), poderá iniciar o cumprimento em *regime fechado* ou *semiaberto*; **c)** o condenado por crime praticado *sem violência ou grave ameaça*, *não* reincidente, cuja pena seja *superior* a 2 (dois) anos e *igual* ou *inferior* a 4 (quatro) poderá iniciar o cumprimento em *regime semiaberto*; **d)** o condenado *não* reincidente, cuja pena seja *igual* ou *inferior* a 2 (dois), poderá iniciar o cumprimento em *regime aberto*.

A Proposta de Alteração da Lei de Execução Penal (2013), no que pertine à *classificação*, diante do fundamento do *princípio da dignidade da pessoa humana*, propõe uma mudança radical de paradigma, no sentido de privilegiar "critérios de primariedade ou reincidência, regime de cumprimento de pena, escolarização e previsão de alcance de benefícios e término de cumprimento de pena", ao invés da expressão *"antecedentes e personalidade"*. Na composição da Comissão Técnica de Classificação, exclui o psiquiatra e torna facultativa a presença do psicólogo.

A Proposta de Alteração estatuía que os presos sentenciados e os condenados seriam *classificados* segundo os seguintes critérios: **a)** primariedade ou reincidência; **b)** regime de cumprimento de pena; **c)** escolarização e prevenção de alcance de benefícios e término de pena, conforme dados extraídos do atestado de pena. Porém, com a edição da Lei nº 13.167, de 6 de outubro de 2015, que altera o disposto no art. 84 da Lei de Execução Penal, para estabelecer critérios para a *separação de presos*, provisórios ou definitivos, *nos estabelecimentos penais*: **a)** pela prática de crimes hediondos ou equiparados; **b)** pela prática de crimes cometidos com violência ou grave ameaça à pessoa; **c)** pela prática de outros crimes ou contravenções diversos. O preso que tiver sua integridade física, moral ou psicológica ameaçada pela convivência com os demais presos ficará segregado em local próprio ("seguro").

7.2. Regime fechado

O regime prisional fechado gera organizações formais e sistemas sociais informais, com códigos de comportamento bem definidos e hierarquizados, que proporcionam ambiente de *aprendizagem* de novas condutas desviantes e reforçam a desinibição de antigas respostas. O *sistema de valores* que os apenados são submetidos é inevitavelmente mais violento e desviante do que no mundo livre, porque *todos* são, em tese, violadores normativos. A prisão oferece oportunidades de transmissão da contracultura e aperfeiçoamento de práticas delitivas na pós-graduação da carreira criminosa, provocativa do uso de novas habilidades para violar a construção normativa. A *cultura carcerária* é marcada pelo *processo de prisionalização*.

O regime fechado, que se caracteriza pelo rigor na disciplina e ausência de saídas temporárias, deverá ser cumprido em *penitenciária* de segurança máxima ou média, em cela individual, inicialmente, para os condenados: **a)** a pena de reclusão *superior* a 8 (oito) anos; **b)** reincidentes, não importando a natureza ou quantidade da pena imposta; **c)** *não* reincidentes condenados a pena de reclusão *igual* ou *inferior* a 8 (oito) anos, que diante das *causas judiciais* de aplicação da pena for *recomendável* maior rigor carcerário; **d)** pela prática de crime hediondo ou equiparado. Se *todas* as penas forem de *detenção*, o regime será *semiaberto*, mas se *uma* delas for de *reclusão*, o regime *inicial* de cumprimento será o *fechado*.

O condenado em regime fechado deverá ser alojado em *cela individual*, que conterá dormitório, aparelho sanitário e lavatório, sendo requisitos básicos para a unidade celular a salubridade do ambiente e a área mínima de seis metros quadrados. Se o Estado *não* cumpre as exigências da Lei de Execução Penal, por não ter condições materiais pela *superlotação carcerária* (processo de degradação da convivência social), o réu deverá ser transferido em grau de excepcionalidade para uma unidade *semiaberta*. É inadmissível a progressão *per saltum* de regime prisional do regime fechado para o semiaberto (Súmula nº 491 do STJ). A posição do Superior Tribunal de Justiça é na direção de que a *superlotação* e as precárias condições dos estabelecimentos prisionais *não* permitem a concessão da liberdade aos condenados ou presos provisórios, visto que foram recolhidos por decisões judiciais que observaram o devido processo legal (STJ, HC 34.316/RJ, 5ª T., rel. Min. Laurita Vaz, j. 28.9.2004).

O condenado em regime fechado deverá cumprir a pena privativa de liberdade imposta em *estabelecimento penitenciário*, que fica distante do centro urbano, mas que *não* torne inviável a visitação familiar e, confinado em *cela individual*, sendo permitido o trabalho durante o período diurno intramuros e a *frequência às salas de aula* para estudo e leitura. O Projeto de Reforma Penal (2012), modificado pela Comissão Temporária, estabelece que o condenado fique sujeito a trabalho, estudo ou curso profissionalizante no período diurno e recolhimento durante o repouso noturno. A característica do regime fechado está no rigor da disciplina e na arquitetura dos prédios, tendo como objetivo a segurança social com a evitação de rebeliões e fugas. Há possibilidade de *remição* da pena pelo *trabalho* e pelo *estudo*, cumulativamente, se em tempos compatíveis, estimulando o mérito para a progressão do regime prisional.

No início da execução da pena em regime fechado, o condenado deverá ser submetido ao *exame criminológico* para os fins de adequada *classificação* para o *ingresso* no processo de individualização da execução. Fica sujeito a *trabalho* no período diurno e *recolhimento* durante o repouso noturno, observadas as aptidões de acordo com as atividades e especificações anteriores do condenado (deve-se combater a prática maldita de o Estado entregar às facções criminosas o poder de escolha e domínio das unidades prisionais).

O *trabalho prisional*, como *dever social* e *condição de dignidade humana*, tem o fim *educativo* e *produtivo*. O condenado à pena de prisão em regime fechado está *obrigado* ao trabalho *interno* na medida de sua *aptidão* e *capacidade*, desde que compatível com a execução. Portanto, devem-se levar em conta as necessidades e as oportunidades futuras do condenado na disputa no mercado, formal e informal. O grande desafio é a *inexistência* de trabalho e de mão de obra qualificada nas unidades prisionais para a maioria dos encarcerados, tornando-se vulnerabilidade para remir a pena. É um dos eixos da *execução sustentável*, razão pela qual a administração penitenciária, enfrentando os óbices da superlotação e da ociosidade, deve disponibilizar trabalho ao máximo para possibilitar à massa carcerária o preenchimento do *tempo inútil da prisão* e a possibilidade da *remição pela pena cumprida*. Não se trata de *trabalho escravo*, razão pela qual é remunerado e abrigado pelo seguro de acidentes.

Sabe-se que a *ociosidade* é ocasionada pela: **a)** antiquada arquitetura prisional, que *não* oferece condições para a instalação de escolas e oficinas para aprendizes; **b)** falta de mestres para o ensino do ofício, como também de matéria-prima e de instrumental moderno para o aprendizado; **c)** falta de uma política sólida penitenciária, que permita à administração cumprir um plano-programa fiscalizado, incentivando e dirigindo o trabalho prisional; **d)** ausência ou baixa remuneração do trabalho para a formação de um pecúlio para os primeiros difíceis dias de liberdade do egresso. Deve-se registrar que o trabalho jamais poderá ter um escopo aflitivo, mas sim o exercício de um *direito* do cidadão para o seu projeto existencial de vida.

O *preso provisório* não está obrigado a trabalhar intramuros (*princípio da inocência*) e não poderá fazê-lo extramuros. Na atribuição do trabalho, deverão ser observadas: **a)** condição pessoal do condenado; **b)** as necessidades futuras e as oportunidades do mercado, com a visão no presente e no futuro do egresso.

A jornada normal *não* será inferior a 6 (seis), *nem* superior a 8 (oito) horas, com descanso nos domingos e feriados, sendo sempre possível a atribuição de *horário especial* para presos designados para os serviços internos de manutenção da unidade. O trabalho poderá ser *gerenciado* por uma fundação ou empresa pública, com autonomia administrativa, e terá por objetivo a formação profissional do condenado. Os governos federal, estadual ou municipal poderão celebrar convênios com a iniciativa privada para a implantação de oficinas de trabalho. O que afugenta os pequenos empresários são as rebeliões com a possibilidade efetiva da destruição de máquinas, bem como as transferências de presos obreiros já integrados nas equipes, desestabilizando a linha de produção.

Em relação aos crimes hediondos ou equiparados, o Supremo Tribunal Federal declarou, incidentemente, inconstitucional o art. 2º, § 1º, da Lei nº 8.072, de 25 de julho de 1990, que vedava a progressão de regime ("integralmente" fechado), em decisão no HC 82.959/SP, Pleno, rel. Min. Marco Aurélio, por maioria, j. 23.2.2006. Em 28 de março de 2007, foi editada a Lei nº 11.464, alterando a redação do § 1º declarado inconstitucional ("inicialmente" fechado). Porém, o § 2º veio a estabelecer maior tempo de cumprimento de pena para a progressão de regime, de 2/5 (dois quintos), para os primários, e de 3/5 (três quintos), para os reincidentes, quando nos crimes *não* hediondos é de 1/6 (um sexto) para o requisito objetivo de progressão. Assim, os que praticarem crime hediondo ou equiparado a partir de 28 de março de 2007 só poderão progredir se cumpridos 2/5 (dois quintos) ou 3/5 (três quintos) e não 1/6 (um sexto) do tempo de pena cumprida. Diante do *princípio da legalidade*, a inovação mais rigorosa não pode retroagir, devendo ser aplicada tão só aos delitos cometidos *após* a vigência da lei nova.

O trabalho no regime fechado é *intramuros* e os maiores de 60 (sessenta) anos poderão solicitar ocupação adequada a sua idade. O *trabalho externo* só será admissível em *serviços e obras públicas* realizadas por órgão da administração direta ou indireta, ou em entidades privadas, diante de escolha, no limite máximo do número de presos de 10% (dez por cento) do total dos empregados na obra. A prestação em entidade privada depende do consentimento do apenado. Pelo Projeto de Reforma Penal (2012), o trabalho externo, excepcional e facultativo, poderá ser também fiscalizado por meio da monitoração eletrônica.

A Organização das Nações Unidas preconiza para o tratamento de reclusos (1955) em regras mínimas que os presos pertencentes a diversas categorias deverão ser alojados em *estabelecimentos diferentes*, razão pela qual os presos em *regime fechado* ficam em *penitenciárias de segurança máxima ou média*. O que *caracteriza o regime fechado* é a maior vigilância e controle do apenado exercendo todas as atividades intramuros.

O regime fechado, pelas características da execução da pena privativa de liberdade, por força da vigilância e do rigor da fiscalização, da arquitetura do estabelecimento penal e da rotina de vida regulamentada, dá o exato cenário da prisão, cujo mal é a própria prisão, deletéria e desconstrutiva para real sociabilização do egresso na macrossociedade.

Nos estabelecimentos penais de segurança máxima, deve-se instalar equipamento eletrônico de captação de imagens e áudio, bem como a utilização do *scaner corporal* para terminar com a revista íntima vexatória e humilhante, e o uso de bloqueadores celulares em unidades de maior número de pessoas privadas de liberdade. No que concerne aos presos estrangeiros, diante da diversidade de cultura e idioma, devem ficar em pavilhão próprio.

O grande problema do sistema penitenciário brasileiro é o da superlotação carcerária, diante do *déficit* de vagas (228.143, em julho de 2015), com uma população que já ultrapassa 605.000 presos. Daí, ganha espaço a questão da *arquitetura prisional*, em que o tripé *habitabilidade, operacionalidade* e *segurança*, são imperativos da dignidade da pessoa humana, nos estabelecimentos penitenciários. A discussão é centrada entre os sistemas arquitetônicos convencionais e a construção pré-fabricada de centros penitenciários, moldado de elementos modulares pré-fabricados, feitos em concreto de alto desempenho. Tal sistema já foi adotado em nove estados da Federação, com noventa e duas unidades prisionais construídas, que traduz 20.000 vagas, observadas as diretrizes do Conselho Nacional de Política Criminal e Penitenciária. A vantagem em *curto prazo* do sistema modular é do *tempo de edificação*, da *qualidade de vida dos presos* e da *segurança na execução da pena*.

7.3. Regime semiaberto

O *regime semiaberto* é destinado, desde o início aos condenados à pena de *reclusão* ou *detenção*, *não* reincidentes, *superior* a 4 (quatro) anos e que *não* exceda a 8 (oito), a ser cumprida em *colônia agrícola, industrial* ou *similar*, e aos *regredidos* do regime aberto. A expressão *similar* deve ser entendida como qualquer tipo de unidade penal de semiliberdade, na qual o apenado tenha condições de exercer atividade compatível com os objetivos sociais da pena.

É oportuno lembrar a incompatibilidade entre a prisão preventiva e os regimes semiaberto e aberto. O Superior Tribunal de Justiça firmou que "a prisão cautelar não admite temperamento para ajustar-se a regime imposto na sentença diverso do fechado. Impõe-se regime mais brando, significa que o Estado-Juiz, ao aplicar as normas ao caso concreto, conclui pela possibilidade de o réu poder iniciar o desconto da reprimenda em circunstâncias que não se compatibilize com a imposição/manutenção de prisão provisória, caso seja necessário, poderá se valer, quando muito, de medidas alternativas diversas à prisão, previstas no art. 319 do CPP" (STJ, RHC 52.407/RJ, 5ª T., rel. Min. Felix Fischer, j. 9.12.2014).

É uma importante transição do regime fechado para o regime semiaberto no processo de inserção e adaptação social *progressiva* do condenado. O chamado "*régime de la semi-liberté*" dá oportunidade ao condenado para que passe parte do cumprimento de sua pena privativa de liberdade exercendo determinada atividade útil *fora* do estabelecimento prisional, integrado diretamente à macrossociedade e à própria família. Além de satisfazer as condições legais, deve ter trabalho fixo ou atividade de estudo formal, rígida disciplina de horários, personalidade forte e definida, demonstrando adaptação ao regime de semiliberdade afastando o risco potencial da reincidência. Devem sempre inspirar *confiança* e *mérito*, adquiridos na *progressão* do regime fechado. O *ingresso* do condenado no regime semiaberto supõe a *aceitação* de seu *programa* e *condições* impostas pela norma e pelo magistrado.

A questão básica do regime semiaberto está atrelada ao binômio *trabalho-ensino*, eixo de sustentabilidade em uma visão realística de uma execução penal humanitária. O *trabalho prisional* poderá ser *interno* ou *externo*, este característica do regime, e o *ensino*, presencial ou à distância, fundamental, médio, profissionalizante ou superior. Para a realização *extramuros*, há o instrumento de política criminal das autorizações de *saídas temporárias*, observada a *compatibilidade* de horários com a regência de normalidade e de funcionamento do tipo de estabelecimento penal.

O trabalho é *obrigatório* tendo a pessoa presa o *direito social* ao trabalho, portanto, o Estado tem o *dever* de dar-lhe trabalho, remunerando-o, e garantindo condições de higiene e segurança, as mesmas prescritas para o obreiro livre. Os trabalhadores presos devem ser indenizados pelos acidentes de trabalho e enfermidades profissionais em condições *idênticas* aos trabalhadores livres, incluídos os direitos previdenciários. A provocação dolosa de acidente do trabalho configura falta grave. A incapacidade por acidente no trabalho ou no estudo *não* impede a contagem dos dias e horas para a remição. A *natureza jurídica* do trabalho da pessoa presa constitui uma *relação de direito público* que *não* se sujeita à Consolidação das Leis do Trabalho. Perante a Lei de Execução Penal, o trabalho é um *dever* e um *direito* da pessoa presa, na medida de suas aptidões e capacidades. Como exceções ao art. 31 da LEP, ficam desobrigados os condenados pela Lei das Contravenções Penais, se a *prisão simples* não exceder a 15 (quinze) dias e o condenado por *crime político*, bem como o *preso provisório*. De outro lado, a Lei de Execução Penal estatui que "*Constituem deveres do condenado: [...] V - A execução do trabalho, das tarefas e das ordens recebidas*". O trabalho é *direito* da pessoa presa (atribuição de trabalho e sua remuneração). O preso não é ocioso porque quer, mas pela falta de trabalho, de oficinas, de mestres, diante da ausência de mão-de-obra qualificada e superlotação dos estabelecimentos penais. Conseguir uma vaga no trabalho prisional é mais difícil do que no mercado pelo trabalhador livre.

O condenado fica sujeito a *trabalho* em comum durante o período diurno, em colônia agrícola, industrial ou estabelecimento similar. O *trabalho externo* é caracirírtica fundamental deste regime e a sua prestação será autorizada pelo magistrado, dependendo da oferta, aptidão, disciplina e responsabilidade do apenado. O lapso temporal de cumprimento mínimo de 1/6 (um sexto) da pena privativa de liberdade, neste regime, *perdeu* a sua exigibilidade, diante da jurisprudência firme do Superior Tribunal de Justiça (1999) e da recente decisão do Supremo Tribunal Federal em relação à Ação Penal 470, que modificou o precedente de 1995. O fundamento se encontra no *princípio dos direitos humanos e da isonomia*, diante da realidade do sistema prisional semiaberto. Assim, os condenados que cumprem pena no sistema semiaberto, tanto poderão ter trabalho interno ou externo, *sem* a necessidade do tempo mínimo de permanência, o qual *per se* já daria condições à progressão para o regime aberto.

Constituem *direitos dos condenados* a atribuição de trabalho e sua remuneração, mediante prévia tabela, não podendo ser inferior a 3/4 (três quartos) do salário mínimo, pois deverá atender: **a)** à indenização dos danos causados pelo crime, desde que determinados judicialmente e não reparados por outros motivos; **b)** à assistência à família; **c)** às pequenas despesas pessoais; **d)** ao ressarcimento ao Estado das despesas realizadas com a manutenção do condenado, em proporção afixada e sem prejuízo da destinação aos itens anteriores. A Lei de Execução Penal se preocupou com o futuro ingresso do apenado na vida livre, ao dispor que parte do restante da *constituição do pecúlio* deverá ser depositada em *caderneta de poupança*, que será entregue ao condenado quando posto em liberdade.

A Fundação Santa Cabrini do estado do Rio de Janeiro iniciou o resgate da dignidade do apenado, incluindo-o na condição de cidadão, fazendo valer, na relação de trabalho, o acesso a seus proventos, através do sistema bancário, concedendo-lhe o cartão de correntista. Registre-se que *todos* os presos trabalhadores (prestadores de serviços gerais) deveriam ter direito ao salário mínimo vigente no país, diante da Carta Política de 1988 e da Declaração Universal dos Direitos do Homem, *sem qualquer distinção*. A Constituição do estado do Rio de Janeiro estabelece que o trabalho da pessoa presa será remunerado no mesmo padrão do mercado de trabalho livre, considerando-se a natureza do serviço e a qualidade da prestação oferecida.

A jornada normal de *trabalho interno* é igual, quer no regime fechado ou semiaberto. No que concerne ao *trabalho externo*, a jornada poderá ser superior a 44 (quarenta e quatro) horas, no limite da Consolidação das Leis do Trabalho ("A duração normal do trabalho poderá ser acrecida de horas suplementares, em número não excedente de 2 (duas) horas, mediante acordo entre empregador e empregado ou mediante contrato coletivo de trabalho"). Revogar-se-á a autorização do *trabalho externo* ao preso ou condenado, que vier a praticar fato definido como crime, ou punido por falta grave, observada a aptidão, disciplina e responsabilidade. No regime semiaberto, o trabalho é admissível em qualquer serviço público ou privado e será realizado *sem* escolta com utilização ou não de *monitoração eletrônica*. Quanto ao *trabalho interno*, o condenado está *obrigado* na medida de suas aptidões de capacidade.

O *trabalho prisional*, no *fechado* ou *semiaberto*, poderá ser gerenciado por *fundação* ou *empresa pública* com autonomia administrativa e terá por objetivo a *formação profissional* do condenado. Cabe à entidade gerenciadora promover e supervisionar a *produção*, com *critérios* e *métodos empresariais*, encarregando-se de sua comercialização, bem como suportar despesas, inclusive *pagamento da remuneração adequada*. Os governos federal, estadual e municipal poderão celebrar convênios com a iniciativa *privada* para a implantação de oficinas de trabalho referentes a setores de apoio dos presídios (Lei nº 10.792, de 1º de dezembro de 2003). Todas as importâncias arrecadadas com as vendas reverterão em favor da fundação ou empresa pública ou na falta, do estabelecimento penal. Importante assinalar que a Fundação Santa Cabrini, gestora do trabalho prisional no estado do Rio de Janeiro, implantou programa inovador e pioneiro no Brasil, no Centro de Produção e Qualificação Profissional, com cursos de informática, de idiomas e de reparação de computadores, ministrados por profissionais da FAETEC, para apenados, que cumprem pena nos regimes semiaberto e aberto, e para egressos.

7.4. Regime aberto

O *regime aberto* (*open prisons*) surge com um novo tipo de estabelecimento penal, produto de um olhar realístico sobre a execução das penas privativas de liberdade, resultado de uma política criminal preventista e ressocializadora, desconstruindo os efeitos do encarceramento contínuo. Sem a preocupação com as grades e os cadeados, elabora um *pacto de confiança recíproca* ao estimular o binômio *responsabilidade-disciplina*. É um efetivo instrumento para o enfrentamento da superpopulação carcerária e para a desmistificação do cárcere como *meio de contenção* único do controle da criminalidade (*cultura da prisionalização*).

Em 1965, o *regime aberto*, com o nome de *prisão albergue* foi colocado em prática no Brasil, por iniciativa do Conselho Superior da Magistratura do Estado de São Paulo, e outros estados passaram a adotar o sistema de semiliberdade, sendo que em 1977, a Reforma Penal oficializou o regime aberto. A *prisão albergue* é o regime de cumprimento de pena privativa de liberdade em que o condenado trabalha ou estuda *fora* do estabelecimento penal, durante o dia, sem escolta ou vigilância, e se recolhe à noite.

O regime aberto se baseia na *autodisciplina* e no *senso de responsabilidade do condenado*. O funcionamento deste regime prisional, com patamar na *confiança*, depende do *processo seletivo* e do número de apenados no estabelecimento penal, bem como no apoio motivacional, através de biblioteca, sala de leitura e palestras nos fins de semana. Por "*prisão aberta*", "*prisão sem portas*" ou "*instituição aberta*" se designam os estabelecimentos com as seguintes *características*: **a)** ausência de meios naturais para impedir a evasão; **b)** um regime de liberdade concedido ao interno dentro dos limites do estabelecimento; **c)** substituição de obstáculos materiais para prevenir a fuga pelos mecanismos de exaltação da responsabilidade pessoal que se inculca no apenado pela confiança outorgada. Tal tipo de estabelecimento teve grande acolhida, principalmente após o XII Congresso Internacional Penal e Penitenciário de Haya (1950) e do I Congresso da ONU de Genebra (1955) que defenderam sua utilização. A ordem tem como patamar uma *disciplina voluntária* que anima os condenados a se sentirem responsáveis em relação à sociedade, e incita a desfrutar a liberdade. O exercício do trabalho e/ou do estudo é a essência do regime aberto.

O Congresso de Haya reconhecia as seguintes vantagens do regime aberto: **a)** melhorar a saúde física e moral dos apenados; **b)** aproximar as condições microssociais da realidade da vida na macrossociedade; **c)** atenuar as tensões e conflitos naturais de uma segregação rigorosa; **d)** os estabelecimentos abertos são mais econômicos, quer sob o ponto de vista da construção, como da manutenção.

São requisitos normatizados na Lei de Execução Penal, na Lei nº 11.464, de 28 de março de 2007, e no Código Penal para a progressão para o regime aberto: **a)** nos crimes *comuns*, o cumprimento de 1/6 (um sexto) da pena restante e, nos *hediondos*, de 2/5 (dois quintos) do cumprimento, se primário e, 3/5 (três quintos), se for reincidente; **b)** bom comportamento carcerário (*comportamento satisfatório*) durante a execução da pena; **c)** oitiva prévia do Ministério Público e do defensor do apenado; **d)** requisitos *específicos*: **a.** aceitar o programa do regime aberto e as condições especiais impostas pelo juiz da execução; **b.** estar trabalhando ou comprovar a *possibilidade* de trabalhar imediatamente quando for progredido; **c.** apresentar *perfil adequado* ao regime aberto, avaliado pelos antecedentes, comportamento satisfatório ou resultado do exame criminológico, indicadores de adaptação, autodisciplina e senso de responsabilidade; **e.** na hipótese de o condenado por crime contra a administração pública, que tenha reparado o dano causado ou a devolução do produto do ilícito praticado, com os acréscimos legais; **f.** ter pago integralmente o valor da multa cumulativamente imposta ou comprovar a absoluta impossibilidade econômica de fazê-lo, ainda que parceladamente. Trata-se de *vedação* da progressão do regime semiaberto para o aberto devido ao inadimplemento do pagamento da pena de multa cumulativamente aplicada (STF, EP 12 ProgReg-AgR/DF, Pleno, rel. Min. Luís Roberto Barroso, j. 8.4.2015).

As *condições de ingresso* supõem a *aceitação* de seu *programa* e das *condições* impostas pelo juiz: **a)** estiver trabalhando ou comprovar a possibilidade de fazê-lo imediatamente. O Superior Tribunal de Justiça decidiu que, na progressão ao regime aberto, o magistrado deverá estabelecer, se for a hipótese, um *prazo razoável* para que o apenado comprove ocupação lícita, pois não é aceitável deixar de observar as normas regentes da execução penal (STJ, HC 180.940/RJ, 6ª T., rel. Min. Og Fernandes, j. 21.2.2013). O mesmo tribunal dá precisa interpretação ao texto legal, aplicando o *princípio da razoabilidade*, em relação "à comprovação de trabalho ou à possibilidade imediata de fazê-lo", temperando diante da realidade do cotidiano da vida (STJ, HC 229.494/RJ, 5ª T., rel. Min. Marco Aurelio Bellizze, j. 11.9.2012). Poderão ser dispensados do trabalho: **a.** condenado maior de 70 (setenta) anos. O fato de o apenado ser septuagenário *não* garante o cumprimento da pena em *regime domiciliar*. Aduza-se que o simples fato de o apenado ser *maior de 60 (sessenta) anos* dá o direito de ser recolhido em *estabelecimento próprio ou adequado* às suas condições pessoais, o que *não* autoriza *per se* a concessão de prisão domiciliar; **b.** condenado acometido de doença grave; **c.** condenada com filho menor ou deficiente físico ou mental; **d.** condenada gestante; **b)** apresentar, pelos seus antecedentes criminais ou pelo resultado dos exames a que foi submetido (exame criminológico), fundados indícios de que seu *perfil* ajustar-se-á, com *autodisciplina* e *senso de responsabilidade*, ao novo regime.

São *características* legais do regime berto: **a)** deverá ficar fora do estabelecimento *sem vigilância*, trabalhar, frequentar curso ou exercer outra atividade autorizada, permanecendo recolhido durante o período noturno e os dias de folga. Inexiste incompatibilidade entre o trabalho noturno e a modalidade aberta de regime prisional, uma vez que a norma do art. 115 da Lei de Execução Penal, ao incluir entre as condições gerais para sua concessão, a permanência em um local designado "durante o repouso e os dias de folga", não utilizou a expressão "repouso noturno", permitindo, pois, o *trabalho noturno*, mediante critério e condições especiais e horários de recolhimento arbitrados pelo juiz da execução; **b)** o regime aberto deve ser cumprido em *casa de albergado*, que deverá situar-se no centro urbano, sem obstáculos para evitar a fuga, com aposentos para presos e local adequado para cursos e palestras, conforme os arts. 93 a 95 da Lei de Execução Penal. Na hipótese de inexistência de *casa de albergado*, consolidou-se a utilização do *regime aberto em residência particular* (STJ, HC 40.727/RS, 6ª T., rel. Min. Helio Quaglia Barbosa, j. 24.5.2005). Há inadmissibilidade das *saídas diárias* no regime aberto sem vinculação ao trabalho e ao estudo. Só na hipótese de saída para a frequência de curso admite-se a remição.

A *casa de albergado* é destinada ao cumprimento da pena privativa de liberdade em regime aberto ou de limitação de fim de semana. A distância entre o albergue e o trabalho, impõe custo elevado no transporte diário, o que pode inviabilizá-lo, razão pela qual, diante do caso concreto, observado o *princípio da dignidade da pessoa humana*, deve ser concedida a prisão *domiciliar*, com condições, horário e *monitoramento eletrônico*.

As *vantagens* do *regime aberto são*: **a)** melhora a disciplina, que deixa de ser coata, salvo favorecendo um sentimento de solidariedade e autocontrole; **b)** favorece a saúde física e mental do apenado, que passa a viver em céu aberto e trabalhando na própria comunidade livre; **c)** facilita as relações com o mundo exterior e a família; **d)** é menos oneroso para o Estado; **e)** estimula o viver licitamente dos ganhos de seu próprio trabalho; **f)** possibilita a solução real e efetiva do problema sexual carcerário.

São *condições gerais e obrigatórias*: **a)** permanecer no local que for designado durante o repouso e nos dias de folga; **b)** sair para o trabalho e retornar nos horários fixados (no regime aberto, não há possibilidade de remição pelo trabalho, só pelo estudo); **c)** não se ausentar da cidade onde reside sem autorização judicial; **d)** comparecer a juízo para informar e justificar as suas atividades, quando determinado. Para o êxito do regime aberto, os estabelecimentos devem sediar-se nos centros urbanos para facilitar a mobilização dos apenados em suas necessidades de trabalhos sociais e educativos. As *condições* podem ser modificadas pelo juiz da execução, de ofício, a requerimento do órgão do Ministério Público, da autoridade penitenciária ou do condenado. A Lei de Execução Penal estatui no art. 115 que o juiz *poderá* estabelecer *condições especiais* para a concessão do regime aberto.

Aduza-se que as *penas restritivas de direitos* são *autônomas* e *alternativas*, razão pela qual *não* podem ser confundidas com *condições especiais* do regime, configurando *excesso de execução*. O Superior Tribunal de Justiça editou a Súmula nº 493 firmando que "É inadmissível a fixação de pena substitutiva (art. 44 do CP) como condição especial ao regime aberto". O referido tribunal assentou que é incabível a fixação de prestação de serviços à comunidade (de natureza autônoma, tendo caráter substitutivo e alternativo) como *condição especial* do regime aberto, por configurar violação ao *princípio do ne bis in idem* (STJ, HC 245.589/SP, 6ª T., relª. Minª.* Assusete Magalhães, j. 2.10.2012).

As *desvantagens, inconvenientes* ou *riscos* do regime aberto são: **a)** evasões que sempre colocam a opinião pública em alarme, que geralmente são determinadas pela: **a.** longa duração de condenações a cumprir e a idade do condenado; **b.** ameaça de regressão em razão de ter cometido crime doloso ou falta grave; **c.** surgimento de nova condenação no cumprimento da pena no regime aberto; **d.** elementos do perfil do condenado (inteligência, maturidade, estabilidade emotiva, atividade laborativa e situação familiar); **e.** notícias alarmantes a respeito de sua família; **b)** relações com o mundo livre e entre os próprios condenados; **c)** diminuição da autodisciplina e do senso de responsabilidade do condenado.

Há *regressão* do regime aberto, quando o apenado: **a)** *prática de fato definido como crime doloso* (sustar cautelarmente o regime aberto); **b)** *frustrar os fins da execução* (falta grave ou ausentar-se durante o repouso noturno); **c)** *não pagamento da multa cumulativamente aplicada, podendo fazê-lo* (responsabilidade e disciplina); **d)** *condenação por crime anteriormente praticado*, mas que torne a soma das penas incompatíveis com o regime. Ocorrerá a *revogação* quando o apenado praticar injusto penal *doloso* ou *falta disciplinar grave*, ou sofrer condenação, por crime anterior, cuja pena, somada ao restante em execução, torne incabível o regime. Anote-se que, quando houver condenação por mais de um crime, no mesmo processo ou em processos distintos, a determinação do regime será o *resultado da soma ou unificação de penas*, observada, quando for o caso, a detenção ou a prisão simples. Sobrevindo condenação no curso da execução, somar-se-á a pena ao restante da que está sendo cumprida. O apenado no *regime aberto* não poderá frustrar os fins da execução ou não pagar, *podendo*, a multa cumulativamente imposta.

A jurisprudência pacífica do Supremo Tribunal Federal e do Superior Tribunal de Justiça é na direção da concessão da *prisão domiciliar*, por excepcionalidade, na *ausência* de casa de albergado ou estabelecimento congênere. O fato de o apenado ficar recolhido em residência particular *não* significa que esteja dispensado das normas disciplinares de horários e restrições. Entende-se que a *prisão domiciliar*, no quadro negro da superlotação carcerária, em todos os estados da federação brasileira, não só atende ao *princípio da humanidade*, como também torna mais econômica diante da construção e manutenção de pessoal nas casas de albergado.

Assim, como é fundamental a rigorosa seleção de apenados, quando progredidos pelo juiz da execução, igualmente o é o recrutamento do pessoal administrativo, com vocação assistencial. Elias Neuman, em "*La Prisión Abierta y la Necessidad de Personal Penitenciário Idoneo*", ressalta que é inconcebível a presença de agentes penitenciários com ideias arraigadas em torno do preso, com a guarda, severidade e rigidez da clássica prisão de segurança máxima.

No que tange ao *recolhimento domiciliar*, a Lei de Execução Penal admite nas seguintes hipóteses: **a)** condenado maior de 70 (setenta) anos de idade. Sustenta-se, ainda minoritariamente, que o Estatuto do Idoso (Lei nº 10.741/2003) é garantidor de *todos* os direitos fundamentais à pessoa humana para assegurar a preservação da saúde física e mental, moral, espiritual e social, em condições de liberdade e dignidade, ao respeito e à convivência familiar e comunitária. Assim, para a *prisão domiciliar*, passou de 70 (setenta) para 60 (sessenta) anos, pois o Estatuto é *posterior* à Lei de Execução Penal e mais abrangente; **b)** condenado acometido de *doença grave*. O Superior Tribunal de Justiça firmou que o apenado com *doença grave*, que cumpre em regime prisional semiaberto *não* poderá pleitear a progressão para o regime de prisão domiciliar, desde que cumpra pena em unidade penitenciária que possua um hospital com adequadas condições para dar-lhe o tratamento específico (STJ, HC 240.518/RS, 5ª T., relª. Minª.* Marilza Maynard, j. 5.3.2013). Questão polêmica diz respeito à residência particular em comunidade, diante do conflito cultural e a presença do crime organizado; **c)** *condenada* com filho menor ou deficiente físico ou mental. Entenda-se *pessoa condenada*, homem ou mulher (art. 5º, I, e art. 3º, IV, CF/88); **d)** condenada gestante. Na hipótese da existência de institutos penais com berçário e creche, como no Rio de Janeiro, a questão está superada.

O Código de Processo Penal, com a nova redação dada pela Lei nº 12.403, de 4 de maio de 2011, cuida da *prisão domiciliar*. O legislador define no recolhimento do *indiciado* ou *acusado* em residência, só podendo dela se ausentar com a autorização do magistrado, que poderá substituir a *prisão preventiva* pela *domiciliar* quando o agente for: **a)** maior de 80 (oitenta) anos de idade; **b)** extremamente debilitado e por motivo de doença grave; **c)** imprescindível aos cuidados especiais de pessoa menor de 6 (seis) anos de idade e com deficiência; **d)** gestante a partir do sétimo mês de gravidez ou sendo de alto risco. Para a substituição, o magistrado exigirá prova idônea dos requisitos *ut* referidos. As condições para o *apenado* ser recolhido em regime aberto em *residência particular* é menos rigorosa do que as elencadas para o *preso provisório*, o que se constitui em verdadeiro absurdo. Com a edição da Lei nº 12.403, de 4 de maio de 2011, lê-se em seu art. 317: "A prisão domiciliar consiste no recolhimento do indiciado ou acusado em sua residência, só podendo ausentar-se com autorização judicial". Assim, o magistrado poderá substituir a *prisão preventiva* pela *domiciliar* quando o agente estiver nas condições *ut* referidas nas alíneas *a/d*. Há exigibilidade de prova idônea para o preenchimento dos requisitos objetivos. O elenco do art. 117 da Lei de Execução Penal poderá abarcar hipóteses *não* elencadas como a concessão da prisão domiciliar na hipótese de o apenado ter conseguido emprego em outra comarca do estado (STJ, Resp 962.078/RS, 5ª T, rel. Min.* Adilson Vieira Macabu, j. 17.2.2011). O Supremo Tribunal Federal posiciona na direção da admissão da concessão da *prisão domiciliar humanitária* ao condenado acometido de doença grave que necessite de tratamento médico que não possa ser oferecido no estabelecimento prisional ou em unidade adequada (STF, EP 23 AgR/DF, Pleno, rel. Min. Roberto Barroso, j. 27.8.2014), ao passo que o Superior Tribunal de Justiça relativiza, alargando em relação aos condenados que aguardam vaga em estabelecimento de regime compatível (STJ, HC 112.226/RS, 5ª T., rel. Min. Napoleão Nunes Maia Filho, j. 3.2.2009). O Superior Tribunal de Justiça, sensibilizado pela *doença grave* do apenado, que exige tratamento rigoroso, com a ingestão de medicamentos fortes de forma contínua e controlada, *excepcionalmente*, tem admitido, diante das peculiaridades do caso concreto, o *cumprimento em prisão domiciliar* de pena estabelecida *mesmo em regime semiaberto*, mormente diante da conhecida falta de estrutura do sistema penitenciário para lidar com tais situações (STJ, HC 106.291/RS, 5ª T., rel.ª Min.ª Laurita Vaz, j. 17.9.2009). Para o Superior Tribunal de Justiça a *superlotação carcerária* e a ausência de *casa de albergado não* justifica a *prisão domiciliar* (STJ, HC 240.715/RS, 5ª T., rel. Min. Laurita Vaz, j. 23.4.2013).

O Supremo Tribunal Federal concedeu o benefício de *prisão domiciliar* pelo tempo necessário para que a Administração penitenciária pudesse tomar as providências que possibilitassem a *convivência digna* (apenados em regime semiaberto misturados com presos em regime aberto, afrontando o princípio constitucional da individualização da pena e condições mínimas necessárias de saúde e segurança na casa de albergado). A posição minoritária sustentava a inviabilidade do regime domiciliar, diante da *taxatividade* do rol das hipóteses previstas na LEP. A maioria concedeu a ordem pelo voto condutor do Min. Marco Aurélio sob o fundamento de que a Corte tenha afastado o caráter taxativo da Lei de Execução Penal quanto ao direito de prisão domiciliar e o faz toda vez que *não* há casa de albergado e, na situação concreta, é em tudo semelhante à sua inexistência. Concluindo que *"Não posso conceder que se tenha em casa de albergado conjunção de presos em regime aberto e presos em regime semiaberto"* (STF, HC 95.334/RS, 1ª T., rel. p/ acórdão Min. Marco Aurélio, j. 3.3.2009).

Cada unidade federativa poderá editar lei para definir condições operacionais do *monitoramento eletrônico*, mantendo simetria com a lei federal. Assim, inexiste permissão para o monitoramento eletrônico no regime aberto, salvo no caso de *prisão domiciliar*. Registre-se que nesta, muitas vezes, gera um *conflito familiar*, diante das circunstâncias adversas do condenado e as perdas econômicas e morais de seus dependentes, que se sentem prejudicados em seus ganhos anteriores.

O Min. Luís Roberto Barroso, em decisão monocrática, ponderou que a pena privativa de liberdade em regime aberto domiciliar deveria ser, como regra, substituída por pena restritiva de direitos, a afastar as condições previstas no art. 44, II, III, e § 3º, do CP, que deveriam ser interpretadas à luz da Constituição, sob pena de violação do *princípio da proporcionalidade*, concluindo que somente em caso de descumprimento da pena restritiva de direitos deveria haver a reconvenção para a sanção privativa de liberdade em regime aberto domiciliar (STF, HC 123.108 MC/MG, decisão monocrática, rel. Min. Roberto Barroso, j. 1.7.2014).

A orientação pretoriana dominante é na direção de que as penas restritivas de direitos *não* podem ser convertidas em prisão domiciliar (STJ, HC 135.634/RS, 5ª T., rel. Min. Napoleão Nunes Maia Filho, j. 21.10.2010). Veja-se a contradição, pois as restritivas de direitos são menos graves e a *ratio* é comandada pelo *princípio da humanidade*.

O denominado fracasso do regime aberto deve-se à ausência de efetivos programas de inserção social, superlotação carcerária, relativa falta de vigilância e inexistência de casas de albergado. A Reforma de 2000 propôs a sua extinção, ampliando o espectro das penas alternativas à pena de prisão e incluída a medida do livramento condicional como última etapa do sistema progressivo.

7.4.1. Propostas para a reforma

O Projeto de Reforma Penal (2012) e a Proposta de Alteração da Lei de Execução Penal (2013) mantiveram o regime aberto com nova modelagem que consistirá na execução da pena de prestação de serviço à comunidade, cumulada com outra restritiva de direitos e com o recolhimento domiciliar (*domicílio coacto*).

Assim, a primeira será obrigatoriamente executada no período e por tempo *não* inferior a 1/3 (um terço) da pena aplicada; a segunda, o *recolhimento domiciliar* tem como patamar a autodisciplina sem vigilância direta, trabalhar, frequentar curso ou exercer outra atividade autorizada, permanecendo recolhido nos dias e horários de folga em residência ou em qualquer local destinado à moradia habitual, podendo o magistrado deferir a fiscalização por meio da monitoração eletrônica.

Na hipótese de descumprimento, injustificado, das condições do regime aberto, o apenado será regredido para o regime semiaberto. Defende-se que para o sucesso do *regime aberto* é imperativa uma rigorosa seleção de apenados, razão pela qual se exige a tomada de avaliação do *perfil do condenado* que progride do regime semiaberto.

Igualmente, *não* poderá se constituir em um mero *albergue dormitório*, há de ser gerido por uma equipe criminológica multidisciplinar com a realização de palestras temáticas, com a unidade dotada de biblioteca e sala de leitura e proporcionando atividades de lazer (sala de convivência).

7.5. Regime especial

As *mulheres* cumprem pena em estabelecimento penal próprio, observando-se os deveres e direitos inerentes a sua condição pessoal, cumprindo a pena com observação do regime prisional imposto. A penitenciária de mulheres será dotada de dependências para gestantes e parturientes, *berçário*, onde as condenadas possam cuidar de seus filhos, inclusive amamenta-los, no máximo até 6 (seis) anos de idade, creche e espaços para a convivência entre a mãe e o filho. A *creche* poderá abrigar crianças maiores de 6 (seis) meses e menores de 7 (sete) anos, com a finalidade de assistir a criança desamparada, cuja responsável estiver cumprindo pena privativa de liberdade (Lei nº 11.942, de 29 de maio de 2009).

Na direção da Penitenciária de Mulheres Talavera Bruce, no Rio de Janeiro, por nossa iniciativa, inaugurou-se, berçário e creche, em 8 de outubro de 1966. A Lei Complementar nº 153, de 9 de dezembro de 2015, veio alterar o art. 3º da Lei Complementar nº 79, de 7 de janeiro de 1994, para inserir no inciso XV "Implantação e manutenção de berçário, creche e seção destinada às gestantes e parturientes nos estabelecimentos penais, nos termos do § 2º do art. 83 e do art. 89, da Lei nº 7.210, de 11 de julho de 1984 – Lei de Execução Penal". Assim, veio a destinar recursos do Fundo Penitenciário Nacional para a implantação de berçários e creches nos estabelecimentos penais femininos.

São requisitos básicos: **a)** atendimento por pessoal qualificado, de acordo com as diretrizes adotadas pela legislação educacional e em unidades autônomas; **b)** horário de funcionamento que garanta a mulher assistência à criança; **c)** agentes do sexo feminino na segurança das dependências internas (Lei nº 12.121, de 16 de dezembro de 2009).

No estado do Rio de Janeiro foi sancionada a Lei nº 7.193, de 8 de janeiro de 2016, que proíbe o uso de contenção física durante o parto de presas ou internadas, diante da repercussão do fato de uma custodiada, grávida de nove meses, portadora de distúrbios psiquiátricos, ter sido colocada em *isolamento* na Penitenciária Talavera Bruce, dando à luz na "cela solitária". É lamentável que as mulheres presas sob o fundamento do "risco de fuga" fiquem algemadas pelos braços e pernas durante ou após o parto, na unidade de saúde, diante da escolta policial.

A mulher condenada à pena privativa de liberdade superior a 8 (oito) anos, que tenha filho ou filha menor de 18 (dezoito) ou com deficiência que necessite de seus cuidados e que até 25 de dezembro tenha cumprido ¼ (um quarto) da pena, se não reincidente, ou 1/3 (um terço), se reincidente, será *indultada*. A penitenciária de mulheres não deverá ser construída em local que restrinja à visitação.

Em relação à mulher encarcerada, discute-se a falta de reconhecimento de paternidade ou a inexistência de registro civil dos nascimentos de seus filhos, que ficam impossibilitados da cidadania e de visitação, gerando a ruptura de vínculos familiares. O tempo de permanência em companhia da mãe reclusa deveria ser de até 10 (dez) meses.

Nas regras de Bangkok, lê-se que toda decisão de permitir que os filhos *permaneçam* com suas mães no cárcere baseia-se no *interesse superior da criança*, que não poderá ser tratada como reclusa. Há vertente doutrinária que questiona a construção de creches e berçários para recém-nascidos e crianças em unidades prisionais ficarem em companhia de suas genitoras ao fundamento do princípio da prevalência do interesse superior da criança e suas garantias, diante do contágio deletério do cárcere. Cada unidade federativa apresenta maior ou menor cuidado com os direitos e as garantias das crianças no cárcere em companhia de suas mães, criando centros de referência ou institutos separados do corpo físico da unidade prisional para diminuir as influências negativas do ambiente carcerário. Após o tempo de permanência, a criança deve ser entregue à família da mãe encarcerada, que ainda tem tempo de cumprimento da pena privativa de liberdade, ou enviada a uma instituição cuidadora e, em último caso, encaminhada para o processo de adoção. O Superior Tribunal de Justiça dá interpretação extensiva ao art. 117 da Lei de Execução Penal, quando o regime aplicado à mulher condenada for o semiaberto e, diante do caso concreto, seria razoável a conversão em regime domiciliar monitorado para que a genitora possa dar maior assistência à criança, evitando-se o trauma psicológico do encarceramento.

Nota-se a ausência de local para as crianças que visitam suas mães para que possam aguardar enquanto ocorre a visita íntima. A criação de espaços lúdicos para proporcionar momentos de lazer e diversão é necessária para fomentar e preservar as relações familiares. Assegurar os direitos sexuais e reprodutivos da mulher no cumprimento da pena privativa de liberdade flui da garantia do direito à maternidade e ao convívio familiar. Registre-se o direito às diferenças étnicas, culturais, religiosas e de gênero, bem como das pessoas portadoras de deficiências físicas. Anote-se que jamais se deve punir uma mulher grávida com a *sanção disciplinar de isolamento*.

O estado do Rio de Janeiro editou um conjunto de normas para garantir a dignidade da pessoa humana em relação aos direitos da população carcerária de lésbicas, *gays* e bissexuais (LGBT) cumprir pena em unidade prisional, *masculina* ou *feminina*, observado o regime prisional imposto. Registre-se que fica proibida a transferência compulsória de cela ou de ala em função da orientação sexual. Resguarda-se o direito dos travestis e transexuais de não ficarem com seus seios despidos durante o banho de sol em unidades masculinas, bem como assegurado o *uso de uniforme* (questão controvertida, em relação a psique da mulher) compatível com o gênero, inclusive de roupas íntimas (a humilhação da nudez) e da manutenção do corte de cabelo.

No Brasil, a população carcerária feminina é estimada em 7% (sete por cento) da masculina.

7.6. Prisão de menores

O problema do jovem abandonado aflorou com a promulgação da Lei do Ventre Livre (1871) e teve crescimento com a aboliçãom da escravatura (1888). Candido Mota (1894) propora a criação de uma instituição específica para crianças abandonadas e menores infratores, que eram encaminhados para prisões comuns.

Com a edição do Estatuto da Criança e do Adolescente, vê-se no art. 94 da Lei nº 8.069, de 13 de julho de 1990, que as *casas de acolhimento*, que desenvolvem *programas de internação*, têm as seguintes obrigações: **a)** observar os direitos, e garantias de que são titulares os adolescentes; **b)** não restringir nenhum direito que não tenha sido objeto de restrição na decisão de internação; **c)** oferecer atendimento personalizado, em pequenas unidades e grupos reduzidos; **d)** preservar a identidade e oferecer ambiente de respeito e dignidade ao adolescente; **e)** diligenciar no sentido do restabelecimento e da preservação dos vínculos familiares; **f)** comunicar à autoridade judiciária, periodicamente, os casos em que se mostre inviável ou impossível o reatamento dos vínculos familiares; **g)** oferecer instalações físicas adequadas de habitabilidade, higiene, salubridade e segurança e os objetos necessários à higiene pessoal; **h)** oferecer vestuário e alimentação suficiente e adequadas à faixa etária dos adolescentes atendidos; **i)** oferecer cuidados médicos, psicológicos, odontológicos e farmacêuticos; **j)** propiciar atividades culturais, esportivas e de lazer; **k)** propiciar assistência religiosa àqueles que desejarem, de acordo com suas crenças; **l)** proceder a estudo social e pessoal de cada caso; **m)** reavaliar periodicamente cada caso, com intervalo máximo de seis meses, dando ciência dos resultados à autoridade competente; **n)** comunicar às autoridades competentes todos os casos de adolescentes portadores de moléstias infectocontagiosas; **o)** fornecer comprovante de depósito dos pertences dos adolescentes; **p)** manter programas destinados ao apoio e acompanhamento de egressos; **q)** providenciar os docuemtnos necessários ao exercício da cidadania àqueles que não os tiverem; **r)** manter arquivo de anotações onde constem data e circunstâncias do atendimento, nome do adolescente, seus pais ou responsáveis, parentes, endereços, sexo, idade, acompanhamento de sua formação, relação de seus pertences e dados que possibilitem sua identificação e a individualização do atendimento.

A Lei nº 13.046, de 1º de dezembro de 2014, estatui que "As entidades, públicas ou privadas, que abriguem ou recepcionem crianças e adolescentes, ainda que em caráter temporário, devem ter, em seus quadros, profissionais capacitados a reconhecer e reportar ao Conselho Tutelar suspeitas ou ocorrências de maus-tratos".

Exemplo de tentativa da implantação de uma política pública de atendimento socioeducativo a adolescentes e infratores é a Fundação Casa/SP, que com os seus 149 centros socioeducativos, com modelo descentralizado, e apoiado na parceria com a sociedade civil, substituiu também o modelo arquitetônico de prisão por Casas, o que possibilita que os jovens sejam atendidos em *centros* que lembrem *escolas*, perto da família e da comunidade. A questão posta na discussão temática diz respeito ao *custo operativo* e as fugas, o que sempre irão acontecer. Inexiste, na atualidade, superlotação.

A imagem do retrocesso se encontra no Educandário Santo Expedito (ESE), que ocupa as antigas instalações do *Presídio Moniz Sodré*, localizado no *Complexo Penitenciário do Gericinó* (Bangu)/RJ. Cogita-se de uma unidade de internação destinada aos adolescentes em conflito com a lei, *de 16 até 21 anos*, oriundos da Capital ou que tenham as medidas sócio-educativas deprecadas com amplos poderes das demais Comarcas do Estado à II Vara de Infância e Juventude da Capital/RJ. Os menores inimputáveis cumprem "medida de internação", que se constitui em pena privativa de liberdade.

O Superior Tribunal de Justiça, por maioria, firmou que "Condiciona a execução da medida socioeducativa ao trânsito em julgado da sentença que acolhe a representação constitui verdadeiro obstáculo ao escopo ressocializador da intervenção estatal, além de permitir que o adolescente permaneça em situação de risco, expondo ao mesmo fatores que o levaram à prática da infração penal" (STJ, HC 301.135/SP, 6ª T., rel. Min. Rogério Schietti Cruz, j. 21.10.2014).

A questão da redução da maioridade penal é uma construção de escolha política do legislador, objetivando reduzir situações de conflito social, através do simbolismo da imposição da pena ou do rigor do tempo de encarceramento, como *resposta prática* aos anseios populares de segurança pública, estimulados pelas várias mídias sociais.

Nas inspeções realizadas pelo Conselho Nacional do Ministério Público em 443 unidades de privação de liberdade mostram a falácia do "modelo educador" do sistema socioeducativo. Os denominados "Centros de Atendimento Socioeducativos" são muito piores do que os estabelecimentos penais (superlotação, insalubridade, falta de higiene e ventilação, ócio e violência). Há (2015) 24.000 jovens nas idades de 12 (doze) a 21 (vinte e um) anos privados de liberdade nos estados brasileiros, sem direito à educação e ao mínimo respeito à dignidade humana.

7.6.1. Menoridade penal

O Código de 1890 estabelecia que até aos 9 (nove) anos de idade fosse inimputável o menor infrator; porém, entre os 9 (nove) anos e os 14 (catorze) anos, o magistrado deveria verificar a presença ou não de seu *discernimento* na realização do atuar típico e antijurídico. Tal orientação foi revogada pela Lei nº 4.242, de 5 de janeiro de 1921, que em seu art. 16, § 3º, dispunha que o menor de 14 (catorze) anos, autor de fato punível, não seria submetido a qualquer ação penal. A Consolidação das Leis Penais em seu art. 27, § 1º, dizia que *"não são criminosos os menores de 14 anos"*, e que de 14 (catorze) a 18 (dezoito) anos seriam submetidos a processo especial, podendo ser internados em escola de reforma, pelo prazo mínimo de 3 (três) anos e máximo de 7 (sete) anos. Com o Código Penal de 1940, os menores de 18 (dezoito) anos se tornaram inimputáveis, ficando sujeitos às normas estabelecidas na legislação especial. A Lei nº 7.209, de 11 de julho de 1984, manteve a inimputabilidade ao menor de 18 (dezoito) anos de idade. Trata-se de opção política apoiada em critérios de Política Criminal.

A questão da redução da menoridade penal é uma construção de *escolha política do legislador*, objetivando resolver situações de conflito social, através do simbolismo da imposição da pena ou do rigor do tempo de encarceramento, como *resposta prática* aos anseios populares, diante da criminalidade violenta estimulada pelas múltiplas mídias sociais. É interessante reproduzir o texto do projeto pela atualidade do tema nesta primeira década do século XXI: "Os que preconizam a redução do limite, sob a justificativa da criminalidade crescente, que a cada dia recruta maior número de menores, não consideram a circunstância de que o menor, ser ainda incompleto, é naturalmente antissocial na medida em que não é socializado ou instruído. O reajustamento do processo de formação do caráter deve ser cometido à educação, não à pena criminal". O art. 228 da Carta Republicana estatui que "são penalmente inimputáveis os menores de dezoito anos, sujeitos às normas da legislação especial". A presunção de inimputabilidade do menor *não* admite presunção em contrário e a prova deve ser feita por certidão de nascimento ou perícia de idade.

A Lei nº 8.069, de 13 de julho de 1990, que cria o Estatuto da Criança e do Adolescente, que, para efeitos legais, considera *criança*, aquela até os 12 (doze) anos incompletos; e, *adolescente*, entre 12 (doze) e 18 (dezoito) anos de idade. Aliás, a Lei nº 8.069/90, só por *excepcionalidade*, é aplicável às pessoas entre 18 (dezoito) e 21 (vinte e um) anos de idade. O Estatuto estabelece *a proteção integral à criança e ao adolescente*, abordando no plano constitucional a questão da *criança* como prioridade absoluta e que a sua proteção é dever da família, da sociedade e do Estado. O Estatuto reafirma que a *criança* e o *adolescente* gozam de todos os direitos fundamentais inerentes à pessoa humana, e na interpretação da Lei nº 8.069, de 13 de julho de 1990, leva-se em conta os fins sociais a que se dirige, as exigências do bem comum, os direitos e deveres sociais e coletivos e a condição peculiar da criança e do adolescente como *pessoa em desenvolvimento*.

A tendência da legislação contemporânea é no sentido de fixar a capacidade de culpabilidade dos menores *abaixo* dos 16 (dezesseis) anos de idade. O SGtB de 1998 em seu § 19 reza que "*estará isento de responsabilidade quem no momento da comissão do fato não tenha catorze anos*". O Código Penal francês de 1994 em seu art. 122-8, *in fine*, diz que: "*Esta Lei determina também as condições em que se poderão pronunciar penas contra menores de mais de treze anos.*" O Código Penal português estabelece a aceitação de que a imputabilidade de maiores de 16 (dezesseis) anos e menores de 21 (vinte e um) anos merece legislação especial, em razão da determinação de certa idade como limite formal para distinguir o imputável do inimputável. O projeto Hungria estabelecia como regra a incapacidade para o menor de 18 (dezoito) anos, exceto se, tendo completado 16 (dezesseis) anos, revelas-se *suficiente desenvolvimento psíquico para compreender a ilicitude do fato e determinar-se de acordo com este entendimento* (a pena seria reduzida de 1/3 até a metade). O Projeto de Reforma Penal (2012) *mantém* que são penalmente inimputáveis os menores de 18 (dezoito) anos, sujeitos à legislação especial. Há um vetor político que sustenta a imputabilidade a partir dos 16 (dezesseis) anos quando de crimes hediondos ou equiparados.

Considera-se *ato infracional* a conduta descrita como delito ou contravenção penal. No plano do *ato infracional*, as medidas que devem ser aplicadas à *criança* são, em regra, diversas das destinadas ao *adolescente* (advertência, obrigação de reparar o dano, prestação de serviços à comunidade, liberdade assistida, inserção em regime de semiliberdade, internação em estabelecimento educacional). Quando o infrator tiver *menos* de 12 (doze) anos de idade, à época do fato, fica sujeito às medidas protetivas previstas no art. 101 do Estatuto (encaminhamento aos pais ou responsáveis; orientação, apoio e acompanhamento temporário; matrícula e frequência obrigatória em estabelecimento de ensino fundamental; inclusão em programa comunitário ou oficial de auxílio à família, à criança ou ao adolescente; requisição de tratamento médico, psicológico ou psiquiátrico, em regime hospitalar ou ambulatorial; inclusão em programa oficial ou comunitário de auxílio, orientação e tratamento a alcoólatras e toxicômanos; abrigo em entidade e colocação em família substitutiva). Na legislação brasileira, as *medidas socioeducativas* são inaplicáveis às *crianças*, somente aos *adolescentes*. Apenas aos menores inimputáveis poderão ser impostas *medidas de caráter socioeducativas* previstas no Estatuto, que *não* objetivam a *punição*, mas a *reeducação* e a *adequação comportamental ao convívio social*, de exclusiva competência da autoridade judiciária.

A questão de a faixa etária ser *reduzida* para 14 (catorze) ou 16 (dezesseis) anos é deveras discutida também em razão da natureza de nosso sistema prisional. Mas os institutos a que são recolhidos nada possuem de pedagógico, sendo, na maioria das vezes, piores que os estabelecimentos penais de adultos. Com a edição do Código de Menores em 1926, nenhum menor de 18 (dezoito) anos seria recolhido à prisão comum. A questão é complexa e multidisciplinar, devendo ser objeto de maior avaliação crítica sob os prismas científico e pragmático, respeitas as raízes da cultura brasileira. Nos dias atuais, verifica-se que parte dos infratores de maior risco de conflito na faixa dos 17 (dezessete) anos integram organizações criminosas, com pleno desenvolvimento físico e mental, vividos na contracultura da violência no submundo da miséria de onde promanam. Não se pode olvidar, na linha de pensamento de Roxin, que aos *adolescentes*, embora possam ter a capacidade de compreensão do injusto, falta-lhes a *capacidade inibitória*. O adolescente *não* possui a capacidade de evitar a ruptura dos freios inibitórios diante dos instintos ou emoções nos estímulos e conflitos do cotidiano da vida.

No Brasil do começo do século XXI, seria maior o desastre se admitida a responsabilidade penal aos 16 (dezesseis) anos de idade, fazendo ingressar o adolescente no deletério e degradado "*sistema penitenciário*", para gerar maior conflito no coletivo carcerário dividido em facções criminosas. Não se pode esquecer que seria criminalizar adolescentes provindos das camadas sociais mais desassistidas. Antes de tudo deve o Estado fazer cumprir o mínimo legal que está inscrito no Estatuto, modelo internacional de legislação sobre a proteção da criança e do adolescente.

A tendência contemporânea para se *reduzir* o limite etário submetendo os menores de 18 (dezoito) anos à disciplina penal dos adultos, principalmente nos crimes hediondos ou equiparados. A situação do menor é uma circunstância que requer uma *singular proteção jurídica*, recordando--se, porém, que *não* se pode desvincular da realidade fática e psicobiológica em um todo homogêneo no ritmo do desenvolvimento da própria personalidade. A doutrina contemporânea defende que o menor de idade deve ser protegido pelo Estado, através das funções de vigilância, educação e proteção. O Estado que tem a função protetora, deve inicialmente garantir a satisfação de suas *necessidades básicas substantivas*, projetada no plano moral, assistencial, social, econômico e jurídico, dirigida a *prevenir* e *corrigir* os condicionantes negativos que venham a incidir na *formação da personalidade* ainda em evolução. A ordem jurídica referida no quadro de situação da criança ou do adolescente *não* pode ser desvinculada da *realidade fática e biopsicológica*.

A Carta Política de 1988, no Capítulo pertinente à família, à criança, ao adolescente, ao jovem e ao idoso, estatui, como foi citado, que "são penalmente inimputáveis os menores de 18 (dezopito) anos, sujeitos às normas da legislação especial" (Lei nº 8.069, de 13 de julho de 1990). Registre-se que a criança e o adolescente têm o direito à liberdade, ao respeito e à dignidade como pessoa humana em processo de desenvolvimento e como sujeito de direitos civis, humanos e sociais garantidos na Constituição e na legislação especial (art. 16 do ECA), sendo *dever* de todos velar pela *dignidade* da criança e do adolescente, pondo-os a salvo de qualquer tratamento desumano, violento, aterrorizante, vexatório ou constrangedor (art. 18 do ECA).

A lei penal brasileira estabelece a idade de 18 (dezoito) anos como marco do desenvolvimento biológico mínimo para a capacidade de culpabilidade. Cuida-se de critério político-criminal de absoluta falta de discernimento, por presunção absoluta, por critério de discricionariedade, tendo como base considerações biológicas e a política pragmática criminal. Entende-se, principalmente, diante da situação do sistema prisional brasileiro, que o encarceramento de jovens seria desconstruir quaisquer perspectivas para a reinserção futura retroalimentando o conflito carcerário. A permanência em "reformatórios" para jovens infratores, desde Elmira, resultou falida. Igualmente, a questão *não* se situa na natureza típica da norma violada (crime hediondo), mas sim no *perfil* do autor da conduta antissocial. Pode-se, por exceção, retardar o *tempo* de inserção para a adaptação social, diante de avaliação psicossocial do jovem em conflito, desde que *normativamente fixado*.

O *Estatuto da Criança e do Adolescente* dispõe sobre a assistência, proteção e vigilância a menores: **a)** até 18 (dezoito) anos de idade, que se encontre em situação irregular; **b)** entre 18 (dezoito) e 21 (vinte e um) anos, nos casos expressos em lei. As medidas socioeducativas de caráter preventivo aplicam-se a todos os menores de 18 (dezoito) anos, independentemente de sua situação. Toda medida visará fundamentalmente à integração sociofamiliar. São *medidas* aplicáveis ao *adolescente* pelo juiz da infância e da juventude: **a)** *advertência* (admoestação verbal); **b)** *obrigação de reparar o dano*, quando se trate de ato infracional com reflexos patrimoniais; **c)** *prestação de serviços à comunidade*, por período não excedente a seis meses; **d)** *liberdade assistida,* fixada pelo prazo mínimo de seis meses; **e)** *regime de semiliberdade*, por prazo indeterminado, podendo ser aplicado o regime desde o início, ou como forma de transição para o meio aberto; **f)** *internação*, consiste em medida privativa de liberdade, sujeita aos princípios de brevidade, excepcionalidade e respeito à condição peculiar de pessoa em desenvolvimento. Tal medida não comporta *prazo determinado*, devendo ser reavaliada de seis em seis meses no máximo, porém em nenhuma hipótese o *período de internação excederá a três anos*, quando o adolescente será liberado, ou colocado em regime de *semiliberdade* ou de *liberdade assistida*. A *liberação compulsória* ocorre aos *21 anos de idade*. Aqui, se situa a polêmica, defende-se o aumento da prorrogação até o prazo máximo de 6 (seis) anos de internação para a liberação definitiva, *jamais* transferindo-se para o sistema penitenciário de adultos.

Mantem-se a posição de que a questão se situa na implementação de políticas públicas específicas, visto que os menores em conflito com a lei (hoje, em um total de 20.000 em sistema de internação) são originários das periferias, negros, pobres, sem instrução e emanam de famílias totalmente desestruturadas. O encarceramento rígido após 14 (catorze) ou 16 (dezesseis) anos retirará qualquer expectativa de inserção para a adaptação social, com respeito ao sistema normativo posto. A questão do balizamento de limites está em aberto no Congresso Nacional.

Em resumo, os *regimes* são: **a)** orientação e apoio sociofamiliar; **b)** apoio socioeducativo em meio aberto; **c)** colocação familiar; **d)** abrigo; **e)** liberdade assistida; **f)** semiliberdade; **g)** internação. A legislação prevê medidas aplicáveis aos pais ou responsáveis: **a)** advertência; **b)** perda da guarda; **c)** destituição da tutela; **d)** suspensão ou destituição do pátrio poder, bem como a apreensão de objeto ou coisa. As medidas *não penais* que radicam uma política criminal alternativa situam-se na assistência educativa, na ajuda voluntária. O momento para a contagem do prazo do termo inicial da maioridade penal (termo inicial de imputabilidade) é no *dia e hora declarados* exatos em que o sujeito ativo completa 18 (dezoito) anos de idade.

7.7. Prisão especial

A Constituição Federal consagra o *princípio da igualdade*, sem distinção de qualquer natureza. O art. 295 do Código de Processo Penal estatui a *prisão especial* para um rol de autoridades e pessoas, quando sujeitas à custódia cautelar até o trânsito em julgado da condenação. A teor da Lei nº 10.258, de 11 de julho de 2001, o recolhimento será feito em local distinto da prisão comum. O Supremo Tribunal Federal já havia na Reclamação nº 435, pelo voto do Min. Sepúlveda Pertence, feito a distinção entre *cela* e *sala* de estado maior. Não há que se falar mais em "sala de estado maior" (STF, Rcl 5826/PR, Pleno, rel. p/ acórdão Min. Dias Toffoli, j. 18.3.2015). Se inexistir estabelecimento específico para o *preso especial*, será recolhido em cela distinta do mesmo estabelecimento penal. O *preso especial* não poderá ser *transportado* com o preso comum.

A *cela especial* poderá consistir em *alojamento coletivo*, atendidos os requisitos de salubridade do ambiente, pela concorrência de fatores de aerasão, isolação e condicionamentos térmicos adequados à existência humana. Os demais *direitos* e *deveres* do *preso especial* são os *mesmos* do preso comum. O legislador *não* elege privilégios de classes sociais, mas diante de um olhar realístico do sistema prisional, procura resguardar a integridade física e moral de determinadas pessoas, diante do conflito sociocultural, *até o trânsito em julgado* (*princípio da inocência*), e principalmente, de agentes públicos.

8. PROGRESSÃO E REGRESSÃO DE REGIMES

Adotou-se o *sistema progressivo* explicitado pelo art. 33, § 2º, do Código Penal ("As penas privativas de liberdade deverão ser executadas de forma progressiva"), e pelo teor do art. 112 da Lei de Execução Penal ("A pena privativa de liberdade será executada de forma progressiva com a transferência para o regime menos rigoroso"). Constitui-se no instrumento do *princípio da individualização da pena* objetivando a concretização da reintegração social pelo processo contínuo de avaliação da adaptação aos parâmetros normativos da convivência social. A norma posta estatui dois requisitos: **a)** cumprimento de 1/6 (um sexto) da pena no regime anterior. Concurso de condenações (*crime hediondo e crime comum*).

Para o *cálculo da progressão de regime*, adota-se entendimento de que primeiramente deverá ser calculado o *tempo* de 2/5 (dois quintos) ou 3/5 (três quintos) da pena cumprida em crime hediondo. Em seguida, deverá ser observado o cumprimento de 1/6 (um sexto) correspondente ao cumprimento pelo crime comum. Ao final, somam-se as parcelas referidas, que será o *tempo* de pena a ser cumprida para a obtenção do requisito objetivo para a progressão de regime. A progressão de regime para os condenados por tráfico de entorpecentes e drogas afins dar-se-á, se o condenado for reincidente, após o cumprimento de 3/5 (três quintos) da pena, ainda que a reincidência não seja específica em crime hediondo ou equiparado. O Superior Tribunal de Justiça, por suas duas Turmas, firmou entendimento de que o legislador não fez menção à necessidade de reincidência, que impõe o cumprimento de prazo maior da pena, ser específica em crime hediondo ou equiparado para que incida o prazo de 3/5 (três quintos) para os fins de progressão de regime, isto é, a lei *não* diferenciou as modalidades de reincidência, de modo que *deve* ser exigido do apenado reincidente, em qualquer caso, independentemente da natureza dos delitos antes cometidos, o lapso de 3/5 (três quintos) – STJ, REsp 1.491.421/RS, 6ª T., rel. Min. Jorge Mussi, j. 4.12.2014; **b)** ostentar *bom comportamento* carcerário. O requisito *subjetivo* deve ser avaliado pelo magistrado diante do *perfil de risco de adaptação ao novo estágio progressivo*, sendo-lhe facultado determinar, de forma fundamentada, a realização do *exame criminológico*.

Há questões pontuais sobre a contagem do requisito *objetivo* respondidas pelo Supremo Tribunal Federal: **a)** a segunda progressão, do semiaberto para o aberto, dar-se-á pelo percentual de 1/6 (um sexto) com a incidência sobre o *restante* da pena a cumprir, e não da sua totalidade aplicada; **b)** na hipótese de condenações *superiores* a 30 (trinta) anos de reclusão, *unificadas*, a progressão incidirá sobre o *total* das penas *aplicadas* e não pela pena unificada; **c)** é defesa a progressão *per saltum*, isto é, do regime *fechado* para o *aberto*; **d)** a Corte Suprema decidiu que sendo a *multa*, terceira espécie de pena, tem *caráter penal*, o seu *pagamento* é *requisito objetivo* para a *progressão de regime*. Na hipótese de o apenado ter deferida a progressão do regime *fechado* para o *semiaberto* e, por falta de disponibilização de vaga, não se efetue a transferência, deverá o juiz da execução fazê-lo para o regime *aberto*, onde deverá permanecer até que surja a vaga esperada para o *semiaberto*. Não se trata de progressão *per saltum*, mas de constrangimento ilegal por culpa do Estado.

Há situações excepcionalizadas, veja-se: **a)** nos *crimes contra a administração pública*, além dos requisitos objetivo e subjetivo, fica *condicionada* à progressão a reparação do dano causado ou à devolução do produto do delito, com os acréscimos legais; **b)** nos *crimes hediondos* e *equiparados*, que, pela Lei nº 8.072, de 25 de julho de 1990, a pena imposta *era* cumprida em regime *integralmente* fechado, violando o *princípio da individualização e da progressividade*, e com a edição da Lei nº 9.455, de 7 de abril de 1997, que, ao definir o crime de tortura fixou o regime *inicialmente* fechado determinando tratamentos diferentes vedado pelo *princípio da isonomia* e defendido pelo *princípio da especialidade*, foi dirimida a questão em 23 de fevereiro de 2006, no HC 82.959/SP, sendo relator o ministro Marco Aurelio, ao declarar a *inconstitucionalidade* do art. 2º, § 1º, da Lei nº 8.072, de 25 de julho de 1990, do regime *integralmente* fechado, defeso diante do princípio da individualização da pena. A Lei nº 11.464, de 28 de março de 2007, deu nova redação ao citado dispositivo legal ("a pena por crime previsto neste artigo será cumprida *inicialmente* em regime fechado"). Também, *alterou* para a progressão dos crimes hediondos o requisito objetivo, passando para 2/5 (primários) e 3/5 (reincidentes) o tempo de cumprimento de pena aplicada. Assim, para os crimes hediondos ou equiparados praticados *até* 28 de março de 2007, o requisito objetivo será de 1/6 (um sexto) diante do que dispõe o art. 122 da Lei de Execução Penal, só *após* aplica-se a regra mais rigorosa, diante da *novatio legis in pejus*.

Os julgados *não* reconhecem *direito automático* a esses benefícios, devendo ser apreciados à luz do preenchimento, ou não, dos requisitos legais dos arts. 33 e 34 do Código Penal de 1940 (STF, HC 113.562/SP, 1ª T., relª Minª Rosa Weber, j. 30.12.2012). Igualmente, não é obrigatório que o condenado por *crime de tortura* inicie o cumprimento da pena em regime fechado. Deve-se utilizar, para a fixação do *regime inicial*, o disposto no art. 33 c/c o art. 59 e as Súmulas nºs 440 do STJ e 719 do STF (STJ, HC 286.925/RR, 5ª T., relª Minª Laurita Vaz, j. 13.5.2014); **c)** se o condenado praticar *falta grave*, o prazo deverá ser reiniciado para a contagem para a progressão, interrompendo-se o prazo anterior, incidindo sobre o tempo *remanescente* e *não* da totalidade da pena aplicada; **d)** o *condenado estrangeiro* que responde a *processo de expulsão* no território nacional *poderá* pleitear a progressão de regime ("Todos são iguais perante a lei, sem distinção de qualquer natureza, garantindo-se aos brasileiros e estrangeiros residentes no país [...] a igualdade"). Qualquer pessoa tem direito à progressão de regime prisional, diante do art. 112 da Lei de Execução Penal, portanto, *não* sendo retirada ao *estrangeiro* a possibilidade de reintegração social; **e)** na Lei nº 12.850, de 2 de agosto de 2013, que define *organização criminosa* e disciplina a *colaboração premiada*, deve-se destacar, no §5º do art. 4º que "Se a colaboração for posterior à sentença, a pena poderá ser reduzida até a metade ou será *admitida a progressão de regime*, ainda que ausentes os requisitos objetivos".

A prática de *falta grave* acarreta a *interrupção* da contagem para a progressão de regime de cumprimento de pena, *inexistindo* violação do *princípio da legalidade*, pois decorre de uma *interpretação sistemática* das regras legais existentes (STF, HC 102.365/SP, 1ª T., rel. Min. Luiz Fux, j. 14.6.2011). É vedada a fixação de regime prisional mais severo do que aquele abstratamente imposto com patamar na gravidade abstrata do delito cometido. A Súmula nº 719 do Supremo Tribunal Federal reza que "A imposição do regime de cumprimento de pena mais severo do que a pena aplicada permitir exige motivação idônea". É também a orientação firme do Superior Tribunal de Justiça (STJ, RHC 55.142/MG, 5ª T., rel. Min. Felix Fischer, j. 12.5.2015).

A *regressão* de regime ocorrerá quando o condenado perder a confiança e o mérito, demonstrando inadaptado ao regime prisional, havendo a *transferência* para qualquer deles mais rigoroso, desde que tenha: **a)** praticado fato definido como crime doloso (com decisão definitiva, observado o *princípio da inocência*); **b)** sofrido condenação, por crime anterior, cuja pena somada ao restante da pena em execução torne incabível o regime; **c)** regredirá para o regime imediatamente mais severo, quando *frustrar os fins da execução* ou *não pagar*, podendo, a *multa* e a *indenização para reparação dos danos causados*, fixada pelo juiz da sentença.

O Supremo Tribunal Federal firmou jurisprudência de que a Lei de Execução Penal *não* exige o *trânsito em julgado* da sentença condenatória para a *regressão de regime*, sendo *suficiente* que o condenado tenha *praticado fato* definido como *crime doloso*. Se o condenado praticar conduta definida como crime doloso ou falta grave ou frustrar os fins da execução ou não pagar, podendo a multa imposta, *deverá ser ouvido, previamente,* diante da possibilidade de sustação cautelar de regime semiaberto e aberto (questiona-se o *poder de cautela do juiz*). A posição do Supremo Tribunal Federal é na direção de que "*No campo do processo penal, descabe cogitar, em detrimento da liberdade do poder de cautela geral do órgão judicante. As medidas preventivas hão de ser previstas de forma explícita em preceito legal*" (STF, HC 75.662/SP, 2ª T., rel. Min. Marco Aurélio, j. 3.3.1998).

O Superior Tribunal de Justiça decidiu que "*o cometimento de fato definido como crime doloso, durante o cumprimento da pena, justifica a regressão cautelar do regime prisional inicialmente fixado*" (STJ, REsp 1.171.786/RS, 5ª T., rel. Min. Gilson Dipp, j. 4.8.2011). Nesta direção, admite cabível a regressão *cautelar*, sem a oitiva prévia do condenado, que só é exigida na regressão *definitiva* (STJ, HC 141.702/RJ, 6ª T., rel.ª Min.ª Maria Thereza de Assis Moura, j. 4.8.2011). Entende-se que a *regressão sem* a oitiva do apenado só deve ser admitida quando estiver cumprindo a pena em *regime aberto*, pois no regime semiaberto ficam imediatamente suspensas as saídas temporárias.

O Conselho Nacional de Justiça editou a Resolução nº 113, de 20 de abril de 2010, que dispõe sobre o procedimento relativo à execução da pena privativa de liberdade e de medida de segurança, e no que tange à *guia de recolhimento provisório*, estabelece que "Tratando-se de réu preso por sentença condenatória recorrível, será expedida *guia de recolhimento provisório da pena privativa de liberdade*, ainda que pendente recurso sem efeito suspensivo, devendo, nesse caso, o juízo da execução determinar o agendamento dos benefícios cabíveis". Cogita-se de criação pretoriana objetivando o enfrentamento da morosidade judicial. A *questão da constitucionalidade* é discutível, diante da exigência do *trânsito em julgado*, pois quem deve legislar sobre processo é a União (art. 22, I, da CF). Registre-se que a matéria ainda está em aberto na Corte Suprema. A Súmula nº 716 do Supremo Tribunal Federal, que reza: "Admite-se a progressão de regime de cumprimento da pena ou a aplicação imediata de regime menos severo nela determinada, antes do trânsito em julgado da sentença condenatória". Diante de um olhar justo e realístico sobre a execução, não seria admissível que o apenado tivesse que renunciar ao direito de recorrer, transitada em julgado a sentença para o Ministério Público, a fim de poder pleitear os benefícios legais.

8.1. Propostas para a reforma

O Projeto de Reforma Penal (2012), revisto pela Comissão Temporária, ao tratar do sistema progressivo, propõe o requisito objetivo temporal de 1/4 (um quarto) da pena, se não reincidente, e de 1/3 (um terço), se reincidente, em crime doloso, cometido com violência ou grave ameaça, ou se o crime for praticado contra a administração pública, a ordem econômica-financeira, tráfico de drogas ou tiver causado grave lesão à sociedade. Para a progressão subsequente, a fração de cumprimento de pena será calculada sobre o tempo restante. As *condições subjetivas* para a progressão serão objeto de exame criminológico e parecer do Conselho Penitenciário, com o prazo máximo de 60 (sessenta) dias, contados da determinação judicial, após o que, ou sem eles, a questão será decidida pelo magistrado. Cogita-se de uma visão irreal diante da questão da superlotação carcerária e da realidade do sistema carcerário nacional.

O parecer da relatoria do Senador Vital do Rêgo destaca a figura da *regressão*, propondo que a execução da pena de prisão ficará sujeita a forma regressiva com a transferência para qualquer dos regimes mais rigorosos quando o condenado: ***a.*** praticar fato definido como crime doloso ou falta grave; ***b.*** sofrer condenação por crime anterior, cuja pena somada ao restante das penas em execução, torne incabível o regime.

A Proposta de Alteração da Lei de Execução Penal (2013), no item 77, estabelece que "A oitiva prévia do condenado, com defesa técnica, é imprescindível, podendo ser judicial se necessária; sem prejuízo da possibilidade de sustação cautelar do regime e na abertura de espaço de ponderação ao juízo, que poderá deixar de aplicar a medida, conforme a natureza, os motivos, as circunstâncias e as consequências do fato, bem como a pessoa do faltoso e seu tempo de prisão".

9. AUTORIZAÇÕES DE SAÍDA

As *autorizações de saída* são divididas em: *permissões de saída* e *saída temporária*. Cogita-se de relevante instrumento de política penitenciária, a fim de preparar o condenado a desenvolver um senso de responsabilidade e de autoestima diante da exigência de autodisciplina, proporcionando o contato direto com a família.

9.1. Permissão de Saída

A *permissão de saída* é a autorização administrativa ou judicial, de urgência, ancorada no princípio humanitário, que possibilita aos presos provisórios ou definitivos que cumpram a pena privativa de liberdade em regime fechado ou semiaberto sair, excepcionalmente, do estabelecimento penal, nas hipóteses de: **a)** falecimento ou doença do cônjuge, companheira(o), ascendente, descendente ou irmão; **b)** necessidade de tratamento médico. Na primeira hipótese, o rol é exemplificativo, visto que a proteção constitucional dada à família abarca laços sociais e afetivos, bem como relações homoafetivas. Na segunda hipótese, sabe-se da deficiência da assistência médica nas unidades prisionais brasileiras, o quadro é simplesmente trágico. Em casos de maior complexidade e tempo de internação, há possibilidade da *conversão* em *prisão domiciliar*. Nessa hipótese, a permissão deverá ser requerida ao juiz da execução com a oitiva do Ministério Público. Diante da *situação de urgência*, sendo uma medida de caráter administrativo, é submetida ao diretor do estabelecimento penal e a saída deverá ser realizada com a escolta de agentes por ele escolhidos. Aduza-se que a permissão de saída *não* fica condicionada ao tempo de cumprimento de pena, nem ao bom comportamento carcerário. A sua duração terá o *tempo* necessário para a realização de sua finalidade. Diante do veto presidencial, *inexiste* permissão legal para a utilização de *monitoramento eletrônico* (mantido o regime de escolta).

9.2. Saída Temporária

Cuello Calón, na *La Moderna Penología*, cita, como precedentes de estabelecimentos abertos, as colônias para vagabundos, fundadas na Alemanha em 1880 e na Suíça, a criação da colônia agrícola de Witzwill existente desde 1895.

A *saída temporária*, medida de política criminal, se constitui na autorização dada pelo juiz da execução ao apenado que cumpre pena em regime *semiaberto*, característica deste regime, ocorre *sem* vigilância direta nos seguintes casos: **a)** *visita à família* (VPL). Objetiva a proteção na manutenção dos vínculos familiares e relações homoafetivas (STJ, HC 175.674/RJ, 5ª T., rel. Min. Gilson Dipp, j. 10.5.2011). A visita periódica ao lar (VPL com ou sem pernoite) *não* viola o *princípio da legalidade*, sendo fundamental para a integração social do apenado pela progressividade da convivência familiar. Ocorrerá *revogação*, observado o devido processo legal, cometido fato definido como *falta grave*; **b)** *frequência a curso profissionalizante*, bem como de instrução do segundo grau ou superior, na comarca do juízo da execução, observado o *princípio da razoabilidade* em relação a outra comarca. Não será condicionado ao grau de aproveitamento durante o curso, diante das próprias dificuldades da pessoa privada de liberdade. O horário fica condicionado à razoabilidade com os horários do estabelecimento penal; **c)** *participação em atividades que concorram para o retorno ao convívio social*. A ausência de vigilância direta *não* impede a utilização de equipamento de *monitoração eletrônica* pelo condenado, quando assim determinar o magistrado. Não se constitui em direito subjetivo do apenado no regime semiaberto, deve se avaliado caso a caso, no que concerne a sua razoabilidade.

Para a *autorização de saída temporária*, deferida pelo juiz da execução, deverão ser satisfeitos os seguintes requisitos: **a)** comportamento adequado; **b)** cumprimento de 1/6 (um sexto) da pena, se o condenado é primário, e de 1/4 (um quarto), se reincidente. Os apenados que progrediram do regime fechado para o semiaberto *não* precisam cumprir nova fração de tempo para a obtenção da saída temporária (Súmula nº 40 do STJ). O Superior Tribunal de Justiça entende ser admissível o *trabalho externo* aos condenados em regime semiaberto, *independentemente* do cumprimento de 1/6 (um sexto) da pena que lhe foi imposta, pelas próprias condições favoráveis e diante do *critério de razoabilidade* que se faz necessário na adaptação à realidade social é a sua própria finalidade (STJ, HC 8.725/RS, 5ª T., rel. Min. Gilson Dipp, j. 1.6.1999). O Supremo Tribunal Federal firmou que os condenados em regime semiaberto, independentemente do cumprimento de 1/6 (um sexto) da pena cominada, poderiam ser progredidos para o regime aberto (STF, AP 470, Pleno, rel. Min. Luís Roberto Barroso, 17.9.2014); **c)** a Corte Suprema decidiu que, sendo a *multa*, terceira espécie de pena, tendo *caráter penal*, o *pagamento* é requisito objetivo para a *progressão* e *regressão* de regime; **d)** compatibilidade do benefício com os objetivos da pena.

A autorização será concedida pelo prazo *não* superior a 7 (sete) dias, podendo ser renovada por mais 4 (quatro) vezes durante o ano, em um intervalo de 45 (quarenta e cinco) dias de uma para outra, perfazendo um total de 35 (trinta e cinco) dias no ano. Inexiste impedimento ao uso do saldo de dias remanescentes para a concessão de novas saídas temporárias, desde que observados o prazo máximo de 7 (sete) dias por saída e o total de 35 (trinta e cinco) dias por ano (STJ, Resp 1.166.251/RJ, 3ª S., relª. Minª. Laurita Vaz, j. 14.3.2012). Prevalece a orientação jurisprudencial de que as autorizações *não* são *automáticas*, exigindo-se a autorização judicial para *cada* saída. Há posição pretoriana e doutrinária contrária, admitindo o deferimento de saídas automáticas para visita periódica ao lar, com ou sem pernoite, diante do *princípio da razoabilidade* e *celeridade*, vencendo a barreira do formalismo que impede a eficiência e a rapidez, óbices ao processo de inserção social.

As *saídas temporárias*, que constituem uma ponte direta com a reintegração social, têm repercussão nos decretos de *indulto coletivo* (natalino), quando o condenado à pena privativa de liberdade não superior a 12 (doze) anos, desde que tenha cumprido 1/3 (um terço) da pena, se *não* reincidente, ou a metade, se reincidente, no regime semiaberto ou aberto e já tenha usufruído, até a data de 25 de dezembro, 5 (cinco) saídas temporárias, ou tenha exercido *trabalho externo*, no mínimo, por 12 (doze) meses, nos 3 (três) anos anteriores retroativamente a 25 de dezembro. Para Müller-Dietz, em *Strafvollzung und Gesellschaft*, as "férias durante a execução da pena" representa um meio para comprovar e observar o comportamento do apenado em liberdade durante o tempo em que pela primeira vez se encontra completamente livre e pode recuperar seus contatos com o mundo exterior.

Ainda, no *regime semiaberto* o condenado poderá frequentar curso supletivo profissionalizante, bem como de instrução de segundo grau ou superior, na comarca do juízo da execução e atividades que concorram para o retorno ao convívio social. Nesta hipótese, o *tempo de duração* da saída temporária será o necessário para o cumprimento das atividades discentes. O estabelecimento penal deverá, conforme a natureza, contar em suas dependências com áreas e serviços destinadas a dar assistência, educação, trabalho, recreação e prática esportiva. A Lei nº 12.245, de 24 de maio de 2010, autorizou a instalação de *salas de aulas* e viabilizou a admissibilidade do *estudo extramuros*, permitindo *frequência* em cursos supletivos profissionalizantes, instrução de segundo grau ou superior. A Lei nº 13.163, de 9 de setembro de 2015, instituiu o *ensino médio* nas penitenciárias em obediência ao princípio constitucional de sua individualização. Nos demais casos, a *autorização de saída* somente poderá ser concedida por prazo mínimo de 45 (quarenta e cinco) dias de intervalo de uma para outra.

Se o condenado perder a *confiança* e o *mérito*, haverá *regressão* para o regime fechado. O *conceito de mérito* para fins de progressão de regime deve ser obtido através de uma *verificação global*, abarcando, no prognóstico, uma visão de adaptabilidade às peculiaridades do regime a ser progredido e o perfil do apenado. O grande problema do semiaberto é que o coletivo carcerário *não* possui mão-de-obra qualificada, tornando difícil o emprego formal para o condenado. Na hipótese de falta de vagas em estabelecimento adequado para o cumprimento em regime semiaberto, deve o apenado aguardar a abertura da vaga em regime aberto (STF, HC 104.244/SP, 2ª T., rel. Min. Ricardo Lewandowski, j. 22.11.2011). Fere os princípios da *dignidade da pessoa humana* e *individualização da pena*, *não* ser deferido o *regime aberto* nas hipóteses de ausência de vaga no regime semiaberto. O Superior Tribunal de Justiça ressalta que a prestação de trabalho externo em empresa da família do apenado *não* está vedada pelo art. 37 da Lei de Execução Penal e contra a crítica da fragilidade da fiscalização abstrata prepondera o direito social ao trabalho como braço da execução penal sustentável (STJ, HC 310.515/RJ, 5ª T., rel. Min. Felix Fischer, j. 17.9.2015).

9.2.1. Propostas para a reforma

O Projeto de Reforma Penal (2012) propõe para "as saídas temporárias, em especial visita periódica ao lar, que o benefício só pode ser conedido desde que cumprido 1/4 (um quarto) do total da pena, se o regime inicial fixado foi o semiaberto, não tenha havido regressão e o recomendarem às condições pessoais do condenado".

O Projeto de Alteração da Lei de Execução Penal (2013) estabelece que a autorização de saída temporária também inclua: **a)** frequência a curso em instituição regular de ensino formal ou profissionalizante; **b)** trabalho; **c)** participação em atividades laboriais em entidades admitidas pela administração penal que concorram com o retorno ao convívio social. Só poderá ser concedida pelo juiz da execução, ouvidos o Ministério Público e a administração penitenciária e dependerá de bom comportamento carcerário. O processamento das saídas temporárias poderá ser *coletivo* ou *unificado* em um só provimento anual, resguardada a possibilidade de escolha individual das datas de saída. Será concedida em 2 (dois) dias, por prazo não superior a 4 (quatro) semanas, ao longo de 12 (doze) meses. Serão condicionadas à monitoração eletrônica, reavaliando-se a necessidade de caráter premial, após as 3 (três) primeiras saídas. Quando se tratar de frequência a curso profissionalizante ou regular de ensino, o tempo de saída será o necessário para o cumprimento das atividades docentes. Nos demais casos, somente poderão ser deferidos em um prazo mínimo de 30 (trinta) dias entre uma e outra.

9.3. Perda e recuperação do direito de saída

A teor do art. 125 da Lei de Execução Penal, a saída temporária será *revogada automaticamente*, quando o condenado: **a)** praticar fato definido como *crime doloso*. A expressão "*automaticamente*" deve ser relativizada, diante das causas de justificação e, portanto, observados os princípios da inocência e da ampla defesa como imperativos constitucionais; **b)** for punido por cometimento de *falta grave*. Observada a prévia apuração através de procedimento administrativo disciplinar com as garantias do contraditório e da ampla defesa; **c)** desatender as *condições* impostas na autorização judicial. São condições: **a.** fornecimento do endereço onde reside a família a ser visitada; **b.** onde poderá ser encontrado durante o *tempo* da saída e, quando se tratar de frequência a curso de ensino profissionalizante, de instrução média ou superior, o *tempo* de saída será o necessário para o cômputo das atividades discentes; **c.** recolhimento às residências visitadas, no período noturno; **d.** proibição de frequentar bares, casas noturnas e estabelecimentos congêneres; **e.** estabelecer condições específicas, compatíveis, observadas as circunstâncias do caso concreto e o perfil do condenado; **f.** revelar baixo grau de *aproveitamento* no curso de ensino. A condição deve ser relativizada pelo magistrado, diante das circunstâncias endógenas e exógenas que envolvem o aluno especial. Deve-se entender por *falta de frequência*, o desinteresse pelos objetivos do ensino e do curso específico, pois, no que tange a *notas* aferidas, são subjetivas do aplicador e deve-se levar em conta a situação da *pessoa encarcerada*.

A *recuperação do direito* à saída temporária depende: **a)** da absolvição no processo penal por *crime doloso*. A interpretação é *restritiva*, daí *não* se exigindo o trânsito em julgado para o Ministério Público; **b)** o cancelamento da punição disciplinar, por via judicial ou administrativa; **c)** a ausência de cancelamento pode ser suprida pelo *critério de mérito* do apenado, aferido pelo comportamento satisfatório, perfil e elogios porventura recebidos.

10. ESPÉCIES DE ESTABELECIMENTOS PENAIS

Já se tinha registrado, em *Raízes da Sociedade Criminógena*, que o primeiro estabelecimento penal, com características assim definidas, surge em 1552, em Londres (*House Correction*), que tinha a característica do recolhimento de vagabundos que eram obrigados a trabalhar e, somente em 1840, na Ilha de Nolkfold, situada na Austrália, surge o *modelo prisional progressivo*, tendo como pilar o *direito de execução penal*, coadjuvado pelo *princípio da proporcionalidade*, visando *substituir* a autoridade pela benignidade e os castigos por prêmios. As lutas de Jeremy Bentham, primeiro teórico da execução da pena, William Blackstone, comentador da legislação penal inglesa, e John Howard (*Penitenciary Houses*) pela quebra do *silêncio absoluto* entre condenados e agentes, isolamento celular noturno, atividades diuturnas coletivas, conquista pelo mérito do *ticket of leave*, e contra as vulnerabilidades sistêmicas de superlotação, ociosidade e promiscuidade carcerária, retratam os avanços e graves retrocessos do século XVI até o presente século XXI.

O *estabelecimento penal* é o prédio para o qual são enviados os *condenados* para cumprirem as penas privativas de liberdade impostas ou os *presos provisórios* que são recolhidos no curso da ação penal a que respondem. As unidades prisionais, quanto à sua *natureza*, são classificadas em: **a)** de segurança *máxima*; **b)** *média*; **c)** *mínima*. Quanto à sua *destinação*, para: **a)** condenados ou internados, que cumprem pena de reclusão, detenção, prisão simples ou medida de segurança detentiva; **b)** mulheres; **c)** presos custodiados provisoriamente.

As *mulheres* e os *maiores de 60 (sessenta) anos* são recolhidos em estabelecimento próprio e adequados às suas condições pessoais. O mesmo conjunto arquitetônico pode abrigar estabelecimentos penais de destinação diversa, *isolados*.

O estabelecimento, conforme a sua *natureza*, deverá contar com áreas e serviços destinados a dar assistência, educação, trabalho, recreação e prática esportiva aos internos. Diante do quadro constitucional, os condenados devem cumprir as penas impostas em estabelecimentos penais distintos pela natureza do delito, a idade e o sexo. E, diante do quadro normativo imposto, tem-se: **a)** os condenados às penas de reclusão, detenção e prisão simples; **b)** os presos provisórios separados dos definitivos; **c)** os primários dos reincidentes; **d)** as mulheres dos homens; **e)** os maiores de 60 (sessenta) anos; **f)** os que, ao tempo do fato, eram funcionários do sistema de administração da justiça criminal; **g)** o índio. A Lei nº 13.167, de 6 de outubro de 2015, que altera o disposto no art. 84 da Lei no 7.210, de 11 de julho de 1984 - Lei de Execução Penal, para estabelecer critérios para a separação de presos nos estabelecimentos penais (presos provisórios e definitivos, que respondam ou estejam condenados por crimes hediondos ou equiparados; por crimes em que tenha ocorrido o emprego de violência ou grave ameaça à pessoa e os demais crimes e contravenções). Se o estabelecimento penal *não* estiver funcionando em condições adequadas às previstas na Lei de Execução Penal, deverá ser *imediatamente interditado* pela autoridade judiciária. Deverá ter a lotação compatível com a sua estrutura e finalidade.

As penas privativas de liberdade aplicadas pela justiça de uma unidade federativa podem ser executadas em outra unidade, estabelecimento local ou da União, a qual poderá construir estabelecimento penal em local distante da condenação para recolher condenados, quando a medida se justifique no interesse da segurança pública ou do próprio condenado. Faz exceção à regra insculpida no art. 90 da Lei de Execução Penal ("a penitenciária de homens será construída em local afastado do centro urbano *a distância que não restrinja a visitação*").

Os estabelecimentos penais são: **a)** *penitenciária*, que se destina ao condenado à pena de *reclusão* em *regime fechado*, construída em local afastado do centro urbano, alojando o condenado em *cela individual* com área mínima de seis metros quadrados, contendo dormitório, aparelho sanitário e lavatório, com salubridade, isolamento e condicionamento térmico; **b)** *colônia agrícola, industrial ou similar*, destina-se ao cumprimento da pena em *regime semiaberto*, podendo o apenado ser alojado em compartimento coletivo, obedecidos os requisitos da seleção adequada e o limite da capacidade máxima para os fins de *socialização* e *individualização* da pena; A Colônia Penal Cândido Mendes, localizada no Porto do Abraão, na Ilha Grande, no estado do Rio de Janeiro, que depois veio a denominar-se, com a fusão dos antigos estados da Guanabara e do Rio de Janeiro, Penitenciária Cândido Mendes, com a edição do Ato Institucional nº 5, os apenados de alta periculosidade e condenações centenárias, inclusive *roubo a bancos*, foram enquadrados na Lei de Segurança Nacional, passando para o convívio com os então presos políticos que ocupavam a ala B da 2ª galeria e, nesta interação, houve a aprendizagem e assimilação de métodos de organização e lideranças de massa, nascendo o denominado *Comando Vermelho*. Só em 25 de março de 1994, o último embarque de apenados, negociado, para a Penitenciária Vicente Faria Coelho, concluiu-se a desativação e, depois, a implosão do prédio histórico como ato simbólico de uma etapa negra do penitenciarismo pátrio; **c)** *casa de albergado*, destinada ao cumprimento da pena privativa de liberdade, em *regime aberto*, e da *pena de limitação de fim de semana*, devendo ficar situada no centro urbano, *ausentes obstáculos físicos contra a fuga*, possuir local próprio para cursos e palestras e orientação dos condenados; **d)** *hospital de custódia e tratamento psiquiátrico*, destinado aos inimputáveis e semi-imputáveis em "*especial tratamento curativo*", sendo obrigatória a realização do exame psiquiátrico, de verificação de cessação da periculosidade, e demais exames para o tratamento dos internados. O *tratamento ambulatorial* será nele realizado ou em outro local com dependência médica adequada. Ninguém será internado em Hospital de Custódia e Tratamento Psiquiátrico sem que tenha sido expedida a *guia de internação* pela autoridade judiciária para o cumprimento das medidas de segurança, devendo também constar, a data que terminará o prazo mínimo de internação, ou de tratamento ambulatorial, que poderá ser retificada quando sobrevier modificação no processo de execução; **e)** *cadeia pública* ("casa de custódia") destina-se ao recolhimento de *presos provisórios*, considerados todos aqueles submetidos a prisões cautelares, que ainda não foram definitivamente julgados. Objetiva-se o término da detenção em xadrezes distritais ou Centros de Detenção Provisória (concentradores); deve ser localizada próxima ao centro urbano, em local próximo ao seu meio social e familiar e ser dotada de *cela individual* com área mínima de seis metros quadrados que conterá dormitório, aparelho sanitário e lavatório, em ambiente salubre pela ocorrência dos fatores de aerosão, insolação e condicionamentoas térmicos adequados à existência humana (*norma vigorante desde 1984*).

Os *estabelecimentos penais federais* têm por finalidade promover a execução administrativa das medidas restritivas de liberdade dos presos, provisórios ou condenados, cuja inclusão se justifique no interesse da segurança pública ou do próprio preso. Também abrigarão presos, provisórios, condenados, sujeitos ao *regime disciplinar diferenciado*. São características: **a)** destinação a presos provisórios e condenados em regime fechado; **b)** capacidade de 280 (duzentos e oitenta) presos; **c)** segurança externa e guaritas de responsabilidade dos agentes penitenciários federais; **d)** segurança interna que presume os direitos do preso, a ordem e a disciplina; **e)** acomodação do preso em cela individual; **f)** separação absoluta entre presos provisórios e condenados alojados em alas separadas; **g)** existência de locais de trabalho, atividades socioeducativas e culturais, de esporte, de prática religiosa e visitas, *dentro das possibilidades* do estabelecimento penal. Nos estabeleciemtnos penais federais, os internos ficam sujeitos aos *meios de correção*, como: algemas, correntes, ferros e coletes de força, que nunca deverão ser aplicados como punição. A Resolução nº 16, de 17 de dezembro de 2003, do Conselho Nacional de Política Criminal e Penitenciária, dispõe em uma de suas diretrizes a construção preferencial de unidades com o máximo de 500 (quinhentas) vagas.

As penas privativas de liberdade, aplicadas pela Justiça de uma unidade federativa, podem ser executadas em outra unidade, em estabelecimento local ou da União, *ex vi* do *caput* do art. 86 da LEP. Não se pode esquecer que a Lei de Execução Penal prevê entre os *direitos* das pessoas presas, o de visita do cônjuge, da companheira ou companheiro, de parentes e amigos, pois o *contato com a família* é extremamente importante para manutenção do vínculo afetivo e da realidade do meio circundante, além do apoio às necessidades materiais em razão da debilidade assistencial do sistema. Não se trata de *direito de escolha* (direito público subjetivo) do estabelecimento penal de sua preferência para cumprir a pena imposta. Cuida-se da inserção para a adaptação social, destacando-se o direito de assistência familiar, observado o perfil do apenado, sua conduta carcerária e a disponibilidade de vaga. O Supremo Tribunal Federal decidiu que *não* constitui *direito do preso* a sua transferência para estabelecimento situado em outra unidade da Federação, onde possui mulher e filhos, cabendo ao juiz da execução a avaliação sobre a *conveniência da medida* (STF, HC 74.814/RO, 1ª T., rel. Min. Ilmar Galvão, j. 18.2.1997). Trata-se de uma *faculdade* do juiz da execução decidir sobre a *oportunidade* e *conveniência* pessoal do apenado e familiares e da Administração Pública quanto ao efetivo cumprimento da pena, e *não* direito subjetivo à transferência. A posição pacífica do Supremo Tribunal Federal é no sentido de que o art. 86, *caput*, da Lei de Execução Penal, *permite* o cumprimento da pena privativa de liberdade em *local diverso* daquele em que houve a perpetração e consumação do crime. A ressocialização do preso e a proximidade da família devem ser prestigiadas sempre que ausentes elementos concretos e objetivos ameaçadores da segurança pública (STF, HC 100.087/SP, 2ª T., rel.ª Min.ª Ellen Gracie, j. 16.3.2010). Na mesma direção, já ressaltara que para fins de ressocialização é necessário que o preso mantenha contato com a família, superando os óbices da prisionalização. Há possibilidade de transferência de estabelecimento prisional, existindo *vínculo familiar, disponibilidade de vaga* e *boa conduta carcerária*, afastando-se o rótulo da periculosidade e da segurança pública de forma genérica, a fim de possibilitar a inserção social, na medida em que é garantido o direito de assistência familiar (STF, HC 105.175/SP, 2ª T., rel. Min. Gilmar Mendes, j. 22.3.2011).

10.1. Propostas para a reforma

A Proposta de Alteração da Lei de Execução Penal (2013) é no sentido de admitir que os condenados sejam alojados em cela com a capacidade de até 8 (oito) pessoas (compartimento coletivo), contendo dormitório, aparelho sanitário e lavatório e, só em casos *excepcionais*, admitir-se-ão *celas individuais*

A Proposta de Alteração extingue o *Centro de Observação Criminológica* e dos Hospitais de Custódia e Tratamento Psiquiátrico, acolhendo a questão da saúde mental a partir da Lei nº 10.216, de 6 de abril de 2001 (*desmanicomial*), retirando da esfera de âmbito das Secretarias Estaduais de Administração Penitenciária, sem estrutura e preparo, para a área de saúde. Permite, *por excepcionalidade*, que os presos com pena de reclusão até 8 (oito) anos em regime fechado, que não sejam reincidentes, passem a cumprir a pena de prisão em *cadeia pública*, mais perto do local da residência e de seus familiares, sendo proibida a *carceragem* em delegacia de polícia. Também ficarão alojados os sujeitos à *prisão civil e administrativa*, em seção especial, sendo-lhes vedada a casa de albergado.

11. PRESOS PROVISÓRIOS

Em Roma, a prisão possuía caráter instrumental e cautelar, lugar de custódia e tortura, no dizer de Ulpiano – "*Carcer ad continendos homines, non ad puniendos haberi debet*". A Magna Carta de 1215, no seu art. 39, ditava que nenhum indivíduo podia ser preso ilegal ou arbitrariamente. A Idade Média que redundou na interrelação entre a Igreja e o Estado registra um dos períodos mais cruéis.

O anteprojeto do Código de Processo Penal brasileiro contribuiu em relação às medidas cautelares para a reconstrução de ações político-criminais de evitação de ingresso e permanência prematura no cárcere, reduzindo a superlotação através de novas alternativas à pena de prisão e, principalmente, a custódia cautelar, diante do princípio da não culpabilidade, o que veio a ser consagrado no art. 319 do Código de Processo Penal.

O Conselho Nacional de Justiça elaborou "Novo Diagnóstico de Pessoas Presas no Brasil" (junho de 2014), informando que à época a população carcerária era de 563.526 pessoas, sendo que 41% de presos provisórios. Na verdade, o total contabilizado da população com restrição de liberdade era de 711.463, pois 147.937 estavam cumprindo pena em prisão domiciliar. O relatório apresentava como capacidade de vagas 357.219 e com o *déficit* de 206.307. Por último, em relação aos *presos provisórios* no sistema, o percentual é de 41% e, com a prisão domiciliar, cai para 32%, o percentual com os presos em regime fechado ou semiaberto. No *ranking* dos dez países com maior população carcerária do planeta, o Brasil ocupa a terceira posição (1º EUA e 2º China). Com o total de pessoas presas e se cumpridos *todos* os mandados de prisão em aberto teríamos uma população carcerária de 1.085.454 presos, com o *déficit* de 728.235 vagas.

Observa-se que o grande ponto de vulnerabilidade do sistema situa-se em relação aos *presos provisórios*, cuja permanência no cárcere se dá por força de prisão cautelar.

O Provimento Conjunto nº 3/2015 dá Presidência do Tribunal de Justiça e Corregedoria de Justiça do Estado de São Paulo, em parceria com o Poder Executivo constrói a primeira ferramenta para o controle da custódia cautelar, com patamar no art. 7º, item 5º, da Convenção Americana sobre Direitos Humanos (Pacto de São José da Costa Rica) para a *apresentação* de pessoa detida em flagrante delito até 24 (vinte e quatro) horas *após* sua prisão, para participar de *audiência de custódia*.

Registra-se a preocupação com a integridade física e moral da pessoa humana, ao determinar ao juiz competente (juiz de garantias), diante das informações colhidas na *audiência de custódia*, à requisição do exame clínico e de corpo de delito do autuado, quando concluir que a perícia é necessária para a adoção das medidas de: **a)** apurar possível abuso cometido durante a prisão em flagrante, ou a lavratura do auto; **b)** determinar o encaminhamento assistencial que se repute devido.

Assinale-se o PL nº 554/2001 do Senado Federal que altera o art. 306, § 1º, do Código de Processo Penal para incorporar à legislação ordinária, a *obrigatoriedade* da apresentação da pessoa presa, no prazo de 24 (vinte e quatro) horas ao juiz, em *audiência de custódia*, que decidirá sobre a prisão em flagrante convertendo-a ou não em prisão preventiva, relaxá-la ou substituí-la por medida cautelar.

O Instituto dos Advogados (IAB) aprovou por aclamação no dia 20 de outubro de 2014, na sua sessão plenária especial, realizada na XXII Conferência Nacional dos Advogados, a proposta do ministro do Supremo Tribunal Federal Ricardo Lewandowski, da reforma do Código de processo Penal com base na jurisprudência da Corte Suprema que considera a prisão *antes* do trânsito em julgado da condenação, medida excepcional que só pode ser decretada quando cabalmente demonstrada a sua necessidade. Enrico Carrano teve a oportunidade de descortinar na 227ª Reunião do Fórum Permanente da Execução Penal o tema da *"Prisão Cautelar e a Superlotação Carcerária"*, diante de um *"Olhar Realístico sobre a Execução Penal"* (março de 2015).

No Brasil, a decretação da prisão cautelar é uma *questão cultural*, pois, se não houver o *encarceramento imediato*, a sociedade alimenta os mitos da insegurança e da impunidade, retroalimentadas por força de uma mídia especializada no segmento da segurança pública.

A Corte Suprema é enfática no sentido de que "A gravidade do crime não justifica, por si só, a necessidade da prisão preventiva" (STF, HC 100.572/SP, 2ª T., rel. Min. Eros Grau, j. 15.12.2009).

A Lei nº 12.403, de 4 de maio de 2011, deu nova redação ao art. 319 do Código de Processo Penal estabelecendo novo rol de medidas cautelares diversas da prisão: **a)** comparecimento periódico ao juízo; **b)** proibição de acesso ou frequência a determinados lugares; **c)** proibição de manter contato com pessoa determinada, quando o indiciado ou acusado dela deva permanecer distante; **d)** proibição de ausentar-se da comarca quando a permanência seja conveniente ou necessária; **e)** recolhimento domiciliar no período noturno e nos dias de folga, quando o investigado ou acusado tiver residência e trabalho fixos; **f)** suspensão do exercício da função pública ou atividade de natureza econômica ou financeira, quando houver justo receio de sua utilização para a prática de infrações penais; **g)** internação provisória do acusado nas hipóteses de crimes praticados com violência ou grave ameaça, quando os peritos concluírem ser imputável ou semimputável e houver risco de reiteração; **h)** fiança; **i)** monitoração eletrônica.

Busca-se enfrentar o óbice vetusto e permanente de vulnerabilidade sistêmica que é a *superlotação carcerária* e o *custo social e econômico* do encarceramento. Diante da escalada da violência, estimula-se midiaticamente o *mito do encarceramento*, como instrumento eficaz para a manutenção da segurança pública e da paz social. Anota-se que, depois da edição dos crimes hediondos ou a ele equiparados, registra-se o incremento desproporcional dos crimes praticados com violência ou grave ameaça. Só com o tempo, no caso da implantação das penas alternativas, a sociedade, a mídia e os magistrados, se conscientizaram da ferramenta contemporânea de substituição da falida pena privativa de liberdade.

Os presos provisórios não podem sofrer restrição a seus direitos políticos.

12. PRIVATIZAÇÕES DOS PRESÍDIOS

Jeremy Bentham, em 1761, já imaginava uma prisão que fosse administrada por particulares, mas demonstrava o desconforto com os abusos e desvios no que tange aos lucros através da mão de obra carcerária, a eximir do Estado a responsabilidade pela alimentação, saúde, educação e segurança. Contemporaneamente, a maior parte dos presídios americanos é privatizada, entregues a *Correction Corporation of American* e *Wackenhut Corrections Corporation*. O modelo francês, a partir de 1990, é o da semiprivatização (alimentação, saúde e educação), mantendo o monopólio estatal, no que é seguida pela Inglaterra, Austrália, África do Sul e Brasil.

Nos séculos XVI e XVII, observa-se com a urbanização e exploração das colônias a necessidade de disciplinar a mão de obra. Partindo da ideia do binômio trabalho-disciplina, vê-se descortinar a possibilidade do *lucro* no trabalho prisional, originando-se a organização das prisões, administradas pela iniciativa privada. Zygmunt Bauman, na *"Globalização: as Consequências Humanas"*, escreve que "as casas de correção serviram de laboratórios da sociedade industrial nos quais foram experimentados os limites de rotinização da ação humana". Foucault, em *"Estratégia, Poder e Saber"*, ressalta que "a prisão fabrica delinquentes, mas os delinquentes são, finalmente, úteis, tanto no domínio econômico, como no domínio político".

A nossa primeira experiência ocorreu em 1992 por proposta do Conselho Nacional de Política Criminal e Penitenciária (CNPCP), com a finalidade de reduzir os gastos públicos e sob a etiqueta de melhoria de condições de cumprimento de pena, diante da *superlotação* e *ociosidade* nas unidades prisionais.

A primeira experiência ocorreu no Paraná, com a construção da Penitenciária Industrial de Guarapuava (1999), pela empresa Humanitas-Administração Prisional Privada S/C Ltda., em uma parceria público-privada, resguardada a administração da unidade prisional ao governo estadual.

A participação da iniciativa privada em nosso sistema penitenciário ocorre através de dois modelos: **a)** *cogestão*, em que o Estado constrói, o privado equipa, mantém e opera a unidade prisional; **b)** *parceira público--privada*, em que o privado projeta, constrói, mantém e opera e o Estado continua sendo o responsável pela custódia e garantia da execução da pena privativa de liberdade. A empresa privada só é responsável por promover leis para que o preso cumpra a pena com dignidade. O modelo de *cogestão* é operado por oito empresas no Brasil, implantado em vinte e quatro unidades de oito estados da Federação (Bahia, Sergipe, Santa Catarina, Espírito Santo, Tocantins, Amazonas, Minas Gerais e Alagoas).

No estado de Minas Gerais, as APACS abarcam um total de 2600 (dois mil e seiscentos) apenados, dando-se destaque para a de Itabuna. A filosofia tem como eixos de sustentabilidade o trabalho, o estudo e a responsabilidade pessoal, sendo que todos são chamados nominalmente. Não há guardas e os apenados possuem a chave de suas celas. Registre-se que, para o seu sucesso, é necessário que o apenado tenha o *perfil adequado* (cumprir a sua pena), razão pela qual só abriga 10% (dez por cento) do efetivo carcerário. Cogita-se de questão polêmica, diante de atividade típica de Estado, defeso a delegação, pois a execução da pena é função do poder público, não sendo admitida a sua delegação. A Lei nº 11.079, de 30 de dezembro de 2004, introduziu a *parceria público-privada* no que tange aos contratos administrativos de parceria da União, Estados e Municípios com a iniciativa privada, admitindo-se a possibilidade na esfera de âmbito prisional.

Cogita-se de *Justiça restaurativa*, que para o sucesso precisa ser abraçada pela sociedade.

A vertente que defende o *modelo de cogestão* a ponta as seguintes vantagens: **a)** respeito absoluto à dignidade da pessoa privada de liberdade; **b)** respostas imediatas frente aos órgãos da execução penal; **c)** controle permanente e eficiente dos processos e prontuários; **d)** eficiência no cumprimento das *assistências* material, médica, jurídica e profissional; **e)** possibilitar a remição da pena para *todos*, com oferta de trabalho, salas de aula, de leitura e biblioteca do corpo docente; **f)** aumento da segurança das unidades prisionais; **g)** dimunição dos índices de reincidência.

A Resolução nº 8, de 9 de dezembro de 2002, do Conselho Nacional de Política Criminal e Penitenciária, já recomendada a *rejeição* de propostas à *privatização do sistema penitenciário brasileiro* destacando a sua absoluta inadmissibilidade, de forma direta ou delegada, em relação à segurança, à administração e ao gerenciamento de unidades prisionais, bem como à disciplina, os serviços técnicos relacionados ao acompanhamento e à avaliação da individualização da execução. Augusto Thompson, em "Privatização Prisional", ao alertar sobre a busca de lucros com o encarceramento salienta que "a privatização leva para as empresas os 'melhores' presos, empurrando os 'piores' para as penitenciárias públicas, do que obtém o efeito de fazer parecer que aquelas são melhores do que estas, quando comparadas".

A Lei de Execução Penal, recepcionada pela Carta Política de 1988, registra o trabalho como dever social e condição de dignidade da pessoa humana, que deverá ser incentivada na medida das aptidões e capacidade do condenado e poderá ser gerenciado por *fundação*, ou *empresa pública*, com autonomia administrativa, e terá por objetivo a formação profissional do condenado. Estatui que, nesta hipótese, incumbirá à entidade gerenciadora *promover* ou *supervisionar* a produção com critérios e métodos empresariais, encarregando-se de sua comercialização, bem como suportar despesas, inclusive pagamento e remuneração adequada. Juarez Cirino dos Santos, no *Direito Penal*, anota a antecipação da implantação do sistema de prisões privadas, mediante *terceirização* nos processos produtivos e da disciplina prisional, quando da inauguração da Penitenciária Industrial de Guarapuava, em regime fechado com capacidade para 240 apenados.

Rusche/ Kirchheimer, em *Punição e Estrutura Social*, ao analisar as péssimas condições da prisão e o crescimento desordenado correspondente aos recursos disponíveis, dá-se uma mudança do sistema de trabalho prisional. O trabalho dos condenados passou a enriquecer os administradores das prisões, quando a força de trabalho era escassa e os salários altos desapareceram, forçando a manutenção de prisioneiros e carcereiros. João Marcelo de Araújo Junior, em "*Os grandes movimentos da política criminal de nosso tempo*", sobre o tema, sintetizava que "Privatizar prisões significa consagrar um modelo penitenciário que a ciência criminológica revelou fracassado e, além disso, considerado violador dos direitos fundamentais do homem".

12.1. Propostas para a reforma

A Proposta de Alteração da Lei de Execução Penal (2013) propõe que o trabalho poderá ainda ser gerenciado por fundação, empresa pública ou *privada*, *associação* ou *cooperativa* e terá por objetivo a formação profissional do condenado.

A Comissão Parlamentar de Inquérito da Câmara dos Deputados, destinada a investigar a realidade do sistema carcerário brasileiro (2015), no relatório final, elaborado pelo deputado Sergio Brito, concluiu que a *participação da iniciativa privada* na gestão de estabelecimentos penais é *possível* e tem contribuído para que os estados da Federação possam cumprir o princípio constitucional da dignidade da pessoa humana e a Lei da Execução Penal. Anota a indelegabilidade das funções de direção, chefia e coordenação dos estabelecimentos penais e a atividade pertinente ao exercício do poder de polícia que são exclusivos do Estado. Para tanto, recomenda a propositura de projeto de lei para dispor sobre a execução indireta de atividades desenvolvidas nos estabelecimentos penais, com a alteração da LEP e com os arts. 83-A ("Poderão ser objeto de execução indireta as atividades materiais acessórias instrumentais ou complementares desenvolvidas em estabelecimentos penais, e notadamente: I – serviços de conservação, limpeza, informática, copeiragem, portaria, recepção, reprografia, telecomunicações, lavanderia e manutenção de prédio, instalações e equipamentos internos e externos; II – serviços de assistência material, à saúde, jurídica, educacional, social e religiosa; III – serviços relacionados à execução de trabalho pelo preso; IV – movimentação interna de presos; V – serviços de monitoramento e rastreamento de presos por dispositivo eletrônico, autorizado por lei. § 1º - a execução direta será realizada sob supervisão e fiscalização do Estado. § 2º - os serviços relacionados neste artigo poderão compreender o fornecimento de materiais, equipamentos, máquinas e profissionais"), 83-B ("São indelegáveis as funções de direção, chefia e coordenação dos estabelecimentos penais, bem como todas as atividades que exijam o exercício do poder de polícia ou seja exclusivas do Estado, e notadamente: I – classificação de condenados, II – aplicação de sanções disciplinares, III – controle de rebeliões, IV – transporte de presos para órgãos do Poder Judiciário, hospitais e outros locais externos aos estabelecimentos penais") e 83-C ("As contratadas e parceiros privados poderão contratar monitores auxiliares e supervisores para a execução do objeto contratado. Parágrafo único - Os profissionais relacionados no *caput* deste artigo poderão realizar jornada de doze horas trabalhadas por trinta e seis horas de descanso").

13. EXAME CRIMINOLÓGICO

Nos tempos contemporâneos, o exame criminológico, em um enfoque crítico e *não* etiológico, passa a se constituir em uma *ferramenta pericial* do Estado para avaliar em tempo próximo o grau de *risco potencial de vio-*

lência na antecipação de liberdade daqueles protagonistas de graves lesões aos bens jurídicos, objetivando a garantia da segurança pública, diante de intoleráveis desvios de conduta, *sem* manipular a personalidade e invadir a privacidade, respeitando a opção de ser diferente, bem como a seleção adequando os *perfis* do condenado e do estabelecimento penal de cumprimento. Assim, não se trata do modelo do século passado formulado por Lacassagne e Lombroso para a classificação dos delinquentes (1890). No espírito da Lei de Execução Penal, o *exame criminológico de ingresso* é peça fundamental para a difícil *seleção prévia* de condenados em regime fechado (obrigatória) ou semiaberto (facultativo) para uma proposta de individualização executória. Já o *exame criminológico específico* para a progressão de regime e livramento condicional, por condenados no cumprimento de pena por crime hediondo ou equiparado, sem prejuízo de avaliar se o condenado preenche, ou não, requisitos objetivos e subjetivos do benefício, segundo a dicção da Súmula Vinculante nº 26 do Supremo Tribunal Federal, o magistrado poderá determinar para tal fim, de modo fundamentado, a sua realização. Diante do *princípio da jurisdicionalidade*, não seria admissível a substituição do juiz da execução pelo diretor da unidade penitenciária (administração penal). Em síntese, é a avaliação do *perfil do condenado* em razão do *risco social* de *antecipação reintegratória* à macrossociedade. Realiza-se por meio de uma *entrevista* em conjunto pela *equipe multidisciplinar*, constituída por diretor, chefe de segurança da unidade prisional, psicólogo, psiquiatra e assistente social. Não se pode deixar de utilizar tal ferramenta legal e importantíssima para o *programa individualizador* contribuindo para a *seleção* ou *curriculum* do condenado como referência fundamental para estabelecer a construção do *perfil*, atendendo-se à individualização da pena preconizada pela Lei de Execução Penal, com a finalidade de um melhor processo inicial de reconstrução da pessoa do condenado. O condenado que *ingressa* em uma unidade prisional adapta-se à *nova cultura* (não difere, na maioria das vezes, do *habitat* miserável ou pobre de onde proveio). O processo de adaptação à vida prisional (microssociedade) é exatamente inverso do pretendido pelo *mito ressocializador*, que se denomina *desculturação*, caracterizado pela perda de capacidades vitais e sociais mínimas exigíveis para uma vida normal na macrossociedade. Esta falta de orientação ditada pela contaminação e expressada no chamado *processo de prisionalização*, por via do qual o apenado adquire e adota *usos, costumes, tradição* e *cultura* da unidade prisional. Objetiva-se, com patamar no *perfil*, traçar o *programa individualizador*, procurando *estimular* novos valores, *abrir* expectativas e *vencer* dificuldades próprias do processo de encarceramento.

Contemporaneamente, *não* se fala mais em *classificação de delinquentes*, mas em *processo de seleção* para facilitar o *processo de socialização* com patamar no *princípio da dignidade da pessoa humana. Realiza-se a justiça, conhecendo o homem.* Assim, impõe-se separar os apenados que, pela *vida pregressa* ou *perfil de risco conflitivo*, possam exercer uma liderança negativa, criando e mantendo associações criminosas, destruindo qualquer proposta de individualização executória, bem como proporcionando a quantidade de *perfis* para efetivo processo de socialização. É necessário que se *conheça* o apenado e, para tanto, se impõe investigar o seu *perfil, aptidões, valores, interesses* e *opção de conduta normativa*. A prisão, *instituição total*, caracteriza-se pela aparição de uma *cultura específica*, a sociedade criminógena. O objetivo ressocializador mínimo tem por escopo gerar condições para dar *oportunidades* ao apenado de poder no futuro comportar-se sem conflito normativo. O cárcere *não* pode ser um instrumento para *transformar* a consciência do condenado.

Na prisão, coexistem dois *sistemas de vida* diferentes: **a)** *oficial* representado pelas normas legais, que disciplinam a vida no cárcere; **b)** *não oficial*, o que rege a vida dos reclusos e suas relações entre si (o que nasce na prisão, morre na prisão). O recluso se adapta às formas de vida, usos e costumes que são impostos no estabelecimento prisional. Na realidade, o que a sociedade persegue é a socialização do condenado para *viver* na prisão. Visa-se à inserção social futura e harmônica, respeitados os limites normativos para a garantia do exercício dos direitos de todos em um Estado de direito, democrático, laico e pluralista. A *exigência* da realização do exame criminológico de *natureza interdisciplinar* por *comissão especializada* para a avaliação do *perfil* do apenado (história de vida) tem por escopo também instrumentalizar o juiz da execução penal para o deferimento ou não do pedido antecipatório para regime menos rigoroso, é *medida imperativa* para a aferição da adequação ao novo regime prisional ou de liberdade antecipada. A função criminológica do legislador e do magistrado deve levar em conta seu papel político, jurídico e social, diante de uma *crítica realística*, pois não mais se podem pretender ações de políticas penitenciárias que nada têm a ver com a realidade social.

Há forte resistência à realização do exame criminológico por parte dos psicólogos que operam no sistema penitenciário, quer em relação ao exame de ingresso (classificação), sob o fundamento de que: **a)** o programa individualizador de tratamento perdeu sua finalidade deixando de ser realizado diante do ceder do Estado às organizações criminosas; **b)** quer mantendo no que tange à progressão de regime e ao livramento condicional, rejeitando sob a alegação de que *não* deve ser o trabalho do psicólogo delinear um *perfil* da pessoa presa e o *grau de risco* para a sociedade no momento em que deixa o cárcere, mas sim, o de poder vê-la de frente e acompanhá-la por meio de práticas *durante* o cumprimento da pena. Saulo de Carvalho, em *Práticas Inquisitivas na Execução Penal*, defende que "quanto ao prognóstico de não delinquência, mas importante ressaltar que a emissão do parecer tem como mérito 'probabilidades', o que por si sóem nada poderia justificar a negação de direitos públicos subjetivos, visto serem *hipóteses inverificáveis empiricamente*". Defende-se a *avaliação do risco* para a antecipação de liberdade (progressão de regime, saídas temporárias, livramento condicional) para que se evitem os altos índices de reincidência.

O Supremo Tribunal Federal editou a Súmula Vinculante nº 26, possibilitando (faculdade) a avaliação pelo Juízo da Execução, inclusive mediante a realização do *exame criminológico*, do preenchimento dos requisitos objetivos e subjetivos para o deferimento da progressão do regime de cumprimento de pena imposta pela prática de *crime hediondo* ou *equiparado*.

É importante salientar que a avaliação criminológica *obrigatória* para a progressão de regime constitui condição fundamental para a moralização do regime semiaberto repondo a confiança necessária para o deferimento das *saídas temporárias*. O voto do Min. Napoleão Nunes Maia Filho, transcrita parte da ementa com grifos introduzidos, representa a nossa opinião sobre o tema: "Em que pese a nova redação dada pela Lei nº 10.792, de 1º de dezembro de 2003, ao art. 112 da LEP, ter *eliminado a obrigatoriedade do exame criminológico* para verificação do *mérito* do apenado no procedimento de progressão do regime carcerário, *seu verdadeiro intuito não foi o de abolir referida perícia*, que continua sendo para aferição do requisito subjetivo do apenado. O *bom comportamento* a que alude a novel legislação, pressupõe avaliação individualizada das condições pessoais do condenado, abrangendo, além da constatação de sua adaptação às regras do regime carcerário, atestada pelo diretor do presídio, o juízo acerca da conveniência de transferi-lo para regime menos gravoso, o que somente poderá ser efetivamente obtido por meio dos elementos fornecidos pelo exame criminológico. É procedimento que *não* constrange quem a ele se submete, pois se trata de avaliação *não* invasiva da pessoa, já que se efetiva por meio de entrevista com técnico ou especialista, *não* produzindo qualquer ofensa física ou moral, respeitando a sua opção de ser diferente. *A perícia em questão constitui um instrumento necessário para a formação da convicção do magistrado*, de maneira que deve sempre ser realizada como forma de se obter avaliação mais aprofundada acerca da provável capacidade do sentenciado de adaptação ao regime menos severo. Se assim não fosse, a competência para conceder o benefício ao encarcerado passaria a ser do diretor do estabelecimento prisional em que se encontrasse, e não mais do Juiz da execução, uma vez que, diante de um atestado favorável, somente restaria ao julgador homologá-lo, sem proceder a uma análise mais criteriosa a respeito da capacidade provável de adaptação do condenado ao regime menos severo" (STJ, HC 93.402/SP, 5ª T., rel. Min. Napoleão Nunes Maia Filho, j. 11.3.2008). É entendimento consolidado pelo Superior Tribunal de Justiça e pela Súmula nº 439 que o juízo de primeiro grau e o Tribunal de origem podem determinar, excepcionalmente, a realização do exame criminológico, diante das peculiaridades da causa, desde que o façam em decisão concretamente fundamentada (STJ, HC 210.692/SP, 6ª T., rel. Min. Og Fernandes, j. 21.3.2013).

No Supremo Tribunal Federal, prevalece o entendimento no sentido de que a alteração do artigo 112 da LEP pela Lei 10.792, de 1º de dezembro de 2003, *não* proibiu a realização do *exame criminológico*, quando necessário para a avaliação do condenado, tampouco proibiu a sua utilização para a formação do convencimento do magistrado sobre o direito de promoção para regime mais brando (STF, HC 110.029/RS, 2ª T., rel. Min. Ricardo Lewandowski, j. 18.10.2011). A regra do art. 196, § 2º, da LEP, continua inalterada ("entendendo indispensável a realização de prova pericial ou oral, o juiz ordenará, decidindo após a produção daquela ou na audiência designada"). Assim fundamentado, pois a gravidade abstrata do delito *não* configura motivação fundamentadora, poderá o juiz da execução ou o tribunal determinar o exame criminológico, não ficando vinculado ao seu resultado. Não se fala em *periculosidade* (inimputáveis), mas em *alto risco transgressor* para a segurança e a paz pública.

Em síntese, o *mérito* do apenado deve ser avaliado também através do seu *perfil* compatível com o regime prisional que objetiva ser progredido e, para tanto, torna-se relevante, diante do caso concreto. O *"bom comportamento carcerário"* não substitui o exame criminológico, pois o apenado que detém liderança no coletivo carcerário sempre demonstra ser respeitoso e subserveniente, diante dos inspetores penitenciários objetivando adquirir a confiança para alcançar futuro benefício. Manuel Pedro Pimentel, em *Prisões Fechadas Prisões Abertas*, dizia que *"o bom preso não significa ser um homem regenerado"*. O que se avalia é o quadro de situação individual de conflito de difícil adaptabilidade às exigências normativas postas e o risco em grau intolerável de retroalimentação da violência macrossocial pela opção de vida do apenado, vigindo o princípio do *in dubio pro societate*. Diante da natureza multidisciplinar, abarca o *comportamento satisfatório* durante a execução da pena imposta, o desempenho de tarefas atribuídas e cursos realizados e a compatibilidade com as regras do novo regime. Deve ser realizado, principalmente nos casos de cometimento de crime hediondo ou equiparado, com emprego de violência ou grave ameaça à pessoa, e reincidência. A única exigência para a sua realização é a determinação legal *fundamentada* na sua *necessidade* com patamar no *princípio da razoabilidade*.

A Súmula nº 716 do Supremo Tribunal Federal garante ao *preso provisório* a progressão de regime de cumprimento de pena ou a aplicação imediata do regime menos severo nela determinado *antes* do trânsito em julgado da sentença. Assim, pela orientação da Reforma de 1984, é defesa a realização do exame criminológico *antes* da prolação da sentença, o que *exclui* os presos provisórios.

O magistrado que possui consciência sensível aos valores de seu tempo e utiliza o arsenal fático como guia às regras de convivência de vida, não pode incidir no absurdo lógico.

A *não* realização do exame criminológico, realizado por uma *equipe interdisciplinar*, contribui para a situação caótica do sistema prisional, pois se vê que os apenados são *selecionados* previamente pela facção criminosa a que pertencem ou em razão dos lugares onde residem, dominados pelas organizações criminosas, tudo diante da complacência do poder público, que objetiva evitar conflitos e diminuir gastos com a contratação de profissionais da área de saúde (psiquiatras, psicólogos, assistentes sociais). Reafirma-se a *desjurisdicionalização da execução* substituindo o magistrado, com o poder de determinar, desde que fundamentada a decisão, a perícia criminológica, pelo atestado de bom comportamento carcerário emitido pelo diretor da unidade prisional.

Com a edição da Lei nº 13.167, de 6 de outubro de 2015, que estabelece critérios para a *separação de presos nos estabelecimentos penais*, dando nova redação ao art. 84 da Lei de Execução Penal, objetiva-se, no ingresso no sistema penitenciário fazer a separação entre presos provisórios e definitivos (primários ou reincidentes) utilizando o critério da gravidade do delito praticado, se não vejamos: **a)** prática dos crimes hediondos e equiparados; **b)** prática de crimes cometidos com violência ou grave ameaça à pessoa; **c)** prática de outros crimes ou contravenções. O preso que tiver sua integridade física, moral ou psicológica ameaçada pela convivência com os demais presos ficará segregado em local próprio.

A modificação busca fazer uma classificação de ingresso puramente objetiva, sem observar o perfil do apenado, considerando tão só o tipo penal violado. E, para tanto, os entes federativos terão que redimensionar as unidades penitenciárias. Tal seleção retroalimenta o poder das organizações criminosas, não isoladas, mas agrupadas.

13.1. Propostas para a reforma

O Projeto de Reforma Penal (2012) dá um tratamento específico ao *exame criminológico*, estabelecendo: **a)** as condições subjetivas para a progressão serão objeto de exame criminológico sob a responsabilidade do Conselho Penitenciário e com o prazo máximo de 60 (sessenta) dias a contar de determinação judicial; **b)** a não realização do exame criminológico no prazo fixado implica na apreciação judicial, de acordo com os critérios objetivos.

Em sentido contrário, a Proposta de Alteração da Lei de Execução Penal (2013), que substitui o paradigma "antecedentes e personalidade" por *critérios objetivos* pertinentes à primariedade ou reincidência, regime de cumprimento de pena, escolarização, previsão de alcance de benefícios e término de cumprimento de pena, visa acabar com o exame criminológico de classificação. Todavia, nos casos dos crimes hediondos e equiparados, praticados com violência ou grave ameaça à pessoa, é *facultada* a exigência do "*exame psicossocial*" (leia-se: "*exame criminológico*"), determinado judicialmente, com prazo suficiente, desde que realizado até o implemento do requisito temporal do benefício.

CAPÍTULO 5

DEVERES E DIREITOS DO CONDENADO

> **SUMÁRIO: 1.** Deveres e direitos do condenado. **2.** Suspensão e restrição de direitos. **2.1.** Propostas para a reforma. **3.** Disciplina prisional. Sanção disciplinar. Aplicação. **3.1.** Propostas para a reforma. **4.** Regime disciplinar diferenciado. **4.1.** Propostas para a reforma. **5.** Recompensas. **6.** Monitoramento eletrônico. **7.** Uso abusivo de algemas. **8.** Assistências. **9.** Remição. **9.1.** Pelo trabalho. **9.2.** Pelo estudo. **9.3.** Pela leitura. **9.4.** Revogação do período remido. **10.** Detração. **10.1.** Propostas para a reforma.

1. DEVERES E DIREITOS DO CONDENADO

O conjunto de *direitos e garantias* da pessoa humana é definido como *direitos humanos fundamentais*, exigências da *dignidade*, da *liberdade* e da *igualdade*, tanto no aspecto individual, como no comunitário, contra *excessos* cometidos por órgãos e agentes do Estado. Tais direitos caracterizam-se pela: **a)** *imprescritibilidade*; **b)** *inalterabilidade*; **c)** *inviolabilidade*; **d)** *universalidade*; **e)** *efetividade*; **f)** *independência*; e, **g)** *complementabilidade*, em nossa Carta Política. Estabelece onde os *limites* estão consagrados (*princípio da relatividade ou da consciência das liberdades públicas*), pois *não* podem servir de biombo ou salvaguarda de atividades ilícitas, diante do Estado de Direito. Na ordem da conduta humana, é indispensável manter o postulado da *dignidade ética*, suporte dos direitos humanos e núcleo antropocêntrico da lei. Assim, com a democracia, que é forma política de institucionalizar a liberdade jurídica, *não* é legítimo o fim de implantar a antidemocracia.

O *princípio da legalidade* assegura as garantias da pessoa diante do poder punitivo do Estado, no qual se inclui a *garantia executiva*, que, na feliz expressão de Bettiol, *vive* na execução. Constitui-se em uma exigência do Estado de Direito, pois o condenado torna-se *sujeito de direitos* diante do *princípio da humanidade*. Miguel Reale Junior, em *Novos Rumos do Sistema Criminal*, enfatiza que "O modelo Estado Democrático deve reconhecer a existência de forças sociais organizadas, que expressam, com legitimidade, o pensamento e a vontade popular contrapondo-se a um centralismo político, monocrático e opressor". A pessoa privada de liberdade *não* tem "benefícios", mas sim *direitos públicos subjetivos*, como sujeito e não objeto de direitos. Anabela Miranda Rodrigues, em *Novo olhar sobre a ques-*

tão penitenciária, escreve que "a humanização já não pertence à categoria dos costumes ou das praxes administrativas, mas à proclamação do recluso como *sujeito da execução*". Foi complexo e lento o processo de consolidação da posição jurídica do condenado, quer pelo reconhecimento da juridicidade, quer pelo reconhecimento das garantias constitucionais como *sujeito da execução*. Enfatiza que o "direito de não ser tratado é parte integrante do 'direito de ser diferente', que deve ser assegurado em toda a sociedade verdadeiramente pluralista e democrática", pois como ressalta Ferrajoli, "degenerará em despotismo sempre que se arrogam funções pedagógicas e propagandistas como instrumento de estigmatização e sancionamento moral".

As instituições são, além de organizações formais, sistemas sociais informais, com códigos de comportamento bem definidos e ambiente para a *aprendizagem, reforço* ou *inibição* de respostas sociais. O *sistema de valores* que os encarcerados são submetidos é inevitavelmente mais criminógeno do que o mundo exterior, porque nele todos são juridicamente criminosos. Tais instituições, as *prisões*, oferecem *oportunidades* para *ensinar* uns aos outros as habilidades e atitudes de uma "carreira desviante", e com frequência estimula o uso de suas habilidades reprováveis. Há o aprendizado dos "novos" integrantes da comunidade que possui *regras* e *cultura* características do processo de *prisionalização*. Existe uma típica "cultura carcerária" ("o que nasce na prisão, morre na prisão"), que se constitui de linguagem própria, organização e hierarquia (facções criminosas). A desconstrução do *sistema de prisionalização* começa por uma microssociedade organizada e bem gerida, onde há *deveres e direitos das pessoas privadas de liberdade*, que devem *conviver* respeitando regras de confiança e solidariedade, durante longo tempo.

A perda da liberdade implica na perda ou restrição de direitos atingidos por ela. Cumpre ao condenado, além das obrigações legais inerentes ao seu estado, submeter-se às normas de execução da pena. Contemporaneamente, diante de nossa população carcerária, a quarta maior do mundo (2015), é imperativo que existam normas que regulem o comportamento das pessoas privadas de liberdade, em face de conflitos permanentes e tendências antissociais, a fim de *reduzir* os constantes desvios de conduta. São *normas de convivência* balizadas pelo *princípio constitucional da dignidade da pessoa humana*. Hilde Kaufman, na *Ejecución penal y terapia social*, sustenta que priorizar na escala de valores a *segurança*, constitui o eixo sustentável de todo sistema penitenciário. Questionam-se os *limites* constitucionais de garantia dos direitos da pessoa privada de liberdade, com destaque o *princípio da legalidade executória*. Defende-se a garantia de que os apenados ou custodiados cautelarmente tenham podido conhecer a *cartilha* com as regras de conduta para poder adequar o seu comportamento ao direito e ao regulamento da prisão.

São *deveres* da pessoa privada de liberdade, normatizados na Lei de Execução Penal: **a)** comportamento disciplinado e cumprimento fiel da sentença; **b)** obediência ao servidor e respeito a qualquer pessoa com que deva relacionar-se; **c)** urbanidade e respeito no trato com os demais condenados; **d)** conduta oposta aos movimentos individuais ou coletivos de fuga ou de subversão à ordem ou à disciplina; **e)** execução do trabalho, das tarefas e das ordens recebidas; **f)** submissão à sanção disciplinar imposta; **g)** indenização à vítima ou aos seus sucessores; **h)** indenização ao Estado, quando possível, das despesas realizadas com a sua manutenção, mediante desconto proporcional da remuneração do trabalho; **i)** higiene pessoal e asseio da cela ou do alojamento; **j)** conservação dos objetos de uso pessoal. Dois pontos devem ser destacados no plano de deveres: *comportamento disciplinado* e *cumprimento fiel da sentença*. Ao exigir o legislador "*obediência ao servidor e respeito a qualquer pessoa com quem deva relacionar-se*", exige cumprimento das *ordens legais* inadmitindo condutas insolentes, ameaçadoras ou desrespeitosas. A urbanidade é imperativa no trato com os companheiros de cárcere, observada a realidade perversa da vida cotidiana na microssociedade. O respeito à vida e à integridade física e psíquica da pessoa humana são imperativos de condições de *segurança*, *igualdade* e *justiça*, principalmente ao custodiado pelo Estado.

A Constituição Federativa de 1988 fixa os seguintes *direitos*: **a)** é assegurado aos presos o respeito à integridade física e moral; **b)** ninguém será privado da liberdade ou de seus bens sem o devido processo legal; **c)** são inadmissíveis, no processo, as provas obtidas por meios ilícitos; **d)** ninguém será considerado culpado até o trânsito em julgado de sentença penal condenatória (reposicionamento da Corte Suprema em 2016); **e)** o civilmente identificado não será submetido à identificação criminal, salvo nas hipóteses previstas em lei; **f)** a lei só poderá restringir a publicidade dos atos processuais quando a defesa da intimidade ou o interesse social o exigirem; **g)** ninguém será preso senão em flagrante delito ou por ordem escrita e fundamentada de autoridade judiciária competente (proibição das denominadas "*prisões para averiguações*"), salvo nos casos de transgressão militar ou crime propriamente militar, definidos em lei; **h)** a prisão de qualquer pessoa e o local onde se encontra serão comunicados imediatamente ao magistrado competente e à família do preso ou à pessoa por ele indicada; **i)** o preso será informado de seus direitos, entre os quais o de permanecer calado, sendo-lhe assegurada a assistência da família e do advogado; **j)** o preso tem direito à identificação dos responsáveis por sua prisão ou por seu interrogatório policial; **k)** a prisão ilegal será imediatamente relaxada pela autoridade judiciária (*audiência de custódia*); **l)** ninguém será levado à prisão ou nela mantido, quando a lei admitir a liberdade provisória, com ou sem fiança (*audiência de custódia*); **m)** indenização por erro judiciário ou por prisão além do tempo fixado na sentença.

Não é possível imaginar que uma pessoa privada de sua liberdade tenha que pagar ao carcereiro mensalmente para poder exercer seus direitos (receber familiares, ter uma cela limpa e ventilada, alimentação compatível, acesso ao advogado e ao médico, tempo de banho de sol, receber cobertores e produtos de higiene). É preciso, também, que a sociedade se conscientize que a chegada de uma pessoa ao cárcere *não* é um espetáculo burlesco e que não é um "jardim zoológico", em que os apenados ficam expostos à curiosidade da visitação de grupos universitários. Não há ricos nem pobres, *todos são iguais perante a lei, todos têm os mesmos direitos fundamentais a serem respeitados.*

Constituem *direitos* da pessoa privada de liberdade na esfera de âmbito da *vida carcerária*: **a)** alimentação suficiente e vestuário; **b)** atribuição de trabalho e sua remuneração; **c)** constituição do pecúlio; **d)** proporcionalidade na distribuição do tempo para o trabalho, o descanso e a recreação; **e)** continuação das atividades profissionais, intelectuais, artísticas e desportivas anteriormente exercidas, desde que compatíveis com a execução da pena; **f)** assistência material, médica, educacional, social e religiosa; **g)** proteção contra qualquer forma de sensacionalismo; **h)** entrevista pessoal e reservada com o advogado; **i)** visita do cônjuge, do convivente, de parentes e amigos em dias determinados; **j)** chamamento nominal; **l)** igualdade de tratamento, salvo quanto às exigências da individualização da pena; **m)** audiência especial com o diretor do estabelecimento; **n)** liberdade de petição e representação para qualquer autoridade, mesmo estranha ao estabelecimento; **o)** acesso ao mundo exterior por meio de imprensa e da correspondência escrita; **p)** permissões de saída e saídas temporárias; **q)** representação e petição a qualquer autoridade em defesa do direito; **r)** seguro contra acidente de trabalho e a previdência social; **s)** atestado anual de pena a cumprir, que constará: **a.** o montante de pena privativa de liberdade; **b.** o regime prisional de cumprimento de pena; **c.** a data do início do cumprimento da pena e a data, em tese, do término do seu cumprimento; **d.** a data a partir da qual o apenado, em tese, poderá postular a própria progressão de regime prisional e o livramento condicional.

Aos direitos da pessoa privada de liberdade, especificados no rol da Lei de Execução Penal, aduza-se que: **a)** é garantida a liberdade de contratar médico de confiança pessoal, por seus familiares ou dependentes, a fim de orientar o tratamento; **b)** a mulher e o maior de 60 (sessenta) anos, separadamente, serão recolhidos em estabelecimento próprio e adequado às suas condições pessoais; **c)** os estabelecimentos destinados a mulheres será dotado de *berçário*, onde as condenadas possam cuidar de seus filhos, inclusive amamentá-los, no mínimo até 6 (seis) meses de idade.

Nas "*Régles Pénitentiaires Européennes*", na medida do possível, os presos devem ser *consultados* sobre sua localização inicial na unidade prisional e, posteriormente, se houver transferência de uma prisão para outra, bem como *antes* de serem obrigados a *partilhar* de uma cela durante a noite.

A Carta Republicana assegura o respeito e a integridade física e moral da pessoa encarcerada, com isso vedando nas unidades prisionais a prática da *tortura*, de *maus-tratos*, de *lesões corporais*, de castigos físicos e morais que, por sua *crueldade* ou conteúdo *desumano*, *degradante* e *vexatório*, atentam contra a *dignidade da pessoa humana*, que constitui em um complexo de direitos e de deveres fundamentais que objetivam garanti-la contra qualquer ato degradante e desumano e, promover sua participação na vida comunitária. Veda-se a flexibilização. Tal prática violadora dos direitos humanos é constatada infelizmente em quase todas as prisões do mundo.

Barack Obama foi o primeiro Presidente norteamericano a visitar um presídio federal (16/7/2015), o El Reno, em Oklahoma, defendendo uma reforma ampla que melhore as condições de vida dos condenados e repense as sentenças excessivas aplicadas, pedindo a *redução das penas* e uma *redefinição* das sentenças mínimas obrigatórias. Aduza-se que os Estados Unidos possuem uma população carcerária de 2.200.000 pessoas, com um custo anual de 80 bilhões de dólares, em que 70% da massa carcerária é composta por negros e latinos, sendo quatro vezes mais alta do que a da China.

O Brasil, sendo a quarta maior população carcerária do planeta, encontra-se na contramão da realidade contemporânea, aumentando o tempo de prisão, reduzindo os benefícios, sob o rótulo midiático de combate à impunidade e à violência. Ainda perdura a visão contestatória de que *não* há direitos humanos para "inimigos".

O *trabalho prisional*, na maioria das unidades brasileiras, abarca menos de 10% (dez por cento) da massa carcerária, sendo do tipo doméstico ("faxinas") ou manual, tosco, repetitivo e sem qualquer técnica. Dentro do rol de direitos e deveres do condenado, inclui-se a *atribuição de trabalho*, que é constitucionalmente um *dever social*, eixo de uma execução sustentável, e a jornada não será inferior a 6 (seis), nem superior a 8 (oito) horas, com descanso nos domingos e feriados, salvo para os serviços de manutenção do estabelecimento penal. A atribuição do trabalho deve ser individualizada, garantindo ao encarcerado uma jornada *não* excessiva. O *trabalho externo* é admissível somente em *obras públicas* realizadas por órgãos da administração direta ou indireta ou entidades privadas, por presos em *regime fechado*, tomadas cautelas contra a fuga e a preservação da disciplina. Na prestação de trabalho à *entidade privada*, há o direito do preso de aceitar ou não, e o limite de presos em contato com trabalhadores livres em qualquer empreendimento é de dez por cento. A contratação de mão-de-obra prisional *não* deve ser realizada *diretamente* pela iniciativa privada, visto que gera inúmeras irregularidades na esfera administrativa e principalmente a exploração do trabalho do apenado. A contratação deve ser realizada por *fundações públicas*, estipulada diretamente com o trabalhador preso, garantindo os direitos do contrato.

A *Fundação Santa Cabrini* foi criada pelo Decreto-Lei nº 360, de 22 de setembro de 1977, sendo órgão gestor do trabalho prisional do estado do Rio de Janeiro, vinculado à Secretaria de Administração Penitenciária, tendo como finalidade promover a ressocialização de presos e egressos. Com patamar no binômio *trabalho-qualificação* promove *cursos de capacitação profissional* em diferentes áreas. Cita-se a *fábrica de tijolos*, inaugurada em 2005, na Penitenciária Esmeraldino Bandeira, tendo a capacidade de produzir cerca de 50 mil tijolos de solo/cimento/mês, cuja produção tem sido destinada a importantes projetos públicos (PAC, construção de apartamentos no Complexo do Alemão, escolas municipais e estaduais e unidades prisionais). O trabalhador preso em *regime fechado*, a empresa parceira instala-se em uma unidade prisional e paga um salário mínimo e promove a qualificação do apenado. Já em *regime semiaberto*, é responsável por pagar 3/4 do salário mínimo, transporte, alimentação e ainda promover a qualificação do apenado. Este vai até o local de trabalho, cumpre o horário estabelecido e retorna à noite à unidade prisional, cumprindo uma jornada de 40 horas semanais. No estado do Rio de Janeiro, desde 2008, há um *Centro de Produção e Qualificação Profissional*, que é uma unidade produtiva e profissional, destinada a desenvolver ações inerentes ao ensino profissionalizante, à qualificação e ao aprimoramento individual da pessoa privada de liberdade.

Sabe-se das grandes dificuldades pelo pouco interesse na mão-de-obra prisional diante dos riscos de serem depredadas as máquinas colocadas no interior das oficinas prisionais pelos microempresários diante de rebeliões, bem como a queda de qualidade e tempo de entrega do produto pelas constantes transferências de apenados de unidades pelo interesse da administração prisional.

A destinação do salário do apenado deverá atender: **a)** à indenização dos danos causados pelo delito, desde que determinados judicialmente (ressarcimento de danos materiais e danos morais); **b)** para a assistência à família. É possível a concessão do *auxílio-reclusão* aos dependentes do segurado que recebiam salário contribuição pouco superior ao limite estabelecido como critério de baixa renda pela legislação da época de seu encarceramento (STJ, REsp 1.479.564/SP, rel. Min. Napoleão Maia Filho, j. 6.11.2014). Questão controvertida diz respeito ao recebimento do *auxílio-reclusão* pelos servidores públicos estatutários e que *não* possuam *baixa renda*. A Corte Suprema, ao examinar o tema do *auxílio-reclusão*, fixou três requisitos para a sua concessão: **a.** que a pessoa esteja presa; **b.** seja segurada da Previdência Social; **c.** tenha o signatário renda baixa (STF, RE 486.413/SP, Pleno, rel. Min. Ricardo Lewandowski, j. 25.3.2009). A questão foi enfrentada pelo Superior Tribunal de Justiça que decidiu que o art.

13 da EC 20/98 não afasta a situação jurídica dos servidores ocupantes de cargo público de provimento efetivo, só afeta aos empregados públicos e exclusivamente de cargos comissionados (STJ, AgRg no REsp 1.510.425/RJ, 2ª T., rel. Min. Humberto Martins, j. 16.4.2015). Assim, *não* se aplica à exigência de baixa renda aos servidores estáveis ocupantes de cargos efetivos. Será garantido à pessoa LGBT, em igualdade de condições, o benefício do auxílio-reclusão aos dependentes do seguro do recluso, inclusive ao cônjuge ou companheiro do mesmo sexo (Resolução Conjunta nº 1, de 15 de abril de 2014). Diante do art. 80 e parágrafo único da Lei nº 8.213, de 24 de julho de 1991, para a concessão do benefício previdenciário, é indispensável a prova da dependência econômica, sendo relativo ao tempo em que o segurado estiver preso; **c)** às pequenas despesas pessoais do apenado; **d)** ao ressarcimento ao Estado das despesas realizadas com a manutenção do condenado. Estimula-se ainda a poupança para os gastos nos primeiros dias de liberdade do *egresso*.

Ainda são *direitos da pessoa privada de liberdade*: **a)** a *previdência social*, para a qual poderá contribuir e ingressar na Justiça do Trabalho para reclamar seus direitos; **b)** a formação de seu *pecúlio*. Os apenados devem ser incentivados a economizar parte de sua remuneração aplicando-a em *cadernetas de poupança* para o momento difícil de sua saída da prisão; **c)** a prática de atividades de *recreação*. Todo apenado ou custodiado deve exercer atividade física ao ar livre por duas horas diárias, sendo permitida a existência de sala de musculação, com equipamentos apropriados. As atividades recreativas estimulam o *processo de socialização*, a fim de que se organizem na prática de jogos esportivos e atividades artísticas e culturais; **d)** a *assistência material*. Todos os locais de um estabelecimento penal devem ser mantidos limpos durante *todo* o tempo. O acesso às instalações sanitárias deve ser higiênico e que proteja a sua intimidade. Os apenados ou custodiados devem cuidar da limpeza pessoal das suas roupas e de seu alojamento. As autoridades penitenciárias devem fornecer os artigos de toalete, utensílios e produtos de limpeza. Registre-se que, na maior parte dos estabelecimentos penitenciários dos estados da Federação, há precariedade da alimentação e ausência de vestuário; **e)** a *saúde*. A questão da saúde é trágica nos estabelecimentos penitenciários dos estados da Federação. Daí, pacífica jurisprudência, no sentido da concessão de *licença especial domiciliar* para tratamento médico, diante das violações elementares dos direitos da pessoa privada de liberdade. O Estado é responsável pela integridade física e moral, *não* pode se eximir de qualquer tratamento de saúde. Na conduta omissiva, deve ser condenado em perdas e danos materiais e morais. Há responsabilidade civil do Estado pelos danos morais comprovadamente causados às pessoas privadas de liberdade, e sob sua custódia, em decorrência de violações à dignidade provocadas por sua omissão. A deficiência crônica de políticas e ações prisionais adequadas atinge a população carcerária, pois é complexa e custosa (STF, RE 580.252/MG, voto-vista do Min. Luís Roberto Barroso). Os apenados devem ter um regime alimentar que leve em conta a idade, o estado de saúde, o estado físico, a religião, a cultura e o tipo de trabalho. A alimentação deve ser preparada em condições de higiene e durante todo o tempo haver acesso à água potável, sendo servidas três refeições diárias. O Regulamento do Sistema Penal do Estado do Rio de Janeiro permite que os estabelecimentos penais possuam *cantinas* para a venda de produtos *não* fornecidos pela administração. O preço dos produtos *não* poderá ser superior ao cobrado nas casas comerciais do mundo livre e as rendas serão recolhidos ao Fundo Especial do Sistema Penal; **f)** a *assistência jurídica*. Registre-se que, ainda em grande parte das unidades prisionais, o próprio apenado, de próprio punho, postula seus direitos no processo de execução. O estado do Rio de Janeiro, em sua Carta Política, "Obriga-se, através da Defensoria Pública, a prestar assistência jurídica integral e gratuita aos que comprovarem insuficiência de recursos". Devem ter acesso aos documentos relativos aos procedimentos judiciários que lhes digam respeito, ou serem autorizados a guardá-los consigo. É fundamental a presença de um defensor público em cada unidade prisional. Posiciona-se *contra* a postura do Superior Tribunal de Justiça, que *veda* a requisição do apenado ou do custodiado cautelar, por parte do defensor público, com a finalidade de subsidiar a elaboração da resposta à acusação, diante do argumento de que inexiste amparo nas regras processuais (STJ, HC 149.603/RJ, 5ª T., relª. Minª. Laurita Vaz, j. 18.10.2011); **g)** a *assistência educacional*. Anote-se a edição do Decreto nº 7.626, de 24 de novembro de 2011, que institui o *Plano Estratégico de Educação do Sistema Prisional*, em que se dá destaque para: **a.** fomentar a formulação de políticas de atendimento educacional à criança que esteja em estabelecimento penal, em relação da privação de liberdade de sua mãe; **b.** construir para fortalecer a erradicação do analfabetismo e para a ampliação da oferta de educação no sistema prisional; **c.** promover a formação e a capacitação dos profissionais envolvidos na implantação do ensino; **d.** viabilizar as condições para a continuidade dos estudos dos egressos do sistema prisional. Para tanto, no que tange ao Ministério da Educação, é necessário: *a)* equipar e aparelhar os espaços destinados às atividades educacionais nos estabelecimentos penais; *b)* promover a distribuição de livros didáticos e a composição de acervos de biblioteca e fomentar a criação de salas de leitura. Já no que concerne ao Ministério da Justiça, compete: *a)* conceder apoio financeiro para a construção, ampliação e reforma dos espaços destinados à educação nas unidades prisionais; *b)* orientar os gestores do sistema prisional para a importância da oferta da educação. Sendo o ensino um dos eixos da sustentabilidade da execução penal, diante de um olhar realístico sobre a população carcerária, e com o estímulo à *remição da pena*, há exigibilidade de uma *escola* em cada estabelecimento penitenciário, para o ensino fundamental e médio, utilizando-se da modalidade de ensino à distância para apoio, também, no profissionalizante. O que não se pode admitir, em pleno século XXI, é que o apenado entre e saia analfabeto da prisão. Cada estabelecimento deve dispor de uma biblioteca e uma sala de leitura; **h)** a *assistência religiosa*. O direito à liberdade de pensamento, de consciência e de religião deve ser respeitado. Entende-se que, quem cumpre pena em *regime domiciliar*, tem direito a frequentar cultos religiosos, a ser cumprido no local, dia e horário informado e fiscalizado pelo Juízo da execução.

Destaca-se o *direito à proteção contra o sensacionalismo* dos órgãos de comunicação de massa, principalmente a prática de obrigar os presos a serem expostos aos fotógrafos e às câmeras de TV, "*a fim de serem apresentados à imprensa*", por certas autoridades ávidas de publicidade que formam politicamente a opinião pública *antes* da sentença condenatória ou sem o trânsito em julgado da decisão, passando sobre o *princípio constitucional da presunção de inocência*. Sabe-se que a divulgação da imagem pode redundar em *prévia* condenação pública, que é *irreparável*, violando a dignidade da pessoa humana. O inconveniente da *exposição pública* do preso está prevista no art. 198 da Lei de Execução Penal e contra o *sensacionalismo*, no art. 41, VIII, do mesmo diploma. Os condenados que cumprem pena em regime fechado por crimes que tiveram grande repercussão pública *não* podem ser objeto de *entrevistas* pela mídia sensacionalista a busca de audiência. O mesmo se diga em relação ao *egresso*, desconstruindo sua nova imagem e destruindo seu novo emprego ("os crimes célebre"). Os direitos do apenado estão à disposição na via da revisão criminal a qualquer tempo.

A obstaculação na comunicação com a família e na restrição à visitação e *prática vexatória de revistas* no ingresso de mulher na unidade penal, viola-se a garantia de legalidade executiva, o direito de proteção à família e o princípio da intranscendência da pena. As "Regras Penitenciárias Europeias" prescrevem que as sanções disciplinares *não* podem envolver uma interdição *total* das relações com a família. O direito do apenado ou cautelar de *comunicar-se com sua família* deve ser visto sob dois ângulos: **a)** como integrante dos direitos das pessoas privadas de sua liberdade ter uma respeitabilidade humana; **b)** como componente do direito à proteção da família. Coloca-se a questão do *regime de visitas* vinculado aos direitos de proteção e, especialmente, do *princípio da intranscendência da pena*. A discussão acadêmica se aprofunda em relação ao benefício da comunicação do apenado ou custodiado com o interesse do filho menor, diante de um ambiente perverso e estigmatizante (criação de espaços lúdicos, como parquinhos para propiciar momentos de lazer e diversão fomentadores dos laços afetivos na convivência familiar). O *princípio da razoabilidade* deverá temperar a relativização. Destaca-se no voto do Ministro Gilmar Mendes: "De fato, é público e notório o total desajuste do sistema carcerário brasileiro à programação prevista pela Lei de Execução Penal. Todavia, levando-se em conta a almejada ressocialização e partindo-se da premissa de que o convívio familiar é salutar para a perseguição desse fim, cabe ao Poder Público propiciar meios para que o apenado possa receber visitas, inclusive dos filhos e enteados em ambiente minimamente aceitável, preparado para tanto e que não coloque em risco a integridade física e psíquica dos visitantes" (STF, HC 107.701/RS, 2ª T., rel. Min. Gilmar Mendes, j. 13.9.2011). Não há conflito na autorização de visita ao pai ou à mãe no estabelecimento penal, diante do art. 227 da Carta Política pertinente ao direito de convivência familiar.

No "*Conjunto de Princípios*" para a proteção de todas as pessoas sujeitas a qualquer forma de privação de liberdade, estariam: "as entrevistas entre a pessoa detida ou presa e seu *advogado* podem ocorrer à vista, mas não em condições de serem ouvidas pelo funcionário encarregado de fazer cumprir a lei". É garantido o direito do preso à *entrevista pessoal e reservada* com seu *advogado*, ainda que detido em estabelecimento civil ou militar, mesmo que tenha sido decretada nos autos a sua *incomunicabilidade ex vi* do art. 5º, LV, da Constituição Federal, e a lei ordinária *não* poderá excluir do Poder Judiciário a apreciação de qualquer lesão ao Direito individual *ex vi* do art. 5º, XXXV, da Carta Política. A unidade prisional deve sempre facilitar e *não* dificultar os horários para entrevista. O *sigilo* deve ser observado, *não* podendo o guarda ficar próximo para ouvi-lo. Não se pode esquecer o *direito do advogado* (art. 7º, III, do Estatuto da OAB e o Decreto nº 6.049, de 27 de fevereiro de 2007, Regulamento Penitenciário Federal), que as *entrevistas* deverão ser previamente agendadas e designadas imediatamente as datas e os horários para o *atendimento reservado*, durante 10 (dez) dias subsequentes. No caso de *urgência*, deverá ser imediatamente autorizada. São indicadores para a designação da data: **a)** fundamentação do pedido; **b)** conveniência do estabelecimento penal federal, diante da segurança deste, do advogado, dos servidores, dos funcionários e dos próprios presos. Questão a ser aventada é o da *entrega de documentos* à pessoa privada de liberdade e suas indagações para que o advogado possa exercer a plenitude da "ampla defesa", quando fica vedado qualquer contato físico para a entrega, diante da divisória de vidro, com interfone para comunicação oral. O Supremo Tribunal Federal entende que "O fato de a conversa entre o profissional e o detido ser registrada apenas mediante o uso de interfone, por si só *não* constitui ofensa à prerrogativa profissional. O que configura flagrante agressão aos direitos de comunicação pessoal e reservada é a gravação dessa conversa, mesmo que autorizada judicialmente, caso o próprio advogado *não* esteja sendo investigado" (STF, HC 112.558/RJ, 2ª T., rel. Min. Ricardo Lewandowski, j. 11.6.2013).

Revisitando o tema, a *pessoa privada de liberdade* também tem o *direito* de: **a)** ser *chamado por seu próprio nome* ("chamamento nominal"); **b)** *ter igualdade de tratamento*; **c)** *audiência com o diretor da unidade em que está lotado*. A *entrevista* deve ser *pessoal, sem* a presença de outros funcionários para que o apenado ou custodiado possa relatar, inclusive, *tortura, maus tratos, ameaças, constrangimentos ilegais* e *extorsões* que tenha sofrido; **d)** *representação por petição a qualquer autoridade em defesa de direito, inclusive a ação de habeas corpus* e representação aos órgãos competentes; **e)** comunicação com o mundo exterior mediante informação e expressão por correspondência escrita e de todos os meios modernos de comunicação; **f)** ao *transporte em condições condignas*. O Conselho Nacional de Política Criminal e Penitenciária editou através da Resolução nº 2/2012, normas para buscar coibir o *transporte* das pessoas privadas de liberdade, destacando-se: **a.** é proibido o transporte de pessoas presas ou internadas em condições ou situações que lhes causem sofrimentos físicos e morais, diante da responsabilidade administrativa, civil e criminal; **b.** é proibida a utilização de veículos com compartimentos de proporções reduzidas, deficiente ventilação, ausência de luminosidade ou inadequado condicionamento térmico ou que, de qualquer outro modo, as sujeitem a sofrimentos físicos ou morais; **c.** os procedimentos de colocação e retirada dos veículos de transporte sem atender à sua individualidade, integridade física e dignidade moral; **d.** são vedadas a utilização dos veículos de transporte como instalações de custódia e manutenção, por período superior ao estritamente necessário para o deslocamento; **e.** no caso de deslocamento, deve ser resguardada dos insultos, qualquer forma de sensacionalismo e quaisquer curiosidades; **f.** o transporte deve atender as normas de separação de categorias de pessoas privadas de liberdade, de acordo com a sua condição pessoal; **g.** deverá ser fornecida água potável e alimentação e o acesso sanitário considerado o tempo de duração do trajeto e da distância percorrida; **h.** no deslocamento de *mulher*, à escolta será integrada, pelo menos, por uma policial ou servidora pública, cabendo-lhe a revista pessoal; **i.** devem ser destinados *cuidados especiais* à pessoa idosa, gestante, com deficiência, acometida de doença ou que necessite de tratamento médico.

As "Regras Mínimas da ONU", ao tratar da *transferência de reclusos*, estabelece que "Quando forem conduzidos a um estabelecimento ou transferidos para outro, serão, o menor possível, expostos ao público e serão tomadas todas as providências para protegê-los dos insultos e da curiosidade do público e para impedir qualquer outro tipo de curiosidade. Deverá proibir-se o transporte em más condições de iluminação e ventilação ou por qualquer meio que lhes imponha sofrimento público". Na mesma ideologia garantidora da dignidade da pessoa humana privada de liberdade, encontram-se as "Regras Penitenciárias Europeias".

A Constituição do estado do Rio de Janeiro, em seu art. 29, expressa taxativamente que "Todo cidadão, preso por pequeno delito, e considerado réu primário, não poderá ocupar cela com presos de alta periculosidade ou já condenados".

O cumprimento do exercício dos *direitos* e a fiscalização dos *deveres* da pessoa privada de liberdade constituem "*dever do Estado, direito e res-*

ponsabilidade de todos" e, da *omissão administrativa*, cabe representação intervencionista, diante do *princípio da supremacia da constituição*, para garantir o mínimo de dignidade e proteção desse grupo minoritário.

2. SUSPENSÃO E RESTRIÇÃO DE DIREITOS

Os *direitos da pessoa privada de liberdade* podem ser *suspensos* ou *restringidos* por ato motivado do diretor do estabelecimento em caso concreto, constituindo-se em *sanção de natureza administrativa penitenciária*, em que se observam: **a)** *proporcionalidade na distribuição do tempo para o trabalho, o descanso e a recreação;* **b)** *visita do cônjuge, da companheira (de convivente), de parentes e amigos em dias determinados.* A família é relevante para o eixo de sustentabilidade da execução, através da manutenção e fortalecimento de sua relação no processo de amparo e socialização do apenado, custodiado ou internado. É a *"família-refúgio"*, no dizer de Pierre Suralt, em *"Les transformation du modèle familial et de ses functions sócio-economiques"*, porque a sociedade se tornou cada vez mais agressiva e só na família o indivíduo pode refugiar-se. Cogita-se do direito do apenado ao contato com a família. O art. 38 do Código Penal determina que a pessoa condenada preserve *todos* os direitos que *não* forem restringidos na decisão judicial. O contato com a família é extremamente importante, razão pela qual é atribuição do estado *estimular o vínculo afetivo*. Assim, é um direito público subjetivo do apenado cumprir a pena em local próximo aos seus familiares, porém *relativo*, pois cede em prol do interesse da segurança pública. A pessoa privada de liberdade poderá receber *visitas* dos parentes ou do convivente com comprovado vínculo afetivo. No estado do Rio de Janeiro, a Lei nº 7.010, de 25 de maio de 2015, que regula sobre o *sistema de revista de visitantes nos estabelecimentos penais*, atendendo à *dignidade da pessoa humana* (aguarda-se a edição de uma lei federal para atingir todos os entes federados), dispõe que: **a.** todo visitante que ingressar no estabelecimento prisional será submetido à revista mecânica para a qual é *proibido* o procedimento de *revista manual*; **b.** o procedimento de *revista mecânica* é padrão e deve ser executado através da utilização de equipamentos necessários e capazes de garantir a segurança do estabelecimento penal, tais como detectores de metais, aparelhos de raios-X, entre outras tecnologias que preservem a integridade física, psicológica e moral do revistado; **c.** ficam dispensados da *revista mecânica* as gestantes e os portadores de marcapassos; **d.** fica proibida, no âmbito das unidades prisionais do estado do Rio de Janeiro, a *revista íntima* (inspeção corporal, que obriga o visitante a despir-se, parcial ou totalmente, efetuada visual ou manualmente, inclusive com auxílio de instrumentos); **e.** admitir-se-á, excepcionalmente, a realização de *revista manual* em caso de fundada suspeita de que o visitante traga consigo objetos, produtos ou substâncias cuja entrada seja proibida por lei e/ou exponha a risco a segurança do estabelecimento prisional; **f.** após a visita, o preso poderá ser submetido, excepcionalmente, à busca pessoal. Registre-se que, há mais de uma década, no Fórum Permanente de Execução Penal da EMERJ, já se apregoava a desnecessidade da busca pessoal no visitante, realizando-se apenas no detento, logo após o término da visita, que aguardaria a sua liberação. Destaca-se a Portaria nº 122/2007, do Departamento Penitenciário Prisional, no que pertine ao tema: ***a.*** visitas, no mínimo, semanais; ***b.*** três visitantes por preso, previamente cadastrados (prazo de 10 dias); ***c.*** duração de três horas; ***d.*** os presos submetidos à internação médica poderão receber visitas a depender das regras do hospital onde se encontrarem; ***e.*** o preso permanecerá *sem* algemas no curso da visita. No que concerne à *visita íntima*, o relacionamento sexual consentido nas unidades prisionais *não* se constitui em uma "dádiva" concedida pela administração, diante do "bom comportamento carcerário". É um *direito* assegurado, em ambiente reservado, garantida a privacidade dos parceiros. A *suspensão* só será admitida nas hipóteses de infração disciplinar *relacionada* ao seu exercício. A Constituição do estado do Rio de Janeiro prevê em seu art. 27 o *direito* à visita íntima ("O Estado garantirá a dignidade e a integridade física e moral dos presos, facultando-lhes assistência espiritual, assegurando o direito de visita e de encontro íntimo a ambos os sexos"). O Decreto nº 6.049, de 27 de fevereiro de 2007 prevê "A *visita íntima* tem por finalidade fortalecer as relações familiares do preso e será regulamentada pelo Ministério da Justiça", o que foi feito pela Portaria nº 1190, de 19.6.2008, que se destaca: *a)* mínimo, de duas vezes por mês, de cônjuge ou convivente previamente cadastrado; *b)* a visita poderá ser *suspensa* ou *restringida*, por *tempo determinado*, mediante ato motivado do diretor, quando: <u>a.</u> houver cometimento de falta disciplinar de *natureza grave*, apurada mediante processo administrativo disciplinar que enseje *isolamento celular*; <u>b.</u> ato do cônjuge ou companheiro que: *i.* cause problemas à administração do estabelecimento de ordem moral ou risco para a segurança ou disciplina; *ii.* por solicitação do preso; *iii.* como sanção disciplinar independente da falta nos casos em que a infração esteja relacionada com o seu exercício. O tempo de duração é de 1 (uma) hora. Contemporaneamente, há permissão para relação entre pessoas do mesmo sexo.

A *regulamentação da visita íntima* em estabelecimentos penais tem por escopo *impedir* o contágio de doenças sexualmente transmissíveis. Os interessados devem estar em perfeitas condições de saúde física e mental. Não há direito subjetivo dos presos à visitação íntima, diante do interesse público, prevendo a Lei de Execução Penal a possibilidade da *suspensão* ou *restrição* mediante ato fundamentado do diretor da unidade penal, observado ainda a incolumidade física e moral (art. 5º, XLIX, CF/88). Vige o *princípio da proporcionalidade*, diante da proteção à saúde pública e à vida, dos pretendentes à visita e da coletividade carcerária.

Quadro degradante diz respeito às *visitas íntimas*, que não raras vezes os presos são coagidos e objeto de extorsão por *outros presos*, que em troca da integridade física e proteção na massa carcerária, cedem suas esposas, companheiras ou filhas a outros presos, sem visita, para relações sexuais.

A *visita virtual* foi instituída para os presos que estejam em estabelecimentos distantes e será realizada através de equipamentos de informática ou de videoconferência instalados na unidade em que o preso se encontrar e nas Defensorias Públicas da União para o visitante. Objetiva-se superar as vulnerabilidades dos apenados em estabelecimentos penais de segurança máxima na comunicação com familiares e amigos, a fim de diminuir o rigor da segregação e manter os precários laços familiares e a hipotética socialização. É relevante a questão pertinente ao *pedido de transferência para cumprir a pena em estado de origem*. Deve ser deferido quando houver *vínculo familiar* e *disponibilidade de vaga*, pois permitirá uma melhor socialização e o exercício do *direito à assistência familiar*. A Corte Suprema já ressaltou que os valores humanos preponderam sobre os enfoques segregacionistas. A transferência de estabelecimento de um estado da federação para outro, onde residem os familiares, fica sujeito à *avaliação de sua conveniência* em relação à segurança do apenado e à sociedade (STF, HC 105.175/SP, 2ª T., rel. Min. Gilmar Mendes, j. 22.3.2011); **c)** *acesso ao mundo exterior por meio de imprensa e da correspondência escrita, da leitura e de outros meios de informação que não comprometerem a moral e os bons costumes*. A questão do *sigilo de correspondência* é polêmica, diante da Carta Política de 1988 que garante que "É inviolável o sigilo da correspondência e das comunicações telegráficas, de dados e das comunicações telefônicas, salvo, no último caso, por ordem judicial, nas hipóteses e na forma que a lei estabelecer para os fins de investigação criminal ou da instrução processual penal". O Supremo Tribunal Federal, no que tange ao *sigilo de correspondência*, decidiu que "A administração pública com fundamento em razões de segurança pública, de disciplina prisional ou de preservação da ordem jurídica, pode, sempre excepcionalmente, e desde que respeitada a norma inserta no art. 41, parágrafo único, da Lei nº 7.210/84, proceder a interceptação da correspondência remetida pelos sentenciados, eis que a cláusula tutelar de inviolabilidade do sigilo epistolar não pode constituir instrumento de salvaguarda de práticas ilícitas" (STF, HC 470.814/SP, 1ª T., rel. Min. Celso de Mello, j. 1.3.1994). Gilmar Mendes, em *Curso de Direito Constitucional*, adverte que, na hipótese da necessidade de eventual limitação dos direitos fundamentais, *sem reserva legal expressa*, pode assentar-se também em norma constitucional. A questão da intervenção com fundamento em direitos de terceiros ou em outros princípios constitucionais é facilitada pela cláusula de reserva legal subsidiária do art. 5º, II, da CF/88.

Na Proposta de Alteração da Lei de Execução Penal (2013), que altera o inciso XV do art. 41 para "contato com o mundo exterior por meio de correspondência e outros meios que não comprometam a segurança e os objetivos desta Lei, inclusive, o uso de telefone público monitorado e pela autoridade competente". A questão deve ser sopesada, diante um olhar realístico sobre a execução. As *"Regras Penitenciárias Europeias"* prescrevem expressamente que "os presos têm direito a serem informados sobre negócios públicos, podendo ter assinatura de jornais, revistas e outras publicações, como também assistir a emissão de televisão ou ouvir rádio, a não ser que tenham ocorrido expressa proibição, por *tempo determinado*, por parte da autoridade judiciária". Toda restrição ou vigilância com referência aos direitos de comunicação com o mundo exterior deve permitir o mínimo de contato aceitável garantindo viabilizar a normalidade das relações familiares. No campo das liberdades públicas há certas limitações em casos concretos de excepcionalidade, como o *sigilo de correspondência do preso*, a fim de que *não* planeje dentro da própria unidade prisional a ação delitiva de seus comparsas que estão em liberdade, colocando em risco a ordem pública e a defesa social; **d)** *permissões de saída e saídas temporárias*. Se forem revogados os benefícios anteriormente deferidos (progressão de regime, visita periódica ao lar, trabalho extramuros e perdimento de dias remidos), sem a observância da exigibilidade da ampla defesa e do contraditório no processo administrativo disciplinar, bem como *sem* a oitiva prévia para a regressão para o regime fechado, há nulidade da decisão. Questão que se coloca é a da decretação da regressão de regime ou suspensão do livramento condicional, pelo fato de o apenado estar sendo investigado em inquérito policial ou ser réu em ação penal de iniciativa pública, quando a Carta Política assegura o *princípio da presunção de inocência*. Esta, não cessa nem deixa de prevalecer, diante da instauração de investigação penal e/ou processo penal.

O Superior Tribunal de Justiça firmou sobre a influência da *reincidência* no cálculo dos "benefícios" (direitos públicos subjetivos no decorrer da execução), que, na definição do *requisito objetivo* para o livramento condicional, a condição de reincidência em crime doloso deve incidir sobre a somatória das penas impostas ao condenado, ainda que a agravante da reincidência *não* tenha sido reconhecida pelo juiz sentenciante em alguma das condenações, pois se cogita de *circunstância pessoal*, que interfere na execução como um *todo* e não somente nas penas em que ela foi reconhecida (STJ, HC 307.180/RS, 5ª T., rel. Min. Felix Fischer, j. 16.4.2015).

2.1. Propostas para a reforma

A Proposta de Alteração da Lei de Execução Penal (2013) inclui: **a)** visita de cônjuge, de convivente assim declarado, parentes ou amigos em dias determinados; **b)** contato com o mundo exterior, por meio de correspondência e outros que *não* comprometam a segurança e os objetivos da LEP, inclusive o uso de telefone público monitorado pela autoridade competente; **c)** atestado de pena a cumprir atualizado contendo, no mínimo, as datas de cumprimento de pena, progressão de regime e livramento condicional, sob a responsabilidade da autoridade; **d)** matrícula e frequência em atividades escolares e qualificação profissional; **e)** inclusão no cadastro do Sistema Único de Saúde; **f)** acesso às informações sobre a previsão de alcance dos benefícios e previsão de término de pena; **h)** obtenção de progressão quando o estabelecimento prisional estiver superlotado; **i)** a pena será cumprida, preferencialmente, próximo ao local de residência do condenado.

Matéria que necessita ser disciplinada, observadas as especiais peculiaridades, é a pertinente aos *direitos dos presos estrangeiros*. Assim, deve-se dar destaque às seguintes propostas: **a)** entrar em contato, utilizando-se de comunicação virtual, com familiares de até segundo grau, previamente cadastrados no sistema; **b)** informações sobre a execução penal, direitos básicos e questões migratórias, com endereço e contato com a Defensoria Pública, priorizando-se edição de informativos para presos e egressos estrangeiros disponíveis em idiomas diversos; **c)** tradução para o seu idioma sobre questões básicas (direitos e deveres). É o mínimo, para dar suporte em uma unidade prisional para presos estrangeiros, que não falam o mesmo idioma entre si e com os agentes penitenciários.

O Projeto de Alteração da Lei de Execução Penal (2013) destaca a situação de *grupos de vulnerabilidade*: **a)** dependentes químicos para os quais prevê programa de assistência terapêutica; **b)** mulher grávida, assegurando acompanhamento médico especializado extensivo ao recém-nascido ou à sua prole. A *assistência social* tem por escopo amparar a pessoa presa e prepará-la para o retorno à comunidade jurídica e o enfrentamento da rejeição social. O serviço de assistência social passa a poder promover, com o Conselho da Comunidade, práticas alternativas de resolução de conflitos com a justiça restaurativa. A assistência ao *egresso* passa a ter ampliado o alcance de suas políticas de atendimento para o beneficiário em *recolhimento domiciliar*.

Enfim, de nada vale o elenco de direitos da pessoa privada de liberdade e o Estado e seus agentes omitem o seu real e efetivo exercício.

3. DISCIPLINA PRISIONAL. SANÇÃO DISCIPLINAR. APLICAÇÃO

O direito de punir e executar a pena privativa de liberdade e privativa é do Estado, cujos *limites* são firmados na sentença penal condenatória, título executivo da execução. No curso da execução "*cumpre ao condenado, além das obrigações legais inerentes ao seu estado, submeter-se às normas de execução da pena*". O apenado, ao mesmo tempo em que se submete às normas impostas na execução da pena, também deve cumprir as suas obrigações na microssociedade. A Exposição de Motivos fala que o *conjunto de direitos e deveres* constitui uma tomada de posição frente ao fenômeno da *prisionalização*, objetivando depurá-lo, no possível, das distorções e dos estigmas.

A Lei de Execução Penal estabelece que a *disciplina* consiste na colaboração com a *ordem*, na *obediência* às determinações da autoridade e seus agentes e no desempenho do trabalho a que ficam sujeitos os condenados à pena privativa de liberdade ou restritivas de direitos e ao preso provisório. Diante de um olhar realístico sobre o coletivo carcerário, pode-se afirmar que o eixo de sustentabilidade da disciplina carcerária se assenta em torno do *trabalho, lazer, visitas, alimentação* e *assistência jurídica*. Quando se fala em *indisciplina carcerária*, como salienta Andrei Zenkner Schmidt, em "*Direitos, Deveres e Disciplina na Execução Penal*", exige-se que os comandos emitidos pela autoridade competente estejam adequados às garantias fundamentais prescritas na Carta Política.

Nas *Regras Mínimas* da ONU, "a ordem e a disciplina serão mantidas com firmeza, mas sem impor restrições além das necessárias, para manter a segurança e a boa organização da vida em comum". Quando do recolhimento para o cumprimento da pena ou da custódia cautelar, a pessoa reclusa deve receber a *cartilha de normas disciplinares*, bem como os meios de informação e os instrumentos para exercer os seus direitos e cumprir suas obrigações. O Regulamento Penitenciário Nacional dispõe no seu art. 84 que "os meios de correção só serão permitidos quando inevitáveis para proteger a vida e para o controle da ordem e da disciplina no estabelecimento penal federal, desde que tenham sido esgotadas todas as medidas menos extremas para alcançar seus objetivos".

O Decreto nº 6.049, de 27 de fevereiro de 2007, que aprova o Regulamento Penitenciário Federal, que em relação aos *meios de coerção*, dispõe no seu art. 85 que "A sujeição a instrumentos tais como algemas, correntes, ferros e coletes de força [...]" e a utilização de *cães* para auxiliar na vigilância e no controle da ordem e da disciplina nos limites normativos. Diante de um modelo proporcionado pelo interacionismo simbólico, repetindo Erving Goffman, em *Asylums*, a prisão é o modelo mais completo de *instituição total*, o que enseja a conservação da disciplina carcerária em um eixo significativo de sustentabilidade. O Estado trabalha com o binômio "privilégio-castigo" e a *sanção disciplinar* traduz a ideologia da segurança e ordem. A disciplina na execução penal *não* pode ser estruturada no *princípio da defesa social*, mas sim no *princípio da culpabilidade* pelo fato cometido.

Os *deveres especiais* são: **a)** cumprimento fiel da sentença e comportamento disciplinado; **b)** obediência ao servidor e respeito a qualquer pessoa com quem deva se relacionar; **c)** urbanidade e respeito no trato com os demais presos; **d)** higiene pessoal e asseio da cela ou alojamento; **e)** conservação dos objetos de uso pessoal; **f)** conduta oposta aos movimentos individuais ou coletivos de fuga ou de subversão à ordem ou à disciplina; **g)** execução do trabalho, das tarefas e das ordens recebidas; **h)** submissão à sanção disciplinar imposta; **i)** indenização à vítima ou seus sucessores; **j)** indenização ao Estado, quando possível, das despesas realizadas com a sua manutenção, mediante desconto proporcional da remuneração do trabalho.

As *faltas disciplinares* classificam-se em *leves, médias* e *graves*, punindo-se a tentativa com a sanção correspondente à falta consumada (a tentativa de fuga). As faltas *médias* e *leves* (que, pelo Projeto de 2013, deverão ser objeto de resolução do Conselho Nacional de Política Criminal e Penitenciário) devem ser referidas nos *regimentos disciplinares estaduais*, observadas as regionalidades locais, sem se esquecer do *princípio da proporcionalidade* em relação às *faltas graves*, referidas na Lei de Execução Penal (*numerus clausus*). É da maior relevância a determinação normativa do *rol* das *faltas graves*, diante do *princípio da legalidade material*. Tais modalidades *não* ensejam a *regressão* de regime, a *revogação* de saída temporária, a *perda* de dias remidos e as *conversões*, porém incidem no *mérito do condenado*, com influência no conceito de "*comportamento satisfatório*".

As faltas *leves* e *médias* mais comuns, tipificadas nos regulamentos penitenciários dos estados da federação e da atribuição dos diretores das unidades prisionais, são: **a)** *faltas leves* (**a.** entregar e receber objetos sem a devida autorização; **b.** abordar pessoas, visitantes ou autoridades, sem prévia autorização; **c.** desleixar-se da higiene pessoal, asseio da cela ou alojamento e descuidar-se da conservação de objetos de uso pessoal; **d.** trajar roupa estranha ao uniforme ou alterá-lo; **e.** fazer refeições fora do local ou do horário estabelecido); **b)** *faltas médias* (**a.** adquirir, fornecer ou trazer consigo bebida alcoolica; **b.** praticar jogo mediante apostas; **c.** explorar companheiro de qualquer forma; **d.** portar objeto ou valor além do permitido pelo regulamento; **e.** simular doença para eximir-se de obrigação; **f.** ausentar-se dos lugares onde deva permanecer ou desobedecer os horários regulamentares). Para registro histórico de *desproporcionalidade* da aplicação de sanção disciplinar de natureza leve, cita-se o Anteprojeto de Código Penitenciário (1957) em que a falta de primeiro grau "conversação em voz baixa, para frustrar a fiscalização" era punida com a sanção disciplinar de "confinamento em cela disciplinar ('surda') até trinta dias".

No que se refere ao Regulamento Penitenciário Federal e aos estaduais, sustenta-se que a exigência geral de simetria é incompatível com o federalismo, no que tange ao pluralismo nas formas de organização política. Pode-se temperar pela via da analogia.

A *classificação da conduta* do preso recolhido em estabelecimento penal federal será: **a)** ótima ("é o decorrente de prontuário sem anotações de falta disciplinar, desde o ingresso do preso no estabelecimento penal federal até o momento da requisição do atestado de conduta, somado à anotação de uma ou mais recompensas"); **b)** *boa* ("é o decorrente de prontuário sem anotações de falta disciplinar, desde o ingresso do preso no estabelecimento penal federal até o momento da requisição do atestado de conduta", "equipara-se ao *bom comportamento* o do preso cujo prontuário registra a prática de faltas, com reabilitação posterior de conduta"); **c)** *regular* ("cujo prontuário registra prática de faltas médias ou leves, sem reabilitação de conduta"); **d)** *má* ("cujo prontuário registra a prática de falta grave, sem reabilitação de conduta").

A *execução penal*, que se cristaliza na execução da sentença condenatória própria e da sentença condenatória imprópria, impositiva de medida de segurança, caracteriza-se pela *jurisdicionalidade*. A execução, respeitados os instrumentos materiais da administração penitenciária, atua com a observância das garantias do Estado de Direito, submetendo-se seus regulamentos internos à estrita atuação do *princípio da legalidade*. O apenado *não* pode ficar ao arbítrio da administração penitenciária. No Direito contemporâneo, há uma garantia à execução penal, à exigência jurisdicional e às garantias processuais vistas no sentido da preservação dos direitos individuais contra os abusos de poder.

O *fim* da execução penal é lograr a inserção para a futura adaptação do apenado na comunidade social e jurídica.

Frank S.Tannembaum, em *Crime and the Community* (1951), resume o problema geral da disciplina prisional em três pontos básicos: **a)** "O problema básico de uma prisão, além e acima de todos os outros, é o da disciplina. Aí é que se encontram as maiores dificuldades, e as diretrizes em matéria de disciplina determinam o caráter da administração presidiária, fixando-lhe o tom, o modo, criando-lhe a atmosfera própria e dando à instituição o seu moral."; **b)** "O ataque ao problema da disciplina, contudo, deve consistir não apenas em transformações nos regulamentos penitenciários, mas também na eliminação (ou exclusão) dos elementos que, dentro da população geral da prisão, constituem os principais problemas disciplinares. Os problemas básicos de disciplina surgem das tentativas de fuga, atos de violência, sodomia, entorpecentes e álcool."; **c)** "o maior passo será dado quando a prisão se esforçar por substituir, aos interesses que a reclusão torna de satisfação impossível, outros interesses no âmbito presidiário, suficientemente intensos e estimulantes para desviar o espírito do homem de suas preocupações egocêntricas e dirigir-lhe a atividade voluntária para canais que sejam suficientemente objetivos e impessoais, mas vivos no que baste para serem geradores de interesse". A resposta ao problema está no binômio *ensino--trabalho, no mais amplo sentido da palavra*.

Kenyon J. Scudder, o organizador da famosa instituição aberta de Chino, assim se manifesta a respeito da disciplina: "Na maioria das prisões do mundo, não se espera nem se permite que os homens tomem qualquer decisão por si próprios. Diz-se-lhes quando devem ir para a cama, quando devem levantar-se, e o que farão a seguir. Eles são encaminhados para a refeição, reenviados aos blocos de celas, conduzidos ao trabalho, com todos os seus movimentos e ações planejados e dirigidos pelos regulamentos rígidos."

Diante do quadro, faz-se indagar se as *altas taxas de reincidência* em todos os países se constituiriam em uma prova cabal da insuficiência da prisão como instrumento de política criminal. As respostas dadas são por demais simplistas. As questões penitenciárias temáticas, como a efetiva atuação da pena privativa de liberdade, as assistências institucionais na execução e a rejeição macrossocial ao egresso, devem ser mais bem avaliadas.

Entende-se que a disciplina deve ser mantida nos estabelecimentos prisionais com firmeza e seu regime deve ser compatível com as normas legais existentes (Lei de Execução Penal), mas flexibilizadas, dentro dos limites dos direitos e das garantias individuais do condenado e o risco social, priorizado o *princípio da dignidade da pessoa humana*. O interno vive uma situação carcerária muito difícil diante do dilema: denuncia o fato, resiste ou submete-se. A microssociedade tem valores peculiares, visto que um apenado prefere sofrer as mais duras sanções administrativas a *denunciar* o companheiro, autor verdadeiro da falta disciplinar.

A *disciplina* consiste na ordem, obediência às determinações legais das autoridades e seus agentes e no desempenho do trabalho prisional. Ficam sujeitos à disciplina os *condenados* às penas privativas de liberdade, restritivas de direitos, e os *presos provisórios*.

O Superior Tribunal de Justiça firmou o entendimento que "A prática de falta grave representa marco interruptivo para a obtenção de progressão de regime e demais benefícios da execução. A data-base para a contagem de novo período aquisitivo é a do cometimento da última infração disciplinar grave, cumputado do período restante da pena a ser cumprida" (STJ, HC 230.153/RS, 6ª T., rel. Min. Og Fernandes, j. 18.6.2012). Há vetor pretoriano que entende que se o apenado está cumprindo a pena em *regime fechado* e comete faltas graves diversas, há impossibilidade de regredi-lo, ficando sujeito à interrupção do tempo para a progressão. Assim, devendo cumprir mais do mínimo legal do tempo de pena cumprida, *a partir da falta grave* para progredir.

A Súmula nº 526 do Superior Tribunal de Justiça prescreve que "O reconhecimento de falta grave, decorrente do cometimento de fato definido como crime doloso no cumprimento da pena, prescinde do trânsito em julgado da sentença condenatória no processo penal instaurado para a apuração do fato" e, a Súmula nº 441, excetua que "A falta grave não interrompe o prazo para a obtenção de livramento condicional".

A Lei de Execução Penal procura eliminar a forma humilhante e restritiva do sistema disciplinar, abolindo o arbítrio na sua aplicação, introduzindo disposições claras e precisas através da definição legal taxativa de *faltas disciplinares* e instituindo o devido processo legal no curso do procedimento administrativo-disciplinar. O *princípio da ampla defesa e do devido processo legal* é imprescindível quando se imputa ao condenado o cometimento de *falta grave*. Não significa que se tenha conseguido evitar as violências praticadas contra os encarcerados. A questão da disciplina ainda é tormentosa.

O *poder disciplinar*, na execução da pena privativa de liberdade, é exercido pela autoridade penitenciária e tem como base a *LEP* e o regulamento prisional. No caso de *faltas graves*, a autoridade penitenciária é obrigada a representar ao juiz da execução criminal para: **a)** *regressão*, com a transferência para regime mais rigoroso; **b)** *inclusão* em regime disciplinar diferenciado (RDD); **c)** *revogação* do benefício da saída temporária; **d)** *perda do tempo remido*, começando o novo período a partir da data da infração disciplinar; **e)** *conversão da pena restritiva de direitos* em pena privativa de liberdade; **f)** *conversão da pena de limitação de fim de semana*.

Os *estabelecimentos penitenciários* sempre priorizam a segurança e não se pode negar a necessidade da existência de regras para habilitar a administração carcerária à contenção de graves e eventuais desvios, por parte dos apenados, das normas que regem a convivência dentro das instituições prisionais, observada a garantia da legalidade executiva. O cárcere não pode se constituir em um "espaço sem lei".

A Reforma de 1984 evitou que as *faltas graves*, que têm grande repercussão na execução, ficassem ao arbítrio da autoridade penitenciária estadual. Assim, a Lei de Execução Penal especifica o catálogo de infrações disciplinares graves. A *falta grave* pode causar a regressão de regime. A doutrina questiona a violação do *princípio da coisa julgada*, quando o condenado em regime semiaberto no curso da execução comete *falta grave*, vindo a ser regredido para o regime fechado. Só poderia ocorrer a regressão se o condenado tivesse sido beneficiado pela progressão.

Registre-se que comete *falta grave* o condenado à *pena restritiva de direitos* que: **a)** descumprir, injustificadamente, a restrição imposta; **b)** retardar, injustificadamente, o cumprimento da obrigação imposta; **c)** inobservar o dever de obediência ao servidor e o respeito a qualquer pessoa com que deva relacionar-se; **d)** descumprir na execução do trabalho as tarefas e ordens recebidas.

Constituem *sanções disciplinares*: **a)** advertência verbal; **b)** repreensão; **c)** suspensão ou restrição de direitos; **d)** isolamento na própria cela ou em local adequado, nos estabelecimentos que possuam alojamento coletivo; **e)** inclusão no *regime disciplinar diferenciado*, que será aplicada pelo juiz da execução. A sanção disciplinar, por sua natureza, é um *ato administrativo*, mas o *isolamento provisório* é uma *medida cautelar excepcional*, tendo como escopo, em caráter de urgência, a manutenção da ordem do coletivo carcerário ou o resguardo individual do apenado ou custodiado cautelar até que haja o esclarecimento do fato ocorrido. Inexiste exclusividade do poder disciplinar pela autoridade administrativa. No Regulamento do Sistema Penal do Estado do Rio de Janeiro (Decreto nº 8.897, de 31 de março de

1986), são aplicáveis as seguintes *sanções secundárias*: **a)** perda de regalias; **b)** transferência de estabelecimento; **c)** rebaixamento de classificação; **d)** apreensão de valores ou objetos. Salienta Rodrigo Duque Estrada Roig, em *Execução Penal: teoria crítica*, que é "inadmissível a suspensão ou restrição do acesso à educação como forma de sanção disciplinar, considerado que a educação é um dever social" e arremata que "a suspensão ou restrição de direitos deve ser interpretada de maneira ampla, assegurando todas as formas de existência, ainda que em condição de isolamento". Viola os §§ 1º e 2º do art. 45 da LEP e o art. 5º, XLVII e XLIX, da CF/88, na aplicação da sanção disciplinar de isolamento, impedir que o encarcerado possa exercer o seu direito ao "*banho de sol*", em horários a serem fixados pela administração da unidade penal.

Anote-se que, no *regime semiaberto*, seria punido administrativamente tão só com as *sanções disciplinares* previstas no art. 53 da LEP: **a)** *suspensão ou restrição de direitos*; **b)** *isolamento na própria cela ou em local adequado, no estabelecimento que possua alojamento coletivo*; **c)** *inclusão em regime disciplinar diferenciado*.

A prática de *falta grave* homologada pelo magistrado gera revogação da autorização judicial para o trabalho externo. Para o reconhecimento, no âmbito da execução penal, torna-se imprescindível a instalação de procedimento administrativo pelo diretor do estabelecimento, assegurado o contraditório e o direito a ampla defesa, a ser realizada por advogado ou defensor público. O apenado acusado do cometimento de crime definido como *doloso*, deverá ser previamente ouvido pelo magistrado (*audiência de custódia*), diante dos *princípios do contraditório e da ampla defesa*, proporcionando-lhe oportunidade de eventualmente poder justificar a falta grave que lhe foi imputada (STJ, HC 141.084/RS, 5ª T., rel. Min. Jorge Mussi, j. 23.3.2010). Na hipótese de cometimento de crime no coletivo carcerário, a imediata apresentação ao magistrado do réu preso em flagrante, constitui-se em um mecanismo de controle da legalidade para a evitação de prisões ilegais, torturas, além da contribuição à diminuição da superlotação carcerária (40% do coletivo carcerário brasileiro é composto de presos provisórios). É procedimento expresso previsto nos tratados dos quais o Brasil incorporou ao direito interno, que, após a entrada em vigor da Emenda Constitucional nº 45/2004, sejam tratados de direitos humanos e equivalentes às emendas constitucionais, desde que aprovado pelo Poder Legislativo e, posteriormente, ratificados pelo Executivo, ficando em patamar superior às leis ordinárias (Pacto Internacional sobre Direitos Civis e Políticos – art. 9º, item 3, primeira parte, do Decreto nº 592/92/ Pacto de Nova Iorque e a Convenção Americana sobre Direitos Humanos – art. 7º, item 5, primeira parte, do Decreto nº 678/92/ Pacto de São José da Costa Rica). Na hipótese do reconhecimento da prática de *falta grave*, o diretor da unidade prisional comunicará ao juiz da execução para que aplique a sanção disciplinar e o legislador, excepcionando a regra, entender por bem conferir caráter jurisdicional (STJ, REsp 1.376.557/RS, 3ª S., rel. Min. Marco Aurélio Bellizze, j. 23.10.2013). Na mesma direção, José Daniel Cezano, no *Derecho Penitenciario: aproximación a sus fundamentos*, diz que as sanções disciplinares com manifestações do *ius puniendi* estatal são abrigadas por *todo* o sistema de garantias do Direito Penal comum e, portanto, só é possível a sua imputação com a prévia constatação do vínculo subjetivo do autor (exigência de ter podido conhecer a proibição e adequar a sua conduta ao direito).

O Superior Tribunal de Justiça firmou jurisprudência de que a prática de falta grave *interrompe* o prazo para a progressão de regime, acarretando a modificação da data base e o início de nova contagem do lapso necessário para o preenchimento do requisito objetivo (STJ, AgRg nos EREsp 1.238.177/SP, 3ª S., rel. Min. Sebastião Reis Junior, j. 12.2.2014). Mas *não* interrompe o prazo para a obtenção de livramento condicional (Súmula nº 441 do STJ), como *não* interrompe *automaticamente* o prazo necessário para a concessão de indulto ou de comutação de pena, devendo-se observar o cumprimento dos requisitos legais previstos no Decreto Presidencial (STJ, REsp 1.364.192/RS, 6ª T., rel. Min. Sebastião Reis Junior, j. 12.2.2014). O Supremo Tribunal Federal, quanto ao tema, posiciona-se: **a.** ofende ao *princípio da legalidade* a decisão que fixa a data da fuga como data base para o cálculo do requisito temporal do livramento condicional (STF, HC 96.635/RS, 1ª T., rel. Min. Carlos Ayres de Britto, j. 23.10.2009); **b.** a falta grave tem como consequência o *reinício* da contagem do lapso temporal para a concessão da progressão prisional a partir da última falta grave ou recaptura, em caso de fuga (STF, HC 9.870.502/SP, 1ª T., rel. Min. Ricardo Lewandovski, j. 21.8.2009); **c.** a falta grave *interrompe* o prazo para a concessão da progressão de regime, reiniciando-se, a partir do cometimento da infração disciplinar grave, a contagem para que o apenado possa pleitear benefício executório (STF, HC 114.370/RJ. 2ª T., rel. Min. Teori Zavascki, j. 17.9.2013).

Não haverá falta nem sanção disciplinar sem expressa e anterior previsão legal (*princípio da reserva legal*). Assim, as sanções *não* poderão colocar em perigo a integridade física e a moral do condenado. É vedado o emprego de *cela escura* e de *sanções coletivas*. Para que uma conduta possa ser configurada como falta disciplinar, é essencial que contrarie os objetivos perseguidos como estabelecimento de um eixo de sustentabilidade disciplinar abrigado pelo *princípio da lesividade*.

A Lei de Execução Penal estabelece que as *faltas disciplinares* sejam classificadas em *leves, médias e graves*, sendo estas elencadas no art. 50 do citado diploma específico: **a)** *incitar ou participar de movimento para subverter a ordem e a disciplina*. A expressão "subverter a ordem e a disciplina" peca pela exigibilidade de normas claras e precisas. Na verdade, o legislador buscou punir motins injustificados. Questiona-se o enquadramento em *falta grave*, o ato de recusar-se ao *corte de cabelo*, de greve de fome e de luta corporal entre dois reclusos (STJ, HC 51.102/RS, 5ª T., rel. Min. Gilson Dipp, j. 12.9.2006). A questão da obrigatoriedade do *corte de cabelo e barba*, para o ingresso do preso do sexo masculino nas unidades prisionais, sob a falácia da higiene e segurança, viola frontalmente diversos direitos da personalidade, configurando-se no ato de abuso de poder, o de respeito aos princípios da isonomia entre o homem e a mulher encarcerados, da dignidade da pessoa humana, pela desconstituição do direito à sua imagem. O ponto fulcral é o ato homofóbico de determinados administradores penitenciários estaduais, validando-se o *direito de resistência*; **b)** *fugir*. A evasão é o ato de pessoa imputável evadir-se ou tentar evadir-se usando de violência contra a pessoa. O objeto jurídico é a administração pública, no que tange ao *relevo* e à *normalidade* da prestação jurisdicional, no sentido de garantir a *proteção* e a *eficácia* das decisões judiciais, visando *preservar* a disciplina e a custódia oficial. O pressuposto é a legalidade da prisão. Poderá ocorrer o dano qualificado. No que tange à fuga de preso, há divergência doutrinária e pretoriana no que concerne ao *animus nocendi*. O Superior Tribunal de Justiça firmou entendimento da imprescindibilidade do especial elemento subjetivo do injusto para a configuração do crime de dano. Nas hipóteses em que os presos serram as grades da cadeia com o intuito de fugir, a conduta é *atípica*, porque ausente o *animus nocendi* (STJ, HC 137.188/MS, 5ª T., rel. Min. Arnaldo Esteves de Lima, j. 15.10.2009). O Supremo Tribunal Federal *não* exige o especial elemento subjetivo do injusto (STF, HC 73.189/MS, 2ª T., rel. Min. Carlos Velloso, j. 23.2.1996). O apenado que preencher os requisitos para o indulto ou livramento condicional e tenha se evadido, sendo a decisão declaratória, deve ser concedido o benefício. Questão que deve ser apreciada com grande cuidado é o "atraso" na apresentação à unidade nas *saídas temporárias* e no *trabalho extramuros*. Diante do congestionamento do tráfego nas grandes cidades, *não* pode constituir *falta grave*, no máximo, *advertência verbal*; **c)** *possuir indevidamente instrumento capaz de ofender a integridade física de outrem*; **d)** *promover acidentes do trabalho*. A melhor doutrina está com Rodrigo Duque Estrada Roig, na *Execução Penal: teoria crítica*, ao afirmar "ainda que possível considerar falta grave um acidente, somente a forma dolosa seria abstratamente admitida" e, finaliza, "só em caso de crime doloso e não culposo"; **e)** *descumprir no regime aberto as condições impostas*; **f)** *inobservar os deveres previstos* (obediência ao servidor e respeito a qualquer pessoa com quem deva relacionar-se; execução de trabalho, das tarefas e das ordens recebidas). Deve-se ter muita cautela com o dispositivo referente ao "inobservar os deveres permitidos", no que tange às "ordens recebidas". Não se pode deixar ao arbítrio vago da autoridade administrativa a tipificação de faltas graves, como no caso de "porte de objetos proibidos". No Regulamento Penitenciário Federal, lê-se: "Portar ou ter em qualquer lugar do estabelecimento penal federal, dinheiro ou título de crédito", constitui falta de natureza média; **g)** *tiver em sua posse,* *utilizar ou fornecer aparelho celular, de rádio ou similar, que permita a comunicação com outros presos ou ambiente externo* [Art. 349-A. cogita-se de novo tipo penal inserido no Código Penal por meio da Lei nº 12.012, de 6 de agosto de 2009, quando o legislador fecha a quadratura do círculo após a edição da Lei nº 11.466, de 28 de março de 2007, que também houvera acrescentado o inciso VII do art. 50 da Lei de Execução Penal. Assim, primeiramente, criminalizou a conduta omissiva do diretor de penitenciária e/ou do agente público, de cumprir o dever de vedar o acesso de aparelho telefônico de comunicação móvel (celular) e/ou de rádio ou similar, que permita a comunicação com outros presos ou com o ambiente externo, para depois tipificar o ingresso, promoção, auxílio ou facilitação de entrada, *sem autorização legal*, em estabelecimento prisional. Trata-se de medida de política penitenciária, que tem por escopo *dificultar* a atuação das organizações criminosas no interior das unidades prisionais (homicídios, tráfico de drogas, extorsões, sequestros), garantindo, de outro lado, o direito *legítimo* do preso provisório ou do apenado de se comunicar por meio de telefone fixo nos casos abrigados pela permissão legal. Os apenados em regime semiaberto *em trânsito* da unidade para o trabalho, isto é, fora da órbita do estabelecimento penal *não* são alcançados pela esfera da norma específica. O *momento consumativo* ocorre com a real e efetiva *entrada* do aparelho na esfera de âmbito da unidade prisional, pouco importando que tenha chegado ou não às mãos do seu destinatário. A *tentativa* é admissível. O *elemento subjetivo* é representado pelo dolo, vontade livre e consciente de fazer chegar ao preso o aparelho telefônico de comunicação móvel (celular), rádio ou similar. Não requer o especial elemento subjetivo do injusto. A *pena cominada* é a de detenção, de 3 (três) meses a 1 (um) ano].

Ao lado das *sanções previstas*, como falta disciplinar, enumeradas no art. 53 da Lei de Execução Penal (*advertência verbal, repressão, suspensão ou restrição de direitos, isolamento em cela própria, ou em local adequado nos estabelecimentos que possuam alojamento coletivo, e inclusão no regime prisional diferenciado*), há as *recompensas* dadas ao apenado (*elogio* e *concessão de regalias*), que são estatuídas nos regulamentos prisionais estaduais.

No Regulamento do Sistema Penal do Estado do Rio de Janeiro (Decreto nº 8.897, de 31 de março de 1986), são "*regalias*" a serem concedidas gradativamente: **a)** no regime *fechado*: **a.** visita especial, fora do horário normal; **b.** visita íntima do cônjuge, convivente; **c.** frequência ao cinema do estabelecimento; **d.** participação em espetáculo recreativo; **e.** práticas esportivas; uso de rádio e televisão no cubículo ou alojamento; **f.** uso de objetos prescindíveis; **h.** circulação por todo o estabelecimento, exceto quanto às áreas de segurança; **i.** recolhimento ao cubículo ou alojamento depois do horário normal; **j.** visita ao local onde se encontra ascendente, descendente, cônjuge, convivente, irmão(ã), enfermo e em estado grave, com escolta; **k.** comparecimento à cerimônia fúnebre de ascendente, descendente, cônjuge, companheiro(a), irmão(ã), enfermo e em estado grave, com escolta; **l.** posse da chave do próprio cubículo; **m.** trabalho externo, sob vigilância em serviço ou obras públicas; **n.** passagem para o regime semiaberto; **b)** no regime *semiaberto*: **a.** trabalho externo sob fiscalização indireta; **b.** saída para frequentar curso supletivo, profissionalizante, de instrução de nível médio ou superior; **c.** visita de fim de semana à família, com pernoite, renovável por duas vezes durante o mês, ou visita de uma semana à família, renovável por quatro vezes durante o ano; **d.** saída esporádica para participar de atividades que concorram para o retorno ao convívio social; **e.** progressão para o regime aberto; **c)** no regime *aberto*: **a.** visita de fim de semana à família; **b.** saída periódica para participar de atividades que concorram para o retorno social.

A Lei de Execução Penal, em seu art. 57, dispõe que na *aplicação das sanções disciplinares*, levar-se-ão em conta: **a)** natureza; **b)** motivos, circunstâncias e consequências do fato; **c)** pessoa do faltoso; **d)** tempo de prisão. O que se traduz no *princípio da proporcionalidade*.

Exceto a inclusão no *regime prisional diferenciado*, as *sanções disciplinares* deverão ser aplicadas por ato fundamentado do diretor do estabelecimento penal, sempre observados os *princípios da proporcionalidade e da legalidade*. O Decreto nº 6.049, de 27 de fevereiro de 2007, estatui, no rol normativo de faltas, a *sanção disciplinar de advertência verbal* de caráter educativo e aplicável às infrações de natureza *leve* e, a *repreensão*, reservada, de maior rigor no aspecto educativo, aplicável à infração de natureza *média*, e aos *reincidentes* em infrações disciplinares *leves*. Ambas as sanções possuem um caráter moral sobre o apenado.

O *regime disciplinar diferenciado*, possuindo natureza jurídica de sanção disciplinar, na sua aplicação, dependerá de prévia instauração de procedimento disciplinar administrativo (PAD), para apuração dos fatos imputados (STF, HC 96.328/SP, 2ª T. rel. Min. Cezar Peluso, j. 2.3.2010). A sanção disciplinar de inclusão no *regime disciplinar diferenciado* (*princípio da jurisdicionalidade*) deve ser feita por prévio e fundamentado despacho do juiz da execução (incidente de execução), que dependerá de requerimento circunstanciado elaborado pelo diretor do estabelecimento ou da autoridade administrativa, cuja decisão será precedida de manifestação do Ministério Público e da defesa, e prolatada no prazo máximo de 5 (cinco) dias.

Quando a falta disciplinar constituir também ilícito penal, deverá ser comunicada à autoridade competente. Questão geradora de polêmica doutrinária, diante do *princípio do ne bis in idem*, é a relativa a possibilidade de o apenado poder ser sancionado a duplo título, disciplinar e penal, quando a base fática da infração administrativa for ao mesmo tempo configurativa de um injusto penal. No que tange ao procedimento, o Regulamento Penitenciário Federal estabeleceu que será iniciado por portaria do diretor do estabelecimento penal, devendo ser concluída no prazo de 30 (trinta) dias. Ao preso é garantido o direito de defesa, com os recursos a ele inerentes.

Maurício Kuene, na *Lei de Execução Comentada*, ressalta que o abolimento do *isolamento celular* foi sugerido na 68ª Assembleia Geral da ONU, que enunciou os princípios básicos que sustentam as "Regras Mínimas" da ONU e aceita pelo Brasil. A sanção de *isolamento*, que deve ser cumprida na própria cela em que o apenado está recolhido, ou em outro local adequado, ou em cela individual, quando estiverem em alojamento coletivo, implica a proibição de visitas, as comunicações com o mundo exterior, a recreação, razão pela qual deve ficar reservada às hipóteses mais graves e às reincidências em faltas graves, observado o *princípio da razoabilidade*.

O *isolamento* será sempre comunicado pela autoridade penitenciária ao juiz da execução e *não* poderá exceder ao prazo de 30 dias. O tempo de *isolamento preventivo* será computado no período de cumprimento da sanção disciplinar. Um grande avanço contemporâneo foi a vedação das denominadas *"celas surdas"*, proibindo qualquer *isolamento*, cujas condições agravem ilegitimamente a reclusão. Cuidava-se de condições que pela desumanização da pessoa privada de liberdade, afetava diretamente a dignidade da pessoa humana. Eram celas escuras, sem luz e mínima ventilação, com dimensões diminutas, sem qualquer comunicação, em que os alimentos em pequena quantidade entravam pelo buraco do chão da porta, como se fosse um canil.

A juíza Daniela Barbosa de Souza, fiscalizadora do sistema prisional do estado do Rio de Janeiro, em seu artigo "O Sistema Prisional precisa de cuidados", noticia que constatou após denúncia da Defensoria Pública e ratificação de apenados, a existência de uma unidade prisional com um cubículo de um metro quadrado destinado para o isolamento e a tortura de presos (2015). Lamenta-se que não tenha tido uma única linha na imprensa brasileira.

O Presidente Barack Obama (26.1.2016) anunciou o fim do uso de celas solitárias para jovens em prisões federais americanas, o que deve beneficiar dez mil adolescentes. O uso do *isolamento* poderá durar anos em alguns casos, nas prisões estaduais que abrigam um maior número de presos. Salientou em seu anúncio que "O isolamento tem potencial de levar a consequências psicológicas duradouras e devastadoras. É associado à depressão, alienação, capacidade reduzida de interagir com outras pessoas e comportamento violento. Alguns estudos indicam que ele pode agravar doenças mentais existentes e até mesmo desencadear novos problemas. Presos na solitária são mais propensos a cometer o suicídio". A Anistia Internacional ressaltou que "Isso representa uma ruptura importante com esse legado vergonhoso, e um reconhecimento de que dezenas e milhares de seres humanos não devem ser condenados a viver em gaiola, escondidos nas sombras da justiça criminal".

As irregularidades na via administrativa devem ser objeto da fiscalização do órgão do Ministério Público e, por consequência, do juiz da execução. No processo extrajudicial administrativo de apuração de falta grave do apenado, a comissão de sindicância deverá garantir o contraditório e a ampla defesa, por defensor público (art. 5º, LV, da CF/88).

3.1. Propostas para a reforma

A Proposta de Alteração da Lei de Execução Penal (2013) soluciona a questão de que a sanção disciplinar não implica privação ou restrição do direito de acesso à educação. De outro lado, as sanções privativas do diretor no estabelecimento penal, serão comunicadas no prazo de 48 horas à autoridade judiciária competente. O tempo de inclusão no regime disciplinar diferenciado poderá ser computado para a *detração*, na hipótese de não ser aplicada outra sanção disciplinar.

A Proposta de Alteração, observando o *princípio da taxatividade*, elenca como *faltas graves*: **a)** incitar ou participar de movimento para a indisciplina, motim ou rebelião; **b)** fugir, tentar fugir ou abandonar a unidade em que está recolhido; **c)** possuir indevidamente instrumento capaz de ofender a integridade física de outrem; **d)** no regime fechado, tiver em sua posse ou fornecer aparelho telefônico móvel, de radiotransmissor ou similar, assim como seus componentes isoladamente; **e)** praticar fato previsto como crime doloso.

4. REGIME DISCIPLINAR DIFERENCIADO

O *regime disciplinar diferenciado* tem a natureza jurídica de *sanção disciplinar*. Adota-se a posição de Rodrigo Duque Estrada Roig, na *Execução Penal: teoria crítica*, de didaticamente dividir o regime disciplinar diferenciado em duas modalidades: **a)** *punitivo*, quando decorre de fato previsto como crime doloso ou que cause subversão da ordem ou da disciplina interna; **b)** *cautelar*, aplicável aos presos que apresentam alto risco para a ordem e a segurança do estabelecimento penal ou da sociedade, ou àqueles sobre os quais recaiam fundadas suspeitas de envolvimento ou participação, a qualquer título, em organizações criminosas, quadrilha ou bando. O regime disciplinar diferenciado deve ser aplicado, por analogia, em todos os estados da federação, observado o art. 37 do Regulamento Disciplinar Federal. A transferência ou inclusão de apenados ou custodiados cautelarmente para estabelecimentos penais federais de segurança máxima, prevista pela Lei nº 11.671, de 8 de maio de 2008, em *caráter de excepcionalidade* e por *tempo determinado*, ocorre na hipótese do interesse da segurança pública ou do próprio condenado ou preso provisório. São características do regime disciplinar diferenciado: **a)** duração máxima de 360 (trezentos e sessenta) dias, sem prejuízo de repetição da sanção por nova falta grave da mesma espécie, até o limite de 1/6 (um sexto) da pena aplicada; **b)** recolhimento em cela individual; **c)** visitas semanais de duas pessoas, sem contar com as crianças, durante duas horas; **d)** direito à saída da cela por duas horas diárias para o banho de sol; **e)** uso de algemas nas movimentações internas e externas, dispensadas apenas nas áreas de visita, banho de sol, atendimento assistencial e, *quando houver*, nas áreas de trabalho ou estudo; **f)** sujeição do preso aos procedimentos de revista pessoal, de sua cela e de seus pertences, sempre que for necessária e externa, sem prejuízo das inspeções periódicas.

É questão tormentosa a transferência de presos provisórios ou definitivos dos estabelecimentos penitenciários estaduais para os presídios federais de segurança máxima. Estes têm por finalidade isolar os presos provisórios ou condenados, nacionais ou estrangeiros, que apresentem alto risco para a ordem e a segurança do estabelecimento penal ou da sociedade ("periculosidade").

Enquanto a Lei de Execução Penal veda a chamada *cela surda*, surge maior retrocesso diante das garantias constitucionais, com o advento do denominado *regime disciplinar diferenciado*, possibilitando o *isolamento em cela individual* até 1 (um) ano, renovável por igual período, até o limite de 1/6 (um sexto) da pena. O Superior Tribunal de Justiça firmou que "Persistindo as razões e fundamentos que ensejaram a transferência do preso para o presídio federal de segurança máxima, [...] notadamente em razão da periculosidade concreta do apenado, que desempenha função de liderança em facção criminosa, a renovação da permanência é por evidência indeclinável, como medida excepcional e adequada para resguardar a ordem pública" (STJ, CC 120.929/RJ, 3ª S., rel. Min. Marco Aurélio Bellizze, j. 27.6.2012).

O regime de segurança máxima (*supermax*), em caráter de excepcionalidade, se justificaria no interesse da segurança pública e da paz social, diante do *perfil* do preso cautelar ou definitivo. Sobre o tema, destaca-se o voto da ministra Rosa Weber, do Supremo Tribunal Federal, quando enfatiza: "Embora o *regime prisional comum* na penitenciária federal *não* se confunda com o *regime disciplinar diferenciado*, objeto do art. 52 da Lei nº 7.210/84, é *inegável* que se mostra mais rigoroso e gravoso ao preso, em especial pelo *isolamento em cela individual* por mais de 22 (vinte e duas) horas ou 21 vinte e uma) horas por dia, conseguinte privação de maior contato diário, pela redução das oportunidades de acesso a serviços educacionais e ao trabalho, ainda que em condições de higiene e alimentação atinjam, em regra, níveis melhores do que os existentes, em regra, no sistema penitenciário estadual" (os grifos são nossos). Neste ponto, o voto ressalta que "O tema reveste-se de extrema delicadeza e está a exigir profunda reflexão do Poder Judiciário e da própria sociedade".

O sistema penitenciário federal, integrado com as penitenciárias de Catanduvas (Paraná), Campo Grande (Mato Grosso do Sul), Porto Velho (Rondônia) e Mossoró (Rio Grande do Norte), no modelo brasileiro, *não* se destinam ao recolhimento dos presos da Justiça Federal, mas para acolher presos com um "*perfil específico*", isto é, ligados a organizações criminosas ou que, no sistema prisional estadual, comandem ações delitivas (lideranças de facções criminosas). A penitenciária Presidente Venceslau-II (São Paulo) é a única no país exclusivamente destinada ao regime disciplinar diferenciado. As visitas íntimas *não* são permitidas, com encarceramento rigoroso durante vinte e duas horas, sendo duas de banho de sol e o contato com o advogado ou com visitas é realizado através de parlatórios, *não* sendo permitida a troca de objetos.

Outra questão diz respeito às *transferências dos presos de presídios estaduais para os federais*, em caráter de excepcionalidade, quando assinala que "É inegável que os presídios federais, com seu regime mais gravoso, proporciona *alívio* aos sistemas prisionais estaduais, culminando por servir como elemento de dissuasão, nos presídios estaduais, fugas, rebeliões, ou reação do preso a eventual transferência ao regime prisional federal". Os juízes de execução devem ser bem criteriosos diante dos pedidos de transferência feitos pelos governadores de estado, quando pleiteiam, quase que indiscriminadamente, a transferência de "presos midiáticos" para presídios federais, como *marketing* de segurança pública. No contexto, surge a questão da rejeição do pedido de transferência feita pelo juiz de origem (estadual) ao juiz federal da seção ou subseção judiciária em que estiver localizado o estabelecimento federal penal de segurança máxima ao qual foi recolhido o preso. A matéria é tratada pela Lei nº 11.671, de 8 de maio de 2008. O controle jurisdicional é exercido tanto pelo juiz de origem (admissibilidade do pedido), quanto pelo juiz federal que cabe apreciar a situação fática diante do caso concreto.

A posição do Supremo Tribunal Federal é na direção do "*controle compartilhado*". Dessa forma, "Não há que se falar na espécie, em obstáculo no exercício do poder jurisdicional conferido pela Lei nº 11.671/2008, nem na supressão da competência da Justiça Federal". A hipótese, oriunda da decisão da Corte Suprema (caso "Falcão"), o juiz estadual solicitou a *prorrogação* da transferência por mais 360 (trezentos e sessenta) dias do preso provisório, observadas as formalidades legais, diante do *mesmo* fundamento da transferência original, em razão do *perfil do apenado* e o *risco social*, tendo o juiz federal indeferido com a alegação de que não estaria justificada a transferência, suscitando o conflito de competência. O Supremo Tribunal Federal apreciou-o e decidiu que, diante do *perfil do preso* (histórico de condenações e liderança de grupo criminoso organizado no tráfico de drogas) estaria justificada a sua inserção (STF, HC 112.650/RJ, 1ª T., relª. Minª. Rosa Weber, j. 11.3.2014).

Na mesma direção, o Superior Tribunal de Justiça, no caso "Chapolim", decidiu pela *renovação* do período de permanência, por excepcionalidade, diante do *perfil do apenado* (demonstração da necessidade, diante do risco permanente à segurança pública), feita pelo juiz de origem. Nesta hipótese, era o quarto ano de cumprimento consecutivo de pena no sistema penitenciário federal (STJ, CC 130.713, 3ª Seção, por maioria, rel. Min.

Marco Aurélio Bellizze, j. 11.12.2013). O voto vencido da lavra da ministra Maria Thereza de Assis Moura é o seguinte: "Fala-se em 'harmonia integral social do condenado', que está sujeito a permanecer 360 dias, prorrogáveis até um sexto da pena aplicada, em cela individual, com visitas semanais de duas pessoas, com a duração de duas horas, e com 'direito' a saída da cela por duas horas diárias para o banho de sol, é, convenhamos, adotar um discurso quimérico para dizer o mínimo (...) O regime disciplinar diferenciado representa sobre pena cruel e degradante, que avilta o ser humano e fere a sua dignidade infligindo-lhe castigo físico e moral, na medida em que impõe ao preso isolamento celular absoluto de vinte e duas horas diárias durante um ano, prorrogável até um sexto da pena [...] Desta forma, seria imprescindível que alinhado fundamento novo e, não, nova roupagem dos fundamentos constantes nos prévios requerimentos, de modo a justificar a excepcional providência enunciada no § 1º do art. 10, da Lei nº 11.671/2008".

Nos estabelecimentos prisionais federais, aos presos submetidos ao regime diferenciado será assegurado *atendimento psiquiátrico e psicológico*, com a finalidade de: **a)** determinar o grau de responsabilidade penal da conduta faltosa anterior, ensejadora da aplicação do regime diferenciado; **b)** acompanhar, durante o período da sanção disciplinar, os eventuais *efeitos psíquicos* de uma *reclusão severa*, cientificando as autoridades superiores das eventuais ocorrências advindas do regime. Comete falta disciplinar de natureza média o preso que se comunicar com os que se encontram em cela disciplinar ou regime disciplinar diferenciado ou entregar-lhes qualquer objeto, sem autorização. A inclusão em regime disciplinar diferenciado constitui penalidade disciplinar, bem como o *isolamento* na sua própria cela ou *local adequado*. A preocupação de cautela psiquiátrica e psicológica traduz a *crueldade* (art. 5º, XLVII, *e*, da CF/88) e avilta a *dignidade* da pessoa privada de liberdade submetida a esta *sanção disciplinar* em um *regime especial de cumprimento de pena*, que agride o primado da inserção e adaptação futura do apenado, ditado desde o iluminismo e inspirado na Escola de Defesa Social. Em nosso *Curso de Direito Penal, Parte Geral* (2015), sustenta-se que o RDD não seria uma mera sanção disciplinar mais rigorosa, mas uma forma diferenciada do cumprimento do regime fechado, onde não há possibilidade de trabalho.

Renato Marcão, no *Curso de Execução Penal*, sustenta, em tese, a possibilidade da progressão de regime e do livramento condicional do apenado no curso do cumprimento da sanção disciplinar do regime diferenciado, apontando que o problema surge em relação à avaliação do requisito subjetivo, ao teor do atestado do diretor do estabelecimento penitenciário, alinhado ao texto do art. 112 da LEP. Lembra que a Lei de Execução Penal não veda a progressão durante o tempo do cumprimento do RDD e que inexiste qualquer incompatibilidade.

Alessandro Baratta, na "Defesa dos direitos humanos e política criminal", escreveu que "O eficientismo penal é uma nova forma do direito penal da emergência, que é a doença crônica que sempre molestou a vida do Direito Penal, moderno". Assim, "é um exemplo clássico do círculo vicioso da resposta da desilusão, devido a percepção da ineficiência da resposta penal a determinados problemas".

O Pacto Internacional de Direitos Civis e Políticos, assim como a Convenção Americana sobre Direitos Humanos, incluem cláusulas, segundo as quais "Toda pessoa privada de liberdade será tratada com o respeito devido à dignidade inerente ao ser humano". Repete-se que a violação a este princípio equivale a desumanização da pessoa convertendo-a em objeto, animalizando-a. O poder ser *"a potential maker of claims"* constitui pressuposto necessário a toda concepção de direitos humanos. O *isolamento* e a *incomunicabilidade* têm sido considerados pelo Comitê de Direitos Humanos da ONU, introduzindo uma distinção entre o isolamento *stricto sensu* e "exclusão da coletividade carcerária", em que o condenado, ainda que isolado dos demais, pode receber visitas regularmente. Assinale-se que, o *isolamento sensorial* acompanhado de um *social absoluto* pode fazer eclodir a desconstrução da personalidade, constituindo-se em uma forma de tratamento desumano que as exigências de disciplina não podem justificar diante da proibição absoluta de tortura.

Cita-se a denominada "cela surda", onde o preso passa recolhido em local sem iluminação, mobiliário, com dimensões reduzidas e limitada alimentação. A Lei de Execução Penal, no rol das *sanções disciplinares*, inclui o *isolamento* na própria cela, ou em "local adequado", nos estabelecimentos que possuem *alojamento coletivo*, que serão aplicadas por ato motivado do diretor da unidade. Sustenta-se que a criação deste regime especial de agravamento da reclusão no regime fechado, mantendo o preso 22 (vinte e duas) horas no confinamento e sendo conduzido para o banho de sol algemado e acorrentado diante de escolta, durante longo tempo, é *desumano* e *cruel*, ferindo os direitos fundamentais. O Superior Tribunal de Justiça decidiu que não viola as garantias individuais e o princípio da dignidade da pessoa humana (STJ, HC 40.300/RS, 5ª T., rel. Min. Arnaldo Esteves de Lima, j. 7.6.2005). O Supremo Tribunal Federal firmou a constitucionalidade do regime disciplinar diferenciado, ao reconhecer que "O regime disciplinar diferenciado é sanção disciplinar, e sua aplicação depende de prévia instauração de procedimento administrativo para apuração dos fatos imputados ao custodiado" (STF, HC 96.328/SP, 2ª T., rel. Min. Cezar Peluso, j. 8.4.2010).

4.1. Propostas para a reforma

A Proposta de Alteração da Lei de Execução Penal (2013) altera corretamente no sentido de que o ato do diretor seja comunicado no prazo de 48 (quarenta e oito) horas à autoridade judiciária competente. Ainda salienta que *não* haverá sanção disciplinar sem a expressa previsão legal ou regulamentar (*princípio da legalidade*) e *não* poderão colocar em perigo a integridade física e moral da pessoa privada de liberdade, vedado o emprego de "cela escura" e as *sanções coletivas* (*princípio da individualização*).

5. RECOMPENSAS

As recompensas constituem uma relevante contrapartida em relação à aplicação das faltas disciplinares no eixo de sustentabilidade da execução penal. As "Regras Mínimas" da ONU, usando do termo impróprio de "*privilégios*" estatui que "Em cada estabelecimento será instituído um sistema de *privilégios* adaptado aos diferentes métodos de tratamento, a fim de incentivar a boa conduta, desenvolver o sentimento de responsabilidade e promover o interesse e a cooperação dos reclusos, no que toca ao seu tratamento".

Na Lei de Execução Penal, tanto para o apenado, como para o custodiado cautelar, "as recompensas têm em vista o bom comportamento reconhecido em favor do condenado, de sua colaboração com a disciplina e a dedicação ao trabalho", que são traduzidas em duas ferramentas: **a)** elogio; **b)** concessão de *regalias*, que a legislação e os regulamentos estaduais deverão estabelecer a natureza e a forma de concessão.

Mirabete, na *Execução Penal*, sustenta que o *elogio* é uma espécie de distinção, diante da *boa conduta carcerária* abarcando todas as atividades desenvolvidas no decurso da execução da pena, traduzindo o *mérito do condenado*, influindo na concessão das saídas temporárias, livramento condicional, conversão e indulto individual ou graça. As recompensas possuem efeitos diretos na coletividade carcerária, pois compreende concessões que amenizam o rigor carcerário. Não se devem confundir recompensas com "*privilégios*", vedados diante do *princípio da isonomia* e que sempre traduzem a corrupção da direção e dos agentes penitenciários. As regalias, que normalmente estão previstas nos regulamentos prisionais, só para exemplificar algumas, cita-se: **a)** receber maior quantidade de familiares ou de bens de consumo; **b)** receber maior número de visitas íntimas ou de visitantes; **c)** assistir, sessões de cinema, teatro ou outra atividade sociocultural, fora do horário, em épocas especiais; **d)** ficar fora do cubículo, na galeria, com a porta das celas abertas, até a determinação do silêncio geral na unidade; **e)** possuir aparelho de TV, rádio, ventiladores; **f)** facilidades de correspondência; **g)** trabalhar na administração da unidade. As regalias aplicam-se ao regime fechado e semiaberto.

Adeildo Nunes, em *Execução da Pena e da Medida de Segurança*, lembra que "Os elogios e as regalias devem ser estabelecidas pela direção onde o recluso se encontra custodiado, deve ser escrito e fundamentado, inclusive com publicidade". Sídio Rosa de Mesquita Jr., em *Execução Criminal*, com propriedade, lembra que "O excesso de recompensas pode prejudicar a segurança do apenado".

6. MONITORAMENTO ELETRÔNICO

O *monitoramento eletrônico*, através de pulseiras e tornozeleiras conectadas com a linha telefônica GPS, objetivando a detenção, restrição e vigilância das pessoas em cumprimento de pena privativa de liberdade, nas saídas temporárias em regime semiaberto e na prisão domiciliar, chegou ao Brasil através da Lei nº 12.258, de 15 de junho de 2010, regulamentada pelo Decreto nº 7.627, de 24 de novembro de 2001, que veio a alterar e incluir dispositivo na Lei de Execução Penal.

Edmundo de Oliveira, em *Criminologia e Política Criminal*, justifica o monitoramento eletrônico, avanço da teledetecção aplicada na Justiça Penal, pela necessidade de alternativas ao encarceramento, na luta contra a *superlotação* carcerária, reduzindo a reincidência, além do baixo custo de manutenção de estabelecimentos penais. O GPS possui a vantagem de calcular a longitude e a latitude, a direção e a velocidade do portador do dispositivo em tempo integral, podendo alertar o Centro de Controle de Monitoramento, quando o controlado penetra em uma **área de exclusão** determinada pelo magistrado, ou não provar que *não* cometeu qualquer violação imputada. Fora da opção da *pulseira, tornozeleira* ou *cinto*, há possibilidade de um *microchip* implantado na camada subcutânea do corpo humano, cravado no braço, entre a derme e a epiderme, sem atingir os vasos sanguíneos.

Nos *sistemas ativos*, o vigiado fica restrito à determinada área que, ao se distanciar ou se aproximar do receptor, dispara um sinal para a central de supervisão; ao passo que, nos *passivos*, a supervisão é realizada por meio de telefonia ou transmissão de dados. O primeiro programa de monitoramento para a observação e controle de adolescentes infratores surgiu nos Estados Unidos, depois se espargindo pela Europa e países da América Latina.

Registre-se que o Projeto de Lei nº 1.288/2007 previa a "monitoração" eletrônica nos casos de pena cumprida nos regimes semiaberto e aberto, nas autorizações de saída temporária, na aplicação de pena restritiva de direitos (horários, frequência, lugares), na prisão domiciliar e no livramento condicional ou suspensão condicional da pena. O Projeto foi parcialmente vetado pelas seguintes razões: "A adoção do monitoramento eletrônico no regime aberto, nas penas restritivas de direitos, no livramento condicional e na suspensão condicional da pena contraria a sistemática de cumprimento de pena prevista no ordenamento jurídico brasileiro e, com isso, a necessária individualização, proporcionalidade e suficiência da execução penal. Ademais, o projeto aumenta os custos com a execução penal sem auxiliar no reajuste da população dos presídios, uma vez que não retira do cárcere quem lá não deveria estar e não impede o ingresso de quem não deva ser preso". Aduza-se que, posteriormente, foi elencada como uma das *medidas cautelares ex vi* do art. 319, IX, do CPP.

Na regulamentação (Decreto nº 7.627, de 24 de janeiro de 2011), lê-se que "Considera-se monitoração eletrônica a vigilância telemática posicional à distância de pessoas que presas diante de medida cautelar ou condenadas por sentença transitada em julgado, executada por meios técnicos que permitam indicar a sua localização". Cabe ao juiz da execução *definir* a fiscalização por meio do monitoramento eletrônico (art. 146-A, da LEP). E ao juiz do processo na hipótese de medida cautelar diversa da prisão (art. 319, IX, do CPP).

São *deveres* do condenado, depois de instruído acerca dos cuidados que deverá adotar com equipamento eletrônico: **a)** *receber* visitas do servidor responsável pelo monitoramento eletrônico, *responder* aos seus contatos e *cumprir* suas obrigações; **b)** *abster-se* de remover, de violar, de modificar, de danificar de qualquer forma dispositivo de monitoração ou de permitir que outrem o faça. A pessoa monitorada deverá receber documento no qual constem, de forma clara e expressa, seus *direitos* e *deveres*, o período de vigilância e o de procedimento a ser observado durante o monitoramento.

A violação comprovada dos *deveres* previstos poderá acarretar, *a critério do juiz da execução*, ouvidos o órgão do Ministério Público e a defesa: **a)** a revogação do regime prisional; **b)** a revogação da autorização de saída temporária; **c)** a revogação da prisão domiciliar; **d)** a advertência, por escrito, para todos os casos em que não for aplicada qualquer das revogações referidas. A *advertência escrita* é uma ferramenta de relevo de política criminal para a *manutenção* do monitoramento com a evitação imediata de sua *revogação*, desde que não seja o caso de falta grave. Como bem acentua Renato Marcão, no *Curso de Execução Penal*, na hipótese de falta grave, a revogação é imperativa, embora o texto normativo fale em "poder ser revogado".

Ainda poderá ser *revogado*, quando: **a)** se tornar *desnecessária* ou *inadequada*; **b)** o condenado violar os *deveres* a que estiver sujeito durante a sua vigilância ou cometer *falta grave*. A administração, execução e controle do monitoramento incumbe à *gestão penitenciária*, que deverá: **a)** *verificar* o cumprimento dos deveres legais e as condições especificadas na decisão judicial que autorizar o monitoramento; **b)** *encaminhar* relatório circunstanciado ao juiz competente; **c)** *adequar* e *manter* programas e equipes multiprofissionais de acompanhamento e apoio; **d)** *orientar* a pessoa monitorada no cumprimento de suas obrigações e *auxiliá-la* na inserção e adaptação social; **e)** *comunicar* ao juiz competente sobre fato que possa dar causa a *revogação* ou *modificação* das condições.

O Regulamento de Monitoração Eletrônica (2011) ainda prevê em respeito à *pessoa monitorada*: **a)** o equipamento deverá ser utilizado de modo a respeitar a *integridade física, moral e social* do vigiado; **b)** deverá ser preservado o *sigilo de dados e informações*; **c)** o acesso aos dados e informações ficará restrito aos servidores expressamente autorizados e que tenham necessidade de conhecê-los em virtude de suas atribuições.

O monitoramento eletrônico é questionado por vetor doutrinário como instrumento de fiscalização pelos principais fundamentos: **a)** violação da intimidade; **b)** violação do princípio da inocência na hipótese de presos provisórios; **c)** possibilidade de ser sujeito passivo de ameaça, violência ou extorsão por policiais corruptos; **d)** o alto custo da medida e sua manutenção. Do lado positivo, resumem-se os seguintes argumentos: **a)** diminuição da população carcerária; **b)** desnecessidade do rigor carcerário; **c)** possibilidade do processo de socialização com a manutenção e fortalecimento dos laços familiares; **d)** aumento de controle e vigilância.

Assim, permite a *individualização da pena*, evitando os efeitos deletérios da ressocialização pelo encarceramento, mantendo a relação familiar e o exercício da atividade profissional e o estudo, não acarretando o estigma social.

7. USO ABUSIVO DE ALGEMAS

O Pacto de São José da Costa Rica estabelece que "Ninguém deverá ser submetido a torturas, nem penas ou tratos cruéis, desumanos e degradantes. Toda pessoa privada da liberdade deve ser tratada com respeito devido à dignidade inerente ao ser humano".

Registre-se que a *algema* é um instrumento de contenção constituído, em geral, de duas argolas para prender pelos pulsos ou tornozelos, *dominando*, *oprimindo* ou *coagindo*, lícita ou ilicitamente, pessoa que fica privada de sua liberdade de ir e vir. A Lei de Execução Penal (1984), em seu art. 199, dispõe que o emprego das algemas será disciplinado por decreto federal. O Brasil não possui uma legislação própria que discipline o uso de algemas. As "Regras Mínimas" da ONU estabelece como meio de coerção o emprego de algemas, que pode ser utilizado nos seguintes casos: **a)** como medida de precaução contra fuga durante uma transferência, devendo ser realizado quando o recluso comparecer perante uma autoridade judicial ou administrativa; **b)** por motivo de saúde; **c)** por ordem do diretor, se os demais meios de dominar o recluso tiverem fracassado, com objetivo de impedir que este cause danos a si mesmo ou a terceiros, ou produza danos materiais.

O Conselho Nacional de Política Criminal e Penitenciária, através da Resolução nº 3, de 1 de junho de 2012, disciplinou a utilização de algemas para conter *mulheres presas*, que são submetidas à internação cirúrgica para a realização de parto. A Lei nº 11.689, de 9 de junho de 2008, acrescentou o § 3º no art. 474 do Código de Processo Penal ("Não se permitirá o uso de algemas no acusado durante o período em que permanecer no Plenário do Júri, salvo se absolutamente necessário à ordem dos trabalhos, à segurança das testemunhas ou à garantia da integridade física dos presentes"). Diante do *uso abusivo e midiático* de algemas pelas forças policiais no sentido de *es-*

tigmatizar a pessoa detida (*princípio da inocência*), sem qualquer justificativa de segurança para o preso ou para a sociedade, o Supremo Tribunal Federal editou e *ratificou* a Súmula Vinculante nº 11 ("Só é lícito o uso de algemas em casos de resistência e de fundado receio de fuga ou de perigo à integridade física própria ou alheia, por parte do preso ou de terceiro, justificada a excepcionalidade por escrito, sob pena de responsabilidade disciplinar, civil e penal do agente ou da autoridade e de nulidade da prisão ou do ato processual a que se refere, sem prejuízo da responsabilidade civil do Estado").

Enfim, o emprego de algemas só se impõe quando *absolutamente* necessário para a segurança de terceiros ou do próprio apenado, evitando-se, ainda, a evasão.

8. ASSISTÊNCIAS

A norma executória preceitua que a *assistência* à pessoa presa ou internada e ao egresso é *dever* do Estado tendo como objetivos: **a)** prevenir o crime; **b)** orientar o retorno à convivência em sociedade. Na preservação da dignidade da pessoa humana ficam abarcados os *presos provisórios* e os *definitivos*. A assistência será: **a)** material; **b)** à saúde; **c)** jurídica; **d)** educacional; **e)** social; **f)** religiosa.

Buscam-se a melhora, a qualidade de vida do apenado, suas expectativas e oportunidades vocacionais, suas interrelações pessoais, em um panorama vital do futuro. Uma intervenção pluridimensional que objetive a modificação de conduta desviante sem manipulá-lo, nem convertê-lo à condição de objeto. Devem-se potencializar atitudes, habilidades e convivência social, dando-lhe meios para uma eficaz participação comunitária, que seja uma *oferta* e não uma *imposição* estatal.

A *assistência material* consiste no fornecimento de *alimentação, vestuário e instalações higiênicas*. As "*Regras Mínimas para Tratamento dos Reclusos*" prevê que "Todo recluso receberá da Administração, nas horas de costume, alimentação de boa qualidade, bem preparada, e servida, cujo valor nutritivo seja suficiente para a preservação de sua saúde e de suas forças" e "Todo recluso deverá servir-se de água potável quando dela necessite" (20.1).

Em um olhar realístico sobre os estabelecimentos penais brasileiros, após vários mutirões determinados pelo Conselho Nacional de Justiça, observa-se, na maioria dos estados, que nos estabelecimentos penais as galerias possuem mínima iluminação e ventilação, paredes com infiltrações de água, ambiente sujo, ausência de entrega de roupa limpa e adequada ao apenado ou custodiado, enfim, condições materiais desumanas e degradantes, incompatíveis com a dignidade da pessoa privada de liberdade.

A Proposta de Reforma (2013), diante de um olhar realístico, inclui "instalações e produtos de higiene, saúde e transporte nas hipóteses de livramento condicional e término de pena". O estabelecimento penal disporá de instalações e serviços que atendam aos presos em suas necessidades pessoais, diante de lugares destinados à venda de produtos e o objetos permitidos e não fornecidos pela administração ("cantinas"). As *Regras Mínimas* estipulam que "Será exigida dos reclusos a higiene pessoal; para esse efeito, eles disporão de água e dos artigos de asseio indispensáveis à sua saúde e limpeza". Como as unidades prisionais *descumprem* o dever material de assistência, os presos são atendidos diante de suas máximas necessidades pelas famílias e, quando não, pelas organizações criminosas a que pertencem.

Questão relevante é a do *uso de uniforme* de cores berrantes (vermelho ou laranja) para maior visibilidade e controle do interior da unidade. Iguala todos os apenados, com maior ou menor poder econômico, não deve ser utilizado quando conduzidos para audiências ou trabalho externo, devendo usar como uniforme calça jeans e blusa branca ou macacão próprio dos obreiros, a fim de evitar o constrangimento e a etiquetagem estigmatizadora da pessoa presa. A questão pode ser observada sobre outro viés, quando se trata da *mulher presa*, em que a padronização é constrangedora à condição feminina. É de notar-se que as *"Regras Mínimas"* ditam que "Todo recluso, que não tiver permissão para vestir suas próprias roupas, recebê-las-á apropriadas ao clima e suficientes para mantê-lo em boa saúde. Essas roupas não deverão ser de modo algum, degradantes, nem humilhantes. Em circunstâncias especiais, quando o recluso se afastar do estabelecimento para fins autorizados ser-lhe-á permitido usar suas próprias roupas ou vestimenta que não chame atenção".

O ponto nevrálgico do sistema carcerário brasileiro é a *superlotação*, ressaltando-se as péssimas condições de salubridade. A ausência de fornecimento básico para a sobrevivência em condições mínimas de dignidade é feito pelas famílias dos apenados ou custodiados, que levam colchões, lençóis, cobertores, vestimenta e material de higiene pessoal. O cárcere nos estados brasileiros é uma tragédia. As mídias focam todos os dias a realidade da prisão, mas a população não se revolta (vingança), e as autoridades fingem que não sabem. Salo de Carvalho, no *"Penas e Garantias"*, ao lançar um olhar realístico sobre a realidade carcerária brasileira, resume "o Estado criminoso". A vingança da sociedade contra os violadores das normas só retroalimenta a violência e estimula a reincidência.

A *assistência à saúde*, de caráter preventivo e curativo, do preso ou do internado, deverá compreender atendiemntos médicos, farmacêuticos e odontológicos. A LEP preceitua que quando a unidade não estiver aparelhada para prover assistência médica necessária, esta será prestada em outro local, mediante autorização da direção do estabelecimento. São poucos os complexos que possuem hospital penitenciário. Na omissão e na ausência a matéria deve ser comunicada e decidida pelo juiz da execução (*princípio humanitário*). As mulheres deverão ter acompanhamento médico principalmente no pré-natal e no pós-parto, extensivo ao recém-nascido. Reitere-se que, à *mulher grávida* não pode ser aplicada e recolhida à cela de isolamento.

A Proposta de Alteração da Lei de Execução Penal (2013) endereça que a assistência à saúde dos presos deverá ser pautada nas premissas do Sistema Único de Saúde (SUS), "sendo garantida como direito básico, de caráter universal e multidisciplinar, com equidade, integralidade e resolutividade".

Sabe-se que previsões amplas sem suporte arquitetônico e gerencial, com a falta de recursos humanos e materiais, inviabilizam o direito constitucional à saúde, garantido por políticas sociais e econômicas que objetivem a redução do risco de doenças. As "*Regras Mínimas da ONU*" são descumpridas nos estabelecimentos penais brasileiros, diante da falta de médicos, dentistas e psicólogos, e daí a ausência de fiscalização da preparação e distribuição de alimentos, higiene e asseio, condições sanitárias, calefação, iluminação e ventilação e assistência psicológica aos apenados ou custodiados. A superlotação é uma das causas de grave incidência da tuberculose e do HIV. Enfim, faltam médicos, enfermeiros e remédios. O próprio ambiente carcerário é *per se* um estímulo à proliferação de doenças infectocontagiosas (respiratórias, alérgicas e sexualmente transmissíveis). Nada pode impedir que, em casos especiais, o preso possa ser atendido por seu médico particular e use seu plano de saúde. Diante de um quadro realístico, observado o caso concreto, deve-se autorizar "licença especial domiciliar para tratamento médico", presente o *princípio constitucional da dignidade da pessoa humana*.

A *assistência jurídica* é assegurada pela Carta Política de 1988 (a prisão de qualquer pessoa e o local onde se encontra serão comunicados imediatamente ao juiz competente e à família do preso ou à pessoa por ele indicada). Ao advogado, cumpre prestar desinteressadamente, serviços profissionais aos hipossuficientes que o solicitem. A posição do Superior Tribunal de Justiça é no sentido de que *não* se configura nulidade a negativa do pedido de *requisição do réu preso para a entrevista pessoal*, com a finalidade de subsidiar a elaboração da defesa preliminar diante do argumento de inexistência de previsão legal que autorize a Defensoria Pública a transferir ao Poder Judiciário o ônus de promoção de entrevista pessoal do réu (STJ, RHC 50.791/RJ, 6ª T., rel. Min. Sebastião Reis Júnior, j. 14.10.2014). A Lei de Execução Penal e o Estatuto da OAB dispõem que constitui direito da pessoa presa a *entrevista pessoal e reservada* com advogado. A Lei de Execução Penal prescreve que "as Unidades da Federação deverão ter serviços de assistência jurídica, integral e gratuita, pela Defensoria Pública, dentro e fora dos estabelecimentos penais". Igualmente, núcleos especializados deverão ser implantados para a prestação da assistência integral e gratuita aos condenados egressos e seus familiares, sem recursos para constituir advogado. A Defensoria Pública, órgão da execução, é instituição essencial à função jurisdicional, incumbindo-se da orientação jurídica e defesa das pessoas necessitadas.

Na Proposta de Alteração da Lei de Execução Penal (2013), judicial, extrajudicial e administrativa, é destinada aos presos sem recursos financeiros para constituir advogados e será prestada pela Defensoria Pública, pelos seus membros ou entidades conveniadas. Velará pela regular execução da pena e das medidas de segurança, oficiará no processo executivo e nos incidentes da execução para a defesa dos necessitados em todos os graus e instâncias, de forma individual ou coletiva. A massa carcerária é composta majoritariamente de pessoas pobres e miseráveis. A assistência jurídica ainda é precária nos estados da Federação, diante do diminuto quadro de Defensores Públicos à disposição das unidades prisionais.

A *assistência educacional*, no texto da Lei de Execução Penal, compreenderá a instrução escolar e a formação do preso e do internado, sendo *obrigatório* o ensino de *primeiro grau* integrando-se no sistema da unidade federativa e, o *profissional* será ministrado em nível de iniciação ou de aperfeiçoamento técnico. As "*Regras Mínimas*" prescrevem que a instrução dos analfabetos e dos reclusos jovens será obrigatória, e a administração deverá dar-lhes particular atenção. Para o "bem-estar físico e mental dos reclusos, serão realizadas atividades recreativas e culturais em todos os estabelecimentos" (77/78).

A Proposta de Alteração (2013) é mais abrangente: "A assistência educacional compreenderá a educação formal e profissionalizante do preso, cabendo assegurar o direito ao acesso e permanência na instituição escolar do cárcere em todos os níveis e modalidades de educação, inclusive o superior, sem gerar qualquer tipo de discriminação". Assim, a alfabetização e o ensino profissionalizante serão priorizados. Um grande passo foi dado ao dotar-se cada estabelecimento de uma *biblioteca* provida de livros instrutivos, recreativos e didáticos, jornais e revistas para o uso de todos os reclusos, além de *salas de aula*, *leitura* e *laboratórios de informática*. A questão será tratada na *remição pelo estudo*, eixo de sustentabilidade da execução penal.

A *assistência social* tem por escopo amparar o preso e o internado e prepará-lo para o retorno à liberdade. Arminda Bergamini Miotto, no *Curso de Direito Penitenciário*, sustenta que a assistência social possui quatro fins: **a)** paliativo; **b)** curativo; **c)** preventivo; **d)** construtivo. Incumbe ao serviço de assistência: **a)** conhecer os resultados dos diagnósticos e exames; **b)** relatar, por escrito, ao diretor do estabelecimento, os problemas e as dificuldades enfrentadas pelo assistido; **c)** acompanhar o resultado das permissões de saídas e saídas temporárias; **d)** promover no estabelecimento, pelos meios disponíveis, a recreação; **e)** promover a orientação de assistidos, na fase final do cumprimento da pena, e do liberando, de modo a facilitar o seu retorno à liberdade; **f)** orientar e amparar, quando necessário, a família do preso, do internado e da vítima. É de relevante importância o serviço social penmitenciário, relembrando-se que as *"Regras Mínimas"* ditam que "Velar-se-á, particularmente, pela manutenção e pelo melhoramento das relações entre o recluso e a sua família, quando estas forem convenientes para ambas as partes. Será tido na devida conta, desde o início do cumprimento da pena, o futuro do preso depois de sua libertação. Deverá alertar-se o recluso para que mantenha ou estabeleça relações com pessoas ou organismos externos que possam favorecer os interesses de sua família, assim como sua própria readaptação social" (79/80). As famílias das vítimas carentes de recursos deverão ser assistidas, pois nem sempre perseguem o objetivo financeiro.

Na Proposta de Alteração da Lei de Execução Penal (2013), inclui-se: "promover, com apoio do Conselho da Comunidade, o processo de Justiça Restaurativa com o preso e sua família, e também com a família da vítima, sempre que possível". A obtenção de documentos de cidadania é fundamental para a reinserção social.

A *assistência religiosa* será prestada com *liberdade de culto* (art. 5º, VI, CF/88), permitindo-se a participação nos serviços organizados no estabelecimento penal, bem como a posse de livros de instrução religiosa. A Convenção Americana sobre os Direitos Humanos (Pacto de São José da Costa Rica) prevê no item pertinente à *liberdade de consciência e de religião* que "a liberdade de manifestar a própria religião e as próprias crenças está sujeita unicamente às limitações previstas na lei e que sejam necessárias para proteger a segurança, a ordem, a saúde ou amoral públicas ou os direitos ou liberdade dos demais presos" (art. 12). As *"Regras Mínimas"* prescrevem que "Dentro do possível, todo recluso será autorizado a cumprir os preceitos de sua religião, permitindo-lhe participar dos serviços organizados no estabelecimento e ter em seu poder livros de instrução religiosa e de confissão". A Constituição Federativa prevê a *liberdade de consciência e de crença*, assegurando o livre exercício dos cultos religiosos e garantindo a proteção aos locais de culto e suas liturgias. A Lei de Execução Penal torna a *assistência religiosa* um *dever* do Estado, prevendo liberdade de culto aos presos e internados. A Resolução nº 8, de 9 de novembro de 2011, do Conselho Nacional de Política Criminal e Penitenciária, estabelece as seguintes diretrizes para a assistência religiosa: **a)** será garantido o direito de profecia por todas as religiões e o de consciência aos agnósticos e adeptos de filosofias não religiosas; **b)** será assegurada atuação de diferentes confissões religiosas em igualdades de condições, majoritárias ou minoritárias, vedado o proselitismo religioso e qualquer forma de discriminação ou estigmatização; **c)** assistência religiosa não será instrumentalizada para fins de disciplina, correcionais ou para estabelecer qualquer tipo de regalia, benefício ou privilégio, e será garantida mesmo à pessoa presa submetida a sanção disciplinar; **d)** à pessoa privada de liberdade será assegurado o direito à expressão de sua consciência, filosofia ou prática de sua religião de forma individual ou coletiva, devendo ser respeitado o direito e a vontade de participação, ou de abster-se de participar de atividades de cunho religioso; **e)** será garantido à pessoa presa o direito de mudar de religião, consciência ou filosofia, a qualquer tempo, sem prejuízo da situação prisional; **f)** o conteúdo da prática religiosa deverá ser difundido pelo grupo religioso e pelas pessoas presas.

A Proposta de Alteração da Lei de Execução Penal (2013) garante o direito às pessoas privadas de liberdade de práticas religiosas nos estabelecimentos penais, ao permitir que haja local apropriado, respeitando-se as especificidades, bem como a utilização de instrumentos musicais. Diante da falência estatal no sistema penitenciário, a assistência religiosa tem sido uma ferramenta de sustentabilidade da pessoa presa, acendendo uma luz no final do túnel na esperança da liberdade.

A *assistência ao egresso* tem dois objetivos: **a)** orientar e apoiar para reintegração à vida em liberdade (família, comunidade e sociedade); **b)** conceder, quando necessário, alojamento e alimentação, em estabelecimento adequado pelo prazo de 2 (dois) meses, que poderá ser prorrogado uma única vez. Consideram-se egressos: **a)** o liberado definitivo, pelo prazo de 1 (um) ano a contar da saída do estabelecimento; **b)** o liberado condicional, durante o período de prova; **c)** o desinternado de medida de segurança, *ex vi* do art. 97, § 3º, do CP ("A desinternação ou a liberação, será sempre condicional, devendo ser restabelecida a situação anterior se o agente, antes do decurso de um ano, pratica fato indicativo de persistência de sua periculosidade").

René Ariel Dotti, no *Curso de Direito Penal*, salienta que: "O egresso é, não raramente, a personagem cinzenta cuja linha divisória esfumada entre a prisão e a liberdade o expõe ao sofrimento da pena de prescrição pelas variadas formas de rejeição social". A *assistência ao egresso* deve ser prestada pelos Patronatos, *públicos* ou *particulares*, pois sem oportunizar condições à reinserção social retroalimenta a reincidência. A *assistência ao egresso*, no que tange à concessão de alojamento adequado e alimentação, será de dois meses, prazo que poderá ser prorrogado uma única vez, comprovada por declaração do assistente social o empenho na obtenção de emprego. Diante da realidade social, de um lado, a idade e a saúde, de outro, e o escasso mercado de trabalho e a hipossuficiência do egresso, o prazo é diminuto.

Leia-se nas "*Regras Mínimas*" que "Os serviços e os organismos, oficiais ou não, que ajudam os reclusos postos em liberdade a reintegrarem-se na sociedade, proporcionarão aos liberados, na medida do possível, os documentos e papéis inerentes à sua libertação" (81.1). O momento mais difícil para quem sai do cárcere é do ingresso na liberdade, pela própria *estigmatização da prisionalização*.

9. REMIÇÃO

A *remição* é um *direito público subjetivo* do apenado, incluindo o trabalho interno ou externo, manual ou intelectual, agrícola ou industrial, artesanal ou artístico, admitindo-se o burocrático nas unidades prisionais, pois é prestado para o seu efetivo funcionamento e com proveito *erga omnes*.

9.1. Pelo trabalho

O *trabalho* é um dos eixos de sustentabilidade da execução penal. A prisão de Gante, na Bélgica, levantada em 1773, planejada pelo arquiteto Verlain, foi a primeira unidade penitenciária construída com arquitetura previamente concebida para o trabalho prisional. A prisão e o trabalho constituíam o binômio dos meios idôneos para alcançar a "expiação" do apenado, segundo o postulado do sistema penitenciário howardiano (*"Make men diligente and you will make them"*).

O *trabalho prisional* deve ser desenvolvido objetivando a capacitação do interno e não a exploração para o fim de um benefício. Para a inserção para a futura adaptação social, torna-se necessária que a qualificação do apenado seja procedida, quando possível, com o envolvimento da família e seus dependentes. Assim, deve servir a formação profissional tendo em consideração as necessidades próprias e de sua família. Registre-se a necessária aproximação do trabalho prisional, em sua organização sobre bases econômicas, técnico-produtivas e jurídicas com o trabalho na macrossociedade. O administrador penitenciário deve utilizar parte da remuneração percebida pelos apenados na formação de um fundo rotativo, a fim de proporcionar a melhoria e a manutenção do estabelecimento penitenciário em condições de garantir a dignidade da pessoa privada de liberdade. São óbices, a impossibilidade de escolha do tipo de trabalho do interesse do condenado, o estritamente doméstico, manual, repetitivo sem técnica e criatividade, cego para a realidade do mundo livre.

Borja Caffarena, em *Principios Fundamentais do Sistema Penitenciário Español*, elenca algumas vantagens do trabalho penitenciário: **a)** plena ocupação da população carcerária; **b)** formação profissional; **c)** sistema de organização do trabalho prisional; **d)** livre competitividade; **e)** garantia de igualdade salarial; **f)** reconhecimento do mérito para obtenção de direitos na execução da pena.

O *trabalho prisional* poderá ser *interno* ou *externo*, o primeiro é *obrigatório*, na medida das aptidões e da capacidade do apenado, o segundo, é *facultativo*, dependendo do seu consentimento expresso, no regime fechado e, somente em obras públicas com escolta evitando-se a fuga e em favor da *disciplina*. O *preso provisório não* está obrigado ao trabalho e só poderá ser executado intramuros. A *prestação de trabalho externo* pela direção do estabelecimento penal (deveria ser por autorização judicial) não mais exige o cumprimento de 1/6 (um sexto) da pena quando do ingresso direto no regime semiaberto. O Supremo Tribunal Federal, diante do *princípio da razoabilidade e da realidade fática*, não mais exige tal limitação. As tarefas executadas como prestação de serviços à comunidade *não* são remuneradas. O *trabalho prisional* não está sujeito à Consolidação das Leis do Trabalho e será remunerado mediante tabela prévia, não podendo ser inferior a 3/4 (três quartos) do salário mínimo (pecúlio). A Corte Constitucional da Itália, sustentando a igualdade de todo trabalhador, sem distinção de espécie, inclusive os presos, reconhece a equiparação e o repouso anual remunerado pela administração penitenciária. Aduza-se que as "Regras Mínimas" da ONU preconizam que "Nos estabelecimentos penitenciários serão tomadas as mesmas precauções prescritas para proteger a segurança e a saúde dos trabalhadores livres", e que "Serão tomadas disposições para indenizar o recluso pelos acidentes de trabalho e enfermidades profissionais, em condições similares as que a lei estabelece para os trabalhadores livres", bem como que "As horas, assim fixadas, deixarão um dia na semana, para o descanso, e tempo suficiente para a instrução e outras atividades previstas para o tratamento e a reabilitação do recluso", sendo "O trabalho dos reclusos deverá ser remunerado de forma equitativa".

A *remição pelo trabalho* se aplica tanto em relação ao interno ou externo. Igualmente, deve-se admitir o *trabalho voluntário* para os fins de remição da pena e as pessoas doentes ou com deficiência física somente exercerão atividades condizentes com o seu estado ou condição física ou mental.

No que tange à *remição pelo trabalho*, o art. 38 do Código Penal diz que o preso conserva *todos* os direitos *não* atingidos pela perda da liberdade e a Lei de Execução Penal arrola a atribuição de trabalho e remuneração. Na sua dicção trata-se de um *dever*, mas diante da Carta Política "*são direitos sociais, a educação, a saúde, o trabalho e o lazer* [...]". Assim, o trabalho é um *direito* e uma obrigação do preso, inadmitindo-se a não atribuição de trabalho por deficiência do Estado (superlotação carcerária, deficiência de oficinas e mestres nas unidades prisionais), *ratio* para a discussão da *remição ficta* (computação dos dias não trabalhados por desídia estatal). Se o condenado requer a prestação de trabalho expressamente, seria a termo *a quo* a data da decisão denegatória por inexistir condições na unidade para a prestação do trabalho e do direito de remir a pena. A posição pretoriana dominante é a de que *inexiste* amparo legal para a *remição ficta*, uma vez que *não* há previsão de trabalho como *direito* do condenado e *obrigação* do Estado em nenhum dispositivo legal (STJ, Ag 503.432/RS, 5ª T., rel. Min. Arnaldo Esteves Lima, j. 14.10.2005). O trabalho surge como imposição da lei e obrigação do condenado na execução da pena privativa de liberdade.

A *remição* conduz ao *acréscimo* de um dia de pena cumprida por 3 (três) dias de trabalho, conduzindo à alteração do título executório, que é a sentença penal transitada em julgado. A cada 3 (três) dias trabalhados *acresce* um dia de pena cumprida, somando-se o tempo remido com o tempo de pena cumprida, até o limite de 30 (trinta) anos, para os fins de extinção da pena. Somente é *admissível* a remição pelo *trabalho* nos regimes *fechado* e *semiaberto*. O regime aberto tem como patamar a autodisciplina e no senso de responsabilidade do condenado, o trabalho é um *pressuposto* da nova condição de cumprimento de pena (STF, HC 98.261/RS, rel. Min. Cezar Peluso, j. 2.3.2010). O *trabalho esporádico* é ocasional, não efetivo, o que torna impossível remir. Contemporaneamente, *não* há mais espaço para *não* remir o trabalho *artístico* e *intelectual*. Advoga-se o modelo italiano que reconhece o direito de repouso anual aos apenados que prestarem trabalhos nas unidades carcerárias. Roberto Lyra, já defendia o *"direito de férias"* e tal período poderá ser computado para fins de remição de cumprimento de pena.

Não há direito à remição de pena pelo trabalho ao condenado que estiver cumprindo pena privativa de liberdade em *regime aberto*, diante da redação do art. 126 da Lei de Execução Penal, que *não* veio a ser alterado com a edição da Lei nº 12.433, de 29 de junho de 2011, somente estão legitimados a requerer a remição os condenados em regime aberto, tão somente pela frequência em curso de ensino regular ou de educação profissionalizante (STJ, AgRg no REsp nº 1.223.281/RS, 6ª T., rel. Min. Og Fernandes, j. 18.12.2012). Assim, não há que se falar em trabalho externo em regime aberto por opção do legislador (STF, AgRg no REsp 1.354.316/RS, 5ª T., rel. Min. Marco Aurélio Bellizze, j. 7.3.2013).

Entende-se que, o Estado deveria adotar, como ação de política penitenciária, a criação de incentivo fiscal para as empresas que venham a contratar os apenados e egressos do sistema prisional, para o enfrentamento do óbice à desconstrução da inserção e futura adaptação social.

9.2. Pelo estudo

Alessandro Baratta, em sua *Criminologia crítica e crítica do Direito Penal*, registra que o cárcere é contrário a todo e moderno ideal educativo, porque este estimula a individualização, o autorespeito do indivíduo alimentado pela figura do educador. Assim, são contrapostos a "culturalização" e a "prisionalização", diante de dois processos: "educar para o crime e educar para ser um bom preso". Busca-se vencer as vulnerabilidades do encarceramento com um olhar realístico, diante da prisão, gerando expectativas de oportunidades na futura inserção social.

A história da educação nas prisões e nos reformatórios americanos é marcada no *sistema pensilvânico* pela leitura da Bíblia, sendo introduzida em 1884, na *Eastern Penitenciary*, a secular *school teacher* e a *library*. A *New York law*, de 1847, aprova dois instrutures para cada estabelecimento penal, surgindo em Ohio a primeira *classrroom instruction*.

A Lei nº 12.433, de 29 de junho de 2011, admite a *remição pelo estudo*, estabelecendo a cada 12 (doze) horas de frequência o acréscimo de 1 (um) dia de pena cumprida. A Súmula nº 341 do Superior Tribunal de Justiça já admitia "a frequência a curso de ensino formal e causa de remição de parte do tempo de execução da pena, diante do regime fechado ou semiaberto". A Lei nº 12.245, de 24 de maio de 2010, alterou o art. 83 da Lei de Execução Penal para autorizar a instalação de *salas de aula* destinadas a cursos de ensino básico e profissionalizantes. Não há exigibilidade que as 12 (doze) horas de estudo sejam exatamente divididas em 4 (quatro) horas por 3 (três) dias.

As atividades de estudo poderão ser desenvolvidas de *forma presencial* ou por *metodologia de ensino à distância* e deverão ser definidas pelas autoridades educacionais dos cursos frequentados. Constitui injusto do tipo de *falsidade ideológica* atestar falsamente prestação de serviço para o fim de instruir pedido de remição. Há incidência da remição sobre a progressão de regimes e livramento condicional, inadmitindo-se em relação às medidas de segurança. É permitida a *cumulação* de horas *trabalhadas* com horas *estudadas*, desde que haja compatibilidade.

Pelo Decreto nº 8.380, de 24 de dezembro de 2014, as pessoas condenadas à pena privativa de liberdade superior a 12 (doze) anos, desde que já tenham cumprido 2/5 (dois quintos) da pena, se não reincidentes, ou 3/5 (três quintos), se reincidentes, e estejam em regime semiaberto ou aberto e tenham *concluído* durante a execução da pena o curso de ensino profissionalizante ou superior, devidamente certificado por autoridade educacional local, na forma do art. 126 da Lei de Execução Penal, nos 3 (três) anos, contados retroativamente a 25 de dezembro, serão *indultados*.

Com a edição da Lei nº 13.163, de 9 de setembro de 2015, que instituiu o *ensino médio*, regular ou supletivo, nas penitenciárias com formação geral ou educação profissional de nível médio, foi estabelecido o princípio constitucional de sua universalização. O art. 18-A da Lei de Execução Penal estabelece que os sistemas de ensino ofereçam aos presos e às presas cursos supletivos de educação de jovens e adultos. A União, os estados, os municípios e o Distrito Federal incluirão em seus programas de educação à distância e de utilização de novas tecnologias de ensino, o atendimento à pessoa privada de liberdade. O novo diploma cria o *censo penitenciário* que deverá apurar: **a)** o nível de escolaridade das pessoas presas; **b)** a existência de cursos de nível fundamental e médio e o mínimo de presos e presas atendidos; **c)** a existência de bibliotecas e as condições de seus acervos; **d)** dados relevantes para o aprimoramento educacional.

O *estudo* é um dos eixos relevantes de sustentabilidade da execução penal. O *ensino profissionalizante* e a *disciplina pela atividade laborativa* contribuem para a formação de uma *nova* pessoa para a inserção social. Todavia, o longo tempo de execução da pena, o estigma do cárcere, a redução do tempo de vida útil, constituem-se em grandes óbices para o ingresso no mercado de trabalho.

Já em 1928, Mac Cornick havia instalado um *library service movel* em um estabelecimento penal, pois a prisão oferece *tempo* e *oportunidade* para a *leitura*. A questão vital está na seleção de livros que desperte e estimule a leitura da complexa e diferenciada massa de leitores.

As *Regras Mínimas* para o tratamento de reclusos e recomendações pertinentes adotadas pelo 1º Congresso das Nações Unidas (Genebra, 1955), em seu item 39, diz que "Os reclusos deverão ser informados periodicamente dos acontecimentos mais importantes, seja por meio da leitura dos diários, revistas e publicações penitenciárias especiais, seja por qualquer meio de rádio, conferências ou qualquer outro meio similar, autorizado ou fiscalizado pela administração". Contemporaneamente, adquire-se a informação através da *televisão* e da *internet*. A pessoa privada de liberdade não pode ficar vedada ao seu acesso. Ainda no corpo das *Regras Mínimas da ONU*, no item 40, leia-se: "Cada estabelecimento deverá ter uma biblioteca para o uso de todas as categorias de reclusos, suficientemente provida de livros instrutivos e recreativos. Deverá instar-se com os reclusos para que utilizem o mais possível a biblioteca".

O *estudo fora do estabelecimento penal* deverá comprovar mensalmente por meio de declaração da unidade de ensino, a frequência e o aproveitamento escolar. Majora-se de 1/3 (um terço) das horas de estudo no caso de *conclusão* do ensino fundamental, médio ou superior durante o cômputo da pena, desde que *certificado* pelo órgão competente. Na hipótese da ocorrência de *acidente de trabalho*, continua pelo período a beneficiar pela remição (trabalho ou estudo).

Nos *regimes aberto e semiaberto* e no *livramento condicional*, admite-se a *remição pelo estudo* através da frequência a curso de ensino regular ou de educação profissional, parte do tempo da execução da pena ou do período de prova. Admitem-se também nas hipóteses de prisão cautelar.

9.3. Pela leitura

A *remição pela leitura* visa à possibilidade da remição da pena do custodiado em regime fechado e também se aplica às hipóteses de prisão cautelar. A participação do preso dar-se-á de forma voluntária, sendo disponibilizado ao participante um exemplar de obra literária, clássica, científica ou filosófica, dentre outras de acordo com as obras disponíveis na unidade prisional. A pessoa privada de liberdade terá o prazo de 21 (vinte e um) a 30 (trinta) dias para a leitura de uma obra literária. Após este período, deverá apresentar uma resenha a respeito do assunto, possibilitando, segundo critério legal de avaliação, a remição de 4 (quatro) dias de sua pena e, ao final, de até 12 (doze) obras lidas e avaliadas, terá possibilidade de remir 48 (quarenta e oito) dias, no prazo de 12 (doze) meses, de acordo com a capacidade gerencial da unidade prisional. Equipara-se ao trabalho intelectual e considerar-se-á a fidelidade e a clareza da resenha, sendo desconsideradas daquelas que não atenderem a este pressuposto subjetivo. Com vistas ao incentivo à leitura e ao desenvolvimento da escrita como forma criativa de expressão, serão realizadas pela equipe de tratamento penitenciário e possíveis colaboradores, em salas de aula ou oficinas de trabalho. O resultado deverá ser enviado ao magistrado federal da execução das penas de cada *estabelecimento penal federal*, para que este decida sobre o aproveitamento a título de remição da pena, contabilizando-se 4 (quatro) dias de remição da pena aos que alcançarem os objetivos propostos (Ministério da Justiça, Portaria Conjunta nº 276, de 20.6.2012). Por simetria, a matéria deve ter recepção no sistema penitenciário estadual. O Conselho Nacional de Justiça editou a Recomendação nº 44, de 26 de novembro de 2013, no sentido de que "para fins de remição pelo estudo, sejam valoradas e consideradas as atividades de caráter complementar, assim entendidas aquelas que ampliam as possibilidades de educação nas prisões, tais como as de natureza cultural, esportiva, de capacitação profissional, de saúde, entre outras, conquanto integradas ao projeto político-pedagógico (PPP) da unidade ou do sistema prisional local e sejam oferecidas por instituição devidamente autorizada ou conveniada com o poder público para esse fim".

O Superior Tribunal de Justiça já se pronunciou sobre a possibilidade da remição pela leitura aplicada à analogia *in bonan partem*, com a interpretação extensiva, salienta a Portaria Conjunta nº 276/2012, do Departamento Penitenciário Nacional do Ministério da Justiça e a Recomendação nº 44/2013 do Conselho Nacional de Justiça, ressaltando-se a relevância do *trabalho intelectual* na construção de uma *nova pessoa*, diante dos obstáculos de um sistema prisional desumano e degradante (STJ, HC 312.486/SP, 6ª T., rel. Min. Sebastião Reis Junior, j. 9.6.2015).

Assim, é a Proposta de Alteração da Lei de Execução Penal (2013), possibilitando a remição pelo trabalho, artesanato, leitura ou por estudo, de parte do tempo de cumprimento da execução da pena, podendo o beneficiário obter nos seguintes casos: **a)** de forma cumulativa, concedido pelo estudo e pelo trabalho, quando conciliados; **b)** através de atividades contempladas no projeto político-pedagógico; **c)** através da leitura; **d)** através de certificação de ensino fundamental e médio pelos exames nacionais ou estaduais.

As *oficinas de leitura*, com o objetivo ao incentivo à leitura e ao desenvolvimento da escrita, como forma criativa de expressão, possuem papel relevante de apoio.

9.4. Revogação do período remido

No caso de *falta grave*, o magistrado poderá revogar *até* 1/3 (um terço) do *tempo remido*, observado o art. 57 da Lei de Execução Penal (*natureza, motivos, circunstâncias, consequências, perfil do faltoso* e *tempo de prisão*). Recomeça a contagem a partir da data da infração disciplinar. O condenado *não* perde mais *todos* os dias remidos. Cogita-se de *poder-dever*, pois o juízo de discricionariedade do juiz da execução se limita a fixar até 1/3 (um terço) o *quantum* da perda dos dias revogados, diante do *princípio da proporcionalidade* e observado o *perfil* do apenado, consideradas as condições de aplicação, previstas pelo art. 57 da Lei de Execução Penal. O Superior Tribunal de Justiça entende que ficará "no juízo de discricionariedade do julgador, apenas a fração da perda, que terá como limite máximo 1/3 (um terço) dos dias remidos" (STJ, AgRg no REsp 1.424.583/PR, 6ª T., relª. Minª. Maria Thereza de Assis Moura, j. 3.6.2014; STJ, AgRg no REsp 1.430.097/PR, 5ª T., rel. Min. Felix Fischer, j. 19.3.2015). Assim, *poderá* o juiz da execução deixar de revogar *todos* os dias remidos até 1/3 (um terço) da totalidade, diante da falta grave, isto é, *não* fazer qualquer desconto. Entende-se que, apurada a autoria e a reprovabilidade da falta disciplinar imputada, observado o devido processo legal, deixar de aplicá-la por entender que o poder de discricionariedade é exercido na escala de 0 (zero) até 1/3 (um terço), significa gerar a *impunidade* da falta disciplinar, o que equivaleria ao "perdão judicial". O tempo remido será computado como pena cumprida para *todos* os efeitos.

O Supremo Tribunal Federal decidiu que a *perda* dos dias remidos pelo apenado, em razão do cometimento de *falta grave*, deve ser proporcional, observando-se os parâmetros do art. 127 da Lei de Execução Penal, nos termos das modificações promovidas pela Lei nº 12.433, de 29 de junho de 2011. Assim, cabe a aplicação da *retroatividade*, diante da norma penal mais benéfica (STF, HC 110.040/RS, 2ª T., rel. Min. Gilmar Mendes, j. 8.11.2011). No mesmo sentido, de que "A nova redação conferida pela Lei nº 12.433, de 29 de junho de 2011, ao art. 127 da Lei de Execução Penal limita ao patamar máximo de 1/3 (um terço) a revogação do tempo a ser remido. Por se tratar de uma *novatio legis in mellius*, nada impede que ela retroaja para beneficiar [...]" (STF, HC 109.034/SP, 1ª T., rel. Min. Dias Toffoli, j. 29.11.2011).

O *tempo de remição* é objeto de *prova*, razão pela qual há uma *planilha de horas trabalhadas*, sendo declarada pelo Juiz da Execução, ouvido o órgão do Ministério Público. Não se computa o *trabalho espontâneo* fora dos horários nas unidades prisionais. A *declaração da remição* será dada pelo Juiz da Execução com a oitiva do Ministério Público. A autoridade administrativa encaminhará mensalmente ao Juízo da Execução cópia do registro de todos os condenados que estiverem trabalhando ou estudando com a planilha dos dias de trabalho e horas de frequência escolar ou atividades de ensino, de cada um deles.

A Proposta de Alteração da Lei de Execução Penal (2013) corretamente propõe que a autoridade administrativa aduza a cada resenha apontada a avaliação de cada condenado que esteja trabalhando ou estudando. O condenado receberá a relação dos dias remidos. O cálculo de remição pelos dias trabalhados *não* é feito por *horas*, mas por *dias* trabalhados (STF, HC 114.393/RS, 2ª T., rel. Min. Cármen Lúcia, j. 2.12.2013).

O Superior Tribunal de Justiça firmou a possibilidade da remição na *medida socioeducativa de liberdade assistida*, desde que não prejudique a restrição de liberdade do menor infrator, *ex vi* do art. 127 do Estatuto da Criança e do Adolescente (STJ, HC 177.611/SP, 6ª T., rel. Min. Og Fernandes, j. 1.3.2012).

A Lei nº 12.245, de 24 de maio de 2010, altera o art. 83 da Lei de Execução Penal, acrescentando o § 4º, para autorizar a instalação de *salas de aula e de leitura* nos presídios destinadas a cursos de ensino básico e profissionalizantes.

A decisão concessiva da remição é de natureza declaratória com efeito de coisa julgada, sendo admissível a perda dos dias remidos, trabalhados e ainda *não* juridicamente declarados, anteriores à data do cometimento da falta grave (STJ, HC 286.791/RS, 5ª T., rel. Min. Moura Ribeiro, j. 3.6.2014). A perda dos dias remidos não ofende os princípios do direito adquirido ou da coisa julgada, pois gera tão só uma expectativa de direito (STJ, HC 178.149/SP, 5ª T., relª Minª Laurita Vaz, j. 11.10.2011). O Superior Tribunal de Justiça entendeu que a Lei nº 12.433, de 29 de junho de 2011, não torna discricionária a perda dos dias remidos, mas tão só modificou o *quantum* da perda, que antes era total e agora é no máximo de 1/3 (um terço). Questiona-se, diante do princípio do *ne bis in idem*, a aplicação, em razão da *mesma* falta grave, da perda de dias remidos e a regressão de regime prisional.

Diante do *princípio da razoabilidade*, observados os fins sociais da pena, o Superior Tribunal de Justiça concedeu o regime de *prisão domiciliar*, fora do rol elencado no art. 717 da LEP, ao apenado que, sem condições para pagar as passagens nos dias de semana que trabalha, consegue um emprego em comarca distante do juízo da execução (STJ, REsp 962.078/RS, 5ª T., rel. Min.* Adilson Vieira Macabu, j. 17.2.2011).

O Ministro Luís Roberto Barroso, em seu voto-vista no RE 580.252/MS, diante da *responsabilidade civil* do Estado pelos danos causados à pessoa privada de liberdade por *superlotação* e *condições degradantes de encarceramento*, salienta a *ilegitimidade* da invocação da *cláusula da reserva do possível*, propondo em repercussão geral: "O Estado é civilmente responsável pelos danos, inclusive morais, comprovadamente causados aos presos em decorrência de violações à sua dignidade, provocadas pelo encarceramento em condições desumanas ou degradantes. Em razão da natureza estrutural e sistêmica das disfunções verificadas no sistema prisional, a reparação dos danos materiais deve ser efetivada preferencialmente, por meio não pecuniário, consistente na remição de um dia de pena por cada três a sete dias de pena cumprida em condições atentatórias à dignidade humana, a ser postulada perante o Juízo da Execução Penal. Subsidiariamente, caso o detento já tenha cumprido integralmente a pena ou não seja possível aplicar-lhe a remição, a ação para o ressarcimento dos danos morais será fixada em pecuniária pelo juízo cível competente" (STF, RE 580.252/MS, Pleno, rel. Min. Teori Zavaski, pedido de vista em 6.5.2015).

O Superior Tribunal de Justiça decidiu em razão da perda dos dias remidos pelo cometimento de falta grave que "Reconhecida falta grave, a perda de até 1/3 do tempo remido (art. 127 da LEP) pode alcançar dias de trabalho anteriores à infração disciplinar e que ainda não tenham sido declarados pelo juízo da execução no cômputo da remição. A remição na execução da pena constitui benefício submetido à cláusula *rebus sic stantibus*. Assim, o condenado possui apenas a expectativa do direito de abater os dias trabalhados do restante da pena a cumprir, desde que não venha a ser punido com falta grave. Nesse sentido, quanto aos dias de trabalho a serem considerados na compensação, se, por um lado, é certo que a perda dos dias remidos não pode alcançar os dias trabalhados após o cometimento da falta grave, sob pena de criar uma espécie de conta-corrente contra o condenado, desestimulando o trabalho do preso, por outro lado, não se deve deixar de computar os dias trabalhados antes do cometimento da falta grave, ainda que não tenham sido declarados pelo juízo da execução, sob pena de subverter os fins da pena, culminando por premiar a indisciplina carcerária. Precedente citado: HC 286.791-RS, Quinta Turma, DJe 6/6/2014" (STJ, REsp 1.517.936/RS, 6ª T., relª. Minª. Maria Thereza de Assis Moura, j. 1.10.2015)

10. DETRAÇÃO

A *detração* é o abatimento na pena privativa de liberdade e na medida de segurança, do tempo de prisão provisória no Brasil e no estrangeiro, ou de prisão administrativa ou de internação em hospital de custódia e tratamento psiquiátrico, ou mesmo em outro estabelecimento adequado. Assim, tem por escopo que o Estado *não* olvide o tempo em que, pelo mesmo fato, manteve o condenado preso ou detido, ou até internado em hospital de custódia, exacerbando o *ius puniendi*. O art. 111 da Lei de Execução Penal prescreve que quando houver condenação por mais de um crime, no mesmo processo ou em processos distintos, a determinação do *regime de pena* será feito pelo resultado da *soma* ou da *unificação* das penas, observado, quando for o caso, a *detração* ou a remição.

Os processos para aplicação da detração devem correr *simultaneamente*. Ninguém pode ser punido duas vezes pelo mesmo fato. Há duas situações a observar para a admissão ou não da detração penal: **a)** se o crime é *posterior* à sentença condenatória, *descabe* a detração; **b)** se o crime é *anterior*, *admite-se*, mesmo quando as penas referem-se a fatos diversos aplicados em processos distintos (STJ, HC 141.568/RS, 6ª T. rel. Min.* Vasco Della Giustina, j. 6.9.2011). O Superior Tribunal de Justiça firmou posicionamento no sentido de ser cabível a aplicação da detração em *processos distintos*, desde que o delito pelo qual o sentenciado cumpre pena tenha sido cometido *antes* de sua segregação cautelar (STJ, HC 171.363/RS, 5ª T. rel.ª Min.ª Laurita Vaz, j. 18.8.2011). A detração do tempo de prisão processual ordenada em outro processo em que o sentenciado foi absolvido, ou teve declarada a extinção da sua punibilidade, é admissível quando a data do cometimento do crime de que trata a execução seja *anterior* ao período pleiteado (STJ, HC 155.049/RS, 6ª T. rel. Min.* Celso Limongi, j. 1.3.2011). É evidente que se o crime é *posterior, totalmente isolado do contexto, não* se pode criar uma *carta de crédito* ao réu para utilizar em injustos penais futuros que vier a cometer (STF, HC 93.979/RS, 1ª T., rel.ª Min.ª Cármen Lúcia, j. 22.4.2008). O Superior Tribunal de Justiça pacificou a questão relativa à "conta corrente", "no sentido de ser inviável a aplicação da detração penal em relação aos crimes cometidos posteriormente à custódia cautelar. Entender de maneira contrária seria como conceder possível 'crédito' para que o indivíduo praticasse futuros delitos, já ciente do abatimento da pena" (STJ, HC 197.112/RS, 6ª T., rel. Min. Og Fernandes, j. 19.5.2011).

Com a edição da Lei nº 12.736, de 30 de novembro de 2012, a detração deverá ser considerada pelo *magistrado que proferir a sentença condenatória*. O *tempo* de prisão provisória, de prisão administrativa ou de internação, no Brasil ou no estrangeiro, será computado para os fins do *regime inicial* de pena privativa de liberdade (art. 387, § 2º, do Código de Processo Penal). A questão é saber se o condenado poderá fazer jus à detração em relação ao tempo de *prisão cautelar* decretada em processo, no qual, ao final, veio a ser absolvido. Caberá detração do tempo pertinente a cautelar do recolhimento domiciliar noturno e nos dias de folga, o que *não* ocorre com a *prisão administrativa* por *não* ter natureza penal.

Em relação ao *prazo prescricional*, o Supremo Tribunal Federal afasta a possibilidade da aplicação analógica do art. 113 do Código Penal, isto é, pelo tempo restante da pena sob o fundamento de que o citado dispositivo legal tem aplicação vinculada às hipóteses de evasão do condenado ou revogação do livramento condicional, não se referindo ao tempo de prisão cautelar para o efeito do cálculo da prescrição (STF, RHC 85.026/SP, 1ª T., rel. Min. Eros Grau, j. 26.4.2005). A Corte Suprema ditou que "a prescrição da pretensão punitiva deve observar a pena aplicada, a pena concretizada no título executivo judicial, sem diminuir-se o período em que o réu esteve, provisoriamente, sob a custódia do Estado (detração)" (STF, HC 100.001/RJ, 1ª T., rel. Min. Marco Aurélio, j. 11.5.2010). O Supremo Tribunal Federal firmou que *não* se admite o desconto da pena *in concreto*, para *efeitos prescricionais*, o tempo em que o réu esteve preso provisoriamente (STF, HC 69.865/PR, 1ª T., rel. Min. Celso de Mello, j. 2.2.1993). Na *extradição*, o tempo em que o extraditando permanece preventivamente preso no Brasil, aguardando o julgamento do pedido, deve ser considerado na execução da pena pelo país requerente (STF, Extr 973/República Italiana, Pleno, rel. Min. Joaquim Barbosa, j. 1.7.2005).

Há possibilidade de detração em relação da medida cautelar aflitiva de *internação provisória* do acusado, nas hipóteses de crimes praticados com violência ou grave ameaça, quando os peritos concluírem ser inimputável ou semi-imputável e houver risco de reiteração, como medida instrumental à efetividade da persecução, prevista no art. 319, VII, do Código de Processo Penal, de *caráter excepcional* que produz efeitos para reduzir o prazo de realização do primeiro exame de verificação de cessação de periculosidade e *não* do tempo de duração da medida de segurança aplicada.

Nas *restritivas de direitos*, a *detração* é admitida em relação às penas pertinentes à prestação de serviço à comunidade ou entidades públicas e limitação de fins de semana. Há vertente que admite, em relação às interdições temporárias.

10.1. Propostas para a reforma

O Projeto de Reforma Penal (2012) passou a especificar que a detração *não* pode ser concedida em processo diverso daquele em que foi decretada a prisão provisória, salvo se o crime foi praticado em momento anterior à prisão provisória decretada no processo em que se deu absolvição ou extinção da punibilidade. Alarga a esfera de âmbito, ao admitir a aplicação às penas de multa substitutiva, restritivas de direitos e recolhimento domiciliar.

Se o condenado permaneceu preso provisoriamente e na sentença definitiva foi beneficiado por regime em que se caracterize situação menos gravosa, a pena será diminuída pelo juízo da execução até 1/6 (um sexto) de tempo de prisão provisória em situação mais rigorosa.

CAPÍTULO 6
ÓRGÃOS DA EXECUÇÃO

> **SUMÁRIO: 1.** Conselho Nacional de Política Criminal e Penitenciária. **1.1.** Propostas para a reforma. **2.** Juízo da execução. **2.1.** Propostas para a reforma. **3.** Ministério Público. **3.1.** Propostas para a reforma. **4.** Conselhos Penitenciários. **4.1.** Propostas para a reforma. **5.** Departamentos Penitenciários. **5.1.** Propostas para a reforma. **6.** Patronatos. **6.1.** Propostas para a reforma. **7.** Conselhos da Comunidade. **7.1.** Propostas para a reforma. **8.** Defensoria Pública. **8.1.** Propostas para a reforma.

1. CONSELHO NACIONAL DE POLÍTICA CRIMINAL E PENITENCIÁRIA

O Conselho Nacional de Política Criminal e Penitenciária, com sede na capital da República, foi criado pela Lei de Execução Penal, subordinado ao Ministério da Justiça, sendo integrado por treze membros, dentre professores e profissionais da área do Direito Penal, Processo Penal, Penitenciário e ciências correlatas, bem como representantes da comunidade e dos Ministérios da área social, com mandato de duração de 2 (dois) anos, renovado 1/3 (um terço) em cada ano. A Resolução nº 16, de 17 de dezembro de 2003, elenca os *princípios* das diretrizes básicas de política criminal: **a)** respeito à vida e à dignidade da pessoa humana; **b)** concepção do Direito Penal como última instância do controle social; **c)** valoração da criatividade na busca de afirmativas a prisão; **d)** articulação e harmonização dos órgãos que compõem os sistemas de justiça criminal; **e)** absoluto respeito à legalidade e as direitos humanos na atuação do aparato repressivo do Estado; **f)** humanização do sistema de justiça; **g)** comprometimento com a qualidade na prestação de serviços para o incremento da eficiência e da racionalidade do sistema de justiça criminal.

Ao Conselho, na esfera de âmbito de suas atividades (federal ou estadual), incumbe: **a)** *propor* diretrizes de política criminal quanto à prevenção do delito, administração da justiça criminal e execução das penas e das medidas de segurança; **b)** *contribuir* na elaboração de planos nacionais de desenvolvimento, sugerindo as metas prioritárias da política criminal e penitenciária; **c)** *promover* a avaliação periódica do sistema criminal para a sua adequação às necessidades do país; **d)** *estimular* e *promover* a pesquisa criminológica; **e)** *elaborar* programa nacional penitenciário de formação e aperfeiçoamento do servidor; **f)** *estabelecer* regras sobre a arquitetura e construção de estabelecimentos penais e casas de albergados; **g)** *estabelecer* critérios para a elaboração da estatística criminal; **h)** *inspecionar* e *fiscalizar* os estabelecimentos penais, bem assim *informar-se*, mediante requisições, vistas ou outros meios, acerca do desenvolvimento da execução penal nos estados, territórios e Distrito Federal, propondo às autoridades dela incumbidas as medidas necessárias para o seu aprimoramento; **i)** *representar* o juiz da execução ou a autoridade administrativa para a instauração de sindicância ou procedimentos administrativos, em caso de violação das normas referentes à execução penal; **j)** *representar* a autoridade competente para a interdição, no todo ou em parte, de estabelecimento penal.

O Conselho Nacional de Política Criminal e Penitenciária poderá determinar a sustação da remessa de receitas do Fundo Penitenciário Nacional para o estado da Federação que descumprir suas determinações. Ressalte-se a apresentação ao Ministro da Justiça para o envio anual do projeto de *indulto natalino* a ser decretado pelo Presidente da República.

1.1. Propostas para a reforma

A Proposta de Alteração da Lei de Execução Penal (2013) faz incluir que "O Sistema Nacional de Execução Penal é composto por órgãos e entidades representativos dos Poderes Legislativo, Executivo e Judiciário, instituições que exercem Funções Essenciais à Justiça, Conselhos, Fundações, Associações e Organizações Não Governamentais, com a cooperação da Sociedade Civil". Assim, passam a serem órgãos da execução penal o Departamento Penitenciário Nacional e as Secretarias Estaduais de Execução Penal ou similar, as Centrais Municipais, Estaduais e Patronato, incluindo-se o Conselho Nacional de Secretários de Estado de Execução Penal do Sistema de Justiça e a Ordem dos Advogados do Brasil.

2. JUÍZO DA EXECUÇÃO

O *Juízo da execução* deverá dentre as ações voltadas à integração social do condenado e do internado e, para que tenham acesso aos serviços sociais disponíveis, diligenciar para que sejam expedidos seus documentos pessoais. O juiz competente para a execução da pena ordenará a formação do Processo de Execução Penal (PEP), a partir das peças referidas no art. 1º da Resolução nº 133, de 20 de abril de 2010, do Conselho Nacional de Justiça. Na hipótese de *competência originária*, aplica-se a regra insculpida no art. 668, parágrafo único, do CPP: "Se a decisão for de Tribunal Superior, caberá ao respectivo Presidente promover-lhe a execução". A jurisdição na execução, exercida pelo *juiz da execução* ou quando *não* houver *juiz espe-*

cial, incumbirá, por excepcionalidade, ao *juiz da sentença*. Entende-se que o juiz competente para a execução é aquele do local onde se encontra o estabelecimento penal e está recolhido o apenado, cumprindo pena em caráter permanente.

A jurisdição na execução aplica-se também ao *preso provisório* e ao condenado pela Justiça Eleitoral ou Militar, quando recolhido a estabelecimento sujeito à jurisdição ordinária. Reza a Súmula nº 192 do Superior Tribunal de Justiça que "Compete ao juízo das execuções penais do estado a execução das penas impostas pela Justiça Federal, Militar ou Estadual, quando recolhidos a estabelecimentos sujeitos à administração estadual". Ressalta Mirabete, na *Execução Penal*, que "A lei não jurisdicionaliza a execução, mas reconhece que a execução é provavelmente *jurisdicional*" e, conclui que "Exerce funções administrativas, muitas vezes denominadas *funções judiciárias em sentido estrito*, e não função jurisdicional". Registre-se que os órgãos e as autoridades administrativas não perderam os poderes de disciplina e de liberação no exercício do cumprimento da pena, bem como a vigilância, fiscalização e segurança dos estabelecimentos penais.

A figura do juiz da execução surge na Itália, em 1930, e na França, em 1945. A Exposição de Motivos do Projeto de 1984 ressalta o enfraquecimento do Direito Penitenciário como disciplina que abarca *todo* o *processo de execução*, e que, ao demarcar áreas de competência dos órgãos de execução, consagra o *princípio da jurisdicionalidade*, e no que for possível, o *direito de execução penal* (90/93).

O *direito penitenciário*, na visão da doutrina dominante, é o conjunto de normas jurídicas que regulam as relações entre o Estado e o apenado derivadas da execução das penas privativas de liberdade impostas. No que tange o *direito de execução penal*, com o espectro mais amplo, se ocupa de *todas* as consequências do delito, com destaque para as penas restritivas de direitos, de multa e as medidas de segurança. A *ciência penitenciária* é o estudo multidisciplinar das causas e concausas da criminalidade e das consequências das medidas de execução penal e seus reflexos diretos na pessoa privada de liberdade. A *política penitenciária* é a arte de saber quais as diretrizes e ações a serem elaboradas, diante do modelo estratégico, objetivando atingir a maior eficácia para a inserção e adaptação futura do egresso, evitando a reincidência.

Na busca de um Direito Internacional das Execuções Penais, Edmundo de Oliveira, em *Criminologia e Política Criminal*, elenca seis vertentes de *princípios* oriundos da: **a)** Organização das Nações Unidas (ONU); **b)** Organização dos Estados Americanos (OEA); **c)** União Europeia (EU); **d)** Organização da Unidade Africana (OUA); **e)** Liga dos Estados Árabes (LEA); **f)** União dos Estados Asiáticos (UEA). Diante da grave questão da violação dos Direitos Humanos, pode-se resumir: **a)** efeitos discriminatórios e estigmatizantes de uma condenação criminal; **b)** rebelião de apenados, diante de condições desumanas, cruéis e degradantes das prisões; **c)** rejeição da sociedade ao egresso.

O *juiz da execução* é o juiz das garantias da dignidade da pessoa presa e do cumprimento da sentença ou decisão judicial, garantidor de parte da segurança social diante do alto risco de retroalimentação da violência no processo de inserção e adaptação social. A *prisionalização* com seus efeitos desconstrutivos, na aspiração de um objetivo ressocializador, moldando uma *microssociedade* com uma *subcultura carcerária* em que o apenado é estimulado à profissionalização delitiva, o juiz da execução é um magistrado *especial*, com uma *visão humanística*, que deve operar com o suporte de uma equipe multidisciplinar para o sucesso de uma execução legalística.

Defende-se, diante das *distâncias geográficas*, em um país continental como o nosso, a *descentralização* dos juízos de execução, observadas as peculiaridades de cada estado da Federação, embora com a sua informatização reduza-se o processo de desinformação dos dados referentes ao andamento dos processos em execução. No estado do Rio de Janeiro, *não* há necessidade da criação de mais três Varas de Execuções Penais, conforme recomendação do Conselho Nacional de Justiça, pois a massa carcerária, vinculada às organizações criminosas e a maior parte de seu coletivo, centraliza-se na Capital, o que torna geograficamente estratégico a existência de uma única Vara de Execuções Penais.

É relevante assinalar no espectro da esfera de âmbito da competência do *juiz da execução penal*, como o primeiro órgão da execução, sua atividade *jurisdicional* e *administrativa*. A teor do art. 66 da Lei de Execução Penal, *compete* ao juiz da execução: **I** - *aplicar* aos casos julgados lei posterior que de qualquer modo favorecer o condenado; **II** - *declarar* extinta a punibilidade; **III** - *decidir* sobre: **a)** soma ou unificação de penas; **b)** progressão ou regressão nos regimes; **c)** detração e remição da pena; **d)** suspensão condicional da pena; **e)** livramento condicional; **f)** incidentes da execução; **IV** - *autorizar* saídas temporárias; **V** - *determinar*: **a)** a forma de cumprimento da pena restritiva de direitos e fiscalizar sua execução; **b)** a conversão da pena restritiva de direitos e de multa em privativa de liberdade; **c)** a conversão da pena privativa de liberdade em restritiva de direitos; **d)** a aplicação da medida de segurança e a substituição da pena por medida de segurança; **e)** a revogação da medida de segurança; **f)** a desinternação e o restabelecimento da situação anterior; **g)** o cumprimento de pena ou medida de segurança em outra comarca; **h)** a remoção do condenado na hipótese prevista no § 1º, do artigo 86, desta Lei ("A União Federal poderá construir estabelecimento penal em local distante da condenação para recolher os condenados, quando a medida se justifique no interesse da segurança pública ou do próprio condenado"); **VI** - *zelar* pelo correto cumprimento da pena e da medida de segurança; **VII** - *inspecionar*, mensalmente, os estabelecimentos penais, tomando providências para o adequado funcionamento e promovendo, quando for o caso, a apuração de responsabilidade. Registre-se que, as *visitas de inspeção* aos estabelecimentos penais, oficialmente possuem a finalidade de verificar a real situação moral, física e psíquica das pessoas privadas de liberdade. Os juízes *sabem* que as visitas são *preparadas* para a ocasião do "espetáculo teatral", razão pela qual *não* podem ser pré-anunciadas, pois o juiz da execução e o Ministério Público *não* podem quedar-se à *omissão*, diante do *princípio constitucional da dignidade da pessoa humana*; **VIII** - *interditar*, no todo ou em parte, estabelecimento penal que estiver funcionando diante de condições inadequadas ou com infringência aos dispositivos desta Lei; **IX** - *compor* e *instalar* o Conselho da Comunidade; **X** - *emitir* anualmente atestado de pena a cumprir. Autuada a *guia de recolhimento* no Juízo da execução, deverá ser realizado o *cálculo de liquidação da pena* para ser homologado e procedido o seu agendamento, com as informações quanto à provável data de benefícios e término de pena, dando-se ciência ao diretor da unidade prisional e ao executado.

Não lhe incumbe somente decidir os *incidentes da execução*, mas também os *conflitos microssociais*, a teor dos arts. 65 e 66 da Lei de Execução Penal. Diante do devido processo legal, de natureza administrativa ou jurisdicional (art. 194 da LEP), deve tomar as medidas necessárias, cabendo sempre o recurso de *agravo de execução*. A sentença penal condenatória que constitui título executório é de *natureza formal*, não inibindo o magistrado de modificá-lo em seu curso executório. A atividade *complexa* e *mista* é cooperada pelos órgãos federais, estaduais e municipais. Não se pode imaginar que o *juiz da execução não* procure se informar dos atores no coletivo carcerário e suas reinvindicações, pois opera com uma *equipe multidisciplinar*, constituindo-se em um ponto de referência e *termômetro da estabilidade* da vida carcerária sua presença efetiva na inspeção das unidades. Assim, deverá *comunicar* as situações de gravidade ao Tribunal de Justiça e ao Conselho Nacional da Magistratura, diante das resistências dos executivos estaduais. Não pode pecar pela omissão, curvando-se à Secretaria de Administração Penitenciária, preservando a sua autonomia (*princípio da jurisdicionalidade*). As *inspeções periódicas* devem ser acompanhadas pelo Ministério Público e pela Defensoria Pública, que também são órgãos da execução. O papel da Ouvidoria é importantíssimo em uma gestão democrática e humana.

Diante das violações da dignidade da pessoa privada de liberdade, causadas pela *superpopulação carcerária*, em condições de cumprimento de pena subumanas, nas unidades penitenciárias, sem higiene, água potável, ventilação, esgoto a céu aberto, alimentação inadequada, ausência de assistência material, à saúde e jurídica, há flagrante omissão do mínimo dever estatal, deve o juiz da execução, *interditar* o estabelecimento penal, para que sejam feitas as reformas imprescindíveis, em face das condições de crueldade e degradantes do encarceramento. O Estado *não* pode continuar a *omitir-se* através da invocação da *cláusula de reserva do possível*, por força dos direitos fundamentais consagrados na Constituição Federativa, descumprimento de tratados, leis ordinárias e regulamentos.

É memorável a decisão do Supremo Tribunal Federal sobre o tema *"obras emergenciais em presídios: reserva do possível e separação de poderes"*. Destacam-se trechos fundamentais da decisão, com o voto condutor do Ministro Ricardo Lewandowski: **a)** "pontuou que a pena deveria ter caráter de ressocialização, e que impor ao condenado condições sub-humanas atentaria contra esse objetivo. Entretanto, o panorama nacional indicaria que o sistema carcerário como um todo estaria em quadro total de falência, tendo em vista a grande precariedade das instalações, bem assim episódios recorrentes de sevícias, torturas, execuções sumárias, revoltas, superlotação, condições precárias do sistema como instrumento de reabilitação social. Além disso, a questão afetaria também estabelecimentos destinados à internação de menores. O quadro revelaria desrespeito total ao postulado da dignidade da pessoa humana, em que haveria um processo de 'coisificação' de presos, a indicar retrocesso relativamente a lógica jurídica atual"; **b)** "desta forma, caberia ao Judiciário intervir para que o conteúdo do sistema constitucional fosse assegurado a qualquer jurisdicionado, de acordo com o postulado da inafastabilidade da juíza. Aos juízes seriam assegurados o poder geral de cautela, mediante o qual lhes seria permitido conceder medidas atípicas, sempre que mostrassem necessárias para assegurar a efetividade do direito buscado". Na mesma decisão, o Ministro Celso de Mello afirmou que a hipótese seria de *excesso de execução*, em que o Estado imporia ao condenado pena mais gravosa do que a prevista em lei, portanto, o comportamento estatal ao arrepio da lei (STF, RE 592.581/RS, Pleno, rel. Min. Ricardo Lewandowski, j. 13.8.2015).

Aliás, a teor do art. 203 da Lei nº 7.210, de 11 de julho de 1984, publicada em 13 de julho de 1984, "No prazo de seis meses, a contar da data da publicação da presente lei, serão editadas as normas complementares ou regulamentares necessárias à eficácia dos dispositivos não autoaplicáveis" e, no § 4º, estatui que "O descumprimento injustificado dos deveres estabelecidos para as Unidades Federativas implicará na suspensão de qualquer ajuda financeira a elas destinada pela União, para atender as despesas de execução das penas e das medidas de segurança". A Portaria nº 1.411, de 20 de agosto de 2007, do Ministério da Justiça, estabelece que "A liberação de recursos financeiros geridos pelo Departamento Penitenciário Nacional estará condicionado à elaboração de um Plano Diretor do Sistema Penitenciário pelas Unidades Federativas, a sua aprovação pelo órgão e ao consequente cumprimento do cronograma de ações estabelecidas".

Relevante a decisão do Supremo Tribunal Federal no RE 592.581/RS, da relatoria do Min. Ricardo Lewandowski, diante da controvérsia "se cabe ao Judiciário impor à administração pública a obrigação de fazer, consistente na execução de obras em estabeleciemtnos prisionais, a fim de garantir a observância dos direitos fundamentais de pessoas sob custódia temporária do Estado". Decidiu a Corte Suprema, com *repercussão geral*, que "É lícito ao Judiciário impor à administração pública obrigação de fazer, consistente na promoção de medidas ou na execução de obras emergenciais em estabelecimentos prisionais para dar efetividade ao postulado da dignidade da pessoa humana e assegurar aos detentos o respeito a sua integridade física e moral, nos termos do que preceitua o art. 5º, XLIX, da Constituição Federal, não sendo oponível à decisão o argumento da reserva do possível nem o princípio da separação de poderes". Aliás, no Recurso Extraordinário nº 580.252/MS, da relatoria do Min. Teori Zavascki, o Estado deverá indenizar, por via de reparação pecuniária, presos que sofrem danos morais por cumprirem pena em presídios com condições degradantes. O Ministro Luís Roberto Barroso, em seu voto-vista, salienta que "Não é legítima a invocação da cláusula da reserva do possível para negar a uma minoria estigmatizada o direito à indenização por lesões evidentes aos seus direitos fundamentais. O dever de reparação de danos decorre de norma constitucional de aplicabilidade direta e imediata, que independe da execução de políticas públicas ou de qualquer outra providência estatal para a sua efetivação".

No sentido de maior velocidade na prestação penal executória, a Lei nº 10.799, de 7 de outubro de 2003, *aboliu* a necessidade dos *conselhos estaduais penitenciários* oferecerem pareceres nos livramentos condicionais, que congestionavam as varas de execução, passando apenas a exigi-lo no indulto, salvo o humanístico, e na comutação de penas. Mantem-se pedagogicamente a cerimônia do livramento condicional. A Resolução 214/2015 do Conselho Nacional de Justiça (CNJ), publicada em 19 de janeiro de 2015, apresenta novo *modelo organizacional* e garante estrutura de funcionamento mínima para os Grupos de Monitoramento e Fiscalização do *Sistema Carcerário* (GMFs) nos Tribunais de Justiça (TJs) e Regionais Federais (TRFs). Cabe também aos grupos acompanhar o *funcionamento das audiências de custódia*. E terão a incumbência de fiscalizar a ocorrência de internação provisória por mais de 45 dias, o cumprimento de pena e de prisão provisória e de medidas de internação, além dos pedidos de transferência e de prorrogação de permanência de preso. Poderão propor notas técnicas para orientar o exercício da atividade dos magistrados da área, articular redes de assistência para facilitar a *reinserção do egresso* na sociedade e promover iniciativas para *reduzir* as taxas de encarceramento definitivo e provisório.

2.1. Propostas para a reforma

A Proposta de Alteração da Lei de Execução Penal (2013) inclui a atribuição de realizar de ofício ou a requerimento das partes *mutirões carcerários* sempre que a capacidade do estabelecimento penal estiver superior à lotação e inclui, diante do *princípio da jurisdicionalidade*, o ato de homologar ou revogar a sanção disciplinar aplicada.

3. MINISTÉRIO PÚBLICO

Como *instituição de garantia*, cujas origens remontam a Idade Média francesa, dos fins do século XVIII ao início do século XIX, no estudo de Alexander Araújo de Souza, sob o título *"Ministério Público: de onde vim, quem sou, para onde vou?"*, registra que, ao longo dos séculos, criado para a proteção dos interesses do rei e para fiscalizar a lei posta pelo soberano, depois incumbido de funções acusatórias que permitiram a democratização do processo penal e a imparcialidade judicial, passou a intervir judicialmente em favor das pessoas carentes e, ao final, recebeu o encargo de titular os direitos e interesses transindividuais dos cidadãos, de maneira não monopolista. Emerson Garcia, em seu artigo *"A Unidade do Ministério Público: essência, limites e relevância programática"*, recorda que o Ministério Público brasileiro é caracterizado por uma unidade horizontalizada, em que o Ministério Público da União e os Ministérios Públicos dos estados não mantêm qualquer relação entre si, cada qual exercendo, nos limites estabelecidos pela ordem jurídica, as atribuições que lhe forem outorgadas.

A Constituição brasileira, de 5 de outubro de 1988, em seu art. 127, define o Ministério Público como uma instituição permanente, essencial à função jurisdicional do Estado incumbindo-lhe a defesa da ordem jurídica, do regime democrático e dos interesses sociais e individuais indisponíveis. São *princípios institucionais* do Ministério Público a unidade, a indivisibilidade e a independência funcional.

A Lei de Execução Penal estabelece que *incumbe* a fiscalização da pena e da medida de segurança, oficiando no processo executivo e nos incidentes da execução. Ainda *incumbe*: **a)** fiscalizar a regularidade formal das guias de recolhimento e internamento; **b)** tomar todas as providências necessárias ao desenvolvimento do processo executivo; **c)** a aplicação da medida de segurança, bem como a substituição da pena pela medida de segurança; **d)** a revogação da medida de segurança; **e)** a conversão da pena, a progressão ou regressão de regime prisional e a revogação da suspensão condicional da pena e do livramento condicional; **f)** a interdição, a desinternação e o restabelecimento da situação anterior.

Na execução, o Ministério Público deverá interpor recursos de decisões proferidas pela autoridade judiciária, bem como o órgão deverá *visitar* mensalmente os estabelecimentos penais, registrando a sua presença em livro próprio (cabe-lhe *fiscalizar* as condições de funcionamento dos estabelecimentos penais, a *superlotação*, a violação dos princípios da dignidade da pessoa humana, as condições de saúde e higiene e, através da instauração de procedimento administrativo, postular a *interdição*, no total ou em parte, da unidade penal).

Está legitimado para propor *ação civil pública* para obrigar o Estado a cumprir os direitos constitucionais fundamentais e a Lei de Execução Penal. Pode e deve postular na *defesa* dos direitos da pessoa privada de liberdade.

3.1. Propostas para a reforma

A Proposta de Alteração da Lei de Execução Penal (2013) adiciona, como incumbência de fiscalização, a utilização dos recursos destinados ao sistema penitenciário. O órgão do Ministério Público, que atuar perante o juízo da execução penal, poderá promover ação civil pública. Igualmente, incumbe fiscalizar a utilização dos recursos destinados ao sistema penitenciário, promover o cumprimento da pena de multa. O órgão do Ministério Público deverá inspecionar bimestralmente os estabelecimentos penais, registrando a sua presença em livro próprio.

4. CONSELHOS PENITENCIÁRIOS

Criados através do Decreto nº 16.665, de 6 de maio de 1924, são órgãos *consultivos* e *fiscalizadores* da execução da pena. Dispõe a Lei de Execução Penal que o Conselho será integrado por membros nomeados pelo Governador do estado, do Distrito Federal e dos territórios, dentre professores e profissionais da área do Direito Penal, Processual Penal, Penitenciário e ciências correlatas, bem como por um representante da comunidade. A legislação federal e estadual regulará o seu funcionamento.

Incumbe ao Conselho Penitenciário: **a)** *emitir* parecer sobre o indulto e a comutação das penas, excetuada a hipótese de pedido de indulto com fundamento na saúde do preso; **b)** *inspecionar* os estabelecimentos e os serviços penais; **c)** *apresentar* no primeiro trimestre de cada ano, ao Conselho Nacional de Política Criminal e Penitenciária, relatório dos trabalhos efetuados no exercício anterior; **d)** *supervisionar* os Patronatos, bem como a assistência de egressos. Aduza-se a Resolução nº 3, de 8 de maio de 2006, do Conselho Nacional de Política Criminal e Penitenciária, que recomenda às Secretarias de Estado da Justiça, de Administração Penitenciária ou congêneres, de todos os estados da federação, que assegurem aos membros dos Conselhos Penitenciários, sempre que preciso, o livre ingresso em estabelecimentos penais, prestando-lhes todo o apoio e auxílio necessário ao pleno e cabal cumprimento de sua *função fiscalizadora*.

A Lei nº 10.792, de 1º de dezembro de 2003, *aboliu* a necessidade de emissão de parecer do Conselho Penitenciário Estadual nos pedidos de livramento condicional, passando a exigi-lo no indulto, se não for humanitário, e na comutação de pena. A *cerimônia* de livramento condicional continua como prerrogativa do Conselho Penitenciário. Renato Marcão, no *Curso de Execução Penal*, sustenta que, na atual conjuntura, seria de duvidosa vantagem a exigência da atuação do Conselho Penitenciário, no que pertine à questão dos pareceres prévios. O parecer leva ao retardamento da decisão, pois já há nos autos o opinamento obrigatório do Ministério Público e demais peças de informação, ressaltando-se que o magistrado *não* está jungido ao opinamento de qualquer órgão consultivo.

4.1. Propostas para a reforma

A Proposta de Alteração da Lei de Execução Penal (2013) procura revitalizá-lo "como órgão autônomo e independente na estrutura estadual, com dotação orçamentária própria" e com a incumbência: a) *realizar* a cerimônia de livramento condicional nas capitais dos estados e no Distrito Federal; b) *inspecionar* os estabelecimentos e serviços penais federais e estaduais; c) *apresentar* relatório ao Conselho Nacional de Política Criminal e Penitenciária; d) *supervisionar* as Centrais Estaduais e Municipais de Alternativas Penais e Patronatos, bem como a assistência de egressos; e) *coordenar* os Conselhos da Comunidade.

5. DEPARTAMENTOS PENITENCIÁRIOS

A Lei de Execução Penal divide em Departamento Penitenciário Federal e Departamento Penitenciário Estadual. O Departamento Penitenciário Federal é subordinado ao Ministério da Justiça, é órgão executivo da Política Penitenciária Nacional e com apoio financeiro do Conselho Nacional de Política Criminal e Penitenciária. Maurício Kuene, na *Lei de Execução Penal Comentada*, anota que o DEPEN é órgão gestor do Fundo Penitenciário Nacional, repassando as verbas arrecadadas aos estados, obedecidas as normas existentes (projetos, ações e atividades).

Dentre as *atribuições* do Departamento Penitenciário Federal, conferidas pela Lei de Execução Penal, encontra-se: a) *acompanhar* a fiel aplicação das normas de execução penal em todo o território nacional; b) *inspecionar* e *fiscalizar* periodicamente os estabelecimentos e serviços penais; c) *assistir* tecnicamente as unidades federativas na implantação dos *princípios* e *regras* estabelecidas em lei; d) *colaborar* com unidades federativas mediante convênios, na implantação de estabelecimentos e serviços penais; e) *colaborar* com unidades federativas para a realização de cursos de formação de pessoal penitenciário e ensino profissionalizante do apenado ou do internado. A Portaria nº 3.123, de 3 de dezembro de 2012, criou a *Escola Nacional de Serviços Penais* para consolidar uma rede nacional para a educação sem serviços penais; f) *estabelecer*, mediante convênios com as unidades federativas, o Cadastro Nacional de Vagas Existentes em estabelecimentos locais destinada ao cumprimento das penas privativas de liberdade aplicadas pela Justiça de outra unidade federativa, em especial para presos sujeitos ao regime disciplinar diferenciado (a questão das transferências e a disciplina prisional). Conveniados os estados da federação, o Departamento Penitenciário Nacional *não* poderá negar a vaga; **g)** *coordenar* e *supervisionar* os estabelecimentos penais e de internamento federais. Dentre as ações relevantes, destaca-se a *educação* por meio de convênios com o SENAI e o apoio aos sistemas estaduais em varreduras eletrônicas para detectar celulares em estabelecimentos penais. O Departamento Penitenciário Estadual ou órgão similar tem por finalidade *supervisionar* e *coordenar* os estabelecimentos penais da unidade da federação a que pertencer (diante da relevância e complexidade da questão penitenciária, os estados da federação criam Secretarias de Estado com atribuição própria).

Registre-se, lamentavelmente, que vários estados da federação devolvem as verbas para a construção, manutenção e melhorias das unidades prisionais, em razão de "*rescisão de contrato, devido ao descumprimento de prazos para a realização de projetos*". Há pressão dos prefeitos de certos municípios brasileiros para a *não* implantação de *cadeias públicas*, diante da reação dos munícipes, em razão do temor da desvalorização de suas propriedades. Ignácio Cano, pesquisador do Laboratório de Análise da Violência da UERJ, em artigo publicado no jornal O Globo (27.7.2015), resume: "É uma tragédia ter recursos que *não são utilizados por um sistema que precisa aumentar as vagas, oferecer trabalho e educação, e ainda criar caminho para os egressos, que hoje saem sem dinheiro para ir para casa. Deveria ser inaceitável um governo estadual devolver verba por não saber criar projetos*".

Finalmente, no que concerne ao tema *pessoal penitenciário*, a Lei de Execução Penal estatui que o ocupante do cargo de diretor de estabelecimento penal deverá ser portador de diploma de nível superior (direito, psicologia, ciências sociais, pedagogia ou serviços sociais), possuir experiência administrativa na área, ter idoneidade moral e reconhecida aptidão para o desempenho da função e *residir* no estabelecimento ("cumprir pena"), ou nas proximidades e deverá dedicar tempo integral às funções. Aduza-se que as unidades femininas deverão ser dirigidas por *mulher* e os hospitais de custódia para tratamento psiquiátrico por *médico psiquiatra*. Papel relevante na formação de pessoal na gestão contemporânea são as Escolas de Administração Penitenciária. O quadro do pessoal penitenciário será organizado em diferentes categorias funcionais, segundo as necessidades do serviço, com a especificação de atribuições relativas às funções de direção, chefia e assessoramento do estabelecimento e as demais funções.

A escolha de pessoal administrativo especializado, de instrução técnica e de vigilância, atenderá a vocação, preparação profissional e antecedentes pessoais do candidato. No estabelecimento para mulheres somente se permitirá o trabalho do pessoal do sexo feminino, salvo quando se tratar de pessoal técnico especializado.

5.1. Propostas para a reforma

A Proposta de Alteração da Lei de Execução Penal (2013) estabelece que o Departamento Penitenciário Nacional, subordinado ao Ministério da Justiça, é órgão executivo da Política Penitenciária Nacional, gestor do Fundo Penitenciário Nacional – FUNPEN e de apoio administrativo e financeiro do Conselho Nacional de Política Criminal e Penitenciária. Dentre as atribuições inclui colaborar com as unidades federativas para a realização de cursos de formação de pessoal penitenciário e de ensino profissionalizante do condenado, e desenvolver e executar a Política Nacional de Alternativas Penais em colaboração com as unidades da federação, produzindo, consolidando e divulgando informações e métodos que fomentem a aplicação e o acompanhamento da execução das alternativas penais. Cabe às escolas penitenciárias ou similares, na União, no âmbito do Departamento penitenciário Nacional – DEPEN, e nas unidades federativas garantir a execução das ações referidas.

6. PATRONATOS

É crítica a ponte entre a saída do inferno da prisão para a inserção à futura adaptação ao meio social livre, diante do processo de desconstrução física e moral da pessoa que foi durante tempo, privada de liberdade, sujeita à estigmatização pela rejeição social ao ex-presidiário.

Alexis Couto Brito, na *Execução Penal*, anota que a origem do *Patronato* situa-se na Filadélfia, em 1776, com o nome de *Philadelphia Society for assisting distressed prisioners*, que no Brasil decorre da edição do Decreto nº 16.665, de 6 de maio de 1924, que com o Conselho da Comunidade, destina-se a prestar assistência aos albergados e egressos. Os primeiros, são os condenados que estão cumprindo pena privativa de liberdade em regime aberto e, os últimos, os que estejam cumprindo as condições do livramento condicional, ou o liberado, em definitivo, pelo prazo de 1 (um) ano a contar da data da saída do estabelecimento penal. Os patronatos *públicos* ou *particulares* possuem a incumbência de: **a)** *orientar* os condenados à pena restritiva de direitos; **b)** *fiscalizar* o cumprimento da prestação de serviços à comunidade e de limitação de fim de semana; **c)** *colaborar* na fiscalização do cumprimento das condições da suspensão e do livramento condicional.

A Resolução nº 11, de 13 de maio de 2003, do Conselho Nacional de Política Criminal e Penitenciária, estabelece diretrizes de fortalecimento da atuação dos Patronatos, recomendando ao Departamento Penitenciário Nacional, que, na aplicação dos recursos do FUNPEN, proporcione apoio financeiro e outros meios, no que concerne à criação, instalação e aprimoramento dos Patronatos. Adeildo Nunes, em *Execução da Pena e da Medida de Segurança*, enfatiza que o Patronato *particular* se constitui em mais uma modalidade de participação da sociedade no processo de execução, que pode ser constituído como pessoa jurídica sem fins lucrativos, para a assistência do albergado e do egresso.

Pela Resolução nº 15, de 10 de dezembro de 2003, do Conselho Nacional de Política Criminal e Penitenciária, foi aprovada a criação do Centro Nacional de Apoio ao Egresso (CENAE), com recursos do Departamento Penitenciário Nacional aos estados da federação que se propuseram a instalação de Patronatos.

6.1. Propostas para a reforma

A Proposta de Alteração da Lei de Execução Penal (2013) estabelece que as Centrais Estaduais ou Municipais de Alternativas Penais e Patronato, órgãos dos Poderes Executivo, estadual, distrital ou municipal, são órgãos executivos responsáveis, no âmbito de suas competências, pelo acompanhamento e fiscalização da: **a)** execução das penas restritivas de direitos; **b)** transação penal e suspensão condicional do processo; **c)** suspensão condicional da pena privativa de liberdade; **d)** prestação social alternativa; **e)** medidas cautelares diversas da prisão; **f)** obrigações de medidas protetivas de urgência. Os municípios manterão a garantia de assistência aos egressos.

7. CONSELHOS DA COMUNIDADE

Nos sistema pensilvânico, as únicas pessoas que podiam visitar os detidos no isolamento em suas celas eram o diretor do estabelecimento penal, os guardas, o capelão e os membros da *Philadelphia Society for assisting distressed prisioners*, embrião do nosso Conselho da Comunidade. Recorde-se a figura de Elizabeth Gurney Fry (1780-1845), a mais famosa *lay visitor* conhecida como "*Newgate's Angel*".

A Lei de Execução Penal, em seu art. 4º, preceitua que "O Estado deverá recorrer à cooperação da comunidade nas atividades de execução da pena e da medida de segurança" e a Exposição de Motivos (24) registra que "nenhum programa destinado a enfrentar os problemas referentes ao delito, ao delinquente e à pena se completaria sem o indispensável critério e apoio comunitário". As "Regras Mínimas", da ONU, elencam em seus *princípios* que "com a participação e ajuda da comunidade e das instituições sociais e com o devido respeito pelos interesses das vítimas, devem ser criadas condições favoráveis à inserção do antigo recluso à sociedade, nas melhores condições possíveis". As *Règles Penitenciaires Européennes pour le traitenent du detenú*, ao tratarem da liberação dos presos condenados (107), destaca que "As autoridades penitenciárias devem trabalhar com estreita cooperação dos serviços sociais e organismos que acompanham os presos liberados a reencontrar um lugar na sociedade, em particular reatando os laços familiares, adequando-os ao trabalho produtivo. Os representantes desses serviços ou organismos sociais devem poder entrar nas prisões, tantas vezes quanto for necessário e interagir com os presos, a fim de ajudá-los a preparar sua liberação e planificar segura assistência após o aprisionamento".

A participação do Conselho da Comunidade, como órgão da execução penal, ratifica a corresponsabilidade no binômio sociedade-Estado para que a pessoa privada de liberdade seja tratada com respeito, diante do princípio constitucional da dignidade da pessoa humana e viabilizar oportunidades reais e efetivas para a inserção e adaptação social. Para tanto, em cada comarca, haverá um Conselho da Comunidade composto de um representante de associação comercial ou industrial, um advogado indicado pela seção da Ordem dos Advogados do Brasil, um defensor público, indicado pelo Defensor Público Geral, um assistente social, escolhido pela Delegacia Nacional de Assistentes Sociais. Na falta de representação prevista na Lei de Execução Penal, ficará a critério do juiz da execução a escolha de seus integrantes.

Ao Conselho incumbe: **a)** *visitar*, pelo menos mensalemente os estabelecimentos penais existentes na comarca; **b)** *entrevistar* presos; **c)** *apresentar* relatórios mensais ao juiz da execução e ao Conselho Penitenciário; **d)** *diligenciar* a obtenção de recursos materiais e humanos para melhor assistência ao preso ou internado, em harmonia com a direção do estabelecimento.

O Conselho Nacional de Política Criminal e Penitenciária, como órgão de *elaboração* e *fiscalização* da execução penal, estabeleceu um mandato de 3 (três) anos para os membros do Conselho da Comunidade, especificando as seguintes atribuições: **a)** *colaborar* com os órgãos encarregados da formação da política penitenciária e da execução das atividades inerentes ao sistema penitenciário; **b)** *realizar* audiências com a participação de técnicos ou especialistas e representantes de entidades públicas ou privadas; **c)** *contribuir* para a fiscalização do cumprimento das condições especificadas na sentença concessiva do livramento condicional, bem como no caso de suspensão condicional da execução da pena e fixação do regime aberto; **d)** *proteger*, *orientar* e *auxiliar* o beneficiário do livramento condicional; **e)** *orientar* e *apoiar* o egresso com o fim de reintegrá-lo à vida em liberdade; **f)** *fomentar* a participação da comunidade na execução das penas e das medidas alternativas; **g)** *diligenciar* a prestação e assistência material ao egresso, como alimentação e alojamento, se necessário; **h)** *representar* a autoridade competente em caso de constatação de violação das normas referentes à execução penal e obstrução das necessidades do Conselho.

Maurício Kuehne, em *Lei de Execução Penal Comentada*, enfatiza que "A atuação dos Conselhos da Comunidade na prisão e fora dela precisa ser fortalecida para que não fique a serviço da função assistencialista tão somente, mas sim a serviço da aprendizagem e da cidadania". Para que o Conselho da Comunidade tenha o efetivo papel na democratização do cárcere pela *cooperação* e *fiscalização* real e efetiva dos membros da sociedade civil organizada na execução da pena, é necessário, além da vontade política, ter consciência de solidariedade e respeito à dignidade da pessoa privada de liberdade. A crise no nosso sistema prisional, "*verdadeiras masmorras medievais*", não teria tomado tais proporções se os Conselhos da Comunidade fossem reais e efetivos e não simbólicos. Repita-se que *não há que se falar em "cláusula de reserva do possível", quando estão em jogo os princípios fundamentais da Carta Política.*

7.1. Propostas para a reforma

A Proposta de Alteração da Lei de Execução Penal (2013) inclui nas atribuições do Conselho da Comunidade, visitar, pelo menos bimestralmente, os estabelecimentos penais existentes na comarca e promover a ação civil pública em matérias pertinentes ao sistema prisional.

8. DEFENSORIA PÚBLICA

A Defensoria Pública, com a edição da Lei nº 12.313, de 19 de agosto de 2010, passou a figurar como órgão da execução penal. Ao tratar da assistência judiciária, a Lei de Execução Penal já destacava a atribuição de atuar em processos de execução criminal, promovendo igualmente os direitos dos sentenciados hipossuficientes, em todas as fases do processo, e visitar unidades penais de custódia de presos condenados, de assistidos internados em razão da imposição de medidas de segurança e de sentenciados em liberdade e suas famílias, promovendo direitos.

A Carta Política de 1988, em seu art. 134, conceitua a Defensoria Pública como "instituição essencial à função jurisdicional do Estado, incumbindo-lhe a orientação jurídica e a defesa, em todos os graus dos necessitados", destaca-se diante do art. 81-A, da Lei de Execução Penal, em razão da Lei nº 12.313, de 19 de agosto de 2010, que "a Defensoria Pública velará pela regular execução da pena e da medida de segurança, oficiando no processo executivo e nos incidentes da execução para a defesa dos necessitados em todos os graus e instâncias, de forma individual e coletiva". Assim, a teor do art. 81-B, da Lei de Execução Penal, incumbe ainda à Defensoria Pública requerer: **a)** todas as providências necessárias ao desenvolvimento do processo executivo; **b)** a aplicação aos casos julgados de lei posterior que, de qualquer modo, favorecer o condenado; **c)** a declaração de extinção da punibilidade; **d)** a unificação de penas; **e)** a detração e a remição da pena; **f)** a instauração dos incidentes de excesso ou desvio de execução; **g)** a aplicação da medida de segurança e sua revogação, bem como a substituição da pena por medida de segurança; **h)** a conversão de penas, a progressão nos regimes, a suspensão condicional da pena, o livramento condicional, a comutação de pena e o indulto; **i)** autorização de saídas temporárias; **j)** a internação, a desinternação e o restabelecimento da situação anterior; **k)** o cumprimento de pena ou medida de segurança em outra comarca; **l)** a remoção do condenado na hipótese do § 1º do art. 86 desta lei. Incumbe, ainda: **a)** *requerer* a emissão anual de atestado de pena cumprida; **b)** *interpor* recursos de decisões proferidas pela autoridade judiciária ou administrativa durante a execução; **c)** *representar* ao juiz da execução ou a autoridade administrativa para a instauração de sindicância ou processo administrativo em caso de violação das normas referentes à execução penal; **d)** *visitar* os estabelecimentos penais, tomando providências para o adequado funcionamento e requerer, quando for o caso, a apuração de responsabilidades; **e)** *requerer* à autoridade competente a *interdição*, no todo ou em parte, no estabelecimento penal. O órgão da Defensoria Pública visitará periodicamente os estabelecimentos penais, registrando a sua presença em livro próprio.

8.1. Propostas para a reforma

A Proposta de Alteração da Lei de Execução Penal (2013), dentre as incumbências, inclui inspecionar os estabelecimentos penais, tomando providências para o adequado funcionamento, e requerer, quando for o caso, a apuração de responsabilidades. O órgão da Defensoria Pública atuará nos estabelecimentos penais, registrando presença em livro próprio.

CAPÍTULO 7

SUSPENSÃO CONDICIONAL DA PENA

SUMÁRIO: 1. Antecedentes históricos. **2.** Suspensão condicional do processo. **3.** Natureza jurídica. **4.** Requisitos e espécies. **4.1.** Propostas para a reforma. **5.** Questionamentos. **6.** Condições. **7.** Revogação. **8.** Audiência admonitória e período de prova. **9.** Cumprimento e fiscalização das condições. **9.1.** Propostas para a reforma.

1. ANTECEDENTES HISTÓRICOS

As raízes remotas do instituto são encontradas nos sistemas admonitórios do Direito romano (*severa interlocutio*) e no Direito canônico (*monitio canonica*), aplicados pelos tribunais eclesiásticos, quando as pessoas pactuavam com os juízes eclesiásticos o *perdão*, suspendendo o tribunal todas as penas temporais e espirituais cominadas como condição de que o perdoado não viesse a reincidir nas mesmas faltas, diante de aplicação de sanções mais severas. O Congresso Penitenciário de Roma de 1885 pautou a questão pela primeira vez, porém sem discuti-la. A União Internacional de Direito Penal em Bruxelas adotou por aclamação a *condenação condicional*, que teve sua aparição na Bélgica, com a lei de 31 de maio de 1888, como melhor meio contra o abuso das penas curtas de prisão. Na França, devido ao senador Bésenger, em 26 de maio de 1884, foi apresentado um projeto que levou sete anos de tramitação legislativa, que se tornou na célebre Lei de 26 de março de 1891, também denominada *Lei Bésenger*, em homenagem a seu relator no Senado. A expressão "*sursis à l'exécution de la peine*" vem no projeto do Código Penal francês e é consagrada pelo uso na legislação belga. A Bélgica foi o país que, em primeiro lugar na Europa, a incluiu em sua legislação positiva por meio da Lei de 31 de maio de 1888.

O sistema anglo-americano surge com o *probation system*, que é usado pela primeira vez por John Augustus, que a introduziu na prática dos tribunais aproximadamente em 1841. Foi em Massachusetts (1896) que ocorreu a primeira prática do *probation* para jovens infratores primários, objetivando a evitação da contaminação carcerária. Na Inglaterra, o *probation* se origina de uma forma de assistência voluntária, estando seu texto básico na seção nº 8 (1) do *Criminal Justice Act* (1948), que aperfeiçoa o velho *Probation of Offenders Act* (1907). Para os ingleses, o "*probation was not, and is not, a sentence; it was inplied consequence of, and is now the condition of, a type of binding over"* foi o diploma citado que regulou a suspensão condicional na Inglaterra, embora desde 1847 o magistrado inglês tivesse a faculdade de *não* prolatar a sentença condenatória de jovens infratores, apenas declarando a culpabilidade e admoestando-os, ou tão somente aplicando a pena de multa. A maioria das legislações tradicionais entende a *suspensão* como *medida penal complementar* junto ao sistema e *não probatória autônoma*, distinta e independente da condenação criminal. A diferença básica entre o sistema *franco-belga* e o *anglo-americano* é que, no primeiro, a condenação é *pronunciada*, ao passo que, no segundo, há sua própria *suspensão*. A vantagem deste é de não *estigmatizar* o infrator com a tarjeta da condenação, entretanto apresentava como grave inconveniente deixar o processo sem solução final durante longo período e com maior complexidade operacional.

A suspensão condicional da pena (*sursis à l'execution*) foi introduzida com o Decreto nº 16.588, de 6 de setembro de 1924, objetivando evitar a *promiscuidade carcerária* e a *reincidência*. O Direito pátrio seguiu o *modelo franco-belga* e surgiu pelas mãos de Emeraldino Bandeira seguindo, em 1906, copiou do *modelo Bésenger*. Ainda tivemos os projetos Galdino Siqueira (1913) e do Min. João Luís Alves, que se converteu no Decreto nº 16.558/24, que é a primeira lei pátria que regula a suspensão condicional da pena.

No Código de 1940, a matéria estava tratada nos arts. 57 e 59 do Código Penal e arts. 696 a 709 do Código de Processo Penal. A Lei nº 7.209, de 11 de julho de 1984, aborda a suspensão condicional nos arts. 77 a 82 do CP e a Lei de Execução Penal nos arts. 156 a 163. Aduza-se que a Lei nº 6.016, de 31 de dezembro de 1973, e a Lei nº 6.416, de 24 de maio de 1977, não tinham trazido inovação relevante ao instituto.

2. SUSPENSÃO CONDICIONAL DO PROCESSO

A Lei nº 9.099, de 26 de setembro de 1995, através de seu art. 89, criou o instituto da suspensão condicional do processo, apresentando algumas semelhanças com o *probation*, que surgiu no século XIX com características de suspensão da sentença condenatória.

A nossa suspensão condicional do processo *não* suspende a *pena* nem a *sentença*, mas o próprio *processo*, antes de iniciar-se a instrução processual. Através de um modelo consensual, a *transação penal* e a *suspensão condicional do processo*, cria-se a possibilidade da aplicação imediata da pena sem a existência da ação penal, como instrumento de enfrentamento da morosidade da prestação jurisdicional. Na suspensão condicional do processo, susta-se a ação penal, após o despacho de recebimento da denúncia, preenchidos os requisitos *legais* e fixadas as *condições* com prazo determinado e, ao final, ficará *extinta a punibilidade*, se não houver *revogação*: **a)** com a edição da Lei nº 11.313, de 28 de junho de 2006, pôs-se termo à divergência em relação à Lei nº 10.259, de 12 de julho de 2001. O art. 61 da Lei nº 9.099, de 26 de setembro de 1995, passou a ter a seguinte redação: "Consideram-se infrações penais de menor potencial ofensivo, para efeitos desta lei, as contravenções penais e os crimes a que a lei comine pena máxima *não* superior a 2 (dois) anos, cumulada ou não com a multa". Resolveu-se a *isonomia* entre crimes cometidos perante Justiça Estadual e a Federal. O art. 89, pertinente às Disposições Finais do diploma legal, mantém a redação: "Nos crimes em que a pena mínima cominada for igual ou inferior a 1 (um) ano, abrangidas ou não por esta lei, o Ministério Público, ao oferecer a denúncia, poderá propor a suspensão do processo por dois a quatro anos, desde que o acusado não esteja sendo processado ou não tenha sido condenado por outro crime, presentes os demais requisitos que autorizariam a suspensão condicional da pena (art. 77 do Código Penal)".

O pressuposto para a suspensão condicional do processo é de que a pena cominada seja igual ou superior a 1 (um) ano.

A Súmula nº 243 do Superior Tribunal de Justiça prescreve que "O benefício da suspensão condicional do processo não é aplicável em relação às infrações penais cometidas em concurso material, concurso formal ou continuidade delitiva, quando a pena mínima cominada, seja pelo somatório, seja pela incidência da majorante, ultrapassar o limite de 1 (um) ano"; **b)** *não tenha sido condenado por outro crime*. A condenação à pena de multa *não* impede a concessão do benefício. Na hipótese do transcurso de mais de cinco anos da condenação, aplica-se por analogia o art. 64, I, do Código Penal; **c)** *o acusado não esteja sendo processado ou já foi condenado por outro crime*. O Supremo Tribunal Federal firmou que *não* afronta o *princípio da inocência*, declarando a sua constitucionalidade (STF, RE 299.781/SP, 1ª T., rel. Min. Sepúlveda Pertence, j. 4.9.2001); **d)** *presentes os demais requisitos autorizativos da suspensão condicional da pena (art. 77 do Código Penal)*. Tais requisitos configuram condições *legais* e *judiciais*. O *período de prova* será de 2 (dois) a 4 (quatro) anos, estabelecido através de *consenso*, presidido pelo *princípio da proporcionalidade*. Sustenta-se que o juiz *não* oferece proposta de suspensão condicional do processo, só homologa. Admite-se na ação penal de iniciativa privada (STF, HC 81.720/SP, 1ª T., rel. Min. Sepúlveda Pertence, j. 26.3.2002); **e)** causa de *revogação obrigatória*. Se o réu vier a ser processado por outro delito e/ou não reparar o dano sem motivo justificado. São causas de revogação *facultativa*, quando o réu venha a ser processado por contravenção ou descumprimento de qualquer das *condições judiciais* impostas. A posição do Supremo Tribunal Federal é na direção de que após o término do *período de provas*, se verificado o *descumprimento* de alguma das condições impostas na proposta do acusado, *poderá* ser revogada a suspensão condicional do processo. Assim, "Se antes não adveio revogação por motivo devidamente apurado, é que incumbe ao Juiz, findo o período da suspensão do processo, declarar extinta a punibilidade - aí, sim, por sentença - ou, caso contrário, se verifica não satisfeitas as condições, determinar a retomada do curso dele" (STF, HC 80.747/PR, 1ª T., rel. Min. Sepúlveda Pertence, j. 14.2.2002).

Diante da incerteza do resultado do processo, as partes são estimuladas a uma *composição*, suspendendo-se o seu prosseguimento. Assim, cada qual cede um pouco, havendo a transação penal, que é a *característica* da suspensão condicional do processo.

3. NATUREZA JURÍDICA

Desde a Reforma de 1984, o *sursis* deixou de constituir-se em um *incidente da execução* ou *direito público subjetivo do apenado*. É uma *medida penal restritiva de liberdade*, *alternativa* à execução da pena privativa de liberdade, que como instrumento de política criminal, diante de determinadas condições, objetiva a evitação da contaminação deletéria do cárcere. A circunstância de ser revogado e ter o apenado que cumprir a pena imposta sem o abatimento do lapso de tempo de cumprimento do período de prova, *não* retira o caráter *sui generis* de sua execução. A matéria é polêmica. O Supremo Tribunal Federal *não* considera *direito subjetivo do réu*, dependendo da satisfação de requisitos objetivos e subjetivos ("faculdade do juiz"), devendo a decisão ser suficientemente motivada sobre tais favores de índole penal (STF, HC 84.985/MG, 1ª T., rel. Min. Ayres Britto, j. 17.5.2005). O Superior Tribunal de Justiça posiciona-se na direção de que se trata de um *direito subjetivo do réu* (STJ, HC 104.363/PA, 5ª T., rel. Min. Arnaldo Esteves Lima, j. 3.3.2009). Como direito subjetivo do apenado, preenchidos os requisitos legais, *não* pode o magistrado deixar de negar a substituição, sendo em uma linguagem genérica um benefício legal de evitação do encarceramento desnecessário.

A doutrina germânica divide em três vertentes divergentes a natureza jurídica do *sursis*: **a)** forma de sanção autônoma (*eigenständige Strafart*); **b)** medida de correção (*Massregel*), que permite suprir o lado punitivo (*Ubel*) da pena; **c)** compromisso entre *Strafe* e *Massregel*. O Supremo Tribunal Federal alemão afirma que a RzBw é um meio de sanção penal de um gênero novo (*Neuartiges Mittel der Strafsanktion*). É uma das espécies das denominadas medidas penais alternativas ao cumprimento da pena privativa de liberdade imposta, tanto que na modelagem da atualidade é composto da *prestação de serviço à comunidade* ou à *limitação de fim de semana*.

É medida de política criminal que busca *evitar* que o condenado primário e *não* possuidor de maus antecedentes, por ter realizado delito de *pequeno potencial ofensivo*, seja atirado à contaminação deletéria do cárcere, conduzindo-o à reincidência. A prisão é *promíscua*, *degradante* e *estigmati-*

zante, razão pela qual, deve o magistrado, sempre que possível e oportuno, evitá-la. Em nosso Direito, a suspensão condicional da execução da pena privativa de liberdade se *constitui* em uma *espécie de gênero* de medidas penais alternativas à aplicação da pena privativa de liberdade, diferenciando-se por sua execução (período de prova) subsequente ao trânsito em julgado da condenação (certeza da imposição da pena privativa de liberdade), possuindo *caráter de medida penal alternativa* ao encarceramento.

4. REQUISITOS E ESPÉCIES

A possibilidade da aplicação da medida penal substituta do *sursis*, além do *juízo de suficiência*, fica subordinada a duas ordens de requisitos ou pressupostos (objetivos e subjetivos): **a)** o primeiro, *objetivo*, diz respeito ao *tempo* de duração da pena privativa de liberdade, que *não* poderá ser *superior* a 2 (dois) anos. Só é aplicável a essa espécie de pena, descabendo em relação às restritivas de direitos e a multa, pois a sua finalidade é a evitação da contaminação carcerária. O magistrado deverá, em primeiro lugar, observar se é ou não cabível a aplicação de uma restritiva de direitos, sé em caso negativo avaliará a *substituição* da pena privativa de liberdade pelo *sursis*. Busca-se privilegiar a solução mais benéfica ao condenado; **b)** o segundo, *subjetivo*, é de que o injusto penal seja de *mínimo* grau de reprovabilidade, expressado no *perfil do condenado* (culpabilidade, antecedentes sociocriminais, motivos e circunstâncias), observado pelo critério prudencial do magistrado; **c)** o terceiro, *objetivo-subjetivo*, diz respeito à *prevalência* da aplicação de penas restritivas de direitos que são *autônomas* e *substituem* as privativas de liberdade, observadas as limitações do art. 44 do diploma (STJ, HC 166.445/SP, 5ª T., rel.ª Min.ª Laurita Vaz, j. 28.6.2011).

A respeito da efetividade do *sursis*, diante da possibilidade de *substituição* das penas privativas de liberdade *até 4 (quatro) anos*, observa-se que o caráter subsidiário, em relação às restritivas de direitos, restringiu-lhes a esfera de âmbito, pois estas terão *prioridade*, lembrando que o *sursis* tem o marco *até 2 (dois) anos*. Recorde-se que, para as condenações de *curta duração, até 1 (um) ano*, não há possibilidade legal de *substituição* pelo *sursis* ("por multa ou por restritiva de direitos") e se *superior* a 1 (um) ano *até* 2 (dois) anos, pode ser *substituída* por restritiva de direitos e multa, ou por duas restritivas. Anote-se que a *substituição* pelas restritivas de direitos é mais vantajosa, pois poderá ser cumprida em *tempo inferior* ao do *período de prova*. O terceiro requisito *subjetivo* é a *não* reincidência em crime *doloso*. A reincidência em crime *culposo* ou *contravenção* não inviabiliza a substituição pela medida penal do *sursis*. Na mesma direção, a condenação anterior à *pena pecuniária*, independentemente se o crime é doloso ou culposo. Registre-se a presença ou não dos efeitos da reincidência, se decorridos mais de 5 (cinco) anos desde o cumprimento da pena ou a extinção da punibilidade, retorna à condição de primário, podendo pleiteá-la.

Assim, cabe o *sursis*, e não a *restritiva de direitos*, na hipótese da *reincidência* em crime *culposo*. O reincidente, em dois crimes de homicídio culposo, pode pleitear o *sursis*, mas *não* a substituição por pena restritiva de direitos. Também, o reincidente, por crime doloso à pena pecuniária (Súmula nº 499 do STF), poderá pleitear o *sursis*, o que é inviável à restritiva de direitos por falta de previsão legal. É cabível o indulto aos condenados na fruição do período de prova do *sursis*.

A Reforma de 1984 estabeleceu *formas* (classificação) de suspensão condicional: **a)** *sursis comum ou simples*; **b)** *sursis especial*; **c)** *sursis etário*; **d)** *sursis humanitário*. Assim, tem-se: **a)** *sursis comum ou simples*: são requisitos: **a.** *objetivos*: admite-se nas penas privativas de liberdade (reclusão e detenção) não superiores a 2 (dois) anos e, na hipótese de concurso de crimes, *não* se afasta o acréscimo, que se limita aos parâmetros legais. Não é cabível a *substituição* da pena privativa de liberdade pela restritiva de direitos. Anote-se que esta é medida penal menos rigorosa que o *sursis* e *substitui* as penas privativas de liberdade até 4 (quatro) anos, desde que o crime *não* tenha sido cometido com violência ou grave ameaça à *pessoa*; **b.** *subjetivos*: o condenado, *não* reincidente em crime doloso, salvo se a condenação anterior for unicamente a pena de multa (Súmula nº 499 do STF); e *circunstâncias judiciais* desfavoráveis, exceto consequências do crime e comportamento da vítima. A avaliação deve ser procedida diante do caso concreto, pois observado o histórico de vida do condenado "uma única ocorrência não é motivo suficiente para impedir a sua concessão" (STJ, HC 80.923/RJ, 6ª T., rel. Min. Maria Thereza de Assis Moura, j. 6.12.2007). O *sursis comum ou simples* é o mais rigoroso, consiste na aplicação das condições de *prestação de serviço à comunidade* ou *limitação de fim de semana*, estabelecido o período de prova, no primeiro ano do prazo. A suspensão condicional da pena será por tempo de 2 (dois) a 4 (quatro) anos sob as condições legais e judiciais. O apenado deverá cumprir no primeiro ano a pena restritiva de direitos, exceto quando cabível a *substituição* pelo cumprimento cumulativo das alíneas *a*, *b* e *c* do art. 78, § 2º, do Código Penal. As condições judiciais deverão ser adequadas ao fato e à situação pessoal e ao perfil do condenado. O magistrado poderá a qualquer tempo, na execução, *modificar* as regras estabelecidas na sentença, ouvido sempre o condenado; **b)** *sursis especial*: é menos rigoroso, o condenado se houver *reparado o dano*, salvo impossibilidade de fazê-lo, e se as circunstâncias judiciais lhe forem *inteiramente* favoráveis, o magistrado dispensará o condenado da prestação de serviços à comunidade ou a limitação de fim de semana por *condições* aplicadas *cumulativamente* (proibição de frequentar determinados lugares, proibição de ausentar-se da comarca na qual reside, sem autorização do magistrado; comparecimento pessoal e obrigatório a juízo, mensalmente, para informar suas atividades). Além destas condições, o magistrado está autorizado a aduzir *outras* condições (condições judiciais), à suspensão desde que adequadas ao *perfil do condenado* e diante das circunstâncias específicas do caso concreto, observado o *princípio da dignidade da pessoa humana*. O *sursis* simples e o especial não podem ser aplicados cumulativamente; **c)** *sursis etário*: deve ser deferido aos condenados com mais de 70 (setenta) anos de idade à data da *sentença*, se a pena *não* excede a *quatro anos*, sendo o *período de pena* aumentado de 4 (quatro) para 6 (seis) anos. As estatísticas criminais mostram a baixa reincidência de pessoas idosas. São requisitos alternativos, *ou* ter mais de 70 (setenta) anos de idade na data da sentença, ou apresentar até essa data, sérios problemas de saúde, que inviabilizem o recolhimento ao cárcere, diante do *princípio da dignidade da pessoa humana*; **d)** *sursis humanitário*: é ditado por *razões de saúde* que justifiquem a suspensão das condições impostas, desde que a pena *não* exceda a 4 (quatro) anos, *não* se levando em conta a idade do condenado, *nem* se exigindo que a moléstia seja gravíssima ou incurável ou que esteja em estado terminal (STJ, RHC 27.768/SP, 5ª T., rel.ª Min.ª Laurita Vaz, j. 17.5.2011); **e)** *sursis ambiental*: com a edição da Lei nº 9.605, de 12 de fevereiro de 1998, é previsto em seu art. 16 a figura do *sursis ambiental*, que poderá ser aplicado às hipóteses dos crimes ambientais em que a pena privativa de liberdade imposta *não* seja *superior a 3 (três) anos*. É *obrigatória* a imposição da *reparação do dano*, referida no § 2º, do art. 78 do Código Penal, e será realizado mediante laudo de reparação de dano ambiental, bem como as *condições judiciais* a serem impostas deverão *obrigatoriamente* relacionar-se com a proteção do meio ambiente.

A ausência do réu (*revelia*) é um direito decorrente dos *direitos* ao silêncio e de não produzir prova contra si mesmo, razão pela qual poderá ter a obtenção da suspensão condicional da execução da pena. Também, *não* obsta: **a)** condenação por crime culposo ou por crime culposo seguido de doloso; **b)** prescrição da pretensão punitiva por crime anterior; **c)** condenação anterior por contravenção; **d)** perdão judicial concedido anteriormente; **e)** durante o período de prova não poderá haver a cassação dos direitos políticos.

Os *estrangeiros* gozam dos mesmos direitos e têm os mesmos deveres dos brasileiros (*princípio da isonomia*). A condenação no *estrangeiro não* pode revogar o *sursis*, pois a norma *não* prevê tal restrição, sendo defesa a interpretação extensiva. Aos *estrangeiros* residentes em caráter temporário *pode* ser aplicada a medida penal do *sursis*, pois o Estatuto do Estrangeiro *não* impede a sua aplicação. É uma questão doutrinária e pretoriana polêmica. Porém, diante do Estatuto do Estrangeiro, nada impede que o Poder Executivo não possa promover a *expulsão* do estrangeiro considerado indesejado ao interesse nacional. Pontes de Miranda rebate o argumento sustentando que o estrangeiro *não* pode ser expulso diante da independência dos poderes, estando o condenado no cumprimento do período de prova do *sursis*. Cogita-se em nosso sistema legal de suspensão condicional da execução da pena, de origem franco-belga (*sursis avec à l'epreuve*).

4.1. Propostas para a reforma

A Proposta de Alteração da Lei de Execução Penal (2013) inclui que "a execução da pena privativa de liberdade, não superior a 4 (quatro) anos, poderá ser suspensa, por 4 (quatro) a 6 (seis) anos, desde que o condenado seja maior de 70 (setenta) anos de idade, ou por razões de saúde justifiquem a suspensão".

5. QUESTIONAMENTOS

Pode-se destacar: **a)** sursis *e fixação do regime prisional*: é majoritária a posição de que feita a individualização da pena e do regime prisional, o magistrado da cognição passará a avaliar a possibilidade da *substituição* da pena privativa de liberdade por restritiva de direitos ou multa e, na última hipótese, pela aplicação da medida penal do *sursis*. Assim, o magistrado *não* poderá aplicar o *sursis* sem *antes* ter fixado o *regime prisional*, diante do regramento normativo. A Proposta de Alteração da Lei de Execução Penal (2013) sugere que a postura de que uma vez aplicada a medida penal do sursis, tornar-se-ia desnecessário estabelecer o regime prisional. A suspensão condicional é *facultativa* e não *obrigatória*, podendo o condenado *não* aceitá-la na audiência admonitória em razão das condições que lhe foram impostas. Se *não* tiver sido fixado o regime prisional, em caso de revogação, o regime será o *aberto*. Questiona-se a possibilidade do magistrado da cognição estabelecer "*cláusula de revogabilidade*", isto é, na hipótese futura do *não* cumprimento das obrigações prescritas na sentença e acordadas na *audiência admonitória*, seria válido estatuir no decreto condenatório, na hipótese de *não* observância, a imposição do regime aberto. Quando a suspensão condicional da pena for aplicada por tribunal, a este caberá *estabelecer* ou *modificar* as condições da sentença recorrida; **b)** sursis *simultâneos*: o condenado poderá cumprir simultaneamente *dois sursis*, quando recebe a medida penal em *processos distintos*, pois nada impede que cumpra simultaneamente, desde que *compatíveis* as condições estabelecidas. Não há vedação normativa; **c)** é da competência do magistrado da condenação o exame da aplicação ou não da medida penal do *sursis* e a imposição de suas condições, pois *não* se cogita de incidente da execução. Transitada em julgado, o *juiz da execução* poderá supletivamente decidir sobre a *espécie* e a *condição* da medida do *sursis* não prevista no título executório, desde que admitidos no texto legal, podendo, ainda, *modificar* as condições no que for necessário à individualização da pena; **d)** *caráter sigiloso*: o registro e a averbação da sentença condenatória, com *nota de suspensão*, tem caráter sigiloso, salvo para as informações requeridas pelo Poder Judiciário ou pelo Ministério Público para o fim específico de instruir procedimento criminal que só podem ser prestadas oficialmente; **e)** *crime hediondo*: é *cabível* nos crimes hediondos ou equiparados (STJ, 183.905/SC, 5ª T., rel. Min.* Adilson Vieira Macabu, j. 27.9.2011). A Lei nº 8.072, de 25 de julho de 1990, *não* inclui no rol de vedações, defesa a interpretação analógica; **f)** *sursis e medida de segurança*: há *impossibilidade* da aplicação do *sursis* quando da medida de segurança, em razão do antagonismo, pois seu patamar é a pena privativa de liberdade; **g)** *reincidência específica*: cabe a medida penal do *sursis* e não a restritiva de direitos na hipótese da "reincidência específica" em crime doloso ou culposo. Se *A* é reincidente em dois crimes de homicídio culposo, poderá pleitear o *sursis*, mas *não* a substituição por pena restritiva de direitos. Também o reincidente condenado em crime doloso à pena pecuniária, pode pleitear o *sursis*, o que é *inviável* em relação à restritiva de direitos por falta de previsão legal.

6. CONDIÇÕES

Podem ser *legais* ou *judiciais*. As condições *legais* são: **a)** *prestação de serviços à comunidade e limitação de fim de semana:* no *sursis comum ou simples* o condenado deverá *prestar serviços à comunidade* ou *submeter-se à limitação de fim de semana*, no primeiro ano e, no segundo, às *condições legais* previstas nas alíneas *a, b, c* do § 2º do art. 78 do Código Penal (cumulativas e não alternativas). Estas condições serão adequadas *ao fato e à situação pessoal do condenado*, podendo a qualquer tempo, de ofício, ou a requerimento do Ministério Público, o juiz da execução modificá-las, sempre com a *oitiva prévia* do condenado. A Proposta de Alteração da Lei de Execução Penal (2013) sugere que as condições serão adequadas ao fato e à situação pessoal do condenado devendo ser incluída a prestação de serviços à comunidade ou a limitação de fim de semana. O magistrado *não* pode deixar de impor as *condições legais*, sendo que a de *proibição de frequentar determinados lugares* deve guardar relação com a natureza do ato, exigindo-se a fundamentação idônea ao indicar os locais proibidos. As condições podem ser *modificadas* durante a execução *ex vi* do art. 158, § 2º, da LEP; **b)** as *condições judiciais* são as que o legislador deixa ao arbítrio judicial, que ficam limitadas a que sejam "*adequadas ao fato e a situação pessoal do condenado*". Não estão elencadas no rol do texto posto, e *não* podem violar o princípio da *nulla poena sine lege* diante dos direitos constitucionais do condenado. A *reparação do dano* só será imposta desde que seja *possível* ao condenado suportá-la. Sustenta-se que o apenado que *não* puder reparar o dano, diante de sua efetiva impossibilidade econômico-financeira de fazê-lo e diante das causas especificadas no art. 59 do Código

Penal, se lhe forem *inteiramente* favoráveis, o Juiz da Execução *poderá substituir* a obrigação pelas condições legais do *sursis* especial. Anote-se que é condição implícita do *sursis* o pagamento da multa e a reparação do dano.

As condições devem ser sempre *adequadas ao fato* e ao *perfil do condenado*. O juiz da execução poderá a qualquer tempo *modificar as condições*, pois não poderiam se constituir em regras imutáveis, devendo, prioritariamente, se adequarem ao perfil e à vida do condenado para uma melhor inserção e adaptação social. Em sua sentença, o julgador não poderá arbitrar condições *vexatórias, humilhantes, antipedagógicas* e *ociosas*, que ferem o *princípio da dignidade da pessoa humana*. Mirabete já lembrava que as condições *não* podem *per se* configurarem penas já previstas em nossa legislação. Na melhor direção, mais pedagógica que aflitiva, o magistrado, diante do caso concreto, poderá determinar a obrigação de frequentar curso ou programa educativo contra violência doméstica, uso de substâncias entorpecentes e reciclagem na direção de veículos automotores.

Sendo a suspensão condicional da pena *instrumento de política criminal* para a evitação da contaminação carcerária, diante de condenado com *perfil específico* e *crimes de menor potencial ofensivo*, é reservada às penas privativas de liberdade, que por suas características *sui generis* não se estende às restritivas de direito e à multa. Não se trata de uma *condição resolutiva*, não apaga os efeitos da condenação. A suspensão condicional da execução penal se diferencia das demais penas alternativas, que lhe outorga um caráter *sui generis*, visto que só se executa *após* o trânsito em julgado da condenação. Dá a *certeza da punição* com a possibilidade da *revogação* e, por consequência, o cumprimento *integral* da pena privativa de liberdade, *sem* desconto do tempo suspenso. Como sanção penal alternativa às penas curtas privativas de liberdade, podem-se incluir as penas restritivas de direitos, inexistindo qualquer violação do *princípio do ne bis in idem*.

7. REVOGAÇÃO

A revogação da suspensão condicional da pena pode ser: **a)** *obrigatória*, quando: **a.** a *condenação definitiva em crime doloso à pena privativa de liberdade*. Não importa que o crime tenha sido praticado *antes* ou *durante* o período de provas. Cuida-se de *requisito objetivo*, não havendo necessidade da oitiva prévia do condenado para a revogação (STJ, RHC 18.521/MG, 5ª T., rel. Min. Arnaldo Esteves Lima, j. 3.4.2007). Somente a condenação irrecorrível tem o condão revogatório. Nem todas as condenações por crime doloso geram revogação, como nos casos de condenação à pena de multa ou de perdão judicial. A *condenação* no estrangeiro pode impedir a *aplicação* do *sursis*, mas *não* é causa de revogação, bem como a pena de multa. Há impossibilidade da analogia ou interpretação extensiva em prejuízo do condenado; **b.** *frustra, embora solvente, a execução da multa*. O *perdão judicial* concedido *não* é causa de revogação do *sursis*, há extensão da punibilidade, *não* se aplicando a pena nem gerando reincidência. A Súmula nº 18 do Superior Tribunal de Justiça dispõe que "A sentença concessiva do perdão judicial é declaratória da extinção de punibilidade, não mais qualquer efeito condenatório". A posição majoritária é no sentido da *revogação tácita*, diante da nova redação dada pelo art. 51 do Código Penal, pela Lei nº 9.268/96, de 1º de abril de 1996, inexistindo a possibilidade de *converter* a pena de multa, considerada *dívida de valor*, em pena privativa de liberdade; **c.** *não efetua, sem motivo justificado, a reparação de dano*. O *ressarcimento do dano* é condição obrigatória e o seu descumprimento, sem motivo justificado, impõe a sua revogação. Se o condenado *não* puder reparar o dano, diante da sua efetiva impossibilidade econômico-financeira e das condições do art. 59 do Código Penal forem *inteiramente* favoráveis, o juiz da execução poderá *substituir* a obrigação pelas condições legais do *sursis*. O descumprimento de qualquer *condição judicial* faculta ao magistrado *revogar* a suspensão ou *prorrogar* o período de prova, se *não* estiver no limite legal máximo. Revogar ou suspender é uma questão vinculada ao prudente arbítrio do magistrado, principalmente, diante da realidade negativa das prisões brasileiras; **d.** *descumprimento da obrigação de prestação de serviço à comunidade ou de limitação de fim de semana*; **e.** no primeiro ano do período de prova do *sursis simples*, é causa obrigatória de revogação. A não aceitação torna sem efeito a concessão do *sursis* posta na sentença condenatória, como também, intimado, o condenado não comparecer à audiência admonitória; **b)** *facultativa*, nas seguintes hipóteses: **a.** *descumprimento de qualquer outra condição imposta*: *a)* proibição de frequentar determinados lugares; **b.** proibição de ausentar-se na comarca onde reside, sem autorização do magistrado; **c.** comparecimento pessoal e obrigatório a juízo, mensalmente, para informar e justificar suas atividades; **d.** cumprimento das condições judiciais, especificadas na sentença, desde que adequadas ao fato e à situação pessoal do condenado. Cezar Roberto Bitencourt, em *Tratado de Direito Penal*, questiona a situação de uma pessoa condenada, com pena *suspensa*, e que *durante o período de prova* sofre *outra* condenação à pena privativa de liberdade ou restritiva de direitos pode *não* ter revogada a suspensão anterior, pois "não há qualquer impedimento legal quanto ao estabelecimento de tal condição, de extraordinária importância preventista"; **b.** *condenação definitiva por crime culposo ou por contravenção, a pena restritiva de direitos*. Fica excluída a pena de multa. A respeito da *efetividade* da suspensão da execução da pena diante da possibilidade de *substituição* das penas privativas de liberdade até quatro anos (as penas restritivas de direitos são autônomas e substituem as privativas de liberdade), observa-se que o *caráter subsidiário* do *sursis* em relação à *pena alternativa tirou-lhe a efetividade*, pois a restritiva de direitos, que cabe até quatro anos, *terá prioridade* em relação à sanção do *sursis*, que é até o marco de *dois anos*. Contemporaneamente, o modelo de justiça criminal direciona-se na *substituição* das penas privativas de liberdade nos crimes de pequeno potencial ofensivo por penas restritivas de direitos, razão pela qual nosso legislador limitou o instituto do *sursis*, caminhando para sua maior limitação. O magistrado deverá verificar se a *substituição não é indicada* diante do *perfil do condenado* e, no caso concreto, poderá suspender condicionalmente a pena, presentes requisitos e condições. Registre-se que a pena *restritiva de direitos substitui* as penas privativas de liberdade até 4 (quatro) anos, desde que o crime *não* tenha sido cometido com violência ou grave ameaça à pessoa, salvo se *inferior* a 1 (um) ano. Assim, a esfera de âmbito do *sursis* ficou restrita para os delitos cometidos *com* violência ou grave ameaça à pessoa, cuja pena seja *igual* ou *superior* a 1 (um) ano e *não* ultrapasse a 2 (dois) anos. O Projeto de Reforma Penal (2012) deixou de tratar desta medida de política criminal; **c.** *beneficiário processado por outro crime ou contravenção*. O período de prova que estará cumprindo será automaticamente prorrogado até a decisão definitiva (STJ, REsp 723.090/MG, 5ª T., rel. Min. Gilson Dipp, j. 19.9.2006). O fato de estar sendo *processado* (ação penal instaurada) não conduz à revogação do *sursis*, visto que a norma requer sentença irrecorrível (STJ, HC 97.702/SP, 5ª T., rel.ª Min.ª Laurita Vaz, j. 27.5.2008). Quando *facultativa* a revogação, o magistrado pode, ao invés de decretá-la, *prorrogar* o período de prova até o máximo, se este não foi fixado. Para a revogação da suspensão condicional da pena, deve previamente ouvir o condenado, diante do princípio da ampla defesa e do contraditório; **d.** *não cumprimento, injustificado, do condenado à audiência admonitória*. A Lei de Execução Penal prescreve que "se, intimado, pessoalmente por edital, com o prazo de 20 (vinte) dias, o réu *não* comparecer à audiência admonitória, a suspensão ficará sem efeito e será executada imediatamente a pena". No caso de *revogação* da suspensão condicional da pena, obrigatória ou facultativa, o condenado deverá cumprir *integralmente* o tempo de pena imposta, perdendo o tempo do *sursis* cumprido. Já nas restritivas de direitos, o condenado, na hipótese de *conversão*, *terá* que cumprir o *restante* da pena. Defende-se a posição da necessidade da *oitiva do condenado*, no caso de revogação em homenagem ao princípio da ampla defesa e do contraditório.

8. AUDIÊNCIA ADMONITÓRIA E PERÍODO DE PROVA

O *período de prova* se inicia com a realização da audiência admonitória. O condenado deverá ser intimado pessoalmente ou por edital para saber de sua aceitação ou não das obrigações e deveres impostos. Transitada em julgado a sentença condenatória, o magistrado a lerá ao condenado, em audiência advertindo-o das consequências de nova infração penal e do descumprimento das condições impostas. Ainda dispõe a Lei de Execução Penal que, quando a suspensão condicional da pena for concedida por tribunal, a este caberá estabelecer as condições do benefício. O tribunal, ao conceder a suspensão condicional da pena, *poderá* conferir ao juízo da execução a incumbência de estabelecer as condições e realizar a audiência admonitória. Intimado pessoalmente ou por edital, com o prazo de 20 (vinte) dias; se o condenado *não* comparecer *injustificadamente* à audiência admonitória, a suspensão ficará *sem* efeito e *será executada imediatamente a pena*, ex vi dos arts. 159 a 161 da Lei de Execução Penal.

Denomina-se "*período de prova*", o tempo em que o condenado tem *suspensa* a execução da pena imposta, objetivando a não contaminação pelo efeito deletério do encarceramento. A Reforma Penal de 1984 estabeleceu o prazo de 2 (dois) a 4 (quatro) anos no caso do *sursis comum ou simples* e de 4 (quatro) a 6 (seis) nas hipóteses do *etário ou humanístico*. A diretriz doutrinária é na direção de que deva ser fixado segundo: **a)** a natureza do crime; **b)** perfil do autor; **c)** quantidade da pena, por decisão fundamentada do magistrado. A revogação obriga o condenado a cumprir integralmente a pena imposta, sem descontar o lapso de tempo de prova cumprida.

Há *prorrogação* automática do prazo de suspensão até o julgamento definitivo em caso de estar sendo processado (ação penal) por outro crime ou contravenção (STJ, 175.758/SP, 5ª T., rel.ª Min.ª Laurita Vaz, j. 4.10.2011; REsp 1.107.269/MG, 5ª T., rel. Min. Felix Fischer, j. 2.6.2009). Durante a *prorrogação*, as condições estabelecidas devem acompanhá-la. O *período de prova* tem o *caráter educativo e corretivo*, servindo de alerta ao condenado para o dever de comportar-se conforme as normas legais postas. O correto seria a existência de uma equipe multidisciplinar de apoio da assistência social do juízo da execução, por grupo de apenados no cumprimento do período de prova, para dar apoio diante de seus conflitos no cotidiano da vida, e não "aguardar" passivamente a ruptura do termo de obrigações, para fazê-lo ingressar no deletério sistema penal.

9. CUMPRIMENTO E FISCALIZAÇÃO DAS CONDIÇÕES

A fiscalização do cumprimento das condições realizada por normas supletivas nos estados, territórios e Distrito federal, pela Lei de Execução Penal, é *atribuída* ao serviço social penitenciário, Patronato, Conselho da Comunidade ou instituição beneficiada com a prestação de serviços, *inspecionados* pelo Conselho Penitenciário, Ministério Público, ou ambos, devendo o juiz da execução *suprir*, por ato, a falta de normas supletivas. O beneficiário deverá comparecer *periodicamente* à entidade fiscalizadora para comprovar: **a)** a observância das condições a que está sujeito (ou sua não violação); **b)** sua ocupação lícita: salários ou proventos de que vive. A entidade fiscalizadora deverá comunicar *imediatamente* ao órgão de inspeção para os fins legais, a ocorrência de qualquer fato capaz de acarretar a revogação do *sursis*, a prorrogação do prazo ou a modificação das condições impostas. O tribunal poderá *delegar* a suspensão condicional da pena ao Juízo da Execução a incumbência de estabelecer condições e realizar a audiência admonitória.

Terminado o *período de prova*, sem que tenha ocorrido a *revogação*, a pena será *declarada* extinta. Há duas correntes: **a)** *não* há possibilidade da revogação quando descoberta *a posteriori* causa de revogação obrigatória. Expirado o prazo do período de prova *suspenso* ou *prorrogado* sem que tenha ocorrido durante o seu curso motivo legal para a revogação será declarada extinta a punibilidade da pena privativa de liberdade diante do integral cumprimento do *sursis*; **b)** em sentido contrário, a orientação pretoriana que admite a possibilidade da revogação (STF, HC 91.562/PR, 2ª T., rel. Min. Joaquim Barbosa, j. 9.10.2007; STJ, HC 59.557/RJ, 5ª T., rel.ª Min.ª Laurita Vaz, j. 22.8.2006). O juiz da execução declarará a extinção da pena privativa de liberdade pelo cumprimento do período de prova, que também poderá ocorrer, sem a declaração formal, bastando o lapso de tempo do período de prova ocorrido sem revogação.

9.1. Propostas para a reforma

A Proposta de Alteração da Lei de Execução Penal (2013) sugere que o acompanhamento do cumprimento das condições reguladas nos Estados e no Distrito Federal, por normas próprias, sendo atribuído à Central de Atendimentos Penais e Patronato, que poderá utilizar a colaboração dos órgãos de execução penal. Igualmente, que "O juiz poderá, a qualquer tempo, de ofício, a requerimento do Ministério Público, ou mediante proposta da Central de Alternativas Penais e do Conselho Penitenciário, modificar as condições e regras estabelecidas na sentença, ouvido o condenado".

CAPÍTULO 8
LIVRAMENTO CONDICIONAL

> **SUMÁRIO: 1.** Antecedentes históricos. **2.** Evolução histórico-normativa do Direito pátrio. **2.1.** Propostas para a reforma. **3.** Conceito e natureza jurídica. **4.** Requisitos. **5.** Exame criminológico. **5.1.** Propostas para a reforma. **6.** Soma de penas, unificação e crimes continuados. **6.1.** Propostas para a reforma. **7.** Condições. **8.** Revogação e seus efeitos. **8.1.** Propostas para a reforma. **9.** A questão do estrangeiro. **10.** Extinção da pena.

1. ANTECEDENTES HISTÓRICOS

A origem mais remota desta instituição de liberação tem suas raízes mais profundas no antigo Direito chinês, antes de Cristo, não se podendo deixar de incluir como nota histórica a presença de Frederico de Córdoba, que, entre outros, afirma que o Direito eclesiástico continha uma instituição semelhante ao instituto do livramento condicional; e, ratificando tal informação, observa-se que o Direito canônico formulou, adiantando-se ao tempo, algumas formas procedimentais penitenciárias integradas em muitos ordenamentos modernos. Poder-se-ia dizer que a prisão como *sanção penal* já era conhecida dos povos antigos. Basta reviver o velho texto de Ulpiano: "*Carcer id contionuendos nomines non ad puniendos haberi debet*", de onde flui a definição dada em Roma. Mommsen, no *Römisches Strafrecht*, escreve que o cárcere tinha como escopo albergar e custodiar infratores destinados ao suplício. O livramento condicional abrigado nas modernas legislações é produto da fusão de experiências empíricas com providências legislativas para a mais breve inserção e adaptação do apenado à sociedade. Na mesma direção, observam-se os objetivos realizados na Idade Média. Apregoe-se, contudo, que foi o Direito da Igreja que deu grande importância à prisão, organizando-a como verdadeira *sanção penal*. Há desvio de rota, pois na prisão canônica *não* havia a obrigação do trabalho pelos condenados, que era contrário aos fins da penitência católica. As origens passam pelo ano de 1704, com o Papa Clemente XI, quando da fundação em Roma do Hospício São Miguel (prisão-hospital), que era uma mescla de casa de correção de jovens infratores e asilo para doentes mentais e inválidos. Os primeiros eram submetidos ao "regime penitenciário" (isolamento noturno, trabalho em comum com os demais sob regras do silêncio), a fim de obter a "reforma moral". O regime de trabalho diurno comum e isolamento noturno caracterizam a prisão de Gantes (1775). Samuel Daien, em *Libertad Condicional*, refere-se a que a liberdade condicional teria sido implantada pela primeira vez em 1791, com a natureza jurídica de *perdão judicial* para os condenados deportados pela Inglaterra para a Austrália. Vetor historiográfico aponta como precursor do livramento condicional a prática introduzida na Espanha por Montezinos (1835) em prol de "menores regenerados", porém aponta que a sistematização foi realizada na Irlanda, tornando o livramento condicional como última etapa do sistema progressivo (1857).

A liberdade condicional encontra suas raízes mais próximas no sistema progressivo (*Market system*) nos fins do século XIX, como nova modalidade na forma de execução da pena, baseado na experiência de Alexander Maconochie. Desde a experiência dos deportados que recebiam uma licença (*ticket of leave*) para trabalhar fora da prisão (*penal servitude*), até a licença para sair da prisão (*license to be at large*), concedida mediante o cumprimento de certas obrigações, aceitas mediante palavra (*parole*). O estado de Ohio, em 1884, contemplou pela primeira vez o livramento condicional como *regime* em todas as prisões, o que veio a ser incorporado em todo sistema federal norte-americano a partir de 1910. A questão das origens modernas é polêmica, havendo várias vertentes, resumindo-se: **a)** Cuello Calón, em *La Moderna Penología*, sustenta que surge em 1825, na Casa de Refúgio de New York com a denominação de *parole system*; **b)** teria começado na França, com "*Traité des institutions complémentaires du régime pénitenciere*", escrito por Bonneville du Marsangy, em 1847, e implantado em 1855. Para Samuel Daien, em *La Libertad Condicional*, a França, em 1832, institucionalizou na Prisão de Roquette sob a chamada de "*Liberation provisoire pour les juennes détenus*" e depois abarcando adultos de bom comportamento carcerário; **c)** teria sua origem nas colônias inglesas da Austrália, com o título de "*ticket of leave system*", introduzida em 1840, como experiência em Norkfold Island, pelo Capitão Alexander Maconochie, objetivando a recuperação moral e social dos condenados. O sistema foi depois adotado na Inglaterra, como última fase do sistema progressivo irlandês, ficava o liberado com o compromisso de fazer, durante determinado tempo, um relatório de sua vida à administração prisional, até reconquistar a liberdade definitiva.

2. EVOLUÇÃO HISTÓRICO-NORMATIVA DO DIREITO PÁTRIO

No Código Penal de 1890, no título "*Das penas e seus efeitos da sua aplicação e modo de execução*", era a medida elencada no art. 50 ("*O condenado à prisão celular por tempo excedente a seis anos e que houver cumprido metade da pena mostrando bom comportamento, poderá ser transferido para alguma penitenciária agrícola, a fim de cumprir o restante da pena"; § 2º Se preservar no bom comportamento, de modo a fazer presumir emenda, poderá obter livramento condicional, contando que o restante da pena a cumprir não exceda a dois anos"*). Ainda a legislação pátria inovadora dizia que o livramento seria ato do Poder Federal mediante proposta do chefe do estabelecimento penitenciário e que o condenado seria obrigado a residir no local que fosse designado pelo ato da concessão e ficaria sob a vigilância da polícia. Se o condenado cometesse algum crime que importasse pena restritiva de liberdade ou não satisfizesse a condição imposta, o tempo decorrido durante o livramento não seria computado.

A falta de regulamentação, retardada pela implantação do *regime penitenciário* que o Código de 1890 havia instituído, impediu sua aplicação até o Decreto nº 16.665, de 6 de novembro de 1924, que tinha como finalidade estimular a *regeneração* do condenado e pretendia evitar o uso indevido da comutação de penas. Assim, medida de política criminal orientada pela ideia de *prevenção* e *emenda*, não se tratava de uma mera *liberdade antecipada*, mas sim de um *estágio probatório do sistema penitenciário*. Seria uma verdadeira *ponte* entre a sociedade e a reinserção na vida comunitária em liberdade. Sem ser um ato de clemência ou recompensa tinha um conteúdo complexo pluridimensional. João Luiz Alves, na Exposição de Motivos, de 5 de novembro de 1924, esclarecia que o livramento condicional serviria para substituir a comutação das penas, por vezes, inconveniente. O Brasil caracterizou, originalmente, o instituto, associando a intervenção administrativa, através do Conselho Penitenciário – criação brasileira – à judiciária, conferindo a esta o julgamento e àquela a instrução e a crítica dos pedidos, bem como a vigilância. Principais fontes: lei belga (1888), Código Zanardelli (1888) e projeto Ferri (1921).

Após o Decreto nº 16.665, de 6 de novembro de 1924, foi incorporado ao art. 50 da Consolidação das Leis Penais o pressuposto temporal de quatro anos de cumprimento para o requerimento, tendo o Decreto nº 24.351, de 6 de junho de 1934, estabelecido em seu art. 5º que o livramento condicional poderia ser concedido por uma ou mais penas de um ano, admitindo-se a soma de penas. Depois, o instituto foi tratado pelo Decreto-Lei nº 2.848, de 7 de dezembro de 1940 (Código Penal), nos art. 60 a 66, e simultaneamente pelo Código de Processo Penal (Decreto-Lei nº 3.689, de 3 de outubro de 1941), em seus artigos 710 a 733, que estabeleceram os requisitos e a forma procedimental para a sua efetivação, a vigilância do apenado, a revogação do então *benefício,* bem como os efeitos e o cumprimento das condições impostas.

A legislação de 1940 era desatenta e conflitiva em relação a uma justa ação de *política criminal penitenciária*, se não, veja-se: **a)** cria uma faixa de iniquidade entre os limites da suspensão condicional da pena e do livramento condicional (reclusão inferior a três anos e detenção superior a dois e inferior a três anos, ficavam os apenados privados de requerer, quer o sursis, quer o livramento condicional); **b)** proibição de deferir o livramento condicional aos condenados a uma ou mais penas por crimes autônomos, desde que nenhuma delas superasse três anos e, concedê-lo, em idênticas condições, àqueles aos quais se imponha em um dos crimes pena superior aquele prazo; **c)** exigia o cumprimento da *metade* da pena para o primário, e de 3/4 (três quartos) para o reincidente. Era o retrato da política penitenciária desta fase antidemocrática.

Na década de 1970, surgiu a Lei nº 6.416, de 24 de maio de 1977, alterando a redação do art. 60, I a III, e parágrafo único, do Código Penal, e artigos 710, I e V, e 711 do Código de Processo Penal, a fim de se *corrigir* o defeito legislativo que exigia que fosse *superior* a três anos a pena imposta para a aplicação do livramento, que forçava o magistrado a fixar a pena em três anos e um dia e acabava com o espaço vazio relativo à *suspensão condicional da execução da pena*, pois os condenados entre dois e três anos de pena privativa de liberdade ficavam na orfandade de quaisquer benefícios de política criminal. Consolidou-se, assim, a prática esdrúxula das ações de revisão criminal buscando o condenado no pedido uma pena superior a três anos para poder pleitear o livramento condicional. A Reforma Penal de 1984 tratou do instituto nos arts. 83 a 90, devendo-se destacar que a Lei nº 7.209, de 11 de julho de 1984, volta a modificar os requisitos e no art. 83 introduz o parágrafo único relevante (*"Para o condenado por crime doloso, cometido com violência ou grave ameaça à pessoa, a concessão do livramento ficará também subordinada à constatação de condições pessoais que façam presumir que o liberado não voltará a delinquir"*). Finalmente, na Lei nº 8.072, de 25 de julho de 1990, foi acrescentado o inciso V ao art. 83 do Código Penal (*"Cumprido mais de dois terços de pena, nos casos de condenação por crime hediondo, prática de tortura, tráfico ilícito de entorpecentes e drogas afins, e terrorismo, se o apenado não for reincidente específico em crimes dessa natureza"*).

O Projeto da *Parte Geral* do Código Penal (2000) apresentou modificações de relevo: **a)** o período de cumprimento de pena necessário para a concessão passa a ser a *metade* do prazo total, independentemente do regime fixado na sentença, e *não* se exige que o sentenciado *não* seja reincidente em crime doloso e tenha bons antecedentes; **b)** suprime a diferença de tempo de cumprimento para o caso de reincidência, sendo incluída a *exigência da satisfação da multa*, quando solvente o condenado; **c)** deixa de exigir a constatação de *condições pessoais* que façam *presumir que o liberado não voltará a delinquir* (norma vaga). Possibilita ao condenado, *independentemente* da quantidade de pena e do regime em que se encontre, desde que inexista condenação por crime hediondo ou equiparado, *cumpridos 20 anos de prisão sem* que tenha praticado *novo* delito no curso da execução da pena, a obtenção do livramento condicional. O tempo efetivo de *cumprimento da pena passa de 30 para 20 anos*. Se até o término o livramento *não* é revogado, considera-se extinta a pena de prisão. O Projeto, ao tratar da pena de prisão, diz que deverá ser cumprida de forma *progressiva* em regime fechado, semiaberto e em livramento condicional. Assim, o livramento condicional passa a ser *regime prisional*, deixando de ser uma *medida penal de natureza complexa*, autônoma, de liberdade antecipada do resto da pena, diante de determinados pressupostos e cumprimento de condições estabelecidas.

Na vigente legislação brasileira, os *requisitos* do livramento condicional, elencados no rol do art. 83 do Código Penal, são: **a)** a pena privativa de liberdade ser igual ou superior a dois anos; **b)** haver sido cumprida mais de um terço da pena se o condenado não for reincidente em crime doloso e tiver *bons antecedentes*; **c)** cumprida mais da metade se o condenado for reincidente em crime doloso; **d)** comprovado *comportamento satisfatório* durante a execução da pena. A expressão "*bons antecedentes*", que se traduz como "*não* ter o apenado cometido qualquer falta disciplinar", foi substituída por "*comportamento satisfatório*", o que reduz a ficção da exigência diante das condições medievais do coletivo carcerário. Não se entende que "*comportamento satisfatório*" exclui sempre a avaliação da probabilidade de condições reais positivas ou negativas de reincidência. A *falta grave* não pode macular por tempo indefinido o conceito do comportamento carcerário, pois se tornaria em um obstáculo irreparável ao deferimento do livramento condicional. Por outro lado, a *fuga não* é elemento inibitório quando o apenado demonstra merecimento para a recuperação do direito à saída temporária. Deve-se observar se, durante o *tempo* da *fuga* e o decorrido após a *recaptura*, tem *conduta satisfatória*. Carlos Ayres de Britto, em voto, escreve que "A fuga não 'zera' ou faz desaparecer a pena até então cumprida" (STF, HC 94.163/RS, 1ª T., rel. Min. Carlos Britto, j. 2.12.2008). O *tempo* de decurso entre a data da fuga e o pedido de livramento condicional é relevante; **e)** demonstrado bom desempenho no trabalho que lhe foi atribuído e aptidão para prover à própria subsistência mediante trabalho honesto; **f)** ter reparado, salvo efetiva impossibilidade de fazê-lo, o dano causado pela infração. Se o apenado, patrocinado pela Defensoria Pública, está preso há *muitos anos*, e jamais a família da vítima demandou o ressarcimento do dano, que não era previsto, sendo de *família pobre* e de *precários recursos*, não é *razoável* que se exija a *comprovação* efetiva de que tenha esgotado de *todos* os meios para o *ressarcimento do dano*. É uma "fórmula" de *impedir* o livramento condicional e contradição à política de combate à superlotação carcerária; **g)** cumprido mais de dois terços da pena, nos casos de condenação por crime hediondo, prática de tortura, tráfico ilícito de entorpecentes e drogas afins, e terrorismo, se o apenado *não* for *reincidente específico* em crimes dessa natureza; **h)** para o condenado por crime doloso, cometido com violência ou grave ameaça à pessoa, a concessão do livramento condicional ficará também subordinada à constatação de *condições pessoais* que façam *"presumir* que o liberado *não* voltará a delinquir" (exame criminológico fundamentado, diante do risco social, no caso concreto).

Na contramão de uma *política penitenciária progressista*, buscando reduzir o *processo de dessocialização*, através de instituições tradicionais como a *liberdade constitucional* e a *liberdade assistida*, introduzindo-se um novo instituto da denominada *prisão descontínua*, diante do *princípio da execução penitenciária mínima*, vê-se uma atividade legiferante com patamar no aumento de penas com *finalidade intimidatória* e o cumprimento de sanções que *não* contribuem para a *socialização* do apenado. A macrossociedade só objetiva "retirar de circulação", para evitar a continuidade delitiva.

2.1. Propostas para a reforma

O Projeto de Reforma Penal (2012) *não* trata do livramento condicional (instituição libertadora) e a Proposta de Alteração da Lei de Execução Penal (2013) sugere a manutenção como benefício imprescindível à dinamicidade e flexibilidade da execução da pena privativa de liberdade, distinto do regime aberto (*coloca a chave da cela em poder do condenado*) em sua natureza jurídica e sua operacionalização prática. Passa a ser monitorado pela Central Integrada de Alternativas Penais, sendo imposta como condição, a frequência a ensino formal e profissionalizante. A Exposição de Motivos destaca duas importantes alterações: **a)** a cerimônia do livramento condicional passa a ser presidida pelo diretor do estabelecimento penal; **b)** a suspensão do livramento é posterior à prisão processual, de natureza cautelar, por novo crime, não havendo necessidade de decretação da prisão por parte do próprio Juízo da Execução. Sobrevindo condenação definitiva, o livramento estará revogado, se, no entanto, finda a prisão processual, serão automaticamente restabelecidas as condições do livramento. Não tendo sido revogado, até o seu término, será declarada extinta a pena privativa de liberdade.

3. CONCEITO E NATUREZA JURÍDICA

O *livramento condicional* se constitui na antecipação *parcial* do resto do cumprimento da pena privativa de liberdade, de *caráter sancionatório e provisório*, diante das *condições legais e judiciais*. Assim, tem como patamar a *autodisciplina* e o *senso de responsabilidade do apenado*. Como *medida de política criminal* orientada na ideia de prevenção e emenda, *não* se trata de uma mera liberdade antecipada, mas de um *estágio probatório*, uma verdadeira ponte para a inserção social. Aníbal Bruno, em *Direito Penal. Parte Geral*, lembrava que o livramento condicional é uma *libertação de ensaio*, uma experiência de vida livre a que se submete o apenado para colocá-la à prova a sua readaptação no contato com a realidade da vida social, onde passará a viver. O êxito do programa de livramento condicional depende do sucesso da progressão de regimes. A verdadeira *política penitenciária progressista* deve apartar-se dos discursos de emergência, oportunistas e precipitados, e buscar ações dentro de um *programa mínimo* condicionado ao respeito às garantias que formam a axiologia constitucional da execução penal, e temperar ao máximo possível, os efeitos negativos da *prisionalização*.

Quanto à sua *natureza jurídica*, não há consenso doutrinário: **a)** *incidente da execução*; **b)** *direito subjetivo do condenado* (antecipação provisória da liberdade, preenchidos requisitos legais objetivos e subjetivos, diante de determinadas cláusulas, ao condenado no curso do cumprimento da pena privativa de liberdade imposta). A doutrina estrangeira é majoritária ao sustentar tratar-se de um direito a favor do apenado, que deverá ser concedido quando estimar razoável a possibilidade de não voltar a violar a norma, premiando-se a sua conduta carcerária, *não* sendo a sua liberação antecipada incompatível com os limites de segurança e paz social; **c)** *benefício que obedeceria a uma estratégia de política criminal, última etapa do regime progressivo*; **d)** *medida de execução penal de natureza complexa restritiva de liberdade* (caráter sancionário), pois o liberado fica condicionado a um período de prova com condições impostas pelo Estado, sob pena de sua revogação e consequente retorno ao cárcere para cumprimento do restante da pena, com ou sem desconto do tempo do período de prova. O livramento condicional tem *caráter premial de medida penal de política criminal*, que *substitui* o restante da pena privativa de liberdade (período de prova pelo tempo restante da pena imposta), como **última** etapa do sistema progressivo, promovendo o ingresso no processo real de inserção social.

Contemporaneamente, a maioria dos egressos, pelos longos anos diante de rigoroso regime de encarceramento, dessocializados, precocemente envelhecidos, doentes, dificilmente ainda terão condições de *vida útil* para uma plena inserção social. Seu caráter é de *prevenção especial positiva limitadora*, restritiva de liberdade, *não* se configurando como um incidente de execução, benefício ou direito subjetivo do condenado.

4. REQUISITOS

São requisitos *objetivos*: **a)** *condenação à pena privativa de liberdade, igual ou superior a 2 (dois) anos*. A questão polêmica diz respeito ao pedido de livramento condicional com o cumprimento de pena inferior a 2 (dois) anos. Há duas vertentes: **a.** diante do requisito normativo do art. 83 do Código Penal, fica impossibilitado o pedido (STJ, HC 120.733/RS, 6ª T., rel. Min.* Celso Limongi, j. 10.2.2009); **b.** há ofensa ao *princípio da proporcionalidade* como proibição de excesso, sendo a hipótese do seu não recepcionamento, diante da ordem constitucional. O condenado à pena inferior ou igual a 2 (dois) anos poderá ter a *suspensão condicional da pena*. Se receber *mais* de uma pena inferior a 2 (dois) anos, poderão ser somadas; se igual ou superior, o condenado poderá requerer a medida penal de livramento condicional. A Lei nº 11.343, de 23 de agosto de 2006, que instituiu o Sistema Nacional de Políticas Públicas sobre Drogas, dispõe em seu art. 44, parágrafo único, que nos crimes previstos nos arts. 33, *caput*, e § 1º e 34 a 37 deste diploma, dar-se-á o livramento condicional *após* o cumprimento de 2/3 (dois terços) da pena, vedada sua concessão ao *reincidente específico*; **b)** *reparação do dano, salvo impossibilidade de fazê-lo*. A massa carcerária é composta de pessoas pobres patrocinadas pela Defensoria Pública. No caso da excepcionalidade de apenado com patrimônio, deverá fazer prova de ter ressarcido o dano à vítima ou de ter esgotado todos os meios possíveis para o ressarcimento; **c)** *cumprimento de parte da pena privativa de liberdade*: **a.** mais de 1/3 (um terço), se portador de bons antecedentes e não reincidente em crime doloso. As contravenções penais, os crimes culposos e as condenações por maus antecedentes *não* vedam o livramento condicional, como também a condenação em crime doloso à pena de multa, como única. A *gravidade* do crime cometido e os *antecedentes penais* têm repercussão para o deferimento do livramento condicional. O *primário com bons antecedentes* tem o mesmo tratamento legal do *primário com maus antecedentes*, sustentando-se a interpretação restritiva diante do *princípio da legalidade* (para ambos o marco é igual de 1/3 da pena cumprida). O Supremo Tribunal Federal reafirmou o princípio da não culpabilidade em processos em curso e maus antecedentes, firmado no julgamento RE 591.054 com repercussão geral; **b.** cumprimento de mais da metade da pena, se reincidente em crime doloso; **c.** no crime hediondo, prática de tortura, tráfico ilícito de entorpecentes e drogas afins e terrorismo, o cumprimento de mais de 2/3 (dois terços); **d.** é vedado o livramento condicional em crime hediondo ou equiparado, no caso de reincidência específica em crime da mesma espécie hedionda. Na definição do *requisito objetivo* para a concessão do livramento condicional de *reincidente* em *crime doloso* deve incidir sobre o somatório das penas impostas ao apenado, ainda que a agravante *não* tenha sido reconhecida pelo juízo sentenciante em alguma das condenações (STJ, HC 307.180/RJ, 5ª T., rel. Min. Felix Fischer, j. 16.4.2015); **d)** o Superior Tribunal de Justiça, por revisão da orientação anterior, passou a entender que "Independentemente de ser hediondo ou não, há lei definindo *lapso mais rigoroso* para a obtenção do livramento condicional na condenação por *crime de associação para o tráfico de entorpecentes*. Necessário o cumprimento de 2/3 (dois terços) da pena, nos termos do que determina o art. 44 da Lei nº 11.343/2006" (STJ, AgRg no REsp 1.469.504/RS, 5ª T., rel. Min. Reynaldo Soares da Fonseca, j. 1.9.2015).

São requisitos *subjetivos*: **a)** *comprovado comportamento satisfatório durante a execução da pena*. No que concerne ao *comportamento prisional* *satisfatório*, é a conduta do preso diante de seus deveres (além das obrigações legais inerentes ao seu estado, submete-se às normas de execução penal) durante a execução (sanções e recompensas), *não* cabendo interpretação extensiva. O portador de *bom comportamento*, atestado pelo diretor do estabelecimento penal, é do que se adapta por necessidade de sobrevivência às regras da prisão, pois na realidade é socializado para viver na prisão (aquele que cumpre rigorosamente o regulamento prisional possui *bom comportamento* carcerário). Com a Reforma de 1984, o legislador corretamente substituiu a expressão "*bom comportamento*" por "*comportamento satisfatório*", dando maior amplitude da avaliação contextual do histórico disciplinar do apenado. O *prontuário do condenado* deve ser analisado como um todo, dando-se destaque ao *grau de socialização* demonstrando *capacidade de adaptação social* e *opção por uma conduta conforme o direito*. O apenado submetido ao regime disciplinar diferenciado (cumprindo sanção disciplinar) *não* possui comportamento prisional satisfatório (requisito subjetivo). O cometimento de *falta grave* não impede o prazo temporal para a obtenção do livramento condicional, diante do *princípio da legalidade*, porém integra o requisito subjetivo pertinente à avaliação do *comportamento satisfatório*. Constituem *falta grave*: **a.** incitar ou participar de movimento para subverter a ordem e a disciplina; **b.** fugir; **c.** possuir indevidamente, instrumento capaz de ofender a integridade física de outrem; **d.** provocar acidente de trabalho; **e.** descumprir, no regime aberto, as condições impostas; **f.** ignorar os deveres de obediência ao servidor e de respeito a qualquer pessoa ou quem deva relacionar-se; **g.** não executar trabalho, tarefas e ordens recebidas; **h.** tiver posse, utilizar ou fornecer aparelho telefônico, rádio amador ou similar, que permita a comunicação com outros presos ou em ambiente externo. São pontos cardeais a observância das garantias constitucionais mínimas, dando-se destaque em relação às *faltas graves*, os princípios da legalidade, lesividade, culpabilidade, contraditório e ampla defesa e controle jurisdicional da sanção disciplinar imposta. O cometimento da falta grave, embora *interrompa o prazo* para a obtenção da progressão do regime prisional, *não* o faz para o deferimento do livramento condicional. A Súmula nº 441 do Superior Tribunal de Justiça estatui que "A falta grave não interrompe o prazo para a obtenção do livramento condicional"; **b)** *bom desempenho no trabalho que lhe foi atribuído*. Nas penitenciárias brasileiras, só 10% do efetivo carcerário tem qualificação para o trabalho interno ou conveniado; **c)** *aptidão para prever a própria subsistência, mediante trabalho honesto*. Não se exige que se encontre efetivamente empregado para o deferimento da medida do livramento condicional, mas apenas a aptidão para prover à própria subsistência mediante trabalho honesto, isto é, *projeto de vida* (STJ, HC 47.492/SP, 5ª T., rel. Min. Felix Fischer, j. 1.6.2006). É necessário que o condenado tenha demonstrado durante a execução, através da remição pelo trabalho e pelo estudo, quando possíveis, que tem condições para procurar, em tempo razoável, no mercado de trabalho formal ou informal, um trabalho lícito. A *procura pelo emprego* já é um indicador valioso. O que se objetiva é que o apenado comprove a possibilidade de trabalho, levando-se em consideração as crises cíclicas na economia nacional como a *crise do desemprego* para o obreiro livre e, mais ainda, em relação ao egresso; **d)** *prova de cessação de periculosidade para os condenados por crime doloso, mediante violência ou grave ameaça à pessoa*. O legislador estabelece que "para o condenado por crime doloso cometido com violência ou grave ameaça à pessoa, a concessão de livramento condicional fica condicionada à constatação de condições pessoais que *façam presumir que o liberado não voltará a delinquir*" (exame criminológico). A questão prática está voltada para a reincidência. Entende-se que o velho *conceito de periculosidade*, vago e político, está superado pela *tabela de avaliação de risco* (HRC-20), para a violência da Simon Fraser University (Canadá), que subsidia o magistrado com o exame criminológico para a antecipação ou não da liberdade condicional. Com a edição da Lei nº 10.792, de 1º de dezembro de 2003, retirou-se do Conselho Penitenciário a atribuição de emitir parecer nos pedidos de livramento condicional; **e)** *limitação da análise aos últimos seis meses de cumprimento de pena*. O Superior Tribunal de Justiça negou vigência ao art. 83, III, do Código Penal, à limitação da aferição deste requisito, pois restringe o disposto naquele diploma legal (STJ, REsp 1.325.182/DF, 6ª T., rel. Min. Rogério Schietti Cruz, j. 20.2.2014).

5. EXAME CRIMINOLÓGICO

Ressalta-se a importância do exame criminológico, principalmente em relação aos crimes praticados mediante violência ou grave ameaça, cuja importância é básica na aferição da personalidade e do grau de periculosidade do apenado (STF, HC 88.052/DF, 2ª T., rel. Min. Celso de Mello, j. 4.4.2006). Prescreve a Lei de Execução Penal que incumbe à Comissão Técnica de Classificação proceder à classificação dos apenados, segundo os seus *antecedentes* e *personalidade* para orientar a *individualização da execução*. A exigência da realização do exame criminológico de natureza interdisciplinar por comissão especializada para a *avaliação do perfil do apenado*, a fim de instrumentalizar o juiz da execução penal para o deferimento ou não do pedido antecipatório de liberdade, é medida imperativa para a *aferição da adequação ao novo regime prisional e ao livramento condicional*. Em boa hora, o Supremo Tribunal Federal editou a Súmula Vinculante nº 26 ("*[...] sem prejuízo de avaliar se o condenado preenche, ou não, os requisitos objetivos e subjetivos do benefício, podendo determinar, para tal fim, de modo fundamentado, a realização de exame criminológico*"), possibilitando a avaliação pelo juízo da execução, inclusive mediante a realização do exame criminológico, do preenchimento dos *requisitos objetivos* e *subjetivos* para avaliar o *perfil do condenado* e as *condições sociais de risco*.

O exame criminológico, diante da Lei nº 10.792, de 1º de dezembro de 2003, com a redação dada ao art. 112 da Lei de Execução Penal, deixou de ser *requisito obrigatório*, podendo ser determinado de maneira *fundamentada*, diante das peculiaridades do caso pelo juiz da execução. A Súmula nº 439 do Superior Tribunal de Justiça prescreve que "*Admite-se o exame criminológico pelas peculiaridades do caso, desde que em decisão motivada*".

Não há obrigatoriedade, mas *faculdade* do exame criminológico, através de *decisão fundamentada* do juiz da execução, diante da *biografia do apenado* para avaliação do pressuposto subjetivo do livramento condicional.

O exame criminológico é um *instrumento pericial* necessário para a formação do convencimento do magistrado, diante do *risco social* da inserção antecipada do apenado. Tal procedimento *não* constrange *nem* submete a pessoa privada de liberdade a uma avaliação invasiva, *não* se produzindo qualquer lesão à dignidade da pessoa humana.

5.1. Propostas para a reforma

O Projeto de Reforma Penal (2012), embora excluindo o livramento condicional, dá um tratamento específico ao *exame criminológico*, estabelecendo: **a)** as condições subjetivas para a progressão serão objeto de exame criminológico sob a responsabilidade do Conselho Penitenciário e com o prazo máximo de 60 (sessenta) dias a contar de determinação judicial; **b)** a não realização do exame criminológico no prazo fixado implica na apreciação judicial, de acordo com os critérios objetivos.

A Proposta de Alteração da Lei de Execução Penal (2013) inclui que "Para os crimes hediondos ou equiparados, praticados com violência ou grave ameaça à pessoa, poderá ser exigido o exame psicossocial, determinado judicialmente com o prazo suficiente desde que realizado até o implemento do requisito temporal do requisito".

6. SOMA DE PENAS, UNIFICAÇÃO E CRIMES CONTINUADOS

As penas que correspondem a diversos crimes *devem somar-se* para o efeito do livramento condicional, pouco importa que nenhuma delas seja igual ou superior a dois anos, desde que o total unificado atenda à exigência legal (STJ, HC 28.140/RO, 6ª T., rel. Min. Hamilton Carvalhido, j. 16.11.2004). O período de tempo *remido* e de *detração* é *computado*.

Viu-se que o *tempo de duração de cumprimento ininterrupto* das penas privativas de liberdade *não* pode ser superior a 30 (trinta) anos. Nas contravenções, o limite de cumprimento de pena privativa de liberdade é de 5 (cinco) anos. Nas medidas de segurança, o prazo máximo de internação é também de 30 (trinta) anos. O Código Penal *não* veda a imposição de penas privativas de liberdade que ultrapassem 30 (trinta) anos de reclusão, e sim que o seu *cumprimento ininterrupto* não exceda esse limite (vedação constitucional das penas de caráter perpétuo).

A *unificação*, questão fundamental, diz respeito à base de fruição de benefícios legais, se o cálculo é do *total* das penas *aplicadas* ou da pena *unificada* (STJ, Ag 503.432/RS, 5ª T., rel. Min. Arnaldo Esteves Lima, j. 14.10.2008). A posição dominante é no sentido de que a base é do *total* das penas aplicadas (Súmula 715 do Supremo Tribunal Federal: "A pena unificada para atender ao limite de trinta anos de cumprimento, determinado pelo art. 75 do Código Penal, não é considerada para a concessão de outros benefícios, como o livramento condicional ou regime mais favorável de execução"). A pena resultante da *unificação* há de ser considerada, unicamente, para efeito de cumprimento do limite temporal máximo de 30 (trinta) anos, *não* se prestando ao cálculo de outros benefícios legais, tais como a *remição*, o *livramento condicional*, o *indulto*, a *comutação* e a *progressão para regime* de execução penal mais favorável (STF, HC 84.766/SP, 2ª T., rel. Min. Celso de Mello, j. 11.9.2007). Em resumo, a base de cálculo para os *benefícios* será a *soma* de *todas* as condenações e *não* o *limite* de trinta anos. Parte da doutrina sustenta que *não* se pode admitir a dualidade de penas: unificadas e não unificadas. Assim, uma vez *unificada*, a pena seria válida para *todos* os efeitos legais, o que atenderia ao processo de inserção social, ao alimentar a esperança na liberdade.

No caso de *condenação por fato posterior*, deve-se fazer *nova unificação*, desprezando, para tanto, o período já cumprido (STJ, HC 41.009/SP, 5ª T., rel. Min. Felix Fischer, j. 9.8.2005). O Superior Tribunal de Justiça decidiu que sobrevindo *nova* condenação ao apenado no curso da execução da pena, a contagem do prazo para concessão de benefícios é *interrompida*, devendo ser feito *novo* cálculo, com base no somatório, sendo o termo *a quo* para contagem do período aquisitivo, o *trânsito em julgado da superveniente sentença condenatória* (STJ, HC 210.637/MA, 6ª T., rel.ª Min.ª Maria Thereza de Assis Moura, j. 6.3.2012). A doutrina questiona a deficiência do mecanismo legal, pois quem pratica *novo* crime no *início* do cumprimento da pena, a *nova* resposta penal *pouco* acrescentará ao final a ser cumprida. Na prática, é a *perpetuidade* da prisão diante do *tempo de vida útil*. É defesa a unificação em decorrência de ato no cumprimento de penas. Veda-se que seja somado o tempo de duração das penas cumpridas àquele da pena imposta por crime praticado após a extinção das anteriores.

Na hipótese de *fuga*, o *limite* deve ser contado a partir do *início* do cumprimento da pena e *não* de sua eventual *captura*, pois a fuga *não* interrompe a execução, provocando tão só a *suspensão*. A data da recaptura do sentenciado, portanto, *não* pode ser considerado o (novo) marco inicial de cumprimento da pena unificada (STF, HC 84.766/SP, 2ª T., rel. Min. Celso de Mello, j. 11.9.2007).

A Lei de Execução Penal estabelece que compete ao juiz da execução decidir sobre "a soma, unificação ou reconhecimento da continuidade delitiva, quando for o caso". O art. 111 do diploma legal estatui que "Quando houver condenação por mais de um crime, no mesmo processo ou em processos distintos, a determinação regime de cumprimento será feita pelo resultado da soma ou unificação das penas, observada, quando for o caso, a detração ou remição" [...] "sobrevindo condenação no curso da execução, somar-se-á pena ao restante da que está sendo cumprida, para a determinação do regime". A *unificação* só deverá ocorrer quando o apenado tiver sido condenado em processos distintos a pena da mesma natureza, somando-se as penas e ajustando-se ao regime prisional. Ao prolatar a sentença de unificação, é defeso ao magistrado inovar ou modificar a coisa julgada.

No que tange ao reconhecimento do *crime continuado*, poderá ser feito pelo juiz da execução através do procedimento disciplinado no art. 194 da Lei de Execução Penal, para adequar as regras do *concurso de delitos*, podendo fazê-lo em *distintas séries*, observados os requisitos legais regentes para a unificação das diferentes penas. A doutrina questiona sobre o *momento da unificação* quando as penas ultrapassem a 30 (trinta) anos de reclusão. Há dois vetores: **a)** deverá ser promovida *após* o decurso do trintênio; **b)** poderá ser apreciada a qualquer tempo do advento temporal máximo do cumprimento das penas. A questão relativa ao *crime continuado* e à *coisa julgada* se resume em duas hipóteses: **a)** cometidos *antes* da condenação e descobertos *depois*; **b)** praticados *depois* da condenação. Na primeira situação, há possibilidade de inclusão na mesma condenação sem violação da coisa julgada. Ney Fayet Junior, no *Crime Continuado* (2015), comenta que "Para tanto, basta que o juiz ao julgar a nova série criminosa, vislumbre a possibilidade de estabelecer a unificação com a cadeia delituosa anterior". Na segunda hipótese, repita-se Manuel Pedro Pimentel, no *Crime Continuado* (1969), quando ensina "As infrações praticadas, depois desse momento, é claro, poderão constituir nova série continuada, mas independentemente e estranha à primeira". Ainda, Ney Fayet Junior, com propriedade, conclui que "Em sendo descobertos, depois da estratificação do caso julgado, *novos* crimes que foram, entretanto, cometidos *anteriormente*, não existe obstáculo, em razão da finalidade precípua do artifício legal que é o crime continuado, para se *reunificar* as novas infrações ao delito único, reconhecido na sentença (já transitada em julgado) por causa da *res judicata tacite* [...]". Como salienta Mirabete, na *Execução Penal*, com apoio na melhor doutrina, a unificação de penas faz *coisa julgada material*, pois sendo indefinido e transitando em julgado a decisão, não pode o magistrado apreciar *novo* pedido com os *mesmos* fundamentos fáticos. Assim, somente *fatos supervenientes* permitirão nova atividade jurisdicional.

O Superior Tribunal de Justiça admitiu em hipótese concreta a *relativização da coisa julgada*. No caso, havia duas condenações transitadas em julgado, sendo que a primeira fora proferida por juízo estadual absolutamente incompetente e a segunda, pelo juízo constitucionalmente competente, tendo este estabelecido, inclusive, *quantum* de pena inferior ao definido anteriormente. A Corte, diante da situação mais favorável ao réu, bem como o trânsito em julgado, perante a justiça competente para analisar o feito, *relativizou a coisa julgada*, a fim de tornar possível a *prevalência do princípio da dignidade da pessoa humana* (STJ, HC 297.482/CE, 5ª T., rel. Min. Felix Fischer, j. 12.5.2015). Igualmente, firmou que a influência da reincidência no cálculo de benefícios no decorrer da execução penal, "Na definição do requisito objetivo para a concessão de livramento condicional, a condição de reincidente em crime doloso deve incidir sobre a somatória das penas impostas ao condenado, ainda que a agravante da reincidência não tenha sido reconhecida pelo juízo sentenciante em algumas das condenações. Isso porque a reincidência é circunstância pessoal que interfere na execução como um todo, e não somente nas penas em que ela foi reconhecida. Precedentes citados: HC 95.505/RS, 5ª T., DJe 1.2.2010; e EDcl no HC 267.328/MG, 5ª T., DJe de 6.6.2014" (STJ, HC 307.180/RS, 5ª T., rel. Min. Felix Fischer, j. 16.4.2015).

No que concerne ao *cálculo diferenciado* para o exame dos benefícios penais é concludente o voto do Ministro Marco Aurélio Bellizze. O Superior Tribunal de Justiça firmou posição de que "Na execução simultânea de condenação por delito comum e outro hediondo, ainda que reconhecido o concurso material, formal ou mesmo a continuidade delitiva, é legítima a pretensão de elaboração de cálculo diferenciado para fins de verificação dos benefícios penais, não devendo ser aplicada qualquer outra interpretação que possa ser desfavorável". Diante do teor didático do voto do eminente relator, que foi juiz da execução penal no estado do Rio de Janeiro, extraem-se os seguintes trechos: **a)** "Na verdade, o crime continuado é uma realidade fática, a unidade do crime é que pode ser considerada uma ficção jurídica, criada para fins exclusivos de aplicação da pena. Todavia, a unificação de penas por meio da continuidade delitiva, em detrimento do concurso material de crimes, merece tratamento de equilíbrio, para se averiguar o real benefício trazido ao condenado. No momento de se aplicar a figura do crime continuado deve o magistrado verificar se o concurso material, embora a princípio possa parecer prejudicial ao condenado, visto que resulta de uma pena final mais extensa, projeta-se no sentido de ensejar o retorno à liberdade em menor espaço de tempo. Isso porque os requisitos objetivos pertinentes a determinados benefícios legais ou concernentes a certos institutos jurídicos (remição, indulto, livramento condicional, comutação, transferência de regime,) são considerados em função da natureza do crime imputado ao sentenciado. Sob esse aspecto, no caso de ocorrência simultânea de crimes hediondos e não hediondos, é necessário cautela na aplicação do concurso de crimes. Aos condenados a delitos hediondos exige-se o cumprimento de frações superiores de pena, se comparado aos crimes não hediondos. Os crimes hediondos e equiparados, por exemplo, são insuscetíveis de anistia, graça e indulto. Por sua vez, os delitos comuns, ou não hediondos, sujeitam-se a tratamento mais favorável nas concessões dos benefícios penais. Em alguns casos, embora cumprindo penas privativas de liberdade mais extensas em vista do concurso material, aos condenados a crimes hediondos e comuns, com penas aplicadas separada e cumuladamente, o tempo de permanência em regime de cumprimento de pena mais rigoroso poderia ser menor. Na hipótese de concurso de crimes, a extinção quer da punibilidade quer da pretensão executória do Estado é considerada a partir da pena aplicada a cada um deles isoladamente. Se assim não fosse, a aplicação do concurso formal ou do crime continuado, traria uma solução mais severa do que a ordenada para o concurso material. Mesmo entendimento deve ser dado no caso do cálculo para a concessão dos benefícios da execução, diferenciando o cumprimento da pena em meio aos vários delitos, a fim de que seja permitido ao apenado colher os benefícios legais"; **b)** "Na hipótese de condenação por crime tido por hediondo e outro assim não qualificado, em concurso material, para fins de progressão de regime, necessário sejam cumpridos 2/5 ou 3/5 (conforme o caso) da pena relativa ao primeiro e 1/6 da pena do segundo delito. Seria indevido estender a exigência maior de cumprimento à pena de ambos os crimes, posto não configurar o segundo delito em hediondo. Aplicando-se o mesmo raciocínio, tem-se que seria igualmente indevida a extensão do requisito temporal imposto à concessão do aludido benefício aos delitos não qualificados como hediondos, quando reconhecida a continuidade delitiva. Se assim não fosse observado, ao prevalecer o cumprimento total da reprimenda, surgiria uma injusta desigualdade. Desse modo, a meu ver, aos condenados por delito comum e hediondo, ainda que reconhecido o concurso formal, material ou mesmo a continuidade delitiva, é legítima a pretensão de elaboração de cálculo diferenciado para fins de verificação dos benefícios penais, não devendo ser aplicada qualquer outra interpretação que possa ser desfavorável ao paciente"; **c)** "Consideradas isoladamente, foram a ele aplicadas as penas de 14 anos de reclusão ao delito de homicídio qualificado, 6 anos de reclusão ao delito de homicídio qualificado tentado, bem ainda a pena de 3 anos de reclusão ao crime de lesão corporal de natureza grave, esse último considerado crime comum. Aplicando-se a ele o cálculo diferenciado para o benefício do livramento condicional ora pleiteado teremos: **a)** Pena imposta: 14 anos de reclusão (homicídio qualificado); Requisito objetivo: cumprimento de 2/3 de pena; Tempo de pena a cumprir para obtenção do benefício: 9 anos e 4 meses de reclusão. **b)** Pena imposta: 6 anos de reclusão (homicídio qualificado tentado); Requisito objetivo: cumprimento de

2/3 de pena; Tempo de pena a cumprir para obtenção do benefício: 4 anos de reclusão. **c)** Pena imposta: 3 anos de reclusão (lesão corporal de natureza grave); Requisito objetivo: cumprimento de 1/3 de pena; Tempo de pena a cumprir para obtenção do benefício: 1 ano de reclusão. Desse modo, para atingir o requisito objetivo necessário ao benefício do livramento condicional o paciente deveria cumprir 14 anos e 4 meses de reclusão de pena privativa de liberdade" (STJ, HC 134868 / RJ, 5ª T., rel. Min. Marco Aurélio Bellizze, j. 15.3.2012).

6.1. Propostas para a reforma

O Projeto de Reforma Penal (2012) sugere que sobrevindo condenação por fato posterior ao início do cumprimento da pena, far-se-á nova unificação, com limite máximo de 40 (quarenta) anos, desprezando-se, para esse fim, o período de pena já cumprido.

7. CONDIÇÕES

As condições a que fica o liberado restrito em sua locomoção são *obrigações de fazer* e *não fazer*, que satisfeitas após o decurso do período de prova leva *ipse iure* à declaração de *extinção da pena*. São *condições*: **a)** *obter ocupação lícita, dentro de prazo razoável, se for apto para o trabalho*. A questão fulcral é a da *obtenção de trabalho lícito*, quando se sabe do preconceito no mercado de trabalho formal em relação ao egresso e a ausência de mão de obra qualificada nas unidades prisionais, onde também há ausência de espaço e instrutores para a implantação de oficinas profissionalizantes. A única saída do egresso pobre para a sobrevivência é o mercado informal, desde que tenha mão-de-obra qualificada. O apenado deverá demonstrar a sua procura efetiva e sincera, diante de sua qualificação e oferta do mercado de trabalho lícito; **b)** *ter residência obrigatória na comarca da execução*, na hipótese que implique modificação de competência do juiz da execução. Se for permitido ao liberado residir *fora* da comarca do juízo da execução, terá obrigação de se apresentar imediatamente ao magistrado e à autoridade incumbida da *observação cautelar* e *proteção* (apoio do serviço social). Estas serão realizadas pelo serviço social penitenciário, Patronatos, públicos ou particulares, ou conselho da comunidade, com a finalidade: **a.** fazer observar o cumprimento das condições especificadas na sentença concessiva do benefício; **b.** proteger o egresso, orientando-o na execução de suas obrigações e auxiliando-o na obtenção de atividade laborativa.

Não existe em nosso Direito a figura do *probation officers*, agentes de fiscalização do livramento condicional, que é executada pelo Juízo da Execução Penal do ente federado e, por excepcionalidade, em sua falta, pelo próprio Juízo da condenação. No *probation do common law*, os agentes prestam suporte pessoal a grupo de egressos e liberados em situação de risco para evitar a quebra da condicional.

Ricardo Wister, por puro sentimento de piedade, criou o primeiro patronato de liberados na Filadélfia, em 1776, diante das condições trágicas dos egressos do regime pensilvânico; **c)** *fazer comunicação periódica ao juiz da execução de suas atividades ou ocupações*. O magistrado especifica a periodicidade do comparecimento ao juízo, para fins de controle e acompanhamento; **d)** é vedada a mudança de residência sem o conhecimento do juiz da execução ou da autoridade incumbida da observação cautelar ou de proteção; **e)** *obedecer ao recolhimento no horário estabelecido*; **f)** *abster-se de frequentar determinados lugares*. O liberado declarará se aceita ou não as condições. As *condições judiciais* podem ser *relativizadas* diante do caso concreto. Aduza-se que o legislador objetiva evitar que o egresso frequente *lugares facilitadores da reincidência*, porém o juiz da execução *não* pode impedir a *socialização* do egresso, frequentando lugares de diversão (cinemas, teatros, reuniões culturais e sociais e práticas esportivas), instrumentos de adaptação social.

Aplicada a medida penal do livramento condicional, será expedida *carta de livramento*, com cópias integrais da sentença. Não há mais a exigência de parecer do Conselho penitenciário no procedimento do livramento condicional. A *cerimônia do livramento* é relevante não só para o liberado, como para os demais apenados, possuindo sua liturgia caréter didático-pedagógico. É ato solene, devendo ser realizada no dia marcado pelo presidente do Conselho Penitenciário, no estabelecimento onde está sendo cumprida a pena, sendo observada: **a)** a leitura da sentença, na presença dos demais condenados; **b)** a advertência para o cumprimento das condições impostas na sentença de livramento; **c)** a declaração do liberado de aceitação das condições impostas. O liberado receberá uma *caderneta*, que exibirá à autoridade judiciária ou administrativa sempre que lhe for exigida.

8. REVOGAÇÃO E SEUS EFEITOS

A revogação poderá ser *obrigatória* ou *facultativa*. Será decretada a requerimento do Ministério Público, ou de ofício, pelo juiz da execução, havendo a exigibilidade do contraditório e da ampla defesa, sendo previamente ouvido o apenado. Poderá ser: **a)** *obrigatória*: ocorre quando: **a.** o liberado vier a ser condenado à pena privativa de liberdade, em sentença irrecorrível, por crime cometido *durante* a vigência do livramento condicional; **b.** ou por crime *anterior* à sua vigência; **b)** *facultativa*: ficará ao arbítrio judicial: **a.** se o condenado deixar de cumprir qualquer das *obrigações constantes da sentença*; **b.** ou for *irrecorrivelmente condenado*, por outro crime ou contravenção, à pena que *não* seja privativa de liberdade. O *regime* *prisional* dependerá do *motivo* que determine a sua revogação, *não* sendo obrigatório o regime fechado, podendo até admitir-se o regime aberto.

A *suspensão* não se confunde com a *revogação*. Cezar Roberto Bitencourt, no *Tratado de Direito Penal*, assinala que "se houver a prática de crime durante o livramento condicional, ainda que tenha havido a suspensão deste com a 'prisão preventiva' do liberado, se no período de prova se extinguir antes que se tenha iniciado 'a ação penal' não será possível prorrogar o livramento condicional". Registre-se que, cuida-se de sistema de suspensão condicional da execução da pena (*Strafaussetzung zur Bewährung*). É firme a posição pretoriana na direção de que o cometimento de *novo* delito durante a vigência do livramento condicional, *não* tendo ocorrido a *suspensão* no *período de prova*, esgotado o tempo, *sem* revogação, implica em extinção da pena. Em suma, *não* cabe revogação *após* o término do período de prova (STJ, HC 56.533/RJ, 5ª T., relª. Minª. Laurita Vaz, j. 23.8.2007).

A *suspensão* é *provisória*, cogita-se de medida de caráter cautelar, quando praticada outra infração penal, *poderá* o juiz da execução *suspender* o curso do livramento condicional, ouvido o Ministério Público. Se decretada a *prisão preventiva* no curso de *nova ação penal* ficará *suspenso* o livramento condicional, pois a *revogação* dependerá da decisão final.

Quanto à *suspensão do benefício*, o Superior Tribunal de Justiça assentou que "No caso de cometimento de novo crime doloso, pelo apenado, a caracterização da falta grave independe do trânsito em julgado de eventual sentença condenatória, nos termos do art. 52 da LEP" (STJ, HC 15.379/RS, 5ª T., rel. Min. Felix Fischer, j. 18.3.2010). Aduza-se que, "O cometimento de falta grave, embora interrompa o prazo para a obtenção do benefício da progressão de regime, não o faz para fins de concessão de livramento condicional, por constituir requisito objetivo não contemplado no art. 83 do Código Penal. Súmula nº 441 deste Tribunal" (STJ, HC 164.418/RS, 5ª T., rel.ª Min.ª Laurita Vaz, j. 17.4.2012).

Quanto aos *efeitos da revogação*, pode-se alinhar: **a)** *durante o período de prova:* o livramento condicional será revogado em razão do trânsito em julgado pela prática de crime cometido *durante* o período de prova, diante da gravidade do comportamento negativo do liberado, no cumprimento do período de prova (*não se desconta* na pena aplicada o tempo em que esteve em período de prova, devendo *cumpri-la integralmente*, ainda que a *nova condenação* tenha imposto pena de multa ou restritiva de direito); **b)** *crime anterior à vigência:* cometido o crime *antes* do cumprimento do *período de prova*, é computado na pena privativa de liberdade o *tempo* já cumprido, passando a cumprir tão só o *resto da pena imposta*. Somada à *nova condenação*, se houver possibilidade de *novo livramento*, inexistirá óbice para o seu deferimento [se da soma das penas tiver cumprido 1/3 (um terço), se primário, ou 1/2 (um meio), se reincidente, não se tratando de crime hediondo]. Anote-se que o Supremo Tribunal Federal firmou que, na superveniência de *segunda* condenação, ainda *não* transitada em julgado, a determinação de efetivação da prisão do liberado condicional lastreada em ordem de prisão cautelar, *não* caracteriza a ocorrência de *revogação* do livramento condicional (STF, HC 109.618/RJ, 1ª T., rel. Min. Dias Toffoli, j. 12.6.2012).

Ao sair do estabelecimento penal, o liberado recebe uma *caderneta*, que conterá a sua identificação, as condições impostas e as normas legais, que exibirá à autoridade judiciária ou administrativa, sempre que lhe for exigida, além do saldo de seu pecúlio e do que lhe pertencer. Na falta da *caderneta*, será entregue um *salvo-conduto*.

A *observação cautelar* e a *proteção*, realizadas pelo serviço social penitenciário, Patronato ou Conselho da Comunidade terão por finalidade: **a)** fazer observar o cumprimento das condições especificadas na sentença concessiva do livramento condicional; **b)** proteger o liberado, *orientando-o* na execução de suas obrigações e *auxiliando-o* na obtenção de atividade laborativa.

8.1. Propostas para a reforma

A Proposta de Alteração da Lei de Execução Penal (2013) modifica o art. 145 do referido diploma, sugerindo que: **a)** "Preso o liberado por novo crime, o juiz da execução, verificando a total impossibilidade de cumprimento, suspenderá o curso do livramento condicional, ouvidos a defesa e o Ministério Público, cuja revogação, entretanto, ficará dependendo da decisão final condenatória"; **b)** a revogação da prisão processual restabelece as condições do livramento e, inclui que "se até o seu término o livramento não é revogado, considera-se extinta a pena privativa de liberdade".

9. A QUESTÃO DO ESTRANGEIRO

O Pacto Internacional sobre Direitos Civis e Políticos (1966), promulgado pelo Decreto nº 592, de 6 de julho de 1992, estabelece que "Todas as pessoas são iguais perante à lei e têm direito, sem descriminação, à igual proteção da lei" (*princípio da isonomia*). Sustenta-se o direito ao condenado estrangeiro a ter deferido o seu livramento condicional, preenchidos os requisitos legais objetivos e subjetivos. Há vetor pretoriano que ao deferir o livramento condicional ao mesmo tempo decreta a *prisão administrativa* do estrangeiro, para os fins de efetivação da expulsão.

É passível de expulsão o estrangeiro que, de qualquer forma, atentar: **a)** contra a segurança nacional, ordem política ou social, tranquilidade ou normalidade pública e economia popular; **b)** cujo procedimento torne nocivo à convivência e aos interesses nacionais; **c)** praticar fraude a fim de obter sua entrada ou permanência no território nacional; **d)** havendo entrada no território nacional com infração de lei, dele não se retire no prazo que lhe for determinado para fazê-lo, não sendo aconselhável a sua deportação; **e)** entregar-se à vadiagem ou à mendicância; **f)** desrespeitar proibição especificamente prevista em lei para estrangeiro. Cabe ao Presidente da República o juízo de *conveniência* ou *oportunidade* da *expulsão* ou de sua *revogação*.

Registre-se a posição do Supremo Tribunal Federal no que concerne ao *pedido de liberdade provisória* em extradição executória. Firmou que "Prevalece na jurisprudência do Supremo Tribunal Federal o entendimento de que a prisão preventiva para fins de extradição constitui requisito de procedibilidade da ação extradicional, não se confundindo com a segregação preventiva de que trata o Código de Processo Penal. Esse entendimento jurisprudencial já foi, por vezes, mitigado, diante de uma tão vistosa quanto injustificada demora na segregação do extraditando e em situações de evidente desnecessidade do aprisionamento cautelar do estrangeiro requestado. A prisão preventiva para fins extradicionais é de ser balizada pela necessidade e pela razoabilidade do aprisionamento" (STF, Ext 1254 QO / Romênia, 2ª T., rel. Min. Ayres Britto, j. 6.9.2011).

Arthur Gueiros de Souza, em *"Presos Estrangeiros no Brasil"*, comenta que o *período de prova* do livramento condicional, na prática, *inexistirá*, pois continuará o apenado no mesmo estabelecimento penal onde se encontrava. A decretação da *prisão administrativa* ao término da pena é ilegal e injusta, sem suporte normativo, violando flagrantemente um Estado Democrático de Direito.

A proibição de progressão para o estrangeiro expulso constitui generalidade que afronta o *princípio da individualização da pena*, devendo ser resguardado o *princípio da isonomia*, garantido pelo art. 5º, *caput*, da Carta Política, tanto aos brasileiros, como aos estrangeiros residentes no país (STJ, HC 163.871/SP, 6ª T., relª. Minª.* Alderita Ramos de Oliveira, j. 16.5.2013). Em decisão recente, por maioria, o Supremo Tribunal Federal afasta a vedação de progressão de regime ao extraditando, observados os princípios dos direitos humanos e de isonomia (STF, Ext - 947 QO/ República do Paraguai, Pleno, rel. Min. Ricardo Lewandowski, j. 28.5.2014). A *prisão administrativa*, no caso de expulsão, *ex vi* do art. 69 da Lei nº 6.815, de 19 de agosto de 1980 (Estatuto do Estrangeiro), poderá durar até 90 (noventa) dias, sendo prorrogável por igual período caso se faça necessário para a conclusão do inquérito ou mesmo garantir a execução da medida.

Terminado o prazo e *não* efetivado o ato expulsório, deverá o estrangeiro ser submetido ao *regime de liberdade vigiada*. Registre-se que, o estrangeiro com *decreto de expulsão* expedido, *não* constitui óbice ao deferimento da *progressão de regime* e do *livramento condicional*, já que a efetivação da expulsão poderá ser realizada após o cumprimento da pena, ou em momento anterior, nos termos do art. 67 do Estatuto do Estrangeiro (STJ, AgRg no HC 229.244/SP, 6ª T., rel. Min. Sebastião Reis Junior, j. 6.11.2012).

A Lei nº 12.878, de 4 de novembro de 2013, altera a Lei nº 6.815, de 19 de agosto de 1980 (Estatuto do Estrangeiro), para estabelecer *nova* disciplina à prisão cautelar com fins de extradição.

10. EXTINÇÃO DA PENA

O Supremo Tribunal Federal firmou que decorrido o *período de prova sem* que o magistrado tenha *revogado* expressamente o livramento condicional, fica extinta a pena privativa de liberdade, observando-se o *princípio da duração razoável do processo* (STF, HC 88.610/RJ, 1ª T., rel. Min. Ricardo Lewandowski, j. 5.6.2007).

O Superior Tribunal de Justiça direciona que a decisão de extinção da pena é *ato declaratório*, ainda que prolatado em data ulterior, tendo-se por extinta a punibilidade na efetiva data do término do período de prova (STJ, HC 34.746/RJ, 6ª T., rel. Min. Paulo Medina, rel. p/ acórdão Min. Helio Quaglia Barbosa, j. 21.10.2004). Em posição isolada ao fundamento: "não se me afigura providência consentânea com o instituto em análise declarar-se a extinção da punibilidade antes do trânsito em julgado da sentença relativa ao novo crime em tese praticado" (STJ, HC 151.299/RJ, 6ª T., rel.ª Min.ª Maria Thereza de Assis Moura, j. 31.5.2011).

Há vertente doutrinária que defende que haverá *sempre* prorrogação do livramento condicional enquanto estiver em curso processo cometido *durante* a vigência da execução. O marco da extinção da pena é o *limite* do *período de prova*, e *não* a data da declaração pelo juiz da execução, por *não* possuir natureza constitutiva. Se o liberado praticar outra infração penal, a medida penal *poderá* ser *suspensa cautelarmente* e sua revogação ficará dependendo de decisão final, *ex vi* do art. 145 da Lei de Execução Penal.

Expirado o prazo do livramento condicional sem a *suspensão* ou *prorrogação*, a pena é *automaticamente extinta*, configurando-se constrangimento ilegal a sua *revogação posterior* ante a constatação *retardada* de crime cometido durante o período de prova. A Corte Suprema firmou na direção de que "a suspensão do curso do livramento condicional até a decisão definitiva do processo resultante da imputação da prática do crime durante a sua vigência é medida cautelar, dependente de decisão judicial específica. Não tendo havido a suspensão cautelar, corre sem óbice o prazo do livramento, cujo termo, sem revogação, implica extinção da pena" (STF, HC 81.879-0/SP, 1ª T., rel. Min. Sepúlveda Pertence, j. 6.8.2002). O Supremo Tribunal Federal condicionou a decretação da *suspensão cautelar* do benefício, *após* o trânsito em julgado da sentença referente ao crime superveniente (STF, HC 105.497/RJ, 2ª T., rel. Min. Gilmar Mendes, j. 15.2.2011). O Superior Tribunal de Justiça também é enfático no sentido de que expirado o prazo do livramento condicional *sem* a suspensão ou prorrogação, a prova é *automaticamente* extinta, sendo ilegal a revogação posterior ante a constatação do cometimento de delito durante o período de prova (STJ, HC 86.888/RJ, 5ª T., rel. Min. Felix Fischer, j. 18.12.2007; HC 158.691/SP, 5ª T., rel. Min. Jorge Mussi, j. 19.8.2010).

Ao cuidar-se da *antecipação da liberdade* como ação de efetiva política penitenciária humanística diante da superlotação carcerária, não se pode esquecer o *conceito de oportunidades ilegítimas*, que se constitui em uma oportunidade de remediar essa deficiência. Na estrutura social, não só as *oportunidades legítimas* se distribuem de maneira diferente, o mesmo ocorre com as oportunidades para atingir os objetivos culturais, através de instrumentos ilegítimos. A *estrutura subcultural* consiste na oportunidade de *aprender*, *praticar* e *realizar* papéis transgressores. Os tipos de *oportunidades ilegítimas* e sua distribuição determinarão o conteúdo da subcultura transgressora. Cloward/Ohlin, em *Delinquency and Opportunity*, destacam que uma pessoa se converte em delinquente devido a um *excesso* de definições favoráveis a comportar-se conforme a norma.

CAPÍTULO 9

EFEITOS DA CONDENAÇÃO E REABILITAÇÃO

> **SUMÁRIO: 1.** Efeitos penais. **1.1.** Principais. **1.2.** Secundários. **1.3.** Genéricos e específicos. **1.4.** Propostas para a reforma. **2.** Efeitos extrapenais. **3.** Efeitos nas leis extravagantes. **4.** Reabilitação. **4.1.** Generalidades. **4.2.** Pressupostos e requisitos. **4.3.** Sigilo. **4.4.** Efeitos. **4.5.** Competência.

1. EFEITOS PENAIS

O primeiro precedente conhecido pertinente à reabilitação é uma lei de Solón, no século VI a.C., citada por Plutarco. A Ordenação de 1670, de Luís XIV, fala de certas *lettres de reabilitation des condamnés aux biens et renommée são o precedente direto da reabilitação, nos tempos contemporâneos*

A sentença penal condenatória gera efeitos penais principais, secundários, genéricos, específicos e extrapenais. As *penas acessórias* (perda de função pública, eletiva ou de nomeação, interdições de direitos e publicação da sentença) foram substituídas pelos *efeitos das penas* ou *efeitos penais* da condenação. Do ponto de vista dogmático político-criminal, os denominados "*efeitos penais da condenação*" são verdadeiras penas ligadas ao fato principal e à culpa do autor típico, dotadas de moldura penal específica e como entidades distintas aplicadas ao caso concreto. Com a Reforma Penal de 1984, as então denominadas *penas acessórias* passaram a ter uma melhor adequação jurídica, evitando-se o questionamento do *ne bis in idem*, de efeitos da condenação, como sanções jurídicas não penais que objetivam prevenir e desestimular a conduta delitiva. A doutrina critica que os efeitos da condenação ainda guardam matizes diferindo em relação à sua facultabilidade. O sistema de penas deve sempre estar estruturado para uma sociedade eficazmente protegida sem que o condenado dela seja excluído.

1.1. Principais

A condenação penal produz o efeito, *imediato* e *direto*, de submeter o condenado à pena privativa de liberdade, restritiva de direitos, pecuniária ou à medida de segurança no caso de semi-imputabilidade que o magistrado ou tribunal lhe tiver imposto (sistema vicariante), após o trânsito em julgado. O Projeto de Reforma Penal (2012) acrescenta ao texto "são efeitos da condenação, *independentemente da substituição da pena de prisão por outra*".

1.2. Secundários

São efeitos *secundários* ou *indiretos*: **a)** *reflete na imposição de regime prisional* (art. 33, § 2º, CP); **b)** *caracteriza maus antecedentes após o trânsito em julgado* (art. 59 do CP); **c)** *condenação é pressuposto da reincidência* (art. 63 do CP), pode impedir a medida penal do *sursis* ou determinar a sua revogação (arts. 77, I, e 81, I, § 1º, CP); **d)** *causa de revogação da medida penal do livramento condicional* (art. 86 do CP), *impedimento* (art. 83, V, CP) *e prazo* (art. 83, II, CP); **e)** *aumenta o prazo prescricional e, quando passada em julgado, a prescri*ção da pretensão executória não se inicia enquanto o condenado permanece preso por outro motivo (art. 110, *caput, in fine*, CP); **f)** *causa a revogação da reabilitação* (art. 95 do CP) *ao reincidente*; **g)** *traz a possibilidade da arguição da exceção da verdade nos crimes de calúnia e difamação* (art. 138, § 3º, I, CP); **h)** *impede a causa especial de atenuação de pena nos crimes de furto, estelionato e receptação* (arts. 155, § 2º, 171, §1º, e 180, § 5º, CP); **i)** *altera o prazo do benefício da comutação de pena*; **j)** *autorização de saída* (art. 123, II, LEP). O princípio constitucional da não culpabilidade impede que seja lançado o nome do réu no rol dos culpados antes do trânsito em julgado de decisão condenatória.

1.3. Genéricos e específicos

São efeitos *genéricos*, automáticos, não sendo exigível declaração expressa na sentença: **a)** *tornar certa a obrigação de indenizar o dano causado pelo crime:* a Carta Política estabelece em seu art. 245 que "a lei disporá sobre as hipóteses de condenações em que o Poder Público dará assistência aos herdeiros e dependentes carentes de pessoas vitimadas por crime doloso, sem prejuízo da responsabilidade do autor do ilícito". Há inúmeros países que, seguindo a orientação da Declaração Universal dos Direitos da Vítima, criam um Fundo alentado por percentuais derivados de prêmios de seguro, para estabelecer um seguro social a fim da reparação das vítimas nos casos em que o autor do delito é hipossuficiente ou de autoria desconhecida. Transitada em julgado a sentença penal condenatória, poderão promover a execução no juízo cível para o efeito de reparação de dano, o ofendido, seu representante legal e seus herdeiros. A execução poderá ser efetivada por valor fixado, nos termos do art. 387, IV, do Código de Processo Penal (o juiz, ao proferir a sentença penal condenatória, fixará o valor mínimo para a reparação dos danos causados pela infração, considerando os prejuízos sofridos pelo ofendido) sem prejuízo da liquidação para a apuração do dano efetivamente sofrido (art. 63 e parágrafo único do CPP). A sentença penal condenatória transitada em julgado constitui título judicial executivo. Far-se-á a liquidação por artigos, quando, para determinar o valor da condenação, houver necessidade de alegar e provar fato novo (art. 475-E do CPC). Todavia, a sentença penal que *não* se pronunciou, em momento algum, sobre assunto da esfera cível *não* veda a esta pronunciar-se sobre a *culpa concorrente da vítima*; inobstante a condenação do réu, há que se verificarem as várias situações específicas: **a.** a sentença penal absolve por questão peculiar e *não* condiciona o julgamento na esfera cível; **b.** a sentença penal *não* se restringiu a dar o fato como incerto, limitado ou não provado, porém, efetivamente *nega* a sua existência ou autoria, tem *absoluta* eficácia de isenção na esfera cível; **c.** o reconhecimento de causas de justificação *não* tem ressonância no cível. A jurisprudência firme do Superior Tribunal de Justiça é no sentido de que, havendo a sentença penal reconhecido que o fato foi realizado em *estado de necessidade*, *não* pode, no cível, deixar de ser reconhecido (STJ, REsp. 85.390/RJ, 4ª T., rel. Min. Ruy Rosado, j. 10.6.1996). Se o réu for *absolvido*, há *res judicata* no cível, impedindo a reparação de dano, quando a sentença penal for fundamentada na *inexistência do fato* ou da *autoria* ou abonada por *causa de justificação*. Não constitui título executivo no juízo cível a decisão proferida em processo penal que nos termos do art. 89 da Lei nº 9.099, de 26 de setembro de 1995, recebe a denúncia e acata a proposta para a suspensão do processo. A sentença condenatória transitada em julgado constitui-se *título executivo judicial*, ainda que nula se tenha reconhecido a prescrição da pretensão punitiva do Estado (STJ, Resp. 166.107/MG, 3ª T., rel. Min. Castro Filho, j. 20.10.2003). A prescrição ou qualquer outra causa extintiva da punibilidade *não* obsta a obrigação de reparar o dano. Só será legitimado passivo na ação cível, com patamar na condenação penal, o réu do processo criminal, pois os efeitos *não* se estendem a terceiros, observado o devido processo legal. A absolvição na esfera de âmbito criminal por insuficiência de provas *não* interfere na órbita da punição administrativa, só tendo repercussão quando negada a autoria do injusto (STJ, REsp 1.028.436/SP, 5ª T., rel. Min.* Adilson Vieira Macabu, j. 15.9.2011); **b)** *perda em favor da União dos instrumentos do crime, ressalvado o direito de terceiro de boa-fé:* a Constituição Federativa de 1988, no art. 5º, inciso XLVII, alínea *b*, estatui a *perda de bens*, independentemente de norma ordinária, pois *não* se caracteriza em nosso atual modelo legal como *pena acessória,* mas sim como *efeito da condenação*, limitando-se aos *instrumentos* ou *produtos* do crime. Cezar Roberto Bitencourt, no *Tratado de Direito Penal, Parte Geral*, com argumentos históricos, equipara ao *confisco*. O art. 6º, II, do Código de Processo Penal, diz que serão objetos de apreensão os que tiverem relação com o fato e o art. 240, § 1º, *d*, do mesmo diploma, determina a apreensão de armas e munições, *instrumentos* utilizados na *prática do crime* ou destinados a fim delitivo, com a restrição legal imposta pelo art. 91, II, *a*, do Código Penal.

O *"confisco"* dos instrumentos do crime se limita às coisas cuja *fabricação, alienação, uso, porte* ou *detenção* constituam *per se* fato *ilícito*. Neste elenco, se inclui a moeda falsa, a guitarra, a arma de fogo cuja propriedade e legalidade da posse não é demonstrada por meio de registro ou autorização. O veículo com o qual o condenado praticou homicídio culposo não é *per se instrumento*, razão pela qual *não* pode ser confiscado. O confisco é o *efeito civil* da sentença condenatória, sendo que a Carta de 1988, em seu art. 5º, incisos XLV e XLVI, prevê a obrigação de reparar o dano *ex delicto* e a decretação do *perdimento de bens*, constituindo-se a *"perda em favor da União"*, ressalvado o direito do lesado ou de terceiro de boa-fé. Aduza-se que o art. 6º da Lei nº 8.492, de 2 de junho de 1992, estabelece o *confisco de bens e valores* nos casos de *improbidade administrativa*. Constitui-se em *efeito da condenação*, objetivando o Estado, pela perda de bens, *impedir* ou *frustrar* o enriquecimento dos infratores e o empobrecimento dos lesados. Há possibilidade que, para garantir a sua efetivação, sejam procedidas medidas cautelares específicas de *busca e apreensão* na hipótese da alínea *a* e do *sequestro*, e no que tange à alínea *b*, do inciso II, deste dispositivo. No mesmo sentido, na alínea *b*, na hipótese de condenação, na incidência do art. 184 do Código Penal, cabe a *destruição* do produto do crime. O Estatuto do Desarmamento, no art. 25 da Lei nº 10.826, de 22 de dezembro de 2003, prevê a *destruição* ou *doação*, no prazo de 24 horas, de *armas de fogo, acessórios* e *munições* apreendidas, quando *não* mais interessarem à persecução penal. Fica ressalvado o direito do lesado ou de terceiro de boa-fé, diante do Decreto nº 5.123, de 1º de julho de 2004, pois as armas apreendidas *poderão* ser *devolvidas* pela autoridade competente aos seus legítimos proprietários se presentes os requisitos do art. 4º da Lei nº 10.826/2003 (Estatuto do Desarmamento).

O Supremo Tribunal Federal elaborou no RE 795.567/PR que os efeitos jurídicos previstos no art. 91, II, do Código Penal, são decorrentes da sentença condenatória. Tal não se verifica quando há transação penal, cuja sentença tem natureza homologatória, sem qualquer juízo sobre a responsabilidade do aceitante. Assim, extinta a punibilidade ante o cumprimento das cláusulas nela estabelecidas, é defesa a decretação do confisco do bem que teria sido utilizado na prática delitiva. O confisco constituiria efeito penal muito mais rigoroso ao aceitante do que os encargos que assumiu na transação celebrada (STF, RE 795.567/PR, Pleno, rel. Min. Teori Zavascki, j. 28.5.2015). Deve-se diferenciar a *pena de perda de bens e valores*, efeito principal da condenação, que incide sobre o patrimônio *lícito* do condenado e o *confisco* do *proveito* obtido com o atuar reprovável, que recai sobre o patrimônio *ilícito* do autor típico: **a.** os *instrumentos do crime*, desde que consistam em coisas cuja *fabricação, alienação, uso, porte* ou *detenção* constituam fato *ilícito*. O *confisco* só pode incidir sobre o autor e partícipes do fato típico, *não* atingindo terceiro de boa-fé. O legislador ordinário evitou o *confisco de utensílios profissionais*, de *trabalho*, de *estudo*, *objetos per se* de *utilização lícita*. Há que se lembrar de que, às vezes, há invasão de uma residência para apreender drogas em poder do filho e se confisca os bens domésticos de uso da residência que são de propriedade de seus genitores e *não* foram adquiridos com o produto da atividade ilícita. O *confisco* é uma ferramenta de *interpretação restritiva*, *medida extrema* e *excepcional*, exigindo amplo processo para a sua configuração. Nem tudo que é apreendido é confiscado; **b.** *produto do crime ou qualquer bem ou valor que constitua proveito auferido pelo agente com a prática de fato criminoso:* abarca coisas *móveis* ou *imóveis*, obtidas *diretamente* com a sua realização ou qualquer bem ou valor que constitua *proveito indiretamente* obtido com a prática do fato criminoso. Deverá ser *restituído* ao lesado ou ao terceiro de boa-fé *integralmente*. Os *produtos do crime* são as coisas obtidas por fato ilícito, ou mediante transformação posterior (joias ou barras de ouro), *criadas* pelo autor típico (moeda falsa) ou *adquiridas* com seu produto. A apreensão antecede processualmente o *confisco*, sendo que os *instrumentos* e *produto* do crime podem ser: *a) destruídos* (arts. 60 a 64 da Lei nº 11.343, de 23 de agosto de 2006); *b) leiloados* (arts. 122 e 123 do CPP); *c) recolhidos ao museu criminal* (art. 124 do CPP); *d) sequestrados, no caso de bens imóveis* (art. 125 do CPP). Os *instrumentos* e *objetos* que tenham relação *direta* ou *indireta* com o crime devem ser *apreendidos* pela autoridade policial e *não* podem ser *restituídos* antes do trânsito em julgado da sentença final, *desde que ainda interessem ao processo* (art. 118 do CPP). As coisas *não* reclamadas no prazo de noventa dias da data do trânsito em julgado deverão ser leiloadas (art. 123 do CPP); **c)** *perda de bens e valores equivalentes ao produto ou proveito do crime*: **a.** quando não forem encontrados; **b.** quando se encontrarem no exterior. As medidas assecuratórias do sequestro de bens móveis, imóveis ou valores adquiridos com a prática do crime, hipoteca legal e arresto preventivo poderão abranger bens ou valores equivalentes do investigado ou do acusado para posterior decretação de perda.

1.4. Propostas para a reforma

O Projeto de Reforma Penal (2012) propõe incluir no elenco dos efeitos genéricos e específicos a "*suspensão dos direitos políticos*, enquanto durarem seus efeitos".

2. EFEITOS EXTRAPENAIS

Os efeitos específicos da condenação (art. 92 do CP) *não* se confundem com as penas de interdição *temporária de direitos*, art. 47 do Código Penal (proibição do exercício de cargos, função ou atividade pública, mandato eletivo; proibição do exercício de profissão, atividade ou ofício que dependam da habilitação do poder público; suspensão de autorização ou de habilitação para dirigir veículos e proibição de frequentar determinados lugares), pois estas sanções se constituem em *respostas da realização do crime*, substituindo a pena privativa de liberdade imposta, pela mesma duração (art. 55 do CP), são *consequências extrapenais*, *não* automáticas e permanentes, devendo ser declarados e motivados na sentença (STJ, HC 92.247/DF, 5ª T., rel.ª Min.ª Laurita Vaz, j. 18.12.2007).

São também efeitos específicos da condenação: **a)** *perdas de cargo, função pública ou mandato eletivo:* são previstas em duas hipóteses legais: **a.** quando aplicada pena privativa de liberdade *igual* ou *superior* a 1 (um) ano, em crimes contra a administração pública praticados com *abuso de poder* ou *violação de dever* inerente ao cargo, função pública (art. 92, I, CP); **b.** quando aplicada pena privativa de liberdade *superior* a 4 (quatro) anos, em todos os outros casos (art. 92, I, *b*, CP). O efeito é *permanente*, ainda que posteriormente o condenado venha a ser reabilitado, salvo se recuperar por investidura legítima. *Cargo público* é o criado por lei, com denominação própria, em número certo e remunerado pelos cofres públicos (art. 3º, parágrafo único, Lei nº 8.112, de 11 de dezembro de 1990). No que tange à perda de cargo vitalício do Ministério Público o efeito *não* é automático, pois a norma especial (Lei nº 8.625, de 12 de fevereiro de 1993) dispõe que a perda do cargo só poderá ocorrer depois do trânsito em julgado de ação civil proposta para este fim, e que somente poderá ser ajuizada pelo Procurador Geral previamente autorizado pelo Colégio de Procuradores, como condição de procedibilidade (STJ, REsp 125.621-AM, 5ª T., rel.ª Min.ª Laurita Vaz, j. 16.10.2014). Para que seja declarada a *perda do cargo público* na hipótese do art. 92, I, *b*, CP, são necessários dois requisitos: *a)* que a pena privativa de liberdade seja superior a 4 (quatro) anos; *b)* que a decisão seja motivada com a explicação das razões de descabimento (STJ, REsp 1.044.866-MG, rel. Min. Rogério Schietti Cruz, j. 2.10.2014). A perda do cargo público deve ser afastada diante da ausência de fundamentação idônea da decisão (STJ, REsp 81.0931/RS, 5ª T., rel. Min. Gilson Dipp, j. 19.6.2007). *Função Pública* é a exercida por servidor público ou não, desde que realizada no interesse da Administração. *Emprego público* é o que mantem vínculo empregatício com a Administração Pública direta ou indireta, regido pela Consolidação das Leis do Trabalho ou regime especial (temporários). O *conceito de funcionário público* está definido no art. 327 do Código Penal, devendo ter interpretação restritiva. A previsão legal abarca qualquer crime cometido com violação dos deveres impostos pelo exercício da condição de funcionário em relação ao cargo, função ou mandato que exercia no momento do fato típico. Cezar Roberto Bitencourt, no *Tratado de Direito Penal*, diante dos *princípios da razoabilidade e da proporcionalidade*, lembra a necessidade de ser assegurada a ampla defesa, o contraditório e o devido processo legal, ressaltando ser *indispensável* a instauração de processo administrativo. A *aposentadoria* é o direito à inatividade remunerada, *não* sendo abarcada pelos efeitos da condenação relativos ao art. 92 do Código Penal, ainda que o fato tenha sido praticado ao tempo da atividade. A *cassação da aposentadoria* é pertinente à esfera administrativa. Ressalte-se que é inaplicável ao servidor público que se aposentou *posteriormente* à condenação criminal. Ainda que condenado por crime praticado *durante* o período de atividade, o servidor público *não* pode ter sua aposentadoria cassada com fundamento no art. 92, I, do CP, ainda que a mesma tenha ocorrido *após* sua condenação (STJ, REsp 146.477-SP, 5ª T., rel. Min.* Walter de Almeida Guilherme, j. 18.11.2014). O Supremo Tribunal Federal firmou a orientação jurisprudencial no sentido de que os magistrados que se aposentarem perdem a prerrogativa de foro (STF, HC 106.871/DF, 2ª T., rel. Min. Gilmar Mendes, j. 27.3.2012). O *mandato eletivo* é o conquistado por meio do voto popular e tem tempo curto de duração. O art. 55, VI, da Carta Política de 1988, dispõe que "Perderá o mandato o Deputado ou Senador", dando destaque a "que sofrer condenação criminal transitada em julgado" ou quando *incompatível com o decoro parlamentar*. A *renúncia* do parlamentar, submetido a processo que vise ou possa levar à perda do mandato, terá seus efeitos suspensos até as deliberações finais de que tratam os §§ 2º e 3º do art. 55 da Carta Política. Cuida-se de dispositivo constitucional abrangente, *self executing*, *não* limita o tipo de crime nem o mínimo da resposta aplicada. A Emenda nº 76, de 28 de novembro de 2013, veio a alterar os arts. 55, § 2º, e 66, § 4º, da Constituição Federal para abolir a votação secreta nos casos de perda de mandato de deputado e senador e de apreciação de veto. Os deputados federais e os senadores só poderiam perder o mandato eletivo pela respectiva Casa Legislativa *ex vi* do art. 55, VI, e § 2º, da CF/88. Questiona-se, no caso de a Câmara ou o Senado *não* cassarem o mandato de parlamentar condenado em regime *fechado* ou mesmo *semiaberto*, como se compatibilizaria o cumprimento da pena imposta.

Caberia ao Supremo Tribunal Federal condenar e suspender os direitos políticos e *comunicar* à Câmara, a quem caberia *cassar* o mandato. Dallari reafirma que o mandato parlamentar é um dos direitos políticos, mas que pertence essencialmente ao povo. A Corte Suprema, a quem cabe a guarda da Carta Política, decidiu, por um voto de diferença, que lhe cabe cassar os mandatos dos deputados federais e senadores. Na ação penal nº 470, sobre o *efeito automático* da perda do mandato eletivo, após a condenação transitada em julgado, o Ministro Celso de Mello afirmou: "Restringe-se também a perda do mandato parlamentar como efeito extrapenal, direto e imediato, resultante da condenação criminal como suporte no art. 92, I, do Código Penal, na redação dada pela Lei nº 9.268, de 1º de abril de 1996, nos casos de condenação por tempo igual ou superior a um ano, por crimes cuja configuração típica encerre como dado elementar do tipo penal a improbidade administrativa, identificada e presente, por exemplo, nos crimes contra a administração pública, tais como os delitos de peculato, de corrupção ativa, de corrupção passiva, dentre muitos outros, e condenação por mais de quatro anos por crimes cujo tipo penal não compreende a improbidade administrativa como elementar da descrição típica, mas cuja gravidade revelada pela própria severidade da pena (mais de quatro anos) inviabilize, por razões éticas, o exercício do mandato. Em tais hipóteses, a perda do mandato parlamentar deve ser expressamente estabelecida em decisão judicial". Gilmar Mendes sustentou que a *suspensão dos direitos políticos* poderá ser decretada pelo Judiciário com a consequente perda do mandato eletivo. A condenação criminal transitada em julgado é causa geradora da *suspensão dos direitos políticos*, que permanecerá enquanto *não* for extinta a pena pelo juiz da execução. Enquanto durar a sua execução, fica o condenado privado de exercer seu *direito de voto* e *de ser votado*. Assim, a *suspensão dos direitos políticos decorrente da condenação criminal transitado em julgado* só cessa com o cumprimento ou a extinção da pena, independentemente de reabilitação ou prova de reabilitação de danos (Súmula nº 9 do TSE). Na *ficha limpa*, a Corte firmou que "A razoabilidade da expectativa de um indivíduo de concorrer a cargo público eletivo, à luz da exigência constitucional de moralidade para o exercício do mandato (art. 14, § 9º), resta afastada em face da condenação prolatada em segunda instância ou por um colegiado no exercício da competência de foro por prerrogativa de função, da rejeição de contas públicas, da perda de cargo público ou do impedimento do exercício de profissão por violação de dever ético-profissional" (STF, ADI 4.578/DF, Pleno, rel. Min. Luiz Fux, j. 16.2.2012). Manteve a regra que exige autorização das assembleias legislativas para abrir processo contra os governadores. Segundo as constituições estaduais, são necessários 2/3 (dois terços) dos votos nas assembleias para que o Superior Tribunal de Justiça processe um governador. Há simetria com a Carta Política em relação ao Presidente; **b)** *incapacidade para o exercício do poder familiar, tutela ou curatela, nos crimes dolosos, sujeitos à pena de reclusão, cometidos contra filho tutelado ou curatelado:* os filhos estão sujeitos ao *poder familiar*, enquanto menores (art. 1.630 do CC). O *poder familiar* poderá ser *suspenso* por ato judicial, quando: **a.** os genitores abusarem da autoridade, faltando aos deveres que lhes são inerentes; **b.** arruinarem os bens dos filhos; **c.** forem condenados por sentença irrecorrível, em virtude de crime cuja pena seja superior a 2 (dois) anos de prisão. *Perderão o poder familiar*, se: *a)* castigar imoderadamente o filho; *b)* deixar o filho em abandono; *c)* praticar atos contrários à moral e aos bons costumes; *d)* incidir, reiteradamente, nas faltas previstas no art. 1.637 do Código Civil. Os efeitos da *incapacitação* dependem de três requisitos: crime doloso; pena de reclusão cominada ao tipo legal; ser o sujeito passivo, filho, tutelado ou curatelado do autor do crime (art. 92 do CP). Para a *incapacitação*, só se requer a pena *cominada* (seja de reclusão, *não* importa que a *aplicada* –substituta - seja de outra natureza, sendo inaplicável em relação aos crimes contra a *assistência familiar* em que se comine pena de detenção). A *incapacitação* admite a *reabilitação* do condenado (art. 93 do CP), limitada aos filhos, tutelados ou curatelados futuros, sem reintegração na situação anterior, vítimas do delito (art. 93, parágrafo único, CP). O efeito *não é automático*, mas é *permanente*, tendo que ser *motivado* na sentença condenatória; **c)** *inabilitação para dirigir veículos quando utilizado como meio para a prática de crime doloso:* o efeito extrapenal específico de inabilitação para dirigir veículos *não* se confunde com a pena restritiva de direitos de interdição temporária de suspensão de autorização ou habilitação para dirigir veículos (art. 47, III, CP). O legislador procurou obstaculizar a utilização de meio que facilitasse a comissão delitiva. O Código de Trânsito brasileiro elenca como efeito extrapenal da condenação (crime culposo) a perda de habilitação ou permissão na hipótese do condutor condenado por crime previsto em sua legislação, ficando obrigado a submeter-se a novos exames para exercer o direito de dirigir. A suspensão ou proibição de obter a permissão ou habilitação para dirigir veículo automotor, pode ser imposta como penalidade principal, isolada ou cumulativamente com outras penalidades, tendo a duração de 2 (dois) meses a 5 (cinco) anos. A *inabilitação* requer: **a.** que o crime seja doloso; **b.** que o veículo *não* tenha sido utilizado como *meio* para a realização do *crime doloso*. O efeito *não* é automático, devendo a ser *motivada* a decisão na sentença condenatória. O Projeto de Reforma Penal (2012) propõe a inclusão do tema da culpa temerária ao sugerir "ou com culpa gravíssima pelo prazo de 5 (cinco) anos".

3. EFEITOS NAS LEIS EXTRAVAGANTES

Anotam-se os seguintes efeitos penais no rol de leis extravagantes: **a)** a Lei nº 14.343, de 23 de agosto de 2006 (Lei de Drogas) prescreve medidas de prevenção do uso indevido, atenção à reinserção social de usuários e dependentes de drogas ilícitas e normas de repressão à produção e tráfico ilícito de drogas, permitindo que seja decretada, no curso do inquérito ou da ação penal, a apreensão e outras medidas assecuratórias relacionadas aos bens móveis ou imóveis ou valores. Nenhum pedido de *restituição* poderá ser conhecido sem o comparecimento pessoal do acusado. Poderá ser procedida a *alienação de bens apreendidos*, salvo interesse da União, ou colocados à disposição da polícia judiciária ou dos órgãos de inteligência civil ou militares envolvidos nas ações específicas. Ao proferir a sentença de mérito, o magistrado decidirá sobre o *perdimento* do produto, bem ou valor apreendido, sequestrado ou declarado indisponível. O art. 243 da Carta trata da expropriação e destinação de glebas onde forem localizadas culturas ilegais de plantas psicotrópicas, que serão imediatamente expropriadas. Todo e qualquer *bem de valor econômico apreendido* em decorrência do tráfico ilícito serão *confiscados* e reverterão em benefício de instituições, pessoal especializado no tratamento de recuperação de viciados e no aparelhamento e custeio, fiscalização, controle, prevenção e repressão do crime de tráfico dessas substâncias. A distinção entre *perda do bem*, prevista no dispositivo penal, e *confisco constitucional*, é que, neste, *não* se caracteriza como *efeito da condenação*, porque o fato gerador está na *apreensão do bem*; ao passo que, na *expropriação-sanção*, tem-se a presença de uma ação judicial em que se retiram do proprietário ou do possuidor glebas onde se localizem culturas ilegais de plantas psicotrópicas. A *expropriação-sanção* e o *confisco de bens* apreendidos em decorrência do tráfico de drogas ilícitas possuem o mesmo objetivo (art. 243 e parágrafo único da CF/88). Diante do art. 5º, LIV, da Carta, lê-se: "*Ninguém será privado de sua liberdade ou de seus bens sem o devido processo legal*"; **b)** a Lei nº 7.716, de 5 de janeiro de 1989 (preconceito de raça ou cor), determina que na hipótese de qualquer dos crimes (praticar, induzir ou incitar a discriminação ou preconceito de raça, cor, etnia, religião ou procedência nacional) por intermédio de meios de comunicação social ou publicação de qualquer natureza constitui efeito da condenação, após o trânsito em julgado da decisão, a destruição do material apreendido; **c)** a Lei nº 9.455, de 7 de abril de 1997 (tortura), em seu art. 16, diz que constitui efeito da condenação a perda de cargo ou função pública, para o servidor público, e a suspensão do funcionamento do estabelecimento particular por prazo não superior a 3 (três) meses; **d)** a Lei nº 8.666, de 21 de junho de 1993 (lei de licitação), prescreve no art. 83 que ainda que simplesmente tentados os autores quando servidores públicos sujeita além das sanções penais a perda do cargo, emprego, função ou mandato eletivo; **e)** a Lei nº 12.683, de 9 de julho de 2012 (lavagem de dinheiro), ao dar nova redação a dispositivos da Lei nº 9.613, de 3 de março de 1998, que prescreve no art. 4º, *caput*, que poderão ser decretadas de ofício medidas assecuratórias de bens, direitos ou valores do investigado ou acusado, ou existentes em nome de interpostas pessoas, que sejam *instrumento*, *produto* ou *proveito* dos crimes previstos nesta lei ou das infrações penais antecedentes; **f)** a Lei nº 8.069, de 13 de julho de 1990 (Estatuto da Criança e do Adolescente), em seu art. 244-A ("Submeter criança ou adolescente à prostituição ou à exploração sexual"), e no § 2º estabelece que "constitui efeito obrigatório da condenação a cassação da licença de localização de funcionamento do estabelecimento"; **g)** a Lei nº 11.101, de 9 de fevereiro de 2005 (lei de falências), estabelece em seu art. 181, I a III: **a.** a inabilitação para o exercício de atividade empresarial; **b.** o impedimento para o exercício de cargo ou função em conselho de administração, diretoria ou gerência das sociedades; **c.** a impossibilidade de gerir por mandato ou por gestão de negócios. Os efeitos *não* são *automáticos*, devendo ser *motivados* na sentença, e perdurarão até 5 (cinco) anos após a extinção da punibilidade, podendo, contudo, cessar pela reabilitação penal; **h)** a Emenda nº 81, de 4 de junho de 2014, dá nova redação ao art. 243 da Constituição Federal para incluir o trabalho escravo, em propriedades rurais ou urbanas, na *expropriação* destinada à reforma agrária e a programas de habitação popular. A questão polêmica situa-se no *conceito* de *trabalho escravo*, se o definido no art. 149 do Código Penal, ou com a edição de lei ordinária para esse fim específico.

4. REABILITAÇÃO

4.1. Generalidades

A reabilitação, que surgiu com as *"lettres de réhabilitation"* de 1670, é uma ferramenta das mais importantes e eficazes para a inserção do egresso no mercado de trabalho, porque a sentença declaratória de reabilitação tem por efeito evitar o processo permanente de *estigmatização* ou *etiquetagem*. Foi sistematizada pelo Código Penal francês de 1791 e, na atualidade, a legislação francesa admite a *reabilitação legal* (efeito temporal) e a *reabilitação judiciária* (condições materiais e procedimentais).

Na dicção do art. 86 do Código Penal de 1890, a *reabilitação* consistia na reintegração do condenado em *todos* os direitos que houvesse perdido pela condenação, quando declarado inocente pelo Supremo Tribunal Federal em consequência da revisão extraordinária da sentença condenatória. A sentença de revisão reconhecia o direito de uma justa indenização que seria liquidada em execução, por todos os prejuízos sofridos com a condenação, sendo responsabilidade do Estado. O Anteprojeto Alcântara Machado de 1938 tratava na Seção V, *Da reabilitação*, que segundo o art. 70 consiste: **a)** no cancelamento do registro da sentença; **b)** na extinção das incapacidades resultantes da condenação. Não tinha direito à reabilitação o condenado: **a)** submetido à medida de segurança, que não impedia a expulsão de estrangeiro ou de confiscação, enquanto não tivesse sido revogada; **b)** no que tange ao pátrio poder, tutela ou curatela, por crime sexual contra a filha, tutelada ou curatelada; **c)** no que se refira à autoridade marital, por crime de lenocínio. No Código Penal de 1940 a reabilitação era *causa extinta da punibilidade* limitada às penas de interdição de direitos e o Código de Processo Penal de 1941 concedia o efeito de vedar a menção da condenação na folha de antecedentes criminais do reabilitado e na certidão extraída dos livros do juízo, salvo quando requisitadas por magistrado criminal.

A Lei nº 5.467, de 5 de julho de 1968, conferiu à reabilitação uma maior esfera de atuação passando a alcançar qualquer tipo de pena imposta em sentença penal condenatória definitiva, e com isso deixando de limitar a algumas *penas acessórias* e *interdição de direitos*. Em contrapartida fez *ausentar o lapso temporal* do período de prova de *boa conduta* do condenado, estabelecendo para o primário prazo de cinco anos a partir do dia em que for extinta a pena principal, por ter findado sua execução, período de prova do *sursis* ou do livramento condicional; se *negada a reabilitação*, não poderia ser novamente requerida, senão após o decurso do prazo de dois anos, e no caso dos *reincidentes* ambos os prazos seriam contados em dobro (dez anos e, quando novamente requerido, quatro anos).

Com a Reforma de 1984, a reabilitação deixa a *esfera de âmbito da extinção da punibilidade* para constituir-se em instituto autônomo, diante da extinção das *penas acessórias*. René Dotti, no *Curso de Direito Penal, Parte Geral*, ressalta o acerto, pois a reabilitação *não* poderia se dirigir à punibilidade que fora extinta, mas tem como escopo eliminar os efeitos negativos da condenação. O art. 94 do Código Penal estabelece que a reabilitação possa ser requerida, decorridos 2 (dois anos) do dia em que a pena for extinta, ou de qualquer modo terminar a sua execução, computando-se o período de prova da suspensão ou do livramento condicional se não sobrevier revogação, desde que o condenado: **a)** tenha tido domicílio no País, no prazo de dois anos; **b)** tenha dado, durante esse tempo, demonstração efetiva e constante de bom comportamento público e privado; **c)** tenha ressarcido o dano causado pelo injusto ou demonstrado a absoluta impossibilidade de fazê-lo, até o dia do pedido, ou exiba documento que comprove a renúncia da vítima ou novação da dívida. A orientação pretoriana é no sentido de que, se o apenado cumpriu *todos* os requisitos legais, *não* pode ficar impossibilitado de obter sua reabilitação, após o prazo estabelecido em lei, enquanto *não* houver comprovado o pagamento da multa, obviamente, submetida, como dívida de valor, a cobrança pela Fazenda Pública, no juízo competente e, que por várias razões poderá deixar de ser ajuizada. Não se extinguem, mas tão somente são *suspensos* alguns efeitos penais da sentença condenatória, podendo a qualquer tempo ser *revogada* a reabilitação, o que distingue das *causas extintivas de punibilidade* que fazem cessar de forma definitiva a pretensão punitiva ou a executória.

A *reabilitação* consiste em uma ferramenta de política criminal, lamentavelmente, na prática, de pequeno alcance, que tem por escopo a reconquista do "*prestígio social*" dentro da comunidade de Direito (*passar uma borracha no passado adverso*). Sabe-se do *processo de etiquetagem* ou *rotulação* como um dos *efeitos da prisionalização*, com graves sequelas psicossociais, como a debilidade de relacionamento, a perda da autoestima, o medo da vida, o terror das autoridades policiais, fora os desajustes familiares e as dificuldades de emprego lícito. É o *cancelamento do registro da condenação que faz desaparecer a inscrição e com isso a punibilidade eterna da mácula da pena*. Todavia, não é definitiva ou completa, diante das limitações dos deveres do condenado, como o de revelar a sua condenação, pois os juízes e os tribunais têm o direito ilimitado à informação.

Como *medida de política criminal* visa a *permitir o cancelamento do registro da condenação*, fazendo *apagar* na folha corrida a inscrição da matrícula da condenação penal e possibilitando *restaurar* os direitos atingidos pelos efeitos da condenação, previstos no art. 92, incisos I e II, do Código Penal. Registre-se, que, ainda, o *egresso* continua a sofrer os males da *prisionalização* quando inserido na macrossociedade, devido aos processos de etiquetagem e estigmatização, principalmente pela retroalimentação das mídias sociais conservadoras. Aliás, o indivíduo é estigmatizado por não ter sido processado, condenado e apenado por um tempo *maior* de encarceramento e, ao final do processo, por ter cumprido pena privativa de liberdade. Alexandre Marinho/André Freitas, no Manual de Direito Penal, consigna que a reabilitação é *"uma causa de suspensão condicional dos efeitos não permanentes da sentença penal condenatória"*, diante da possibilidade de revogação, que só poderá ocorrer com a reincidência.

A *reabilitação* é o instrumento de moderna política criminal penitenciária, permitindo ao egresso enfrentar o preconceito da sociedade obstaculizando a sua inserção e adaptação social.

4.2. Pressupostos e requisitos

Os *pressupostos* **são: a)** tenha havido condenação transitada em julgado, diante do princípio constitucional da inocência, sendo pressuposto temporal de 2 (dois) anos, a partir da extinção da pena, ou da audiência admonitória, computando-se o período de prova da suspensão ou do livramento condicional; **b)** não houver revogação. Será revogada de ofício ou a requerimento do Ministério Público, se o reabilitado for condenado, como reincidente, por decisão definitiva, a pena que não seja de multa.

São *requisitos*: **a)** o requerente tenha domicílio no país no prazo referido; **b)** tenha dado, *durante esse tempo*, demonstração efetiva e constante de *bom comportamento* público e privado. O prazo de 2 (dois) anos inicia-se com a data do término da pena ou extinção da punibilidade e finda quando do *ajuizamento* do pedido de reabilitação. O pedido será instruído com: **a.** certidão comprobatória de não ter respondido, nem estar respondendo a processo penal nas comarcas, que houver residido durante o prazo de 2 (dois) anos; **b.** atestado de autoridades policiais ou documentos que comprovem ter residido nas comarcas indicadas e mantido bom comportamento; **c.** atestado de bom comportamento firmado por pessoas a cujo serviço tenha estado; **d.** juntar documentos que informem sua integração social; **c)** tenha ressarcido o dano causado pelo crime ou demonstre a absoluta impossibilidade de o fazer, até o dia do pedido, ou exiba documento que comprove a renúncia da vítima ou a novação da dívida. A posição do Superior Tribunal de Justiça é no sentido de que o condenado *deve* necessariamente ressarcir o dano causado pelo crime ou demonstre a *absoluta* impossibilidade de fazê-lo ou exibir documento que comprove a *renúncia da vítima* ou a *novação da dívida*. Na hipótese de a vítima ou sua família se mostrarem inertes na cobrança da indenização, *deve o condenado fazer* *uso dos meios legais para o ressarcimento do dano provocado pelo delito, de modo a se livrar da obrigação*, salvo eventual prescrição civil da dívida. Não basta a certidão negativa. (STJ, REsp 636.307/RS, rel. Min. Felix Fischer, j. 18.11.2004); **d)** cumprida a pena privativa de liberdade, o egresso *não* fica impossibilitado de obter a reabilitação após o prazo legal, enquanto *não* comprovar o pagamento da multa cumulada e submetida ao procedimento de cobrança cível (STJ, REsp 1.166.866/MS, 6ª T., relª. Minª.* Assusete Magalhães, j. 20.8.2013).

4.3. Sigilo

Cumprida ou extinta a pena, ficam os registros criminais do processo e da condenação sob sigilo, como consequência imediata e automática do cumprimento da pena *ex vi* do art. 202 da Lei de Execução Penal, não constarão da folha corrida, atestados ou certidões fornecidas por autoridade policial ou por auxiliares da justiça, qualquer notícia ou referência à condenação, salvo para instruir processo pela prática de nova infração penal ou *outros casos expressos em lei* (requisição de informação para habilitação em procedimento licitatório ou a candidato a cargo público. Sublinhe-se que a *reabilitação não apaga* a condenação penal em relação à futura *reincidência*, que só ocorrerá se entre a data do cumprimento ou extinção da pena e o injusto penal *posterior* tiver decorrido o prazo e tempo *superior* a 5 (cinco) anos (art. 64, I, do CP).

A reabilitação, de *natureza declaratória*, não é a única ferramenta de política criminal para o sigilo do registro criminal. Na Lei de Execução Penal há *duas hipóteses* quando: **a)** regula os registros na hipótese de *sursis*, ressalvadas as requisições pelo Poder Judiciário ou pelo órgão do Ministério Público para instruir processo criminal (art. 163, § 2º); **b)** houver cumprimento ou extinção da pena (art. 202).

O sigilo ditado pela Lei de Execução Penal é *mais limitado*, pois pode ser quebrado a qualquer momento pela autoridade policial e o órgão do Ministério Público, ao passo que o garantido pela reabilitação é mais *amplo*, só pode ser quebrado exclusivamente pelo magistrado criminal, *ex vi* do art. 748 do Código de Processo Penal (STJ, RMS 25.096/SP, 5ª T., rel.ª Min.ª Laurita Vaz, j. 28.2.2008). O Código de Processo Penal regula o procedimento nos arts. 743 a 750, no que não estiver revogado pelos arts. 93 a 95 pelo Código penal.

O *sigilo do registro é automático* e *imediato*. A *reabilitação é ampla*, dando maior esfera de segurança para o habilitado, e *não definitiva*, sendo *revogada* se o reabilitado *reincidir*, por decisão definitiva (não extingue, apenas suspende alguns efeitos da sentença penal condenatória), ou for condenado à pena que *não* seja de multa. Com a *revogação*, os efeitos da condenação voltam a vigorar. Só por meio de *nova* reabilitação, satisfeitos os requisitos do art. 94 do Código Penal, retornará o sigilo do registro.

Se a reabilitação for negada, poderá ser requerida, a qualquer tempo, sendo o *novo* pedido instruído com *novas* provas pertinentes aos requisitos do art. 94 do Código Penal.

4.4. Efeitos

São *efeitos da condenação* a perda de cargo, função pública ou mandato eletivo, quando aplicada: **a)** pena privativa de liberdade por tempo igual ou superior a *um ano*, nos crimes realizados com abuso de poder ou violação de dever para com a administração pública. A reabilitação *não* tem o *efeito de reintegrar*, mas *não* pode vedar o novo ingresso através de concurso público para cargo diverso ou eleito para novo mandato popular. Não há recondução, mas não é defesa a nova habilitação; **b)** aplicada pena privativa de liberdade por tempo superior a *quatro anos* nos demais casos; **c)** a incapacidade para o exercício do poder familiar, tutela ou curatela, nos injustos, sujeitos à pena privativa de liberdade de *reclusão*, tendo como sujeitos passivos o filho, o tutelado ou o curatelado. Só em razão de *novos* filhos, tutelados ou curatelados, será possível a reabilitação.

A reabilitação *não* rescinde a condenação, pois se o reabilitado vier a realizar novo crime dentro do prazo temporal superior a 5 (cinco) anos será considerado para efeitos legais reincidente.

4.5. Competência

A *competência* para o conhecimento do *pedido pessoal* (excluídos herdeiros e sucessores) é do *juízo da cognição* e *não* da execução, que silenciou a esse respeito (art. 66 da LEP). Como a pretensão à reabilitação é *pessoal*, falecido o condenado, *não* será possível o pedido. O pedido é regulado pelo art. 744 do Código de Processo Penal. A reabilitação *não é causa extintiva da punibilidade* (desaparecimento das penas acessórias), razão pela qual da decisão *denegatória* o recurso cabível é o de apelação e, da *concessiva*, é o recurso *ex officio* (STJ, REsp 157.415/SP, 6ª T., rel. Min. Fernando Gonçalves, j. 15.9.1998). O interessado, que teve o seu pedido denegado, poderá pleiteá-lo, novamente, a qualquer momento, desde que o instrua com "*novos elementos comprobatórios dos requisitos necessários*".

CAPÍTULO 10
MEDIDAS DE SEGURANÇA

> **SUMÁRIO: 1.** Estado de direito e medidas de segurança. **2.** Doença mental. **3.** Evolução histórico-normativa do Direito pátrio. **3.1.** Propostas para a reforma. **4.** Espécies. **5.** Finalidades. **5.1.** Propostas para a reforma. **6.** Estabelecimento adequado. **7.** Medida de Segurança para Inimputável. **8.** Duração. **8.1.** Propostas para a reforma. **9.** Perícia médica. **10.** Cessação de periculosidade. **11.** Medidas de Segurança para o Semi-imputável. **11.1.** Propostas para a reforma. **12.** Desinternação hospitalar ou liberação ambulatorial. **13.** Início e extinção. **14.** Direitos do Internado.

1. ESTADO DE DIREITO E MEDIDAS DE SEGURANÇA

A questão do Estado de Direito e das medidas de segurança passa diante de um plano lógico e de um plano histórico. O primeiro trata de estabelecer quais as relações conceituais entre "Estado de Direito" e "medidas de segurança"; ao passo que, o segundo, das relações concretas entre o ordenamento jurídico e os princípios constitucionais que formam os fundamentos garantistas e a disciplina normativa.

Desde a Antiguidade as medidas cautelares eram conhecidas e aplicadas aos menores e aos doentes mentais. Os estudiosos do tema divergem quanto às origens mais remotas das medidas de segurança, ora apontando o Código de Manu, ora as Pandectas, citando que o imperador romano Marco Aurélio ao tomar ciência de um parricídio praticado por um doente mental, diante da perda da capacidade penal, determinou que fosse colocado em custódia para evitar a reprodução de outros atos e garantindo a ordem social. No Direito romano os doentes mentais eram considerados penalmente irresponsáveis; na Idade Média respondiam pelos seus atos, sendo-lhes atribuídas conotações demoníacas. Recorde-se que no Direito romano os menores impúberes ficavam sujeitos à *verberatio*, que consistia em uma medida de admoestação. Na época clássica os *furiosus* eram equiparados aos *infans*, e aplicadas medidas *ad cautelam* e *jus securitatem proximorum*. Sustentava o jurisconsulto Pompônio que o ato praticado por uma pessoa louca deveria ficar impune (*impune est admittendun, quod per furorem alicuius accidit*). Esta situação começa a alterar-se a partir do século XVI, e no século XVIII fala-se já da necessidade de *tratamento* dos doentes mentais, que, como *doentes*, não eram responsáveis pelos seus atos, e, no processo evolutivo, nem sempre foram insuscetíveis de culpa.

Na Idade Média puniam-se criminalmente animais e, em certos casos, até objetos, razão pela qual não se pode fazer qualquer paralelo com o Direito Penal da atualidade. A ideia de medidas de segurança começou a germinar na Idade Média. No século XVI, notadamente na *Constitutio Criminalis Carolina* encontram-se as primeiras manifestações (*Peinliche Gerichtsordnung*), prevendo um internamento de segurança (*Sicherungsverwahrung*) por tempo indeterminado.

No panorama do século XVIII, embora o Direito canônico afirmasse que os doentes mentais eram incapazes de delinquir, era tétrico o quadro, pois se não eram mortos eram encarcerados nas piores condições físicas e sociais, nos *asilos de loucos*. O *Ospîizio de San Michele* (prisão-hospital), fundado pelo Papa Clemente XI, no ano de 1703, e o *Reformatório de Elmira*, pelo *New York Act* (1877), como pioneiro, formam a exceção.

É de lembrar-se que os *manicômios* tiveram sua origem na Inglaterra (*Criminal Lunatics Act*, de 1800), após o Rei Jorge III ter sido vitimado por um atentado praticado por um doente mental, o qual foi internado por garantia pública por tempo indeterminado. Assinale-se o movimento liberal na Inglaterra com a instituição de manicômios criminais, em virtude da edição do *Criminal Lunatic Asylum Act* de 1860 e da edição do *Trial of Lunact Act* de 1863 e nesta direção o *Inebriate Act* de 1898 e o *Children Act* de 1908. Nos estabelecimentos penais americanos, desde 1844, praticava-se o *isolamento dos doentes mentais*. Mais tarde, poucos estados permitiram a transferência de doentes mentais infratores para os manicômios e, em 1859, New York abriu o primeiro hospital para *criminal insane*. Loke, Montesquieu e Voltaire proclamam no século XVIII os *princípios do respeito à pessoa humana*, e o livro do Marquês de Beccaria tem o poder de uma dedução rigorosa com a ruptura com um passado omisso, no qual o *pensamento* é perseguido e punível, o processo fundado no anônimo, o segredo e a confissão logrados pela tortura. É a ruptura com o Direito Penal para o qual *inexistia* diferença entre o delito e o pecado e no qual a pena não está regulada por uma ideia objetiva e moderada de retribuição, mas sim pela vingança através dos fins de expiação mediante o sofrimento físico.

No século XIX, visava-se a substituir a pena privativa de liberdade, diante da constatação de sua pouca eficácia frente ao crescimento da criminalidade, procurando uma resposta penal efetiva e completa de defesa social. As ideias positivistas preventivas contribuíram para a visão da execução das medidas de segurança como instrumento de *inoculação* e *tratamento*, diante de portadores de anomalias mentais considerados *perigosos ao convívio social*. Era necessário enfrentar o fracasso da pena em razão da necessidade imperativa da defesa social.

Logo, surgem duas estratégias imediatistas: **a)** aumento das penas privativas de liberdade para infratores habituais; **b)** penas acessórias para reincidentes. Neste quadro, a pena privativa de liberdade continua como resposta penal *retributiva* e desponta uma nova ferramenta de enfrentamento do conflito com *finalidade específica preventi*va: a pena *não* teria mais como finalidade somente *punir* o autor do delito, mas procurar *evitar* a realização de novos injustos penais. A *concepção unitária* defendia que ambas as sanções, pena e medidas de segurança, formariam um só instrumento estatal através de uma *pena de segurança*, na dicção de Mezger, não se exigindo duas espécies de sanções na proposta unitária por meio de uma unificação das sanções no mesmo código. De outro lado, a *concepção dualista* defende que as penas e as medidas de segurança possuíam uma característica diferenciada, negando às medidas de segurança a configuração de sanção e descortinando nas penas motivos e finalidades diversas das medidas de segurança. Estas possuem características que diferenciavam da pena privativa de liberdade, ambas possuindo características autônomas e próprias. As diferenças, assinaladas no sistema dualista, são negadas por vetores da Escola Positiva Italiana, ao sustentar que possam existir diferenças secundárias, mas não há uma substancial (utilitarismo). Surge uma visão *unitária, retributiva-preventiva*, para atender os anseios de segurança social. Situava-se na doutrina do início do século XX a *distinção* entre a pena privativa de liberdade e as medidas de segurança como dois *vetores paralelos e justapostos*, mas não contraditórios, porque ao Direito Penal se reservava a *repressão*; ao passo que, destinava-se às medidas de segurança, a *prevenção* (que à época não seria propriamente penal, mas administrativa).

Eduardo Reale Ferrari, em *Medidas de Segurança e Direito Penal no Estado Democrático de Direito*, deslumbra uma *sanção preventiva de defesa social*. Os anseios de substitutivos sancionatórios eficazes para a tranquilidade social faz surgir os novos contornos das medidas de segurança. Com Karl Stooss (1894) e Von Liszt surgem as medidas de segurança, codificadas penalmente como estratégia a suprir a ausência de responsabilidade penal por inexistência de culpabilidade pessoal. Pode-se afirmar que a orientação da União Internacional do Direito Penal, fundada em 1888 por Von Liszt, Prins e Van Hamel, trouxe reais dividendos para aparar os dissensos históricos que inspiraram Karl Stooss e vieram à luz entre 1884 e 1899 sob a denominação correta de *Strafgesetzgebung der Gegenwart* ("legislação penal da atualidade").

Registre-se que Stooss foi o *sistematizador* e Von Liszt, com sua teoria da pena-fim, o *idealizador*, das medidas de segurança. Assim, este com sua *pena-defesa social* advoga um tipo único de sanção abarcando fins preventivos e retributivos, ao passo que, aquele, defende a substituição da pena pela medida de segurança, para a proteção social e o tratamento do infrator perigoso.

Quando, em 1894, Stooss compôs a *Parte Geral* do projeto suíço, transformado no Código Penal suíço de 1937, colocou junto à pena de natureza retributiva outro instrumento legal para o fundamento do injusto, denominado *Sichernden Massanahmen* (medida de segurança), destacando na sua natureza jurídica três diferenças básicas: **a)** a pena se estabelece e se impõe ao autor culpável em razão da realização do delito, ao passo que as medidas de segurança são impostas diante do dano ou perigo do autor, cujo caráter está relacionado com o fato punível; **b)** a pena é um meio de produzir sofrimento ao autor culpável, ao passo que as medidas de segurança são um instrumento assecuratório que vai acompanhado de uma privação da liberdade ou de uma intromissão nos direitos de uma pessoa sem o objetivo de causar-lhe sofrimento; **c)** a pena é determinada de acordo com a importância do bem jurídico lesionado, a gravidade do dano e a culpabilidade do autor, nos termos legais, e fixado o tempo de duração, ao passo que as medidas de segurança são determinadas na lei e com a sua finalidade, mas a sua duração é estabelecida em termos gerais, de tempo indeterminado, cessando quando lograda a ressocialização, emenda ou inocuidade. Completando, observa que as medidas de segurança não se impõem por uma ação determinada, mas pelo estado de uma pessoa.

Em uma fotografia do direito comparado à época, vê-se que as medidas de segurança aparecem na legislação germânica no anteprojeto do Código Penal de 1909, inspirados nos postulados da Escola de Política Criminal, objetivando proteger a sociedade e ao mesmo tempo o autor do injusto penal. Na busca histórica poderia apontar os Projetos de 1913 e 1919, nos quais tiveram a denominação *medidas de correção e segurança* (*Massregeln der Besserung und Sichering*), que não tiveram sucesso, e a realidade colocava como imperativo demonstrar a necessidade de luta contra a delinquência nas suas formas mais perigosas, daí ser promulgada a Lei de 24 de novembro de 1933 contra os infratores habituais e perigosos; e diante de medida de correção e segurança onde se incluía a *castração* como um sistema protetor do povo contra o perigo da delinquência sexual. Com a introdução do *Tätertyp*, o perfil do violador da norma se descreve como um sujeito perigoso cujos atos típicos são índices do seu *estado* (doença mental), diferenciando-se as penas privativas de liberdade das medidas de segurança na compatibilidade do *perigo futuro* e da indeterminação temporal de duração. Caminhava-se para a *subjetividade* do Direito defendida por Mezger e Bockelmann; contudo, a imposição de uma medida de segurança tinha como *pressuposto* a prática de um injusto penal, sendo, portanto, todas as medidas *pós*-delitivas.

A medida de segurança de *castração* foi abolida na Alemanha, pela lei promulgada em 30 de janeiro de 1946. A sexta Lei da Reforma, de 26 de janeiro de 1998, do Código Penal alemão estabelece seis espécies de medidas de segurança: **a)** internamento em residência psiquiátrica; **b)** internamento em estabelecimento de desintoxicação; **c)** internamento em estabelecimento de segurança; **d)** vigilância orientadora; **e)** retirada da posição de conduzir veículos; **f)** proibição de exercer um ofício. No que interessa ao estudo do direito comparado, a regra do § 62 (*princípio da proporcionalidade*) traduz que se poderá, com o significado dos atos cometidos ou esperados pelo autor, precisar o grau de perigo que parta dele. A *internação em residência psiquiátrica*, tanto no estado de incapacidade como no de culpabilidade atenuada, decorrerá da *apreciação conjunta do autor e sua ação, devendo-se esperar, como consequência de seu estado, atos ilegais, e que por isso seja perigoso para a sociedade*. A nova codificação passou a tratar com especial atenção a aplicação das medidas de segurança para drogados em estabelecimento de segurança ("quando alguém for condenado por um delito premeditado a uma pena temporal de, ao menos, dois anos, o *tribunal disporá junto à pena de um internamento em um estabelecimento de segurança* em determinadas situações").

Na Áustria as medidas de segurança foram reguladas pela Lei de 3 de junho de 1932, embora desde a Lei de 24 de maio de 1885 fossem internados os vagabundos e mendigos. Na Bélgica, em abril de 1930, o Parlamento aprovou a Lei de defesa social, que entrou em vigor em 1º de janeiro de 1931, seguindo as linhas gerais do Projeto de 1926, objetivando a readaptação e educação social dos infratores em estado perigoso, mas não a sua eliminação. Aliás, desde a Lei de 27 de novembro de 1891, dava-se o internamento de mendigos em *casas de refúgio* e em *depósitos de mendigos*. Na Dinamarca, o Projeto do Código Penal de 1923 admitia a substituição da pena privativa de liberdade por medidas de segurança para certas categorias de *infratores normais em aparência, mas insensíveis à influência da pena, a julgar por sua conduta*. O Código Penal dinamarquês de 15 de abril de 1930, que entrou em vigor em 1933, admite as *casas de custódia* e as *casas de trabalho*.

Quanto à França, em virtude do fenômeno da reincidência, deu-se a promulgação da Lei de 27 de maio de 1885, que visava a eliminar o *reincidente perigoso*, transferindo-o para o território colonial de forma perpétua e irrevogável. A Lei de 6 de julho de 1942 estabeleceu o internamento dos *renegados* em território metropolitano com uma duração mínima de três anos, daí podendo outorgar-se a liberdade condicional. Com a Lei de 3 de junho de 1938, os *declarados penalmente irresponsáveis* passaram a ser internados em *asilos de alienados*. Contudo, a primeira legislação francesa sobre medidas de segurança surgiu em 15 de maio de 1934 e classificava-as: **a)** privativas de liberdade; **b)** restritivas de liberdade; **c)** de ordem patrimonial. As medidas privativas de liberdade consistiam no internamento em sanatório, relegação (constituía-se na internação em um estabelecimento de trabalho sobre regime de readaptação social) e colocação em depósito de mendigos. É de notar, que na França as medidas de segurança que formavam majoritariamente *medidas de neutralização*, são contemporaneamente em sua maior parte medidas de tratamento e assistência. O Centro Francês de Defesa Social preparou em 1955 um projeto relativo aos doentes mentais infratores adotando o *sistema misto*. A medida preconizada era denominada "detenção de defesa social", com característica "médico-repressiva".

Na Inglaterra, o *Prevent of Crime Act* promulgado em 1908 distingue a internação em um instituto Borstal mediante tratamento educativo-correcional a jovens e a *preventive detention* aplicável depois da execução da pena, que deveria durar no mínimo cinco e no máximo dez anos, destinada aos reincidentes mais perigosos. Contudo, o projeto de *Criminal Justice Bill* reduzia o regime correcional de quatro a dois anos de duração, para condenados de 21 a 30 anos de idade, mas não se chegou a transformar em lei. Só pelo *Criminal Justice Act* de 1948 é que se estabeleceu uma distinção entre a *educação correcional* e a *detenção preventiva*. Os doentes mentais (*quit but insane*) declarados pelos tribunais seriam internados com *kings pleasure lunatics* em *manicômio criminal*.

Na Itália, surge em 1921, com o Projeto preliminar do Código Penal, baseado em *princípios positivistas*, a substituição da *impunidade* pela *periculosidade* como pressuposto da justiça penal, sob a genérica denominação de *sanções* que abrigavam as medidas aplicáveis aos imputáveis e aos inimputáveis. Mussolini definiu em seu programa a pena como meio de *defesa social* com função intimidativa e correcional, indicando a necessidade de promover meios preventivos e terapêuticos para combater a delinquência. Surgem os postulados *dualistas* por Rocco e é promulgado o Código Penal em 19 de outubro de 1930. Estas medidas foram frutos da necessidade da conservação do Estado. Com a queda do regime fascista, surge a Comissão de Reforma Penal, Biagio Petrocelli, pelo decreto de 2 de janeiro de 1945, sendo acordada a manutenção da *dualidade das penas* e *das medidas de segurança*, reflexos institucionais dos fins repressivos e preventivos do ordenamento. O projeto apresentado em 1949 estruturava a *periculosidade criminal* e as *medidas administrativas de segurança*. Cogita-se da acumulação *sucessiva* e não *alternativa*, em que primeiro se executa integralmente a pena privativa de liberdade (retributiva) e após, a medida de segurança (preventiva), no caso dos denominados delinquentes habituais. São *sanções sucessivas* pelo mesmo fato violando o *princípio do ne bis in idem*. Tal projeto, sem inovar, procurava um melhoramento do Código *dualista*, em direção científica superada. A legislação peninsular, quando trata da aplicabilidade das medidas de segurança, diz que só podem ser aplicadas em pessoa *socialmente perigosa*, inimputáveis ou não puníveis, bem como aquelas que diante da lesividade do bem jurídico exista a *probabilidade* do cometimento de novos atos previstos na lei como crime. Assim, os indicadores de individualização da pena são os mesmos indicadores de avaliação judicial de aplicação das medidas de segurança.

2. DOENÇA MENTAL

A *doença mental*, pressuposto biológico da inimputabilidade, engloba *todas* as alterações mórbidas da saúde mental independentemente da causa. No estudo do transtorno psíquico patológico, que compreendem transtornos psíquicos debitados a causas corporais-orgânicas, incluem-se as psicoses *endógenas* ou *congênitas* (esquizofrenia, paranoia, psicose maníaco- depressiva) ou *exógenas* (demência senil, paralisia geral progressiva, epilepsia), como também as neuroses e os transtornos psicossomáticos, sendo que estes, como formas de reação psíquico-criminal determinadas por conflitos internos ou intensas pressões motivas do exterior, dificilmente atuam sem sentido da realidade, salvo nos períodos de breve crise (histeria). A antiga questão dos *intervalos de lucidez* perde o destaque legislativo em razão de ser uma manifestação complexa interrompida do estado patológico. A disritmia cerebral não constitui excludente.

Nos denominados *transtornos psíquicos patológicos* (psicoses exógenas) faz-se referência às enfermidades oriundas de transtornos exógenos (psicoses traumáticas por lesões cerebrais; psicoses por infecção, como a paralisia progressiva; as doenças convulsivas orgânico-cerebrais, como a epilepsia; casos de desintegração da personalidade com patamar orgânico-cerebral, como a arteriosclerose cerebral e a atrofia cerebral; a meningite cerebral, os tumores cerebrais e as afecções metabólicas do cérebro). Talvane de Moraes, em "*Medidas de Segurança e Tratamento Psiquiátrico*", defende a expressão clássica "doença mental" substituída em texto legal por "transtorno", que é ampla e vaga.

O desenvolvimento mental *incompleto* abriga os menores de 18 anos, bem como os surdos-mudos não educados e os índios (sentido impróprio), que ainda não se tenham adaptado ao convívio de nosso grupo social. O índio é imputável, desde que seja *aculturado* e possua desenvolvimento mental, que lhe permita compreender a antijuridicidade de seus atos. O fato de o índio se encontrar em processo de integração *não* o torna inimputável. No caso do não aldeado, que vive em grande centro urbano, só lhe é conferida a atenuante, isto é, a fixação da pena no mínimo legal e o seu cumprimento no regime semiaberto. O Projeto de Reforma (2012) estatui que se aplique as regras do erro sobre a ilicitude ao índio, quando este o pratica um injusto penal agindo de comum acordo com os costumes, crenças e tradições de seu povo. O magistrado deverá levar em consideração, para esse fim, o comprovado no laudo de exame antropométrico. No parecer Vital do Rêgo (2014), "Deverão ser respitados os métodos aos quais os povos indígenas recorrem tradicionalmente para a repressão dos delitos cometidos pelos seus membros, desde que compatíveis com o sistema jurídico nacional e com os direitos humanos". A pena de prisão será cumprida na unidade mais próxima da habitação do índio ou local de funcionamento do órgão federal de assistência. Conforme a gravidade do fato, a culpabilidade e as sanções impostas pela respectiva comunidade indígena, o magistrado pode deixar de aplicar a pena ou reduzi-la até 2/3 terços. No desenvolvimento mental *retardado* situam-se os *oligofrênicos* (idiotas, imbecis e débeis mentais), que apresentam anomalias no processo de desenvolvimento mental e *déficit* intelectual. Roxin conclui que o melhor paradigma é a *capacidade de compreensão* e *de inibição*.

O *transtorno profundo da consciência* abarca deficiências de capacidade de controle que *não* possuem causa patológica ou psicologicamente anômala (*estados hipnóticos e estados passionais graves*). Os transtornos psíquicos patológicos *não* devem excluir a capacidade de culpabilidade de qualquer conduta (a mesma pessoa pode ser inimputável em determinado momento e não sê-lo em relação a outros fatos). A *inimputabilidade* é avaliada através de perícia médico-legal que será realizada sempre que existir *dúvida* quanto à saúde mental do imputado, *não* ficando o julgador adstrito às conclusões do laudo de exame de sanidade mental, mas deve sempre se valer de *nova* avaliação pericial, pois o magistrado não é psiquiatra.

Na Reforma de 1984, preferiu-se *não* definir a *imputabilidade*, conceituando-a através de *critério biopsicológico-normativo*. Não é suficiente o estado patológico, que é mera presunção de imputabilidade. O primeiro pressuposto é a *imputabilidade penal*, a sanidade mental do autor do fato punível; e, o segundo, a *maturidade*. A expressão correta *doença mental* é abrangente das enfermidades que vulneram as funções intelectivas e volitivas. Os tribunais reconhecem a inimputabilidade originária de doença mental, nos casos de senilidade, epilepsia, esquizofrenia e embriaguez patológica. Extinta a punibilidade, *não* se impõe medida de segurança *nem* subsiste a que tenha sido imposta. O nosso legislador *não* adotou o modelo peninsular que se refere à *capacità di intendere e divolere*, mas parcialmente o suíço, visto que *não* aduziu *ou d'une grave altération de la conscience*. A ausência absoluta da capacidade de *querer* e *entender* retira a capacidade penal do autor do fato punível. Os clássicos e os neoclássicos partiram da ideia do *livre-arbítrio*, estimando que a *responsabilidade penal* estivesse fundada sobre a *responsabilidade moral*; ao passo que os positivistas, não adeptos do livre-arbítrio, declararam que a responsabilidade penal é uma *responsabilidade social*, uma *responsabilidade legal*.

Evolui-se, após, para a adoção de uma atitude de neutralidade, colocando de lado a questão do livre-arbítrio. As legislações antigas são mais influenciadas pelos neoclássicos, subordinando a responsabilidade do delito à condição de que a ação seja *livre*. Já os modernos subordinam os fatos *à consciência e à vontade*. Se o autor do fato punível for mentalmente são e desenvolvido, e possuir capacidade para avaliar o caráter antijurídico do fato cometido e determinar-se de acordo com esse entendimento, possuirá *capacidade psíquica de culpabilidade*. Com efeito, o momento de tal entendimento é o da *prática do fato*, isto é, na linguagem normativa, "*ao tempo da ação ou omissão*" (conduta).

O inimputável por *doença mental* ou *desenvolvimento incompleto ou retardado* é o sujeito ativo do delito que, em razão de tal quadro de *ausência* de capacidade psíquica de culpabilidade, é *inteiramente* incapaz de entender o caráter antijurídico do fato ou de determinar-se de acordo com esse entendimento no momento da conduta. Como é também *pressuposto* da culpabilidade, a *inimputabilidade* retira a reprovação do atuar desvalorado. Sendo o réu *impropriamente* absolvido pela inimputabilidade, não há que se indagar para todos os efeitos da circunstância genérica pertinente à reincidência. Não se pode perder de vista que a sentença é condenatória (*absolvição imprópria*). Pondera em nível normativo que ao inimputável aplica-se a *medida de segurança*.

O Código Penal estabelece que o reconhecimento da inimputabilidade conduza à absolvição por ausência de culpabilidade, sendo imposta, diante da *periculosidade presumida*, a medida de segurança detentiva de *internação obrigatória* em "hospital de custódia" (sustenta-se a retirada dos hospitais psiquiátricos do sistema prisional, transferindo para o sistema de saúde) e *tratamento psiquiátrico*, se o tipo penal objetivamente adequado (violação normativa) for sancionado com pena de *reclusão*, salvo se presente causa de justificação. Se, ao contrário, a sanção privativa de liberdade for de *detenção*, o magistrado submeterá o inimputável a *tratamento ambulatorial* e, em qualquer fase, poderá determinar a *internação* (o laudo de exame de sanidade mental é que deverá indicar a espécie de medida de segurança no caso concreto), se tal providência for imperativa para fins *curativos* e não *repressivos*. Mesmo que o fato seja apenado com *reclusão*, sendo *desnecessária* a *internação*, deve o magistrado admitir a *indicação médica* do regime *ambulatorial*.

A Lei nº 10.216, de 16 de abril de 2001, que dispõe sobre a proteção e os direitos das pessoas portadoras de *transtornos mentais* e abre um pálido caminho para superar o modelo hospitalcêntrico, causador da exclusão social do doente mental, *não* pôs termo à *internação involuntária* mesmo sem ordem judicial. Zaffaroni, na *A Questão Criminal*, escreve que "O resultado prático mais importante da antipsiquiatria foi a *desmanicomialização*, ou seja, a redução da institucionalização ao mínimo para evitar a deteriorização das pessoas". O Projeto de Reforma (2012) se limita a *doença mental* o desenvolvimento mental incompleto, esquecendo-se do "ou retardado". Já a Proposta de Alteração da Lei de Execução Penal (2013) dá um avanço à *contemporaneidade desmanicomial* ao extinguir os hospitais de custódia e tratamento psiquiátrico colocando-os sob a égide das secretarias estaduais de saúde. Há um avanço com a necessidade de autorização médica e a notificação compulsória do Ministério Público, nos casos em que o *internamento* ocorra contra a vontade do paciente. A declaração de incapacide através da *interdição civil* objetiva a proteção do enfermo ou deficiente mental. A legislação penal, após a Reforma de 1984, faz aplicar a medida de segurança, diante do *sistema vicariante*, de *internação* em hospital de custódia e tratamento, ou em *tratamento ambulatorial* no caso de inimputabilidade, e dá opção ao magistrado de diminuir a pena ou de convertê-la por uma daquelas duas medidas de segurança, se o condenado necessitar de *especial tratamento curativo*, na hipótese de semi-imputabilidade.

A *psicopatia* é uma das entidades clínicas mais controvertidas devido à confusão existente entre aspectos conceituais e terminológicos. Nas últimas décadas, há uma evidência clínica para definir indivíduos que, a causa de seu caráter frio, manipulador e impulsivo, de sua agressividade e violação persistente das normas sociais, entram em conflito permanente com o entorno social. Aduz-se que na literatura do século XIX destaca-se uma variada terminologia em torno do *conceito de psicopatia* (sociopatia, personalidade dissocial ou transtorno antissocial da personalidade). Os principais sistemas contemporâneos de classificação psiquiátrica utilizam as denominações *transtorno dissocial* e *transtorno antissocial* da personalidade. Rafael Torrubia Beltri/Àngel Cuquerella Fuentes, no "*Psycopathy: a controversial clinical entity but a forensic psychiatry nesessity*", destacam que a *psicopatia não* pode ser considerada como um fator causal direto da violência.

O diploma legal prevê o direito de acesso ao melhor tratamento consentâneo com as suas necessidades, e que pode *não* ser a *internação*, sendo a recuperação pela reinserção à família o objetivo a ser alcançado. A expressão da legislação penal "*por tempo indeterminado*", mesmo com o prazo mínimo de três anos, herança do positivismo de Garofalo, em *Criminologia*, com base no conceito de *terribilidade*, fere os princípios constitucionais de *legalidade* e *igualdade*.

Não se pode deixar de mencionar neste tópico a *desinternação progressiva* e a *progressão das medidas de segurança*, diante do amparo constitucional da igualdade de todos perante a lei, e, analogicamente, da individualização de qualquer sanção-medida. As *saídas terapêuticas* resultam na oportunidade de o paciente se integrar fortalecendo sua relação família e sociedade. O regime de hospital-noite, ao paciente que permanece, diretamente, fora das dependências do hospital de custódia, pernoitando na instituição, com o efetivo controle e acompanhamento do tratamento, possibilita uma concreta análise individual no processo progressivo de inserção social. Busca-se quebrar os hábitos do *hospitalismo*, agravando a patologia, originando um estado de dependência contínua. O *tratamento ambulatorial* é uma autêntica medida alternativa, substitutiva ao aprisionamento deletério do enfermo ou deficiente mental. Pela Lei de Execução Penal, o hospital de custódia e tratamento psiquiátrico destina-se aos inimputáveis e semi-imputáveis referidos no art. 26 e parágrafo único do Código Penal. Trata-se de um *hospital-presídio* que desenvolve dois objetivos: o *tratamento* e a *custódia* do internado. O estabelecimento deve apresentar *características hospitalares específicas* para atender ao seu objetivo primeiro e prioritário.

No *hospital de custódia e tratamento psiquiátrico*, também é internado o *apenado* que, no curso da execução da pena privativa de liberdade, vier a eclodir *doença mental* ou apresentar *perturbação da saúde mental*, por conversão da pena em medida de segurança. Na primeira hipótese, a execução é regida pelas normas pertinentes às medidas de segurança; ao passo que na segunda ocorrerá o fenômeno da *detração* pela computação do tempo de internamento na duração da pena privativa de liberdade que lhe fora imposta. Entende-se que a medida de segurança *não* poderá ter prazo superior ao restante da pena de prisão substituída em respeito à *coisa julgada*. Se ao término da *medida de segurança substitutiva* o condenado por suas condições mentais *não* puder retornar ao convívio social, o juiz da execução o colocará à disposição do *Juízo cível* para as medidas de proteção adequadas ao caso concreto (interdição). Na hipótese da *inexistência de estabelecimento adequado* ou de *falta de vagas*, o internado deverá ser remetido para outro hospital, quer da rede *pública* ou *particular*.

Com a Reforma de 1984 desaparece o *sistema binário* e passa-se a adotar o *sistema vicariante* ou denominado também *unitário*, isto é, em rápidas palavras: **a)** aos *imputáveis* aplicam-se as *penas* previstas na legislação penal (reclusão, detenção, prisão simples, multa, multa substitutiva, penas restritivas de direitos e a medida de execução penal do *sursis*), **b)** ao passo que para os *inimputáveis* impõem-se as *medidas de segurança* (*internação obrigatória* ou *regime ambulatorial*) e **c)** aos *semi-imputáveis*, *pena* ou *medida de segurança*. Por força do Estado de Direito, as *medidas de segurança* se limitam: **a)** ao princípio da legalidade; **b)** à proibição da retroatividade *in pejus*; **c)** ao processo de jurisdicionalização; **d)** a objetivar na sua aplicação a recuperação e inserção social do interno e não a sua punição; **e)** a garantir todos os direitos não catalogados na legislação específica (direitos em geral); **f)** não podem ultrapassar o tempo de conjunto limitado a 30 anos de internação. O *exame psiquiátrico* e os demais exames necessários ao tratamento dos condenados são de *natureza obrigatória* para todos os internados.

Deve-se fazer distinção entre *exame criminológico* e *exame da periculosidade*. O *exame de cessação da periculosidade* é obrigatório a todos os *internados* que cumpram a *medida de segurança detentiva*. A "periculosidade" deve ser entendida como *risco de conflito* diante da *probabilidade* (reiteração) do cometimento de novos atos típicos.

O art. 175 da Lei de Execução Penal trata da *cessação de periculosidade* que deverá ser apreciada no fim do prazo mínimo da medida de segurança através do exame das *condições pessoais* do internado. Sabe-se que a *internação* e o *tratamento ambulatorial* são executados, dependendo de perícia médico-psiquiátrica para a avaliação da *cessação da periculosidade* do internado. O *prazo mínimo* fixado pelo juiz da cognição é de um a três anos, conforme a gravidade do ato típico e o *"grau de periculosidade"* do seu autor. Na hipótese de *conversão* da pena em medida de segurança, em razão de *superveniência de doença mental* ou *perturbação da saúde* mental à época do cumprimento da pena privativa imposta, o *prazo* continua a ser de um a três anos de internação. A *conversão* é irreversível; já se for de *conversão* de *tratamento ambulatorial* em internação obrigatória, o *prazo mínimo* será de um ano.

A regra geral é da remessa de um minucioso relatório, pela autoridade administrativa prisional, de ofício, até um mês antes de findar o prazo de duração da medida de segurança, ao juiz da execução, que o habilite a decidir sobre a *revogação* ou *permanência* da medida de segurança. O relatório é obviamente instruído com o laudo psiquiátrico (*laudo de exame de verificação de cessação da periculosidade*). São aplicáveis, à hipótese, as regras das perícias em geral.

Na hipótese de *antecipação do exame, a qualquer tempo*, ainda no decorrer do prazo mínimo de duração da medida de segurança, poderá (*deve*, se tiver elementos plausíveis) o juiz da execução ordenar o adiantamento do exame para que se verifique se já ocorreu a *cessação da periculosidade*. Esta será avaliada no *final do prazo mínimo* de duração da medida de segurança, pelo exame das condições pessoais do paciente. Ainda no decorrer do prazo mínimo, poderá o magistrado, diante de requerimento fundamentado, antecipar a perícia.

A Proposta de Alteração da Lei de Execução Penal (2013) revoga o "exame de cessação da periculosidade". Não se pode esquecer que a *desinternação* é *condicional*, como na hipótese de livramento, ficando sujeita à extinção da medida por cláusula resolutiva pelo prazo de um ano. A medida de segurança *não* pode ter prazo *absolutamente indeterminado*, diante da redação constitucional da prisão perpétua, devendo a ela ser aplicada a norma inscrita no art. 75 do Código Penal, que *impõe o prazo máximo de cautela de 30 anos*.

A vulnerabilidade do sistema situa-se na *prisionalização* do doente mental violador da norma penal, que sob a alegação de inexistência de vagas nos hospitais de custódia e tratamento psiquiátrico, permanecem nos estabelecimentos penais comuns em lista de espera "cumprindo a medida de segurança" imposta. O Decreto nº 8.172, de 24 de dezembro de 2013, repetido nos de 2014 e de 2015, concede *indulto* às pessoas submetidas à medida de segurança que, até 25 de dezembro, *independentemente da cessação de periculosidade*, tenham suportado privação de liberdade, internação ou tratamento ambulatorial por período igual ou superior ao máximo da pena cominada à infração penal correspondente à conduta praticada ou, nos casos de substituição prevista no art. 183 da Lei de Execução Penal, por período igual ao remanescente da condenação cominada. Possui repercussão geral a controvérsia acerca da legitimidade da extensão do indulto aos internados em cumprimento de medida de segurança, tendo o Ministro Marco Aurélio assinalado que "não há inconstitucionalidade alguma na extensão, pelo Decreto nº 6.706/98 do indulto de que cogita a quem submetido à medida de segurança, que, embora não sendo pena em sentido estrito, é medida aflitiva de natureza penal como tal tratada inclusive pelo Pretório Excelso, que não admite, por exemplo, como sendo perpétua. Interpretação puramente literal e restritiva de dispositivo da Constituição que não se põe a melhor. Precedentes desta Corte". No RE 628.658/RS, o Supremo Tribunal Federal, por unanimidade, fixou tese nos seguintes termos: "Reveste-se de legitimidade jurídica a concessão pelo Presidente da República do benefício constitucional do indulto (CF, art. 84, XII), que traduz expressão do poder de graça do Estado, mesmo se se tratar de indulgência destinada a favorecer pessoas, em razão de sua inimputabilidade ou semi-imputabilidade, sofre medida de segurança, ainda que de caráter pessoal e detentivo" (STF, Pleno, rel. Min. Marco Aurélio, j. 5.11.2015). Anote-se, a presença de segmento doutrinário que defende o incabimento do indulto na hipótese de paciente institucionalizado que deveria ser objeto de desinternação progressiva. Cogita-se de questão polêmica, visto que parte da doutrina sustenta a inconstitucionalidade ao argumento de que a Carta Política autoriza o Presidente da República apenas a *indultar* e *comutar penas* e *não* medidas de segurança, ainda mais *sem* a comprovação da cessação da periculosidade avaliada através de laudo pericial. Quanto à natureza jurídica da medida de segurança são *sanções* de gênero diferente e diante do *princípio da realidade fática* não se pode perder de vista o *caráter humanístico* do objetivo perseguido.

3. EVOLUÇÃO HISTÓRICO-NORMATIVA DO DIREITO PÁTRIO

O nosso Código Penal do Império, de 1830, no capítulo relativo a *Dos crimes e dos criminosos* não fazia referência às medidas de segurança, porém considerava inimputáveis os *loucos de todo gênero*", salvo se "*tiverem lúcidos intervallos e nelles commetterem o crime*", como também "*os delinquentes que, sendo condenados, se acharem no estado de loucura, não serão punidos enquanto nesse estado se conservarem*", prescrevendo que "*os loucos que tiverem cometido crimes serão recolhidos ás casas para elles detinadas, ou entregues ás suas famílias, como ao juiz parecer mais conveniente*". Já a doutrina do Direito Romano sustentava: "*Cum injuria ex affectu facientis consistat, cousequens est furiosus injuriam fecisse non videri.*" A expressão normativa "*loucos de qualquer espécie*" é empregada genericamente, quando as legislações europeias questionavam as palavras *loucura*, *demência* e *alienação mental*. Os comentadores do Código indagavam como seria possível demonstrar a lucidez de um *intervalo* em uma doença mental. Rogron, autor do projeto do Código Penal para a Baviera (1807), ao referir-se à *prova pleníssima* do estado de lucidez, comentava: "*Ce qui est toujours difficile.*"

O Código de 1890 estatuía que: "*Os indivíduos isentos de culpabilidade em resultado de affecção mental serão entregues ás suas famílias, ou recolhidos a hospitaes de alienados, se o seu estado mental assim exigir para a segurança do público*", não fazendo referência expressa aos *semi-imputáveis*, embora ressaltando: "*Os que se acharem em estado de completa privação de sentidos e de intelligencia no acto de commetter o crime.*" O Código considerava *não criminosos*, também, "*os que, por imbecilidade nativa, ou enfraquecimento senil, fórem absolutamente capazes de imputação*".

Os maiores de 9 (nove) anos e menores de 14 (catorze), que tivessem atuado com discernimento seriam recolhidos a *estabelecimento disciplinar* até a idade de 17 (dezessete) anos.

Frente ao monismo das teorias absolutas (utilização exclusiva da pena) surge o sistema da *dupla via* como instrumento para que o Direito Penal pudesse cumprir seus fins: **a)** a *pena*, conceituada como um castigo, fundamentada na *culpabilidade do autor* do delito, de essência retributiva e orientada, *na medida do possível*, diante dos fins preventivos (prevenção geral e especial); **b)** a *medida de segurança*, conceituada como uma ascética privação de bens jurídicos fundamentada na *periculosidade do autor* do injusto penal, de essência preventiva e orientada exclusivamente para fins de prevenção especial. A *dupla via* foi a ferramenta para conciliar clássicos e positivistas.

O Código Penal de 1890 previa para os vadios e capoeiras o *internamento* em colônia penal e o *internamento curativo* de toxicômanos ou intoxicados habituais, como também de ébrios nocivos ou perigosos, em estabelecimento correcional. Várias tentativas foram realizadas no sentido de melhorias através dos projetos Vieira de Araújo, Galdino Siqueira e Virgílio de Sá Pereira, neste presente a figura do *inimputável*, adotando o sistema do *duplo binário* (cumprimento *cumulativo* da pena e medida de segurança), seguindo a orientação do Código Penal italiano de 1930. À época, questionava-se a denominação do estabelecimento destinado ao inimputável doente mental, se *hospital de alienados* ou *asilo judiciário*. João Vieira de Araújo, em seu *Código Penal Comentado*, aponta a *diferença* entre os dois estabelecimentos, o primeiro, destinava-se ao "louco honesto", ao passo que o segundo, o "*hospital penal*" era para abrigar o "louco assassino, incendiário e estuprador", que *não* poderiam se misturar, pois a segurança e a vigilância de um "*hospital penal*" não é a mesma de um *hospital comum*, "este é uma casa de saúde, aquele um verdadeiro cárcere embora de natureza especial". Ataliba Nogueira, em *Medidas de Segurança*, sustentava que o Código Criminal de 1890 não as desconhecia, o impróprio caráter de penas principais ou acessórias ou meros efeitos da condenação, arrolando entre outras, o recolhimento de inimputáveis a hospitais de alienados.

Na Consolidação das Leis Penais de 1932, *"os indivíduos isentos de culpabilidade em resultado de affecção mental serão entregues as suas famílias ou recolhidos a hospitaes de alienados, se o seu estado mental assim exigir para a segurança do público. Emquanto não possuírem os Estados manicomios criminaes os alienados delinquentes e os comndenados alienados somente poderão permanecer em asylos públicos, nos pavilhões que especialmente se lhes reservarem"*. O Decreto nº 24.559, de 3 de julho de 1934, dispõe sobre a profilaxia mental, a assistência e a proteção à pessoa e aos bens dos psicopatas, a fiscalização dos serviços psiquiátricos e dá outras providências, regulando as internações de doentes mentais que *não* tenham praticado injusto penal.

O projeto Alcântara Machado inovou com o *princípio da legalidade* para as medidas de segurança, estabelecendo, como espécies, medidas de segurança de natureza detentiva e não detentiva, adotando o *critério dualista* diante do impedimento constitucional da pena indeterminada. O Código de 1940 tratava sob o título *"Da responsabilidade*, os *Irresponsáveis* e a *Redução facultativa de pena"*, regendo-se as medidas de segurança pela lei vigente ao tempo da sentença, prevalecendo, entretanto, se diversa a lei vigente ao tempo da execução. Conforme a lição de Hungria, o Código de 1940 *não* deu uma definição positiva de imputabilidade, sob o ponto jurídico-penal, limitando-se a declarar os casos em que esta deveria ser considerada excluída, rejeitando a discussão entre *responsabilidade* e *imputabilidade*, por entender ser *bizantina* e *inútil*.

O Código de 1940 admitia *aplicação provisória* de medida de segurança. Assim, os inimputáveis, os ébrios habituais ou toxicômanos ficavam a elas sujeitos durante o processo, sendo o tempo de duração da aplicação provisória computado no prazo mínimo de duração da medida de segurança imposta. Com a edição da Lei nº 12.403, de 4 de maio de 2011, pertinente a outras medidas cautelares diversas da prisão, incluiu-se no art. 319, VII, do Código de Processo Penal a "internação provisória do acusado nas hipóteses de crimes praticados com violência ou grave ameaça, quando os peritos concluírem ser inimputável ou semi-imputável ou houver risco de reiteração". Seguindo o modelo do Código Penal italiano de 1930, adotou o denominado *duplo binário*, executavam-se as medidas de segurança *depois* de cumprida a pena privativa de liberdade e, *suspensa* a execução, quando o indivíduo tivesse que cumpri-la pena privativa de liberdade. Cuidando-se de inovação como sistema, teve a cautela de assegurar o *princípio da legalidade*, a aplicação *post delictum*, embora se excepcionasse em relação ao crime impossível e às hipóteses de ajuste, determinação ou instigação impuníveis, e a *periculosidade* do autor do injusto, admitindo a *presunção juris et de jure*, nas seguintes hipóteses: **a)** inimputáveis por doença mental ou retardo; **b)** condenados por crime em estado de embriaguez pelo álcool ou substância de efeitos análogos, se habitual a embriaguez; **c)** os reincidentes em crime doloso; **d)** os condenados por crime que hajam cometido como filiados à associação, bando ou quadrilha de malfeitores. Quando a *periculosidade não* era presumida *ex lege*, o magistrado avaliaria como *perigoso* diante do elenco relativo: **a)** aos antecedentes, personalidade, motivos determinantes e as circunstâncias do fato, os meios empregados, modo de execução, intensidade do dolo ou grau de culpa, que autorizam a *suposição de que venha ou torne a delinquir*; **b)** se, na prática do fato, revela torpeza, perversão, malvadez, cupidez ou insensibilidade moral.

Com o advento da Lei nº 6.416, de 24 de maio de 1977, houve alteração em relação aos casos em que a presunção de periculosidade *não* prevaleceria: **a)** se, entre a data do cumprimento ou a extinção da pena e o crime posterior, tiver ocorrido período de tempo superior a 10 (dez) anos na hipótese de *inimputáveis*, ou de 5 (cinco) anos, nos demais casos; **b)** a medida de segurança *não* será iniciada sem a *verificação da periculosidade*, se da data da sentença decorrerem 10 (dez) anos, no caso dos inimputáveis, nos outros, pelo de 5 (cinco) anos, ressalvada a hipótese de extinção, quando executada pelo prazo de 5 (cinco) anos, contados da pena, se o condenado, nesse período, não comete novo crime.

O Código Penal de 1940 consagra a *sistematização* das medidas de segurança, adota o *duplo binário*, tendo como *pressupostos*: **a)** prática de fato tipificado como crime, embora se admita na tentativa impossível; **b)** na inimputabilidade, possui o único fundamento da periculosidade; **c)** com a finalidade alternativa de complementar a pena privativa de liberdade quando se refere a imputáveis perigosos, ou substituí-la, na hipótese de inimputáveis.

As medidas de segurança são divididas, segundo a sua *espécie*, em dois grupos: *patrimoniais* e *pessoais*. As *patrimoniais* eram: **a)** *interdição* de estabelecimento comercial ou industrial, ou sede de sociedade ou associação, se serve de meio ou pretexto para a prática de injusto penal; **b)** *confisco*, ainda que *não* apurada a autoria, dos instrumentos e produtos do injusto penal, desde que consistam em coisas, cujo fabrico, alienação, uso, porte ou detenção constitua ato ilícito. Já as *pessoais* se subdividiam em: **a)** *internação em manicômio judiciário*, pertinente aos inimputáveis plenos, em período mínimo de internação, sendo que o sujeito à medida de segurança não poderia tê-la revogada enquanto *não* se verificasse, mediante exame individual, "*que deixou de ser perigoso*". Registre-se que a internação tinha uma *duração mínima* em relação direta com a *quantidade* e a *natureza* da pena cominada ao tipo penal: **a.** de 6 (seis) anos, se a lei comina pena de reclusão não inferior, no mínimo, a 12 (doze) anos; **b.** de 3 (três) anos, se a lei comina ao crime pena de reclusão não inferior, no mínimo, a 8 (oito) anos; **c.** de 1 (um) ano em outros casos (poderia ser substituída a internação pela liberdade vigiada); **b)** internação em *casa de custódia e tratamento*, não sendo aplicada outra medida detentiva aos condenados. As medidas *não* detentivas eram: **a.** liberdade vigiada; **b.** proibição de frequentar determinados lugares; **c.** exílio local (que consistia na proibição de residir ou permanecer durante um ano, pelo menos, na localidade, município ou comarca, em que o crime fora praticado); **c)** *internação em colônia agrícola, ou instituto de trabalho, de reeducação ou de ensino profissional*.

Perante a legislação de 1940, a *execução* das medidas de segurança (duplo binário) dava-se: **a)** depois de cumprida a pena privativa de liberdade; **b)** no caso de absolvição, o condenado à pena de multa, depois de passado em julgado a sentença. A execução da medida de segurança era *suspensa*, quando o condenado tivesse que cumprir pena privativa de liberdade. A medida de segurança detentiva precedia a não detentiva.

O quadro *não* era de medidas de segurança em relação à *periculosidade criminal*, mas a *periculosidade social*, *não* possuindo autonomia de natureza sancionatória penal, o que permitia a *perpetuidade* sob o *rótulo do tratamento* (tinham o tempo mínimo obrigatório, mas o legislador não fixou o tempo máximo), tendo só a *etiqueta da defesa social* (a medida podia ser aplicada a pessoas que não tivessem praticado qualquer injusto penal). Apresentava o *caráter aflitivo* e não de *tratamento psiquiátrico* ao portador de anomalia mental; era, tão só, segregatória, diante da *temibilidade social*. Direcionou-as em termos da *prevenção geral positiva*. Eduardo Reali Ferrari, em *Medidas de Segurança e Direito Penal no Estado Democrático de Direito*, conclui que no Código Penal de 1940 o legislador não objetivava com sua imposição a recuperação, preferiu "escamotear a perpetuidade da sanção-pena, denominando de *benéfico tratamento*".

Nossa legislação não enfrentou a realidade do sistema nacional de custódia em que os *manicômios* ficaram limitados a uma função de *prisão-hospital*, olvidando-se que não deve prevalecer o critério estático quando se trata da dinâmica hospitalar. Os *cubículos-masmorras* ainda estão presentes para atestar uma época pré-pineliana de um entendimento de fixação no conceito de segurança da orientação ou critério de segregação, quando tal entendimento reside na compreensão do fato de que o autor, objeto da lesão ao bem jurídico, deve, se possível, ir se reabilitando de *forma progressiva*, por meio de procedimento técnico-científico, até que possa ser *desinternado* e *progressivamente* ter a possibilidade de inserção para a sua adaptação ao meio social.

O Código de 1969, que não entrou em vigor, deu um grande passo em relação aos semi-imputáveis, com a substituição do *duplo binário* pelo *sistema vicariante*, para a aplicação ou da pena ou das medidas de segurança, terminando com a aplicação sucessivamente da pena e das medidas de segurança. A Exposição de Motivos salienta que a medida de segurança de internação em casa de custódia (*Sichrungsverwahrung*) é mal pior que a pena, uma vez que é por *tempo indeterminado*. Termina com o defeituoso sistema de medidas de segurança *detentivas* para *imputáveis*. Assinala que tanto a pena como as medidas de segurança têm por finalidade a *"recuperação social do delinquente"*. As únicas medidas de segurança detentivas eram a internação em manicômio judiciário e a internação em estabelecimento psiquiátrico, anexo ao manicômio judiciário ou a estabelecimento penal.

A questão entre o Estado de Direito e as medidas de segurança aflora nos tempos contemporâneos. Registre-se que estas nasceram com a finalidade de segregação dos *"incorrigíveis"*, pois a pena perdera a sua eficácia e elas passariam a constituir-se em uma *sanção* legitimada ao escopo de *proteção* e *inoculização*, segregando o doente mental infrator por *critério de presunção*. Com a evolução das ideias humanitárias de respeito à *dignidade da pessoa humana*, tal concepção perde espaço para a ideia do binário *tratamento-recuperação*, constituindo-se a ressocialização no fim principal e obrigatório. O Estado de Direito afasta a segregação pela segregação para possibilitar a tentativa de recuperação. O *princípio da legalidade* foi revitalizado pela Reforma de 1984, não mais se admitindo a aplicação de medidas de segurança por fato *não* criminoso, com a supressão do "duplo binário", passando a Lei de Execução Penal a regulá-la. As medidas de segurança *não* poderiam ser destinadas aos autores *imputáveis*, somente aos *inimputáveis* ou *semi-imputáveis*. Assim, a Reforma de 1984, que incorporou as inovações do Código de 1969, pôs termo ao denominado *"duplo binário"* e adotou o *"vicariato"*, rendendo-se ao princípio da legalidade de forma absoluta, estabelecendo como pressupostos a periculosidade criminal *post factum* com a prática de um injusto penal. Restou abolida a *periculosidade social*, substituída pela *criminal*.

A Reforma enfrenta a questão da *desinstitucionalização* e o Estado de Direito, quando consagra a inovação de prever a medida de segurança *restritiva* consistente na sujeição do agente a *tratamento ambulatorial*, cumprindo-lhe comparecer a hospital nos dias que lhe forem determinados, a fim de ser submetido à modalidade terapêutica prescrita. Conclui o item 90 da Exposição de Motivos que corresponde à inovação às atuais tendências de *"desinstitucionalização"*, sem exagero de se eliminar a internação. Faz a ressalva de que "Pelo contrário, o Projeto estabelece limitações para a hipótese de tratamento ambulatorial, apenas admitido, quando o ato praticado for previsto como crime punível com detenção", e o *doente mental "infrator"* poderá ser transferido em qualquer fase do tratamento ambulatorial para o *detentivo*, consistente na internação em hospital de custódia e tratamento psiquiátrico, se a conduta revelar a necessidade de fins curativos (EM-93).

Com a Carta Republicana de 1988 instituindo um Estado Democrático, destinado a assegurar o exercício dos direitos individuais, recepcionado a Lei de Execução Penal, as medidas de segurança passam a serem regidas pelos *princípios* da legalidade, irretroatividade, proporcionalidade, lesividade, intervenção mínima, igualdade, humanidade e presunção de inocência, como espécie de sanção penal.

A Reforma Penal de 1984 trata da questão sobre o título correto *Da imputabilidade penal* e, nos casos de *semi-imputabilidade*, faculta ao magistrado, diante do *sistema vicariante*, a redução da pena de um a dois terços para cumprimento em estabelecimento penitenciário *ou* a sua substituição por *especial tratamento curativo*, pelo prazo mínimo de um a três anos, pela internação ou tratamento ambulatorial. Desaparece completamente o *duplo binário* e as medidas de segurança para o *imputável*, reservando a este, tão só, a pena. Passam a ser somente *pessoais*, sendo de *duas espécies*, *internação* em hospital de custódia e tratamento psiquiátrico, ou, à falta, em outro estabelecimento adequado e de sujeição a *tratamento ambulatorial*. Extinta a punibilidade, *não* se impõe medida de segurança nem subsiste a quem tenha sido imposta.

O *internado* tem o direito de ser recolhido a estabelecimento dotado de *características hospitalares* e submetido a *tratamento psiquiátrico*. A legislação pátria obteve um grande avanço em relação às medidas de segurança, pois os condenados *imputáveis não* mais estão a elas sujeitos. Assim, só os *inimputáveis*, que *não* possuem capacidade de culpabilidade, desde que sejam autores de injustos penais, e apresentem *periculosidade*, ficarão a elas sujeitos. Possuem caráter meramente *preventivo* e *assistencial*, reservadas aos inimputáveis. Ao autor de um delito, perigoso e culpável, inexiste razão para a sua aplicação, na prática de uma *pena* eufemisticamente denominada de medida de segurança.

Nosso Código prevê duas espécies: **a)** *internação em hospital de custódia e tratamento psiquiátrico*, de caráter detentivo, mais gravoso, e que na sua falta permite o legislador que a execução seja realizada em outro *estabelecimento adequado* (particular ou de rede oficial); **b)** o *tratamento ambulatorial* é medida de segurança *restritiva*, devendo o paciente comparecer ao hospital nos dias determinados pelo setor médico para o acompanhamento da terapia e análise do quadro individual. Nos tempos atuais o paciente só deve ficar internado em situações de *surto*, evitando-se a *cronificação pela hospitalização indeterminada*. O grande problema é a rejeição familiar do doente mental que cumpre medida de segurança.

No projeto que altera a *Parte Geral* (2000), ficam mantidas as duas espécies principais de medida de segurança: **a)** internação em hospital de custódia e tratamento psiquiátrico; **b)** sujeição a tratamento ambulatorial; sendo substituída a expressão *em outro estabelecimento adequado* por *outro estabelecimento público que lhe proporcione tratamento médico adequado*. Portanto, a regra é do cumprimento em estabelecimento *público* e não *particular*. Na mesma direção, o *tratamento ambulatorial* deverá se dar em *hospitais, postos de saúde ou outros estabelecimentos públicos*.

O projeto, todavia, permite que a *internação* ou o *tratamento ambulatorial* sejam efetivados em *estabelecimentos privados*, desde que: **a)** inexista estabelecimento público adequado; **b)** o estabelecimento privado seja conveniado com o sistema público; **c)** o estabelecimento privado tenha autorização do Juízo da Execução. Busca conciliar a realidade brasileira em relação à rede pública de saúde e a não descaracterização das medidas de segurança pelo cumprimento em estabelecimentos inadequados diante da capacidade econômica do paciente (*princípio da isonomia*). De outro lado, possibilita a aplicação da medida restritiva de *tratamento ambulatorial* quando o injusto penal tem a pena máxima cominada *não* superior a 4 (quatro) anos, fazendo desaparecer corretamente a distinção *reclusão--detenção*. Estabelece a obrigatoriedade da realização da perícia médica a cada 6 (seis) meses, ou por determinação judicial, a perícia que poderá ser realizada a *qualquer tempo*. O principal marco proposto diz respeito à *abolição da periculosidade* como *pressuposto de aplicação da medida de segurança* ("*A medida de segurança interromper-se-á quando for averiguada, mediante perícia médica, a sua desnecessidade, ou cessação da doença*"). Portanto, cessada a doença mental, *não* há necessidade das medidas de segurança, pois cessada *também* a periculosidade.

O *tempo de duração* das medidas de segurança *não* será *superior à pena máxima cominada* ao tipo legal de injusto; fim do prazo máximo e *não* cessada a doença por comprovação pericial, será *declarada extinta* a medida de segurança, *transferindo-se* o internado para o tratamento comum em estabelecimento médico da *rede púbica* se não for suficiente o *tratamento ambulatorial*, cuja competência é privativa do Juízo da Execução. O texto acompanha as exigências da nova realidade. Aduza-se ainda a admissão da *progressividade* possibilitando a *saída terapêutica para a visita à família* ou a *participação em atividades* para a sua integração social. Em qualquer fase de *tratamento ambulatorial* poderá ser determinada judicialmente a *internação* do paciente, se essa providência *for necessária para sua melhoria*. O projeto diz que "*a alta será sempre condicionada ao tratamento indicado, devendo ser estabelecida a situação anterior se o paciente antes do decurso de um ano pratica fato indicativo da persistência da doença*". No que tange aos *semi-imputáveis*, o projeto contorna as dificuldades do art. 183 da Lei das Execuções Penais (substituição da pena por medida de segurança), observadas as regras inseridas. O *exame de verificação da periculosidade real* do *semi-imputável não* desaparece diante da nova sistemática, em que a periculosidade não mais figura como fundamento das medidas de segurança.

Com a edição da Lei nº 10.216, de 6 de abril de 2001 (lei antimanicomial), o art. 4º reza que "a internação, em qualquer de suas modalidades, só será indicada quando os recursos extra-hospitalares se mostrarem insuficientes. § 1º O tratamento visará, como finalidade permanente, a reinserção social do paciente em seu meio; § 2º O tratamento em regime de internação será estruturado de forma a oferecer assistência integral à pessoa portadora de transtornos mentais, incluindo serviços médicos, de assistência social, psicológicos, ocupacionais, de lazer, e outros; § 3º É vedada a internação de pacientes portadores de transtornos mentais em instituições de caráter asilar, ou seja, aquelas desprovidas de recursos mencionados no § 2º e que não assegurem aos pacientes os direitos das pessoas portadoras de transtorno mental". Assim, deu um grande passo para terminar com o triste *sistema manicomial*, coloca na esfera da excepcionalidade o *regime permanente de internação*, ao proteger as pessoas portadoras de transtornos mentais, indicada quando os recursos extra-hospitalares se mostrarem insuficientes, devendo o tratamento ter como finalidade a *reinserção social* do paciente em seu meio. A Lei de Execução Penal cuida ainda do *hospital de custódia e tratamento psiquiátrico*, no sistema penitenciário e não no de saúde, e da execução das medidas de segurança.

3.1. Propostas para a reforma

A Proposta de Alteração da Lei de Execução Penal (2013) destaca que "na aplicação das medidas de segurança deverão ser observados os direitos das pessoas com deficiência, inclusive os previstos na legislação específica". Há grave retrocesso diante do Estado de Direito, quando em relação à sua *duração*, no que tange ao art. 96, § 3º, estabelece que "atingido limite máximo a que se refere o parágrafo anterior" ("*b. de 30 (trinta) anos, nos fatos criminosos praticados com violência ou grave ameaça à pessoa, salvo se a infração for de menor potencial ofensivo*") poderá o Ministério Público ou o responsável pela pessoa, requerer, no juízo cível, o seu "*prosseguimento*" da internação. Significa a *perpetuidade* da medida de segurança da internação. Se o condenado necessitar de *especial tratamento curativo*, a prisão pode ser substituída pela internação ou tratamento ambulatorial pelo tempo da pena de prisão, que após poderá ser requerida a *interdição civil* (curatela). A Proposta revoluciona diante do Estado de Direito ao sugerir a exclusão da referência às medidas de segurança, no que trata o art. 4º da Lei de Execução Penal, no que tange a *cooperação da comunidade na execução da pena*, sugerindo um contexto mais amplo como a questão da saúde mental é tratada, portanto, pela Lei nº 10.216, de 6 de abril de 2001, e suas próprias modalidades de internação. Por via de consequência, não há mais *hospitais de custódia* e fica revogado o capítulo pertinente à cessação de periculosidade. Transitada em julgado a sentença que aplica as medidas de segurança, será determinada a expedição de guia à autoridade de saúde competente, provendo-se a inserção de dados no cadastro nacional de saúde. Enfim, no que tange aos *direitos do internado*, ratifica que será recolhido a estabelecimento de características hospitalares (não hospital-prisão), e que será submetido a tratamento, observados os direitos das pessoas com deficiência.

4. ESPÉCIES

A *internação psiquiátrica* somente será realizada mediante laudo médico circunstanciado que caracterize os seus motivos. Há três *tipos de internação psiquiátrica*: **a)** *voluntária*, que se dá com o consentimento do usuário. O término da internação voluntária dar-se-á por solicitação escrita do paciente ou por determinação do médico assistente; **b)** *involuntária*, que se dá sem o consentimento do usuário e a pedido de terceiro sendo comunicada ao Ministério Público Estadual pelo responsável técnico do estabelecimento; **c)** *compulsória*, a determinada pela Justiça.

Com a edição da Lei nº 12.403, de 4 de maio de 2011, passou a prever a *internação provisória do acusado* nas hipóteses de crime praticado com violência e grave ameaça, quando os peritos concluírem ser inimputável ou semi-imputável e houver risco de reiteração (art. 319, VII, CPP). O Superior Tribunal de Justiça decidiu que "A medida de segurança se insere no gênero sanção penal, do qual figura como espécie, ao lado da pena. Se assim o é, não é cabível no ordenamento jurídico a execução provisória da medida de segurança. As medidas de segurança *não* são penas e, por isso, não são submetidas ao *princípio da culpabilidade*, mas ao *princípio da proporcionalidade*, diante do Estado de Direito. Jescheck, no *Tratado de Derecho Penal. Parte General*, ressalta que mesmo que as transgressões normativas sejam irrelevantes, as medidas de segurança ocupam o primeiro plano na necessidade de segurança e paz pública.

As medidas de segurança, diante do *princípio garantista*, implicam em comprometimento de bens jurídicos fundamentais, com mais extensão que as próprias penas privativas de liberdade, pois os *hospitais de custódia e tratamento psiquiátrico*, onde a convivência é *per se* causa de deterioração psíquica e dessocializações irreversíveis.

As *características diferenciais* entre a pena privativa de liberdade e as medidas de segurança são: **a)** a *pena* é consequência da *culpabilidade*, ao passo que as *medidas de segurança* são impostas pela *periculosidade do autor* do injusto penal inimputável; **b)** a *pena* é *determinada* e as *medidas de segurança* são *relativamente indeterminadas* (prazos de duração prorrogáveis); **c)** as *medidas de segurança* são *sanções de natureza preventiva*, ao passo que a *pena* privativa de liberdade tem o *caráter preventivo-repressivo*.

Há duas *espécies* de medidas de segurança: **a)** *internação em hospital de custódia e tratamento psiquiátrico:* objetiva a proteção da sociedade para possíveis atos antissociais futuros de doentes mentais graves, *autores de injustos penais* (STJ, HC 175.774/MG, 6ª T., rel.ª Min.ª Maria Thereza de Assis Moura, j. 6.12.2011), bem como submete o doente mental internado a tratamento psiquiátrico obrigatório. A medida de *internação* em hospital de custódia e tratamento psiquiátrico é uma ferramenta de proteção, diante de pessoas que devido ao estágio de gravidade, inimputáveis, colocam em *risco* a segurança pessoal e pública; **b)** *tratamento ambulatorial:* a sujeição a tratamento ambulatorial, como nos casos do hospital dia ou noite, possibilitando a convivência familiar e a possibilidade de trabalho dependerá do quadro psíquico apresentado pelo paciente (STJ, HC 113.016/MS, 6ª T., rel.ª Min.ª* Jane Silva, j. 18.11.2008). As *saídas terapêuticas* são as pontes para a *progressividade* da medida de segurança.

Na g*uia de internação ou de tratamento ambulatorial* deverá constar a data em que terminará o prazo mínimo de internação, ou de tratamento ambulatorial, sendo retificada sempre que sobrevier modificação do prazo. A guia de internação ou de tratamento ambulatorial *não* pode ser expedida *antes* do trânsito em julgado, pois se trata de medida de segurança e não de pena privativa de liberdade. Todavia, *não* pode ficar o *doente mental* recolhido à *prisão comum*, sem assistência especial e colocando em risco os demais encarcerados, aguardando o prazo do trânsito em julgado. Na hipótese de *foragido*, deve ser expedido *mandado de prisão* para o recolhimento em hospital de custódia.

Em qualquer fase do *tratamento ambulatorial*, diante do quadro do paciente, em razão de *prévia perícia médica* na direção de sua necessidade, o magistrado poderá determinar a sua internação para *fins curativos* pelo prazo mínimo de 1 (um) ano (art. 184, parágrafo único, da LEP).

5. FINALIDADES

A *internação* em hospital de custódia para tratamento psiquiátrico e a submissão ao tratamento ambulatorial possuem por *finalidades*: **a)** *submeter* o doente mental que cometeu injusto penal, e como tal considerado *presumidamente perigoso* pelo Estado, observado sempre o *princípio da dignidade humana*, a tratamento psiquiátrico específico objetivando a melhora da sua saúde mental; **b)** *proteger* a sociedade contra prática de novos injustos penais garantindo a segurança e a paz social. A finalidade de *prevenção especial* possui uma dupla função, de segurança e de socialização. Figueiredo Dias, no *Direito Penal. Parte Geral*, ressalta que "o propósito socializador deve, sempre que possível, prevalecer sobre a finalidade de segurança", em um Estado de Direito contemporâneo.

Tive a oportunidade de ressaltar, na conferência de abertura do Simpósio Internacional "Saúde em Prisões" (2002), que a Lei nº 10.216/2001, 6 de abril de 2001, de caráter civil e administrativo, coloca a *excepcionalidade* da internação, quando dispõe sobre a proteção das pessoas portadoras de transtornos mentais, só indicada quando os recursos extra-hospitalares se mostram insuficientes, devendo o tratamento ter como finalidade permanente a *reinserção social* do paciente em seu meio familiar e social. É a abertura para a *desinstitucionalização*, quando o quadro real é o da *prisionalização* do doente mental, no sistema penal, "cuidado" por inspetores penitenciários e, portanto, *fora* do sistema de saúde. É incompatível com o sistema penal o tratamento do doente mental. Enquanto na *prevenção especial positiva* pretende-se legitimar o poder punitivo com uma função positiva de melhoramento do realizador do injusto penal, embora se saiba que a prisão como instituição penal é *deletéria*, constitui processo de degradação da convivência social, não melhora ninguém, e a *prevenção especial negativa* opera não para a melhoria da pessoa criminalizada, mas como efeito neutralizante para a *inoculização* dos *"incorrigíveis"*. O Superior Tribunal de Justiça ratifica o posicionamento ao salientar que "a medida de segurança tem finalidade preventiva e assistencial, não sendo, portanto, pena, mas instrumento de defesa da sociedade, por um lado, e de recuperação social do inimputável, por outro" (STJ, HC 108.517/SP, 5ª T., rel. Min. Arnaldo Esteves Lima, j. 16.9.2008).

A *legitimação* das medidas de segurança decorre da finalidade global de defesa social, da prática de injustos futuros. Roxin, em *Derecho Penal. Parte Generale*, ao defender o *princípio da ponderação de bens conflitantes*, lembra que a liberdade de uma pessoa só pode ser reprimida ou limitada, quando seu uso conduza, com *grande probabilidade*, prejuízo às outras, que na sua globalidade tem mais relevância que as limitações que o causador do perigo deve sofrer com a medida de segurança. Figueiredo Dias, no *Direito Penal. Parte Geral*, coloca que o *princípio de defesa social* assume a sua *função legitimadora* quando conjugado com o *princípio de ponderação de bens conflitantes*.

O Conselho Nacional de Política Criminal e Penitenciária pautou através de resoluções a partir de 2004 a implantação das normas contidas na Lei nº 10.216, de 6 de abril de 2001, com a finalidade permanente da *reinserção* do paciente submetido às medidas de segurança ao meio social. Assim, deverá ser cumprida em hospital estruturado ofertando assistência *integral* (médica, social, psicológica, ocupacional e de lazer). Destaca-se a adoção da *política antimanicomial*, evitando-se as internações, e priorizando o *meio aberto*, a *progressividade* e as *saídas terapêuticas*. Enfim, a desconstrução do *aprisionamento* do doente mental, *ainda* confinado em *"hospital-prisão"*.

No que tange a *execução* das medidas de segurança, transitada em julgado a sentença penal absolutória que a aplicou, expedir-se-á *guia de internação* ou de *tratamento ambulatorial* em duas vias, remetendo-se uma delas à unidade hospitalar incumbida da execução e outra ao juízo da execução penal.

5.1. Propostas para a reforma

A Proposta de Alteração da Lei de Execução Penal (2013) sugere a *extinção* dos hospitais de custódia e tratamento psiquiátrico, inexistindo fundamento para a sua manutenção, na Lei de Execução Penal, em relação à disciplina pertinente às medidas de segurança. Deverá ser proporcionada ao internado, no curso da execução das medidas de segurança, a possibilidade de trabalho educativo e produtivo (laborterapia). A autoridade responsável pela custódia deverá preservar o *sigilo* sobre a vida privada e a intimidade, principalmente, no que tange a sua internação. O Estado deve recorrer à cooperação da comunidade nas atividades de execução das penas e não mais "das medidas de segurança". Assim, sugere que, com o trânsito em julgado da sentença que a aplica, será expedida *guia de execução* endereçada à *autoridade de saúde competente*, com a devida inserção dos dados no Cadastro Nacional de Saúde.

6. ESTABELECIMENTO ADEQUADO

Como princípio geral, tem-se como regra que sejam estabelecimentos públicos dotados de características hospitalares e, por excepcionalidade, à sua falta ou de vagas, efetivadas em estabelecimentos privados devidamente conveniados e autorizados pelo Juízo de execução. Inadmite-se estabelecimento prisional alojando em celas separadas portadores de distúrbios mentais. Exige-se a transferência do paciente para hospital psiquiátrico que disponha de estrutura adequada ao seu tratamento, nos termos da Lei 10.261/2001 (STF, HC 98.360/RS, 1ª T., rel. Min. Ricardo Lewandowski, j. 4.8.2009). O recolhimento do inimputável ou semi-imputável autor de injusto penal submetido à medida de segurança colocado em *lugar inadequado* configura o crime de constrangimento ilegal que pode ser reparado por mandamental de *habeas corpus*. Talvane de Moraes, em "*Medidas de Segurança. Hospitais e Manicômios. Crise da Saúde Mental*", com acerto lembra que para o paciente a medida de segurança de internação e a pena privativa de liberdade são a mesma coisa, pois as diferenças entre os antigos manicômios e as prisões são mínimas.

A Lei de Execução Penal garante a liberdade de contratar *médico de confiança pessoal* do internado ou do submetido a tratamento ambulatorial, por seus familiares ou dependentes, a fim de orientar e acompanhar o seu tratamento. As divergências entre o médico oficial e o particular serão decididas pelo Juiz da execução.

7. MEDIDA DE SEGURANÇA PARA INIMPUTÁVEL

A *imputabilidade é a capacidade psíquica de ser sujeito da reprovação de compreender o injusto do ato e de determinar-se conforme esse entendimento.* A imputabilidade penal significa capacidade de *conhecer* e *valorar* o dever de respeitar a norma e a capacidade de *atuar* ou *determinar-se* conforme tal compreensão. O juízo de imputabilidade significa *juízo de autorresponsabilidade*, entendido como *pressuposto da culpabilidade* a constatação de uma elementar determinação da vontade. A *capacidade de culpabilidade* é o *elemento* e não o *pressuposto* da culpabilidade. Pressupõe um poder de atuar de outro modo na direção da determinabilidade por meio da norma. Compreende dois planos: **a)** *cognitivo ou intelectivo* (capacidade de compreender a antijuridicidade do ato); **b)** *volitivo ou de determinação da vontade*, atuação conforme o Direito. A *incapacidade de culpabilidade* (livre determinação da vontade) é um juízo de caráter judicial e *não* médico ou psiquiátrico. O legislador brasileiro adotou o *critério biopsicológico normativo* ou *misto*. Relevante o *momento da conduta*, pois pode ocorrer *intervalo de lucidez* que seja considerado *imputável*, embora doente mental. O *momento* em que deve existir a *capacidade de culpabilidade* é o da *comissão do fato*, ou seja, o momento em que o autor atua, sendo neste momento que se lhe exige a capacidade de entender o caráter criminoso do ato e de determinar-se, conforme esse entendimento.

Quer de *internação*, quer de *tratamento ambulatorial*, *não* se vislumbram características de *prevenção geral positiva*. A fundamentação é que, no ataque aos bens jurídicos por inimputáveis e semi-imputáveis, em relação aos injustos de menor potencial ofensivo, que se comina pena de *detenção*, seria aplicada a medida de segurança da espécie de *tratamento ambulatorial*. Já nos de maior gravidade, cominada a pena de *reclusão*, seria a de *internação em hospital de custódia para tratamento psiquiátrico* ou *especial tratamento curativo*. Discorda-se da *aplicação obrigatória*, tendo como referência a *espécie* da pena cominada ao tipo penal violado. O paradigma deve ser a *necessidade* ou não de internação ou tratamento ambulatorial, frente ao quadro da doença mental do paciente. E, sob o mesmo argumento, coloca-se a imposição da *determinação do prazo mínimo* de cumprimento da medida, objetivando a paz social.

O inimputável *não* possui capacidade de elaboração de um juízo valorativo sobre a antijuridicidade do ato motivo pelo qual *não* é responsável. A questão gira em torno do *princípio da proporcionalidade* entre o injusto realizado e a espécie de medida de segurança aplicada, objetivando a proteção de destinatário de sanção excessiva. O legislador visa a *proteger* o inimputável destinando tratamento específico diante de sua incapacidade e ao mesmo tempo *também* garantindo a paz social. Sustenta-se, diante do *sistema antimanicomial*, em que a internação só deva ser procedida em *situações de excepcionalidade*, deve caber liberdade à perícia psiquiátrica de informar ao magistrado o que é melhor para o tratamento do paciente: a internação ou o regime ambulatorial, e, não ficar o magistrado em uma camisa de força normativa (reclusão e detenção). A posição do Superior Tribunal de Justiça ainda é nos limites estritos da norma do Código de 1940 (STJ, HC 142.180/PR, 5ª T., rel.ª Min.ª Laurita Vaz, j. 2.9.2010; HC 143.016/SP, 5ª T., rel. Min. Felix Fischer, j. 9.2.2010).

8. DURAÇÃO

Questão relevante, em um Estado de Direito, diz respeito à duração das medidas de segurança, quer de internação em hospital de custódia para tratamento psiquiátrico, quer para tratamento ambulatorial. Tanto a pena como as medidas de segurança visam a proporcionar condições para a harmônica integração social do condenado ou do internado. O Código Penal estabelece o prazo mínimo de 1 (um) a 3 (três) anos para a internação ou tratamento ambulatorial, todavia, sendo *indeterminado* o prazo de duração da medida de segurança, enquanto *não* for realizada a *perícia médica* para a verificação da periculosidade. Prevalece, na Sexta Turma do Superior Tribunal de Justiça, que o *tempo de duração* da medida de segurança *não* deve ultrapassar o limite máximo da pena *abstratamente* cominada ao delito praticado, com fundamento nos princípios da isonomia e da proporcionalidade (STJ, HC 143.315/RS, 6ª T., rel. Min. Og Fernandes, j. 5.8.2010). Repita-se que diante da extensão do *princípio da legalidade* às medidas de segurança o *tempo prorrogado máximo de duração* fica *limitado* a não ser superior a 30 (trinta) anos *ex vi* do art. 75 do Código Penal. A posição do Supremo Tribunal Federal, em respeito à garantia constitucional abolidora das prisões perpétuas é na direção de que *as medidas de segurança devem perdurar enquanto não haja cessado a periculosidade do agente, limitadas, contudo, ao período máximo de 30 anos* (STF, HC 97.621/RS, 2ª T., rel. Min. Cezar Peluso, j. 2.6.2009). Recorde-se o triste episódio do Manicômio Judiciário Heitor Carrilho, no Rio de Janeiro, em que o internado Febrônio Índio do Brasil lá permaneceu até a morte, durante 46 anos. Assim, após tal prazo, se necessário, deverá ser procedida a *interdição* no juízo de Órfãos e Sucessões e transferido o *curatelado* para *hospital psiquiátrico do sistema de saúde* (não "hospital penal", de que falava João Vieira de Araújo), prosseguindo-se a internação não mais custodiado por razão de medida de segurança.

O *prazo mínimo* de cumprimento está vinculado à *cessação de periculosidade*, possibilitando a realização do exame de cessação da periculosidade a *qualquer tempo* (STJ, AgRg no REsp 1.124.698/RS, 5ª T., rel. Min. Jorge Mussi, j. 21.6.2011). Havendo medida de segurança substitutiva de pena privativa de liberdade, a sua duração não pode ultrapassar ao tempo determinado para cumprimento da pena (STJ, HC 56.828/SP, 5ª T., rel. Min. Felix Fischer, j. 3.8.2006). Para o Superior Tribunal de Justiça o tempo de cumprimento das medidas de segurança de internação ou tratamento ambulatorial deverá ser limitado ao máximo da pena abstratamente cominada ao tipo de injusto, bem como ao máximo de 30 (trinta) anos (STJ, HC 147.343/MG, 5ª T., rel.ª Min.ª Laurita Vaz, j. 5.4.2011).

8.1. Propostas para a reforma

A Proposta de Reforma Penal (2012) sugere que: **a)** cumprido o prazo mínimo, a medida de segurança perdurará enquanto não for averiguada, mediante perícia médica, a cessação da periculosidade, desde que não ultrapasse o limite máximo da pena cominada ao fato criminoso, ou de 30 (trinta) anos, nos fatos criminosos praticados com violência ou grave ameaça à pessoa, salvo se a infração for de menor potencial ofensivo; **b)** atingido o limite máximo, poderá o Ministério Público ou responsável legal pela pessoa requerer, no Juízo Cível, o *"prosseguimento"* da internação (entenda-se como sendo a continuação do tratamento humano do portador de transtornos mentais e *não* na *perpetuação* das medidas de segurança).

9. PERÍCIA MÉDICA

O magistrado da cognição poderá determinar o *exame de sanidade mental* para avaliar a inimputabilidade ou não do periciado, sua capacidade ou não de culpabilidade. Justifica-se o indeferimento da realização do incidente de insanidade mental, quando ausentes quaisquer indícios mínimos razoáveis aptos a denegrir a higidez mental do agente. O magistrado *não* fica adstrito à conclusão pericial, mas *não* pode substituir-se ao perito, por não ser psiquiatra. Na hipótese de *discordância* sobre o laudo, deverá determinar a realização de *nova perícia* por *junta médica*. O juiz da execução poderá determinar nova perícia ainda no prazo de duração mínima da medida de segurança (de um a três anos), ou no decorrer do prazo mínimo poderá ser avaliada a *cessação da periculosidade*. A *perícia médica* realizar-se-á ao tempo do prazo fixado e deverá ser repetida de ano em ano, ou a *qualquer tempo*, se determinado pelo juiz da execução *ex vi* do art. 97, §§ 1º e 2º, do Código Penal.

Não tendo o órgão acusatório recorrido da sentença condenatória, é defeso ao tribunal determinar a realização de exame médico-legal *ex officio*, pois afronta o Enunciado 525 da Súmula do STF ("A medida de segurança não será aplicada em segunda instância, quando só o réu tenha recorrido"). O Supremo Tribunal Federal, majoritariamente, acentuou não ser lícito, na esfera de âmbito de recurso exclusivo da defesa, que não requerera a realização do mencionado exame, sua fixação *ex officio* (STF, HC 111.769/SP, 2ª T., rel. p/ acórdão Min. Cezar Peluso, j. 26.6.2012).

A qualquer tempo, poderá o juiz da execução determinar que seja procedido *novo exame* de *cessação de periculosidade*, mesmo *antes* do prazo fixado, em sua prorrogação. Exige-se a *fundamentação do pedido*. As medidas de segurança são *relativamente* indeterminadas, perdurando enquanto o paciente demonstrar *periculosidade*, devendo estar sempre sendo observado no *hospital de custódia* (enquanto mantidos), a fim de que não seja *esquecido* e nele mantido quando inexiste quadro do *risco social de conflito*. Diante do alto grau de incerteza, cogitando-se de *juízo de probabilidade* do cometimento de futuros injustos penais relevantes devem os pacientes ser *periodicamente* reavaliados para diminuir o *risco de violação de garantia* do paciente e da sociedade.

Contemporaneamente, a matéria é questionável e, diante das pesquisas de campo realizadas pelos professores da Universidade Federal do Rio de Janeiro, Cezar Augusto Rodrigues Costa e Kátia Mecler, a baixa rescidiva dos inimputáveis *não* se deve à ausência de suporte familiar ou baixo grau de escolaridade, mas sim da *ausência* do tratamento no momento do ato.

10. CESSAÇÃO DE PERICULOSIDADE

A *periculosidade* pode ser *presumida* ou *real*. É *presumida* por força da norma, como no caso dos *inimputáveis*, que sendo absoluta impõe a aplicação de medida de segurança, diante da realização do injusto. *Real*, reconhecida pelo magistrado no caso concreto quando se trata de *semi-imputável*, que necessita de *"especial tratamento curativo"*. A *"periculosidade"* do autor do injusto penal é um dos *pressupostos* da aplicação das medidas de segurança, em razão de sua *doença mental* constituindo-se na *probabilidade* de vir a realizar novos injustos colocando em risco a sua própria integridade pessoal e os bens jurídicos. O *juízo de periculosidade* não é um juízo de *certeza*, mas só de *probabilidade*. A *presunção de periculosidade* consiste em um juízo lógico de *probabilidade pós-delitual* da realização, por inimputáveis, de *novos* injustos penais, colocando em risco real e efeito sua integridade pessoal e a segurança e a paz da sociedade.

A *avaliação da periculosidade criminal* (critério vago e político), princípio basilar das medidas de segurança, reclama providências especiais por parte do Estado de Direito, diante dos princípios constitucionais da *legalidade* e da *dignidade da pessoa humana*, resultado de *presunção legal* (arts. 26 e 97 do CP), ou por exceção, de *determinação judicial* (arts. 26, parágrafo único, e 98, do CP), observados os *princípios defluentes* de *necessidade* e de *proporcionalidade*, em razão do interesse público preponderante, pois *não* há fórmulas mágicas de certeza, não se podendo olvidar a exigibilidade de constatação, no caso concreto, da história do autor, com destaque ao real e efetivo *risco de repetição* da realização de novos injustos penais. Não é possível falar mais em periculosidade de imputável.

A *cessação de periculosidade* é a avaliada *no fim do prazo mínimo* de duração da medida de segurança imposta no julgado, observado: **a)** *a autoridade administrativa* terá o prazo até 1 (um) mês antes de expirar o prazo mínimo de duração da medida para remeter ao *juiz da execução minucioso* relatório instituído com *lado psiquiátrico* que o habilite a decidir sobre a *revogação* ou *permanência* da medida de segurança; **b)** *a autoridade judi-*

ciária, prolatará a sua decisão no prazo de 5 (cinco) dias da conclusão dos autos, após cumprido o devido processo legal, com a realização das diligências requeridas e da manifestação do órgão do Ministério Público e do curador ou defensor, nos prazos legais. Abre-se a exceção de ser realizado o exame de periculosidade *durante o prazo mínimo*, mediante requerimento do Ministério Público ou do interessado.

11. MEDIDAS DE SEGURANÇA PARA O SEMI-IMPUTÁVEL

Cogita-se de *perturbação* da saúde mental e não de ser *inteiramente* incapaz de entender ou determinar-se por doença mental. Devem ser periciados diante do *dolo do autor* no momento do ato praticado. A *capacidade relativa* ou de *motivação diminuída* limita a capacidade de compreender o injusto ou de agir conforme essa compreensão tendo como característica a maior dificuldade de dirigibilidade normativa. Trata-se de causa *obrigatória* de diminuição de pena, observado o poder discricionário apenas em relação ao percentual, dentro dos marcos legais (STJ, HC 50.210/SP, 5ª T., rel. Min. Gilson Dipp, j. 17.8.2006). Há posição contrária, minoritária, de que a redução da pena decorrente da semi-imputabilidade é *facultativa* ao juiz da sentença (STJ, HC 44.831/SP, 5ª T., rel. Min. Arnaldo Esteves de Lima, j. 6.12.2005). No caso do *semi-imputável* pode-se proceder à substituição da pena por medidas de segurança quando o condenado necessitar de *tratamento especial curativo*, podendo a pena privativa de liberdade ser convertida pela *internação* ou *tratamento ambulatorial*. Durante o *tratamento ambulatorial*, em qualquer fase, o magistrado poderá, a conselho da perícia médica, determinar a *internação* do paciente se for *necessária* para *fins curativos*.

Ao *semi-imputável* sempre será aplicada a pena de prisão com a *redução obrigatória* adequada ao injusto praticado, só havendo *conversão* em caso de *especial tratamento curativo*. Adota-se o entendimento de que, diante do sistema vicariante, a pena privativa de liberdade imposta e convertida em medida de segurança pela opção do magistrado pelo "*especial tratamento curativo*", *não* pode ser *reconvertida*, abatido o tempo de cumprimento da medida de segurança para o *restante* da pena privativa de liberdade originariamente imposta.

Heitor Piedade Junior, na *Personalidade Psicopática, Semi-imputabilidade e Medida de Segurança*, refere-se à *psicopatia* como sendo a descrição de um tipo de transtorno de personalidade caracterizada por distúrbios crônicos de conduta, falta de sentimento de culpa e inadaptabilidade com valores éticos. Ressalta, ainda, que "é uma alteração da personalidade, ou mais precisamente uma alteração de caráter, o que vem constituir um transtorno da relação da pessoa com o mundo exterior, manifestando-se pela falta de adaptação aos postulados éticos, em determinado tempo e lugar". Conclui que "não se pode falar em 'reeducação', 'cura', 'ressocialização', enfim, de reconstrução da personalidade do agente desse 'mínimo ético' reclamado pela ordem jurídica".

No que tange à *conversão* aplicam-se as normas pertinentes às medidas de segurança *ex vi* dos arts. 96 do Código Penal e de sua execução *ex vi* dos arts. 171 a 179 da Lei de Execução Penal. Se o condenado praticou injusto penal a que se cominaria pena privativa de liberdade de *detenção*, a *conversão* deve ser para o *regime ambulatorial ex vi* dos arts. 97, *caput*, 2ª parte c/c 98, todos do Código Penal. Vale dizer que se for o *transtorno mental transitório*, dever-se-á proceder à transferência para hospital ou casa de saúde especializada. A conversão do tratamento ambulatorial em internação só deverá ser feita com *critérios clínicos*, não sendo bastante para justifica-la a ausência de suporte sociofamiliar ou comportamento inadequado.

A *substituição* e a *conversão* das medidas de segurança estão previstas: **a)** no art. 41 do Código Penal (o condenado a quem sobrevém doença mental deve ser recolhido a hospital de custódia e tratamento psiquiátrico ou, na falta, a outro estabelecimento adequado); **b)** no art. 183 da Lei de Execuções Penais (quando, no curso da execução da pena privativa de liberdade sobrevier doença mental ou perturbação da saúde mental, o magistrado, de ofício, a requerimento do Ministério Público ou da autoridade administrativa, poderá determinar a substituição da pena por medida de segurança). Nesta hipótese, sustenta-se que a *duração* é o tempo restante da pena privativa de liberdade a ser cumprida. Se, após o tempo de duração, ainda persistir o quadro de doença mental deverá ser colocado à disposição do magistrado cível (*interdições*), transferindo-se para a órbita do sistema de saúde e não mais custodiado no sistema penitenciário (*desprisionalização*).

Há que se fazer a *distinção* entre a conversão do apenado: **a)** que cumpre pena privativa de liberdade; e, **b)** que cumpre pena pecuniária. Na primeira hipótese, quando no curso da execução sobrevier doença mental ou perturbação da saúde mental, o apenado deixa de ter capacidade para submeter-se às imposições do cumprimento da pena privativa de liberdade imposta, dando-se, pois a *conversão* em medida de segurança; já na segunda hipótese ocorrerá a *suspensão da execução da pena de multa*, a qual será declarada extinta diante do decurso de prazo equivalente ao da prescrição da pretensão executória.

O *sistema vicariante* adotado permite que a pena privativa de liberdade, inicialmente aplicada, possa ser convertida ao semi-imputável por força do disposto no parágrafo único do art. 26 do Código Penal, pela medida de segurança, que substitui o velho *binário*, deixando ao magistrado a *opção* entre *reduzir* a pena privativa de liberdade ou *aplicar* a medida de segurança (internação ou tratamento ambulatorial). O art. 98 do Código Penal autoriza a substituição da pena privativa de liberdade por medida de segurança ao condenado semi-imputável que necessitar de *especial tratamento curativo*, aplicando-se o mesmo regramento das medidas de segurança para inimputáveis

(STJ, REsp 863.665/MT, 5ª T., rel. Min. Felix Fischer, j. 22.5.2007). O Supremo Tribunal Federal decidiu diante da *prisionalização* de semi-imputável submetido a especial tratamento curativo, *custodiado por tempo maior* que o disposto na sentença, que deve se destacar parte da ementa: "III – Passados quase três anos do recolhimento do paciente em estabelecimento prisional, o Estado não lhe garantiu o direito de cumprir a medida de segurança estabelecida pelo juízo sentenciante. IV – Segundo consta no Relatório de Internações, emitido em 11/10/2013 pela Vara de Execuções Criminais da Comarca de São Paulo, o paciente está na 698ª posição e permanece recolhido na Penitenciária de Franco da Rocha III. V – Diante da falta de estabelecimento adequado para internação, o paciente permaneceu custodiado por tempo superior ao que disposto pelo juízo sentenciante e não foi submetido ao tratamento médico determinado no decreto condenatório, o que evidencia a manifesta ilegalidade apta a ensejar a concessão da ordem." (STF, HC 122.670/SP, 2ª T. rel. Min. Ricardo Lewandowski, j. 5.8.2014). Tem-se dificuldade da eficácia do resultado do *"especial tratamento curativo"*, diante de seus eventuais destinatários no campo da semi-imputabilidade (neuróticos, epiléticos, psicopatas e psicóticos). Sustenta-se que *inexiste "especial tratamento curativo"* para os semi-imputáveis, que deveriam cumprir pena privativa de liberdade, diminuída diante de sua capacidade relativa, em estabelecimento penitenciário especial. O Superior Tribunal de Justiça ressalta que, *inexistindo* a necessidade de tratamento psiquiátrico, diante do autor que tenha diminuída a sua capacidade de entendimento e determinação, por força de laudo pericial, *não* cabe substituição da pena privativa de liberdade por medida de segurança (STJ, HC 94.660/RJ, 5ª T., rel. Min. Napoleão Nunes Maia Filho, j. 27.11.2008).

11.1. Propostas para a reforma

A Proposta de Reforma Penal (2012) sugere que no caso de necessidade de *especial tratamento curativo*, a prisão pode ser substituída pela internação ou tratamento ambulatorial, pelo tempo da pena de prisão, atingido o limite máximo poderá o Ministério Público ou responsável legal pela pessoa requerer, no Juízo Cível, o *prosseguimento* da internação.

A Proposta de Alteração da Lei de Execução Penal (2013) exclui as medidas de segurança da esfera de âmbito da comunidade na execução da pena, inserindo em seu contexto mais amplo de ressignificação como *gestão de saúde* tratada na lei antimanicomial e suas próprias modalidades de internação.

12. DESINTERNAÇÃO HOSPITALAR OU LIBERAÇÃO AMBULATORIAL

A *desinternação hospitalar ou liberação ambulatorial* do *doente mental* (portador de transtorno mental) ficam dependentes do cumprimento das obrigações impostas na liberdade condicional, são as mesmas dos imputáveis em relação ao livramento condicional. As medidas de segurança previstas no Código Penal, quando aplicadas ao inimputável ou semi-imputável ainda no processo de conhecimento, *pode ter prazo indeterminado*, perdurando enquanto *não* for averiguada a *cessação da periculosidade*. Há ausência de limite temporal para a desinternação condicional e, diante da prática de *novo delito*, há possibilidade de sua restauração, com a reinternação enquanto não for verificada a cessação de periculosidade (STJ, HC 48.187/SP, 5ª T., rel. Min. Gilson Dipp, j. 13.12.2005). A liberação deverá ser sempre *condicional*, devendo ser restabelecida a situação anterior se, antes do decurso de 1 (um) ano, houver a prática de fato indicativo de sua periculosidade.

A *conversão* da internação em *tratamento ambulatorial* durante o cumprimento da medida de segurança, para que se adapte ao meio externo, e à responsabilidade de dar continuidade ao tratamento quando em liberdade (STJ, HC 89.212/SP, 6ª T., rel.ª Min.ª Maria Thereza de Assis Moura, j. 27.3.2008). A *desinternação progressiva* se constitui em medida de política específica de alta planejada, objetivando a reabilitação psicossocial assistida fora do âmbito do hospital de custódia para tratamento psiquiátrico, principalmente, quando se trata de paciente com longo período de internação psiquiátrica (STF, RHC 100.383/AP, 1ª T., rel. Min. Luiz Fux, j. 18.10.2011).

A jurisprudência do Supremo Tribunal Federal, diante da Lei nº 10.216, de 6 de abril de 2001, é na direção de que o prazo razoável para a *desinternação progressiva* deva ser de 6 (seis) meses, na ausência de prescrição normativa.

Após a *desinternação*, desde o primeiro ano, o paciente deverá ser *assistido* no serviço de saúde local, paralelamente ao tratamento ambulatorial, objetivando construir *laços terapêuticos* em sua comunidade (Resolução nº 5, de 4 de maio de 2004, do Conselho Nacional de Política Criminal e Penitenciária).

13. INÍCIO E EXTINÇÃO

Após o *trânsito em julgado da sentença absolutória* que aplicar ao inimputável ou semi-imputável medida de segurança, será ordenada a *expedição de guia para a execução* de internação em hospital de custódia e tratamento psiquiátrico. A *guia de internação* ou *tratamento ambulatorial*, extraída pelo escrivão, que rubricará todas as folhas e subscreverá com o magistrado, será remetida à autoridade administrativa, incumbida da execução. A guia conterá: **a)** o inteiro teor da denúncia e da sentença; **b)** a certidão do trânsito em julgado; **c)** a data do término do prazo mínimo de internação ou tratamento ambulatorial; **d)** laudo de exame de sanidade mental. O *início da execução* se dará com o *recolhimento* e *sujeição* ao tratamento. O magistrado competente para a execução, sempre que possível, buscará implementar políticas antimanicomiais, conforme a sistemática dada pela Lei nº 10.216, de 6 de abril de 2001.

Operada alguma das causas de extinção da punibilidade pertinente, *não* mais se impõem medidas de segurança, *nem* subsistem as que tenham sido impostas.

A Corte Suprema firmou que "A *prescrição da medida de segurança* deve ser calculada pelo máximo da pena cominada ao delito cometido pelo agente, ocorrendo o marco interruptivo do prazo pelo início do cumprimento daquela, sendo certo que deve perdurar enquanto não haja cessado a periculosidade do agente, limitada, contudo, ao período máximo de 30 (trinta) anos, conforme a jurisprudência pacificada do STF. Precedentes: HC 107.432/RS, Relator Min. Ricardo Lewandowski, Primeira Turma, Julgamento em 24/5/2011; HC 97.621/RS, Relator Min. Cezar Peluso, Julgamento em 2/6/2009" (STF, RHC 100.383/AP, 1ª T., rel. Min. Luiz Fux, j. 18.10.2011). Ainda, cita-se: "Prescrição a ser calculada com base na pena máxima cominada ao tipo penal debitado ao agente (no caso da prescrição da pretensão punitiva) ou com base na duração máxima da medida de segurança, trinta anos (no caso da prescrição da pretensão executória). Prazos prescricionais, esses, aos quais se aplicam, por lógico, os termos iniciais e marcos interruptivos e suspensivos dispostos no Código Penal. 2. Não se pode falar em transcurso do prazo prescricional durante o período de cumprimento da medida de segurança. Prazo, a toda evidência, interrompido com o início da submissão do paciente ao "tratamento" psiquiátrico forense (inciso V do art. 117 do Código Penal)" (STF, HC 107.777/AP, 2ª T., rel. Min. Ayres Britto, j. 7.2.2012).

O Superior Tribunal de Justiça assentou a *impossibilidade* de computar o *mínimo* da pena cominada em abstrato, para efeitos prescricionais: "A medida de segurança se insere no gênero sanção penal, do qual figura como espécie, ao lado da pena. Por tal razão, o Código Penal não necessita dispor especificadamente sobre a prescrição no caso de aplicação exclusiva de medida de segurança ao acusado inimputável, aplicando-se, assim, nestes casos, a regra inserta no art. 109 do Código Penal" (STJ, HC 41.744/SP, 5ª T., rel.ª Min.ª Laurita Vaz, j. 2.6.2005).

A teor do decreto nº 8.380, de 24 de dezembro de 2014, as pessoas submetidas à medida de segurança, que até 25 de dezembro, *independentemente da cessação de periculosidade*, tenham suportado privação de liberdade, internação ou tratamento ambulatorial pelo período igual ou superior ao máximo da pena cominada a infração penal correspondente à conduta praticada ou, nos casos de *substituição* prevista no art. 183 da Lei de Execução Penal, por período igual ou remanescente da condenação cominada.

14. DIREITOS DO INTERNADO

A Reforma de 1984 introduziu disposição expressa relativa aos direitos do internado, estatuindo que "*O internado será recolhido a estabelecimento dotado de características hospitalares e será submetido a tratamento*" (art.

95 do CP), e a Lei de Execução Penal complementa que "*Ao condenado e ao internado serão assegurados todos os direitos não atingidos pela sentença ou pela lei*" (art. 3º da LEP), finalizando que se aplica ao submetido às medidas de segurança, no que couberem, *todos os direitos do preso* (arts. 41 e 42 da LEP).

A questão *não* se simplifica na internação em *estabelecimento dotado de características hospitalares*, pois quando a administração prisional só prioriza a *disciplina carcerária*, os *doentes mentais* ficam recolhidos às *celas* em *regime de tranca* só com direito ao banho de sol, assistidos não por enfermeiros e médicos, mas por guardas penitenciários não qualificados para a tarefa. Ficou garantida a *liberdade da família* do internado de contratar *médico de confiança pessoal* para assistir e orientar o internado submetido à medida de segurança de internação ou a tratamento ambulatorial. As divergências entre o médico oficial e o particular serão decididas pelo juiz da execução (art. 43 e parágrafo único da LEP).

O legislador se preocupou com o recolhimento em *local adequado*, como garantia do inimputável diante do *princípio da dignidade da pessoa humana*. É dever constitucional, pois "a saúde é direito de todos e dever do Estado, garantido mediante políticos sociais e econômicos que visem à redução do risco da doença e de outros agravos e com acesso universal e igualitário às ações e serviços para a sua promoção, proteção e recuperação" (art. 196 da CF/88).

Nas diretrizes para o cumprimento das medidas de segurança, adequando-as à previsão contida na Lei nº 10.216, de 6 de abril de 2001, o Conselho Nacional de Política Crminal e Penitenciária estabeleceu através da Resolução nº 5, de 4 de maio de 2004, que "O internado deverá ter acesso ao melhor tratamento consentâneo às suas necessidades, de mesma qualidade e padrão oferecidos ao restante da população". Passado uma década, o que se vê são "*hospitais-prisão*" e os pacientes encarcerados em condições violadoras da dignidade da pessoa humana.

A legislação brasileira deu um grande avanço sobre a proteção e direitos das pessoas portadoras de transtorno e deficiência mental redirecionando o modelo assistencial em saúde mental (Lei nº 10.216/2001). Perante um Estado de Direito, são assegurados os direitos e proteção contra qualquer forma de discriminação quanto à raça, cor, sexo, orientação sexual, religião, opção política, nacionalidade, idade, família, recursos econômicos, grau de gravidade ou tempo de evolução de seu transtorno, ou qualquer outra (o doente mental que cumpre medida de segurança, possuindo *periculosidade presumida*, é *duplamente discriminado*).

Nos direitos da pessoa portadora de transtorno e deficiência mental ressaltam o tratamento com humanidade e respeito e o interesse de beneficiar a saúde, objetivando a inserção na família, no trabalho e na comunidade. Talvane de Moraes, em "*Medidas de Segurança e Tratamento*

Psiquiátrico", sustenta que a aplicação das medidas de segurança, justificada como imperativo legal diante da presunção de periculosidade dos inimputáveis, em razão da existência de transtorno mental, *não* mais se apresenta consentânea com a existência do tratamento psiquiátrico contemporâneo, em razão de *novos recursos terapêuticos*, especialmente *medicamentosos*, sendo perfeitamente *controlável* o paciente, *não* mais *necessitando* de longas internações hospitalares.

O *internado*, submetido às medidas de segurança, *conserva* os direitos inerentes à sua condição humana e jurídica. São seus *direitos*: **a)** visita à família (saída terapêutica); **b)** contratar médico de confiança pessoal, de seus familiares ou dependentes, a fim de orientar e acompanhar o tratamento; **c)** os mesmos direitos do preso, salvo se a administração do estabelecimento, *segundo parecer médico*, entender *não* recomendável. No âmbito do *Conjunto de Princípios para a Proteção de todas as Pessoas Sujeitas a Qualquer Forma de Detenção ou Prisão das Nações Unidas*, observam-se os princípios números 24, 25 e 26: **a)** a pessoa detida ou presa deve beneficiar-se de um exame médico adequado tão breve quanto possível e dos tratamentos médicos sempre que tal se mostre necessário a título gratuito; **b)** o direito de solicitar um segundo exame médico ou opinião médica; **c)** ao ser submetido a exame médico, saber o nome do médico e o resultado, que devem ser devidamente registrados. O acesso à sociedade através da *saída terapêutica* deve ser garantido em termos dos direitos da pessoa privada de liberdade: **a)** visita à família; **b)** na esfera do possível, a frequência a curso supletivo, profissionalizante, bem como de instrução do segundo grau ou superior, na comarca do juízo da execução; **c)** participação em atividades que concorram para o *retorno* e *adaptação* ao convívio social.

Note-se que, quando a unidade não estiver aparelhada para promover a assistência médica necessária (de qualidade), poderá o condenado recebê-la em unidade médica pública ou particular. Não se poderá classificar de privilégio o condenado que possui *seguro de saúde* ser atendido em hospital conveniado para tratamento médico de qualidade (princípio humanitário). Em situações graves é cabível a concessão da prisão-albergue domiciliar *ex vi* do art. 117, II, da Lei de Execução Penal, aos submetidos à prisão aberta.

O *internado* tem assegurados todos os seus direitos *não* atingidos por sentença, decisão judicial ou lei. Reitera-se que, se houver *divergência* em relação ao tratamento realizado por *médico particular ou oficial*, o juiz da execução decidirá o conflito, *não* com base na oficialidade do parecer, mas com patamar científico do trabalho que pode ser dado por junta médica imparcial. O *tratamento* será sempre realizado em estabelecimento dotado de *características hospitalares*. Os pacientes com longo tempo de internação em hospital de custódia, que apresentarem quadro clínico e/ou neurológico grave, com profunda dependência institucional e sem suporte sociofamiliar, deverão ser objeto de *"uma política específica de alta planejada e de reabilitação psicossocial assistida"*.

A Lei nº 10.216, de 6 de abril de 2001, estabelece em seu art. 2º, parágrafo único, que são *direitos da pessoa portadora de transtorno mental*: **a)** ter acesso ao melhor tratamento do sistema de saúde, consentâneo às suas necessidades; **b)** ser tratada com humanidade e respeito e no interesse exclusivo e beneficiar sua saúde, vindo a alcançar sua recuperação pela inserção na família, no trabalho e na comunidade; **c)** ser protegida contra qualquer forma de abuso e exploração; **d)** ter garantia de sigilo nas informações prestadas; **e)** ter direito à presença médica, em qualquer tempo, para esclarecer a necessidade ou não de sua hospitalização involuntária; **f)** ter acesso aos meios de comunicação disponíveis; **g)** receber o maior número de informações a respeito de sua doença e de seu tratamento; **h)** ser tratado em ambiente terapêutico pelos meios menos invasivos possíveis; **i)** ser tratada, preferencialmente, em serviços comunitários de saúde mental.

Desde a edição da Lei nº 10.216/2001, a *internação*, em qualquer de suas modalidades, só será indicada quando os recursos extra-hospitalares se mostrarem insuficientes, visando o tratamento e, como *finalidade permanente*, a reinserção social do paciente em seu meio, sendo objeto de alta planejada e reabilitação psicossocial assistida, diante de responsabilidade de autoridade sanitária competente.

É *direito da pessoa portadora de transtorno mental* "ser tratada em ambiente terapêutico pelos meios menos invasivos possíveis", e não em celas comuns de estabelecimentos prisionais (*"prisão-hospital"*).

14.1. Propostas para a reforma

A Proposta de Reforma Penal (2012) faz acrescentar *"observados os direitos das pessoas com deficiência"*.

Na hipótese de *superveniência de doença mental* ao condenado, a conversão da pena priva de liberdade, que está sendo cumprida, em medida de segurança, de internação em hospital para tratamento psiquiátrico ou em tratamento ambulatorial, por ter sobrevindo doença mental, *não* pode ser por tempo indeterminado, respeitando o prazo da pena a cumprir (STJ, HC 130.160/SP, 5ª T., rel. Min. Arnaldo Esteves de Lima, j. 19.11.2000). No caso de *transtorno mental transitório*, deverá ser o *condenado* transferido para *hospital* ou *casa de saúde especializada* até se recuperar do quadro de surto ocorrido, retornando para o estabelecimento penal para *continuar* o cumprimento da pena privativa de liberdade imposta, se *não* tiver eclodido doença mental. A *conversão* da pena privativa de liberdade pelas medidas de segurança só deverá ocorrer no *incidente de execução*, após, por laudo de sanidade mental, ficar diagnosticada "a doença mental ou a perturbação da saúde mental" eclodida no curso do cumprimento da pena privativa de liberdade.

O Projeto Alternativo (2013) propõe que "Cessado o estado de patologia mental que justificou a *conversão* em medida de segurança, o juiz restabelecerá a pena privativa de liberdade". O substitutivo com o Parecer Vital do Rêgo (2014) é no sentido de que "Na superveniência da doença mental, o condenado deverá ser recolhido ao hospital de custódia com a falta deste, a outro estabelecimento adequado para o tratamento psiquiátrico", suprimindo, incorretamente, o texto do PL nº 236/2012, com o substitutivo Pedro Taques "pelo tempo que restava de cumprimento da pena, instaurando-se o devido procedimento para a sua aplicação".

CAPÍTULO 11
EXTINÇÃO DA PUNIBILIDADE

SUMÁRIO: 1. Generalidades. **2.** Causas legais de extinção da punibilidade. **2.1.** Morte do agente. **2.2.** Prescrição da pretensão executória. **2.3.** Abolitio criminis.

1. GENERALIDADES

Conceitua-se o delito após a evolução dos sistemas clássico, neoclássico e finalista, como a conduta típica, antijurídica e culpável. A *punibilidade não* figura em categoria independente do conceito de delito, caso contrário seria uma tautologia. Roxin, no *Derecho Penal. Parte General*, sustenta que as condições objetivas e as causas de exclusão da punibilidade são causas em que as finalidades extrapenais possuem prioridade diante da necessidade da pena. Para ele, os critérios político-criminais influem em toda a teoria do delito, *salvo* na punibilidade ("esses pressupostos da punibilidade são corpos estranhos dentro do Direito Penal").

Constitui-se em um *conjunto de pressupostos de aplicação da pena*, que Zaffaroni/Pierangelli, no *Manual de Direito Penal Brasileiro*, resumem que a *punibilidade* não é uma *característica* do delito, mas um *resultado* de sua existência. Deve haver a adequação da ação ao tipo, descritivo e valorativo, salvo quando existam *permissões legais* para a realização do injusto penal, o qual deverá ser reprovável ao autor, desde que seja imputável, possua consciência potencial da antijuridicidade, não lhe sendo razoável conduta diversa. Assim, coloca-se a *punibilidade não* como *requisito*, mas como *consequência* jurídica do ilícito penal (possibilidade jurídica de impor uma sanção penal ao autor de uma conduta típica, antijurídica e culpável).

A Exposição de Motivos do Código Penal de 1940 (E.M. nº 35 do CP) preferiu a rubrica *"extinção da punibilidade"* à tradicional *"extinção da ação penal e da condenação"*, diante de conceitos errôneos, bem como rejeitando a epígrafe adotada no Código Penal italiano *"extinção do crime e da pena"*, pois o que existe antes de tudo é o próprio *direito de punir* por parte do Estado (a doutrina alemã fala em "Wegtall des Staatlichen Staatsanspruchs"). Desta forma, cessa a punibilidade do fato, diante de certas contingências ou por motivos vários de conveniência ou oportunidade política. Extingue-se a *pretensão punitiva* impedindo a *persecutio criminis*, ou fazendo com que a condenação imposta se torne inexistente. Sabe-se que quando há a realização típica surge para o Estado o direito subjetivo de impor ao autor do ilícito penal uma sanção específica como *consequência jurídica* da violação da norma penal. Porém, em determinadas situações, extingue-se a punibilidade e por consequência o Estado vê *desaparecer a pretensão punitiva à punição*, isto é, a possibilidade jurídica de impor uma sanção pela violação da norma penal. O ilícito *não* desaparece como ente jurídico, visto que, extinto, ainda continua a produzir vários efeitos jurídicos. É certo que, mesmo na hipótese da *novatio legis*, em que ele desaparece, permanecem os *efeitos civis*, *não* deixando de ser uma causa extintiva da punibilidade. A extinção da punibilidade configura o desaparecimento do *ius puniendi* estatal em relação a atos configurativos de ilícitos penais, diante da ocorrência e acontecimentos determinados por norma legal como *causas extintivas da punibilidade*. Registre-se que ela está locada na Parte Geral e, a *escusa absolutória*, na Parte Especial do Código Penal.

As *condições objetivas de punibilidade* encontram-se *fora* do tipo de injusto e da culpabilidade, e os efeitos objetivos condicionantes da punibilidade, depois de uma graduação quanto à intensidade de sua produção, na medida do risco assumido, *não* permitem incidir em simples responsabilidade objetiva, em sentido *lato* são *condições político-criminais de punibilidade*. É imprescindível a construção de uma relação de causalidade entre os efeitos específicos e a realização típica que condicionam a punibilidade. Em síntese, *não* pertencem à *tipicidade*, *não* integrando o tipo, constituindo-se em *circunstâncias externas* à ação, *não* abrangidos pelo dolo, configurando-se em *acontecimentos futuros e incertos*. Em nossa legislação mais recente, encontram-se inseridas no tipo penal (art.180 da Lei nº 11.101, de 9 de fevereiro de 2005 - "*a sentença declaratória de falência, concede a recuperação judicial ou concede a recuperação extrajudicial de que trata o art. 163 desta Lei,* é condição objetiva a punibilidade *das infrações penais descritas nesta Lei*"). Na visão pretoriana, o *processo administrativo* que apura a existência de débito fiscal é condição objetiva de punibilidade para a ordem tributária (STF, HC 84.092/CE, 2ª T., rel. Min. Celso de Mello, j. 22.6.2004). A doutrina pátria se manifesta majoritariamente como *condições objetivas de punibilidade* e não de *procedibilidade* ou de *elementos do tipo*. Aliás, incluem-se entre as *condições objetivas de punibilidade* a aplicação do *princípio de presunção de inocência* e entre as *escusas absolutórias* o princípio do *in dubio pro reo*.

As *escusas legais absolutórias* são *circunstâncias* ditadas pelo *princípio da utilidade pública* e possuem o escopo básico de *excluir* a punibilidade do autor do ilícito penal, quando relacionadas: **a)** à sua qualidade pessoal; **b)** à própria atividade extratípica; **c)** à atividade de um terceiro; **d)** à situação do cometimento factual, sem que estejam vinculadas diretamente com a conduta reprovável do autor. Cogita-se de causas *especiais* de exclusão da pena que assinalam teologicamente um tipo comum que se funda na conduta socialmente danosa e reprovável, que deve ser reprimida pelo Estado, que *perde* o interesse de aplicar a pena pela *ratio* do interesse predominantemente específico. Nossa legislação adota uma solução mista, cita-se o art. 181 do Código Penal (imunidades absolutas), que prevê a *isenção da pena* (pessoal e objetiva) relativa aos delitos patrimoniais, quando praticados em prejuízo: **a)** do cônjuge, na constância da sociedade conjugal; **b)** de ascendente ou descendente, seja o parente legítimo ou ilegítimo, civil ou natural e de *procedibilidade* no art. 182 do citado diploma ("somente se procede mediante representação, se o crime previsto neste título é cometido em prejuízo": **a.** do cônjuge desquitado ou judicialmente separado; **b.** de irmão legítimo ou ilegítimo; **c.** de tio ou sobrinho, com quem coabita). Deixa-se de aplicar o *favor legis* em duas hipóteses: **a)** se o injusto é do tipo de roubo ou extorsão ou, em geral, quando haja emprego de grave ameaça ou violência à pessoa; **b)** ao estranho que participa do delito. Ainda é prevista a relação de parentesco no favorecimento pessoal excluindo-se a pena (art. 348, § 2º, CP), cuidando-se de estratégia de política criminal (deterioração das relações familiares), tendo a natureza jurídica de inexigibilidade de conduta conforme o Direito.

As causas extintivas da punibilidade se *classificam* em: **a)** *gerais* e *especiais*, as primeiras abarcam todos os ilícitos penais, ao passo que, as segundas, a determinadas categorias; **b)** *comunicáveis* e *incomunicáveis*, conforme se comuniquem (perdão aceito, *abolitio criminis*, decadência, perempção, renúncia ao direito de queixa, retratação, nos casos em que a lei admite) ou não (a morte, o perdão judicial, a graça, o indulto, a anistia observado o caso, a retratação do querelado na calúnia e difamação) aos coautores ou partícipes do delito.

O disposto do art. 107 do Código Penal é *exemplificativo*, pois ainda se poderiam elencar *outras* causas extintivas da punibilidade, *não* exauridas em seu elenco, a saber: **a)** ressarcimento do dano no peculato culposo (art. 312, § 3º); **b)** pagamento da contribuição previdenciária antes do início da ação fiscal (art. 168-A, § 2º); **c)** desistência da queixa nos crimes contra a honra, formulada na audiência do art. 520 do CPP (sentença absolutória estrangeira, na hipótese do art. 7º, II, § 2º, *d*, CP); **d)** pagamento do tributo ou contribuição social, incluindo-se acessórios, antes do recebimento da denúncia (art. 34 da Lei nº 9.249, de 26 de dezembro de 1995); **e)** morte da vítima no crime de induzimento a erro essencial ou ocultação de impedimento matrimonial (art. 236); **f)** término do período de prova do *sursis* e do livramento condicional (arts. 82 e 90 do CP); **g)** decurso do prazo da suspensão condicional do processo (art. 89, § 5º, Lei nº 9.099, de 26 de setembro de 1995); **h)** ressarcimento do dano antes do recebimento da denúncia no estelionato, mediante emissão de cheque sem provisão de fundos (Súmula nº 544 do STF). Não se devem confundir as *causas extintivas da punibilida-*

de com as *escusas absolutórias*, que são causas de exclusão ou isenção de pena, ficando íntegros o injusto e a culpabilidade.

Os *efeitos* variam em relação ao *momento* em que ocorrem. Podem acontecer *antes* da sentença final ou *depois* da sentença condenatória passada em julgado. Se ocorrer *antes*, haverá a *prescrição da pretensão punitiva*, ao passo que, se ocorrer *depois*, ocorrerá a *prescrição da pretensão executória*. Se a *causa extintiva da punibilidade* ocorre *antes* da sentença final, vindo a cometer *novo* crime, *não haverá reincidência*, embora portador de *maus antecedentes*. Contudo, se a *causa* ocorrer *depois* do trânsito em julgado do *decisum* condenatório, vindo o agente a cometer *novo* crime, *será reincidente*. Nas hipóteses de *abolitio criminis* e *anistia*, mesmo ocorrendo *após* o trânsito em julgado da condenação, há *retroatividade* para atingir a pretensão punitiva, visto que, por exceção, a causa resolutiva do *ius puniendi* apaga o fato punível e rescinde a sentença irrecorrível.

Érika Mendes de Carvalho, em *Punibilidade e Delito*, resume que "as condições objetivas de punibilidade e as escusas absolutórias não são elementos pertinentes à estrutura delitiva, mas pressupostos circunstanciais ou contingentes à imposição da pena, não logram conferir à impunidade o grau de relevância alcançado pelas categorias pertinentes ao conceito de delito".

2. CAUSAS LEGAIS DE EXTINÇÃO DA PUNIBILIDADE

A Lei de Execução Penal preceitua que "cumprida ou extinta a pena, o condenado será posto em liberdade mediante alvará do juiz, se por outro motivo não estiver preso". A Proposta de Alteração (2013), garantista, explicita "Até as doze horas do dia do cumprimento ou da extinção da pena constante no sistema informatizado e atualizado em tempo real, o condenado será posto em liberdade pelo diretor do estabelecimento em que se encontrar, se por outro motivo não estiver preso, sob pena de responsabilidade". A extinção da punibilidade difere da extinção da pena. São causas que sempre extinguem a execução da pena: **a)** a morte; **b)** a anistia; **c)** a graça; **d)** o indulto; **e)** a prescrição da pretensão executória; **f)** a *abolitio criminis*.

2.1. Morte do agente

É com o direito moderno que surge o princípio *mors omnia solvit*. A morte do autor do ilícito penal extingue a punibilidade no momento em que ocorre, seja antes ou depois do trânsito em julgado da sentença condenatória. A pena *não* pode passar da pessoa do infrator, diante do princípio da intranscendência (art. 5º, XLV, CF/88), inclusive a multa, ainda que dívida de valor, *não* pode ser cobrada do espólio. Os *efeitos civis* perduram, pois a morte *não* exime o espólio da obrigação de *reparar o dano* causado pela conduta delitiva. Cláudio Brandão, no *Curso de Direito Penal*, destaca que as penas que têm por objeto o patrimônio do réu (multa, prestação pecuniária e perda de bens e valores), possuem *natureza criminal*, não se identificando com as de reparação do dano *ex delicti*, e como consequência, com a extinção da punibilidade são inaplicáveis. Trata-se de causa incomunicável. A morte do condenado *não* extingue o direito à revisão criminal *pro reo*, diante da possibilidade da *reabilitação de sua memória*, pleiteada pelo cônjuge, ascendente, descendente ou irmão, que tem o *interesse de agir*, isto é, limpar a memória da família da pena de condenação infamante. A *morte* ou *ausência* trata-se de *sucessão processual*, pois terá que ocorrer a morte ou a declaração de ausência do ofendido. Admite-se a sucessão processual do companheiro ou da companheira (arts. 1.694 e 1.723 do CC).

Há duas situações em relação à *sucessão* e *prazo*: **a)** a morte ou ausência do ofendido *antes* de iniciada a ação penal. O substituto poderá ofertar a queixa, aplicando-se analogicamente o que dispõe o art. 38 do Código de Processo Penal – da data em que vier a saber qual o autor do crime; **b)** morte ou ausência do ofendido *depois* de iniciada a ação penal. Cabe aos *sucessores* prosseguir na ação penal, devendo comparecer em juízo durante 60 (sessenta) dias, caso contrário perimirá (art. 60, II, CPP). A morte é *comprovada* pelo atestado de óbito e, após a oitiva do Ministério Público, o magistrado *declara* extinta a punibilidade.

No que concerne à *certidão de óbito falsa*, cogita-se da hipótese de o *réu vivo* apresentá-la induzindo à decretação da extinção da punibilidade pela "morte". Há duas posições: **a)** a *doutrinária* advoga que, no direito pátrio, inexiste revisão criminal *pro societate*; **b)** a *pretoriana* é na direção de que inexistindo o pressuposto da declaração de extinção da punibilidade, inexiste coisa julgada. O direito não pode consagrar um absurdo violando o óbvio da vida. A sentença que julga extinta a punibilidade é despacho meramente declaratório, que não decide o mérito. A decisão que, com base em certidão de óbito falsa, julga extinta a punibilidade do réu pode ser revogada, dado que *não* gera coisa julgada em sentido estrito (STF, HC 84.525/MG, 2ª T., rel. Min. Carlos Velloso, j. 16.11.2004 e STJ, HC 31.234/MG, 5ª T., rel. Min. Felix Fischer, j. 16.12.2003).

2.2. Prescrição da pretensão executória

A prescrição da pretensão executória *não* começará a correr enquanto *não* tiver sido *iniciada* a execução da sanção penal imposta e será regulada pela *pena aplicada* nos prazos ditados no art. 109 do Código Penal, os quais são *aumentados* de 1/3 (um terço) no caso de o réu ser *reincidente*.

O *termo inicial* da prescrição, após a sentença condenatória irrecorrível, começa a correr: **a)** *do dia em que transita em julgado a sentença condenatória para a acusação, ou a que revoga a suspensão condicional da pena ou o livramento condicional.* Eros Grau, em "*Execução Antecipada da*

Pena", escreve que "O modelo de execução penal, consagrado na reforma penal de 1984, confere concreção ao chamado *princípio da presunção de inocência*, admitindo o cômputo da pena apenas após o trânsito em julgado da sentença condenatória. [...] A execução da sentença antes de transitada em julgado é incompatível com o texto do art. 5º, LVII, da Constituição do Brasil. [...] A comodidade, a melhor operacionalidade de funcionamento dos tribunais não pode ser lograda a esse preço". O Supremo Tribunal Federal firmou que a prescrição da pretensão executória se inicia *após* o trânsito em julgado para *ambas* as partes, com a impossibilidade de se executar a sentença penal condenatória *antes* de seu *definitivo* trânsito em julgado (STF, HC 84.078/MG, Pleno, rel. Min. Eros Grau, j. 5.2.2009). Na mesma direção, o Superior Tribunal de Justiça, "Por fim, é preciso destacar que somente há que se falar em prescrição da pretensão executória quando ocorrido o trânsito em julgado para ambas as partes. É dizer, antes disso, eventual prescrição é da *pretensão punitiva*. O termo inicial, contudo, é que irá ser contado a partir do trânsito em julgado para a acusação, conforme dispõe expressamente o aludido art. 112, inciso I, do Código Penal. Dessa forma, o título penal executório, e, portanto, a possibilidade de ocorrência da prescrição executória surge a partir da sentença condenatória definitiva, isto é, com o trânsito em julgado para acusação e defesa, todavia, o termo inicial da contagem do lapso prescricional é que começa da data em que a condenação transitou em julgado para a acusação" (STJ, HC 254.080/SC, 5ª T., rel. Min. Marco Aurélio Bellizze, j. 15.10.2013). Contudo, a Corte Suprema, por maioria, alterou a orientação jurisprudencial para poder possibilitar o *recolhimento à prisão* do condenado *após* decisão em segunda instância, sob o argumento de que o recorrer em liberdade estimula o oferecimento de recurso protelatório perante os tribunais superiores com a demora nos julgamentos e, com isso, diminuiria a sensação de impunidade e a seletividade do sistema punitivo brasileiro, além do incentivo à prescrição da pena (STF, HC 126.292/SP, Pleno, rel. Min. Teori Zavascki, j. 17.2.2016). A *suspensão condicional da pena* só começará a correr *após* a *audiência admonitória*, pois até então estará fluindo a prescrição da pretensão executória desde o dia do trânsito em julgado da sentença para a acusação. O *sursis* deverá ser revogado (obrigatória) se, no curso do prazo, o beneficiário vier a ser condenado por sentença irrecorrível, por crime doloso; frustrar, embora solvente, a execução da pena de multa ou não efetua, sem motivo justificado, a reparação do dano. Poderá ser revogado (facultativa) se o apenado descumpre qualquer outra condição imposta ou é irrecorrivelmente condenado, por *crime culposo* ou *contravenção*, a pena privativa de liberdade ou restritiva de direitos. Dá-se o início do prazo prescricional, tendo como patamar a pena privativa de liberdade imposta e suspensa (STJ, HC 6.469/SP, 5ª T., rel. Min. Felix Fischer, j. 3.3.1998). O *livramento condicional* será revogado (obrigatório), se o liberado vem a ser condenado à pena privativa de liberdade, em sentença irrecorrível, por crime cometido *durante* a vigência do benefício ou por crime anterior e, *facultativamente*, por *deixar de cumprir* qualquer das obrigações constantes da sentença, ou for *irrecorrivelmente condenado* por crime ou contravenção, a pena que não seja privativa de liberdade (facultativa); **b)** *do dia em que se interrompe a execução, salvo quando o tempo da interrupção deva computar-se na pena.* A *interrupção da execução* ocorre com a fuga ou quando deixar de cumprir as obrigações impostas na pena restritiva de direitos. Na hipótese de *internação* em hospital de custódia por superveniência de doença mental, ou à falta em outro estabelecimento, o tempo de internação será computado na pena cumprida.

No caso de *evasão* ou de *revogação do livramento condicional*, cogita-se de prescrição da pretensão executória. Na hipótese de evasão, pela data da fuga (STJ, RHC 25.207/MT, 5ª T., rel.ª Min.ª Laurita Vaz, j. 13.4.2009), ou revogação do livramento condicional, regula-se a prescrição pelo *tempo restante* da pena a cumprir.

Não há *detração*, diante da impossibilidade de ser descontado o tempo de prisão provisória decorre da diversidade dos institutos, pois a detração só objetiva descontar o prazo da prisão a título cautelar para o de cumprimento da pena aplicada com o trânsito em julgado. Não há que se falar em analogia ou equidade. Assim, desconta-se o tempo em que o condenado cumpriu a pena ou o período de provas da medida penal de natureza complexa do livramento condicional. Para efeitos prescricionais, não se admite o desconto da pena *in concreto*, do tempo em que o réu esteve provisoriamente preso (STF, RHC 85.026/SP, 1ª T., rel. Min. Eros Grau, j. 26.4.2005; STJ, HC 33.842/SP, 5ª T., rel. Min. Gilson Dipp, j. 24.8.2004).

O início ou continuação do cumprimento de pena cogita-se de causa de *interrupção da prescrição da pretensão executória*, quando: **a)** o condenado inicia o cumprimento da pena que lhe foi imposta; **b)** quando o condenado retoma o cumprimento da pena que lhe foi interrompida pela fuga (recaptura), voltando ao cumprimento do restante da pena imposta. Em síntese: **a)** quando a pena for privativa de liberdade, a execução inicia-se com a prisão do apenado; **b)** quando a pena for restritiva de direitos, com o começo do cumprimento da restrição imposta; **c)** quando aplicada a medida penal do *sursis*, será com a realização da audiência admonitória prevista no art. 160 da Lei de Execução Penal; **d)** quando a pena de multa, sendo única na sentença condenatória, a causa interruptiva é o despacho que ordena a citação, *ex vi* do art. 8º, § 2º, da Lei nº 6.830, de 22 de setembro de 1980. A interrupção em relação à prescrição da pretensão executória só poderá ocorrer em relação ao processo em que houver condenação, *não* se estendendo aos demais processos a que responda o apenado (prescrição da pretensão punitiva).

A *reincidência* apresenta dois *efeitos* distintos em relação à prescrição: **a)** *aumenta* o prazo prescricional de um terço (art. 110, *caput, in fine*, CP); **b)** *interrompe* o prazo prescricional (art. 117, VI, CP). Portanto, deve-se fazer a distinção entre a interrupção do prazo prescricional pela reincidência com a reincidência que causa o aumento do prazo prescricional, isto é, a *reincidência anterior* e que determina o aumento de um terço do prazo, pois a *posterior* à condenação tão só faz interromper o lapso prescricional. Os crimes realizados anteriormente *não* se constituem em causa de interrupção do prazo prescricional. Há vertente doutrinária minoritária que entende que o dispositivo legal se aplica tanto a prescrição da pretensão punitiva, quanto à executória.

Há divergência doutrinária e jurisprudencial em relação ao *momento de interrupção do prazo prescricional* em razão da *reincidência*. A doutrina fixa, como momento de interrupção da prescrição, a sentença condenatória transitada em julgado, que reconhece a *prática de novo crime*, observado o *princípio da presunção de não culpabilidade* (art. 5º, LVII, CF/88). A posição do Superior Tribunal de Justiça é no sentido de que a reincidência *interrompe* o prazo da prescrição da pretensão executória, tendo como momento da interrupção o *dia da prática do novo delito* (STJ, HC 166.062/MG, 5ª T., rel. Napoleão Nunes Maia Filho, j. 21.10.2010). O aumento do prazo prescricional só se aplica à pretensão da prescrição executória. A Súmula nº 220 do Superior Tribunal de Justiça diz: *"A reincidência não influi no prazo da prescrição da pretensão punitiva"*.

As *penas mais leves prescrevem com as mais graves* por razões lógicas de política criminal, as penas consideradas pelo Estado como *mais leves* (*multa e restritivas de direitos*) prescrevem ao mesmo tempo em que as *penas mais graves* (*privativas de liberdade*). O art. 118 do Código Penal *não* tem incidência no concurso coexistente de tipos penais (*ideal* ou *real*), mas somente às penas de um *mesmo crime* (reclusão e multa ou detenção ou multa), com *previsão normativa simultânea*, caso contrário aplica-se a regra insculpida no art. 119 do Código Penal. As *penas mais leves, multa e restritivas de direitos*, para que se cogite de prescrição da pretensão punitiva ou executória, seguem a direção das *penas privativas de liberdade*. Nas penas *restritivas de direitos* aplicadas em *substituição* à privativa de liberdade, *não* há que se falar em prescrição da mais leve (STJ, REsp 628.730/SP, 5ª T., rel. Min. Gilson Dipp, j. 24.5.2005). Porém, sendo a *única aplicada* ou ainda a *única que resta a cumprir*, há tratamento específico.

A *pena de multa* aplicada *cumulativamente* com a *pena privativa de liberdade* prescreve no prazo desta, *não* sendo aplicável a disciplina do concurso de tipos coexistentes expressadas no art. 118, caput, do Código Penal (crime-contravenção); mantida sua autonomia prescricional, *prescrevem separadamente*. O dispositivo é inaplicável ao concurso de crimes e ao concurso entre crime e contravenção. Na hipótese de *crimes conexos*, que sejam objeto de um mesmo processo, existindo sentença condenatória para um, e acórdão condenatório para outro, a prescrição da pretensão punitiva é interrompida para ambos a cada provimento judicial (STJ, RHC 40.177/PR, 5ª T., rel. Min. Reynaldo Soares da Fonseca, j. 25.8.2015).

No que tange a *prescrição no concurso de crimes*, o dispositivo incide sobre todas as causas abarcadas por nossa legislação penal. O vocábulo *concurso* abrange o concurso real ou material, ideal ou formal (perfeito ou imperfeito) e o crime continuado. O aumento feito pelo juiz ao reconhecer o concurso material ou formal ou no crime continuado *não* incide o acréscimo no cálculo prescricional, sendo considerados separadamente. No mesmo sentido, a Súmula nº 497 do STF (*"quando se tratar de crime continuado, a prescrição regula-se pela pena imposta na sentença, não se computando o acréscimo decorrente da continuação"*).

2.3. *Abolitio criminis*

Vigora em nosso Direito o *princípio da irretroatividade penal*, admitindo-se excepcioná-lo, se a lei posterior beneficiar o réu, isto é, retroagindo *in melius*. O art. 107, III, veio a completar o art. 2º do Código Penal: *"Ninguém pode ser punido por fato que a lei posterior deixa de considerar crime, cessando em virtude dela a execução e os efeitos penais da sentença condenatória."* É o *princípio da retroatividade da lei mais benéfica*. Extingue-se a punibilidade, *cessando* a execução dos *efeitos penais da sentença condenatória*, subsistindo os *efeitos civis*. Diante de *não* ter o legislador, ao se referir à incidência da lei posterior mais favorável, deixado de indicar os efeitos atingidos, concebeu-se que a *retroatividade benéfica* limita-se aos efeitos penais *em qualquer hipótese*. Faz-se, pois, a distinção entre *efeitos penais* e *efeitos não penais*, vedando a retroatividade quanto aos *efeitos não penais*. A retroatividade é limitada aos *efeitos penais da sentença condenatória, não* alcançando o efeito administrativo, político, civil, comercial, fiscal e eleitoral.

Cogita-se de causa extintiva da punibilidade, perdurando todos os efeitos previstos nos arts. 91 e 92 do Código Penal. Remete-se o leitor ao Capítulo IV, no item pertinente à lei penal no tempo. Tem-se como inconteste que a retroatividade da lei, *por ser excepcional*, é de interpretação restrita. A descriminalização será reconhecida em qualquer momento da persecução penal e "Transitada em julgado a sentença condenatória compete ao juiz das execuções a aplicação da lei mais benigna" (Súmula nº 611 do STF). Diferencia-se a *abolitio criminis* da *novatio legis in mellior*, visto que esta ocorre quando a lei *posterior* traz disposição favorável ao autor do delito, sem retirar o caráter de infração penal da conduta.

No formato deste livro sobre a Execução Penal, os temas da *anistia*, *graça* e *indulto* foram alocados no Capítulo 3, na parte pertinente aos *Incidentes da Execução*, deixando-se de repeti-los, neste capítulo.

BIBLIOGRAFIA

A

AARNIO, Aulis. "Le rationnel comme raisonnable: la justificacion en droit", *In: Revue internationale de droit comparé Année*, v. 46, Paris, 1994.

ALBERGARIA, Janson. *Das Penas e sua Execução*, 3 ed., Belo Horizonte, Del Rey, 1996.

ALEXY, Robert. *Teoria dos Direitos Fundamentais*, 2 ed., trad. Virgílio Afonso da Silva, São Paulo, Malheiros, 2011.

AMELUNG, Knut. Contribución a la crítica del sistema jurídico penal de orientación político--criminal de Roxin, trad. Jézus-María Silva Sanchez, *El Sistema Moderno del Derecho Penal: cuestiones fundamentales*, Madrid, Tecnos, 1991.

ANCEL, Marc. *La defénse sociale nouvelle*, 3 ed., Paris, Cujas, 1981.

ANDRADE, Manuel da Costa. *Consentimento e Acordo em Direito Penal*, Coimbra, Coimbra Editora, 1991.

ANTOLISEI, Francesco. *Manuale di diritto penale, Parte Generale*, 11 ed., a cura de Luigi Conti, Milano, Giuffrè, 1997.

ARAÚJO, João Vieira de. *Código Penal Comentado*, Laflmert, 1896.

ARAÚJO JUNIOR, João Marcelo de. "Os grandes movimentos da política criminal de nosso tempo", *in Sistema Penal para o Terceiro Milênio*, Rio de Janeiro, Revan, 1963.

ARBEX, Daniela. *Holocausto Brasileiro. Genocídio: 60.000 mortos no maior hospício do Brasil*, São Paulo, Geração Editorial, 2013.

AUGUSTO RÖDER, Carlos David. *Las doctrinas fundamentales reinantes sobre el delito y la pena en sus interiores contradicciones*, trad. Francisco Giner, Navarra, Giménez Gil Editor, 1999.

ÁVILA, Humberto. *Teoria dos Princípios*, 13 ed., São Paulo, Malheiros, 2012.

B

BACIGALUPO, Enrique. *Derecho Penal, Parte General*, Bogotá, Editorial Temis, 1998.

BACIGALUPO, Silvina. "Los critérios de imputación de la responsabilidad penal de las empresas y de sus órganos de gobierno y la relevância de los programas de compliance en lo Codigo Penal español", *In: Revista de Estudos Criminales*, ITEC, n. 42, jul-set, 2001, pp. 9-35.

BASALO, Juan Carlos García. *Algunas tendencias actuales de la ciencia penitenciária*, Buenos Aires, Abeledo-Perrot, 1970.

_____. "Introducción a la arquitetura penitenciária", *In: Revista Penal y Penitenciária*, T. XXII, Buenos Aires, 1959.

_____. "En torno al concepto de régimen penitenciário", *In: Revista de la Escuela de estudios Penitenciarios*, n. 117, 1955, pp. 28-ss.

BARATTA, Alessandro. *Criminologia crítica e crítica ao direito penal – Introdução à sociologia do direito penal*, trad. Juarez Cirino dos Santos, Rio de Janeiro, Revan, 1997.

BARBERO SANTOS, Marino. "Cesare Beccaria, la pena de muerte y la tortura", *In: Doctrina Penal*, v. 14, n. 53-54, jan-jun, Buenos Aires, 1991, pp. 359-375.

BARNES, Harry Elmer / TEETERS, Negley. *New Horizons in Criminology*, 3 ed., EUA, Prentice-Hall, 1959.

_____. *Society Transition*, New York, Prentice-Hall, 1939.

BARRETO, Tobias. "Fundamentos do direito de punir", *In: Revista dos Tribunais*, n. 727, ano 85, São Paulo, 1996.

_____. *Comentário Teórico e Crítico do Código Criminal Brasileiro*, Recife, Livraria Fluminense, 1888.

BATISTA, Nilo. *Introdução Crítica ao Direito Penal Brasileiro*, 5 ed., Rio de Janeiro, Revan, 1999.

BAUMANN, Jügen-Weber Ulrich. *Strafrecht*, Allgemeiner Teil, 9. Auflage, Bielefeld, 1985.

BECCARIA, Cesare. *Dei delitti e delle pene, a cura di Renato Fabietti, Mursia, Milano, 1973.*

BECK, Ulrich. *La sociedad del risco*, Barcelona, Paidós, 1998.

BEECHE, Héctor, *Sistemática de la Ciencia Penitenciaria*, La Habana, Montero, 1951.

BELING, Ernest von. *Grundzüge des Strafrechts*, 11. Auflage, Tübingen, Mohr Verlag (Paul Siebeck), 1930.

BELTRI, Rafael Torrubia / FUENTES, Ángel Cuquerella. "Psicopatia: una entidad clínica controvertida pero necessária en psiquiatria forense", *In: Revista Española de Medicina Legal*, 34 (1), 2008, pp. 25-35.

BENETI, Sidney Agostinho. *Execução Penal*, São Paulo, Saraiva, 1996.

BENEVENUTO, Giuseppe. *Le Penne e le Misure di Sicurezza*, Messina, Casa Editrice G. B'Anna, 1931.

BENTHAN, Jeremy. *An Introduction to the Principles of Morals and Legislation*, London, The Athlone Press, 1970.

_____. *Théorie des peines et des récompenses*, 2 ed., Paris, Bossange-Masson, 1818.

_____. *Panoptique*, Paris, Imprimerie Nationale, 1791.

BERGALLI, Roberto. *Readaptación social por medio a la ejecución penal?*, Madrid, Instituto de Criminología de la Universidad de Madrid, 1976.

BETTIOL, Giuseppe. *O Problema Penal*, trad. Ricardo Rodrigues Gama, Campinas, LZN, 2003.

BINDING, Karl. *Grundriss des deutschen Strafrechts. Allgemeiner Teil*, 8 Auflage, Leipizig, Scientia Verlag Aalen, 1975.

BIRNBAUM, Michael Franz, "Über das Erfordernis einer Rechtsverletzung zum Begriff des Verbrechens usw", *In: Archiv des Criminalrechts*, Neue Folgen, Bd. 15, 1834.

BITTENCOURT, Cézar Roberto. *Tratado de direito penal, Parte Geral*, 14 ed., São Paulo, Saraiva, 2009.

_____. *Falência da pena de prisão, causas e alternativas*, São Paulo, Saraiva, 2001.

_____. *Novas penas alternativas*, São Paulo, Saraiva, 1999.

_____. *Juizados Especiais e Alternativas à Pena de Prisão*, Porto Alegre, Livraria do Advogado, 1995.

BLACKSTONE, William. *Commentaires Sur Les Lois Anglaises*, Paris, Bossange, 1822.

BOBBIO, Norberto. *L'età dei diritti*, Torino, Giulio Einaudi editore, 1990.

_____. *Teoria della norma giuridica*, Torino, Giappichelli, 1958.

BOCKELMANN, Paul. "Strafe und Erziehung", In: Festschrift für Julius von Gierke zu seinem goldenen Doktorjubiläum, am 25. Oktober 1948, 1950, pp. 27-38

BOCKELMANN, Paul / VOLK, Klaus. Strafrecht, Allgemeiner Teil, 4 Auflage, München, C.H. Beck, 1987.

BRANDÃO, Cláudio. Teoria Jurídica do Crime, Rio de Janeiro, Forense, 2001.

BRITO, Alexis Couto de. Execução Penal, São Paulo, Revista dos Tribunais, 2013.

BRITTO, Lemos. Os Systemas Penitenciários do Brasil, Rio de Janeiro, Imprensa Nacional, 1926.

BRUNO, Aníbal. Direito Penal, Parte Geral, Rio de Janeiro-São Paulo, Forense, t. 3, Pena e Medida de Segurança, 1962.

BUENO ARÚS, Francisco. "La dimensión jurídica de la pena de prisión. Doctrina penal: teoría y prática en las ciencias penales", Buenos Aires, Depalma, Ano 10, ns. 37-40, pp. 651-674, 1987.

BUNG, Jochen. "Direito Penal do Inimigo como Teoria da vigência, da norma e da pessoa", trad. Helena Regina Lobo da Costa, In: Revista Brasileira de Ciências Penais, v. 62, set--out, 2006, Ano 14, São Paulo, Revista dos Tribunais, pp. 107-133.

BUSTOS RAMÍREZ, Juan. Introducción al derecho penal, Bogotá, Editorial Temis, 2005.

_____. "A pena e suas teorias. Fascículos de Ciências Penais", Porto Alegre, Sérgio Antonio Fabris, Ano 5, v. 5, n. 3, pp 90-113, jul-ago-set, 1992.

C

CAFFARENA, Borja Mapelli. Princípios Fundamentales del Sistema Penitenciário Español, Barcelona, Bosch, 1983.

CALON, Eugenio Cuello. La Moderna Penologia, t. 1, Barcelona, Bosch, 1958.

CÂMARA, Guilherme Costa. Programa de Política Criminal. Orientado para a Vítima do Crime, São Paulo, Revista dos Tribunais, 2008.

CAMARGO, Antonio Luís Chaves. Sistema de penas, dogmática jurídico-penal e política criminal, São Paulo, Cultural Paulista, 2002.

CAMARGO, Joaquim Augusto de. Direito Penal Brasileiro, 2 ed., apresentação Miguel Reale Junior, São Paulo, Revista dos Tribunais, 2005.

CANEPA, Mario / MERLO, Sérgio. Manuale di diritto penitenziario, 6 ed., Milano, Giuffrè, 2002.

CANNAT, Pierre. "La participation des citoyens a l'aplication des peines", In: Revue de Science Criminelle et le Droit Pénal Comparé, Paris, 1971.

_____. "Prison-école", In: Revue de Science Criminelle et le Droit Pénal Comparé, Paris, 1955.

CANOTILHO, José Joaquim Gomes. Direito Constitucional e Teoria da Constituição, 5 ed., Coimbra, Almedina, 1991.

CARMIGNANI, Giovani. Elementi del Diritto Criminale, 2 ed., Napoli, 1854.

CARNELUTTI, Francesco. Lesioni di Diritto Penale, il Reato, v. I, Milano Giuffré, 1973.

_____. El problema de la pena, trad. Santiago Melendo, Buenos Aires, E. J. E. A., 1947.

CARPZOVIO. Pratica nova imperialis Saxonica rerum criminalium in partes tres divisa, Wittenberg, 1638.

CARRARA, Francesco. Programma del Corso di Diritto Criminale, Parte Generale, 9 ed., Firenze, Fratelli, Cammelli, 1902.

CARRANO, Enrico. "Um Olhar Realístico sobre a Execução Penal: a Prisão Cautelar e a Superlotação Carcerária", In: 227ª Reunião do Fórum Permanente de Execução Penal: EMERJ, 12 de março de 2015.

_____. "Um Novo Olhar sobre Execução Penal", In: 175ª Reunião do Fórum Permanente de Execução Penal: EMERJ, 12 de março de 2015.

_____. "Assistência Jurídica ao Condenado", In: 118ª Reunião do Fórum Permanente de Execução Penal: EMERJ, 23 de março de 2006.

CARRANZA, Elias. *Justicia penal y sobrepopulación penitenciária. Respuestas posibles*, México, Siglo XXI, 2001.

CARRASQUILLAS, Juan Fernandes. *Derecho Penal fundamental*, 2 ed., T. I, Bogotá, Editorial Temis, 1995.

CARVALHO, Érika Mendes de. *Punibilidade e Delito*, São Paulo, Revista dos Tribunais, 2008.

CARVALHO, Saulo de. "Teoria Agnóstica da Pena. O Modelo Garantista de Limitação do Poder Punitivo", In: *Crítica à Execução Penal*, Rio de Janeiro, Lumen Juris, 2002, pp. 3-43..

_____. *Pena e Garantias: Uma Leitura do Garantismo de Luigi Ferrajoli no Brasil*, Rio de Janeiro, Lumen Juris, 2001.

CASALINUOVO, Aldo. *Il Problema della Pena di Morte*, Tipo-editrice Bruzia, Catanzaro, 1935.

CASARA, Rubens Roberto/ MELCHIOR, Antonio Pedro. *Teoria do Processo Penal Brasileiro*, v. I, Rio de Janeiro, Lúmen Juris, 2013.

CEREZO MIR, José. *Función de la Pena y Teoría del Delito en el Estado Social y Democrático de Derecho*, 1 ed. brasileira, prefácio Luiz Regis Prado, São Paulo, Ara-RT, 2007.

_____. *Curso de Derecho Penal Español, Parte General*, Madrid, Tecnos, 1998.

CESANO, José Daniel. *Derecho penitenciário: aproximación a sus fundamentos*, Córdoba, Aleveroni Ediciones, 2007.

CHALUB, Miguel. "Medidas de Segurança", In: 184ª Reunião do Fórum Permanente de Execução Penal: EMERJ, 10 de setembro de 2009.

_____. "Superveniência de Doença Mental em Preso Apenado", In: 165ª Reunião do Fórum Permanente de Execução Penal: EMERJ, 18 de setembro de 2008.

_____. *Introdução à Psicopatia*, Rio de Janeiro, Forense, 1981.

CIRINO DOS SANTOS, Juarez. *Direito Penal, Parte Geral*, 6 ed., Curitiba, ICPC, 2014.

_____. *Teoria da Pena, Fundamentos Políticos e Aplicação Judicial*, Curitiba, ICPC-Lúmen Juris, 2005.

CLEMMER, Donald. *The Prision Community*, New York, Holt, Rimehart and Winston, 1958.

COHEN, Stanley. *Visions of Social Control: Crime, Punichment and Classification,* Oxford, Polity Press, 1995.

CONRAD, John P. *Crime and it's Correction,* London, Edward Glover, Hermann, Mannheim e Emanuel Miller, 1965.

CÓRDOBA RODA, Juan. "La pena y sus fines en la constitución", In: *La reforma del derecho penal*, Barcelona, Bellaterra, 1980, pp 151-segs.

_____. *Images of Deviance,* London, Harmondsworth: Penguin Books, 1971.

CORNIL, Paul. "La Reforme des Prisions", 1974.

_____. "Funciones de la criminologia en la Ejecución de las Penas y en el Tratamiento de los Delinquentes", In: *Jornadas Internacionales de Criminología*, Mendonza, 1969.

_____. "Le traitement pénitentiaire des délinquants anormaux mentaux", In: Charles Andersen, Georges Levasseur, Bogdan Zlataruc, Paul Cornil, Mario Cattabeni, Colloque sur les « délinquants anormaux mentaux », organisé à Bellagio du 21 au 25 avril 1963 avec le concours du Centro nazionale du prevenzione e difesa sociale, Paris, 1963.

COSTA, Cezar Augusto Rodrigues. "As Três Décadas da Lei de Execução Penal", In: 234ª Reunião do Fórum Permanente de Execução Penal: EMERJ, 26 de novembro de 2015.

_____. "A Execução Penal e as Tentativas de Alteração Legislativa", In: 215ª Reunião do Fórum Permanente da Execução Penal: EMERJ, 13 de julho de 2013.

_____. "Penitenciárias Federais", In: 125ª Reunião do Fórum Permanente da Execução Penal: EMERJ, 20 de julho de 2006.

COSTA, Cezar Augusto Rodrigues / MECLER, Kátia / MORAES, Talvane de. "Medidas de Segurança: Hospitais X Manicômios – Crise da Saúde", In: 220ª Reunião do Fórum Permanente da Execução Penal: EMERJ, 29 de maio de 2014.

COSTA, Fausto. El delito y la pena en la historia de la filosofia, México, Unión Tipográfica, Editorial Hispano-Americana, 1953.

COSTA, José de Faria. Linhas de Direito Penal e de Filosofia: Alguns Cruzamentos Reflexivos, Coimbra, Coimbra Editora, 2005.

D

DAIEN, Samuel. Libertad Condicional, Buenos Aires, Ed. Bibliografica Argentina, 1947.

DALLARI, Dalmo. Elementos de teoria geral do Estado, 14 ed, São Paulo, Saraiva, 1989.

DELMANTO, Celso, Roberto, Júnior e Fábio. Código Penal Comentado, 8 ed., São Paulo, Saraiva, 2010.

DEL VECCHIO, Giorgio. Lezione di Filosofia del Diritto, Roma, Rivista Internazionale di Filosofia del Diritto, 1936.

DE MONTESQUIEU, Charles Louis. El Espíritu de las leyes, Madrid, Tecnos, 1972.

DIAS, Camila Caldeira Nunes. "A sujeição pela disciplina: religião e castigo na prisão", In: Revista Brasileira de Ciências Criminais, n. 73, jun-ago, São Paulo, Revista dos Tribunais, 2008, pp. 268-298.

DONNEDIEU DE VABRES, Henri Felix Auguste. Traité de Droit Criminel et de Législacion Pénale Comparée, 3 ed., Paris, Recueil Sirey, 1947.

DORADO MONTERO, Pedro. Bases para un nuevo Derecho Penal, Barcelona, Ed. Calpe, 1923.

_____. El Derecho Protector de los Criminales, Madrid, Librería General de Victoriano Suárez, 1915.

DOTTI, René Ariel. "Impressões sobre a Reforma do Código Penal", In: Livro Homenagem a Miguel Reale Júnior, Rio de Janeiro, GZ Editora, 2014.

_____. Curso de Direito Penal, Rio de Janeiro, Forense, 2001.

_____. Bases Alternativas para o Sistema de Penas, São Paulo, Revista dos Tribunais, 1998.

_____. O Novo Sistema de Penas, São Paulo, Saraiva, 1985.

DU BOIS, Albert. Histoire du Droit Criminel des Peuples Anciens, Paris, August Durand, 1845.

DURKHEIM, Émile. Les Régles de la Méthode Sociologique, Paris, Presses Universitaires de France, 1956.

_____. Sociologie et Philosophie, Paris, Alcan, 1924.

E

ESPINAR, José Miguel Zugaldía. *Fundamentos de Derecho Penal*, 3 ed., Valencia, Tirant Lo Blanch, 1993.

F

FALCHI, Guiseppino Ferruccio. *Diritto Penale Executivo*, Padova, R. Zannoni editore, 1935.

FARINACCIO. *Praxis et theorica criminalis*, Venetiis, 1520.

FAYET JUNIOR, Ney. *Do Crime Continuado*, 6 ed., Porto Alegre, Livraria do Advogado, 2015.

FERRAJOLI, Luigi. *Derechos y Garantías. La ley del más débil*, trad. de Perfecto Andrés Ibáñez y Andrea Greppi, Madrid, Editorial Trotta, 2004.

_____. *Diritto e ragione. Teoria del garantismo penale*, Roma, Laterza, 1998.

FERRARI, Eduardo Reale *Medidas de Segurança e Direito Penal no Estado Democrático de Direito*, São Paulo, Revista dos Tribunais, 2001.

FERRI, Enrico. *La Sociologie Criminelle*, 3 ed., Paris, Dalloz, 2004.

FEUERBACH, Paul Johann Anselm Ritter von. *Lehrbuch des Gemeinen in Deutschland gültigen Peinliches Recht*, 14. Auflage, Giessen. George Friedrich Heyer's Verlag, 1847.

FIGUEIREDO DIAS, Jorge de. "O movimento de descriminalização e o ilícito de mera ordenação social", In: *Direito Penal Econômico e Europeu: textos doutrinários*, Coimbra, Coimbra Editora, 1998, vol. I, pp. 19-33.

_____. *Direito Penal Português, Parte Geral. As consequências jurídicas do crime*, Lisboa, Aequitas, 1993.

FIGUEIREDO DIAS, Jorge de / ANDRADE, Manuel da Costa. *Criminologia*, Coimbra, Coimbra Editora, 2013.

FILANGIERI, Gaetano. *La scienza della legislazione*, Naples, 1780-1785.

FIORINI, Bartolomé A. *Manual de derecho administrativo*. Buenos Aires, La Ley, 1968.

FLORIAN, Eugenio. *Diritto Penale*, 3 ed., Milano, Editoriale F. Vallardi, 1926.

FONSECA NETO, Alcides da. *O Crime Continuado*, Rio de Janeiro, Lumen Juris, 2004.

FOUCAULT, Michel. *Ditos e Escritos. Estratégia Poder- Saber*, v. 4, Rio de Janeiro, Forense Universitária, 2012.

_____. *Em Defesa da Sociedade*, 2 ed., São Paulo, Martins Fontes, 2010.

_____. *Surveiller et Punir: naissance de la prisión*, Paris, Gallinard, 1975.

_____. *Historia de la locura en la época clásica*, México, Fondo de Cultura Económica, 1967.

FOX, Lionel Wray. *The English Prison and Borstal System*, London, Routledge & K. Paul, 1952.

FRAGOSO, Heleno Claudio. *Lições de Direito Penal, Parte Geral*, 16 ed., atualizado por Fernando Fragoso, Rio de Janeiro, Forense, 2003.

FRANCO, Alberto Silva. *Crimes Hediondos*, 5 ed., São Paulo, Revista dos Tribunais, 2005.

FREIRE, Marcelo de Figueiredo. "Privatização de presídios: uma análise comparada", In: Araújo Junior, João Marcelo. *Privatização das prisões*, São Paulo, Revista dos Tribunais, 1995.

FUNES, Mariano Ruiz. *A Crise nas Prisões*, trad. Hilário Veiga Carvalho, São Paulo, Saraiva, 1953.

G

GARCIA, Basileu. *Instituições de Direito Penal*, São Paulo, M. Limonad, 1978.

GARCIA, Emerson. "A Unidade do Ministério Público: essência, limites e relevância programática", In: *Revista do Ministério Público do Rio de Janeiro*, n. 44, abr-jun, 2012, p. 55-67.

GARFINKEL, Harold. "Conditions of Successful Degradation Cerimonies", In: *American Journal of Sociology*, 61, 1956, pp. 420-24, ristampato in J.G. Manis and B.N. Meltzer, eds., Symbolic interaction: A reader in social psychology, Boston, MA: Allyn & Bacon, 1972.

GARLAND, David. "As contradições da sociedade punitiva: o caso britânico". In: *Revista de Sociologia e Política*, n. 13, Curitiba, 1999.

_____. *Punishement and modern society: a study in social theory*, Oxford, University Press, 1990.

GAROFALO, Rafael. *Criminologia*, Torino, Fratelli Bocca, 1891.

GLASER, Donald. *Society, Crime and Criminal Carrers*. Englewood Cliffs, New Jersey, Prentice-Hall, 1973.

GLASER, Stefan. "Sur les conditions régissant les Mesures de Sûreté dans leur apports avec l'Etat de Droit". In: *Stato di Diritto e Mesure di Sicurizza*, Padova, Cedam, 1962.

GOFFMAN, Erving. *Manicômios, Prisões e Conventos*, trad. Dante Moreira Leite, 8 ed., São Paulo, Perspectiva, 2008.

_____. *Stigma: notes on the management of spoiled identity*, Englewood Cliffs, Prentice-Hall, 1963.

_____. *Asylums: Essays on the Social Situation of Mental Patients and Other Inmates*, Estados Unidos, Anchor Books, 1961.

GOMES, Luiz Flávio. *Beccaria (250 anos) e o drama do castigo penal: civilização ou barbárie?*, São Paulo, Saraiva, 2014.

_____. *Princípio da Ofensividade no Direito Penal*, São Paulo, Revista dos Tribunais, 2002 (Série: As Ciências Criminais no Século XXI, v. 6).

GOMES, Luiz Flávio / MAZZUOLI. "O Brasil e o Sistema Interamericano de Proteção dos Direitos Humanos", In: *Livro em homenagem ao Prof. Dr. Cezar Roberto Bitencourt*, Rio de Janeiro, Lúmen- Juris, 2006, pp 427-437.

GOMES, Mariângela Gama de Magalhães. *Princípio da Proporcionalidade no Direito Penal*, São Paulo, Revista dos Tribunais, 2003.

GRAMATICA, Fellipo. *Principi di Diritto Penale Soggettivo*, Milano, Bocca, 1933.

GRANDINETTI, Luís Gustavo Castanho de Carvalho. *Processo Penal e Constituição: Princípios Constitucionais do Processo Penal*, 6 ed., São Paulo, Saraiva, 2014.

GRECO, Luís. *Um Panorama da Teoria da Imputação Objetiva*, Rio de Janeiro, Lúmen Juris, 2005.

GRECO, Luís / LOBATO, Danilo (coords.). *Temas de Direito Penal, Parte Geral*, Rio de Janeiro, Renovar, 2008.

GRINOVER, Ada Pelegrini/ BUSANA, Dante (coords.). *Execução Penal*, São Paulo, Max Limonad, 1987.

GROCIO, Hugo. *De iure belli ac pacis*, 1625.

GUIMARÃES, Cláudio Alberto Gabriel. *Funções da Pena Privativa de Liberdade no Sistema Penal Capitalista*, Rio de Janeiro, Revan, 2007.

H

HABERMAS, Jürgen. *Direito e Democracia. Entre facticidade e validade*, v. I, trad. Flávio Beno Siebeneichler, Rio de Janeiro, Tempo Brasileiro, 1997.

HASSEMER, Winfried. *Persona, mundo y responsabilidad*, trad. Muñoz Conde, Valencia, Tirant lo Blanch, 1999.

_____ . *Fundamentos del derecho penal*. Barcelona, Bosch, 1984.

HEGEL, Frederich. *Princípios de Filosofia do Direito*, 3 ed., Lisboa, Guimarães Editores, 1986.

HEIDEGGER, Martin. *Ser e Tempo*, trad. Fausto Castilho, Petrópolis, Editora Vozes, 2012.

HENTIG, Hans von. *La pena*, trad. e notas por *José Marie Rodriguez Devesa I: Formas primitivas y conexiones histórico-culturales*, Madrid, Espasa-Calpe, 1967; II: *Las formas modernas de aparición*, Madrid, Espasa-Calpe, 1968.

HIPPEL, Robert von. *Die Entstehung der modernen Freiheitstarfe*. Verlag, 1931.

_____ . *Deutsches Strafrecht*, 2 Bände, J. Springer, 1925–1930.

HÖFLING, Wolfran. *Offene Grundrechtsinterpretation*, Berlin, 1987.

HOWARD, John. *États des Prisions et des Hôpitaux* et des maisons de force, Lagrange, 1788.

HULSMAN, Louk / CELIS, Jacqueline Bernat. *Peines Predu. Le système penal en question*, Paris, Editions Le Centurion, 1982.

HUNGRIA, Nélson / DOTTI, René. *Comentários ao código penal*, vol. I, t. I, Rio de Janeiro, GZ Editora, 2014.

J

JAKOBS, Günther. *Tratado de Direito Penal. Teoria do Injusto Penal e Culpabilidade*, trad. Gercília de Oliveira Mendes e Geraldo Carvalho, apresentação Eugênio Pacelli, Belo Horizonte, Del Rey, 2009.

_____. *Direito Penal do Inimigo*, trad. Gercília de Oliveira Mendes, Rio de Janeiro, Lumen Juris, 2008.

JESCHECK, Hans-Heinrich. *Tratado de Derecho Penal. Parte General*, trad. José Manzanares Samaniego, Granada, Editorial Camares, 1993.

JESCHECK, Hans-Heinrich/ WEIGEND, Thomas. *Lehrbuch des Strafrecht, Allgemeiner Teil*, 5. Auflage, Berlin, Duncker & Humblot, 1996.

JHERING, Rudolf von. *A Luta pelo Direito*, Pillares, 2009.

JIMÉNEZ DE ASÚA, Luís. *Tratado de Derecho Penal*, Buenos Aires, Editorial Losada, 1964.

K

KANT, Immanuel. *La Metafísica de las Costumbres*, Madrid, Editorial Tecnos, 1989.

KAUFMANN, Armin. *Teoría de las Normas, Fundamentos de la Dogmática Penal Moderna*, trad. Bacigalupo y Galzón Valdez, Buenos Aires, Depalma, 1997.

KAUFMANN, Hilde. *Ejecución penal y terapia social*, Buenos Aires, Depalma, 1979.

_____. *La Función del concepto de la ejecución del futuro*, trad. Roberto Bergalli, *In: Nuevo Pensamento Penal*, v.4, n.5/8, jan, Buenos Aires, 1975, p.411-435.

KUEHNE, Maurício. *Lei de Execução Penal Anotada*, 13 ed., Curitiba, Juruá, 2015.

L

LEAL, Cesar Barros. "Penas alternativas: uma resposta eficaz", In: Revista do Conselho Nacional de Política Criminal e Penitenciária, v. 1, n. 13, jan-jun, Brasília, 2000, pp. 23-28.

LEONE, Giovane. *Del reato abituale continuato e permanente*, Napoli, N. Jovene & Cia, 1933.

LINARES QUINTANA, V. *Tratado de Interpretación Constitucional*, Buenos Aires, Abeledo-Perrot, 1998.

LISZT, Franz von. "Der Zweckgadenke im Strafrecht", In: *1875 Bis 1891*, Berlin und Leipzig, Walter de Gruyter, 1970.

LISZT-SCHMIDT. *Lehrbuch des Deutschen Strafrecht*, 26 Auflage, Berlin und Leipzig, Walter de Gruyter, 1932.

LOMBROSO, Cesare. *L'uomo delinquente*, 3 vols., Turino, Boca, 1890.

LUCAS, Jean Marie Charles. *Du système penal et du système répressif en general et de la peine de mort en particulier*, Paris, C. Béchet, 1827.

LUHMANN, Niklas. *Das Rech der Gesellschaft*, Frankfurt, Suhrkamp, 1995.

LUISI, Luiz. *Os Princípios Consdtitucionais Penais*, Porto Alegre, Sérgio Fabris Editor, 1991.

LUNA, Everardo Cunha. *Estrutura Jurídica do Crime*, Recife, Imprensa Universitária, 1970.

LYRA, Roberto. *Nôvo Direito Penal*, v. 1, Rio de Janeiro, Editor Borsoi, 1972.

_____. "Penitência de um Penitenciarista", In: *Revista Forense*, v. 171, mai-jun, Rio de Janeiro, 1957.

LYRA, Roberto / HUNGRIA, Nelson. *Direito Penal*, Parte Geral pelo Prof. Roberto Lyra, I, Rio de Janeiro, Livraria Jacyntho, 1936.

LYRA FILHO, Roberto / CERNICCHIARO, Luiz Vicente. *Compêndio de Direito Penal*, São Paulo, José Bushatsky Editor, 1972.

M

MABILLON, Jean., "Reflexions sur les prisons des ordres religieux," In: *V. Thuillier*, Ouvrages posthumes de D. Jean Mabillon et D.Thirri Ruinart, Paris, F. Babuty, 1824.

MACHADO, Luiz Alberto. "O Princípio Constitucional da Isonomia Jurídica e o Direito Criminal e Processual Criminal", In: *Estudos Jurídicos em Homenagem a Manuel Pedro Pimentel*, São Paulo, Revista dos Tribunais, 1992, pp 238-249.

MAGGIORE, Giuseppe. *Principi di Diritto Penale. Parte Generale*, Milano, Giuffrè, 2003.

_____. *Derecho penal, Parte General*, trad. José J. Ortega Torres, Bogotá, Temis, 1954.

MANZINI, Vicenzo. *Trattato di diritto penale italiano*, 2 ed., Torino, Utet, 1941.

MARCÃO, Renato. *Lei de Execução Penal Anotada e Interpretada*, 2 ed., Rio de Janeiro, Lumen Juris, 2006.

MARINHO, Alexandre Araripe / FREITAS, André Guilherme Tavares de. *Manual de direito penal: parte geral*, São Paulo, Revista dos Tribunais, 2014.

MARSANGY, Bonneville du. *Traité des institutions complémentaires du régime pénitenciere*, Paris, 1847.

MARTINSON, Robert. "What Works ? - questions and answers about prison reform", In: *The Public Interest*, 1974, pp. 35, 22–54.

MAURACH, Reinhart. *Deutsches Strafrecht, Allgemeiner Teil. Ein Lehrbuch*, 4. Auflage, München, Verlag C. F. Müller Karlsruhe, 1971.

MAURACH, Reinhart / ZIPT, Heinz. *Derecho Penal, Parte General 1*, trad. Jorge Bofill y Enrique Aimone Gibson, Buenos Aires, Astrea, 1994.

MAXIMILIANO, Carlos. *Hermenêutica e Aplicação do Direito*, Rio de Janeiro, Forense, 1991.

MAYHEW, Henry / BINNY, John. *The Criminal Prisions of London and Scenes of Prision Life*, London, Griffin, Bohn and Company, 1862.

MAYRINK DA COSTA, Álvaro. "Deveres e Direitos da Pessoa Privada de Liberdade. A Violação dos Direitos Fundamentais", *In: Revista da EMERJ*, v. 18, n. 71, Nov-Dez, 2015, p. 48-591.

_____. "Um Olhar Realístico sob a Execução Penal. A Execução Sustentável", *In: 229ª Reunião do Fórum Permanente de Execução Penal: EMERJ*, 28 de maio de 2015.

_____. "Em Busca de um Sistema de Execução Ideal. A Prisão no Brasil", *In: 226ª Reunião do Fórum Permanente de Execução Penal: EMERJ*, 10 de dezembro de 2014.

_____. "A pena como instrumento de contenção da violência. A crise na prisão", *In: Revista da EMERJ*, v. 17, n. 64, Jan-Abr, 2014, p.9-21.

_____. *Código Penal Comentado, Parte Geral, Parte Especial*, Rio de Janeiro, GZ Editora, 2013.

_____. *Temas em Direito Penal*, Rio de Janeiro, Lumen Juris, 2011.

_____. "O Panorama Contemporâneo da Execução Penal", *In: 206ª Reunião do Fórum Permanente de Execução Penal: EMERJ*, 2 de junho de 2011.

_____. "Direito Penal e Proteção dos Bens Jurídicos", *In: Revista Ministério Público*, n. 41, jul-set, 2011, pp. 3-9.

_____. *Raízes da Sociedade Criminógena*, 2 ed., Rio de Janeiro, Lumen Juris, 2010.

_____. "Monitoramento Eletrônico: Lei 12.258, de 15 de junho de 2010", *In: 196ª Reunião do Fórum Permanente de Execução Penal: EMERJ*, 8 de julho de 2010.

_____. "A Sociedade Criminógena e seus Atores", *In: 191ª Reunião do Fórum Permanente de Execução Penal: EMERJ*, 8 de abril de 2010.

_____. "Notas Sobre a Execução Penal", *In: Revista da EMERJ*, v. 13, n. 51, Jul-Ago-Set, 2010, pp. 191-219.

_____. *Direito Penal, Parte Geral. Teoria do Injusto*, 8 ed., v. 1 e 2, Rio de Janeiro, Forense, 2009.

_____. "Exame Criminológico – Resposta ao Risco Social", *In: 188ª Reunião do Fórum Permanente de Execução Penal: EMERJ*, 19 de novembro de 2009.

_____. "Medidas de Segurança – Uma visão Jurídica", *In: 185ª Reunião do Fórum Permanente de Execução Penal: EMERJ*, 15 de outubro de 2009.

_____. "Os Desafios da Pena de Prisão e do Encarceramento Cautelar", *In: 182ª Reunião do Fórum Permanente de Execução Penal: EMERJ*, 13 de agosto de 2009.

_____. "Delito, Delinquente e Vítima – Controle Social", *In: 156ª Reunião do Fórum Permanente de Execução Penal: EMERJ*, 17 de abril de 2008.

_____. "Pena Privativa de Liberdade (Passado, Presente e Futuro)", *In: Revista da EMERJ*, v. 11, n. 44, Out-Nov-Dez, 2008, pp. 42-67.

_____. *Direito Penal, Parte Geral. Consequências Jurídicas do Injusto*, 7 ed., v. 3, Rio de Janeiro, Forense, 2007.

_____. "A Execução Penal no Século XXI", *In: 134ª Reunião do Fórum Permanente de Execução Penal: EMERJ*, 1º de março de 2007.

_____. "O Direito Penal do Século XXI", *In: Revista da EMERJ*, v. 10, n. 39, Jul-Ago-Set, 2007, pp. 31-39.

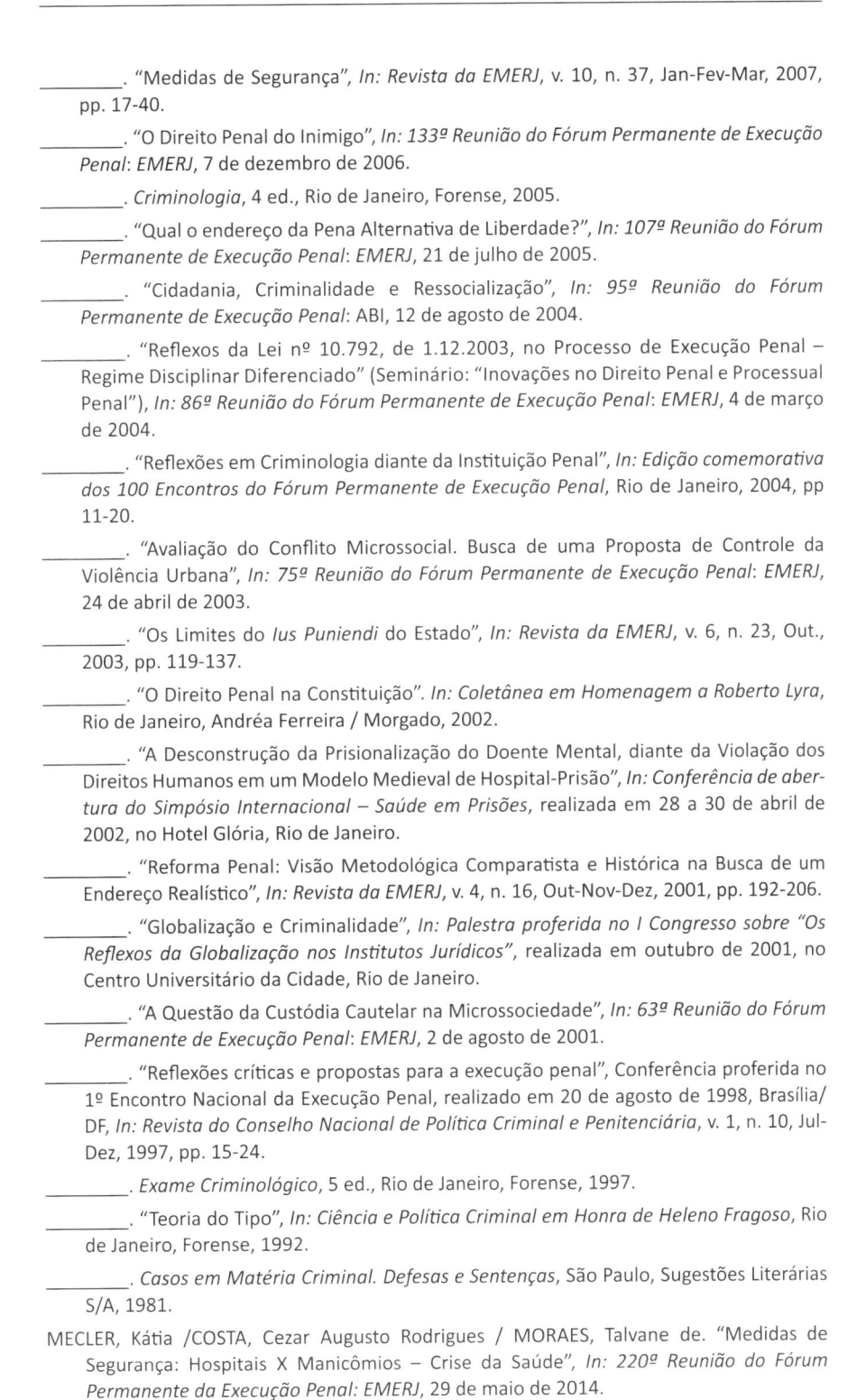

_____. "Medidas de Segurança", *In: Revista da EMERJ*, v. 10, n. 37, Jan-Fev-Mar, 2007, pp. 17-40.

_____. "O Direito Penal do Inimigo", *In: 133ª Reunião do Fórum Permanente de Execução Penal*: EMERJ, 7 de dezembro de 2006.

_____. *Criminologia*, 4 ed., Rio de Janeiro, Forense, 2005.

_____. "Qual o endereço da Pena Alternativa de Liberdade?", *In: 107ª Reunião do Fórum Permanente de Execução Penal*: EMERJ, 21 de julho de 2005.

_____. "Cidadania, Criminalidade e Ressocialização", *In: 95ª Reunião do Fórum Permanente de Execução Penal*: ABI, 12 de agosto de 2004.

_____. "Reflexos da Lei nº 10.792, de 1.12.2003, no Processo de Execução Penal – Regime Disciplinar Diferenciado" (Seminário: "Inovações no Direito Penal e Processual Penal"), *In: 86ª Reunião do Fórum Permanente de Execução Penal*: EMERJ, 4 de março de 2004.

_____. "Reflexões em Criminologia diante da Instituição Penal", *In: Edição comemorativa dos 100 Encontros do Fórum Permanente de Execução Penal*, Rio de Janeiro, 2004, pp 11-20.

_____. "Avaliação do Conflito Microssocial. Busca de uma Proposta de Controle da Violência Urbana", *In: 75ª Reunião do Fórum Permanente de Execução Penal*: EMERJ, 24 de abril de 2003.

_____. "Os Limites do *Ius Puniendi* do Estado", *In: Revista da EMERJ*, v. 6, n. 23, Out., 2003, pp. 119-137.

_____. "O Direito Penal na Constituição". *In: Coletânea em Homenagem a Roberto Lyra*, Rio de Janeiro, Andréa Ferreira / Morgado, 2002.

_____. "A Desconstrução da Prisionalização do Doente Mental, diante da Violação dos Direitos Humanos em um Modelo Medieval de Hospital-Prisão", *In: Conferência de abertura do Simpósio Internacional – Saúde em Prisões*, realizada em 28 a 30 de abril de 2002, no Hotel Glória, Rio de Janeiro.

_____. "Reforma Penal: Visão Metodológica Comparatista e Histórica na Busca de um Endereço Realístico", *In: Revista da EMERJ*, v. 4, n. 16, Out-Nov-Dez, 2001, pp. 192-206.

_____. "Globalização e Criminalidade", *In: Palestra proferida no I Congresso sobre "Os Reflexos da Globalização nos Institutos Jurídicos"*, realizada em outubro de 2001, no Centro Universitário da Cidade, Rio de Janeiro.

_____. "A Questão da Custódia Cautelar na Microssociedade", *In: 63ª Reunião do Fórum Permanente de Execução Penal*: EMERJ, 2 de agosto de 2001.

_____. "Reflexões críticas e propostas para a execução penal", Conferência proferida no 1º Encontro Nacional da Execução Penal, realizado em 20 de agosto de 1998, Brasília/DF, *In: Revista do Conselho Nacional de Política Criminal e Penitenciária*, v. 1, n. 10, Jul-Dez, 1997, pp. 15-24.

_____. *Exame Criminológico*, 5 ed., Rio de Janeiro, Forense, 1997.

_____. "Teoria do Tipo", *In: Ciência e Política Criminal em Honra de Heleno Fragoso*, Rio de Janeiro, Forense, 1992.

_____. *Casos em Matéria Criminal. Defesas e Sentenças*, São Paulo, Sugestões Literárias S/A, 1981.

MECLER, Kátia /COSTA, Cezar Augusto Rodrigues / MORAES, Talvane de. "Medidas de Segurança: Hospitais X Manicômios – Crise da Saúde", *In: 220ª Reunião do Fórum Permanente da Execução Penal: EMERJ*, 29 de maio de 2014.

MEIRELLES, Hely Lopes. *Direito Administrativo Brasileiro*, 41 ed., São Paulo, Malheiros, 2015.

MELO, Jaime. "Trabalho. Início da Inserção Social de Detentos", *In: 190ª Reunião do Fórum Permanente de Execução Penal*: EMERJ, 25 de março de 2010.

MENDES, Gilmar Ferreira / BRANCO, Paulo Gustavo Gonet. *Curso de Direito Constitucional*, 10 ed., São Paulo, Saraiva, 2015.

MERTON, Robert K. *Social Theory and Social Structures*, New York, Free Press, 1949.

MESQUITA JUNIOR, Sídio Rosa de. *Execução Criminal. Teoria e Prática*, 7 ed., São Paulo, Atlas, 2014.

MEZGER, Edmund. *Tratado de Derecho Penal*, trad. Rodriguez Muñoz, t. I, Madrid, Editorial Revista de Derecho Privado, 1955.

_____. "Für und wider die. Todesstrafe", *In: conferencia dada en Sttutgart el 23 de marzo de 1928, Mitteilungen des Universitatsbundes Marburg*, Junio 1928.

MIOTTO, Arminda Bergamini. *Curso de Direito Penitenciário*, São Paulo, Saraiva, 1975.

MIR PUIG, Santiago. *El Derecho Penal en el Estado social y democrático de derecho*, Barcelona, Editorial Ariel, 1994.

_____. *Función de la pena y teoria del delito en el Estado social y democrático de derecho*, 2 ed., Barcelona, Bosch, 1982.

_____. *Introduccion a las bases del derecho penal*, Barcelona, Bosch, 1976.

MIRABETE, Julio Fabrini. *Execução Penal*, 11 ed., São Paulo, Atlas, 2004.

MIRANDA, Jorge. "A Dignidade de Pessoa Humana e a unidade valorativa do Sistema de Direitos Fundamentais", *In: Rev. Do Ministério Público do Rio de Janeiro*, n. 52, abr-jun, 2014, pp 71-91.

_____. *Manual de Direito Constitucional*, 2 ed., t. IV, Coimbra, Coimbra Editora, 1990.

MOMMSEN, Teodoro. *Derecho penal romano*, trad. P. Dorado, Bogotá, Temis, 1976.

MORAES, Talvane de. "Medidas de Segurança e Tratamento Psiquiátrico", *In: 122ª Reunião do Fórum Permanente de Execução Penal*, EMERJ: Rio de Janeiro, 2006.

_____. "Heitor Carrilho: De Manicômio Judiciário a Hospital de Custódia e Tratamento Psiquiátrico", *In: 104ª Reunião do Fórum Permanente de Execução Penal*: EMERJ, 19 de maio de 2005.

_____. "Chico Picadinho: Um Homem Preso entre a Lei e o Medo", *In: 68ª Reunião do Fórum Permanente de Execução Penal*: EMERJ, 25 de abril de 2002.

_____. "A Doença Mental na Execução Penal", *In: 46ª Reunião do Fórum Permanente de Execução Penal*: EMERJ, 29 de junho de 2000.

MORAES, Talvane de / COSTA, Cezar Augusto Rodrigues / MECLER, Kátia. "Medidas de Segurança: Hospitais X Manicômios – Crise da Saúde", *In: 220ª Reunião do Fórum Permanente da Execução Penal*: EMERJ, 29 de maio de 2014.

MORO, Aldo. *Unità e Pluralità di Reati*, 2 ed., Padova, Cedam, 1959.

MUÑOZ CONDE, Francisco. "La relación entre sistema del derecho penal y politica criminal: história de una relación atormentada", *In: Revista de Estudos Criminais*, n. 27, out-dez, Rio Grande do Sul, ITEC,, 2007, pp. 9-41.

_____. "De nuevo sobre el 'Derecho Penal del Enemigo'", *In: Novos Rumos do Direito Penal Contemporâneo. Livro em Homenagem ao Prof. Dr. Cezar Roberto Bitencourt*, Rio de Janeiro, Lúmen Juris, 2006, pp. 61-84.

_____. *Edmund Mezger e o Direito Penal de seu tempo. Estudos sobre o Direito Penal no Nacional-Socialismo*, trad. Paulo César Busato, Lúmen Juris, Rio de Janeiro, 2005.

_____. *Derecho Penal, Parte General*, 4 ed., Valencia, Tirant lo Branch, 2000.

N

NAVARRETE, Miguel Polaino. *Derecho Penal, Parte General*, T. I, 4 ed., Barcelona, Bosch, 2001.

NEUMAN, Elías. "Cárcel y sumisión", In: *Revista do Conselho Nacional de Política Criminal e Penitenciária*, v. 1, n. 10, jul-dez, Brasília, 1997, pp. 34-48.

_____. *Prisión Abierta: una nueva experiencia penológica*, Buenos Aires, Depalma, 1968.

NEUMAN, Elías / IRURZUN, Víctor J. *La sociedade carcerária: aspectos penológicos y sociológicos*, Buenos Aires, Depalma, 1974.

NOGUEIRA, José Carlos Ataliba. *Medidas de Segurança*, São Paulo, Saraiva, 1937.

NUCCI, Guilherme de Souza. *Princípios Constitucionais e Processuais Penais*, 3 ed., São Paulo, Revista dos Tribunais, 2013.

_____. *Código Penal comentado*, São Paulo, Revista dos Tribunais, 2010.

NUNES, Adeildo. *Execução da Pena e da Medida de Segurança*, São Paulo, Malheiros Editores, 2012.

NUVOLONE, Pietro. *Il sistema del diritto Penale*, Padova, Cedam 1975.

O

OLIVEIRA, Edmundo. *Direitos e Deveres do Condenado*, São Paulo, Saraiva, 1980.

P

PABLOS DE MOLINA, Antonio García. *Tratado de Criminología*, 2 ed., Valencia, Tirant lo Blanch, 1999.

PACKER, Hebert. *I limiti sanzione penale*, trad. ital. Mirella e Franco Ferracuti, Milano, Giuffrè, 1968.

PALAZZO, Francesco. *Introduzione ai principi del Diritto Penale*, Turim, Giappichelli, 1999.

PARSONS, Talcott. *The Social System,* New York, Macmillam, 1997.

_____. *Sociedades: perspectivas evolutivas e comparativas*, São Paulo, Editora Pioneira, 1969.

PESSINA, Enrico. *Elementos de derecho penal*, Madrid, Réus, 1919.

_____. *Manuale del diritto penale italiano*, Napoli, Eugenio Margheri, 1895.

PETROCELLI, Biaggio. *Principi di Diritto Penale*, Napoli, Editrice Jovene, 1955.

PIEDADE JUNIOR, Heitor. "Vitimologia – Vitimização no Sistema Penitenciário", In: *202ª Reunião do Fórum Permanente de Execução Penal: EMERJ*, 5 de outubro de 2010.

_____. *Vitimologia. Evolução no Tempo e no Espaço*, Rio de Janeiro, Maanaim, 2007.

_____. "O Papel do Conselho Nacional de Política Criminal e Penitenciária", In: *119ª Reunião do Fórum Permanente de Execução Penal: EMERJ*, 6 de abril de 2006.

_____. "A Participação da Comunidade e das Instituições Públicas de Microssociedade", In: *49ª Reunião do Fórum Permanente de Execução Penal: EMERJ*, 10 de agosto de 2000.

_____. *Personalidade psicopática, semi-imputabilidade e medida de segurança*, Rio de Janeiro, Forense, 1982.

PIERANGELI, José Henrique. "Das penas e sua execução no novo código penal brasileiro", In: *Escritos Jurídico-Penais*, 2 ed., São Paulo, Revista dos Tribunais, 1999.

PILLITU, Luigi. *Il reato continuado*, Padova, Cedam, 1936.

PIMENTEL, Manuel Pedro. *Prisões Fechadas Prisões Abertas*, São Paulo, Cortez & Moraes, 1978.

_____. *Do Crime Continuado*, 2 ed., São Paulo, Revista dos Tribunais, 1969.

PINATEL, Jean. *La Société Criminogéne*, Paris, Calmann-Lévy, 1971.

_____. *Traité Élémentaire de Science Pénitentiaire et de défense sociale*, Paris-Melun, Libr. Du recueil Sirey-Imprimierie administrative, 1950.

_____. *Precis Science Penitentiaire*, Paris, Librairie du Recueil Sirey, 1945.

PIRES, Ariosvaldo de Campos. "O Livramento Condicional e a Realidade Penal", In: *Estudos Jurídicos em Homenagem a Manuel Pedro Pimentel*, São Paulo, Revista dos Tribunais, 1992, pp 109-122.

PONT, Luís Marco del. *Penología y Sistemas Carcerarios*, t. I, Buenos Aires, Depalma, 1947.

PRADO, Geraldo. "O Processo de Execução Penal sob a Ótica dos Tribunais", In: *200ª Reunião do Fórum Permanente de Execução Penal: EMERJ*, 2 de setembro de 2010.

PRADO, Luiz Régis. *Bem Jurídico-Penal e a Constituição*, 7 ed., São Paulo, Revista dos Tribunais, 2015.

_____. *Curso de Direito Penal Brasileiro, Parte Geral*, 3 ed., São Paulo, Revista dos Tribunais, 2002.

PUFFENDORF, Samuel. *De jure naturae et gentium*, t. II, liv. VIII, cap. III, 1672.

Q

QUIROS, Constâncio Bernaldo de. *Lecciones de Derecho Penitenciario*, Mexico, Imprenta Universitaria, 1953.

R

RADBRUCH, Gustav. *Filosofia do Direito*, trad. Cabral Moncada, 6 ed., Coimbra, Armênio Amado Editor, 1997.

_____. *Elegantiae Juris Criminalis*, Verlag Leipzig, 1938.

RANGEL, Paulo. *A Redução da Menor Idade Penal: Avanço ou Retrocesso Social?*, São Paulo, Atlas, 2015.

REALE JR., Miguel. *Instituições de Direito Penal, Parte Geral*, vol. I, Rio de Janeiro, Forense, 2002.

_____. *Novos Rumos do Sistema Criminal*, Rio de Janeiro, Forense, 1983.

RICO, José Maria. *As Sanções Penais e a Política Criminal Contemporânea*, trad. J. Sergio Fragoso, Rio de Janeiro, Liber Juris, 1978.

RIVACOBA Y RIVACOBA, Manuel de. *Función y Aplicación de la Pena*, Buenos Aires, Depalma, 1993.

RÖDER, Karl David August. *Comentatio de quaestione na poena malum esse debeat*, National Library of the Netherlands, Ricker, 1839.

RODRIGUES, Anabela Miranda. *Novo Olhar sobre a Questão Penitenciária: estatuto jurídico do recluso e socialização, jurisdicionalização, consensualismo e prisão*, São Paulo, Revista dos Tribunais, 2001.

_____. *A Determinação da Medida da Pena privativa de Liberdade: os critérios da culpa e da prevenção*, Coimbra, Coimbra Editora, 1995.

ROIG, Rodrigo Duque Estrada. *Execução Penal. Teoria Crítica*, São Paulo, Saraiva, 2014.

_____. "Temas Atuais da Execução Penal", In: *149ª Reunião do Fórum Permanente de Execução Penal*: EMERJ, 25 de outubro de 2007.

ROMAGNOSI, Giandomenico. *Génesi del Derecho Penal*, Bogotá, Editorial Temis, 1956.

ROSS, Alf. *Colpa, Responsabilità e Pena*, Milano, Giuffrè, 1972.

ROSSI, Paolo. *La Pena di Morte e la sua Critica*, Genova, Libreria Mario Bozzi, 1932.

ROUSSEAU, Jean-Jacques. *El Contrato Social*, Madrid, Istmo, 2004.

ROXIN, Claus. *Estudos de Direito Penal*, trad. Luís Greco, Rio de Janeiro, Renavan, 2000.

_____. *Derecho Penal, Parte Generale*, tomo I, Fundamentos. La estrutura de la Teoria del Delito, trad. Luzón Peña, Madrid, Civitãs, 1997.

_____. *Problemas Básicos del Derecho Penal*, trad. Diego-Manuel Luzón Peña, Madrid, Réus, 1976.

_____. *Política criminal y sistema de derecho penal*, tradução de Francisco Muñoz Conde, Barcelona, Bosch, 1972.

RUDOLPHI, Hans Joachim. *Systematischer Kommentar Zum Strafrechtbuch*, Bd. 2 Ringeinband, 1989.

RUSCHE, Georg / KIRCHEIMER, Otto. *Punição e Estrutura Social*, trad. Gizlene Neder, Instituto Carioca de Criminologia, Rio de Janeiro, Freitas Bastos, 1999.

S

SANTOS, Myrian Sepúlveda dos. "Arbítrio e Violência nas Prisões da Ilha Grande. Deserdados: dimensões das desigualdades sociais", Rio de Janeiro, H.P. Comunicação, 2007.

SAUER, Wilhelm. *Allgemeine Strafrechtlehre*, 2 Auflage, Berlin, de Gruyter, 1949.

SAVEY-CASARD. *La Peine de Mort*, Genève, Librairie Droz, 1968.

SCHIAPPOLI, Domenico. *Manuale di diritto ecclesiastico*, Napoli, Luigi Pierro, 1913.

SCHMELCK, Robert / PICCA, Georges, *Penologie et Droit Penitenciaire*, Paris, Cujas, 1967.

SCHMIDHÄUSER, Eberhard, *Strafrecht, Allgemeiner Teil, Studienbuch*, 2. Auflage, unter Mitarbeit von H. Alwart, Tübigen, 1984.

SCHMIDT, Andrei Zenkner. "Direitos, Deveres e Disciplina na Execução Penal", In: CARVALHO, Salo. *Crítica à Execução Penal*, 2 ed., Rio de Janeiro, Lumen Juris, 2002.

SCHÜNEMANN, Bernd. "Sobre la crítica a la teoría de la prevención general positiva", In: *Política criminal y nuevo derecho penal* (Livro Homenaje a Claus Roxin), Jésus-Maria Silva Sanches (ed.), Barcelona, Bosch, 1997, pp 89-100.

_____. "Considerações sobre a imputação objetiva", In: *Teorías Actuales en Derecho Penal*, Buenos Aires, Ad-Hoc, 1988.

SELLIN, T. "Un Régard sur L'histoire da la Prision", In: *Fondation Internacionale Pénale et Pénitenciaire Les Nouvelle Méthodes de Restriction de Liberté dans le Systeme Pénitenciare*, Paris, 1967.

SHEICARA, Sérgio Salomão / CORRÊA JUNIOR, Alceu. *Teoria da Pena*, São Paulo, Revista dos Tribunais, 2002.

SILVA, José Afonso da, *Curso de Direito Constitucional Positivo*, 38 ed., São Paulo, Malheiros, 2015.

SILVA SÁNCHEZ, Jesús-Maria. *Normas y Acciones en Derecho Penal*, Buenos Aires, Hammurabi, 2003.

_____. *La expansión del derecho penal*, Madrid, Civitas, 2001.

_____. *Aproximación al derecho penal contemporáneo*, Barcelona, Bosch, 1992.

SOLER, Sebastian. *Derecho Penal Argentino*, 3 ed., Buenos Aires, Tipografía Argentina, 1973.

SOUZA, Alexander Araújo de. "Ministério Público: de onde vim, quem sou, para onde vou?", In: *Revista dos Tribunais*, v. 104, n. 951, jan, 2015, pp. 227-259.

SOUZA, Arthur de Brito Gueiros. *Presos Estrangeiros no Brasil: aspectos jurídicos e criminológicos*, Rio de Janeiro, Lumen Juris, 2007.

SOUZA NETO, Cládio Pereira de. / SARMENTO, Daniel. *Direito Constitucional. Teoria, história e métodos de trabalho*, Belo Horizonte, Editora Fórum, 2014.

STOOS, Carl. *Die grundzüge des schweizerischen strafrechts*, Basel, H. Georg, 1892-93.

STRATENWERTH, Günther. "Qué aporta la teoría de los fines de la pena?", In: Cuadernos de Doctrina y Jurisprudencia Penal, trad. de Marcelo A. Sancinetti, Buenos Aires, Ad-hoc, ns. 1-2, pp 168-184.

SUTHERLAND, Edwin H. *White-Collar Crime*, New York, Holt, Rinehart & Winston, 1979.

_____. *Principles of Criminology*, Chicago-Philadelphia, J. B. Lippicott Company, 1924.

SYKES, Gresham M'Cready. *The society of captives: a study of a maximum security prision*, Princeton-New Jersey, Princeton University Press, 1974.

T

TAFT, Donald Reed. *Criminology*, 3 ed., New York, Mac Millan, 1956.

TANNENBAUM, Frank. *Crime in Community*, Chicago, University of Chicago Press, 1966.

TAPPAN, Paul Wilbur. *Contemporany Correction*, New York, McGraw-Hill Book Co., 1951.

TARDE, Gabriel. *La Criminalité Comparée*, Paris, Alcan, 1924.

TAVARES, Juarez. *Teoria do Injusto Penal*, 3 ed., Belo Horizonte, Del Rey, 2003.

TEETERS, M. R. *World Penal Systems*, Pennsylvania Prision Society, 1944.

THOMPSON, Augusto Frederico Graffrée. *A Questão Penitenciária*, 2 ed., Rio de Janeiro, Forense, 1980.

_____. "Privatização e Prisionalização". In: *98ª Reunião no Fórum Permanente de Execução Penal*, Edição Comemorativa dos 100 Encontros, Rio de Janeiro, *EMERJ*, 2004.

TIEDEMANN, Klaus. "Responsabilidad penal de personas jurídicas, otras agrupaciones y empresas en derecho comparado", In: *La Reforma de la justicia penal*, Castellón, Publicaciones de la Universitat Jaume, 1997.

V

VALDEZ, Carlos Garcia. *Teoría de la Pena*, 3 ed., Madrid, Tecnos, 1987.

VARELLA, Drauzio. *Carcereiros*, São Paulo, Companhia das Letras, 2012.

VASAK, Karel. *The International Dimensions of Human Rights*, v. 1, General Editor, revised and edited for the English edition by Philip Alston, Greenwood Press, Westport, Connecticut, UNESCO, Paris, 1982.

VERGARA, Pedro. *Dos Motivos Determinantes no Direito Penal*, Rio de Janeiro, Forense, 1980.

_____. *Das Circunstâncias Agravantes: doutrina, legislação e jurisprudência*, Rio de Janeiro, Revista Forense, 1948.

VIVES ANTÓN, Tomás Salvador. *Fundamentos del Sistema Penal*, com estudo preliminar de M. Jiménez Redondo, Valencia, Tirant lo Blanch, 1996.

W

WEBER, Helmuth Von. *Grundriss der deutschen Strafrechts*, Bonn, Ferdinand Dümmlers Verlag, 1946.

WELZEL, Hans. *Derecho Penal Alemán. Parte General*, tradução da 11 ed. alemã, por Juan Bustos e Sergio Yáñez, Santiago, Editorial Jurídica de Chile, 1970.

_____. *El nuevo sistema del derecho penal; una introducción a la doctrina de la acción finalista*, trad. em espanhol de José Cerezo Mir, Madrid, 1964.

WESSELS, Johannes. *Direito Penal. Parte Geral*, trad. Juarez Tavares, Porto Alegre, Sérgio Antonio Fabrís, 1976.

WHEELER, Stanton. "A study of prisionation", In: *The sociology of punischement and correction*, New York, John Wiley & Soms, 1965.

WILLEMAN, Flávio de Araújo. "Visita íntima a detentos em presidios. Possibilidade de contaminação e restrição para evitar contagio de doenças sexualmente transmissíveis", In: *Revista Ministério Público*, Rio de Janeiro, n. 45, jul-set, 2002, pp. 43-63.

Y

YACOBUCCI, Guilhermo Jorge. "El Princípio de la Proporcionalidad como Regla Fundamental de la Política Criminal", In: *Livro em homenagem ao Prof. Dr. Cezar Roberto Bitencourt*, Rio de Janeiro, Lúmen- Juris, 2006, pp 85-102.

Z

ZAFFARONI, Eugenio Raúl. *A Questão Criminal*, trad. Sergio Lamarão, Rio de Janeiro, Revan, 2013.

ZAFFARONI, Eugenio Raúl / BATISTA, Nilo / ALAGIA, Alejandro / SLOKAR, Alejandro. *Direito Penal Brasileiro – I (Teoria Geral do Direito Penal)*, 2 ed., Rio de Janeiro, Ed. Revan, 2003.

ZAFFARONI, Eugenio Raúl. / OLIVEIRA, Edmundo. *Criminologia e Política Criminal*, Rio de Janeiro, GZ Editora, 2010.

ZAFFARONI, Eugenio Raúl / PIERANGELI, José Henrique. *Manual de Direito Penal Brasileiro*, São Paulo, Revista dos Tribunais, 1997.

ZIPF, Heinz. *Introducción a la Política Criminal*, trad. Miguel Izquierdo Macías-Picavea, Edersa, 1979.

ZUGALDÍA ESPINAR, José Miguel. *Fundamentos de Derecho Penal, Penal General. Las teorías de la pena y de la ley penal (Introducción teórico-práctica a sus problemas básicos)*, Valencia, Tirant lo Blanch, 1993.

ZYGMUNT, Bauman. *Comunidade: a busca por segurança no mundo atual*, Rio de Janeiro, Jorge Zahar, 2003.

_____. "*Globalização: as Consequências Humanas*", Rio de Janeiro, Jorge Zahar Editor, 1999.